Klaus-Bernward Springer

DIE DEUTSCHEN
DOMINIKANER

Quellen und Forschungen zur
Geschichte des Dominikanerordens.   Neue Folge
Band 8

Im Auftrag der Dominikanerprovinz Teutonia

herausgegeben von
Walter Senner OP (Federführender Herausgeber)
Kaspar Elm
Isnard W. Frank OP
Ulrich Horst OP

Klaus-Bernward Springer

DIE DEUTSCHEN DOMINIKANER IN WIDERSTAND UND ANPASSUNG WÄHREND DER REFORMATIONSZEIT

Akademie Verlag

Gedruckt mit Unterstützung der Dominikanerprovinz Teutonia sowie des Bistums Mainz

Die Deutsche Bibliothek – CIP-Einheitsaufnahme

Springer, Klaus-Bernward:
Die deutschen Dominikaner in Widerstand und Anpassung während
der Reformationszeit / Klaus-Bernward Springer. –
Berlin : Akad. Verl., 1999
    (Quellen und Forschungen zur Geschichte des Dominikanerordens ;
    N.F., Bd. 8)
    Zugl.: Mainz, Univ., Diss., 1998
    ISBN 3-05-003401-7

ISSN 0942-4059

© Akademie Verlag GmbH, Berlin 1999
Der Akademie Verlag ist ein Unternehmen der R. Oldenbourg-Gruppe

Das eingesetzte Papier ist alterungsbeständig nach DIN/ISO 9706.

Druck: GAM MEDIA, Berlin
Bindung: Druckhaus „Thomas Müntzer", Bad Langensalza

Printed in the Federal Republic of Germany

INHALT

AUSWERTUNG UND ERGEBNISSE 293

VORWORT

> *"ordinamus, quod in quolibet conventu habeatur liber unus, in quo scribantur omnia facta notabilia ... et alia huiusmodi cum annotacione temporum, locorum et personarum."*[1]

Diese Anordnung des Provinzkapitels der Saxonia vom Jahre 1516 in Nordhausen kann durchaus als Anregung für die vorliegende Arbeit verstanden werden. In ihr kommt zum Ausdruck, wie notwendig die Dokumentation historischer Ereignisse ist. Das gilt in besonderem Maß für die im Anschluß an dieses Provinzkapitel folgenden Geschehnisse, die für den Domikanerorden in der genannten Provinz wie in der Teutonia von einschneidenster Bedeutung sein sollten. Gemäß dem vorangestellten Leitwort werden in der vorliegenden Arbeit einzelne Konvente betrachtet. Dabei sind Aspekte der Ordens-, Reformations-, Frömmigkeits- und Stadt- wie auch der Sozialgeschichte in Verbindung zu bringen. In bezug auf "Widerstand" und "Anpassung" wird die Auseinandersetzung des Ordens mit dem reformatorischen Ansatz des 16. Jahrhunderts erforscht, um einen tieferen Einblick in die maßgeblichen Umstände zu erlangen, die dazu führten, daß die Wirkungen der Reformation zu einer so gravierenden Zäsur für die Dominikaner im damaligen Deutschen Reich wurden.

Die Untersuchung dieser komplexen Thematik ist ohne eine gute und anregende Begleitung nicht denkbar. Daher möchte ich an dieser Stelle meinen Dank an jene aussprechen, die mir bei der Arbeit in vielfältiger Weise zu Seite standen. In besonderem Maß gilt das von Herrn Professor Dr. Isnard W. Frank OP. Neben den fachlichen Anregungen erhielt ich manche Einsicht in die Geschichte des Lebens im Dominikanerorden, die mir als Außenstehendem sonst nicht möglich gewesen wäre, die aber für eine gerechte Bewertung der *"facta notabilia"* wichtig ist. Herrn Professor Dr. Theofried Baumeister bin ich außer für seine gutachterliche Tätigkeit als Mitberichterstatter für verschiedene Anregungen und seine immer gern gewährte freundliche Unterstützung sehr zu Dank verpflichtet. Dem gegenwärtigen Lehrstuhlinhaber der Abteilung Mittlere und Neuere Kirchengeschichte, Herrn Professor Dr. Johannes Meier, danke ich vor allem für die Möglichkeit, Ergebnisse meiner Arbeit verschiedenenorts im akademischen Rahmen vorstellen zu können.

---

[1] Vgl. LÖHR, Kapitel 51.

In besonderem Maß erhielt ich von Herrn Dr. Thomas Berger fachlichen Rat, Anregungen und Kritik. Gedankt sei an dieser Stelle auch dem Dominikanerorden für die vielfach gewährte Gastfreundschaft und verschiedene Impulse. In allen Archiven und Bibliotheken, die ich im Rahmen meiner Forschung aufsuchte, fand ich freundliche und entgegenkommende Unterstützung. Hierfür sei ebenfalls verbindlichster Dank ausgesprochen.

Neben der fachlichen Hilfe ist der freundschaftliche und familiäre Rückhalt anzuerkennen, der für die Erstellung dieser Arbeit nicht unwichtig war. Meiner Verlobten Angela Whyte, meinen Eltern Elisabeth und Klaus Springer, sowie meinen Geschwistern - besonders Ulrich und Karl-Martin - danke ich für ihre Geduld und die Unterstützung z.B. beim Korrekturlesen dieses Werkes.

Der Fachbereich Katholische Theologie der Johannes Gutenberg-Universität Mainz nahm die Untersuchung, die mittlerweile mit dem Preis der Hochschule ausgezeichnet wurde, unter dem Titel "Widerstand und Anpassung. Zur Geschichte der deutschen Dominikaner vornehmlich im Erzbistum Mainz während der Reformationszeit" am 22. April 1998 als Dissertation an. Die Drucklegung unterstützten die deutsche Dominikanerprovinz Teutonia sowie das Bistum Mainz mit großzügigen Druckkostenbeiträgen. Ich freue mich, daß meine Arbeit in der vom Orden herausgegebenen Reihe erscheinen kann und danke dafür dem Herausgebergremium.

Für die Drucklegung wurde der Text stellenweise überarbeitet und gestrafft. In Auswahl wurde zwischenzeitlich erschienene Literatur bis zum August 1998 berücksichtigt.

25.02.1999   Klaus-Bernward Springer

VIII

ZIELSETZUNG UND METHODE

1531 verließen die unter Hausarrest gestellten Ulmer Dominikaner wegen der Schikanen des neugläubigen Rates die Stadt. Dabei verwiesen sie mit einem gewissen Stolz auf ihr Gewissen: *"so seien wir des Willens, ... allein mit notwendiger Bekleidung und Büchern einhelliglich in Frieden abzuschneiden (sic!) ... Denn wir keinswegs mit Beschwerd unserer conscienzen allhier dermaßen bleiben können noch wollen"*.[1] Daraufhin lebte der Konvent an verschiedenen Orten im Exil. Noch zur Zeit des Interims, also mehr als 17 Jahre später, strebte er die Rückkehr an.[2] Dieser Widerständigkeit und Beharrlichkeit, die keineswegs nur vom Ulmer Konvent gilt, soll in dieser Arbeit nachgegangen werden.

Allerdings kann man nicht sagen, die Dominikaner hätten in ihrer Gesamtheit Widerstand gegen die Reformation geleistet. Viele verließen den Orden, ließen sich ohne Widerstand abfinden oder in das neugläubige Kirchenwesen integrieren. Ein ehemaliges Mitglied des erwähnten Ulmer Konventes, Dionysios Melander (um 1486-1561), segnete als Hofprediger des hessischen Landgrafen 1540 dessen Doppelehe ein.[3] Außerdem waren neben dem bedeutenden Reformator Martin Bucer (1491-1551) etliche aus dem Orden ausgetretene Predigerbrüder für die lokale Reformationsgeschichte von Bedeutung, so der genannte Melander für Frankfurt, Thomas Borchwede (+ 1537) für Soest, Friedrich Hüventhal (belegt 1529-30) für Göttingen, Jakob Strauß (ca. 1480/83-vor 1530?) für Eisenach und der frühere Frankfurter Konventuale Markus Sebander (+ 1565) für den Bereich der Rhön.[4]

---

[1] Zit. nach TÜCHLE 205. Vgl. auch I. W. FRANK, Franziskaner 147. - Im Anmerkungsapparat werden Kurztitel für die benutzten Quellen und die Literatur verwandt; die genauen bibliographischen Angaben sind den entsprechenden Verzeichnissen zu entnehmen. Um es zu entlasten, werden die zahlreich herangezogenen Lexikonartikel in den Fußnoten vollständig angegeben. Die benutzten Abkürzungen richten sich nach S. M. SCHWERTNER: IATG². Berlin-New York 1992.

[2] Vgl. I. W. FRANK, Franziskaner 147 Anm. 180; LANG, Katholiken 41. Zum Exil in Rottweil 1534-44 und danach vielleicht in Eichstätt vgl. HECHT 94-98; nachweisbare Fratres bei TÜCHLE 205ff.

[3] Vgl. ebd. 206.

[4] Zu Bucer vgl. R. STUPPERICH: Bucer, Martin (1491-1551). In: TRE 7 (1981) 258-270; zur Zeit im Orden bis zum Austritt GRESCHAT. Zu Borchwede vgl. STUPPERICH, Reformationstheologie; EHBRECHT, Verlaufsformen 33-37. Zu den anderen ehemaligen Fratres vgl. S. 133-136 (Hüventhal), 262f. (Strauß), 60 mit Anm. 65 (Sebander). - Als Konventualen bezeichnet man entweder die Mitglieder eines Konventes oder im Gegensatz zu den Observanten die Anhänger der unreformierten Lebensform im Orden. 1494 wurde unter Ordensmagister Turriani beschlossen, die Bezeichnung "Klöster des Mittellebens" (vitae communis) durch "Klöster des Konventuallebens" zu ersetzen, allerdings gebrauchten seine observanten Nachfolger Bandelli und Cajetan den alten Namen weiter, weil "Konventuale" in dem Kontext mitunter als Schimpfwort galt; vgl. HÜBSCHER 14.

Mit "Widerstand" ist jedoch nicht einfach "heroisches" Beharren auf altgläubiger Seite und mit "Anpassung" die freiwillige oder erzwungene Akzeptanz des neuen Kirchenwesens gemeint. Die Vielschichtigkeit der damaligen Gegebenheiten widerspricht simplifizierenden Strukturierungsschemata. Im Leipziger Konvent wurde z.B. trotz der Aufhebung 1539/40 die monastische Lebensform noch drei Jahre lang fortgesetzt. Es handelte sich um Widerstand in der äußeren Anpassung. Denn die Mitglieder des Konvents konnten aufgrund des Widerstands der Stände gegen die Reformation weiterhin ihre Glaubensüberzeugung leben. Manchmal gelang es den Dominikanern, durch Beharrungs- wie auch durch Anpassungsvermögen die existentielle Bedrohung für ihre Konvente zu überwinden. Das Verhältnis der Aspekte Widerstand und Anpassung im Verhalten der Predigerbrüder während des 16. Jahrhunderts soll hier genauer betrachtet werden.

Die Untersuchung konzentriert sich auf den männlichen Zweig des Predigerordens. Eine Erforschung von Niederlassungen des Zweiten und Dritten Ordens ist im Rahmen der gewählten Thematik auch wegen der grundherrschaftlichen Organisation und der unterschiedlichen Funktion der Klöster - z.B. keine Tätigkeit in der Seelsorge - nicht möglich. Eine genauere Untersuchung der Dominikanerinnen bleibt ein Desiderat.

Trotz der Beschränkung auf einen der vier klassischen Bettelorden, nämlich die Dominikaner,[5] ist eine genauere Eingrenzung nötig, da es im gewählten Rahmen unmöglich ist, die erhaltenen Quellen der 101 Klöster der Ordensprovinzen Teutonia und Saxonia sowie evtl. noch die der Germania Inferior auszuwerten. Es ist erforderlich, eine exemplifizierende und repräsentative Auswahl unter den damaligen Konventen zu treffen. Als Untersuchungsraum wurde das Erzbistum Mainz ausgewählt. Mit dieser geographischen Abgrenzung[6] werden gleichzeitig unterschiedliche Stadttypen und Territorien als Untersuchungsgegenstand erfaßt, womit ein Impuls der Stadtgeschichtsforschung aufgegriffen wird und ein Beitrag zum Komplex Stadt und Reformation geleistet werden kann.[7] Unberücksichtigt bleiben einerseits die

---

[5] Sie wurden nach ihrem lateinischen Namen Ordo Fratrum Praedicatorum oft auch Prediger oder Predigerbrüder genannt, in der Provinz Saxonia war der Name Pauliner verbreitet. Die Fratres sind jedoch nicht mit dem Bettelorden gleichen Namens zu verwechseln; vgl. dazu K. ELM: Pauliner. In: LMA 8 (1993) 1813f.

[6] Ausgehend vom Mittelrhein werden hessische, thüringische und sächsische Konvente untersucht. Der Südharz ist mit Nordhausen vertreten, Niedersachsen mit Göttingen. Gerade am Rhein und im thüringisch-sächsischen Raum gab es eine Massierung von Bettelklöstern; vgl. ZIEGLER, Reformation 588f. Die Konvente sind verzeichnet auf der Karte "Das Erzbistum Mainz ... im Anfang des 16. Jh.s" (Beilage zu JÜRGENSMEIER, Bistum). Zu den Städten im Erzbistum Mainz vgl. CHRIST 62ff.

[7] Zu Stadt und Kirche im Spätmittelalter und in der frühen Neuzeit (bes. im 16. Jh.) vgl. in Auswahl: BOOCKMANN, Stadt; BULST/GENET; GERTEIS; ISENMANN; OZMENT; RÜTH; H. SCHILLING, Stadt; den von

Reichsstadt Mühlhausen[8] und andererseits die Residenzstadt Leutenberg;[9] letztere wegen der unzureichenden Quellenlage; erstere aufgrund ihrer speziellen Entwicklung. Denn sie hatte von 1525-48 die Reichsfreiheit vorübergehend verloren und stand bis 1539 unter dem jährlich wechselnden Regiment eines altgläubigen und zweier neugläubiger Fürsten. Im Untersuchungsraum liegen die Reichsstädte Frankfurt und Nordhausen, die Semireichsstädte bzw. Autonomiestädte Erfurt und Göttingen,[10] die Landstädte Eisenach, Jena und Treysa,[11] die hessische Residenzstadt Marburg sowie die Bischofsstadt Mainz. Damit jeder Stadttyp nach Möglichkeit vertreten ist, wurde zusätzlich die Mainz benachbarte Reichsstadt mit Bischofssitz Worms in die Untersuchung aufgenommen. Ergänzend wurde außerdem wegen seiner Bedeutung für die exilierten thüringisch-sächsischen Dominikaner während der Reformationszeit der Konvent der Residenzstadt Leipzig ausgewählt. Durch diese Auswahl gewinnt die Untersuchung an Repräsentativität. Auch wurden die Städte in ganz unterschiedlichem Maß von der kirchlichen Neuerung betroffen. In Erfurt und Worms entstand sehr schnell eine evangelische Bewegung. Früh wurde das neue Kirchenwesen auf reformatorischer Grundlage in Nordhausen, den kursächsischen Orten Eisenach und Jena sowie in den hessischen Gemeinwesen Marburg und Treysa eingeführt. Berücksichtigt werden außerdem Bürgerschaften mit später Einführung der Reformation, wie Erfurt und Leipzig, sowie Städte, die ganz altgläubig blieben - als Beispiel sei auf Mainz verwiesen - bzw. in denen es eine altgläubige Minderheit gab, nämlich in Erfurt, Frankfurt und Worms.

Der Schwerpunkt der Untersuchung liegt im 16. Jahrhundert. Behandelt werden die Konvente seit dem ausgehenden 15. Jahrhundert. Von dieser Zeitangabe her versteht

---

MOELLER hg. Sammelband Stadt und Kirche im 16. Jh. und zuletzt SCHORN-SCHÜTTE. Die reformationsgeschichtliche Städteforschung hatte sich vor allem den Reichsstädten zugewandt; vgl. bes. MOELLER, Reichsstadt.

[8] Vgl. KÖBLER 394; KNIEB sowie LÖHR, Kapitel, bes. 47*f.

[9] Die zur Zeit verfügbaren Informationen sind ebd. 49*, zusammengestellt.

[10] Zu Begriff und Inhalt vgl. H. SCHILLING, Stadt 40-43; HAMM 49f. Zur Bezeichnung "autonome Landstadt" vgl. MÖRKE, Göttingen 261f.; MINDERMANN, Adel 20f. Vgl. GOLLWITZER 493f., zur unzureichenden juristischen Unterscheidung zwischen Reichsstädten und Nicht(mehr)-Reichsstädten: um Anerkennung als Reichsstädte bemühten sich zu Beginn des 16. Jh.s bes. Braunschweig, Erfurt, Magdeburg, Minden, Münster, Osnabrück und Chur. Von der Reichskanzlei noch als Reichsstädte geführt: Passau, Amsterdam, Brügge, Rostock, Göttingen und Hannover. In Semireichsstädten war der Gegensatz zum Landesherrn besonders stark; die labile Rechtsposition machte ständiges Taktieren unausweichlich.

[11] Zur früheren Residenzfunktion der drei Landstädte vgl. S. 258, S. 272 und S. 250. Zum Themenkomplex Landstadt und Reformation vgl. allgemein MERZ, Reformation; für die Fürstabtei Fulda DERS., Landstadt; DERS., Beziehungsgeflechte.

sich, daß die als *Reformacio*[12] bezeichnete Ordensobservanz und das damalige obrigkeitliche Kirchenregiment Berücksichtigung finden muß. In beiden Fällen handelte es sich um für die Reformationszeit gewichtige Vorgänge. Der sich erst allmählich im 16. Jahrhundert entwickelnden Konfessionalisierung wird dadurch Rechnung getragen, daß vorwiegend von Alt- bzw. Neugläubigen anstelle von Evangelischen, Protestanten, Lutheranern und Katholiken gesprochen wird, was vor 1529/30 sowieso ein Anachronismus wäre.[13] Im Titel der Arbeit wurde der Begriff "Reformation" beibehalten, da sie die entscheidende Epochenzäsur darstellt und sich die Dominikaner mit ihren theologischen Anfragen und den dadurch ausgelösten Prozessen auseinandersetzen mußten. Evangelische bzw. reformatorische Bewegung bezeichnet die neugläubige Predigtbewegung mit starker Resonanz in der Stadtbevölkerung. Eine Unterteilung in früh- und spätreformatorische Bewegung wird hier nicht vorgenommen. In Göttingen begann die reformatorische Bewegung erst 1528; 1524 hatte auf der anderen Seite der Magistrat von Nordhausen schon weitgehend die neue Lehre eingeführt. Konservative Beharrung bezeichnet das Festhalten der Dominikaner am eigenen monastischen Ideal trotz der neuen theologischen Ansätze der Reformatoren. Zu Ende des 16. Jahrhunderts waren die Konvente dem Orden verloren gegangen oder fingen - im Kontext der allgemeinen Konsolidierung des "Katholizismus" - an, sich zu regenerieren. Um diesen Prozeß hinreichend zu erfassen, muß auch das 17. Jahrhundert in den Blick genommen werden. Deshalb wurde als formaler Endpunkt der Untersuchung das "Normaljahr" 1624 gewählt. Denn der Konfessionsstand des Jahres wurde im Westfälischen Frieden festgeschrie-

---

[12] Das Bemühen um *reformatio* in der Kirche kennzeichnete besonders das 15. Jh. Um Mehrdeutigkeit zu vermeiden, werden folgende Definitionen eingeführt: Reformation ist die durch die Protestatio und die Confessio Augustana konstituierte Glaubensneuerung. Reformacio soll die ordensinternen Bemühungen um Reform bzw. "Reformation" bezeichnen. So verfaßte z.B. Johannes Meyer 1468 das von ihm bis zum Jahr 1475 weitergeführte *Buch der Reformacio Predigerordens* (ed. REICHERT, Buch). Die Reformacio war mit der Observanz identisch. So heißt es zu Beginn der Ordinationes des Generalmagisters Konrad von Asti 1463 für Bamberg sowie alle Konvente der Teutonia: "*Ingenti sollicitudine super vestri conventus conservanda reformacione et observancia regulari*"; vgl. LÖHR, Teutonia 86, 92. Die Reformacio beschränkt sich aber nicht auf die Observanz. Denn die Generalkapitel des Ordens, die für die Observanten wie die Konventualen galten, schärften die Verpflichtung zur ständigen Reformacio, d.h. Erneuerung, ein. Dies war ein fester Bestandteil der *suffragia pro vivis*: "*pro bono statu et reformatione ordinis nostri et reverendissimo magistro generali et eius societate quilibet sacerdos unam missam.*" REICHERT, Acta IV, 122 (hier für das Jahr 1513). Die Schreibweise des Begriffs war zur damaligen Zeit schwankend, daher wird zur Abgrenzung von dem schon besetzten Reformationsbegriff die oben angeführte Schreibform gewählt. So ist der gewählte Begriff auch von HAMMs "reformatio"-Begriff abgegrenzt, der "normative Zentrierung" in den verschiedenen politisch-sozial-kirchlichen Bereichen in Verbindung mit den damaligen Reformbestrebungen beinhaltet; vgl. HAMM, Reformatio 10.

[13] Zu den Begriffen (Kath.) Reform, Reformation, Gegenreformation und Konfessionalisierung vgl. HKG.J IV, 449f.; W. REINHARD; RANDALL 1-4; KLUETING, Zeitalter 13-30; H. R. SCHMIDT 67f., 86-122; SCRIBNER, Reformation 7ff.; zum Wandel der Interpretation der Reformation vgl. SCHORN-SCHÜTTE 91-105. Zur reformierten, lutherischen und katholischen Konfessionalisierung vgl. bes. die Sammelbände, die von H. SCHILLING, RUBLACK bzw. W. REINHARD/H. SCHILLING hg. wurden, sowie SCHINDLING/ZIEGLER VII.

ben. Aufgrund dieser Eingrenzung bleiben die Restitutionsbemühungen des *corpus catholicorum* während des Dreißigjährigen Krieges außer Betracht, die einer eigenen Untersuchung gerade auch für den Dominikanerorden wert sind.

Ziel der Arbeit ist es, einen Beitrag zur noch ausstehenden Gesamtdarstellung der Geschichte der deutschen Dominikaner zu leisten. Ausgewählt wurde eine Epoche, die eine bedeutende Zäsur darstellt. Denn der im Spätmittelalter hochbedeutsame Verband war während der Reformationszeit vom Untergang bedroht und erlitt erhebliche Verluste im personellen und institutionellen Bereich. Der auf vielerlei Ebenen geführte Kampf sicherte zwar den Fortbestand des Ordens nicht nur im Deutschen Reich, doch konnte der Bedeutungsverlust in der Kirche insgesamt nicht verhindert werden. "Die Jesuiten lösten den Dominikanerorden in der Leitfunktion für Verfassung, Lebensstil und Tätigkeit der Orden ab".[14]

Durch die Offenlegung der Strukturen, die für die Beharrung der Predigerkonvente, ihren Untergang bzw. ihre Erneuerung von Bedeutung waren, soll ein Beitrag für eine noch ausstehende komparative Bettelordenshistoriographie geleistet werden. Die herausgearbeiteten Strukturen bieten Verständnishilfen für die Situation, in der die anderen Mendikantengemeinschaften zur Reformationszeit standen. Die kirchenpolitische Einstellung der jeweiligen Obrigkeiten war für die Weiterexistenz und/oder das Ende der Dominikanerkonvente bedeutsam. Daher ist die hier vorliegende Untersuchung von Relevanz für die Erforschung der von Magistraten und Landesherren getragenen Konfessionalisierungsprozesse. Die vorgelegte Arbeit stellt eine Ergänzung zu den Einzeluntersuchungen im Kontext der Stadt- und Territorialgeschichtsforschung dar.[15] Denn das Schicksal der Klöster aller Orden ist durchaus ein zentrales Thema der Reformationsgeschichte. Auch das vergleichsweise geringe Klostergut der Dominikaner hatte Bedeutung für das neue obrigkeitlich geleitete Kirchen-, Schul- und Armenwesen.

Dabei orientiert sich der gewählte Ansatz, aus dem die Konvente in der sie bedrängenden Spannung zwischen Widerstand und Anpassung betrachtet werden, an der Sozial- und besonders an der Institutionengeschichte. Auf diese Weise soll die dezidiert personengeschichtliche, für die Erforschung der Dominikaner während der Reformationszeit bahnbrechende und grundlegende Studie von Nikolaus PAULUS (1853-1930) von 1903 mit seinem programmatischen Titel "Die Dominikaner im

---

[14] I. W. FRANK: Dominikanerorden. In: LThK³ 3 (1995) 314.

[15] Vgl. z.B. RUBLACK, Nördlingen; SCHRÖDER; M. SCHULZE; STIEVERMANN.

Kampf gegen Luther (1518-1563)" ergänzt werden.[16] Seinerzeit war es das Hauptverdienst des aus dem Elsaß stammenden Kirchenhistorikers, auf die literarischen Gegner der Reformation aufmerksam gemacht und sie gewürdigt zu haben. Für ein ausgewogenes Urteil zur Position der Dominikaner im Konfessionalisierungsprozeß ist neben dem "Widerstand" jedoch auch die "Anpassung" der Predigerbrüder sowohl in neu- wie auch in altgläubigen Städten und Territorien zu untersuchen. Aufgrund der institutionsgeschichtlichen Betrachtungsweise wird die religiöse, soziale und ökonomische Situation der Konvente in den jeweiligen Gemeinwesen betrachtet. Da ein Konvent vor allem ein Zusammenschluß von Personen ist, werden z.B. auch die weniger bedeutenden, unbedeutenden und "apostasierenden"[17] Dominikaner in die Untersuchung einbezogen. Die oft außerhalb ihres Konvents lebenden hervorragenden Theologen des Ordens und ihre Leistungen sind nicht Forschungsgegenstand, auch wenn neben den in kaiserlichen Diensten stehenden Dominikanern[18] die Weihbischöfe,[19] Professoren sowie die Dom-[20] und Hofprediger[21] wie

---

[16] Wenn seine Einschätzung auch im Kontext der damaligen konfessionellen Polemik zu sehen ist, handelt es sich doch um eine brauchbare, materialreiche und weithin noch gültige Untersuchung. Übernommen wurde häufig die Würdigung der Dominikaner als Vorkämpfer gegen die Reformation. Am besten ist das damalige Forschungsergebnis zusammengefaßt bei PAULUS, Dominikaner VI: "Man kann wohl sagen, daß in dem schweren Kampfe, den im 16. Jahrhundert die katholische Kirche in Deutschland zu bestehen hatte, keine andere religiöse Genossenschaft so zahlreiche und so treffliche literarische Vorkämpfer gestellt hat, wie der Orden des hl. Dominikus."

[17] Für die neugläubige Seite handelte es sich um Konvertiten zum wahren Glauben. Da die Untersuchung die von der Reformation betroffenen Altgläubigen in den Blick nimmt, wird der in den Quellen sowie im altgläubigen Kirchenrecht verwandte Ausdruck "Apostaten" (gänzliche Abkehr vom Glauben bzw. dem Orden) wie auch der Begriff "Fugitivi" (nur temporäre Flucht) hier wertneutral benutzt. Die mit beiden Begriffen bezeichneten Sachverhalte bezeichnen ein immerwährendes Phänomen im Mönchtum. Allgemein zur Apostasie im Mönchtum vgl. MAYALI.

[18] Johannes Faber war Rat Maximilians I. (vgl. PAULUS, Dominikaner 297); ebenso Nicolaus Bruggheman dessen Rat und Beichtvater (vgl. LÖHR, Reg. Mansuetis 40 Anm. 73); bis 1535 wirkte Michael Fortini als Hofprediger (vgl. ELERS 357), die Brüder de Soto von 1542-50 als Beichtväter (vgl. C. POZO: De Soto, Domingo de. De Soto, Pedro de. In: LThK² 9 (1964) 897f.; zu Pedro de Soto vgl. ausführlich CARRO). Matthias Sittard war Beichtvater und Hofprediger von Ferdinand I. sowie Maximilian II.; vgl. K.-B. SPRINGER: Sittard, Matthias. In: BBKL 10 (1995) 573f.; ebenso Johannes Nelling bei Matthias I.; vgl. KORDEL, Visitation II, 392f.

[19] Zusammenstellung bei HCMA III, 344ff.; zu den einzelnen dort genannten Personen s. ausführlicher die Kurzbiographien bei GATZ (in Halberstadt amtierten bis zur Mitte des 16. Jh. fast durchgehend Dominikaner). Die in der Saxonia von 1300-1550 wirkenden 53 Weihbischöfe nennt LOË, Saxonia 25-28. Zu P. Ansbach vgl. K.-B. SPRINGER: Rauch, Petrus. In: BBKL 7 (1994) 1398-1401.

[20] Münster: 1524, 1533 Heinrich Mumperts (vgl. RENSING 175f.); 1587f. Provinzial Nikolaus Steinlage (vgl. ebd. 87). Speyer: 1544-45: Nikolaus (vgl. LÖHR, Wirksamkeit 148; 146 zum Wimpfener Prior und concionator des Eichstätter Bischofs Johannes Hamburger). Zu Mainz vgl. I. W. FRANK, Totenbuch 140 Anm. 55 (Thomas Fabri); 268, 104 (Franziskus Franck).

die Inhaber anderer Ämter[22] wegen ihrer Verbindungen zu den Fürsten durchaus für die einzelnen Konvente von Bedeutung waren.[23]

Die Quellenlage zu den einzelnen Konventen und den Teilgebieten dieser Untersuchung ist aufgrund der Geschicke, die die Konventsarchive erfuhren, und wegen der unterschiedlichen Forschungstätigkeit sehr verschieden.[24] Es gibt mittlerweile eine unübersehbare Zahl von Einzeluntersuchungen zur Geschichte der Reformation wie auch zu den in dieser Arbeit behandelten Städten. Dabei fällt jedoch auf, daß die Schicksale der Dominikaner nur in geringem Ausmaß Berücksichtigung fanden. Das zum Dominikanerorden edierte Quellenmaterial nimmt ebenfalls nur einen verhältnismäßig kleinen Raum ein. Die Ordenshistoriker erforschten vorwiegend die "Blütezeit" ihrer Gemeinschaft im Spätmittelalter; demgegenüber fand die Epoche der Reformation nur vergleichsweise geringes Interesse. Das wurde vielleicht auch dadurch verstärkt, daß die im 16. Jahrhundert lebenden und wirkenden Predigerbrüder sich mit Ausnahme von Johannes LINDNER (+ nach 1530) und Petrus RAUCH (1495-1558) nicht historiographisch betätigt hatten.[25] Im Zuge der mit dem ausgehenden 19. Jahrhundert einsetzenden neueren Ordenshistoriographie verdient der Beitrag von Gabriel M. LÖHR (+ 1961) besonders herausgehoben zu werden. Seine Edition der Provinzkapitel der Saxonia von 1513-40 ist von grundlegender Bedeutung. Dieser stellte er einen Abriß der Geschichte der Saxonia und ihrer Konvente voran, deren zeitlicher Rahmen von der Einführung der Observanz bis zum Erlöschen der Provinz reicht. Weitere Studien von ihm umfassen u.a. die Edition der

---

[21] Z.B. Johannes Mensing und Petrus Rauch in Dessau (vgl. PAULUS, Dominikaner 19-28; SPRINGER, a.a.O.). Johannes Wirttemberger war Prediger des Mainzer Erzbischofs (vgl. PAULUS, a.a.O. 216; LÖHR, Akten 281 Anm. 85).

[22] Georg von Dortmund wurde 1549 erzbischöflicher Poenitentiar in Köln; vgl. RENSING 190.

[23] So setzte der kaiserliche Beichtvater Petrus de Soto 1548 die Restitution des Augsburger Konventes durch, den Karl V. den Protestanten überlassen wollte; vgl. P. SIEMER 104f.

[24] Das Archivgut der Klöster ging häufig in die Bestände der jeweiligen Stadt- und Landesarchive über und erfuhr dabei unterschiedliche Schicksale und Bearbeitung. Das Eisenacher Stadtarchiv verbrannte 1636; zum Erfurter und Frankfurter Konvent sind viele Archivalien vorhanden; für Göttingen, Leipzig und Jena gibt es Urkundenbücher; im Fall von Marburg sind die Urkunden des Dominikanerklosters als Regesten ediert. Ein Großteil des Quellenmaterials zu den Konventen harrt noch der Aufarbeitung. Gravierend ist das fast gänzliche Fehlen der Kapitelsakten der Teutonia; die von LÖHR hg. Kapitelsakten der Saxonia haben den Rang eines Standardwerkes. Die Register der Generalmagister im Archiv des Ordens in Rom sind im behandelten Zeitraum für die Teutonia noch nicht ediert, für die Saxonia hingegen auszugsweise bei DERS., Reg. Turriani 133-138. Parallel zur vorgelegten Arbeit war an der Pontificia Università San Tommaso d'Aquino "Angelicum" in Rom eine Studie vorgesehen, die die Auswertung der Register als Ziel hatte, aber bisher noch nicht erschienen ist.

[25] Zur 1529 Hzg. Georg von Sachsen gewidmeten, 1530 vollendeten Chronik des "Monachus Pirnensis" LINDNER vgl. K.E.H. MÜLLER sowie die Korrekturen bei R. HOFMANN. Zu der nicht mehr nachweisbaren Chronik von Anhalt des P. Rauch vgl. K.-B. SPRINGER: Rauch, Petrus. In: BBKL 7 (1994) 1400.

Provinzkapitelsakten der Teutonia von 1503 und 1520, die Wirksamkeit der Dominikaner im mittelrheinischen Raum und an den Universitäten Mainz und Erfurt. Dabei war es sein Hauptanliegen, eine zureichende Daten- und Quellenbasis für verschiedene Aspekte des Wirkens der Dominikaner im deutschen Sprachraum zu erschließen. Erst in jüngerer Zeit ist man zunehmend an systematisierender Strukturierung des Materials interessiert.[26] In den letzten Jahren machte die Erforschung der Ordens-[27] und auch der Bettelordensgeschichte der Reformationszeit Fortschritte.[28] Die Verbreiterung der Quellenbasis, indem das durchaus noch reichlich vorhandene archivalische Material zumindest zum Teil aufgearbeitet wird, und die systematische Durchdringung desselben ist auch ein Ziel dieser Studie.

Die vorliegende Untersuchung weist folgenden Aufbau auf: Zunächst wird die Ausgangssituation der deutschen Dominikanerkonvente vor Beginn der Reformation skizziert. Als "Reformation vor der Reformation" muß auf die Observanzbewegung und deren vielschichtige Einbindung in fürstliche und städtische Interessen eingegangen werden. Darauf folgt als nächster Hauptteil der Arbeit die Geschichte der ausgewählten Konvente im 16. Jahrhundert, die nach den verschiedenen Stadttypen gegliedert ist. Jede dieser Konventsdarstellungen besteht aus mehreren Unterabschnitten: einem Überblick zur Situation des Konventes vor der Reformation unter bes. Berücksichtigung des obrigkeitlichen Kirchenregiments schließt sich eine Klärung der Frage an, inwieweit der Konvent von der reformatorischen Bewegung bzw. den reformatorischen Maßnahmen betroffen war. Beschrieben wird also die konservative Beharrung der Fratres und das Ende oder das Überleben des Konventes. In einem letzten zusammenfassenden und auswertenden Unterabschnitt wird die Darstellung gebündelt, wobei eine erste Antwort auf die forschungsleitenden Fragen gegeben wird. Den Einzeluntersuchungen folgt in einem weiteren Hauptteil die Auswertung. Darin wird versucht, die erzielten Ergebnisse - trotz der Verschiedenheit der Situation in den einzelnen Städten - zu vergleichen und zu generalisieren. Da auch die publizierten Forschungsergebnisse zu weiteren, in dieser Monographie nicht untersuchten, Konventen zum Vergleich herangezogen werden, können die schon erzielten Resultate besser aus einer die lokale Situation übergreifenden Perspektive betrachtet werden. Die im Auswertungs- und Ergebnisteil vorgenommene

---

[26] Manche der zum Teil veralteten lokal- und ordensgeschichtlichen Arbeiten blieben Fragment ohne Berücksichtigung größerer Zusammenhänge. Hervorzuheben sind in letzter Zeit die Untersuchungen von I. W. FRANK.

[27] Vgl. z.B. ZIEGLER, Reformation; J. SCHILLING, Mönche; DERS., Klöster; HENZE (zwischen den verschiedenen Orden und ihrer Rechtsstellung wäre mitunter genauer zu differenzieren). Zu beachten ist auch die Arbeit von HINZ über die kanonikal ausgerichteten Brüder vom Gemeinsamen Leben im 16. Jh.

[28] Zu den Dominikanern vgl. z.B. I. W. FRANK, Dominikanerkloster; DERS, Erneuerung sowie die Studien von A. KORDEL. Zu den Franziskanern vgl. NYHUS; SCHINDLING, Franziskaner; ZIEGLER, Franziskanerobservanten; ULPTS; SCHLOTHEUBER, Franziskaner; DIPPLE; WAS.

Aufhebung der Beschränkung auf die behandelten Konvente dient der Verallgemeinerung der Aussagen und der Erhebung von über den Untersuchungsraum hinaus gültigen Befunden.

Ziel der Untersuchung ist, bei aller Verschiedenheit von Ort und Zeit Strukturierungen in Bezug auf Beharrung, Untergang und Überleben der Dominikanerkonvente festzustellen, die die örtliche Situation übergreifen. Dabei ist z.B. zu fragen, ob der Konfessionalisierungsprozeß, der anhand des Schicksals der Dominikaner verfolgt wird, je nach Stadttyp und den dabei involvierten verschiedenen landesherrlichen und städtischen Obrigkeiten unterschiedliche Ausprägungen annahm. Generell ist die Rolle der alt- und neugläubigen Obrigkeiten gegenüber den Dominikanern zu eruieren. Zu untersuchen ist außerdem, ob für die Dominikaner die lokalen oder die überlokalen, zum Beispiel reichsrechtlichen, Rahmenbedingungen wichtiger waren. Ganz am Schluß werden in einem letzten Hauptteil die hier genannten Zielsetzungen aufgegriffen und die erreichten Ergebnisse der Arbeit kurz zusammengefaßt.

DIE DOMINIKANER VOR DER REFORMATION

Wichtig für die vorreformatorische Situation der Predigerbrüder in den beiden Ordensprovinzen des deutschen Reichs, der Teutonia und der Saxonia, war das Ringen um die Observanz sowie die in verschiedenen Bereichen und unterschiedlicher Ausprägung erfolgende Einbindung der Dominikaner in das Kirchenregiment der Fürsten und städtischen Magistrate. Neben der breiten bürgerlichen wie obrigkeitlichen Förderung des Studien- und Seelsorgeordens ist auch die zunehmende Kritik an den Predigerbrüdern darzustellen. Luthers grundsätzliche Infragestellung des Mönchtums war die Herausforderung schlechthin, mit der sich die Fratres während der Reformation konfrontiert sahen.

1 TEUTONIA UND SAXONIA

Der von Dominikus de Guzmán (1173/75-1221) begründete Predigerorden breitete sich rasch aus. Wichtigstes Kennzeichen des ortsunabhängigen, vom Generalmeister geleiteten Personenverbandes war die den anderen Bettelorden als Vorbild dienende korporative Verfassung, die für die drei institutionalisierten Ebenen des Konvents, der Provinz und des Gesamtordens galt. Oberstes gesetzgebendes Organ waren die Generalkapitel, auf denen der Generalmagister gewählt wurde.[29]

Die 1221 geschaffenen Provinzen als Mittelinstanzen, darunter die Teutonia für die Konvente im Gebiet des Deutschen Reiches, hatten im Provinzkapitel ihr Repräsentativorgan. Auf dem Generalkapitel von Bologna 1275 war die Unterteilung großer Provinzen in Nationes, in der Saxonia auch contratae genannt - dem Gegenstück der Kustodie bei den Franziskanern - empfohlen und wohl 1276 schon im Bereich der Teutonia eingerichtet worden.[30] Nachdem 1303 die Ordensprovinz Saxonia von der Teutonia abgetrennt worden war, blieb die Provinzeinteilung bis zur Errichtung der Germania inferior 1515 konstant; die Teutonia wurde nun häufig als Germania superior bezeichnet.[31] Ab 1515 bestanden nach der Ausgliederung von fünf Klöstern an die Germania inferior 50 Konvente in der TEUTONIA:[32]

---

[29] Vgl. zuletzt zusammenfassend I. W. FRANK: Dominikus und DERS.: Dominikanerorden. In: LThK³ 3 (1995) 319f., 309ff. Vgl. auch L. A. REDIGONDA: Frati Predicatori. In: DIP 4 (1977) 923-970. Zur Ausbreitung der Dominikaner im Erzbistum Mainz vgl. BERGER, Bettelorden.

[30] Vgl. LOË, Teutonia 5f., 9ff.; I. W. FRANK, Hausstudium 17ff.; DERS.: Dominikanerorden. In: LThK³ 3 (1995) 310.

[31] Vgl. LOË, Teutonia 3f.; DERS., Saxonia 7ff.; I. W. FRANK, Franziskaner 117f.

[32] Vgl. LOË, Teutonia 7f.; LÖHR, Teutonia 156f.; HÜBSCHER 17; vgl. zu den Nationes LOË, Teutonia 5f. Er zählt 61 Klöster, darunter irrtümlich das Frauenkloster Laufen sowie das Terminhaus Breisach (vgl. LÖHR, a.a.O. 18 Anm. 8). Bei Lauffenburg handelte es sich evtl. um eine kurz bestehende Gründung;

Natio Alsatiae: Basel, Bern, Colmar, Freiburg/Br., Gebweiler, Hagenau, Schlettstadt, Speyer, Straßburg, Weissenburg, Worms, Zürich

Natio Brabantiae: Aachen, Frankfurt, Koblenz, Köln, Luxemburg, Mainz, Marienheide, Trier

Natio Sueviae: Augsburg, Bozen, Chur, Esslingen, (Schwäbisch-)Gmünd, Heidelberg, Konstanz, Mergentheim, Pforzheim, Rottweil, Stuttgart, Ulm, Wimpfen,
Würzburg

Natio Bavariae:

a) Bavaria superioris porcionis: Bamberg, Eichstätt, Landshut, Nürnberg, Regensburg

b) Bavaria inferioris porcionis (Natio Austriae, Styriae et Carinthiae): Friesach,
Graz, Krems, Leoben, Vallis Senarum (= Neukloster im Sanntal), Pettau,
Retz, Steyr, Tulln, Wien, Wiener Neustadt

Die SAXONIA verfügte um 1513 über die folgenden 58 Konvente:[33]

Natio Saxoniae: Braunschweig, Göttingen, Halberstadt, Halle, Hildesheim, Magdeburg

Natio Westfaliae: Bremen, Dortmund, Minden, Osnabrück, Soest, Warburg, Wesel

Natio Slaviae: Hamburg, Lübeck, Meldorf, Röbel, Rostock, Stralsund, Wismar

Natio Misniae: Eger, Freiberg, Leipzig, Leutenberg, Luckau, Pirna, Plauen

Natio Thuringiae: Eisenach, Erfurt, Jena, Marburg, Mühlhausen, Nordhausen,
Treysa

Natio Marchiae: Berlin-Kölln, Brandenburg, Prenzlau, Ruppin, Seehausen, Soldin,
Straußberg, Tangermünde

Natio Frisiae: Groningen, Leeuwarden, Norden, Winsum

Natio Hollandiae: (Den) Haag, Harlem, Kalkar, Nymegen, Rotterdam, Utrecht,
Zиерickee, Zütphen, Zwolle

Natio Livoniae: Dorpat, Pernau, Riga

Solange observante bzw. konventuale Klöster eine Minderheit in der Provinz bildeten, waren sie in Kongregationen zusammengeschlossen. Sie waren bezüglich der
Konvente dem jeweiligen Provinzial unterstellt, andererseits ein von diesem un-

---

Löwen ist wohl doppelt gezählt. Zu Vallis Senarum und dem von der Nationes-Zugehörigkeit umstrittenen
Bozen vgl. I. W. FRANK, Hausstudium 19 Anm. 66f. TÜCHLE 201, erwähnt eine Liste von 53 Klöstern der
Teutonia vom Anfang des 16. Jh. Evtl. waren nicht gezählt Vallis Senarum und Marienheide, das 1503 zwei
Mitglieder hatte; vgl. LÖHR, a.a.O. 18. Die Entwicklung der österreichischen Konvente wird hier nicht
behandelt; vgl. dazu I. W. FRANK, Errichtung.

[33] Vgl. LÖHR, Reg. Turriani 139; LOË, Saxonia 11f. Ebd. 12f. Konventsübersicht nach Nationen (von
1468).

abhängiger, mitunter sogar die Ordensprovinzen übergreifender Verband. Die meisten observanten Konvente der Saxonia gehörten zur CONGREGATIO HOLLANDICA, welche Reformklöster von der Bretagne bis Polen und von Dänemark bis zu den Alpen umfaßte. Nachdem 1514 die französischen Klöster in der gallikanischen Kongregation und 1515 die Konvente der habsburgischen Niederlande in der Provinz Germania Inferior zusammengefaßt worden waren, bot sich für die in der holländischen Kongregation verbliebenen Konvente der Saxonia die Vereinigung mit den konventualen Klöstern an, die 1517 erfolgte.[34] An die Saxonia kamen außerdem die Konvente Greifswald und Pasewalk aus der Provinz Polonia,[35] sowie Reval, Schleswig und Haderslehen aus der Dacia.[36] Durch die 1515 erfolgte Abtrennung der Nationen Friesland - nur das Kloster Norden blieb bei der Saxonia -, Holland und Livland besaß die sächsische Ordensprovinz nach der Union 51 Konvente.[37] Insgesamt gab es in beiden Provinzen beim Ausbruch der Reformation 101 Konvente mit über 2000 Fratres.[38]

Die Untergliederung der Provinzen in Nationes bestand zur Reformationszeit weiterhin,[39] hatte aber aufgrund der Observanzbewegung an Bedeutung verloren. So wurde z.B. der observante Konvent Winsum durch den Generalmagister Salvus

---

[34] Vgl. REICHERT, Acta IV, 173; MORTIER 169-174; LÖHR, Kapitel 29*f., 73; WOLFS, Observanzbestrebungen 288f. (die Ansicht, daß auch Rab nicht der Observanz zum Siege verhelfen konnte, ist zu korrigieren); ULPTS 333f. Zur Congregatio Hollandica s. S. 16 mit Anm. 56.

[35] Vgl. REICHERT, Acta IV, 171; LOË, Saxonia 14.

[36] Vgl. LÖHR, Kapitel 5*, 30*.

[37] LÖHR, Kapitel 35* geht von ca. 48 Klöstern aus; 116-121 sind 50 Konvente im Jahr 1519 genannt, es fehlt jedoch Leutenberg. Die 1505 erfolgte Gründung Pernaus scheiterte, dafür wurde 1520 Narwa gegründet; vgl. ebd. 138, 42*; somit waren es zeitweise 52 Konvente. Zu korrigieren ist ZIEGLER, Reformation 587, nach dessen Schätzung ca. 70 Klöster im Reich bestanden hätten.

[38] Jeder Konvent zählte nach den Konstitutionen mindestens 12 Fratres. Mitgliederschwach war z.B. Stuttgart: 1513 keine "competens numerus fratrum" (zit. nach RAUSCHER 270); ähnlich war die Situation wohl in Leutenberg, Marienheide, Treysa und Vallis Senarum. Zu Nordhausen, das 1504 17 Mitglieder besaß, siehe S. 78 mit Anm. 13. Um 1500 hatte Augsburg 30-40 Konventualen, Würzburg 20 Ordenspriester, Eichstätt 1520 42 Konventsmitglieder und Regensburg 25 im Jahre 1525; vgl. H. BARTH 716. Halle wies 1520 33 Fratres auf (vgl. LÖHR, Kapitel 69* Anm. 120); in Leipzig waren um 1500 nach einem unvollständigen Verzeichnis 43 Fratres und 5 Novizen (vgl. S. 198f.). In Wien gab es um 1450 etwa 70 Brüder, vgl. I. W. FRANK, Hausstudium 22. Für Basel vgl. LÖHR, Teutonia 27ff. sowie 122-136 Nr. 32 (ca. 175 Fratres in 53 Jahren). Viele Konvente (so wohl auch Köln und Erfurt) hatten um die Wende zum 16. Jahrhundert zahlreichen Nachwuchs. Für Mainz vgl. I. W. FRANK, Totenbuch 95f. Der hohe Personalstand galt auch für konventuale Klöster: 1524 gab es 40 Dominikaner in Straßburg; vgl. RÜTHER 319. Übertrieben wohl die Angabe für das Jahr 1514 von Mutian: "adversus doctissimum Capnionem conspiraverunt circiter quinque milia fratrum Dominicalium" (GILLERT 117 Nr. 459).

[39] 1530 bestätigte Provinzial Rab die Wahl des Jenaer Priors Eckenfelder zum Vikar der natio Misniae; vgl. HSTA Weimar, Urk. 1530 April 6.

Cassetta (1481-83) im Jahre 1483 aus dem Verband der Natio Frisiae herausgenommen.[40] Aufgrund der Reformbewegung war die Zugehörigkeit zur observanten oder konventualen Fraktion wichtiger geworden als z.B. die Nationeszugehörigkeit. Da durch die Gegensätze im Orden die Ordensstrukturen geschwächt wurden bzw. an Bedeutung verloren, gewann das Ziel der Vereinigung aller Konvente einer Provinz an Bedeutung.

Die als Observanz bezeichneten Erneuerungsbemühungen gab es in allen Orden des Spätmittelalters. Sie verwirklichten am ehesten die immer wieder geforderte Reform an Haupt und Gliedern.[41] Das gemeinsame Ziel der Observanzbemühungen in allen Orden war die Rückbesinnung auf die ursprünglichen Ideale: Askese (daher kein Fleischgenuß), gemeinsames Leben mit Klausur und vorbildliche Feier der Liturgie. Aus dem schöpferischen Rückgriff auf die Anfänge entwickelte sich jedoch etwas Neues. Allen monastischen Gemeinschaften war der Wille zur Innerlichkeit, zum Rückzug aus der Welt und die Vorliebe für inneres Gebet und Meditation gemeinsam.[42] Wesentlich für die Observanz der Bettelorden und damit auch der Dominikaner war die Erneuerung des Armutsideals und das damit verbundene Verbot von Eigenbesitz der einzelnen Fratres.[43]

Im Dominikanerorden ging die Initiative zur Reform hauptsächlich von der Ordensleitung aus.[44] 1388 erhielt der Ordensmagister Raymund von Capua (1380-99) auf dem Wiener Generalkapitel der römischen Obödienz die Vollmacht, in jeder Provinz ein Kloster der Observanz zuzuführen. In der Teutonia erfolgte schon 1389 die

---

[40] "*Conventus Wincemensis eximitur a cura cuiuscumque vicarii particularis seu nacionis et simpliciter subest provinciali nec potest visitari ab aliquo.*"; vgl. LÖHR, Reg. Mansuetis 82. Zum Generalmagister vgl. K.-B. SPRINGER: Salvus Cassetta. In: LThK³ 8 (1999) (im Druck).

[41] Vgl. bes. den Sammelband ELM, Reformbemühungen sowie RAPP 216-225; WEINBRENNER 9-57; JEDIN 231f. Zu den Dominikanern s. I. W. FRANK: Dominikanerorden: In: LThK³ 3 (1995) 311f.

[42] Vgl. ELM, Observanzbestrebungen 16f.; DERS., Franziskanerobservanz 204; NEIDIGER, Observanzbewegung 181; DERS., Dominikanerkloster 35; METZGER (1942) 19ff.; RÜTHER 309.

[43] Vgl. HILLENBRAND 263. Z.B. ordnete der Magister generalis 1395 gegenüber dem Provinzial der Teutonia an, "*quod compellat fratres ..., qui emerunt sibi praecarias vel redditus annuales, ad resignandum dictos redditus communitati provincie, vel illis conventibus quibus dicti fratres praefuerunt, et quod non permittat de cetero fieri.*" (KAEPPELI 142 Nr. 178) Im konventualen Freiburg gab es sogar "*presens den priestern im Convent*"; vgl. DOLD, Wirtschaftsgeschichte 56 (Anm.). Die Dominikaner verfügten von Anfang an über Gemeinschaftsbesitz; vgl. I. W. FRANK, Existenzsicherung 44 Anm. 2; 60 zur 1475 päpstlich bestätigten Besitz- und Eigentumsfähigkeit. Zum Armutsbegriff der Anfangszeit vgl. auch HORST, Armut. Nur wenige observante Klöster verzichteten auf den Eigenbesitz des Konvents: zu Gebweiler und Chur vgl. HILLENBRAND 246; zu Stuttgart NEIDIGER, Observanzbewegung 188; DERS., Dominikanerkloster 26ff. Dieser Rigorismus in der Armutsfrage wurde nach kurzer Zeit aufgegeben; vgl. I. W. FRANK, Ordensarmut 222.

[44] Vgl. ELM, Observanzbestrebungen 12.

14

Reformacio des Colmarer Konventes.[45] Die Durchsetzung der Observanz war jedoch ein äußerst langwieriger und konfliktreicher Prozeß. In der Teutonia hatten die Observanten seit 1474 die Mehrheit erlangt. Die Konventualen der Congregatio Germaniae Superioris besaßen um 1516 13 Konvente: Augsburg, Freiburg/Br., Hagenau, Koblenz, Konstanz, Mergentheim, Rottweil, Speyer, Straßburg, Trier, Weißenburg, Würzburg und Zürich. Die von den Observanten weiterhin betriebene Durchsetzung der Reform, die alle Häuser der Provinz umfassen sollte, hatte Erfolg: langsam nahm die Zahl der Konvente in der Oberdeutschen Konventualenkongregation ab.[46] Dagegen gab es Widerstand von Seiten der Fratres des "Mittellebens" und Bestrebungen zur Sezession.[47] Eine Reformacio konnte deshalb in vielen Konventen erst nach jahrelangem Ringen eingeführt werden.[48] Trotz der Reformen von 1395 und 1451 blieb Würzburg konventual,[49] ebenso Speyer trotz der Reformacio von 1490. Koblenz wurde erst beim dritten Anlauf 1518 observant.[50] 1496 wurde in Trier das Studium artium, in Straßburg das studium theologiae particulare und in Freiburg das Studium generale der Kongregation errichtet.[51] Schließlich erlangte sie fast völlige Unabhängigkeit von der Provinz.[52] Unter den Ordensgenerälen Vincentius Bandelli (1501-06) und Thomas de Vio Cajetanus (1508-18) wurde die Situation für die Konventualen allerdings zunehmend schwieriger. Cajetan verbot sogar den nichtobservanten Konventen die Novizenaufnahme. Die Provinziale

---

[45] Vgl. SCHEEBEN, Chronica 71ff.; HILLENBRAND 226f.; EGGER 17f.; RÜTHER 308f. Zum Generalmagister vgl. zuletzt K.-B. SPRINGER: Raimund v. Capua. In: LThK³ 8 (1999) (im Druck). - Von 1378 bis 1417 bestand infolge des Großen Abendländischen Schismas auch im Dominikanerorden die Spaltung in eine avignonesische und eine römische Obödienz mit jeweils eigenem Generalmagister und eigenen Generalkapiteln.

[46] Vgl. HÜBSCHER 17; LÖHR, Teutonia 17f.; RÜTHER 310. - Zur Bezeichnung "Konventualen" bzw. Fratres/Konvente des "Mittellebens" vgl. oben Anm. 4.

[47] Während des Colmarer Provinzkapitels 1484 tagten die Konventualen separat in Schlettstatt. Ausdruck der gewünschten Unabhängigkeit war auch die (erfolglose) Weigerung, Provinzkontributionen zu entrichten. 1486 ermahnte der Papst die Konventualen zur Zahlung; vgl. LÖHR, Teutonia 42, 47, 139. Wegen Nichtzahlung wurden 1498 alle Prioren der Kongregation für abgesetzt und exkommuniziert erklärt; vgl. REICHERT, Acta III, 430.

[48] Vgl. LÖHR, Teutonia 30-34. Zum Ringen in Friesach um die Reformacio von 1474-1503 vgl. I. W. FRANK, Anschluß 227-242; DERS., Reform.

[49] Vgl. KAEPPELI 140 Nr. 163, 165f.; EGGER 19; HILLENBRAND 230.

[50] Vgl. LÖHR, Wirksamkeit 148, 129.

[51] Vgl. DERS., Teutonia 29 Anm. 2. Das bei der Gründung der Universität Trier 1473 errichtete Generalstudium (vgl. LÖHR, Akten 254; I. W. FRANK, Hausstudium 88) wurde also abgestuft. Seit 1495 bestand in Freiburg das Generalstudium an der 1460 gegründeten Hochschule; vgl. HÜBSCHER 24. Der Konvent dort wurde keineswegs 1515 observant, wie NEIDIGER, Observanzbewegung 75 Anm. 4, annimmt.

[52] Dies kam z.B. darin zum Ausdruck, daß die Kontributionen der Kongregation für den Orden nicht mehr an die Provinz abgeführt, sondern von der Kongregation in Augsburg gesammelt wurden; vgl. dazu HÜBSCHER 70.

förderten die Vereinigungsbestrebungen. Dem ab 1515 amtierenden Eberhard von Kleve (+ 1529) gelang es, 1517 Trier und 1518 Koblenz und Rottweil zu reformieren.[53] 1518 wurde auf Ersuchen Cajetans die Kongregation durch Leo X. (1513-21) aufgehoben; allerdings war der Widerstand dagegen erfolgreich.[54] Wenn die jeweiligen Obrigkeiten nicht die Konventualen in ihrem Widerstand gegen die Anordnungen der eigenen Ordensleitung und des Papstes unterstützt hätten, wäre der Vereinigungsprozeß und die das ganze 15. Jahrhundert währenden Bemühungen um die Klosterreform in der Teutonia abgeschlossen gewesen.[55]

Die observanten Konvente der Saxonia fanden größtenteils in der Congregatio Hollandica Aufnahme - 1513 waren es 24 Konvente - sowie in der Congregatio Lipsiensis.[56] In der Saxonia gab es observante Klöster innerhalb und außerhalb der Provinz und der beiden Kongregationen. Das numerische Übergewicht der reformierten Konvente in der Provinz kam wegen dieser Zersplitterung bis 1517 nicht zum Tragen: die Provinziale versuchten vergeblich, die observanten Konvente der Saxonia der eigenen Jurisdiktion zu unterstellen.[57] Auf der anderen Seite scheiterten die Versuche, die Konvente der observanten Congregatio Lipsiensis aus dem Provinzverband herauszunehmen und der Congregatio Hollandica anzugliedern.[58]

Nach der Vereinigung der observanten und konventualen Klöster im Jahr 1517 galt die Provinz als observant. Um den Anschluß der Konventualen in der Saxonia zu erleichtern, waren die Anforderungen der Observanz gemildert worden. Als reformiert galten beim Provinzialkapitel von 1517 die Konvente, die die drei Ordensgelübde, Klausur, gemeinsamen Tisch mit Tischlesung, wollene Kleidung, Stillschweigen, Versorgung der Brüder mit allem Nötigen durch ihre Vorsteher und Ablieferung aller Gelder beachteten. Kurz darauf wurden unter dem Ordensgeneral Garsias de Loaysa (1518-24) die Forderungen auf die Ordensgelübde, Klausur und

---

[53] Bestätigung durch Generalkapitel 1518; vgl. REICHERT, Acta IV, 174. Vgl. LÖHR, Wirksamkeit 126, 129.

[54] Vgl. zu Aufhebung, Kampf und Wiederherstellung im einzelnen HÜBSCHER; MORTIER 240f. sowie RIPOLL/BREMOND IV, 388f. Nr. 112.

[55] Vgl. RAUSCHER 252. Auch der Augsburger Rat stand auf Seiten der dortigen Konventualen; vgl. KIESSLING 299f.

[56] Vgl. zur Hollandica A. MEYER, Congrégation; WOLFS, Observanzbestrebungen; für Mecklenburg ULPTS 326-334. Um 1513 zählte sie 66 Männer- und neun Frauenklöster. Zur Nationeseinteilung vgl. LÖHR, Reg. Mansuetis 46 Anm. 91. - Vgl. zur Observanzbewegung in der Saxonia sowie zur Congregatio Lipsiensis auch DERS., Kapitel 7*-22*; WOLFS, Reformversuche; M. SCHULZE 154-163.

[57] Vgl. LOË, Saxonia 41f. Zur vergeblichen Unterstellung von Rostock und Wismar unter den Provinzial 1500/01 vgl. ULPTS 331f.

[58] Vgl. z.B. LÖHR, Kapitel 21*.

gemeinsamen Tisch beschränkt.[59] Die Reformbewegung verlor die ursprüngliche
Radikalität und gewann dafür aber eine breitere Basis.[60]

2 DIE EINBINDUNG DER DOMINIKANER IN DAS OBRIGKEITLICHE KIRCHENREGIMENT

Wichtig für die obrigkeitliche Integration und Kontrolle der Predigerbrüder innerhalb
der jeweiligen Städte war die Polarität von *spirituale* und *temporale*, die das
Mittelalter und die frühe Neuzeit durchzog. Die Spannungen zwischen geistlichem
und weltlichem Bereich gab es auch in den Städten und Territorien, die sich als
"*corpus christianum im Kleinen*"[61] verstanden. Zu dem über Jahrhunderte mit
Beharrlichkeit und Zähigkeit geführten Kampf um Aufbau und Erweiterung bürgerli-
cher Selbständigkeit gehörte als ein wichtiges Ziel die Einschränkung bzw. Einbindung der vielen geistlichen Sonderrechtsbereiche (Immunitäten),[62] wobei der
Klerus in einer Stadt die ganze Breite von reichsunmittelbaren Stiften und Klöstern
bis zu verstädterten Mendikantenkonventen umspannen konnte.[63] Da jedes Gemeinwesen zu dieser Zeit ein religiöses war, war das Kirchenregiment selbstverständlicher
Bestandteil der sich entwickelnden Herrschaft in Territorien und Städten.[64] Im
Rückblick formulierte Johann Georg REINHARD in seinen 1717 erschienenen "Meditationes de iure principum Germaniae": "*Principes exercent jus Reformandi ante*

---

[59] Vgl. ebd. 30*f., 73; HÜBSCHER 20.

[60] Vgl. HILLENBRAND 265. Mitunter waren die Unterschiede zwischen Konventualen und Observanten nur
schwer auszumachen; vgl. NEIDIGER, Bettelorden 67: "Hinsichtlich des Bildungsniveaus sowie der Qualität
von Seelsorge und Predigt standen die Konventualen den Observanten in nichts nach. Theologisch unterschieden sich bei den Franziskanern wie bei den Dominikanern Observante und Konventuale im Grundsatz
kaum".

[61] MOELLER, zit. nach HAMM 66. Zum *spirituale* und *temporale* im Spätmittelalter vgl. I. W. FRANK,
Kirchengeschichte 166-177; zu den Problemen im Bereich der Städte vgl. NATALE 9; BRADY 15f.

[62] Vgl. BLICKLE, Gemeindereformation 98f.; BLASCHKE, Geschichte 262f.; DERS., Sonderrechtsbereiche
(dort werden die geistlichen Immunitäten kaum behandelt). Zum Begriff vgl. O. VOLK: Immunität. In: TRE
16 (1987) 84-91. - Zur Kritik an herkömmlichen Bild der Entstehung des Landeskirchentums vgl. REIN-
HARDT.

[63] Die Kirche gliederte sich in zwei Sektoren unter dem gemeinsamen Dach von Papst und römischer Kurie:
die territorial verfaßte bischöfliche Kirche mit den Pfarreien auf unterster Ebene sowie den davon
unabhängigen, vielfältig in sich gegliederten monastischen Sektor; vgl. BLASCHKE, Fiskus 54-60. Jedoch
gab es Sonderentwicklungen: eine davon war, daß die an sich zur bischöflich verfaßten Kirche gehörenden
Stifte ebenso wie die zum monastischen Sektor gehörenden Klöster mitunter reichsunmittelbaren Status
erlangten.

[64] Daher handelte es sich nach SCHUBERT 248, nicht um eine Verweltlichung, sondern um eine "Über-
weltigung" der Kirche; das parzellierte *regnum* siegte über das *sacerdotium*.

Reformationem."[65] Diesen Bemühungen zum Trotz waren die für das Gemeinwesen wichtigen religiösen Institutionen nur zum Teil in die bürgerliche "Gemeinde" eingebunden worden. In örtlich verschiedener Ausprägung galt dies auch von den Pfarreien. Das hatte seit dem 13. Jahrhundert einen Teil der Attraktivität der Bettelorden für Obrigkeiten und Bürger ausgemacht: enger als der übrige Klerus waren sie den Städten verbunden. Ihre Kirchen waren daher "heimliche Pfarrkirchen".[66] Infolge der rechtlich und wirtschaftlich schwachen Stellung der Bettelorden waren auch die Dominikaner "Schrittmacher" und "Einfallstor" der Obrigkeiten in den kirchlichen Sonderrechtsbereich, da Mendikanten ihrem Zugriff in besonderem Maß ausgesetzt waren. Im Gegenzug erhielten sie z.B. in den rheinischen Städten früh das Bürgerrecht,[67] womit sie - bei gleichzeitig bestehendem exemtem Sonderstatus - dem Gemeinwesen integriert waren. "Im Selbstverständnis der Städter waren Pfarr- und Ordensgeistlichkeit weit mehr ihrer Stadt als ihren kirchlichen Institutionen verpflichtet."[68]

2.1 Kirchenregimentliche Reformacio

Wie in der durch Schismen und die Auseinandersetzung zwischen Papalismus und Konziliarismus geschüttelten Gesamtkirche waren auch innerkirchliche Konflikte ohne die weltliche Macht nicht lösbar. Daher beschrieb der Dominikaner Johannes

---

[65] Vgl. J. G. REINHARD 131 (Marginalie). Zur obrigkeitlichen Machtausdehnung in den kirchlichen Raum vgl. FEINE 497ff. Sie galt vor allem von Reichsstädten; vgl. J. G. REINHARD 122f. Abgeschlossen war der Prozeß der Aufsplitterung des eigentlich kaiserlichen Schutzrechtes über die Kirche (vgl. zur Kirchen-advokatie GLIER) 1524, wo sich "*die Stände des heiligen Reichs als Schützer und Schirmer des Glaubens*" bezeichneten; so J. G. REINHARD 53. Vgl. dazu die Bestimmung des Reichstags von 1530: "*Deßgleichen keiner des anderen Unterthanen und Verwandten, des Glaubens und anderer Usachen halber, in sonder Schutz und Schirm wider ihre Oberkeit nehmen sollen noch wollen*", was der Augsburger Religionsfriede in § 23 aufnahm; zit. nach WILLOWEIT 68 Anm. 238.

[66] I. W. FRANK, Kirchengeschichte 172.

[67] So 1385 in Worms. Für die Franziskaner vgl. BOOS, Urkundenbuch 560-564 Nr. 860, 862; für die Dominikaner ebd. 564ff. Nr. 863f. Vgl. auch REUTER, Mehrkonfessionalität 23; BERGER/SPRINGER/WOLF-DAHM 190 mit Anm. 23; KEILMANN, Bistum 115. Die Mendikanten hatten für das gewährte Bürgerrecht im jährlichen Wechsel am Sonntag nach Fronleichnam eine Marienmesse zu singen und für die Stadt, die Vorfahren der Bürger und ihre Almosengeber zu beten; vgl. MOELLER, Kleriker 41. Ab 1508 folgte der Ratswahl die Prozession und Messe jährlich abwechselnd in einer der Mendikantenkirchen; vgl. ARNOLD, Chronik 211. 1300 Aufnahme der Mendikanten ins Mainzer Friedebuch (auch ins Friedebuch von 1335-52 und 1430); vgl. SPRINGER, Beiträge 50. 1430 wurden alle Speyrer Mendikantenorden in den Schutz der Stadt aufgenommen, vgl. FREY 38, 86, 87; ALTER 380f. (im Gegenzug gelobten sie der Stadt Treue und Gehorsam); HECKER 155; ebd. zum Entzug des Bürgerrechts 1491 im Streit des Freiburger Domini-kanerklosters mit dem Magistrat. Zum Schutzbrief des Frankfurter Rats für die Mendikanten vgl. S. 50 Anm. 13. Doch erfolgte der Eid des Klerus, also auch der Dominikaner, erst 1546 (bald danach abrogiert). Für die Reformationszeit vgl. allgemein MOELLER, Kleriker.

[68] DREXHAGE-LEISEBEIN 213.

Nider (um 1380-1438) im Jahr 1437 in seinem Werk "Formicarius" den Wandel von der Universal- zur Partikularreform mit Hilfe der weltlichen Macht als realistische und zu realisierende Möglichkeit: *"Ich habe nicht die geringste Hoffnung, daß eine Gesamtreform der Kirche, wie sie geplant ist, in der Gegenwart oder in naher Zukunft zustande kommen wird; denn einerseits fehlt bei den Untergebenen der gute Wille, andererseits stößt sie bei den Prälaten auf boshaften Widerstand ... Eine Teilreform innerhalb der Kirche dagegen halte ich in vielen Herrschaften und Territorien für möglich; wir sehen sie ja täglich in Klöstern und Konventen eingeführt werden, aber unter welchen Schwierigkeiten weiß Gott."*[69]

Bei kaum einem reformierten Kloster vergaß der Ordenschronist Johannes MEYER (1422-82) den Hinweis auf die Mitarbeit der Obrigkeiten.[70] Schon bei den Reformaciones von Colmar 1389 und Nürnberg 1396 erbat Ordensgeneral Raymund von Capua die Unterstützung des Magistrats und Schutz.[71] Im Fall von Nürnberg sollte das Schutz- und Verteidigungsverhältnis der Stadt zum Kloster in das städtische Statutenbuch eingetragen werden.[72] Gegen die Observanzeinführung wehrte sich der betroffene Konvent häufig mit allen zur Verfügung stehenden Mitteln. Einflußreiche Bürger stärkten den Widerstand. In Basel kam es 1429 sogar zu Handgreiflichkeiten und Brandstiftung. Um der Reform einen breiten Konsens zu sichern, waren daher Absprachen und eine Koordination der Maßnahmen nötig. Der vom Generalmagister Bartholomäus Texerius (1426-49) um Unterstützung gebetene Papst wandte sich mit der Bitte um Hilfe an Rat und Bischof von Basel, an die benachbarten Bischöfe von Konstanz und Straßburg sowie an Markgraf Rudolf III. von Sausenberg-Rötteln, dessen Herrschaft rechtsrheinisch angrenzte.[73] In diesem Fall nahmen die Obrigkeiten eine subsidiäre Funktion bei der Reformarbeit wahr. Die Ordensleitung agierte

---

[69] Nider, Formicarius 1,7; zit. nach M. SCHULZE 75 mit Anm. 120. Ähnlich 1504 Johannes von Paltz für die Augustinerremiten: *"Multi mendicantes sunt irreformati, ergo merito reformandi. Quod est facile possibile in mendicantibus et fit cotidie per principes et civitates auctoritate summi pontificis. Sed hoc est quasi impossibile in sacerdotibus saecularibus, quod reformentur stantibus rebus ut nunc, nisi forte magna potentia dei descenderet et ecclesiae suae etiam in talibus subveniret".* Zit. nach OBERMAN, University 40 Anm. 23, vgl. 33. Zu Niders *modus reformandi* vgl. WEINBRENNER 93-98.

[70] Vgl. die Zusammenstellung bei REICHERT, Buch IIff.

[71] Vgl. HILLENBRAND 240; 228f. In Colmar bat Raimund von Capua 1390 den Rat um Unterstützung, da der neue Prior von Fratres bei Amtsgeschäften behindert wurde; diese waren aufgrund des fehlenden Konventssiegels unmöglich, das die Fratres nicht aushändigten. Im Zusammenhang der Friesacher Reform wurden der Stadthauptmann und der Salzburger Erzbischof zu Protektoren des Konvents ernannt; vgl. I. W. FRANK, Anschluß 244. Am 30.5.1487 verfügten z.B. die sächsischen Fürsten den Schutz der observanten Konvente gegen die Konventualen; vgl. M. SCHULZE 155.

[72] Vgl. REICHERT, Geschichte 306-308 (Urkunde), vgl. auch 302f.

[73] Vgl. HILLENBRAND 236f.; EGGER 63-71. Trotz Unterstützung des "weltlichen Armes" konnte eine Reformacio scheitern, so in Wesel; vgl. LOË, Saxonia 40, 53 Nr. 8.

und führte mit Unterstützung der lokalen Obrigkeit ihr Vorhaben durch. Bald gab es keine Reformacio ohne oder gegen die jeweilige Obrigkeit.

Andernorts wurde die fürstliche, adelige oder städtische Obrigkeit selbst aktiv. Der Berner Rat drängte 1419 erfolgreich auf eine Reformacio des Predigerkonventes;[74] die Ordensleitung bewilligte und unterstützte dieses Anliegen. Häufig ging die Initiative zur Reformacio nicht von den Fratres aus, verband sich aber mit Reformkräften im Orden. In den Gemeinwesen aller Stadttypen gehörte nach Auffassung der Obrigkeiten die Reformacio in den Bereich ihrer Zuständigkeit.[75] Manchmal schalteten sich außer-städtische Obrigkeiten ein. So erfolgte z.B. der Versuch der Reformacio in Speyer mit Unterstützung des Pfälzer Kurfürsten. Die Mitwirkung diente auch der Machterweiterung, denn durch die Reformacio wurden Mitsprache-rechte und damit Einfluß in der Stadt erlangt. Der Frankfurter Rat verhinderte wohl aus diesem Grund die vom Mainzer Erzbischof Adolf II. 1469 beabsichtigte Reform der dortigen Franziskaner und ersetzte die vom Erzbischof angestrebte Einführung der Observanz durch eine in eigener Regie betriebene "Martianische Reform".[76]

Über das genannte Engagement hinaus bestand die Möglichkeit der Beauftragung einer Obrigkeit gemeinsam mit der zuständigen Ordensinstanz.[77] Schließlich erfolgte mitunter sogar die Reformacio eines Konvents durch die Obrigkeit ohne Zustimmung der obersten Ordensinstanzen. Karl der Kühne (1467-77) drängte 1470 vergeblich beim Ordensgeneral auf die Reformacio von Valenciennes. Daher beauftragte der

---

[74] Vgl. den kurzen Hinweis bei SCHEEBEN, Chronica 81 ("*ad instantiam civium Bernensium fuit ... reformatus*"); REICHERT, Buch 49f. sowie HILLENBRAND 232; UTZ TREMP 133. Zu Esslingen 1476-77 und (Schwäbisch-)Gmünd 1478-79 vgl. METZGER (1942) 33f., 38-44. "*In primis ad instanciam ducis Burgundie et eius consortis*" beschloß das Generalkapitel 1462 die Reformacio von Brüssel; vgl. REICHERT, Acta III, 287f.

[75] Vgl. zu den Reformaciones des verschiedenen Stadttypen HILLENBRAND 239-262, 260 zu Speyer; Hinweis auch für Weißenburg bei LÖHR, Wirksamkeit 149. - "Die Repräsentanten der weltlichen Gewalt orientierten sich bei ihrer Entscheidung für oder gegen eine Reform ... an ihrer eigenen persönlichen Frömmigkeit, an Gesichtspunkten der politischen Zweckmäßigkeit und nicht zuletzt an der Durchsetzbarkeit einer Reform innerhalb einer Stadt oder eines Territoriums." NEIDIGER, Dominikanerkloster 115 (vgl. 116f., 124, 131 zu Motiven der württembergischen Fürsten). Weitere Motive waren u.a. ein sicherer Instinkt für politische Machterweiterung und ein Bewußtsein von singulärer religiöser Verantwortung des Regenten für die Regierten; vgl. ZEEDEN, Grundlagen 72.

[76] Vgl. GRÄN 134-138.

[77] Vgl. z.B. die Verfügung des Generalmagisters 1503: "*Datur auctoritas illustrissimo domino Johanni duci Clevensi reformandi quoscumque conventus et monasteria monialium nostri Ordinis in suo dominio existentia una cum rev. provinciali Saxonie ... Et potest idem dominus, si opus fuerit, de consensu provincialis pro dictis reformationibus uti auxilio brachii secularis. Et omnes fratres pro huiusmodi reformationibus debent sibi et provinciali tamquam reverendissimo per omnia obedire.*" LÖHR, Reg. Turriani 118; vgl. DERS., Kapitel 24*; NEIDIGER, Observanzbewegung 187.

20

burgundische Herzog 1471 den Generalvikar der Congregatio Hollandica, Johannes Uytenhove, dies so schnell wie möglich durchzuführen.[78] In diesem Fall besaß die Obrigkeit die volle Verfügungsgewalt über den Konvent; einzelne Fratres wie die Ordensgremien wurden zu Hilfs- und Ausführungsorganen instrumentalisiert.

Ein weiterer Schritt bei der obrigkeitlichen Einbindung der Konvente war die Zusammenfassung oder zumindest Gleichbehandlung der Konvente eines Territoriums. Erzbischof Friedrich von Magdeburg (1445-64) ließ sich 1460 päpstlicherseits bevollmächtigen, alle Mendikantenklöster seiner Diözese zu reformieren und führte danach 1461 in Halle die Reformacio der Dominikaner gewaltsam durch.[79] Ebenso wollte der Mainzer Erzbischof Adolf II. von Nassau (1461-75) nach 1467 alle Klöster der Observanz zuführen. In seiner Bischofsstadt war der Oberhirte am erfolgreichsten: Im Jahr 1468 wurde das Mainzer Predigerkloster observant. Erst 1474 erfolgte die Reformacio in der Reichsstadt Frankfurt.[80] In Hessen kam der Erzbischof gar nicht zum Zug. Die Landgrafen nahmen die Reformacio der Konvente Marburg und Treysa später selbst in die Hand.[81] In Sachsen waren alle Klöster in der Congregatio Lipsiensis zusammengefaßt,[82] Kongregation und Territorium stimmten gebietsmäßig weitgehend überein. Diese Übereinstimmung erlangte 1514 der französische König für die vorher der Congregatio Hollandica zugehörigen französischen Konvente durch die Gründung der Congregatio Gallicana. 1515 wurde die Konvente der habsburgischen Niederlande in der Provinz Germania Inferior zusammengefaßt.[83] Auch der Dominikanerorden mußte das Territorialprinzip anerkennen. Es war das Ziel aller Obrigkeiten, die Orden den Bedürfnissen der Stadt oder des Territorialstaates ein- und unterzuordnen.[84] Die überörtlichen Gremien des Ordens wurden zunehmend unwichtiger. Konvente widersetzten sich mit zumindest

---

[78] Vgl. WOLFS, Observanzbestrebungen 281. In Württemberg war Johannes Prauser OP als geistlicher Rat Graf Ulrichs für die Reformacio tätig, vgl. STIEVERMANN (Register), bes. 294 ("Der Typ des geistlichen Staatsdieners ist bereits zu erkennen"). Zu Prauser vgl. auch NEIDIGER, Dominikanerkloster 74f.

[79] Vgl. LÖHR, Kapitel 13*; DELIUS 12. Zum Klostervisitationsprivileg für die sächsischen Fürsten 1485 vgl. G. MÜLLER, Visitation 50; für die Mecklenburgischen Herzöge vgl. BÜNGER, Mystik 80. Zum bayerischen Visitationsrecht vgl. RANKL 189f., 207f., 210.

[80] Am 1.9.1467 beauftragte Papst Paul II. den Oberhirten mit der Reform der Klöster seines Bistums; am 2.4.1468 befahl Kaiser Friedrich III. der Stadt Frankfurt, ihm dabei förderlich zu sein; vgl. GRÄN 134; KOLLER, Regesten 256 Nr. 455. Zur Klosterreform vgl. auch RADY/RAICH 389ff. sowie S. 176 und S. 49f.

[81] Vgl. S. 228f.

[82] Vgl. LÖHR, Kapitel 9*-11*. Zur Bedeutung der Obrigkeiten für den Schutz der Observanz vgl. ebd. 15*-19*; M. SCHULZE 155-163. Allerdings gehörten auch einige Klöster außerhalb von Sachsen zur Kongregation.

[83] Vgl. HÜBSCHER 19.

[84] Vgl. NEIDIGER, Bettelorden 68.

stillschweigender Unterstützung der lokalen Obrigkeiten dezidiert und erfolgreich Anordnungen der Ordensleitung. Dies geschah z.B. 1508, als der Ordensmagister Cajetan den Auftrag zur Reformacio der Klöster Trier und Koblenz gegeben hatte. Ebenso blieb die 1510 verfügte Vereinigung der Augsburger Ordensniederlassung mit den reformierten Konventen der Teutonia wirkungslos.[85] Mit Isnard W. FRANK kann man sagen: "Die auf Universalität angelegte Ordensverfassung mit ihren Kontrollmechanismen verlor damit an Wirkkraft. Für die Zustände in den Klöstern waren lokale Personenkreise und die städtische oder landesfürstliche Obrigkeit wichtiger geworden als die Leitungsgremien der Orden."[86] Das Endergebnis der Entwicklung war, daß der Provinzial bei der jeweiligen Obrigkeit um Einführung der Observanz nachsuchen mußte. Dies konnte natürlich abschlägig beschieden werden, so z.B. in Zürich 1518.[87] Die Obrigkeiten waren immer mehr in die Rolle des entscheidenden Faktors für einen an sich innerkirchlichen Vorgang geraten. Ein Grund für die Nichteinführung bzw. Verhinderung der Observanz war das stark entwickelte Kirchenregiment des Rates.[88]

Eine Folge der Reformacio war die obrigkeitliche Förderung der Konvente. Der erreichte gute Zustand sollte dadurch bewahrt und nach Möglichkeit noch verbessert werden. Zudem war das der Herrschaft eingebundene Kirchenwesen förderungswürdiger. Aufgrund verschiedener kirchlich-politischer und religiös-sozialer Interessen waren Obrigkeiten und Bürger an "ihrem" Kloster interessiert und zeigten dies auch. In Pforzheim begann nach Einführung der Reformacio eine rege, durch die markgräfliche Familie unterstützte Bautätigkeit.[89] Zur Stärkung der Observanz stifteten die Mecklenburgischen Herzöge 1503 dem Röbeler Konvent eine jährliche Kornlieferung.[90] Das Interesse der Fürsten und Magistrate an der Observanz zeigte

---

[85] Vgl. A. MEYER, Registrum 183 Nr. 15; 191 Nr. 55; vgl. PAULUS, Dominikaner 299; P. SIEMER 82.

[86] I. W. FRANK, Bettelorden 12. Schon vor der Reformacio des Gebweiler Klosters (1461) schrieb der Generalmagister, diese *"möcht nit wol gesin, es wer denn sach, daz der her der statt Gebwiler und die edlen Pfleger des selben prediger closters umb an sölichs ernstlich bettent die Maisterschaft des ordens"* (REICHERT, Buch 154f.).

[87] Vgl. z.B. HÜBSCHER 31f., 106f. Nr. 12. Vgl. das Schreiben Zürichs vom 27.3.1518: *"ordinis predicatorum generalis ... temptat reformare monasteria et personas medie vite ipsius ordinis, quod non solum personis eiusdem ordinis sed eciam nobis ex parte nostra grave et molestum est"*; ebd. 100 Nr. 6. Vgl. auch NEIDIGER, Observanzbewegung 186. U.a. sah man in der Reformacio eine Gefährdung der Kirchherrschaft und wollte auch keine ortsfremden Brüder.

[88] Für Zürich vgl. WEHRLI-JOHNS 182-185; NEIDIGER, Stadtregiment 564 Anm. 150; HÜBSCHER 5.

[89] Vgl. HILLENBRAND 252; LÖHR, Wirksamkeit 150.

[90] Vgl. ULPTS 494 Nr. 61, 332.

sich u.a. daran, daß nur noch reformierte Klöster gegründet wurden.[91] Da die Gründung der Dominikanerklöster in Heidelberg und Stuttgart ins Programm des Ausbaus der Residenzen und der Hebung des Herrschaftszentrums zu einem geistig-geistlichen Zentrum gehörte, unterstützten die Fürsten den Bau und die Ausstattung der Konvente. In der Stuttgarter Dominikanerkirche ließ Graf Ulrich Adamatus (+ 1480) eine eigene, prachtvolle Empore einbauen.[92] In Esslingen erfolgte die Reform 1477, 1480 begann die Erneuerung der Kirche und der Klostergebäude.[93] In vielen der im Rahmen der vorgelegten Arbeit untersuchten Konventen der unterschiedlichen Stadttypen waren zwischen 1480 bis 1520 Baumaßnahmen festzustellen, in Leipzig sogar fast ununterbrochen. Noch zu Beginn der reformatorischen Verunsicherung entstanden altgläubige Kunstwerke, so 1520-22 der Altar der Lübecker Antonius-Bruderschaft bei den Dominikanern.[94] Aufgrund der breiten Förderung wurden die durch die Observanz neu auf die Armut verpflichteten Predigerbrüder durchaus wohlhabend. Doch galt der allgemein gute Zustand und die obrigkeitliche Förderung der Konvente zu Beginn des 16. Jahrhunderts nicht nur für die Observanten, sondern ebenso für die Konventualen: Auch der Neubau der Augsburger Dominikanerkirche stand unter dem Protektorat des Rates.[95]

2.2 Verschiedene Bereiche obrigkeitlichen Eingreifens

Das Interesse der Obrigkeiten an den Dominikanern beschränkte sich keineswegs auf die Einführung oder Ablehnung der Observanz. In verschiedenen Bereichen ist die zunehmende Einflußnahme des "*bracchium saeculare*" festzustellen.

---

[91] Gründungen in der Teutonia: 1421 Marienheide, 1451/53 Vallis Senarum, 1465 Brüssel, 1468 Graz, 1471 Steyr, 1474 Heidelberg und Stuttgart (vgl. LOË, Teutonia 8f.; nach I. W. FRANK, Hausstudium 265, amtierte der erste Prior von Graz, Alexius Putzel, schon am 18.7.1467, so daß das Datum der Grazer Gründung zu korrigieren ist). Gründungen in der Saxonia: 1403 Haag, 1442 Tangermünde, 1444 Rotterdam, 1455 Kalkar, 1468 Zwolle, 1505 Pernau (vgl. LOË, Saxonia 12ff.). In der Herrschaft Nieuweland auf der Insel Walcheren in der Grafschaft Zeeland war 1468 die Gründung eines Observantenkonventes beabsichtigt (vgl. ebd. 14; dort zur Gründung in Tiel 1390, die 1435 in ein Schwesternkloster umgewandelt wurde). Gründungsversuch in Lübben in der Niederlausitz: "*Dahyn solte (1497) ein closter prediger ordens aufgerichtet werden, als Papst Alexander der VI. hatte confirmirt, aber aus orsachen wegirt es der orden anczunehmen.*" LINDNER, zit. nach K.E.H. MÜLLER 243. Stifter wollten ausdrücklich ein observantes Kloster; zu Heidelberg vgl. NEIDIGER, Dominikanerkloster 35f., 74.

[92] Vgl. HILLENBRAND 253f.

[93] Vgl. F. JÄGER 121f.

[94] Vgl. BOOCKMANN, Stadt 93 Nr. 142.

[95] Vgl. KIESSLING 150.

2.2.1 Personalwesen und Disziplinierung

Schon wegen der öffentlichen Bedeutung der Mendikanten - denn Predigt war zugleich Information und Propaganda - konnte die Zusammensetzung und erst recht die Leitung einer solchen meinungsbildenden Institution den Fürsten und Magistraten nicht gleichgültig sein. Ein der Obrigkeit geeignet erscheinender Kandidat sollte nach Möglichkeit das Priorenamt ausüben. 1493 erlangte der Graf von Schwarzburg ein weitgehendes Privileg vom Ordensmagister, das ihm sehr großen Einfluß auf den Prior "seines" Konvents zusicherte: *"fr Joannes Ellingk, prior conventus in Leutenbergk, non potest absolvi ab officio prioratus nisi per generalem aut per provincialem vel alium, si voluerit magnificus dominus Baltazar comes de Swarczburgk, ad cuius instanciam hoc factum est, quia iste prior bene et optime gubernat prefatum conventum."*[96] Die Obrigkeit wurde de facto "Patronatsherr" des Mendikantenklosters.[97] So war sie häufig an der Ein- und Absetzung wie auch an der Aufsicht gegenüber dem Prior beteiligt. Dieses Verhalten der Magistrate galt sogar für höhere Prälaten des Ordens. Die Stadt Zürich erkannte zum Beispiel den konventualen, von acht der zehn Konvente gewählten Generalvikar Johann Faber (um 1470-1530) nicht an und erreichte schließlich, daß Antonius Pirata (um 1455-1534) als Generalvikar bestellt wurde.[98] 1493 setzte der Rat von Eger den dortigen Dominikanerprior ab.[99] Für die Ausweisung mißliebiger Prioren gab es gleichfalls schon vor der Reformation Präzedenzfälle.[100] Obrigkeiten waren daran interessiert, daß tüchtige Offizianten lange amtierten.[101] Diese sollten - wie bei allen wichtigen Stellen im

---

[96] Vgl. LÖHR, Reg. Turriani 60. 1501 von Ordensgeneral Bandelli widerrufen. Später wurde J. Linck auf Ersuchen des Grafen durch den Provinzial entfernt, vgl. DERS., Kapitel 34 Anm. 44, 70 Anm. 8. In Ulm setzte sich der Rat nach der Reformacio dafür ein, daß geeignete Fratres als Offizianten fungierten; vgl. METZGER (1942) 31f. 1479 ordnete Provinzial Stubach auf Bitten des bayrischen Herzogs Georg die Absetzung des Landshuter Priors Georg Schwartz an und gab den Auftrag *"ad providendum dicto conventui de alio priore iuxta desiderium principis illustrissimi domini Georgii Bavarorum ducis"*; LÖHR, Teutonia 118; vgl. 116. 1503 forderte Bern die Absetzung des Priors, schon zwei Jahre zuvor hatte sich die Stadt für die Beibehaltung des bisherigen Lektors eingesetzt; vgl. UTZ TREMP 135f. Zur Mitbestimmung des Frankfurter Rats bei der Einsetzung von Prioren vgl. S. 50 Anm. 16. - Bes. groß war der Einfluß im Fall der Wismarer Franziskaner. Heinrich Never bezeugte: 1525 *"wart ich vame Erßamen Rade disser Statt, to eyneme Gwardian ordinert vnd gesettet"* (ed. ULPTS 428).

[97] 1503 kündigte Bern die "Bevogtung" des Konvents dem Provinzkapitel an; vgl. UTZ TREMP 136.

[98] Vgl. HÜBSCHER 65-84.

[99] Vgl. LÖHR, Kapitel 11*.

[100] So in Halle 1505; vgl. ebd. 21 Anm. 82.

[101] Vgl. z.B. Augsburg: Johannes Faber (1507-24?; vgl. P. SIEMER 79-84, 90), Dortmund: Hermann Syna (1489-1517; vgl. RENSING 139f.), Göttingen: die Brüder Piper, Jena: Johannes Eckenfelder, Nordhausen: Johannes Ludolf (s. dazu bei den genannten Klöstern), Rostock: C. v. Sneek (nachweisbar 1483, 1503/04, 1510, 1516-33; vgl. K.-B. SPRINGER: Sneek, Cornelius van. In: BBKL 10 (1995) 711ff.); Wismar: Bernhard Sweder (um 1510-1528; vgl. ULPTS 283).

Gemeinwesen - nach Möglichkeit Stadtkinder sein. In der Konventschronik von s'Hertogenbusch wurde sogar für das Jahr 1495 vermerkt: "*Hic prior fuit ultimus ex alieno conventu ad prioratum hujus conventus assumptus.*"[102] Mehrheitlich rekrutierten sich die Dominikaner zu Ende des 15. und zu Beginn des 16. Jahrhunderts aus der Stadt der Niederlassung und dem Terminbezirk.[103] Der hohe Personalstand vieler observanter wie konventualer Klöster[104] beruhte wohl auch auf der personellen Verflochtenheit mit den Bürgern der civitas, wobei allerdings nur noch selten Mitglieder von Rats- und Patrizierfamilien als Fratres nachweisbar sind. Die Kommunalisierung des Konvents bestand nicht nur in der städtischen Nutzung der Räumlichkeiten und Funktionen, sie erstreckte sich ebenso auf die Personen. Daher unterstützten die Dominikaner in vielen Fällen die Stadt in Auseinandersetzungen mit der kirchlichen Obrigkeit.[105]

Bei der Einführung der Observanz in Colmar schrieb der Ordensgeneral Raymund von Capua an den Rat, sie sollten ein geregeltes Ordensleben gewährleisten und gegen Störenfriede vorgehen. Um dies zu erreichen, übertrug er ihnen sogar seine ordensinterne Strafgewalt: "*penis contentis in nostris constitutionibus vice meo puniatis*".[106] Dies war ein massiver Einbruch der weltlichen in die geistliche Strafgewalt. Allerdings gelangen die Reformaciones häufig nur auf diese Weise. Die Observanz hatte in jedem Kloster Gegner, die nicht versöhnt werden konnten oder das Kloster freiwillig bzw. unfreiwillig verließen.[107] Bei der Reformacio des Wismarer Konvents mußten sich die Fratres im Gegenzug zur fürstlichen Schutzzusage zur Einhaltung der Observanz verpflichten; andernfalls würden sie ihrer Einkünfte, Renten und der zwei Termineien in Mecklenburg verlustig gehen "*vnd vnse gnedigen heren vnd de rad tor Wißmer obgenant moghen in vulkomene macht de anderen*

---

[102] MEIJER 133. - Ende des 15. Jh.s war eine Ursache für den Konflikt des Freiburger Rates mit den Dominikanern, daß der Prior ein Fremder sei, der für ihr Gemeinwohl kein Herz und für die empfangenen Wohltaten keine Dankbarkeit habe; vgl. POINSIGNON 19.

[103] Zu Augsburg vgl. REICHERT, Reg. Cassettae 94f.: 17 Filii nativi gegenüber 5 Auswärtigen im Konvent; 10 filii nativi weilten in anderen Klöstern. Zu Freiburg vgl. DOLD, Studien 84. Von den 1526 gezählten 40 Mitgliedern des Ulmer Konventes stammten 17 aus Ulm, andere aus der Umgebung, z.B. Ehingen; vgl. TÜCHLE 202f. Für Mainz vgl. I. W. FRANK, Mainz 140f.; zur Herkunft der meisten Fratres aus dem Mainzer Terminbezirk vgl. DERS., Totenbuch 118-121. Dies läßt sich auch anderswo feststellen; vgl. LÖHR, Kapitel 32*; ULPTS 330 (Rostocker und Soester Konventualen verweisen auf ihren Status als "Bürgerkinder").

[104] Vgl. S. 13 Anm. 38.

[105] Für Göttingen 1520 s.u. S. 131, zu Worms vgl. S. 156f.

[106] Zit. nach HILLENBRAND 240.

[107] Vgl. METZGER (1943) 4.

gheistliken parsonen de den leuen in der rechten obseruancien eres orden geuen".[108] Damit war schon vor der Reformation durch die Reformacio die obrigkeitliche Aufsicht über den Konvent gegeben. Die mögliche Umwidmung von Klostergut zeigt eine andere Urkunde: Wenn die dortigen Brüder die Observanz aufgäben, solle die Stiftung einer anderen Kirche zufallen.[109]

2.2.2 Ökonomie

Aufgrund der Religiosität des mittelalterlichen Menschen erhielten kirchliche Institutionen Zuwendungen von einzelnen und juristischen Personen. Sie übereigneten Häuser, Grundstücke, Höfe, Dörfer und manchmal ganze Herrschaftsgebiete, und stifteten regelmäßige Einkünfte und Kapitalien, um ihr Seelenheil und dasjenige ihrer Familien zu befördern.[110] Das Anwachsen des kirchlichen Besitzes auch bei den ursprünglich auf *possessiones et redditus* verzichtenden Mendikanten zwang die Städte schon ab dem 13. Jahrhundert zu entsprechenden Verordnungen gegen den geistlichen Güterbesitz. Die Personen, die aus Sorge um ihr Seelenheil Stiftungen machten, bemühten sich mitunter gleichzeitig als Landesherrn und Stadträte, diese Stiftungen zu beschränken und zu kontrollieren.[111]

Der kirchliche Anspruch, das sich ausdehnende Kirchenvermögen gänzlich obrigkeitlicher Kontrolle zu entziehen, war im Spätmittelalter nicht mehr durchsetzbar.[112] Vor allem ist hier auf das privatrechtliche Stiftungswesen als Grundlage obrigkeitlicher Kontrolle einzugehen. Stifter gingen von ihrem Eigentumsrecht oder zumindest einem weitgehenden Verfügungsrecht an der gestifteten Sache aus.[113] Die Fratres wurden ähnlich einer "Altaristengemeinschaft" quasi als "Angestellte" im Dienst der jeweiligen Stifter angesehen. Vielleicht war das der Grund, warum in der Reformationszeit Stiftungsgut den Stiftern wieder erstattet wurde. In diesen privatrechtlichen Stiftungsbereich gehörten die Aufsichtsfunktionen der Magistrate, um die Persolvierung des Stifterwillens und die stiftungsgemäße Verwendung der angelegten Kapitalien zu überwachen. Kauf und Verkauf wurden vom "Wissen und

---

[108] Ed. ULPTS 440f. Nr. 20.

[109] Ed. ebd. 443f. Nr. 22.

[110] Vgl. BLASCHKE, Fiskus 54.

[111] Vgl. NEIDIGER, Bettelorden 64. In Freiburg erfolgten Amortisationsgesetze schon 1244; vgl. DOLD, Wirtschaftsgeschichte 65. Zu Gesetzen gegen den Besitz der "toten Hand" vgl. auch HECKER 153-156.

[112] Vgl. P. LANDAU: Kirchengut. In: TRE 18 (1981) 568.

[113] Mitunter wurde zwischen dem Eigentumsrecht des Stifters und dem des Konvents nicht sonderlich unterschieden. Obwohl Ulrich Fugger 1509 dem Augsburger Predigerkonvent *geben hat die nachgeschribenn büecher*", behielt er sich vor, diese jederzeit zu seinem Gebrauch in sein Haus geliefert zu bekommen; vgl. P. SIEMER 76 mit Anm. 40. Zum Stiftungsrecht vgl. bes. LIERMANN 124-132.

Willen" des Rats abhängig gemacht. Für Verträge zwischen einem Konvent und Bürgern übernahm der Rat die Treuhänderschaft. Die Stadt bzw. ihre Magistrate hatten sich zunehmend im Bereich der Stiftungsgeschäfte eingeschaltet und sich Kontrollfunktionen angeeignet.[114] Somit war die Kommunalisierung des spätmittelalterlichen Kirchenvermögens gerade bei den Bettelorden schon recht weit vorangeschritten. In Göttingen konnte nach der Schilderung des Franziscus LUBECUS zur Reformationszeit sogar das aufgrund der Stiftung bestehende herzogliche Patronatsrecht durch den Rat ausgehebelt werden: *"Des Paulinerclosters und des Barfussens waeren die hern und gilden mechtig, weil es bethlercloster waren und von den munnichen zusammengebetet und der rad, auch die burger ire fuhrfahren, vile hirzu gegeben, darjegen aber der pfar und dern kirchen nicht mechtig, weil der rad dar nichts anne hatten, dan die den fursten und herzogen zustendig."*[115] Die städtischen Herrschaftsansprüche beruhten in diesem Fall nicht auf der Stiftung des Konvents - denn beide Göttinger Klöster waren landesherrliche Gründungen -, sondern auf den finanziellen Leistungen der Stadtgemeinde, weshalb die Stadt die Abhängigkeit der Mendikanten davon durch Verbote gegen Besitzerwerb stützte bzw. andernorts den Besitz durch von ihr eingesetzte Pfleger kontrollierte. Stifter und Obrigkeit nahmen in Konventen, die sich in Städten der unterschiedlichen Stadttypen befanden, die Nutznießung als Gegenleistung für Gründung, Ausstattung und Schutz eines Klosters in Anspruch.[116] Für den Berner Rat war die Gefahr von Mißwirtschaft und der Verschleuderung von Stiftungsgut ein wichtiger Grund für die Reformacio des Dominikanerklosters.[117] Die Obrigkeit ging von ihrer rechtmäßigen Verfügungsgewalt über das Kloster aus, deshalb erfolgten Maßnahmen wie die Inventarisierung oder die Visitation zur Sicherstellung des Besitzes.[118] Ein aus der Sicht der jeweiligen Obrigkeit positiver Seiteneffekt war die prinzipielle Einordnung des Klosters in das Kirchenregiment, auch wenn die Reformacio keine direkten materiellen und

---

[114] Das in viele Stiftungen zersplitterte Kirchenvermögen war zu einem erheblichen Teil ins städtische Stiftungswesen eingebunden, das vom Stadtrat als oberstem Treuhänder kontrolliert wurde. A. Schultze prägte für die Rolle des Stadtrats den Ausdruck "Treuhandsbank großen Stils" in städtischer Regie; vgl. P. LANDAU: Kirchengut. In: TRE 18 (1981) 569. Zur Stiftungsaufsicht und der Treuhänderschaft vgl. LIERMANN 130f.; LANDAU, a.a.O. 568f. Vgl. auch NYHUS 14 sowie I. W. FRANK, Kirchengeschichte 172f. Für den Freiburger Dominikanerkonvent vgl. den Hinweis bei DOLD, Wirtschaftsgeschichte 66.

[115] VOGELSANG, Annalen 344. Auch wenn die Mendikantenklöster landesfürstliche Gründungen waren, hielt der Rat wie anderswo diese für "Eigenklöster"; sie sind ein gutes Beispiel für die allmähliche Ausdehnung seines Kirchenregiments.

[116] Vgl. ZIEGLER, Reformation 594.

[117] Vgl. NEIDIGER, Observanzbewegung 185.

[118] In Bern am 10.1.1508, ein halbes Jahr vor Beginn des Hauptprozesses im Jetzerhandel; vgl. UTZ TREMP 141. Noch 1510 waren die Kirchenkleinodien in Ratsbesitz, der überlegte, ob man sie für Karfreitag und Ostern herausgeben sollte.

rechtlichen Vorteile für den Rat brachte.[119] Ein anderer Rechtstitel auf das Klostergut wurde durch das päpstlich zugestandene Reformations- und Visitationsrecht
erlangt. Mitunter beschränkte sich die Aufsicht durch Pfleger nicht nur auf den
eigentlichen Bereich der Ökonomie.[120] Insgesamt ist ein Vordringen kirchenregimentlicher Tätigkeit in verschieden Bereichen, allerdings in unterschiedlicher
Intensität, festzustellen. Einzelne Dominikaner[121] wie auch Konvente[122] übertrugen freiwillig oder unfreiwillig die Kontrolle für Stiftungen an den Rat.

Obwohl den Obrigkeiten die Freiräume der kirchlichen Institutionen ein Dorn im
Auge waren,[123] nutzten die oftmals finanziell belasteten Städte die blühenden und
daher recht wohlhabenden Konvente gleichzeitig als Banken.[124] Trotz des Zugriffs
der Städte hatten die Konvente noch Freiräume, die von den Magistraten und Fürsten
(aus-)genutzt werden konnten. Die Mendikantenkonvente waren zwar ärmer als die
Stifte oder die Klöster der alten Orden, doch ist der Begriff "Bettelorden" zu
relativieren. Auch die Dominikaner traten gleichzeitig sowohl als Bettler wie als
Besitzer von Eigentum, z.B. von Häusern, in Erscheinung.[125]

Die Observanz verlangte die Abschaffung des Privatbesitzes der einzelnen Fratres.
Dem Bestreben der Städte, ökonomische Fremdkörper in der Stadt in die Hand zu

---

[119] Für Basel vgl. NEIDIGER, Stadtregiment 564. Zu Frankfurt vgl. S. 49f.

[120] Zur Pflegschaft vgl. S. 29ff. - Vgl. STIEVERMANN 294: das *"ius reformandi et visitandi"* war weniger
abstraktes Prinzip, sondern ein System offizieller Legitimationen durch Papst und Orden, die Ableitung aus
traditionellen und neuen Rechten (z.B. Schutzrecht, Recht zur Wahrung von Ruhe und Ordnung) und vor
allem die Verfügungsmöglichkeit über kompetente Personen (Prälaten, Juristen).

[121] Vgl. für Göttingen die Stiftungen der Geschwister Piper und des Weihbischofs Oberg; vgl. S. 130 mit
Anm. 22.

[122] In Treysa war zum Beispiel vor 1525 ein beträchtlicher Teil des Konventsvermögens beim Rat hinterlegt;
vgl. S. 251.

[123] Die verderbbaren Naturaleinnahmen zwangen auch die Bettelklöster zum Handel. Sie zahlten keine
Steuern an die Stadt u. konnten durch Dumping-Preise städtische Steuermaßnahmen, z.B. bzgl. Bier und
Wein, untergraben. Daher erfolgten städtische Verfügungen gegen den Wein- oder Bierkauf bzw. -konsum
auch bei den Mendikanten. Gaststätten der Dominikaner erwähnt in Rottweil, Eichstätt (1528), Nürnberg
(1522); vgl. HECHT 75; STÖRMANN 151 Anm. 2, 168.

[124] Erfurt hatte 1000 fl. vom Jenaer Konvent geliehen; vgl. S. 275 mit Anm. 31. Zum Erfurter Konvent
vgl. auch S. 102 mit Anm. 12; zu Treysa vgl. S. 251. Zum Kloster in Freiburg/Br. als Geldleihanstalt vgl.
DOLD, Wirtschaftsgeschichte 44-52; 48, 49 zu den Erzhzg. Sigismund geliehenen 1000 fl. und den 200 fl.,
die 1511 der Markgraf v. Baden erhielt. Freiberg besaß mehrere Kuxen; vgl. H.-M. KÜHN, Einziehung 123.
Zu Ulm vgl. METZGER (1943) 5.

[125] Vgl. den Dialog gegen den die Mendikanten verkörpernden Dominikaner Bembus in der Reformationszeit: *"Sollen sie so viel Rent und Gült haben und so viel Gulden dazu und dennoch nimmer ab den
armen Leuten kommen mit Bettlen, pfey der Schand."* (BENTZINGER 218). Für die Franziskaner vgl. NYHUS
7.

bekommen, entsprachen in besonderem Maß die Konvente, die unter Mitwirkung der Stadtobrigkeit die Armut erneuern wollten. Da die Observanten sich zu einer besonders strengen Wirtschaftsführung verpflichteten,[126] boten sich die Kontroll- und Mitspracherechte der städtischen Behörden geradezu an. "Der Rat ließ sich die Hilfestellung, die er den Observanten gab, honorieren, indem er seinen Einfluß auf innere Angelegenheiten der Klöster verstärkte, vor allem auf die Wirtschaftsführung."[127] Manchmal stellte er die Ausgaben für die Reformacio dem Konvent in Rechnung, so in (Schwäbisch-)Gmünd.[128] Dem Wismarer Konvent streckte der Rat dafür eine Summe vor, die die Fratres zurückzahlten.[129] In den Rahmen der finanziellen Integration gehörte die Förderung der Konvente durch die Obrigkeit, nachdem die Observanzeinführung erfolgt war.[130] Dies erfolgte zum Beispiel über von der Stadt ausgestellte Bettelbriefe, die neben die kirchlichen Ablaßbriefe traten. Der Rat von Bern stellte 1460 einen Bettelbrief für den Bau der Kirche aus, 1497 einen, um die Abhaltung des Provinzkapitels zu finanzieren; über 95 Gulden erbrachte die diesbezügliche Kollekte.[131]

2.2.3 Klosterpflegschaft

Im Gegensatz zur Kirchpflegschaft[132] sind die Klosterpflegschaften wenig erforscht, obwohl "gerade die Institution der Klosterpflegschaft als eine wesentliche Voraussetzung der Säkularisation der Konvente in der Reformation bezeichnet werden kann."[133] Das städtische Interesse an der Einsetzung von Klosterpflegern gab es schon vor der Observanz. Noch bevor der erste Konvent reformiert war, setzte 1386 der Straßburger Rat drei Klosterpfleger für die Jahresabrechnung des Dominikanerklosters ein. Ohne das Wissen der "Vormünder" sollte nichts ge- oder verkauft

---

[126] Vgl. HILLENBRAND 264f. Bei der Reform des Basler Klosters ordnete der Generalmagister an, "*ut bona conventus temporalia fideliter procurentur*" (vgl. LÖHR, Teutonia 59).

[127] G. GEIGER 99 (für Ulm).

[128] Vgl. METZGER (1943) 19. In dem Zusammenhang meinte Provinzial Stubach: "*es ist gar mit geringen Costun Reformacion in prediger orden zu erlangen.*"

[129] Vgl. ULPTS 327.

[130] Vgl. auch oben S. 22f. So hatte "bei allen Ordensreformen des 15. Jh.s die Wiederkehr monastischer Disziplin eine Gesundung wirtschaftlicher Verhältnisse zur Folge" (SCHUBERT 269).

[131] Vgl. UTZ TREMP 137f.

[132] Vgl. SCHRÖCKER; zusammenfassend FEINE 419f.; SCHRÖDER 36f.

[133] HEITZENRÖDER 191. - Zu beachten ist, daß ungeachtet der städtischen Klosterpflegschaft ein Frater von dem für die Finanzen zuständigen Prior als Prokurator eingesetzt wurde; vgl. DOLD, Wirtschaftsgeschichte 52ff.

werden.[134] Weil die Konvente Geld hatten, interessierten sich die Städte für deren
Kontrolle. Die Bedeutung der Institution der Klosterpflegschaft zeigt sich darin, daß
die Pfleger meist der Schicht der städtischen Ratsleute entnommen waren.[135] In den
ökonomischen Zentren Süddeutschlands war diese finanzielle Kontrolleinrichtung
stark entwickelt. Doch war sie nicht überall im Reich nachweisbar, so z.B. in den
untersuchten Konventen in Mittel- und Ostdeutschland.[136] Das heißt nicht, daß es
in diesen Städten keine ökonomische Kontrolle der Konvente gegeben hätte.[137] Da
in norddeutschen Hansestädten auch Pfleger nachgewiesen werden können,[138] sind
die regionalen Verschiedenheiten in Bezug auf die Eingebundenheit und Abhängigkeit
der Konvente hervorzuheben. In der oberdeutschen Städtelandschaft erstreckte sich
die fest etablierte Klosterpflegschaft gleichermaßen auf observante, so z.B. in Ulm,
wie auf konventualen Niederlassungen, so z.B. Straßburg, Augsburg und Freiburg/
Br.[139]

Mit der Observanz wurden häufig in den Konventen Pfleger eingeführt, wo es noch
keine gab. Die Reformacio in Rottweil 1518 bestand vor allem in einem Vertrag des
Provinzials mit dem Rat der Reichsstadt, der beinhaltete, daß das Kloster künftig
zwei städtische Pfleger erhalten solle für die Jahresrechnung und die Visitation des
ökonomischen Zustands. Ferner verpflichtete es sich, Güter im Gebiet der Stadt zu
versteuern, beim Weinausschank Ungeld zu entrichten, den Wein zu verzollen,
künftig nur vor dem Rottweiler Stadtgericht zu klagen und ohne Zustimmung des
Magistrats kein Gut zu veräußern oder zu erwerben. Im Gegenzug wurde der
Konvent in den Schutz der Stadt aufgenommen.[140] Damit waren die wichtigsten

---

[134] Vgl. HILLENBRAND 244f. In Ulm wurde 1370 zwischen Pflegern und Konvent eine Vereinbarung über
die Güterverwaltung getroffen, vgl. METZGER (1942) 9; I. W. FRANK, Franziskaner 143. Die Pfleger
wurden auch als Procuratoren, Provisoren, Schaffner, Kastenmänner, Tutoren etc. bezeichnet.

[135] Vgl. z.B. zu Frankfurt S. 50 Anm. 14. Zu Bern s. unten Anm. 140. In Wismar waren häufig sogar die
Bürgermeister Prokuratoren des Predigerklosters; vgl. ULPTS 261f.

[136] Nicht nachweisbar in Mainz, Göttingen (erst ab 1530), Treysa, Nordhausen, Jena (jedoch zeitweilig in
Eisenach; vgl. S. 259 mit Anm. 12). In Frankfurt blieben die Versuche zur Einsetzung von Pflegern
vergeblich. Zu Bern s.u. Anm. 140 und S. 24 Anm. 97. In Regensburg sollte es wegen dieses Instituts zu
heftigen Kämpfen kommen, die Dominikaner mußten zumindest für kurze Zeit die Pflegschaft annehmen;
vgl. ZIEGLER, Benediktinerkloster 59f.

[137] In Frankfurt z.B. über die Bewilligung von steuerfreien Getreideeinheiten; vgl. S. 49 Anm. 9 und S.
50 Anm. 17.

[138] So sind 1322 "Tutoren" für den Wismarer Konvent belegt; vgl. ULPTS 107.

[139] Zu Straßburg und Ulm s.o.; zu Freiburg vgl. DOLD, Wirtschaftsgeschichte 64. Zu Augsburg vgl.
KIESSLING 145-149 (dabei auch zur geistlichen Aufsicht und Einflußnahme auf Prior u. Konvent).

[140] Vgl. METZGER (1942) 56, (1943) 15f.; HÜBSCHER 32f.; HECHT 84. - In Bern wurde wohl nach
Einführung der Observanz ein Schaffner eingesetzt, doch ging das Amt um 1430 von der Stadt in die Hände
des Konvents über; vgl. UTZ TREMP 134. 1503 wurde von der Stadt ein Vogt eingesetzt; vgl. ebd. 136, 155

Interessen der Obrigkeit in ihrem Sinne geregelt. Mit der Observanzeinführung verzichtete der Konvent auf wichtige verbriefte Rechte und unterstellte sich der Verfügungsgewalt des Magistrats von Rottweil. Für die Kommunen ergab sich nach der Reformacio die Möglichkeit einer Finanzprüfung, also der Inventarisierung des Konvents. Sie erfolgte z.B. in Frankfurt nur eine Woche nach der Einführung der Observanz. Ähnlich geschah es in Rostock,[141] Wismar[142] und Rottweil.[143] Auch in Chur ernannte Bischof Ortlieb von Brandis (1458-91) nach der Reformacio einen Bürger zum *tutor seu sindicus* des Konvents,[144] der von den Konventsmitgliedern zu wählen war. Der Pfleger sorgte nicht nur für die Ökonomie, sondern er hatte auf die Einhaltung der Observanz wie des geregelten Studiums zu achten und sich aller Probleme des Konventes anzunehmen.

Die Klosterpflegschaft war keine langfristig angelegte Strategie zur Eindämmung der Sonderstellung der Dominikaner. Sie beruhte nicht auf einem antiklerikalen Affekt der Obrigkeit und kann nicht als Indiz für inneren Verfall im Konvent gewertet werden, der sich auf die Reformation zulaufend geradlinig verstärkt hätte. Die Beziehungen zwischen Stadt und Konvent waren gewöhnlich gut, die Leistungen der Brüder anerkannt und geschätzt; dem entsprach die Förderung. Überall war der Konvent ins städtische Leben eingefügt, je nach der lokalen Situation hatte der Rat eine recht weitgehende Kontrolle und Oberaufsicht erlangt.

2.2.4 Recht

Neben der Wirtschaftskonkurrenz ist die Rechtskonkurrenz in dem prinzipiellen, wenn auch zumeist nur latenten, Konflikt zwischen Bürgergemeinde und kirchlichen

---

zum Altschultheiß W. von Diesbach als Vogt. - Der Augsburger Humanist Konrad Peutinger entwickelte in einem Gutachten ca. 1518/21 Entwürfe zu Reichsgesetzen, wo er für die Städte die Einrichtung ständiger Klosterpfleger empfahl; vgl. HÜBSCHER 63f.; THONEICK 37. Ein solcher Vorschlag war auch in den Gravamina 1522 enthalten (s.u. S. 302 mit Anm. 39); dies zeigt das allgemeine Interesse an obrigkeitlich kontrollierten Klosterpflegschaften.

[141] Vgl. A. MEYER, Congrégation XXXIX: Einführung der Observanz durch die Herzöge von Mecklenburg am 12.6.1468; Inventarisierung am 19.6.1469 durch die Stadt. Zu Frankfurt vgl. S. 50 mit Anm. 14.

[142] Der hzgl. Beschluß der Reformacio wurde dem Rat am 12.6.1468 mitgeteilt, am 12.6.1469 erfolgte die Inventarisierung; vgl. KLEIMINGER 71 Anm. 36.

[143] Die jährliche Rechnungsüberprüfung war im Vertrag von 1518 vorgesehen; vgl. oben und HECHT 129f.

[144] Johannes della Porta war *"des lieben hailigen s. Niclasen zu den Bredigern zu Chur pfleger, von haissenz und befelchenz wegen des hochwirdigsten fursten und herren, herrn Ortlieben, bischoven zu Chur"*. Zit. bei VASELLA 47; vgl. auch ebd. 47f., 62f.; HILLENBRAND 261f. Die Pflegschaft war für den jeweiligen Konvent häufig von Vorteil. Tutor Johann Ehinger in Ulm *"fideliter ac eleganter apud dominos de consolatu negocia conventus promovit, ut eorum mandato, eorum impensis pene totus conventus renovaretur."* Zit. nach LOË, Teutonia 50f.; METZGER (1943) 13.

Institutionen zu berücksichtigen.[145] Auch in diesem Bereich gewöhnten sich die Dominikaner an den Rekurs an die jeweilige Obrigkeit,[146] obwohl die Generalkapitel des Ordens dies wiederholt ausdrücklich untersagten.[147] In Jena verbot der Landesherr hingegen die Appellation ans geistliche Gericht.[148] Zumeist setzten sich auch in diesem Bereich die Obrigkeiten gegen die Ordensvorschriften durch. Außerdem wurden vielerorts die Privilegien des exemten Ordens für die angestrebte rechtliche Autonomie genutzt. In Göttingen dienten 1520 die Dominikaner der Stadt dazu, Strafbestimmungen des geistlichen Gerichts zu unterlaufen, indem sie das vom Mainzer Erzbischof über die Stadt verhängte Interdikt nicht einhielten. Aus dem gleichen Grund griffen auch die über die Reichsstadt Worms zu Beginn des 16. Jahrhunderts verhängten kirchlichen Zensuren nicht.[149]

2.3 Zusammenfassung

Im Ordenswesen des Spätmittelalters ist, trotz aller Klagen über den Niedergang und die ewig geldbedürftigen Bettelmönche, kurz vor der Reformation nicht einfach Verfall, sondern "ein heftiges Ringen um die Reform fast jedes einzelnen Klosters"[150] festzustellen. Über 130 Jahre (1388-1518) wurde bei den Dominikanern um die Erneuerung gekämpft. "Widerstand und Anpassung" gab es also schon in der Periode des Ringens um die Observanz. Es bestand die Widerständigkeit der Fratres und Konvente gegen die von der Ordensleitung bzw. der Obrigkeit durchgesetzte Reformacio, die öfters mit Hilfe des "weltlichen Arms" erzwungen werden mußte und sich trotzdem unter Umständen jahrelang hinzog. Auch wegen der Abhängigkeit von der jeweiligen Obrigkeit erschien die Reformbewegung schwächlich und wenig wirksam. Zwar mahnten die Generalkapitel, sich nicht an die Obrigkeiten zu wen-

---

[145] Vgl. SCHUBERT 260.

[146] Vgl. für Wismar ULPTS 455f. Nr. 30 (von 1520). Zur Akzeptanz des städtischen Gerichts durch die Eichstätter Dominikaner 1510 vgl. FLACHENECKER 269.

[147] Vgl. die Bestimmung des Generalkapitels 1513: "*Quod ad nullum iudicem extra ordinem nisi ad sedem apostolicam ... aliquod membrum ordinis illique subditum pro iustitia recurrat*"; vgl. REICHERT, Acta IV, 95. Ebenso 1518: "*Prohibemus districte omnibus et singulis presidentibus et fratribus provinciarum, congregationum et conventuum quorumcumque ne instituant procuratores ad defendendum se vel alios ordini subiectos coram quibuscumque iudicibus saecularibus*"; vgl. ebd. 166, 184 (wiederholt 1523).

[148] Vgl. S. 274f.

[149] Vgl. zu Göttingen S. 131; zu Worms S. 156f.

[150] ZIEGLER, Reformation 590f.

den.[151] Gleichzeitig wurden jedoch obrigkeitliche Interventionen von Generalkapiteln unterstützt, wenn sie im Sinne der Ordensleitung waren.[152]

Aufgrund der zentralen Rolle der Obrigkeit kam es in einigen Fällen zu einem richtigen Buhlen der observanten wie der konventualen Partei um die Gunst der weltlichen Macht, die in der Rolle des Schiedsrichters nicht nur in diesen Fällen ihren Einflußbereich vergrößerte. Zunehmend sahen sich Stadträte und Territorialfürsten - willentlich oder unwillentlich z.B. zur Wahrung von Ruhe und Ordnung - vor die Aufgabe gestellt, zumindest de facto kirchliche und sogar theologische Fragen, z.B. nach der richtigen Beurteilung des Armutsgelübdes, zu entscheiden, was mit dem Trend der Zeit und dem Willen der Obrigkeiten zur Kontrolle korrespondierte. Doch wurde das Unruhepotential in den Städten als Ballungsräumen sozialer Konflikte durch die Observanzstreitigkeiten der Mendikanten noch vermehrt. Die Obrigkeiten mußten sich deshalb um den durch die ordensinterne Reform gefährdeten städtischen Frieden bekümmern. Für die Reformacio wie später für die reformatorische Aufhebung eines Dominikanerklosters war nicht unbedingt der moralische und geistliche Zustand der Fratres entscheidend; entscheidend war vielmehr die obrigkeitliche Interessenlage und der in dem Zusammenhang ausgeübte Druck. Zwar gab es erfolgreichen Widerstand gegen die obrigkeitlichen Vereinnahmungsbestrebungen. Aufgrund seiner Finanzkraft wehrte sich der konventuale Freiburger Predigerkonvent 1491-92 erfolgreich gegen die Stadt, die ihn zu einmaligen Steuerlasten von 600 Gulden heranziehen wollte.[153] Die Regel war allerdings, daß die Mendikanten, die weniger finanziell abgesichert waren als die Stifte und Klöster der alten Orden und dazu einen geringerern Rechtsstatus besaßen, durchaus finanzieller Erpressung von Seiten der Obrigkeit nachgeben mußten.[154]

---

[151] Vgl. z.B. Generalkapitel 1450 (ed. REICHERT, Acta III, 261): "*inhibemus, quatenus nullus frater, cuiuscumque gradus seu condicionis extiterit, ad quemvis principem vel prelatum aut quoscumque dominos vel dominas recurrere presumat pro obtinendis litteris vel favoribus circa ea, que statum conventuum concernant*".

[152] "*Reformacionem conventus Zutphensis et Harlemensis provincie Saxonie, pro quo scripsit illustrissimus dominus dux Burgundie capitulo generali, et conventus Magdeburgensis, pro cuius reformacione scripsit reverendissimus dominus episcopus Magdeburgensis, committimus magistro Iohanni de Essendia Provincie Saxonie*". Ebd. 266. Zum Hintergrund vgl. WOLFS, Reformversuche.

[153] Vgl. POINSIGNON 18f.; DOLD, Wirtschaftsgeschichte 67-70, 80-88; HÜBSCHER 24. Aufgrund der Weigerung wurde dem Konvent "das Bürgerrecht aberkannt, 'Wunn und Waid, Holz und Almend' verboten, die Brunnenleitung weggenommen und dann das Kloster selbst mit einer Bretterwand ... abgesperrt ... Von den Conventualen durfte sich keiner mehr in den Straßen zeigen" (POINSIGNON 19). Dies waren auch die Druckmittel, die in der Reformationszeit gegen Konvente angewandt wurden.

[154] So ließ Graf Ulrich V. von Würtemberg 1464 unreformierte Mendikanten nicht zum Terminieren zu; vgl. METZGER (1942) 45.

Bei den Reformaciones der Dominikanerklöster waren schon viele der Maßnahmen, die während der Reformationszeit angewandt werden sollten, "erprobt" worden: je nach Stadttyp waren durch den Rat bzw. fürstliche Beamte als "*bracchium saeculare*" Änderungen im Klosterleben bis zur fast völligen Auflösung einzelner Niederlassungen und dem Verbot der Aufnahme von Novizen durchgesetzt worden. Ebenso wurden reformunwillige Fratres ausgewiesen. Die Alternative wurde gestellt, das Kloster zu verlassen[155] oder sich unter Zurückstellung eigener Positionen lieber versorgen zu lassen. Im letzteren Fall handelte es sich um eine zum Aussterben verurteilte Gruppe, die bestimmte Grundsätze der durchgeführten Reformacio zu akzeptieren hatte. Aufgrund der Vertreibung oder sogar Entlassung aus dem Orden[156] von Fratres der anderen Richtung war eine "Säkularisierung" von Mönchen wie von Klöstern[157] in der Reformationszeit nichts Neues. Die Durchsetzung der spätmittelalterlichen Reformacio in den Städten brachte eine stärkere Profilierung des obrigkeitlichen ius reformandi. Auch Bettelordensklöster standen im Dienst des Ausbaus der städtischen Kirchherrschaft: Den Obrigkeiten gelang es, diese durch ein differenziertes System von Rechten, wozu in besonderem Maß die Pflegschaft gehörte, in die Herrschaft oder den kommunalen Verband zu integrieren. Im Gegensatz zu den Pfarreien wurden die Bettelorden früher in das städtische Kirchenregiment integriert, sie waren öfters sogar dessen "Einfallstor". Die mit den Konflikten um die Observanz erfolgte Schwächung der ordensinternen Strukturen und die Stärkung der obrigkeitlichen ist ein wichtiges Ergebnis der lokalen Reformaciones und eine Vorbedingung der Reformation. Die erfolgte Abhängigkeit der exemten Predigerbrüder gegenüber der jeweiligen städtischen Obrigkeit war die Kehrseite des gewährten Schutzes. Schon bei der Reformacio war der Einsatz von Gewalt praktiziert worden; in der Reformation sollten die gleichen beschränkenden Maßnahmen angewendet werden.

Die schon vor der Reformation zu belegende "Säkularisierung" und Umwandlung von Klöstern blieb ein vereinzeltes Phänomen. Trotz aller, auch grundsätzlicher Kritik, ließ sich das institutionalisierte Mönchtum nicht mit bloßen Parolen zerschlagen, dazu waren wesentlich stärkere Machtmittel nötig. Außerdem fehlte noch eine theoretische Grundlage für die generelle Möglichkeit von Klosteraufhebungen.

---

[155] Bei der Reform des Basler Konvents 1431 verließen die meisten Dominikaner das Kloster, um sich einem nichtreformierten Konvent anzuschließen; vgl. HILLENBRAND 235ff.; EGGER 66f. Für Frauenklöster sind auch Abfindungen im Zusammenhang der Reformacio bekannt. Zu den Schwestern des Nikolausklosters in Straßburg vgl. REICHERT, Buch 85. Vermutlich gab es bei der Reformacio Abfindungen für wohlhabende konventuale Fratres.

[156] Zahlreiche Privilegien *standi extra ordinem*; vgl. z.B. LÖHR, Reg. Mansuetis 38: "*fr. Clemens de Apoldia conv. Jhenensis habuit licenciam, quandocumque vult exire et stare extra Ordinem et officiare etc. ... fr. Nicolaus Kesseler eiusdem conventus habuit similem literam.*"

[157] Vgl. ZIEGLER, Reformation 594.

Die kirchenregimentliche Kontrolle der Mendikanten durch die Obrigkeiten war keine Ursache der Reformation. Allerdings waren in dem Prozeß zunehmender Bündelung territorialer Rechte Möglichkeiten erprobt worden, die der Durchsetzung der Reformation förderlich sein sollten. Den für die württembergischen Landklöster formulierten Ergebnissen von Dieter STIEVERMANN kann man generalisierend auch für die Bettelorden zustimmen: "In der Klosterreform bündelten sich die vielen landes- und vogtherrlichen Einzelkompetenzen (Vermögensaufsicht, Besetzungs-rechte, Jurisdiktion, Schutzrecht) mit den politischen Gegebenheiten der Landes-fürsten (allgemeines machtpolitisches Gewicht, Beziehungen zu Papst, Bischöfen, Orden) auf dem Hintergrund der allgemeinen Tendenzen der Epoche (umfassender Kompetenzzuwachs, soziale Veränderungsprozesse) zu einer neuen Qualität von Klosterherrschaft. Ihre Möglichkeiten wurden zwar in der Folgezeit nicht permanent ausgeschöpft, waren jedoch als latente, anerkannte Potenz sehr wohl vorhan-den."[158]

Zusammenfassend ist festzustellen, daß sich die Observanzbewegung 1517/18 in Saxonia und Teutonia durchgesetzt hatte, bevor in den Städten eine reformatorische Bewegung faßbar war. Somit traf die Reformation im Fall der Dominikaner nicht auf ein korruptes Mönchswesen, sondern auf einen Orden, der sich in beträchtlichem Maß erneuert hatte, wenn man die Zugehörigkeit zur Observanz als wichtiges Kriterium diesbezüglich ansieht. Auch wenn die in der älteren Forschung verwandte "Verfallshypothese" inzwischen nicht mehr vertreten wird, so wirkt das Gedankengut doch nach.

3   STUDIUM UND SEELSORGE

Im dominikanischen "Studierorden" bestanden ab dem 13. Jahrhundert Konvents-, Partikular- (für die Artes/Philosophie und Theologie) sowie Generalstudien.[159] Durch die Observanzbewegung erhöhte sich die Zahl der Generalstudia.[160] Es kam zu einer großen Pluralität bzw. Zersplitterung. Die observante Provinz Teutonia, die Oberdeutsche Konventualenkongregation, die konventuale Provinz Saxonia und die

---

[158] STIEVERMANN 293.

[159] Vgl. den Überblick bei I. W. FRANK: Art. Dominikanerorden. In: LThK³ 3 (1995) 313f.; DERS., Hausstudium 29-63 (Konvents- u. Partikularstudium), 81-89 (Generalstudium); DERS., Bettelordensstudia.

[160] Zur Studienreform der Observanten vgl. HILLENBRAND 266ff. Inhaltlich gab es jedoch kaum Unter-schiede zu den Konventualen. Jedoch erhöhte wohl die Ausrichtung der Observanten auf praktisch-seelsorg-liche Programme in der Theologie deren Attraktivität für die Gläubigen; vgl. NEIDIGER, Bettelorden 67f.

Congregatio Hollandica erlangten Generalstudien, was eingeschänkt gleichfalls von der Congregatio Lipsiensis galt.[161]

Das Studienwesen spiegelte ebenso wie andere Bereiche den Territorialisierungsprozeß und stand im Sog der Verlokalisierung bzw. der Verobrigkeitlichung. Denn die Förderung des Studienwesens durch die Observanten traf sich mit den Bemühungen der Territorialfürsten, ihrem Land einen geistigen Mittelpunkt und ein Zentrum für die Ausbildung von Geistlichen und Beamten zu geben. Erfolgreich waren die Bemühungen des Pfälzer Kurfürsten. Auf dessen Initiative hin wurde seine observante Neugründung Heidelberg in den Rang eines Generalstudiums erhoben. Kurz nach der Gründung der Universität Tübingen 1476 beabsichtigte Graf Eberhard I. von Urach (1457-1495), Dominikaner zu berufen, was sich allerdings zerschlug.[162]

Doch auch in den Fällen, wo die dominikanischen Studia nicht direkt dem Landesausbau dienten, zeigte sich die Verlokalisierung und Verregionalisierung. In den Provinzen Saxonia wie Teutonia gab es schließlich statt des einen vorgesehenen Generalstudiums mehrere Studienhäuser. Die an Universitätsstädten vorhandenen ordensinternen Studia suchten und erlangten die Erhöhung zum Generalstudium, so z.B. Wien, Basel, Heidelberg und Freiburg/Br. in der Teutonia; Rostock, Greifswald und Leipzig in der Saxonia.[163] Da die Universitäten die ordensinternen Generalstudien an Bedeutung überragten, kam es vor, daß an Universitäten studiert und promoviert wurde, die nicht mit einem Generalstudium verbunden und nicht vom Orden approbiert waren.[164] So kann man mit Isnard W. FRANK sagen: "Diese Auf-

---

[161] Traditionelle Generalstudien waren in der Teutonia neben Köln auch Straßburg und Wien, in der Saxonia Erfurt und Magdeburg; vgl. REICHERT, Acta III 190f.; 214ff., 233ff. 1463 wurde in Basel ein Studium generale für die Teutonia errichtet sowie in der Saxonia Berlin, als Magdeburg zur Congregatio Hollandica überging; vgl. NEIDIGER, Observanzbewegung 182. Zu Basel vgl. I. W. FRANK, Hausstudium 84. Errichtung von Berlin 1478 bestätigt; vgl. REICHERT, a.a.O. 349. 1481 war Berlin noch neben Erfurt Sitz des Generalstudiums, denn dem Provinzial wurde zugestanden: "*Et potest absolvere regentes Erffordensem et Berlinensem*"; vgl. LÖHR, Reg. Mansuetis 64. Das Magdeburger Studium wurde 1505 neu errichtet: "*In memorato conventu ponitur studium generale cum precepto fratribus conventus, ut ipsum recipiant cum officialibus, exemptionibus etc.*"; DERS., Reg. Turriani 121. 1486 erhielt Rostock (im Weigerungsfall Greifswald) die Privilegien des Kölner Generalstudiums für den Bereich der Congregatio Hollandica; vgl. DERS., Reg. Mansuetis 88f. Zu den Generalstudien der oberdeutschen Konventualen in Freiburg/Br. und Trier vgl. S. 15 Anm. 51. Leipzig war zwar kein approbiertes Generalstudium, es wurden aber Generalstudenten dorthin assigniert; vgl. S. 201.

[162] Vgl. HILLENBRAND 253f.; NEIDIGER, Dominikanerkloster 35f., 79, 80-122. Zu Heidelberg vgl. auch SCHEEBEN, Chronica 99; REICHERT, Acta III, 384; I. W. FRANK, Hausstudium 132f.

[163] Vgl. I. W. FRANK, Bettelordensstudia 40; zu Wien DERS., Hausstudium 82-89. Zu Freiburg vgl. S. 15 Anm. 51.

[164] Z.B. wurde der Eisenacher Frater Bartholomäus von Creutzburg 1500 als Sententiar assigniert "*in quacumque universitate sibi grata*"; vgl. LÖHR, Reg. Turriani 98. Zu ähnlichen Vergünstigungen vgl. ebd.

splitterung der Ausbildungszentren des Ordensnachwuchses wurde dann gegen Ende des 15. Jahrhunderts eine vollständige. An jeder Universität, selbst wenn es in der betreffenden Stadt gar kein Dominikanerkloster gab - wie in Heidelberg bis 1473 und in Ingolstadt die ganze Zeit hindurch - fand man Predigerbrüder, die studierten oder als Lehrer tätig waren."[165]

Aufgrund der zahlenmäßigen Zunahme der Universitäten und Generalstudia schwand ihre Bedeutung innerhalb des Deutschen Reiches wie auch ihr Ansehen. Die Ausbildung der Studenten regionalisierte und verprovinzialisierte sich. Neben Erfurt und Magdeburg nahm die Bedeutung von Köln ab.[166] Ebenso sank die Bedeutung des Dominikanerordens im Schulwesen. Er war durch die Besetzung so vieler Studia überlastet. Ursprünglich hatten die Universitäten schon aus Kostengründen gern auf die mendikantischen Professoren und die Ordensstudia zurückgegriffen. Dies galt nun nicht mehr. Vielleicht wegen der erwähnten Überlastung, aber auch wegen des Interesses der Fürsten an Weltklerikern waren bei vielen jüngeren Universitätsgründungen wie Basel, Freiburg, Tübingen oder auch Mainz keine eigenen, den Bettelorden vorbehaltenen Ordenslehrstühle für Theologie mehr vorgesehen.[167] Die Mendikanten gerieten allmählich gegenüber dem Weltklerus ins Hintertreffen.

Das Studium war im Dominikanerorden seit den Anfängen in Funktion zur Seelsorge gesehen worden.[168] Die Verpflichtung zur "cura animarum" erfüllten die Dominikaner in Konkurrenz bzw. in Ergänzung zur pfarrlichen Seelsorge. Isnard Wilhelm FRANK führte dafür den Begriff der "paraparochialen Ausnahmeseelsorge" ein.[169] Trotz der das ganze Spätmittelalter währenden Seelsorgsstreitigkeiten waren die Mendikantenkonvente zu Beginn des 16. Jahrhunderts als Beicht-, Predigt- und Seelsorgezentrum weiterhin wichtig. Das bekannte Angebot wurde durch die bessere Disziplin der Observanten attraktiver.

---

14 (1487: Johannes Ruren), 49 (1491 Johannes Bentich), 55 (1492 wird Heinrich Rolferduck "in quocumque conventu, ubi fuerit studium generale" assigniert).

[165] I. W. FRANK, Hausstudium 89; vgl. auch DERS., Bettelordensstudia 40f. Zu Ingolstadt vgl. auch P. SIEMER 42 mit Anm. 73.

[166] Vgl. I. W. FRANK, Bettelordensstudia 40. Zum Magdeburger Studium vgl. oben Anm. 161.

[167] Vgl. NEIDIGER, Dominikanerkloster 94; nach 113 waren Dominikaner im Jahre 1480 (also nachträglich) an die Freiburger Universität berufen worden. Die zwei der 14 Mainzer Universitätspfründen, die für die Theologie vorgesehen waren (vgl. MATHY 23), wurden von Weltklerikern besetzt. - Zum "geschlossenen Ordenslehrstuhl" der Mendikanten vgl. I.W.FRANK, Bettelordensstudia.

[168] Vgl. A. H. THOMAS 311: "cum ordo noster specialiter ob predicationem et animarum salutem ab initio noscatur institutus fuisse, et studium nostrum ad hoc principaliter ardenterque summo opere debeat intendere, ut proximorum animabus possimus utiles esse."

[169] Vgl. I. W. FRANK: Dominikanerorden. In: LThK³ 3 (1995) 313; DERS., Mainz 132ff.

Der Wechsel zur Predigt als Zentrum von Gottesdienst und Frömmigkeit[170] war eine der wichtigen Weichen für den Erfolg der Reformation. Durch die Schaffung von Prädikaturen für universitär und humanistisch gebildete Kleriker auch an Stadtpfarren erfuhren die Bettelorden ab dem 15. Jahrhundert wachsende Konkurrenz.[171] In zunehmendem Maß wurde ihre herausragende Stellung im Bereich der Predigt durchlöchert,[172] obwohl Prädikaturen noch zum Teil von Mendikanten besetzt wurden.[173] Der Qualitätsvorsprung der Mendikanten, deren akademisch geschulte Seelsorger und Prediger den Erfolg der Orden im 13. und 14. Jahrhundert ausgemacht hatten, war aber trotz des Insistierens der Observanz auf Studienreform insofern verringert worden,[174] als nun der Weltklerus in zunehmendem Maß durch Universitätsstudium gebildet und zur Predigt besser qualifiziert war. Der durch Predigtstiftungen[175] geförderten Schicht städtischer Weltgeistlicher waren die Städte zunehmend verpflichtet. Sie dienten neben den Mendikanten als Einfallstor für die Einflußnahme der Obrigkeit in den Bereich kirchlicher Sonderrechte. Da sie meist an Pfarrkirchen errichtet wurden, wurde der obrigkeitliche Einfluß auf dieses Seelsorgezentrum verstärkt.[176]

Über das Recht der Wahrung von Friede und Ordnung legten sich die Obrigkeiten allmählich sogar Rechte *in spiritualibus* zu. So gestattete bzw. erließ z.B. in Freiburg/Br. der Rat die Gottesdienst- und Prozessionsordnungen und überwachte die moralischen Eigenschaften der einzelnen Konventualen.[177] Schon vor der Reformation wurden theologische und religiöse Fragen politisch entschieden. In diesem Sinne

---

[170] Vgl. BLICKLE, Stadt 253.

[171] Knapper Hinweis zum "Kanzelkrieg" des Pfr. Konrad Krafft 1516/17 gegen die Ulmer Mendikanten bei G. GEIGER 82, 142f. Auch der unten dargestellte "Wigandzank" wurde im Sinne einer solchen Konkurrenz gewertet. Zum Basler Seelsorgestreit zwischen Weltklerus und Mendikanten vgl. NEIDIGER, Dominikanerkloster 90 Anm. 588; 65-68 allgemein zum Verhältnis Säkularklerus und Bettelorden.

[172] Die Kölner Zünfte forderten 1512 vom Rat, "*es soll ein jedes Kirchspiel kisen weise Pastoren und weise Kapläne, die das Wort Gottes recht auslegen können damit die Mönche in ihren Klöstern bleiben*"; zit. nach NEIDIGER, Bettelorden 74.

[173] Predigtstiftung von 1521 für die Kölner Dominikaner bei den Aperner Zisterzienserinnen; vgl. HÜSGEN 40. Zu zwei Predigtstiftungen im Frankfurter Dominikanerkloster vgl. H. H. KOCH 35, 41.

[174] Vgl. NEIDIGER, Bettelorden 56.

[175] Vgl. z.B. GESS, Akten I, 65f. Nr. 80: Hzg. Georg von Sachsen gab seine Einwilligung zur Stiftung eines Predigtstuhles in der Pfarrkirche von Senftenberg. Am 18. August 1521 ordnete er an, daß durch die von L. Pflock zu einer Ewigmesse mit eigenem Altar und Vikar in Annaberg gestifteten 1000 fl. eine Predigtstelle mit finanziert werde; vgl. ebd. 184f. Nr. 228. Hier zeigt sich der Wandel von der Meß- zur Predigtfrömmigkeit. - Allgemein zu Prädikaturstiftungen vgl. OZMENT 38-46; MENZEL 369-384.

[176] Die Prädikanten setzten an den Pfarreien selbst die Tradition der konkurrierenden Ausnahmeseelsorge der Bettelorden fort: an sich stand die Predigt den Pfarrern als den Inhabern der ordentlichen Seelsorge zu.

[177] Vgl. DOLD, Wirtschaftsgeschichte 66f.

verbot der hessische Landgraf Heinrich III. (1458-83) 1479 wie ein geistlicher Oberhirt Dominikanern und Franziskanern die Diskussion um die Sanctificatio Mariens und zwang die Marburger Dominikaner, in diesem Punkt ihre Ordenstheologie aufzugeben.[178] Diese obrigkeitliche Kompetenzüberschreitung und Kompetenzübernahme im geistlichen Bereich kann durchaus als "schleichende Säkularisierung" bezeichnet werden, da die Ansprüche des Klerus auf alleinige Kompetenz unterhöhlt wurden.

4 VON DER ALLGEMEINEN ÖFFENTLICHEN KRITIK AN DEN DOMINIKANERN ZU LUTHERS GENERELLER KRITIK AM MÖNCHTUM

Trotz des schon erwähnten guten personellen und wirtschaftlichen Zustandes der Konvente, aufgrund dessen man versucht sein könnte, von einer "Blüte" der Ordenshäuser zu sprechen,[179] gab es genug Mißstände bei den deutschen Dominikanern.[180] Diese Gleichzeitigkeit der sich ausschließenden Positionen ist festzuhalten. Grund mancher Kritik war allerdings nicht der Lebenswandel der Mendikanten, sondern der Wandel der Gesellschaft. Das Ideal, daß nach Möglichkeit die Bürger einer Stadt in politischer Hinsicht unter einer Obrigkeit und in religiöser Hinsicht in einer Pfarrei lebten, machte die paraparochiale Seelsorge der Bettelorden zunehmend obsolet. Auch die Observanten konnten dem gewünschten bürgerlichen Ideal nicht entsprechen. In der öffentlichen Kritik und der Karikatur des geldgierigen, verschlagenen Bettelmönchs spiegelte sich das durch Funktionsverlust ausgelöste

---

[178] Vgl. S. 227f. mit Anm. 9.

[179] Vgl. auch allgemein dazu MOELLER, Mönchtum 77ff.

[180] Vgl. die Abschnitte "*De penitenciis fratrum*" der Kapitelsakten (für die Saxonia vgl. LÖHR, Kapitel 20, 36f., 44f., 60, 83f.). Vgl. die Verfügung des Generalmagisters 1502: "*Mandatur rev. provinciali Saxonie, ut aliquos fratres extra Ordinem commorantes in sua provincia vitam inhonestam, scandalosamque ducentes corrigat, penitentiet, incarceret aut habitu privet, invocato auxilio brachii secularis, si opus fuerit*"; vgl. DERS., Reg. Turriani 113. Die kontinuierliche Gesetzgebung gegen Apostaten und Fugitivi (vgl. RIESNER und S. 6 Anm. 17) sowie gegen das Terminier- und Benefiziatenunwesen zeigt die Allgemeingültigkeit dieses Problems auf. - Vgl. WEINBRENNER 12: "Zweifellos war der Ruf nach einer Reform der Klöster nicht ohne Anhalt an der Wirklichkeit. Die Frage ist aber, ob eine aktuelle Veränderung der Wirklichkeit oder eine Veränderung ihrer Wahrnehmung durch die Rückbesinnung auf die geistlichen Grundlagen des Klosterlebens die Diskrepanz zwischen Ideal und Wirklichkeit zutage treten ließ. War es tatsächlich eine gravierende Verschlechterung der Verhältnisse, die Anstoß erregte und zur Rückbesinnung führte, oder war es ein geistlicher Aufbruch, der allererst die Sensibilität für den Verfall hervorbrachte und zum Anstoß an den seit längerem bestehenden, vergleichsweise vielleicht nicht einmal allzu desolaten Verhältnissen führte? Es ist nicht unwahrscheinlich, daß beide Dynamiken nebeneinander und ineinander verwoben wirksam waren. Wie auch immer es um die Gegebenheiten objektiv bestellt gewesen sein mag - sicher ist, daß sie subjektiv als Verfall empfunden wurden."

Unverständnis der Gläubigen z.B. dem Bettel der Fratres gegenüber.[181] Mit Johann Wyclif (+ 1384) setzte die grundsätzliche Kritik am Mönchtum ein.[182] In diesem Rahmen richtete sich zu Beginn des 16. Jahrhunderts mit den Stichworten Wigandzank (1494-1513 in zwei Phasen),[183] Jetzerhandel (1507-09)[184] und Reuchlinstreit (1513-20)[185] die öffentliche Meinung speziell gegen die Dominikaner. Sie und ihr Wirken galten mehr und mehr als Indiz für die reformbedürftige und von Mißständen gezeichnete Kirche. Neben der in die Defensive geratenen Mariologie der Dominikaner[186] war der Konflikt mit den Humanisten im Wigand- und Reuchlinstreit von Bedeutung.[187] In beiden Fällen spielte die Gegnerschaft zum Thomismus mit. Jakob Wimpfeling (1450-1528) formulierte: "*Nondum sunt humiliati Praedicatores; isti*

---

[181] Zur Kritik bes. am Terminwesen vgl. die Hinweise bei JEDIN 250f. Allgemein zum Terminwesen siehe SALLABERGER.

[182] Vgl. K. S. FRANK 122f.; LOHSE, Mönchtum 176-194, 375. - Auch in der Reformatio Sigismundi spiegelt sich das generelle Unbehagen am Mönchtum und an der Einschränkung der Pfarrrechte (vgl. KOLLER, Reformation 204-208 zu den Bettelorden, 224-231 zu den Pfarrkirchen) sowie ein gewisser Antikurialismus, der sich wiederum gegen die Mendikanten als propagandistisches Ausführungsinstrument des Papsttums richtete. Zur Reformatio Sigismundi vgl. auch BOOCKMANN, Wirkungen.

[183] Vgl. zuletzt zusammenfassend K.-B. SPRINGER: Wirt, Wigand. In: BBKL 13 (1998) 1418-1421.

[184] Vgl. HÜBSCHER 28f., 35; UTZ TREMP 136, 143-160.

[185] Vgl. zuletzt PETERSE; vgl. auch L. GEIGER, Reuchlin; BROD; RÄDLE sowie S. 53 Anm. 32.

[186] Allgemeine theologische und öffentliche Anerkennung hatte die von der franziskan. Ordenstheologie vertretene *immaculata conceptio* gefunden, nicht die *sanctificatio* der Dominikaner (vgl. HORST, Diskussion). Vgl. oben S. 39 mit Anm. 178 den Hinweis auf Marburg; zu diesbezügl. Konflikten in Leipzig vgl. S. 201f. mit Anm. 54. Kontroversen auch für Ulm belegt (vgl. G. GEIGER 104). Wirt griff 1494 Trithemius Buch "De laudibus sanctae Annae" wegen der Immakulata-Lehre an. Im folgenden Jahr wurde an der Kölner Universität und später an weiteren der Eid auf die Immakulata verbindlich; vgl. C. SCHMITT 423. Zum Heidelberger Streit 1499-1501, dem Auftakt zur 2. Phase des Wigandzankes; vgl. T. FUCHS 114ff. Wirt verlor den Prozeß. 1519 verlangte das Provinzkapitel der Saxonia, daß die Prediger von Marias Heiligkeit "*sine opinionum narratione*" sprächen; vgl. LÖHR, Kapitel 111. Noch 1526 gab es wegen der dominikan. Mariologie in Rostock Streit; vgl. K.-B. SPRINGER: Sneek, Kornelius. In: BBKL 10 (1995) 712; ULPTS 180.

[187] Auf den großen Forschungskomplex Humanismus, Scholastik und Reformation kann hier nicht weiter eingegangen werden. Jedoch müssen einige Hinweise zum Gegensatz zwischen Dominikanern und Humanisten gegeben werden. Im Wigandstreit hatte Trithemius die Solidarität der Humanisten eingefordert. Außerdem hatte die Verurteilung, Absetzung und Inhaftierung des Humanisten, früheren Erfurter Magisters, Mainzer und Wormser Dompredigers Johann Rucherat von Wesel 1479 durch im Auftrag des Mainzer Erzbischofs tätige Dominikaner gerade bei Humanisten Animosität gegen den Orden hervorgerufen; vgl. G. A. BENRATH: Johannes Rucherat v. Wesel. In: TRE 17 (1988) 152; NEIDIGER, Dominikanerkloster 84-92. Der Frankfurter Stadtpfarrer Konrad Hensel war ein Schüler des Magisters Rucherat gewesen. Im Kontext der Auseinandersetzung mit Wirt verfaßte der ebenfalls von Humanisten publizistisch und vor Gericht unterstützte Hensel eine Verteidigung Ruchrats. 1506 bat der Humanist Gresemund den Dominikaner Wigand, in seinem Dialog gegen die "*Weselianicos*", also die Anhänger Johannes von Wesel, nicht überstürzt vorzugehen; vgl. HERDING/MARTENS 568f. Humanistische Kritik folgte auch auf Hochstratens Vorgehen gegen Petrus Ravennas (1507-09); vgl. PETERSE 18ff.; PAULUS, Dominikaner 89-93; NAUERT; HEIDENHEIMER.

spernunt Scotum et eius sectatores".[188] Wichtig für den Profilverlust der Predigerbrüder ist diese aus verschiedenen Interessen herkommende antidominikanische Front. Der Dominikanerorden und besonders die Observanten[189] hatten ein schlechtes Image in der Öffentlichkeit. Damit galten die Predigerbrüder, obwohl etliche Fratres Humanisten waren,[190] als Gegner des Humanismus und zunehmend als rückständig. Die Causa Martin Luthers (1483-1546), der seine eigene Situation mit der Verfolgung Reuchlins verglich,[191] und die generelle Kritik am Mönchtum und den Predigerbrüdern intensivierten und generalisierten die Forderungen dieser antidominikanischen Front.[192]

Die *Causa Lutheri* wurde nicht nur von Papst Leo X. als "Mönchsgezänk" zwischen Luther und den Dominikanern angesehen.[193] Der ordensinterne Konflikt war keineswegs der wichtigste Aspekt dieser Causa; in ihr vermengten sich verschiedene Faktoren und Interessen. Der Auslöser des Ablaßstreits, der Predigerbruder Johannes Tetzel (um 1465-1519) wurde von Luther irrtümlich für die Eröffnung des Prozesses

---

[188] HERDING/MARTENS 658 Nr. 262.

[189] Vgl. die Beauftragung des Züricher Rats für K. Röist, in Rom die Sache der Konventualen zu vertreten, vom 25.2.1518: "*mit fürhaltung der bößen sach, so die observanntzer zuo Bern habent gehandelt - darumb sy den lon habennt empfanngen mit dem für -; deßglichen des fürnemens, so sy mit doctor Johanßen Röichlin, unndt den Winganndten hannd gethon. Unnd das umb der annder notwenndig ursachen, so im besten ungemeldet blibint, die leyischen personen, edel und unedel, die gotzhüßer der observanntzer, frowen- und mannenclöster, nit wellint dulden.*" HÜBSCHER 96 Nr. 3; wiederholt 27.2., ebd. 97f. Nr. 4. - Das geschilderte Verhältnis observante Dominikaner-Humanisten galt so nur für das Deutsche Reich, nicht aber für Italien und Spanien.

[190] So Johannes Host von Romberg, der z.B. eine Schrift des Erasmus veröffentlichte; vgl. PAULUS, Dominikaner 137; 204-208 zu Kontakten von Ambrosius Pelargus mit Erasmus. Humanist war auch der von Erasmus geschätzte Augsburger Prior und Generalvikar der Konventualen Johannes Faber. Als Konventuale gratulierte er 1518 Pirckheimer zum Sieg Reuchlins über seine Feinde, i.e. die Dominikanerobservanten, von denen er auch verfolgt werde; vgl. HÜBSCHER 113ff. Nr. 17; 1520 sprach Faber sich für eine Beilegung der causa Lutheri aus; vgl. KÖNIG 325-329 Nr. 206; LUTZ 166ff., 322f.; vgl. auch GRANE, Martinus 155, 226f. (280f. zur Abwendung von Luther nach 1521) sowie PAULUS, a.a.O. 300-310; P. SIEMER 85-90. Zu der von ihm geplanten humanistischen Ordensakademie vgl. PAULUS, a.a.O. 297f.; P. SIEMER 77; KRAMM, Bibliotheken 91; HÜBSCHER 49, 67f. Evtl. wollten sich die Konventualen durch die Förderung des Humanismus vom Thomismus der Observanten absetzen. Zu Fabers Disputation mit Eck 1515 in Bologna zur Frage des Zinsnehmens vgl. WURM 170-190. - Humanist war auch Wilhelm Hammer; vgl. PAULUS, a.a.O. 182; KRAMM, a.a.O. 91.

[191] Belege bei GRANE, Martinus 203 Anm. 48. Zur Person vgl. M. BRECHT: Luther, Martin (1483-1546). I. Leben. In: TRE 21 (1991) 513-530; M. SCHULZE: Luther, Martin. In: BBKL 5 (1993) 447-482.

[192] Zum (humanistischen) Engagement für Reuchlin und Luther in den gegen die Dominikaner (bes. Hochstraten) gerichteten Schriften vgl. GRANE, Martinus, Kapitel IV-VII.

[193] Auch Luther sah dies als Streit der Thomisten gegen die Augustinisten an; vgl. PESCH 111f. - Generell zur causa Lutheri vgl. BORTH; FABISCH/ISERLOH.

an der Kurie verantwortlich gemacht.[194] Der Dominikanerorden stellte sich hinter seinen Mitbruder. An der mit Wittenberg konkurrierenden brandenburgischen Landesuniversität Frankfurt/Oder wurde Tetzel im Frühjahr 1518 promoviert. So konnte er sich als Magister, also akademisch gleichgestellt, mit Luther auseinandersetzen, was er in zwei, von Konrad Wimpina (um 1460-1531) verfaßten Thesenreihen tat.[195] Als diese Mitte März in Wittenberg verkauft werden sollten, wurden sie von den Studenten auf dem Markt verbrannt.[196]

Übertrieben dargestellt wurde der Einfluß der Dominikaner in der Luthersache vor allem durch Paul KALKOFFs (1858-1928) unbelegte These, Provinzial Hermann Rab (+ 1534) hätte Luther anläßlich des Generalkapitels 1518 in Rom angezeigt und so den kirchlichen Prozeß ausgelöst.[197] Wegen des beträchtlichen "positionellen Einflußes" an der Kurie war in jedem Gremium mit Dominikanern zu rechnen, was durchaus den Eindruck einer Omnipräsenz der Predigerbrüder insinuieren konnte.[198] Tetzel hatte durch sein Nichterscheinen zu der vom päpstlichen Unterhändler Karl von Miltitz (ca. 1490-1529) anberaumten Zusammenkunft mit Luther im Januar 1519 in Altenburg den Zorn Miltitz' auf sich gezogen, trotz der Entschuldigung durch Provinzial Rab.[199] Erasmus von Rotterdam (1466/69-1536) sah in dem gegen

---

[194] Vgl. PAULUS, Tetzel 48; LÖHR, Leipzig 89f.

[195] Vgl. z.B. BRECHT, Luther 202, und vor allem T. FUCHS 50-55, dort auch zur Korrektur der starken legendarischen Überlieferung. Zur Promotion Tetzels hätte in Frankfurt, das keinen Dominikanerkonvent besaß, ein Provinzkapitel mit 300 Fratres stattgefunden (so noch BLICKLE, Reformation 150).

[196] Vgl. PAULUS, Tetzel 52; BRECHT, Luther 202. Evtl. ist die Verbrennung von Luthers Büchern durch Dominikaner auch vor diesem Hintergrund zu sehen. Diese predigten vielerorts gegen Luther und drohten mit der Ketzerverbrennung; vgl. SEIDEMANN, Disputation 11.

[197] Vgl. K.-B. SPRINGER: Rab, Hermann. In: BBKL 7 (1994) 1146; LÖHR, Leipzig 88. - Auf KALKOFFs Forschungen basierte noch 1993 MOREROD (über die ebd. 252 Anm. 1 gen. Arbeiten); die These der Anzeige Luthers durch die Dominikaner klingt noch an bei SCHORN-SCHÜTTE 33. KALKOFF hat weitere seitdem wiederholte, unbewiesene Hypothesen in die Forschung eingeführt; vgl. allgemein H.-J. OLSZEWSKY: Kalkoff, Paul. In: BBKL 3 (1992) 971. Eine dieser Vermutungen war, Cajetans Traktat von 1517 über den Ablaß sei gegen Luthers 95 Thesen gerichtet. Widerlegung bei WICKS 47f. Daß der Gesamtorden offiziell erst 1523 gegen Luther tätig wurde (vgl. S. 309 mit Anm. 8), ist ein weiteres Indiz gegen KALKOFFs These.

[198] Luthers literarischer Gegner, der Magister sacri Palatii Sylvester Prierias, amtierte als Fiskal und erstellte das nötige Gutachten (vgl. BRECHT, Luther 234-237). Die Leitung der Kommission hatte Kardinal Cajetan (vgl. SEIDEMANN, Disputation 19). Als maßgebliche Person des römischen Prozesses war er für das im Rahmen der Legatur in Deutschland erfolgte Augsburger Lutherverhör 1518 zuständig; vgl. T. FUCHS 187f. Zu Luther und Cajetan vgl. GRANE, Martinus 23-29; vgl. die Bemerkung von OBERMAN, University 35, daß Luther versuchte, das Verhör durch Cajetan in eine Disputation umzuwandeln. Ferner war auch der einflußreiche Dominikaner Nikolaus von Schönberg im Lutherprozeß beteiligt; vgl. zu ihm KALKOFF, Prozeß 382-414, laut 401f. förderte er die Beauftragung seines Neffen Miltitz als päpstlichen Gesandten an den sächsischen Hof; vgl. auch K.-B. SPRINGER: Schönberg, Nikolaus v. In: LThK³ 9 (im Druck).

[199] Vgl. S. 202f.

seinen Willen veröffentlichten Brief an Kardinal Albrecht von Brandenburg (1490-1545) vom 1. November 1519 den Aufruhr um Luther als berechtigte Folge der *"Tyrannei der Bettelmönche"* an: *"Luther hat gewagt, in betreff der Ablässe zu zweifeln, wovon aber andere vorher zu unverschämte Behauptungen aufgestellt hatten. Er hat gewagt, allzu zügellos von der Macht des römischen Papstes zu sprechen, worüber diese aber vorher allzu zügellos geschrieben hatten, unter ihnen hauptsächlich die drei Prediger Alvarus, Sylvester und der Kardinal von St. Sixtus. Er hat gewagt, die Machtsprüche des Thomas zu verachten; aber diese haben die Dominikaner fast über das Evangelium gesetzt."*[200] In den Zusammenhang der dominikanischen Gegnerschaft zur neugläubigen Bewegung gehören auch die zeitgenössischen Legenden, daß der zur Leipziger Disputation reisende Karlstadt vor dem Paulinerkloster vom Wagen stürzte; daß Hermann Rab während der Leipziger Disputation Johannes Eck (1494-1554) Zettel mit Argumentationshilfen zusteckte und die Dominikaner bei einem Besuch Luthers in ihrer Kirche geflüchtet seien.[201]

Die starke Präsenz der Dominikaner an der Löwener und Kölner Universität wurde schon von Zeitgenossen als Grund für Luthers Verurteilung durch beide Universitäten angeführt; vermittelnde Kontakte Hochstratens sind belegt.[202] In der durch Johannes Eck und Nuntius Aleander verbreiteten Bannandrohungsbulle[203] war die Verbrennung von Luthers Schriften vorgesehen.[204] Solche Verbrennungen erfolgten in Löwen am 8. Oktober, in Köln am 12. November und in Mainz am 22. Novem-

---

[200] Lat. Text bei ALLEN/ALLEN 103 Nr. 1033, Z. 142-148 (Z. 121 zur Tyrannei der Bettelmönche); dt. Übersetzung bei GREDY 25f. (Sylvester = Prierias; Kardinal von St. Sixtus = Cajetan). Vgl. auch HOLECZEK 140; GUNTEN 303-310. Zur theologischen Position des Prierias vgl. OBERMAN, Wittenberg 118-125; vgl. das Zitat 123 Anm. 24 zur Gegnerschaft der Dominikaner vor dem Augsburger Reichstag 1518: *"concurrunt praedicatores, Velut Lupi ad agnum deuorandum".* Luther bezeugt erst spät in seinen Tischreden eine allgemeine Gegnerschaft der Dominikaner: *"Unter allen Mönchen sind die Prediger und Minoriten oder Barfüßer die fürnehmsten und gewaltigsten Helfer und Vertreter des Papstes gewesen. Die dominicastri ... sind die ruhmräthigen und herrlichen Atlanten und des Papstes Träger."* Zit. nach WILMS 81.

[201] Vgl. S. 203f.

[202] Vgl. GRANE, Martinus 190-196, 232f. Die Kölner theologische Fakultät verurteilte Luther am 30.8.1519 in einer Sitzung im Dominikanerkloster; vgl. WILMS 42, 82. Hochstratens Lehrer in Löwen war der spätere Papst Hadrian. Die Kontakte liefen über Bernhard von Luxemburg, welcher gleichfalls in Löwen studiert hatte.

[203] Am 17.7.1520 wurde Eck, einen Tag später Aleander mit der Verkündigung der Bulle beauftragt, vgl. BESCHORNER 320; FABISCH, Eck 74-77; vgl. GRANE, Martinus, Kapitel VII.

[204] Dieses Vorhaben stieß jedoch auf Unverständnis, Zögern oder sogar Widerstand. In Leipzig sperrte sich Hzg. Georg; vgl. S. 204. Die Wiener Universität zögerte, bis sie ein kaiserliches Schreiben vom 30.1.1521 erhielt; vgl. BESCHORNER 321; 320f. zum Itinerar Aleanders und Ecks. In Erfurt warfen die Studenten die Bannandrohungsbulle ins Wasser (siehe S. 104); dort und in Wittenberg wurde die Veröffentlichung verweigert; vgl. BESCHORNER 321.

ber. In allen drei Städten waren Dominikaner beteiligt.[205] Luther reagierte nicht nur aufgrund des erheblichen literarischen Nachspiels mit der Verbrennung der Bannandrohungsbulle am 10. Dezember 1520. Wegen der Beteiligung der Dominikaner in der Causa Lutheri wurden bei dieser Gelegenheit die Predigerbrüder verspottet und ein Dominikanerhabit dem Feuer übergeben.[206]

Nach dem Wormser Edikt sagte Ulrich von Hutten (1488-1523) den Dominikanern Fehde an, weil er sie für den Ausgang der Causa Lutheri verantwortlich machte. Ende 1522 sah sich sogar Papst Hadrian VI. (1522-23) veranlaßt, deswegen Erzherzog Ferdinand als Gubernator imperii zum Schutz der Dominikaner anzugehen.[207] Im Verlauf dieser bisher unerforschten "Fehde" soll Hutten zwei Predigerbrüdern die Ohren abgeschnitten haben.[208] Das schon negativ besetzte Image der Dominikaner wurde aufgrund der Gegnerschaft der schillernden und facettenreichen reformatorischen Bewegung noch gesteigert. Es kam zu einem Amalgam von Anti-Haltungen: antirömisch und antikurial, antischolastisch und auch antidominikanisch.

Luther selbst hatte inzwischen die Auseinandersetzungen auf eine grundsätzliche Ebene gehoben; vor allem in "De votis monasticis" von 1521/22.[209] Das Werk "bot die theologische Theorie, die dem Mönchtum die religiöse Begründung entziehen

---

[205] Zu Löwen vgl. JUNGHANS, Reformation 93. In Köln soll Hochstraten alles initiiert, aber die Dominikaner im Hintergrund gehalten haben; vgl. PAULUS, Dominikaner 102f. In Mainz ließ Nuntius Aleander den Dominikanerlektor Johannes Burchardi vor der Verbrennung predigen. Wegen der aufgebrachten Bevölkerung verließ er mit dem Nuntius die Stadt, der beim Weggehen den Provinzial der Teutonia beauftragte, gegen Luther zu predigen; vgl. unten S. 180 mit Anm. 31. Zur beachtlichen Publizistik vgl. z.B. auch die Hinweise bei GRANE, Martinus 259f.

[206] Vgl. WA 7, 185 Z. 16-19; JUNGHANS, Reformation 97; BESCHORNER 324f. Die Verbrennung der Bannandrohungsbulle dokumentierte auch Luthers Abkehr vom Papsttum; vgl. z.B. GRANE, Martinus 273f.

[207] Vgl. BALAN 297-300 (Nr. 127). Zu Auswirkungen der Fehde Huttens auf die Dominikaner in Schlettstadt und Straßburg 1521/22 vgl. KALKOFF, Hutten 435ff. - Im August 1520 war die Fehde Huttens gg. die Dominikaner im Zusammenhang des Reuchlinstreits beigelegt worden; vgl. S. 53 Anm. 32.

[208] Vgl. den (retrospektiven) Brief des Erasmus an Luther vom 8.5.1524: "de amputatis auriculis duobus praedicatoribus"; vgl. BÖCKING II, 409; vgl. auch KALKOFF, Hutten 426, 428, 562 Anm. 4. Nach GRÄTER 230, sei dies nicht passiert und gehe auf einen Scherz aus den Dunkelmännerbriefen zurück. Dort berichtete Magister Gricius: "Ulrichus de Hutten, ... qui semel dixit, si fratres Praedicatorns (sic!) facerent sibi illam iniuriam, quam faciunt Ioanni Reuchlin, ipse vellet fieri inimicus eorum et ubicunque reperiret unum monachum de hoc ordine, tunc vellet ei amputare nasum et aures." BÖMER II, 181 Nr. 55; zit. auch bei ROMEICK, Hutten 108; deutsche Übersetzung bei BINDER 243 Nr. 55.

[209] Ed. WA 8, 564-669. Vgl. LOHSE, Mönchtum ab 201 zu Luthers Position zum Mönchtum bis zu De votis monasticis, 363-370 zu der Schrift; DERS., Luther 61, 138; BACHT; RUBLACK, Rezeption; HALKENHÄUSER 13-74, ULPTS 340; HINZ 83-92; zu Luthers Position über 1522 hinaus, z.B. zum "Mönchskalb" und zum Austritt der Nimbscher Nonnen, vgl. STAMM.

sollte."[210] Die gute Ordnung und Disziplin eines Klosters, die durch die Observanz erreicht bzw. verstärkt wurde, war für die neugläubige Seite aufgrund Luthers fundamentaler Kritik kein Grund für das Weiterbestehen des religiösen Hauses.[211] Es ging um die Frage der Existenzberechtigung des Mönchtums überhaupt. So ergab sich für viele Mönche der "Kampf gegen Luther" aufgrund der von ihm ausgelösten Grundsatzdiskussion von selbst. Allerdings sahen viele die Kritik als berechtigt an und verließen ihren jeweiligen Orden. Der durch Luthers Schriften ausgelösten Klosterflucht begegnete die monastische Apologie keinesfalls wirksam.[212] Wegen der grundsätzlichen Stoßrichtung der Kritik am Mönchs- und Klosterwesen in Verbindung mit der Konzentration der Seelsorge auf die Pfarrei konnte es zwischen Mönchtum und Reformation keinen Kompromiß geben.[213] In der Folge hing die Weiterexistenz des vielfältig gefächerten und zahlenmäßig doch beachtlichen Mönchtums weitgehend von der politischen Abwehr der Kritik Luthers ab. In diesen Zusammenhang ordnet sich die in Widerstand und Anpassung erfolgende Geschichte der deutschen Dominikaner während des 16. Jahrhunderts ein.

---

[210] RUBLACK, Rezeption 224. Für Luther stand "das Mönchtum ... im Widerspruch zur Schrift, zum Glauben, zur christlichen Freiheit, zu den Geboten und auch zur menschlichen Vernunft." (LOHSE, Mönchtum 377; vgl. BLICKLE, Reformation 45). Zur Ungültigkeit aller Ordensgelübde in De votis vgl. STAMM 120. Im Gefolge der Argumentation von De votis verwarf z.B. auch die Confessio Augustana in Art. 15, 27 die Klostergelübde; zit. nach GRANE, Confessio 127, 180-184; 153 werden als Werkerei u.a. neben dem Mönchsstand auch Bruderschaften und Rosenkranz verworfen (Art. 20); 183 (Art. 27) spricht sie sich gegen den Bettel aus; 192 (Schluß) gegen Almosenprediger und die endlosen Streitereien zwischen Pfarrern und Mendikanten wegen der Pfarrechte. Widerspruch gegen CA, Art. 15 in der Confutatio (ed. IMMENKÖTTER 114): *"Aber der Anhang dieses Artikels ist gänzlich aufzuheben. Denn es ist ein irrig Ding, daß die Menschsatzungen, die aufgesetzt sind zu Versöhnung Gottes und Genugtuung für die Sünde, streben wider das Evangelium, wie dann hernach von den Klostergelübden, vom Unterschied der Speise und anderen Sachen erklärt wird."* - Zu Rechtfertigungsschriften über den Klosteraustritt vgl. auch J. SCHILLING, Klöster 120-158.

[211] Vgl. MILLER 86.

[212] Vgl. RUBLACK, Rezeption 226. Dominikanische Gegenschriften stammten u.a. von Johannes Dietenberger: Antwort, daß Jungfrauen die Klöster und klösterliche gelübde nimmer göttlich verlassen mögen, 1523 (ed. LAUBE/WEISS 530-544); Ders., Von Menschenlehr, 1523; Ders., Wider CXXXIX Schlußreden M. Luthers von Gelübdniß und geistlichem Leben der Klosterleut, 1523; Ders., Contra temerarium M. Lutheri de votis monasticis iudicium, 1524. Vgl. PAULUS, Dominikaner 187; KLAIBER 78f. Nr. 830, 832, 837.

[213] Unberührt von dem Gegensatz Mönchtum-Reformation bestanden im evangelischen Kirchenwesen weiterhin monastische Institute auf der Grundlage der CA vor allem für Frauen. Im Untersuchungsraum waren ehemalige Dominikanerklöster von dieser Umwandlung nicht betroffen.

45

DIE DOMINIKANERKONVENTE DER AUSGEWÄHLTEN STÄDTE

Die historiographische Darstellung der ausgewählten Klöster vornehmlich des Erzbistums Mainz bedarf einer Struktur, in die die gewonnenen Erkenntnisse eingeordnet werden können. Bei der großen Bedeutung der Städte für die Mendikanten[1]
und die Geschichte der Reformation wie des Konfessionalisierungsprozesses[2] legt
sich eine Gliederung des Stoffes nahe, die an diesen Gemeinwesen orientiert ist.
Daher bot es sich an, die Dominikanerkonvente nach den jeweiligen Stadttypen zu
ordnen.

Es ist nicht beabsichtigt, eine möglichst umfassende und detailreiche Geschichte der
einzelnen Konvente zu schreiben. Vielmehr sollen die Strukturen für die Beharrung
und/oder den Untergang der ausgewählten Ordenshäuser im 16. Jahrhundert hervorgehoben werden. Bedingt durch den sehr unterschiedlichen Stand der historischen
Überlieferung und den je verschiedenen Verlauf des Konfessionalisierungsprozesses
in den einzelnen Städten, weist auch die Gliederung des Materials Abweichungen
auf. Zuerst wird die Situation jedes untersuchten Konvents vor Beginn der Reformation analysiert. Darauf folgt die Erörterung der Beharrung der Dominikaner.
Entsprechend der jeweils unterschiedlichen Situation wird danach das Ende der
Ordenshäuser und die Verwendung des Klosterguts bzw. die fortgesetzte Beharrung
und die Regeneration des Ordenshauses zu Ende des Jahrhunderts erörtert. Abgeschlossen wird jede Konventsdarstellung mit einer Zusammenfassung der gewonnenen Ergebnisse.

1   REICHSSTÄDTE

Die Forschungstätigkeit der Reformationshistoriker hat sich bisher von allen Stadttypen am meisten den Reichsstädten zugewandt. Grundlegend ist Bernd MOELLERs
1967 erstmalig erschienenes Werk "Reichsstadt und Reformation". Ein Gemeinwesen dieses Stadttyps hatte reichsunmittelbaren Status erlangt. Deren Bürger und
Magistrate unterstanden wie die Fürsten nur dem Kaiser als Oberhaupt des Reiches.
Ihre politischen Mitspracherechte nutzten sie zum Beispiel auf den Reichstagen, wo
die Reichsstädte die dritte Kurie bildeten. Unbehindert von Landesherren, die in
Städten anderen Stadttyps verfassungsgemäß die Regierung innehatten oder an ihr
beteiligt waren, hatten einige der reichsunmittelbaren Orte im Spätmittelalter eine
beträchtliche Machtstellung und manchmal auch eine erhebliche Kontrolle ihrer
kirchlichen Institutionen erlangt. Mit Frankfurt wurde eine bedeutende Reichsstadt

---

[1] Es handelte sich bei ihnen um eine verstädterte Form des Mönchtums; vgl. FRANK, Kirchengeschichte
126.
[2] Die Bezeichnung der Reformation als eines "urban event" von Dickens wurde häufig zitiert; so z.B. bei
RUBLACK, Forschungsbericht 9.

ausgewählt, in der dem Magistrat von einer starken und radikalen evangelischen Bewegung Veränderungen aufgezwungen wurden. Dort erlangte die Obrigkeit durch die Reformation nur eine recht unbedeutende Stärkung ihres Kirchenregiments. Im Fall von Nordhausen kann man hingegen von einer dezidierten "Ratsreformation" sprechen.

1.1   *Frankfurt/Main*[3]

1.1.1   Ausgangslage

Das als Handelszentrum und Krönungsort wichtige Frankfurt hatte die Reichsunmittelbarkeit 1372 erlangt,[4] die seit dem 14. Jahrhundert unternommenen Versuche zur Territorialbildung scheiterten an den benachbarten großen Herrschaften.[5] Neben den "außenpolitischen" Spannungen mit den Territorien sind auch die stadtinternen zu beachten.[6] Die Ausgangslage in bezug auf das obrigkeitliche Kirchenwesen[7] war in der Reichsstadt schlechter als andernorts: in der Stadt von etwa 12.000 Einwohnern

---

[3] Ungedruckte wie gedruckte Quellen sowie Literatur zur Reformationsgeschichte der schließlich trikonfessionellen Reichsstadt und zum Dominikanerkloster sind ungewöhnlich reichhaltig. Übersicht über die den Konvent betreffenden Archivalien bei H. H. KOCH VII-IX; BOTHE, Stadtarchiv; WEIZSÄCKER XX-XXVIII; zu den Hss. vgl. POWITZ. Vor allem ist die sorgfältig gearbeitete Konventschronik JACQUINS aus dem 18. Jh. zu nennen. An gedruckten Quellen ist besonders das von JUNG hg. Tagebuch des Dechanten von Liebfrauen, KÖNIGSTEIN (zu ihm vgl. NIEDERQUELL 77) zu erwähnen. Im weiten Feld der Literatur haben vor allem die Werke von JAHNS über die Reformations-, Reichs- und Bündnispolitik der Stadt und von HAAS zu Frankfurt im Schmalkaldischen Bund die Forschung angeregt und auch korrigiert. Zu berücksichtigen sind auch die Beiträge von BUND, JAHNS und SCHINDLING im 1991 hg. Sammelband zur Frankfurter Geschichte sowie für die Klosterpflegschaft die Arbeiten von NATALE und HEITZENRÖDER. Bedeutung haben auch die älteren Studien u. a. von G. E. STEITZ, JUNG, BOTHE, DECHENT, BEUMER, WOLTER und WEDEWER, die allerdings gelegentlich eine konfessionelle Engführung aufweisen. Die Geschichte des Konvents behandelten H. H. KOCH sowie BECK, dessen Darstellung Fehler aufweist; vgl. z.B. 35: "In der Regel tagte das Provinzkapitel der Dominikaner in Frankfurt."

[4] Vgl. JAHNS, Frankfurt 16-19; HAAS 14-16. Zu Frankfurt im Spätmittelalter vgl. BUND; F. SCHWIND: Frankfurt am Main. In: LMA 4 (1989) 735-740, bes. 737f. und JÜTTE 74-89. MORAW folgend, warnt BUND 88ff., das Jahr 1372 als das Datum der Reichsstadtwerdung anzusehen.

[5] Vgl. KÖBLER 151; DECHENT, Kirchengeschichte 29; ORTH; BUND 84, 96f. sowie 302 (Territorialkarte des Frankfurter Gebiets von etwa 1712).

[6] Zu den verfassungsrechtlichen und sozialen Verhältnissen und Konflikten vgl. JAHNS, Frankfurt 19-27; JÜTTE 46-73; HAAS 17-23.

[7] Vgl. zum Verhältnis Stadt-Klerus JAHNS, Frankfurt 27-31; HEITZENRÖDER 30-50; HAAS 23-25. In bezug auf das Kirchenregiment ist zu differenzieren: "Es kann ... in keiner Weise von einem Verhältnis des Rates zur Geistlichkeit schlechthin gesprochen werden, da der Rat den Klerus nicht nach einheitlichen Gesichtspunkten behandelte, sondern vielmehr zu unterscheiden pflegte zwischen Kollegiatstiften, Deutschorden, Johannitern, Bettelorden, Niederlassungen benachbarter Klöster usw. Die Verpflichtungen der einzelnen Gruppen, ihre Sonderrechte waren zu verschieden, um auf einen einheitlichen Nenner gebracht zu werden. Für den Rat war es günstig, daß niemals der gesamte Klerus gegen ihn stand, sondern er sich des einen gegen den anderen bedienen konnte, der Bettelorden gegen die Weltgeistlichkeit, ja selbst des Dekans gegen das Stiftskapitel." NATALE 44f., vgl. auch 82.

gab es nur die mit dem Reichsstift verbundene Pfarrei St. Bartholomäus, auf die der Rat keinen Zugriff hatte.[8] Als ein Ausweg hatte sich die Konkurrenzseelsorge der Bettelorden angeboten. Sie nahmen im Klerus der Stadt eine Sonderstellung ein, da sie zwar an den Privilegien des Klerus partizipierten und exemt waren,[9] andererseits aber größerer Einflußnahme durch die Stadt ausgesetzt waren. Die "große Zeit" der Mendikanten war im ausgehenden 15. Jahrhundert schon zu Ende: bis 1405 diente das Minoritenkloster als Rathaus, dann kaufte die Stadt den Römer. Im Predigerkloster hatten die Königswahlen 1292, 1308 und 1349 stattgefunden.[10]

Wichtige von der Reichsstadt erstrebte Befugnisse im geistlichen Bereich artikulierten sich im Zusammenhang mit der Einführung der Observanz in den Bettelorden. Die am 18. August 1474 durchgeführte Reformacio der Dominikaner[11] war etliche Jahre nach derjenigen der anderen zwei Mendikantenkonvente 1469/70 und weist damit auf einen größeren Freiraum der Predigermönche gegenüber den Obrigkeiten hin. Vielleicht war sie auch längere Zeit zwischen dem Mainzer Erzbischof, der alle Klöster seiner Diözese reformieren wollte und dem Frankfurter Rat umstritten. Das Engagement beider Obrigkeiten zeigt, daß die Observanzeinführung große Bedeutung für beide "Regierungen" hatte. Zu verweisen ist auf die mit der Reformacio

---

[8] Vgl. ebd. 50-83; HEITZENRÖDER 30-37 und bes. 68f.: bzgl. des Kirchenpatronates hatten die Räte der wetterauischen Reichsstädte und ebenso Frankfurt, das nur einige Vikariate zu vergeben hatte, nicht die gleiche Machtstellung wie andere Städte. - Einwohnerzahl erwähnt bei H. SCHILLING, Stadt 11.

[9] Vgl. HEITZENRÖDER 70-113, 127-129 zu Steuerprivilegien des Klerus; 130-143, 153f. zum rechtlichen Sonderstatus (dabei auch zu den Bettelorden). - Der Rat war nicht nur wegen des auf der Stadt lastenden finanziellen Drucks am Abbau der Sonderrechte des Klerus interessiert, auch wenn dies - wenn überhaupt - nur mit unverhältnismäßig hohen Kosten erlangt werden konnte (vgl. ebd. 128f.). Der Magistrat bevorzugte jährliche Regelungen, etwa bei der Bewilligung von Getreide und Malz für die Bettelorden, was die Dominikaner z.B. 1498, 1499, 1518 u. 1524 beantragten (vgl. ebd. 103; NATALE 47). Damit war implizit die Anerkennung einer Oberhoheit des Rates (nämlich des Bewilligungsrechts) und des prinzipiellen Ablehnungsrechtes verbunden, wie es 1524 ausgeübt wurde.

[10] Vgl. HECKER 91.

[11] Vgl. SCHEEBEN, Chronica 99f.: "*MCCCCLXXIIII, in die beati Agapiti, conventus fratrum in Franckfordia fuit sollemniter per XIX fratres reformatus auctoritate apostolica, ad supplicationem domini Friderici Romanorum imperatoris et domini Adolfi de Nassauw, archiepiscopi Moguntini, per praedictum magistrum ordinis ... Et senatus una cum populo valde favorabiliter se ostendit consiliis et auxiliis, verbis et factis, ac fideliter astitit.*" Vgl. auch KLIEM 23-28, 31, 32; HEITZENRÖDER 215f.; I. W. FRANK, Dominikanerkloster 444 mit Anm. 27. - Zum Reforminteresse des Mainzer Erzbischofs vgl. oben S. 21. Zwar war die Reformacio u.a. von Mainz unter Mitwirkung des Mainzer Weihbischofs aus dem Predigerorden Dionysius Part und dem damaligen Mainzer Priors und Frankfurter Filius Wilnau durchgeführt worden (vgl. JACQUIN 198ff.), doch kümmerte sich der Rat nach der Reformacio um päpstliche Privilegien, die seine Stellung gegenüber dem Kloster festigen sollten; vgl. StA Frankfurt, Dom. 489a/1475: Papst Sixtus IV. mahnt den Rat, auf Einhaltung der Reform im Dominikanerkloster zu achten. Ebenso StA Frankfurt, Dom.St. 12/1480: Verhandlungen des Rats mit Dominikanern und Karmeliten und Schreiben des Papstes Sixtus IV. betr. die Jurisdiktion über beide Klöster, ihren Besitz, Grundstücke und ihre Besteuerung. Völlig daneben BECK 18, die Päpste wären im Interesse der Gesamtkirche auch auf Ordnung in den einzelnen Konventen bedacht gewesen.

verbundenen gesteigerten Einflußmöglichkeiten der Obrigkeit auf den Konvent, was sich bei den Franziskanern in der Übergabe des Klostereigentums an den Rat und dessen Erwähnung als Klostereigentümer manifestierte.[12] Die Reform der Dominikaner 1474 gehört in den Rahmen dieser Bestrebungen nach einer Kontrolle der Klöster.[13] Nur eine Woche nach der Observanzeinführung bestellte der Rat für das Dominikanerkloster Pfleger.[14] Die Dominikaner vermochten sich allerdings der Pflegschaft zu entziehen.[15] Trotzdem verlangte und erhielt die Obrigkeit im Gegenzug zum gewährten Schutz weitgehende Aufsichtsrechte. Statt des für den Rat unerreichbaren Kollationsrechts auf die Pfarrei konnte er seit der Reformacio trotz der Ablehnung der Pflegschaft durch die Predigerbrüder weitgehend Prioren und Konventszustand mitbestimmen.[16] Die Reformbewegung der Bettelorden ermöglichte dem Rat also schon im Spätmittelalter ein - wenn auch noch vielfach eingeschränktes - ius reformandi. Das städtische Kirchenregiment wurde in der Folge ausgedehnt: z. B. erkannten die Bettelorden im Vertrag von 1481 das städtische Eigentumsbesteuerungsrecht an.[17] Bei Karmeliten und Franziskanern war die Position der Obrigkeit

---

[12] Vgl. GRÄN 136, 134-137 zur Reformversuchen ab 1469, 1470 wurden Prokuratoren eingesetzt. Allerdings wurden Pfleger erstmals schon 1462 erwähnt; vgl. HEITZENRÖDER 197. Nach LERSNER I/2, 60, hätte schon 1351 der Ordensgeneral der Franziskaner dem Rat alle Verfügungsgewalt über den Frankfurter Konvent übergeben: *"Ita ut Consulatus potestatem habeant, eos omnino expellendi."* GRÄN 126f., sieht darin eine nachträgliche Rechtfertigung der Klosteraufhebung in der Jungischen Handschrift von 1583, die die Begebenheit zuerst erwähnt.

[13] 1395 verzichtete der Mainzer Erzbischof gegenüber dem Frankfurter Rat auf alle Gerichtsgewalt über die drei Bettelordensklöster und der Rat stellte den Orden einen Schutzbrief aus. So unterstanden die Mendikanten den Gesetzen und Ordnungen der Stadt; vgl. BECK 32f. Die Mendikanten hatten sich gegen den übrigen Klerus und den Erzbischof in der Frage der Besteuerung der Geistlichkeit auf seiten des Rates gestellt; vgl. H. H. KOCH 92-94; NATALE 19-21. Trotz dieser Parteinahme für die Stadt erhielten die Bettelorden erst 1481 die vom Stiftsklerus als Abschluß dieses Streites 1407 erlangte Steuerfreiheit für zum eigenen Gebrauch dienende Naturalien; vgl. ebd. 44.

[14] Vgl. CELLARIUS 9 mit Anm. 3; BUND 106. Am 25.8.1474 wurden Winrich Monis, Jorge Breidenbach und Johann von Ostheim zu Procuratoren ernannt; vgl. HEITZENRÖDER 216; zu Monis (zum dürren Baum) und den Beziehungen der Familie zu den Dominikanern vgl. KLIEM 109f. Auf dem Grabstein des Schöffen Johannes Rorbach 1478 auch sein Amt als Procurator der Dominikaner erwähnt; vgl. WOLFF/JUNG 87 mit Figur 106. Zur Klosterpflegschaft bei den Dominikanern vgl. HEITZENRÖDER 213-221.

[15] 1477 erhielten die Prediger keinen Pfleger (von ihnen abgelehnt?). 1480 wurde daher das Verhältnis zwischen Rat und Kloster vertraglich unter Einbeziehung des Papstes festgelegt; vgl. HEITZENRÖDER 216f. Zur durch den Rat erzwungenen (und letztlich erfolglosen) Einsetzung von Pflegern 1525, 1529 und 1544 s.u. Auch bei den Franziskanern bestand keine dauernde Pflegschaft; vgl. HEITZENRÖDER 197. Aus Unzufriedenheit mit den eingesetzten Pflegern erfolgte 1470 eine Beschwerde; vgl. GRÄN 138.

[16] Der Rat setzte 1514 seine Ablehnung des fr. Conrad sowie des Priors Wigand Haber durch; vgl. HEITZENRÖDER 217-220; BECK 35. Zur Einflußnahme 1520 bei Dietenbergers Wahl zum Prior vgl. ebd. 220, teilweiser Abdruck des Ratsschreibens an den Provinzial bei WEDEWER 37f.; vgl. ebd. 22f. sowie PAULUS, Dominikaner 186; BECK 53; LAUBE 124.

[17] Vgl. NATALE 44-49; NYHUS 8. Gerade in Fragen der Besteuerung blieb "die Heranziehung der klösterlichen Niederlassungen ... weiterhin von Einzelvereinbarungen abhängig"; vgl. BUND 103. Zu Unterschieden in der Zuteilung freier Mahleinheiten Getreides zwischen den einzelnen Bettelorden vgl. neben NATALE, a.a.O., auch HEITZENRÖDER 100-102.

besonders stark.[18] Die Rechtslage war bei den einzelnen Bettelorden unterschiedlich, was Folgen für die Zeit der reformatorischen Verunsicherung hatte.

Verglichen mit den zwei anderen Mendikantenkonventen besaßen die Dominikaner eine größere Eigenständigkeit, die sich in der verzögerten Reformacio und dem Widerstand gegen die Einsetzung von Prokuratoren zeigte. Schon bald kam es nach der Einführung der Reformacio zu einer Blütezeit des Konvents. Dies hing auch mit der langjährigen Amtszeit des tüchtigen Priors Johannes Wilnau (+ 1516) zusammen, der als Mainzer Prior an der Reform seines Heimatkonvents beteiligt war und diesen fast zwei Generationen prägte.[19] Die Folge waren ein guter Personalstand[20] sowie Disziplin der Fratres, außerdem eine trotz umfangreicher Baumaßnahmen[21] gute Finanzlage,[22] die sich spiegelte in der Abhaltung der Provinzialkapitel 1499

---

[18] Zu den Karmelitern vgl. ebd. 222f. So mußte der Karmeliterprior bei Bestrafungen ungehorsamer Fratres erst die Stadtobrigkeit fragen. Zu Eingriffen des Rats in die personellen Verhältnisse des Franziskanerklosters vgl. ebd. 209f.; GRÄN 140ff.; 139 zur obrigkeitlichen Förderung franziskanischer Studenten.

[19] Prior 1481-1508 (27 Jahre!) und 1514/15; vgl. HEITZENRÖDER 220; H. H. KOCH 123, 128. Vgl. auch WEIZSÄCKER 70f., 91f. (Bildnis); BECK 18f.; erwähnt bei I. W. FRANK, Dominikanerkloster 444 Anm. 27; DERS., Totenbuch, Register. Auch Generalvikar der Teutonia; vgl. L. SIEMER, Verzeichnis 90. Zusammenfassende Würdigung bei LERSNER I/2, 124: "Umb diese Zeit ist allhier Prior Johannes Wilnau, welcher in obgedachter Reformation sehr eyfferig sich erzeiget hat, er ware ein tugendsamer und weit berühmter Lector und Prediger, hatte dem Priorat in die 40. Jahr wohl vorgestanden, und die Kirch, nebst dem Closter in Bau und Gütern mercklich vermehret und verbessert, in der Zeit seines Priorats hat er über 100. Candidaten in den Orden aufgenommen und eingekleidet, stirbt 1516 auf aller Heiligen Tag." Auch KEIL 181f., erwähnt, daß Frankfurt unter Wilnau ein Zentrum der Erneuerung wurde. Zu dessen Förderung der Kunst und zu baulichen Erneuerungen vgl. unten Anm. 21; Wilnau war als erster im Mitgliederverzeichnis der Rosenkranzbruderschaft eingetragen; vgl. KLIEM 91, 100. Die Prediger besaßen auch aufgrund seiner Initiative zu Anfang des 16. Jahrhunderts die bücherreichste Bibliothek der Stadt; vgl. H. H. KOCH 51ff.; POWITZ XVI; XXIf. zu seinen Hss. und zur Schreibschule zwischen 1480 und 1515; Kurzbiographie und Literatur ebd. 234f.

[20] 25 Dominikaner bei der Pestprozession 1482 erwähnt; vgl. BEUMER, Prozessionen 113. 1484 waren im Konvent 30 Kleriker und Laienbrüder (sowie in anderen Konventen wirkende Fratres); vgl. WEDEWER 19 Anm. 12; H. H. KOCH 47f. u. 120; 48f. zu Novizen 1517-1521; vgl. auch die vorige Anm. Unter diesen waren bedeutende Persönlichkeiten wie Johannes Dietenberger (Eintritt 1500), Konrad Necrosius, Ambrosius Pelargus, Johannes Wirttemberger, Wigand Wirt und Johannes Heym; vgl. zu diesen ebd. 123-125; PAULUS, Dominikaner 186-215; POWITZ und I. W. FRANK, Totenbuch (Register).

[21] Dem Umbau des Chores 1470 folgte 1476 die Erneuerung der Gewölbe des Langhauses sowie die Erbauung bzw. Erneuerung der meisten Kapellen auf der Südseite; vgl. WEIZSÄCKER 25.

[22] Vgl. H. H. KOCH 107-116; BECK 29-31, 38-43. Laut Pfr. Hensel hätten die Prediger mehr Einkünfte als alle anderen Geistlichen Frankfurts besessen; vgl. BOTHE, Testament 370. Auch andere Autoren, z.B. WEIZSÄCKER XVII, bezeichneten die Niederlassung der Dominikaner als "die reichste unter allen geistlichen Körperschaften der Stadt." Diese Angabe ist falsch (ein Reichsstift wie St. Bartholomäus hatte größere Einkünfte als ein Bettelkloster), leider fehlt eine vergleichende Wirtschaftsgeschichte der geistlichen Institutionen Frankfurts.

und 1520.[23] Nicht nur in Bezug auf die Ordensdisziplin war das Kloster seit der Reformacio im besten Zustand.[24] Das steigerte das Interesse der Bürgerschaft an einer Grablege im Kloster bzw. an entsprechenden Memorialdiensten. Von führenden Patriziergeschlechtern[25] und den Zünften[26] wurden in dem Zusammenhang eine Fülle von kostspieligen Altären und Gemälden gestiftet, die z.T. von den bedeutendsten Künstlern der Zeit geschaffen worden waren.[27] Wegen dieser Kunstgegenstände wurde die Dominikanerkirche eine Hauptattraktion der Stadt zu Messezeiten.[28] Dies zeigt, daß die Dominikaner eine sehr geachtete und bedeutende Stellung hatten. Ab 1517 sind eine schlechter werdende Finanzlage des Konvents[29]

---

[23] Vgl. H. H. KOCH 79; BECK 36; LOË, Teutonia 52. Das Kapitel 1499 auch erwähnt bei HERP 64. Ed. der Beschlüsse von 1520 bei LÖHR, Akten.

[24] Vgl. die häufig zitierten Worte Jakob Hellers (zu ihm s. die nächste Anm.), er habe kaum eine strengere Befolgung der Regel und eine andächtigere Gottesverehrung gesehen als im Frankfurter Konvent; angeführt z.B. bei BOTHE, Testament 369f.; WEDEWER 25. Diese Meinung spiegelte sich sogar in den Briefen der Dunkelmänner; vgl. BINDER 114 (I, 47): "*nenne mir ein einziges Kloster, worin es rechtschaffene Predigermönche gibt.*" *Auf dies entgegnete ich:* "*Was haben die in Frankfurt getan?*" *Darauf sagte er:* "*Weißt du das nicht? Die haben den Hauptträdelsführer bei sich, namens Wigand*" (lat. Text bei BÖMER 83f.).

[25] Vgl. die Bemerkung des J. M. zum Jungen (ed. WEIZSÄCKER 371): "*darinnen haben die Geschlechter das beste gethan, wie allenthalben aus den monumentis und epitaphiis zu sehen.*" Hervorzuheben sind die Stiftungen des 1522 verstorbenen Jakob Heller (ed. ebd. 348-354 sowie BOTHE, Testament, bes. Abrechung 397f. und 389f.: 400 fl. für ein Anniversar (Gülte von 17 fl.), 120 fl. für Wein, Meßgewand, Evangelienrock und Chorkappe. Nicht angeführt die Kosten des Epitaphs. Hauptattraktion des Konvents war der Thomasaltar Albrecht Dürers. Zum Wert des Altarbildes vgl. LATOMUS, Antiquitates 110, Z. 6-9: "*fecit tabulam insignem Alberti Durreri manu pictam in eodem monasterio, quam marchio Brandeburgensis emere voluit mille thaleris. Nostra aetate quidam mercator 3000 florenis emere voluit.*" - Zur Grablegekapelle der Becker und Monis vgl. WEIZSÄCKER 15-20. Zum Familiengrab der "*gebruoderten*" Rorbach vgl. B. RORBACH 157, 168f. Ein Mitglied trat bei den Dominikanern ein und erhielt 1498 das Akolythat; vgl. J. RORBACH 296, Z. 8-11. - Nach WEIZSÄCKER XVII, war die Predigerkirche "die bevorzugte Andachts- und Begräbnisstätte der Patriziats", nach ATZERT 160, war die Anzahl der Bestattungen nur im Dom höher. Zusammenstellung bei LERSNER I/2, 125; H. H. KOCH 100-105. Der reformatorische Einbruch zeigte sich nach 1522: Keine Begräbnisse 1523 und in der Zeit von 1529 bis 1590.

[26] Aufzählung der zahlreichen (13?) Bruderschaften von 1458 bei ebd. 63f.; WEIZSÄCKER 132f. Vgl. auch WOLFF/JUNG 72f.; KLIEM 35f., 37f.; WOLTER, Bedeutung 33. Begräbnis der Weißgerber erwähnt bei B. SCHMIDT, Zunfturkunden 146, das der Bäcker- und Schmiedegesellen bei WEIZSÄCKER 133 Anm. 1. - Zur im Zusammenhang der Reformacio eingeführten Rosenkranzbruderschaft vgl. H. H. KOCH 60-62 und KLIEM. Vgl. JACQUIN 230: "*Cum introducta reformatione videtur cum fervore novo confraternitas ss. rosarii Beatae Mariae Virginis introducta sub priore Joanne Wilnauwe.*" Zit. auch bei WEIZSÄCKER 122 Anm. 1. Das älteste Mitgliederverzeichnis begann allerdings erst 1486.

[27] Vgl. WEIZSÄCKER (unter den einzelnen Kapitelüberschriften). Ebd. 62, zu einer um 1500 geschaffenen Kreuzigungsgruppe in einer der Seitenkapellen. Zur künstlerischen Ausstattung von Kirche und Kloster vgl. auch H. H. KOCH 53-56; WOLFF/JUNG 71. 1511 schuf Grünewald eine Verklärung Christi; vgl. VETTER sowie ROLAND 180 Nr. 76.

[28] Vgl. WEIZSÄCKER 8. Zum Bericht des Camerarius 1555 vgl. ebd. 64; BECK 74f., 76. Zu weiteren Besuchern im 16. und 17. Jh. vgl. DIEHL 16, 22, 23.

[29] Vgl. H. H. KOCH 37, 56 u. bes. 115f. (1517-1522). Evtl. hing dies mit dem Tode Wilnaus und dem Wigand- und Reuchlinstreit zusammen, s.o.

sowie starke personelle Einbußen durch die Pest[30] festzustellen. Somit ging der Konvent geschwächt in die kommenden Auseinandersetzungen. Ferner sind im Vorfeld der reformatorischen Ereignisse Konflikte zu erwähnen, wie der Wigandzank,[31] damit zusammenhängende Auseinandersetzungen mit dem Stadtpfarrer Hensel und der Reuchlinstreit, der in Frankfurt 1509 begann und 1520 offiziell endete.[32] Somit hatte sich das Ansehen der Dominikaner innerhalb weniger Jahre gewandelt und war kurz vor Beginn der Reformation sehr gesunken.

1.1.2   Von der reformatorischen Bewegung zur Kirchenordnung des Jahres 1533

Wohl auch um dem Image des Konvents aufzubessern, verwandte sich der Rat 1520 erfolgreich für Johannes Dietenberger (um 1475-1537) als Prior, der dann auch bis 1526 dieses Amt bekleidete. Allerdings trat er es 1520 erst nach einer schriftlichen Aufforderung durch den Frankfurter Rat an, obwohl er gültig gewählt war,[33] was ein bezeichnendes Licht auf dessen kirchenregimentliche Position wirft. Dietenberger sollte sich kurz darauf als einer der wichtigsten Vertreter der Altgläubigen in Frankfurt erweisen. Von einer reformatorischen Bewegung war bis 1522 wenig zu spüren.[34] Dann ließ der Pfleger von St. Katharinen, Hamann von Holzhausen

---

[30] Vgl. ebd. 129-136. Eine unvollständige Konventsliste von 1520 nennt 15 Fratres; vgl. POWITZ 196.

[31] Vgl. S. 40 mit Anm. 183 sowie Anm. 186f. Zu dem auf Veranlassung des Petrus Herp entstandenen Manuskript mit Urkunden zu den Streitigkeiten vgl. POWITZ 388ff. Nr. 174.

[32] 1509 konfiszierte Pfefferkorn hebräische Bücher in Frankfurt. Zu den Anfängen des Reuchlinstreites in Frankfurt vgl. L. GEIGER, Kampf 216; H.-M. KIRN 103; KRACAUER 247-267; BUND 135f.; PETERSE 24. - Stadtpfarrer Meyer stand auf seiten der Kölner Dominikaner; als Mainzer Kommissar verbot er den Augenspiegel, erlaubte Pfefferkorn, dagegen zu predigen und hatte sich an die Kölner Theologen gewandt; vgl. NICOLAY 196ff.; MEUTHEN, Epistolae 58; L. GEIGER, a.a.O. 217. Daher war er in den Briefen der Dunkelmänner mehrfach verspottet worden; vgl. das Register bei BÖMER 155. Zur Beendigung des Reuchlinstreites auf dem Provinzkapitel 1520 vgl. FRIEDLAENDER 88f., 113-117; L. GEIGER, Reuchlin 444-454; KALKOFF, Hutten 151-153, 581f.; LÖHR, Akten 273 mit Anm. 1, 284 mit Anm. 2; WEDEWER 35f.

[33] Vgl. oben S. 50 Anm. 16. Zur Person vgl. WEDEWER, bes. 40f. zum Priorat bis 1526; POWITZ 196; FABISCH, Dietenberger.

[34] Für das Jahr 1520 vgl. den Brief des Cochläus vom 12.6.1520: "Ueber Luther höre ich hier ziemlich selten etwas. Ihrer Sitte gemäß haben die Dominicaner eine Disputation veranstaltet ..., allein eine These, welche die lutherische Sache betrifft, wurde nicht gestellt, sonst hätte ich unfehlbar für ihn Partei ergriffen." Zit. nach WEDEWER 46; G. E. STEITZ, Persönlichkeiten 108. - Für die Ausbreitung von Luthers Gedankengut war die Frankfurter Messe von Bedeutung: 1520 verkaufte ein Buchhändler 1400 Exemplare seiner Schriften; vgl. H. STEITZ 6, 23; JAHNS, Zeitalter 162f. Luther machte zwar 1521 auf der Hin- und Rückreise zum Wormser Reichstag in Frankfurt Station (vgl. H. STEITZ 6f.; CELLARIUS 38 Anm. 1), trotz der Sympathien für ihn orientierte Frankfurt sich lange an der Reformation oberdeutscher Prägung wegen der engen Verbindung zu den dortigen Städten (Straßburg, Ulm). Wichtige Gestalt der evangelischen Bewegung war der Leiter der Stadtschule, Wilhelm Nesen (vgl. JAHNS, Frankfurt 34f.; H. STEITZ 6, 24; DECHENT, Kirchengeschichte 69-73, 93f.). Vgl. das Zitat aus einem Brief des Erasmus vom 9.4.1520; ed. WEDEWER 44: "Ich habe dem Wilhelm Nesen Anweisung gegeben; ich möchte nicht, daß die Predigermönche wüßten,

(1467-1536),[35] mit Wissen des Bürgermeisters dort den ehemaligen Marburger Franziskaner Hartmann Ibach (ca. 1487-1533?) kirchenkritisch predigen, wogegen die Mainzer Behörden auf Intervention des Dechanten von St. Bartholomäus und des "Stadtpfarrers" Peter Meyer einschritten.[36] Im "Pfaffenkrieg" wandte sich Ulrich von Hutten daher zunächst gegen ihn, kündigte jedoch - unterstützt von Hartmut von Kronberg (1488-1549) und anderen Rittern - am 11. April 1522 den Dominikanern und Kurtisanen in ganz Deutschland in einem an der Frankfurter Liebfrauenkirche angeschlagenen Brief Fehde an,[37] von der schließlich auch die gesamte Geistlichkeit Frankfurts betroffen war. Nach dem Ende des Ritteraufstandes wurden in Frankfurt neugläubige Regungen unterdrückt,[38] die wichtigsten Vertreter der Altgläubigen, Johannes Cochläus (1479-1552) und Dietenberger, führten den Kampf gegen die neue Lehre ab 1523 auch literarisch,[39] was mit Repressalien durch die Frankfurter "Lutheraner" beantwortet wurde.[40] 1523 baten die Ratsherren die drei

---

welchen Freund ich dem Luther zugeführt habe." Nesen war einer der humanistischen Anhänger Luthers; Erasmus Äußerung ist im Rahmen des "Mönchsgezänks" zwischen Dominikanern und Augustinereremiten zu sehen; vgl. S. 41.

[35] Zu den beiden Trägern der evangelischen Bewegung Hol(t)zhausen und Philipp Fürstenberger (1479-1540), die auch die bedeutendsten Personen Frankfurts dieser Zeit waren; vgl. JAHNS, Frankfurt 23; 22-24 zur Ratschlagung, dem wichtigsten Organ in Fragen der Religionspolitik; 32f. zu Holzhausens Einfluß bei der Berufung Nesens.

[36] Vgl. WOLTER, Bedeutung 35f. Allerdings wurde danach der Prädikant Dietrich Sartorius dort angestellt, der sich bis 1524 halten konnte. Biographie Ibachs bei HÜTTEROTH, Marburg 49f.; J. SCHILLING, Mönche 16-21. - Zu Pfarrer Meyer bis 1519 vgl. CELLARIUS 95-102; vgl. auch DECHENT, Kirchengeschichte, Register; zu dessen Verbindung zu den Dominikanern im Reuchlinstreit vgl. Anm. 32.

[37] Vgl. KÖNIGSTEIN 50f., 53-60, 61-64, 66; KALKOFF, Hutten, Kap. VIII, X, XIII, bes. 433-441 sowie G. E. STEITZ, Persönlichkeiten 125-138; WEDEWER 54-61; H. STEITZ 7; JAHNS, Zeitalter 163. Vom 26.4. datiert ein Brief Wilhelms von Bommersheim u.a. an die Predigerbrüder wegen der Entfremdung seiner Behausung in Frankfurt durch die Stifte und Klöster. Von der deshalb erfolgten Besprechung der Stifte und Klöster schlossen sich die Franziskaner aus (vgl. BEUMER, Franziskaner 368f.). Vermittlungsverhandlungen mit dem Grafen von Königstein wegen Wilhelm von Bommersheim fanden am 22.5. im Predigerkloster statt. Wegen Sickingens Fehde mit Trier verlagerte sich der Streit der Ritter mit der Frankfurter Geistlichkeit allmählich.

[38] Vgl. EULER I, 171; H. STEITZ 6. Nesen mußte die Stadt im April 1523 verlassen; vgl. WEDEWER 63; JAHNS, Frankfurt 34. Evtl. gehört in diesen Zusammenhang auch die Predigttätigkeit des Johannes Heym 1521-24 in der Deutschordens-, Leonhards- und Katharinenkirche; erwähnt bei H. H. KOCH 42, zu ihm vgl. auch 48, 107; PAULUS, Dominikaner 212-214.

[39] Vgl. LAUBE. Druckerlaubnis des Ordens von 1524 bei MEERSSEMAN/PLANZER 184 Nr. 94; Nr. 93 zur beabsichtigten Ablösung Dietenbergers vom Priorat, weil der päpstliche Legat seine Dienste in Anspruch nehmen wollte. Schriftstellerisch war dies die fruchtbarste Zeit Dietenbergers; von den 24 Schriften stammen 12 (vgl. das bibliographische Verzeichnis bei WEDEWER 460-493, ausführlicher 221-450; KLAIBER 78ff. Nr. 828-853) aus Dietenbergers Frankfurter Zeit bis 1526. Zu Cochläus vgl. z.B. WOLTER, Cochläus.

[40] Cochläus legte am 10.12.1522 im Stiftskapitel von Liebfrauen ein päpstliches Indult vor, "*darin narriert, wie er etlich bucher hab gemacht contra Lutherum und dieselben nit dorf uß laßen ghen, auch hie zu Frankfort nit sicher umb etlicher, so den schriften Lutheris anhingen.*" KÖNIGSTEIN 65, vgl. auch 76: Am 20.9.1523 hatte Cochläus dem Kapitel "*etlich puncten angezeigt, die im Luthers halben vor sinem huß*

Stifte und alle Klöster, wegen der zunehmenden Kritik in der Stadt die "ewigen Zinsen" abzulösen, was aber erfolglos blieb.[41] Daher zwang die Obrigkeit die Dominikaner zum Verkauf eines Hauses, indem sie ihnen den Kaufbrief entlockten und nicht wieder herausgaben[42]. Der allmähliche Durchbruch der evangelischen Bewegung ist für 1524 anzusetzen: *"Verlangen viele von der hiesigen Gemeine, daß man die H. Tauff nicht mehr in Lateinischer, sondern Teutscher Sprach verrichten möge: Es gingen auch viele Nonnen und Pfaffen dazumal aus denen Clöstern, und lernten zum Theil Handwercker."*[43] Von Austritten aus dem Dominikanerkloster ist nichts bekannt. Die Formierung der evangelischen Bewegung hatte aber Auswirkungen auf das Frankfurter Dominikanerkloster, denn die Zahl der Anniversare und Beerdigungen, auf der ein Großteil des Klostereinkommens beruhte, nahm ab. Erstmalig wurde das Gesuch der Dominikaner um steuerfreies Malz über das zugestandene Deputat hinaus vom Rat abgelehnt.[44] Darüberhinaus wurde am 4. Juni 1524 die Fronleichnamsprozession im Kreuzgang und im Garten des Dominikanerklosters durch Männer und Frauen auf der Stadtmauer gestört.[45] Ebenso gerieten in diesem Jahr die neugläubigen "Liebhaber des Wortes Gottes und der christlichen Wahrheit", angeführt vom Schuhmacher Hans Hammerschmied von Siegen, mit dem Lektor der Dominikaner Ambrosius (Pelargus?) wegen seiner Allerseelenpredigt in Streit.[46] Wie für die Altgläubigen insgesamt spitzte sich auch die Lage für die Dominikaner allmählich zu. Dies zeigt sich an der Flucht der Vorkämpfer der Altgläubigen - nämlich von Pfarrer Meyer und Dekan Cochläus - aus der Stadt im Frühjahr 1525,[47] während Prior Dietenberger in Frankfurt blieb.

---

gescheen."

[41] Vgl. HEITZENRÖDER 112. Die Frage der Zinsablösung war eng mit der reformatorischen Bewegung verknüpft; vgl. DECHENT, Kirchengeschichte, Register. Da "die Frankfurter Geistlichkeit Hauptgläubiger der hochverschuldeten Bürgerschaft" war, wurde die Forderung nach Ablösung der ewigen Zinsen eine der Hauptforderungen der Bürgerschaft an die kirchlichen Institutionen; vgl. JAHNS, Zeitalter 157. Allgemein zu dieser Zinsform vgl. BUCK, Purgatory 24-28, dort auch zu Ibachs Predigt gegen diese Form des Geldverleihs.

[42] Vgl. WEDEWER 63.

[43] LERSNER I/2, 19. Ebenso FICHARD 240: *"Anno XXIV invalescere cepit Lutheri dogma in urbe nostra."* Am 14.11.1524 lösten die Schneidergesellen ihre Bruderschaft in Liebfrauen mit Erlaubnis des Bürgermeisters Holzhausen auf; vgl. KÖNIGSTEIN 81. Unzutreffend jedoch WOLTER, Reichsstadt 147: "Im Jahr 1524 zählte sich Frankfurt bereits zu den neugläubigen Städten."

[44] Vgl. NATALE 47.

[45] Vgl. JACQUIN 412f. Nr. 16a; BECK 51.

[46] Vgl. EULER I, 189-192, nach 194 war der Predigerbruder bedroht worden; BOTHE, Geschichte 299; DECHENT, Kirchengeschichte 103; BUCK, Purgatory 29. JACQUIN 404f., erwähnt nicht weiter genannte Bedrängnisse. Am 13.11.1524 versicherte der Rat den Dominikanern, er wolle sie schützen.

[47] Flucht Meyers am 15.3. mehrfach erwähnt; vgl. KÖNIGSTEIN 82f.; LATOMUS, Antiquitates 112. Vgl. auch DECHENT, Geschichte 10; WEDEWER 65. Vgl. auch G. E. STEITZ, Persönlichkeiten 169f. zur Flucht von Meyer und Cochläus (18.4.) sowie WOLTER, Cochläus 33 (ebenso Flucht des "Domdechanten" F. Martorff). Dietenberger flüchtete 1525 nicht, wie dies aber DECHENT, Kirchengeschichte 96, behauptete. -

Die zunächst auf eine kleine Gruppe humanistisch gebildeter Patrizier beschränkte reformatorische Bewegung hatte, auch wegen der wirtschaftlichen Probleme in der Stadt, immer weitere Kreise der Bevölkerung ergriffen. Wie in anderen Gemeinden, wurde die evangelische Bewegung in Frankfurt im Zusammenhang mit dem Bauernkrieg den innerstädtischen Auseinandersetzungen und Interessen besonders der Zünfte nutzbar gemacht. Sie nahmen am Ostermontag, dem 17. April 1525, auf dem Peterskirchhof die von Dr. Gerhard Westerburg verfaßten 46 Artikel an.[48] Vom Rat am 22. April 1525 akzeptiert, spiegeln etliche der Artikel das Ideal eines einheitlichen Kirchenregiments wieder, so z.B. die gleich zu Anfang geforderte Einsetzung eines Pfarrers.[49] Sie belegen aber auch eindrucksvoll die Ordens- und Bettelordensfeindlichkeit der reformatorischen Bewegung für Frankfurt.[50] Davon waren die Dominikaner am stärksten betroffen. Trotz der Beschwichtigungsversuche des Bürgermeisters Holzhausen stürmte die Menge noch am Abend des 17. April das Predigerkloster.[51] Der Rat war zwar gegen die Ausschreitungen, nutzte sie aber

---

Zur Situation 1523-1525 mit der steigenden Aufruhrgefahr zum Jahreswechsel 1524/25 vgl. JAHNS, Frankfurt 34-38.

[48] Vgl. FICHARD 240f. Vgl. auch JAHNS, Zeitalter 166; CZOK, Volksbewegungen 190ff.

[49] Nach der Flucht Meyers blieb die Pfarrei unbesetzt, der Geistliche in Dreikönig war gestorben; vgl. CAMENTZ 439; EULER I, 163-170, 185-187 zum Verlangen der Bornheimer nach einem Pfarrer, 187-189 und bes. 196-199 (-210) zum gleichen Begehren der Sachsenhäuser. Auf dem Hintergrund ist Art. 1 zu sehen: "Erstlich ist unser Bitte und Begehren, auch ernstliche Meinung, daß hinfort ein ehrsamer Rat und eine Gemeinde, ein Pfarrer in die Pfarrkirche und in andere Kirchen zu setzen und zu entsetzen Macht haben sollen, dieselben erwählten Pfarrer auch nicht anders dann das lautere Wort Gottes, das heilige Evangelium unvermengt menschlicher Satzung predigen, damit das Volk in rechter Lehre gestärkt und nicht verführt wird." Ed. der Artikel bei TELSCHOW 1-5; MARSTELLER 184-191; G. FRANZ, Quellen 455-461. Zum Bauernkrieg in Frankfurt vgl. zusammenfassend DERS., Bauernkrieg 227-239; JAHNS, Frankfurt 38-40; DIES., Zeitalter 166-170.

[50] "Zum vierten: Als die Mönche dasjenige, so ihre Vorfahren und sie den Bürgern abgebettelt und mit falscher Geistlichkeit abgegeizt haben, hinweg in andere Städte geschickt, das doch einer Gemeinde und ihnen nicht zustand, ist unsere Meinung, daß sie daran gehalten werden sollen, solches wieder hierher zu stellen oder darum gefangen gehalten, bis sie das wieder hierher verschaffen. Es soll auch keinem Mönch zu betteln vergönnt werden, auch nicht zu predigen und Ohrenbeichte zu hören. Zum fünften: Sie sollen auch keine jungen Mönche mehr aufnehmen, auch keine Nonnen, und so jetzt von Mönchen oder Nonnen in Klöstern sind, daß sie mögen ungezwungen, ob sie wollen, herausgehen; auch soll man ein Aufsehen auf sie haben, daß nicht von ihnen, es seine Briefe oder Kleinode, veräußert werden." (zu Parallelen in der Leisniger und Wittenberger Kastenordnung vgl. DIENST 91f.) Art. 6 und 11 erklärten Renten und ewige Zinsen für abgelöst, Art. 14 u. 43 Testamente, Seelenmessen und Anniversare für aufgehoben; vgl. TELSCHOW 1-3; G. FRANZ, Quellen 456-461. Damit wurde der Tätigkeit der Orden, ihren Seelsorgeprivilegien und dem Terminieren jede Berechtigung entzogen. Die Artikel zielen auf das Ende der Mendikantenkonvente. Die Stifte wurden weniger angegriffen.

[51] Vgl. FICHARD 241: "Caeterum plebs eo vespere in monasterium Predicatorum irruit, ebibit vini quantum potest, et egregie de libertate Evangelioque vociferatur. altero mane apud Franciscanos, quod inopes erant, jentaculum tantum sumpsere duces illius seditionis". Nach BUCK, Purgatory 31, war Hans von Siegen, der 1524 mit dem Dominikanerlektor zusammengestoßen war, einer der Führer. Vgl. auch den Bericht KÖNIGSTEINS 84f., danach WEDEWER 66-69. Auch bei Stiftsgeistlichen wurde geplündert (vgl. ebd. 67),

dennoch aus. Das geschah wohl auch, um die evangelische Bewegung zu beruhigen. Als erstes ließ der Rat das Predigerkloster, das bisher von allen Mendikantenniederlassungen die größte Unabhängigkeit bewahrt hatte, inventarisieren.[52] Die übernommene Verfügungsgewalt über das Kloster ließ er sich am 22. April von den Dominikanern schriftlich bestätigen. Aufgrund des Verbots der Novizenaufnahme kam dieser Revers einer Todeserklärung der Gemeinschaft gleich.[53] Am 4. Mai verlangte der Rat, daß die Kleinodien des Konvents gemeinsam von diesem und drei vom Rat bestellten Pflegern unter Verschluß genommen werden sollten.[54] Der Rat nutzte die Unruhen also nicht nur zur Konfiskation der Wertgegenstände, sondern auch zur Erreichung eines alten Zieles, nämlich der Einsetzung von Pflegern. Nach der Niederschlagung des Bauernaufstandes wurden auch die genannten städtischen Maßnahmen gegen die Dominikaner am 7. Juli 1525 annulliert.[55] Da der Rat gegenüber den siegreichen Fürsten versprechen mußte, die 46 Artikel abzuschaffen, die Geistlichkeit zu restituieren und zukünftig Aufruhr zu vermeiden, hatten die Sieger über die Bauern bei Pfeddersheim, nämlich Kurpfalz, Kurtrier und Kurmainz, ein Mittel, in die innerstädtischen Verhältnisse der Stadt einzugreifen, falls die Verschreibung nicht eingehalten würde.[56] Aufgrund des dadurch gesteigerten Einflusses des Mainzer Erzbischofs erfolgte am 20. Juli sein Mahnschreiben an die

---

aber nach ebd. 69, 66 Anm. 28, traf es die Dominikaner als "Hauptvertreter der kirchlichen Orthodoxie" zuerst, jedoch ist auch die reichsrechtliche Stellung der Stifte zu berücksichtigen. Vgl. auch CAMENTZ 439: Da das Bartholomäusstift keinen Pfarrer für die Stadtpfarrei und Dreikönig bewilligte, kam es zum Aufruhr, aber nicht gegen das Stift. *"Da fielen die Sachsenhäusser und Newstätter und viel leuth, buben die böss waren auss den zünfften in das Prediger closter, nachmittag wohl 600 mann, und sagten, die mönch hätten lang mit ihnen gessen, sie müsten auch einmahl mit ihnen essen. Desselben gleichen thätten sie auch den dienstag zu unserer lieben Frawn brüdern."* - Unverständlicherweise verlegte BECK 50f., diese Vorgänge ohne Begründung ins Jahr 1524!

[52] Vgl. StA Frankfurt Dom.St. 33/1525: Inventar des Dominikanerklosters (18.4.), des Karmeliter- (20.4.), des Barfüsser- (24.4.; vgl. auch GRÄN 152, 159) u. des Katharinenkonvents (28.4.). Erst ab dem 3.5. erfolgte die Inventarisierung des Weltklerus (vgl. LÜHE 57) mit Registrierung der Gültbriefe, nachdem am 30.4. Bürgermeister Holzhausen den Scholaster von Liebfrauen wegen einer Inventarisierung angesprochen und eine Bestätigung der Annahme der 46 Artikel verlangt hatte; vgl. KÖNIGSTEIN 88f. Die Besserbehandlung der Stifte galt auch bei der Annahme der 46 Artikel (vgl. ebd. 84-87), die formal korrekt vor sich ging.

[53] Am 22.4. unterschrieb der mit dem Tode bedrohte Konvent 4 Artikel (vgl. JACQUIN 410f.; WEDEWER 70): 1. die Teilnahme an allen bürgerlichen Lasten und Abgaben, 2. in Zukunft keine Predigt, Beicht und Bettel, 3. keine Aufnahme von Novizen, 4. ewige Zinsen sind ablösbar. Daraufhin legte Dietenberger am 25.4. sein Priorat nieder, mußte aber gegen seinen Willen weiterhin amtieren und in Frankfurt bleiben. Der einen Tag nach Dietenbergers Abdankung gewählte Koblenzer Prior Caspar Wilhelmi starb kurz darauf.

[54] Vgl. JACQUIN 411f. Die Predigerbrüder mußten 3 Curatoren annehmen, die als Gegenleistung für den städtischen Schutz die Kleinodien verwahrten. Allerdings hatte der Konvent zu dem Behältnis, das die Pretiosen enthielt, noch 2 Schlüssel, die Curatoren einen; vgl. WEDEWER 71.

[55] Vgl. ebd.

[56] Vgl. JAHNS, Frankfurt 39f.

Dominikaner, bei ihrer Berufung zu bleiben.[57] Allerdings galt - trotz kurfürstlich Mainzischer Beschwerde - weiterhin das 1524 ausgesproche Predigtverbot für alle drei Bettelorden.[58] Es wurde erst 1549 aufgehoben.

Verlangte die "außenpolitische" Konstellation vom Rat die Erneuerung altgläubiger Zeremonien, so war die Situation in der Stadt dem diametral entgegengesetzt. Der Magistrat mußte sich der evangelischen Bewegung beugen. Um die Gemeinde zu beschwichtigen, kam es in der Osterzeit des Jahres 1525 zur Anstellung von zwei evangelischen Prädikanten, von denen besonders der Ulmer Ex-Dominikaner Dionysius Melander[59] im Lauf der folgenden Jahre ein immer schärferes Vorgehen von Rat und Gemeinde gegen die Altgläubigen befürwortete und auch erreichte. Obwohl der Rat mehrheitlich neugläubig war, wurden ihm Veränderungen im Kirchenregiment förmlich aufgezwungen. Denn wegen der Pfeddersheimer Verschreibung und der Rücksicht auf den Kaiser und die Messeprivilegien wollte er keine Änderung der Religionsverhältnisse. Die Obrigkeit hatte Prediger und Gemeinde kaum unter Kontrolle und reagierte meist nur auf sie. Diese Situation bestimmte auch das allmählich härter werdende Vorgehen des Rates in bezug auf die Bettelorden. Dadurch sollte die Bevölkerung befriedet werden. Gegenüber den reichsrechtlich besser gestellten Stiften, gerade dem für die Pfarrbesetzung verantwortlichen Bartholomäusstift,

---

[57] Vgl. EULER II, 105. Ebenso an das Weißfrauenkloster. Der Kurfürst sorgte sich auch um die Karmeliter, wie aus dem Schreiben an den Visitator Tetleben vom 8.7. hervorgeht: "Uns langt an, wie der rathe zu Frankfurt in arbeit steen sol, das Carmelitercloster zu iren handen zu bringen".

[58] Vgl. EULER II, 131, 82 (Kritikpunkt Nr. 10 in der erzbischöfliche Anklageschrift von 1526, der Rat wies den Vorwurf zurück; zur Schrift vgl. auch JAHNS, Frankfurt 55-60). Vgl. JACQUIN 498: "ab anno 1524 usque in annum 1549 non fuit sermo habitus in nostro conventu ad populum".

[59] Da er bei LERSNER I/2, 9f. irrtümlich als ehemaliger Franziskaner bezeichnet wird, hier die eigene Aussage (vgl. WOLTER, Cochläus 35f.): "Ich Dionysius bekenn/daß ich zu Ulm in Prediger-Orden in meiner Jugend kommen bin/... doch verbotten mir die Münch endelich das Predigen/wass solt ich da thun? Ich begert von in zu ziehen/da gaben sy auff mein Verlangen mir Urlaub und Zerung/dazu Brieff und Sigel/die ich noch anzeigen kan/dass ich mich redlich und frumicklich bei in gehalten hett/... Ist das entlauffen?" Wozu Cochläus bemerkt: "Die entschuldigung ist falsch und ungnugsam/man frage den prior und Convent zu Ulm darumb." Nach dem Wirken in Pforzheim, Ulm und Heidelberg wurde Melander 1522 aus dem Orden entlassen; vgl. SAUER 1f. Zur Anstellung in Frankfurt vgl. auch CAMENTZ 439: "Da bestälten die gemein und ein ehrsamer rath 2 Prediger, die predigten von ostern an, da man schrieb 1525 biss man schrieb 1526. Da nahmen sie, die prediger, zwey eheliche weiber, der eine hiess Iohan Algesheim, ein Barfüsser, der andere Dionysius Melander, der war ein Prediger mönch gewesen." Vgl. JAHNS, Frankfurt 40f. Die dem Rat am 5.6.1526 übergebene erzbischöfliche Anklageschrift monierte, daß Pfr. Meyer fliehen mußte und seine Pfarrstelle, deren Besetzung dem Rat nicht zustehe, mit zwei evangelischen Priestern besetzt sei; vgl. EULER II, 82; 130 Zurückweisung des Vorwurfs der Pfarrbesetzung durch den Rat, er hätte "allain ein zeit lang zu predigen geordent". JAHNS, Zeitalter 171, zur Ernennung der Prädikanten und der dadurch in das Pfarrmonopol von St. Bartholomäus geschlagenen Bresche, während die Bestellung des altgläubigen Friedrich Nausea als Pfarrer scheiterte; vgl. die nächste Anm.

mußte man sich zurückhalten.[60] So wurden am 1. Januar 1526 die ewigen Zinsen der Bürger sowie der Orden durch den Rat abgelöst, ausgenommen waren die Zinsen der drei Stifte sowie die Ratszinsen.[61] Im Schreiben vom 13. Februar baten die Dominikaner den Rat aus Furcht vor einem Überfall des Klosters um Schutz.[62] Es folgten weitere einschränkende Maßnahmen am 11. Juni, u. a. ein Verbot des öffentlichen Messelesens und des Rekurses an jemand anderen als den Rat.[63] Diese Suspension des altgläubigen Gottesdienstes galt jedoch nicht lange. Allerdings war der Personalstand vorübergehend prekär. So gab es keinen Prior im Konvent: am 27. Oktober 1526 erhielt Dietenberger die Absolution vom Priorat. Er begab sich nach Koblenz. Sein Nachfolger, Johannes Wirttemberger, wurde am 20. November zum Hofprediger des Mainzer Erzbischofs bestimmt. Dessen Nachfolger, der am 8. Dezember gewählte Johannes Heym, wurde zum Prediger des Trierer Erzbischofs berufen. Am 29. Dezember 1526 wurde schließlich der in Hanau geborene Martinus Otto zum Konventsvorsteher gewählt und von Wirttemberger bestätigt, der vom Provinzial die Vollmacht dazu erhalten hatte.[64] So schwächte der Verlust der führenden Konventsmitglieder und ihre Inanspruchnahme durch altgläubige Fürsten den Konvent beträchtlich. Daher verließen Fratres den Konvent, so am 24. Januar 1527

---

[60] Zur Stellung des Rates zwischen Frankfurter Geistlichkeit und neugläubiger Bevölkerung am Beispiel der mißglückten Pfarrübernahme Nauseas vgl. JAHNS, Frankfurt 47ff.; LATOMUS, Antiquitates 112f.

[61] CAMENTZ 439f.: *"Da man schrieb 1526 uf den newen iahrstag, bey den 2 burger maistern Philips Furstenbergern und Steffan Göbeln, da ward alle ewige gülte ablössig unter der burgerschafft und die clöster, die hernach geschrieben stehen: die Prediger, zu unser lieben Frawen brüdern, zun Barfüssern, zu sanct Catharinen, zun weyssen Frawen; ausgescheyden die drey stifft, die blieben biss uf des keyssers zukunfft."* Vgl. LÜHE 70. Dieser "Ablösung" hatten die Dominikaner in Abwesenheit Dietenbergers zugestimmt; vgl. JACQUIN 418 (zit. auch bei WEDEWER 77). - Erst 1541 erlangte die Stadt ein kaiserliches Privileg, das die Ablösung von Zinsen der drei Stifte grundsätzlich gestattete (vgl. HEITZENRÖDER 112), diese erhielten aber 1551 ein Mandat des Reichskammergerichts *"de non redemendis censibus"*; vgl. LATOMUS, Antiquitates 114.

[62] Vgl. StA Frankfurt Dom.St. 34/1526, danach HEITZENRÖDER 220f. Einige Bürger hatten den Lektor Ambrosius (Pelargus?) wegen seiner Predigt geschlagen und gedroht, sie würden am Aschermittwoch ins Kloster eindringen und u.a. *"die aschen mit uns mitt kübeln taylenn"*, weshalb die Dominikaner den Schutz des Rates anriefen.

[63] Vgl. JACQUIN 419f. Ihm folgt WEDEWER 77f. Die Bestimmungen waren im einzelnen: 1. Kein Messele-sen bis zum nächsten Konzil, 2. Niemand darf gehindert werden, in weltlicher Kleidung das Kloster zu verlassen, auch ohne Erlaubnis der Priors, 3. Nur Rekurs an den Rat, Ordensprovinzial und -general sind zu umgehen, 4. Kein Ordensmitglied darf entfernt werden, ein Abwesender, der hier wohnen will, muß aufgenommen werden, 5. Kein "ausländisches" Ordensmitglied darf assigniert bzw. nur als Gast aufgenom-men werden, 6. Freier Zutritt der Konventsmitglieder zu den neugläubigen Predigten, 7. Schutz des Ordenskleides durch den Rat, 8. Die Dominikaner dürfen keine Messe bei Nonnen und Beginen halten.

[64] Vgl. JACQUIN 422f. Am 24.11. war Dietenberger mit fr. Conrad nach Koblenz gereist; vgl. WEDEWER 41. Johannes Heym war seit 30.9.1526 an der Universität Trier; vgl. LÖHR, Akten 277 Anm. 1; PAULUS, Dominikaner 213. Nach JACQUIN 429, predigte Heym 1527/28 in Trier, 1528/29 in Mainz. Konrad Necrosius war 1529 in Heidelberg nachweisbar; vgl. PAULUS, a.a.O. 214; H. H. KOCH 123. Zu Wirtem-bergers Resignation vgl. ebd. 128; POWITZ 371, 196.

der Akkolyth Johannes Coci.[65] Der aus Steinheim stammende Marcus Sebander hatte schon am 12. März 1526 apostasiert, da er das Fastengebot nicht mehr halten wollte. 1527 befanden sich dann nur noch drei Priester, nämlich der Vikar des Konvents Johannes Dugent, der Baccalaureus Johannes Heym sowie Johannes Rumpenheim und außerdem neun Laienbrüder im Kloster, die alle Filii nativi des Konvents waren.[66]

Hatte der Rat bis 1527 mehrheitlich die Fronleichnamsprozession besucht,[67] so machte nun das neugläubige Kirchenwesen Fortschritte: 1527 wurden die ersten "evangelischen" Taufen gehalten, ab 1528 das Abendmahl in beiderlei Gestalt gefeiert.[68] Doch täuscht der Eindruck einer sich allmählich und unaufhaltsam entwickelnden Reformation. Wegen der notwendigen Rücksichtnahme auf die Privilegien der Stadt und die drei rheinischen Kurfürsten nach der Schlacht bei Pfeddersheim betrieb der Rat eine Schaukelpolitik, scheute sich vor allen offiziellen Handlungen im religiösen Bereich und konnte daher die für die Evangelischen günstige reichsrechtliche Situation zwischen den Reichstagen 1526 und 1529 nicht nutzen.[69] Außenpolitisch schloß sich der Rat daher weder dem Schmalkaldischen Bündnis noch der Protestationsgemeinschaft an und verprellte auf der anderen Seite den Kaiser durch die Nichtannahme des Augsburger Reichsabschieds, weshalb die Königswahl Ferdinands 1531 in Köln und nicht in Frankfurt stattfand. Außerdem wurde die Stadt und ihre Leitung seit 1529 und erst recht nach Einführung der Reformation 1533 vom Mainzer Erzbischof durch Reichskammergerichtsprozesse und wirtschaftliche Sanktionen verfolgt, wozu noch die Anklage Luthers gegen die Stadt in einem im ganzen Reich verbreiteten Warnschreiben kam.[70] Schließlich war der Rat isoliert und ohne Bundesgenossen. Die Prädikanten konnten hingegen in der Stadt aufgrund der sozialen und politischen Unzufriedenheit der Gemeinde immer wieder den Rat mit ihren kirchlichen Forderungen unter Druck setzen, der nach 1528

---

[65] Vgl. JACQUIN 426. Zu Sebander vgl. JACQUIN 418 (nach Libri consiliorum des Konvents). Dort als Marcus Ijtman bezeichnet. Als Grund des Austritts wurde "impotentia jejunandi" von JACQUIN vermerkt. Zu ihm vgl. auch S. 67 mit Anm. 115. Zu weiteren Apostaten vgl. S. 62 Anm. 87.

[66] Vgl. JACQUIN 419. Vgl. H. H. KOCH 120.

[67] Vgl. JAHNS, Frankfurt 79f.; BEUMER, Prozessionen 110. Danach gab es keine öffentliche Prozession mehr (vgl. BOTHE, Geschichte 311), sie wurden privat in den Stiften und Klöstern gehalten; vgl. BEUMER, a.a.O. 111; KÖNIGSTEIN 114, 119, 140; 118 zum Unterbleiben anderer öffentlicher kirchlicher Handlungen.

[68] Vgl. JAHNS, Frankfurt 80f.; H. STEITZ 9f.; KÖNIGSTEIN 114f.; 119 zur Ausübung gottesdienstlicher Rechte durch die Prädikanten.

[69] Vgl. JAHNS, Zeitalter 172; Zusammenfassung der Frankfurter Ratspolitik von 1525-1536 bei DIES., Frankfurt 405-415. Vgl. auch KÖNIGSTEIN 119: "die im rätt woren der sachen selbst nit zufriden und ursacher allen handelns" (gegen BECK 55). Zur notwendigen Rücksichtnahme der Reichsstädte auf Kaiser, Reichsorgane und altgläubige Institutionen vgl. auch SCHINDLING, Reformation 80-83.

[70] Vgl. LUTHER, Ein Brief an die zu Frankfurt am Main; ed. WA 30, 558-571.

ständig zunehmen sollte und somit das Dilemma sogar noch vergrößerte. "Angesichts dieser hemmenden Kräfte formte sich das evangelische Kirchenwesen in Frankfurt in den Jahren nach dem Zünfteaufruhr mehr unter der Hand in kleinen Schritten aus, während die alte Kirche weiterexistierte."[71]

1529 gab es erstmalig zwei *"der Lutherischen seckt"* angehörende Bürgermeister, *"welche mönch und pfaffen vill verdriß gethan hon"*.[72] So "wurden reformatorische Zielsetzungen auf einmal viel kompromißloser verfolgt als vorher".[73] 1529 erfolgte die Übergabe des Barfüßerklosters an den Rat.[74] Aus dem Vermögen wurde u.a. 1530 der Allgemeine Almosenkasten als Organ der städtischen Armenpflege gegründet.[75] Im Kloster wurde ein Gymnasium errichtet. Die Kirche wurde allmählich protestantische Hauptpfarrkirche. Bezüglich der Karmeliter bestand Gefahr, *"daß etlich auch aus dem closter wolten"*.[76] Am 16. Juli 1529 mahnte Erzbischof Albrecht ebenso die Dominikaner, bei ihrer Berufung und ihrem Glauben zu bleiben.[77] Im Sommer 1529 hob der Rat die Annabruderschaft der Karmeliten auf und verlangte von Dominikanern und Karmelitern die Übergabe ihrer Kostbarkeiten und Wertsachen,[78] wie er es ähnlich schon 1525 gefordert hatte. Da die Fratres sich weigerten, setzte der Rat erneut Pfleger ein, um so die Aufsicht und Verwaltung dieser Kirchengüter zu sichern. Außerdem wurden die Bettelorden zur Zahlung der indirekten Steuern, dem Ungeld, angehalten.[79] 1529 löste sich auch die Sebasti-

---

[71] JAHNS, Zeitalter 172.

[72] KÖNIGSTEIN 118, 145.

[73] JAHNS, Frankfurt 114. Hinzu kamen andere Faktoren wie Pest ("englische Schweißsucht", die in Göttingen ein entscheidender Impuls für die Reformation war) sowie eine allgemeine Teuerung; z. B. bei KÖNIGSTEIN 140 Nr. 391, 142 Nr. 399, 143 Nr. 401, 145 Nr. 411; WEISS 284; FICHARD 246, 248.

[74] Quelle: FICHARD 244f.; CAMENTZ 442. Vgl. JAHNS, Frankfurt 117f.; SCHINDLING, Franziskaner 104, 110, 111, 112; GRÄN 152-158 zur Aufhebung, 158-164 zum umstrittenen Besitzrecht der Stadt. Zur Reaktion von Seiten des Erzbischofs, der sich als *"defensor und protector des Barfuszers closters"* bezeichnete; vgl. EULER II, 98-103, 106-109, 111.

[75] Vgl. vor allem JÜTTE 89-97; H. STEITZ 10. Zur Errichtung des Gymnasiums vgl. GRÄN 158; SCHINDLING, Reformation 79f. - Zur allmählichen Übertragung der Seelsorgerechte von St. Bartholomäus auf die Franziskanerkirche vgl. CAMENTZ 448: *"Anno 1544 ward die Pfarr zu sanct Bartholomes, die stüehl, da die frawen in stehen, new gebaut und das halbe tach, und prediget und tauffte man zu den Barfüssern und leytet man die leuth in die kirch, die zu der heiligen ehe griffen, alles zu den Barfüssern."* 1549 wurde die Barfüßerkirche nach Rückgabe der Bartholomäuskirche an die Altgläubigen zur protestantischen Hauptpfarrkirche; vgl. GRÄN 158.

[76] KÖNIGSTEIN 134f. Nr. 373 (zum 1. Juli).

[77] Vgl. WEDEWER 117f.

[78] Quelle: KÖNIGSTEIN 138 Nr. 384. Vgl. WEIZSÄCKER 30 Anm. 2; JAHNS, Frankfurt 131; HEITZENRÖDER 221. Von 1529-1533 führte der Mainzer Erzbischof einen Kammergerichtsprozeß um die Kleinodien der Annabruderschaft der Karmeliter, vgl. EULER II, 112-117, 119, 122; JAHNS, a.a.0. 130-140.

[79] Vgl. JAHNS, Frankfurt 138; BOTHE, Geschichte 312.

ansbruderschaft bei den Dominikanern auf und übergab 1530 ihre Kleinodien dem Rat, der sie dem Almosenkasten überwies.[80] Da den Predigerbrüdern ihre Freiheiten aufgekündigt, ihre Exemtion nicht mehr anerkannt und sie zu allen bürgerlichen Lasten herangezogen wurden, verwandte sich 1529 der Trierer Erzbischof in seiner Funktion als "*conservator privilegiorum ordinis*" vergeblich für die Dominikaner mit der Bitte um Rücknahme der Maßnahmen.[81] 1530 zog die Obrigkeit das Weinungeld von Karmelitern und Predigern ein.[82] Im gleichen Jahr wurden Beerdigungen in den Kirchen und Klöstern verboten und auf die dem Rat unterstehenden Filialen St. Peter und Dreikönig beschränkt,[83] womit das Begräbnisprivileg der Dominikaner aufgehoben war. Im folgenden Jahr 1531 versuchte der Rat durch Konzessionen, wie z.B. der offiziellen Einführung einer Abendmahlsordnung,[84] die neugläubige Bewegung zu beschwichtigen, bewirkte aber nur noch größere reformatorische Aktivität.[85] Die Dominikaner ließen dies alles keineswegs passiv über sich ergehen: Am 19. Juli protestierte Prior Heinrich Münzenberger (+ 1545) vor Mainzer Richtern unter Vorsitz des Valentin von Tetleben über das angetane Unrecht. U.a. würden die Privilegien und Exemtionen nicht beachtet, der Konvent zu bürgerlichen Lasten herangezogen und die Zinsbriefe des Konvents seien weggenommen worden. Daher verlangte er die Wiederherstellung des Zustandes vor dem Bauernkrieg. Abschließend erklärte er, daß er diese Protestation öffentlich vor Bürgermeister und Rat gemacht hätte, wenn dies ohne Lebensgefahr und Gewaltakte möglich gewesen wäre, weshalb er dies nun an einem sicheren Ort vornähme.[86] Der Konvent war durch Flucht bzw. Apostasie geschwächt.[87] Am 7. August 1531 wandte sich der

---

[80] Vgl. JACQUIN 440f. Ihm folgt WEIZSÄCKER 107. Zu dem von Dietenberger 1529 verfaßten und 1530 erschienen "Fragstück an alle Christgläubigen" vgl. WEDEWER 117, 118; BECK 53; W. SCHMITZ 129. Corvinus entgegenete 1537 darauf mit der Schrift "Von der Concilien Gewalt"; vgl. dazu WEDEWER 204-206.

[81] Vgl. StA Frankfurt, Dom.St. 35/1529. Dies geschah keineswegs wegen der freundschaftlichen Beziehungen aufgrund eines Privilegs von 1301, das BECK 54, bemüht. Richtig FICHARD 263 (im Kontext der Einsetzung von Pflegern 1537): "*habent enim Praedicatores archiepiscopum Treverensem et Carmelitae archiepiscopum Moguntinensem in conservatorem privilegiorum juriumque suorum.*"

[82] "*Die orden als Frauenbrüder und Prediger haben diße zeit ungelt von korn und wein dem rath mußen geben, nit angesehen ir friheiten und privilegien.*" KÖNIGSTEIN 148 Nr. 425; danach HEITZENRÖDER 98.

[83] Vgl. DECHENT, Kirchengeschichte 131.

[84] Ed. bei TELSCHOW 5-9. Von den Prädikanten wohl am 3.3.1530 entworfen/vorgelegt, vom Rat aber erst 1531 beschlossen. Am 5.3.1531 fand die erste Abendmahlsfeier statt; vgl. JAHNS, Frankfurt 139, 202f., 207f.; HAAS 28; H. STEITZ 10.

[85] Vgl. JAHNS, Frankfurt 205.

[86] Vgl. JACQUIN 446-448.

[87] JACQUIN notierte die Personalverluste des Klosters aus dieser Zeit. 1516 wurde unter Prior Dietenberger der Fall des Fugitivus Pater Maternus verhandelt (vgl. WEDEWER 35). 1517 verließ ein Pater das Kloster und nahm allerlei mit, 1520 entlief ein weiteres Ordensmitglied, 1525 trat der Akolyth Hermann Cerdonis von Kronberg aus (vgl. JACQUIN 408), 1526 ein Priester, 1527 ein weiterer Frater (vgl. S. 60 mit Anm.

aus Frankfurt stammende ehemalige Dominikaner Thomas, der mittlerweile als Prädikant im Fürstentum Ansbach wirkte, *"umb ein zimliche hülffe und haußsteur von den gutern deß prediger closterß"* an den Frankfurter Rat, da er sich verheiratet hatte.[88] Am 6. Dezember 1531 ließ sich trotz des Ratsverbots der Dominikanerprovinzial Paulus Hug (+ 1537) wegen der häufig vorkommenden Gewalttaten in der Stadt die Urkunden und Kostbarkeiten des Klosters aushändigen.[89] Auch beim Kaiser hatten sich der Provinzial um Unterstützung bemüht, der 1530 einen Schutzbrief für alle männlichen und weiblichen Konvente des Ordens ausstellte.[90] Der Frankfurter Konvent erhielt gleichfalls ein Exemplar. Zumeist - so auch hier - versagten aber diese Interventionen gegenüber dem Druck vor Ort.

Da der Rat das Verlangen der Prädikanten und der Bürgerschaft nach Abschaffung der Messe verweigerte, entstanden während der Weihnachtstage 1531 und 1532 Tumulte, welche die Stadt an den Rand eines Bürgeraufruhrs brachten. Nachdem am Neujahrstag der Prediger Melander den Klerus mit dem Bann bedrohte, falls der altgläubige Gottesdienst nicht abgestellt würde, erfolgte ein Bildersturm.[91] Am 23. April 1533 lenkte der Rat schließlich ein. Nach einer Abstimmung der Zünfte kam es zur gewaltsamen Schließung der Kirchen und dem Verbot des katholischen Exercitiums,[92] kurz danach erschien eine Kirchen- und Predigtordnung. In Frankfurt handelte es sich also um keine Ratsreformation.[93] Das Frankfurter Kirchenwesen auf reformatorischer Grundlage gehört zur zweiten Welle von Reformationen,

---

65). 1530 flohen die Fratres Johannes und Wilhelm aus dem Konvent. Nach acht Tagen in der Stadt apostasierten sie; vgl. JACQUIN 446. Vgl. auch WEDEWER 82. Vgl. auch S. 67.

[88] Vgl. StA Frankfurt, Dom.St. 38/1531.

[89] Vgl. JACQUIN 450f. Vgl. auch HEITZENRÖDER 221. Die Pretiosen wurden nach Heidelberg geflüchtet, wo sich die Provinzkasse befand. Bei der Aufhebung des Heidelberger Konvents 1551 gingen vielleicht auch die Frankfurter Kleinodien verloren.

[90] Vgl. JACQUIN 445f. Erwähnt bei H. H. KOCH 91. Zu dem Privileg vgl. S. 300 mit Anm. 32. - Ebenso stellte Karl V. einen Schutzbrief an *"die dri stift zu Frankfort und gemein pfaffheit"* (vgl. KÖNIGSTEIN 150f. Nr. 436; JAHNS, Frankfurt 167ff.) und an das Karmeliterkloster aus (vgl. ebd. 168f.).

[91] Vgl. FICHARD 251f.; KÖNIGSTEIN 160, 162-168 sowie JAHNS, Frankfurt 205-243.

[92] Vgl. z. B. LATOMUS, Antiquitates 114: *"Anno 1533, cum Lutherani jam diu acriter debachati essent in clerum, divina officia omnino sunt abrogata et suspensa per senatum Francfordensem in omnibus collegiis et monasteriis. actum in die sancti Georgii martyris".* Ausführlicher FICHARD 252f., 253f. zu dem vom Mainzer Erzbischof erlangten Poenalmandat des Kammergerichts, aus dem sich ein Kammergerichtsprozeß entwickeln sollte. Vgl. auch KÖNIGSTEIN 168-170; JACQUIN 454-456. - Zur Suspension vgl. vor allem JAHNS, Frankfurt 243f., 410; 246-248 zu ersten Reaktionen von Kurmainz. Vgl. auch DECHENT, Kirchengeschichte 137-142; H. STEITZ 11, 53; WOLTER, Reichsstadt 160f.

[93] Vgl. H. STEITZ 25: "Die Obrigkeit spielte in der Zeit der reformatorischen Bewegung keine entscheidende Rolle." Vgl. auch bes. JAHNS, Frankfurt 244f.

deren reichsrechtliche Basis der Nürnberger Anstand von 1532 war.[94] Doch wurden weder neue Pfarreien errichtet noch wurde St. Bartholomäus gänzlich von den Neugläubigen übernommen. Die Beibehaltung des status quo ist ein weiteres Zeichen für das vorsichtige Taktieren der Obrigkeit. Mit der Suspension des altgläubigen Gottesdienstes hatte die reformatorische Bewegung ihr Ziel erreicht, allerdings blieben das Vermögen und der rechtliche Status der bestehenden altgläubigen Körperschaften erhalten,[95] da der Rat weiterhin zur Rücksichtnahme auf Kaiser und Mainzer Erzbischof gezwungen war. Auch in Bezug auf die Mönche formulierte die Kirchenordnung zurückhaltend: *"Dieweil Mönche und Nonnen/Beginen (bisher verschlossen) alle Zeremonien niedergelegt, und doch sich nicht zu beklagen hatten, sollen sie hinfort zur Predigt gehn; und wenn sich einer von den Mönchen und Nonnen usw. mit der Zeit in den Ehestand begeben möchte, soll ihm dazu geholfen werden. "*[96] Die Dominikaner waren von den Bestimmungen nur in sehr geringem Maß betroffen; in diesem Zusammenhang waren keine Austritte zu verzeichnen. Obwohl der Rat gleichzeitig erlaubte, daß Stifter ihre Kunstschätze wieder an sich nehmen durften,[97] wurde von den bedeutenden Kunstwerken der Dominikaner kaum etwas entfernt. Das Kloster blieb eine Attraktion für Kunstfreunde.

1.1.3   Beharrung und Regeneration des altgläubigen Konvents in der neugläubigen Stadt

Nach der Suspension des Gottesdienstes 1533 waren die altgläubigen Kirchen der Stifte und Klöster bis 1548/49 geschlossen,[98] wenn auch der stifts- und klosterinterne Gottesdienst nicht gänzlich unterbunden werden konnte.[99] Auch die Fratres mußten *"zur Predigt gehn"*. Ihr Terminieren in der Stadt wurde unmöglich, ebenso die Persolvierung der Anniversarien. Die damit verbundenen Einkünfte kamen zum

---

[94] Vgl. H. STEITZ 29; 40-67 zu anderen Herrschaften der Umgebung, die die Glaubensneuerung einführten. Zu Frankfurt und dem Nürnberger Anstand vgl. JAHNS, Frankfurt 197-201, 409f. Nach WOLTER, Reichsstadt 161f., wurde der "Nürnberger Anstand von 1532 gleichsam abgewartet, um den verhängnisvollen Schritt von 1533 zu tun."

[95] Vgl. DERS., Stiftsdechant 355.

[96] TELSCHOW 12; vgl. auch H. STEITZ 53f.

[97] Vgl. FICHARD 153f. Danach WOLFF/JUNG 71; NICOLAY 208f. Es gab aber keinen Bildersturm. Das neue Kirchenwesen sei "cum modestia" eingeführt worden.

[98] Vgl. WEISS 287 (= CAMENTZ 445): *"da legt ein ehrbarer rath nieder das ampt der heiligen meß und alle gezier der heiligen kirchen uf sanct Georgentag des heiligen ritters, da man schrieb 1533, und schloß alle kirchen zu, besonder die pfarr."* Vgl. auch BEUMER, Prozessionen 112.

[99] Vgl. HAAS 235 Anm. 3 (1540 verbot der Rat dem Liebfrauenstift, ihre Kirche zu öffnen und öffentlich die Messe zu lesen). 1542 baten die Prädikanten die Obrigkeit, daß die drei Stifte *"sich des heimlichen Messehaltens und Versehung der Leut mit den papistischen Sakramenten"* zu enthalten hätten; vgl. BOTHE, Weißfrauenstift 22 (ohne Quellenverweis). Ebenso sollte den Mönchen das heimliche Messehalten untersagt werden; vgl. H. STEITZ 54.

Erliegen. Finanziell erhielt sich der Konvent aufgrund der noch vorhandenen Einkünfte aus Renten, die vor allem wohl aus den Kurmainzer Gebieten noch regelmäßig entrichtet wurden.[100] Auch wenn der Rat nur zögernd das neue Kirchenwesen eingeführt hatte, mußte sein Vorgehen auf die Dominikaner den Eindruck einer ständig zunehmenden Beschränkung und Bedrohung machen. Sie sahen die Suspension des altgläubigen Gottesdienstes nicht als Abschluß der reformatorischen Bewegung an, sondern als weiteren Schritt zur gänzlichen Aufhebung des Konvents. Doch wurde die Reformation nicht rabiat durchgeführt, was sich darin zeigt, daß die Altgläubigen nicht ausgewiesen oder vertrieben wurden. Die Kapitel der drei Stifte und die Konvente der Dominikaner, Karmeliter, Deutschherren, Antoniter und Johanniter konnten in der Stadt bleiben und hielten bis zur Änderung ihres Status nach 1547 aus.[101] Die Vermutung, die Dominikaner seien zwischen 1533 und 1535 ausgewandert, beruht auf der nicht zutreffenden These von der Wiedereinführung des altgläubigen Gottesdienstes 1535.[102] Hätte der Konvent die Stadt verlassen, wäre er vielleicht trotz des kaiserlichen Schutzbriefs vom 27. September 1533[103] aufgehoben worden.

Die Stadt war aufgrund des von Kurmainz angestrengten Reichskammergerichtsprozesses einem beträchtlichen Druck ausgesetzt, weshalb sie 1535 versuchte, sich zu vergleichen.[104] Erst 1535 gab der Rat aufgrund der für ihn unmöglich zu erfüllenden Auflage, das altgläubige Kirchenwesen gänzlich zu restituieren, die kaiser-

---

[100] Verzeichnis der Renten bei H. H. KOCH 114f.: z. B. aus Aschaffenburg, Seligenstadt, Hörstein etc.; allerdings auch Vilbel, Karben etc. genannt.

[101] Vgl. WOLTER, Visitation 81. Vgl. bzgl. der Stifte das Gebot "*wir sollten uns bei einander halten, nit aus Frankfurt ziehen bis uff weitern bescheid unsers genadigen herrn von Menz*" (KÖNIGSTEIN 169 Nr. 489).

[102] Die These wurde vertreten z.B. DECHENT, Geschichte 18; DERS., Kirchengeschichte 146f.; BOTHE, Geschichte 314; WEIZSÄCKER XVIII, 11, 31; KEYSER, Hessen 145; vorsichtiger erwähnte H. STEITZ 54, nur das Ersuchen des Mainzer Erzbischofs und die Beratungen der Obrigkeit. - Gegen die These von der Restitution des altgläubigen Gottesdienstes 1535 wandte sich DIENST 35-37 (Anlage 79). Nach JAHNS, Frankfurt 283-302, 303-374, 386-398, gab es zwar ein Mandat des Reichskammergerichts, das aber wegen des Eintritts der Stadt in den Schmalkaldischen Bund nicht exekutiert wurde. Vermutlich haben die obigen Autoren von der Existenz dieses Mandats und den Bemühungen um einen außergerichtlichen Vergleich auf das erwähnte Ergebnis geschlossen. LATOMUS, Antiquitates 115, notierte demgegenüber für das Bartholomäusstift: "*omnia sacra offitia iterum incepta sunt die sancti Calixti anno 1548. cessatum annis 15 mensibus septem.*" Vgl. für die Dominikaner auch S. 58 Anm. 58. Somit war der altgläubige Kult spätestens ab 1533 durchgehend unterbunden.

[103] Vgl. JACQUIN 457f. Die Dominikaner baten das Reichskammergericht um einen Boten, der den für alle Konvente ausgestellten Schutzbrief dem Frankfurter Rat bekannt machen sollte.

[104] Vgl. JAHNS, Frankfurt 249-302 und 411-413 zum dritten Frankfurter Reformationsprozeß "in causa religionis"; 303-374, 413f. zu Bemühungen um einen Vergleich 1535.

treue Politik auf und wurde am 2. Januar 1536 Mitglied im Schmalkaldischen Bund.[105] Damit hatte der Rat die außen- und innenpolitische Gefahrensituation überwunden und konnte auch im Kirchenwesen die Zügel des Stadtregiments fester in der Hand nehmen.[106] Daher verschärfte sich nun auch sein Vorgehen gegen die altgläubigen Institutionen,[107] darunter auch die Bettelklöster. Am 20. Juli 1537 beschloß die Stadtobrigkeit erneut, für beide Bettelklöster Pfleger einzusetzen, das mobile und immobile Klostergut inventarisieren zu lassen und durch ein neues Schloß die Kontrolle des Klosters sicherzustellen, was den Dominikanern am 28. August angezeigt wurde.[108] Aufgrund der Weigerung der Konvente wurden am 6. September drei Kostgänger in jedes Kloster gelegt, die auch Kontroll- und Aufsichtsfunktionen hatten,[109] worauf sich die Konvente an Albrecht von Brandenburg wandten und die Provinziale der beiden religiösen Gemeinschaften mit Unterstützung von Kurmainz - das zusätzlich auch wirtschaftliche Maßnahmen, wie ein Holzembargo, verfügte - einen Kammergerichtsprozeß anstrengten, der letztendlich aber ebenso wie die anderen Prozesse ergebnislos verlief. Als auch der Mainzer Erzbischof sich im November 1538 mit dem Rat arrangierte, versuchte das Dominikanerkloster 1539 vergeblich, eine Einigung zu erzielen. Trotz der eigenen Bedrängnis und da der Konvent dem Mainzer Erzbischof weiterhin verpflichtet war, wurde von Frankfurt nicht nur das Mainzer Kloster, sondern auch die dortige Universität personell unterstützt: Konrad Necrosius (+ 1553) übernahm 1542 eine Professur in Mainz. Nicolaus Tinctor amtierte dort als Subprior.[110] Nach sieben Jahren der Auseinandersetzung mit der Stadt kapitulierte das Dominikanerkloster 1544 vor der Frankfurter Obrigkeit. Finanziell konnte es den Streit nicht länger durchstehen und die aufgebürdeten Kostgänger nicht mehr ernähren. Am 14. Januar erklärten sich die Predigerbrüder bereit, nicht nur zwei Pfleger als Herren über die Wirtschaftsführung zu akzeptieren, sondern auch Inventarisierungen auf Begehren des Rates zuzulassen. Diese Vereinbarung sollte bis zu einem endgültigen Reichstagsbeschluß für das

---

[105] Vgl. ebd. 375-384; HAAS 29f., 34-42 zur Bestätigung Frankfurts als Mitglied und zur Bedeutung der Wittenberger Konkordie für Frankfurt, womit die Orientierung an der schweizerisch-oberdeutschen Bekenntnisrichtung schwand. - Aufnahmeantrag bei FABIAN, Bundesabschiede 62; 71 wird Frankfurt schon unter den aufgenommenen Städten erwähnt (Bundesabschied vom 24.12.1535); laut 98 wollte die Reichsstadt das Bündnis auch nutzen, um die von Hessen gesperrten Zinsen des Franziskanerklosters zu erlangen.

[106] Vgl. den Hinweis bei JAHNS, Frankfurt 401f. Zum Ausbau des protestantischen Kirchenwesens ab 1536 (bis 1537) vgl. HAAS 42-54.

[107] Zum Vorgehen gegen das Domstift ab 1537 vgl. ebd. 87-92, nach 225f. wurden 1546 dort erstmals durch den Rat Vikare in den Papstmonaten eingesetzt, so daß ein erster Erfolg der Bemühungen der Frankfurter Obrigkeit gegenüber den Stiften festzustellen ist.

[108] Vgl. FICHARD 263f. sowie HAAS 94f. Zu den Vorgängen von 1537-1544 vgl. ebd. 92-116, 335; JAHNS, Frankfurt 403f.; DIES., Zeitalter 185f.; WEDEWER 92 zu Anm. 63; BECK 56f.

[109] Vgl. JACQUIN 463f. Vgl. HAAS 97 mit Anm. 65.

[110] JACQUIN 474f. Von der 1543 in Frankfurt wirkenden Pest wurde nur ein Pater betroffen; vgl. ebd. 480; 495: Tinctor amtierte 1549 wieder in Frankfurt als Subprior.

ganze Reich gelten. Die drei Pfleger Claus Stalburg, Dominicus Bocher und Hans Gedden, von denen je einer eine der Ratsbänke vertrat, arbeiteten den von den Dominikanern erstellten Entwurf einer Einigung im Ratsinteresse um. Das nach einer Bedenkzeit von den Fratres akzeptierte Vertragskonzept des Rates vom 15. Januar 1544 sah auch vor, daß keine Novizen aufgenommen würden, daß nach dem Tod der Mönche die Verfügungsgewalt des Rats über den Konvent akzeptiert sei und keine neuen gerichtlichen Schritte gegen den Rat eingeleitet würden, wofür der Rat im Gegenzug den Fratres die eingeschränkte Selbstverwaltung ihrer Güter überließ.[111] Somit war dieser Konflikt ganz im Sinne der evangelischen Obrigkeit beigelegt worden. Der Rat sah sich nun als einzige und rechtmäßige Obrigkeit der in der Stadt liegenden Konvente. Deren Gelder sollten nicht aus der Stadt fließen. Daher verbot er dem Weißfrauen-, Prediger- und Karmeliterkloster am 19. Januar 1546 die Zahlung des Subsidiengeldes zur Erlangung des Palliums für den neuen Mainzer Erzbischof Sebastian von Heusenstamm (1545-55).[112] 1546 verlangte der Magistrat zur Finanzierung des Schmalkaldischen Krieges gegen die Altgläubigen von den altgläubigen Institutionen Frankfurts 10.000 Gulden. Weil es auch den Dominikanern unmöglich war, ihren Anteil der Summe aufzubringen, nahm der Rat alle goldenen Gefäße, Kleinodien, Monstranzen etc. und ließ daraus neue Taler prägen.[113] Zuvor war am 20. August den Klerikern der drei Stifte, den Dominikanern und den Karmeliten (letzteren "willig") der Treueid auf den Rat abgenommen worden.[114] Diese Maßnahmen zeigen, daß der Sonderstatus der Kleriker sukzessive beschränkt und diese mehr und mehr als Bürger angesehen wurden. Im Februar 1546 wurde auch der 1526 ausgetretene Frankfurter Dominikaner Markus Sebander (Eidmann) 1547 als Prädikant in Sachsenhausen angestellt, wobei "(d)er Versuch, das Predigerkloster zu seiner Bezahlung heranzuziehen, ... natürlich auf harten Widerstand" stieß.[115]

---

[111] StA Frankfurt, Dom.St. 42/1544 (Urk. vom 14.1.1544); JACQUIN 481f. (er bemerkt ausdrücklich, daß sich die Brüder in beiden Urkunden "des raths verwandte, und bürgerr" nennen). Vgl. auch HEITZENRÖDER 221; HAAS 114f., 254. Es handelte sich nicht "zunächst lediglich um die Inventur", wie ebd. 253, suggeriert, sondern um einen hoheitlichen Akt. - Der Rat ging die drei bestehenden Klöster nun um ein Darlehen an, worauf ebd. 254, meinte, daß der Vorschlag "natürlich völlig fruchtlos" gewesen sei, da die Mendikanten ja 1544 den Streit auch aus finanziellen Erwägungen beendeten. Allerdings hatten sie keine Möglichkeit, dem Rat etwas zu verweigern.

[112] Vgl. HAAS 236 Anm. 16.

[113] LATOMUS, Antiquitates 115; MEDENBACH 310. Verweis auf die Abrechnung des von den Dominikanern abgelieferten Kirchengeräts in StA Frankfurt, Dom.St. 43/1546; vgl. auch WEIZSÄCKER 31; HAAS 308 Anm. 182 und 307f. Völlig daneben BECK 57, nach dem die Dominikaner 1546 als Beweis ihres Entgegenkommens für die Beendigung des Streits 1544 verschiedene kirchliche Kleinodien ablieferten!

[114] Vgl. KÖNIGSTEIN 172; HAAS 307f.

[115] Ebd. 259. Vgl. DECHENT, Kirchengeschichte 122, 160, 177, 179. Von Sebander stammt auch ein Bericht über die Belagerung Frankfurts 1552; vgl. JUNG, Chroniken 402-417. Zu Sebander vgl. auch HELLER 515f.; B. JÄGER 34 Anm. 158.

Die Besetzung der Stadt 1546 durch kaiserliche Truppen[116] brachte zunächst keine Veränderung des Rechtsstatus, nur im Karmeliterkloster wurde für die altgläubigen Truppen Gottesdienst gehalten.[117] Aufgrund der starken Position des Kaisers nahm die Stadt am 17. August 1548 das Interim an. Da sie nicht im unmittelbaren Machtbereich des Kaisers lag, führte dies nicht zu einer Gefährdung des evangelischen Kirchenwesens. Die Restitution des altgläubigen Gottesdienstes machte Frankfurt auf Dauer zu einer gemischtkonfessionellen Stadt, was der Augsburger Religionsfriede festschrieb.[118] Der Stadt war es im Gegensatz zu vielen anderen evangelischen Territorien und Reichsstädten nur in geringem Maß gelungen, altgläubige Einkünfte für das neue Kirchenwesen zu verwenden.[119] Nun mußte auch noch Restitution für die 1546 fortgenommenen Kleinode u.a. an die Dominikaner geleistet werden. Für diese zeigte sich nun der Erfolg ihrer Beharrung: "*Hoc Anno respirare coeperint nostri, sole ipsis benigniore affulgente*", so fing Franciscus JACQUIN in seiner Chronik das Jahr 1549 an,[120] zu dessen Beginn der Rat den Dominikanern auf ihren Antrag hin die Wiederverleihung ihrer alten Privilegien mitteilte und ihnen Ersatz für die entzogenen Wertgegenstände - wenn auch zu billig, wie JACQUIN notierte - gab. Die Predigerbrüder hatten alle Beschränkungen und Aufhebungsversuche überlebt und besaßen wieder freie Kultausübung. Das seit 1524 für sie und spätestens seit 1533 auch für die Stifte geltende Predigtverbot wurde sukzessive aufgehoben: als erster predigte Ambrosius Pelargus am 21. Dezember 1548 in St. Bartholomäus.[121] Die vom Rat verordneten Beschränkungen, wie z. B. das Verbot der Novizenaufnahme, wurden aufgehoben. 1548 war ein Eintritt ins Dominikanerkloster zu verzeichnen.[122] In diesen Zusammenhang gehört auch die am 1. Mai 1548 den Orden erneut gewährte Mahlgeldfreiheit nach dem Vertrag von 1482[123] sowie die 1549 erfolgte Aufhebung des Predigtverbots für die Dominikanerkirche.

---

[116] Nachdem die Niederlage des Schmalkaldischen Bundes abzusehen war, übergab sich die Stadt dem kaiserlichen General von Büren; vgl. BOTHE, Geschichte 324-329; HAAS 312-329.

[117] Vgl. AMBACH 334, Z. 26-34.

[118] Vgl. JAHNS, Zeitalter 194f., 197.

[119] Vgl. ebd. 186; HAAS 335.

[120] JACQUIN 495. Zum folgenden vgl. ebd. 495f. Vgl. auch WEIZSÄCKER 31. Vgl. H. H. KOCH 56: für die dem Rat übergebenen Kleinode erhielt der Konvent 257 fl. 5 Albus. Die Karmeliten stellten auch das Kostgeld der für die seit 1537 im Kloster befindliche Ratsdeputation in Rechnung und der Franziskanerorden stellte Restitutionsanprüche; vgl. WOLTER, Interim 353.

[121] Vgl. JACQUIN 487f. sowie H. H. KOCH 123f.; WOLTER, Interim 353. Auch 1552 war Necrosius Domprediger; vgl. auch AMBACH 396: "*Den 14 augusti hat der Predigermünch doctor Todt in der Pfaffenkirchen zu seinen lügenpredigten wieder läuten lassen, jedoch haben die pfaffen zu ihrem geplärr nicht dörfen läuten.*" Nach Ende der Belagerung hatten die Neugläubigen schon am 10. August wieder angefangen, zum Predigen zu läuten; vgl. ebd. 395.

[122] Vgl. WOLTER, Stiftsdechant 359. Es handelt sich um einen Sohn des Kaspar Steinmetz, also einen Neffen des Stiftsdechanten Latomus.

[123] Vgl. BOTHE, Beiträge 140. - Zur Aufhebung des Predigtverbots vgl. S. 58 Anm. 58.

Für die Dominikaner war das entscheidende existenzsichernde Ereignis somit das Augsburger Interim, welches die Abrogation des existenzbedrohenden Vertrags von 1544 ermöglichte. Nach 1549 stand die konfessionelle Situation in Frankfurt auf lange Zeit fest. Der Augsburger Religionsfriede hatte demgegenüber geringere Bedeutung für die Predigerbrüder.[124] "Die Verwirklichung dieses Entscheids von Augsburg blieb allerdings, da keine eigentlichen Ausführungsdekrete erlassen wurden, der historischen Entwicklung überlassen".[125] So gab es in Frankfurt weiterhin Einschränkungen und Behelligungen der altgläubigen Seite. Krisen suchte der Rat im eigenen Sinn zu fördern. Trotz der im Augsburger Friedenswerk gegebenen Bestandsgarantie wäre es 1560 beinahe zur Klosterauflösung gekommen. Der damalige Prior Martin Geller hatte sich der Glaubensneuerung angeschlossen und wollte den Konvent dem Rat übergeben, was der damalige Provinzial und filius nativus des Frankfurter Konvents, Wilhelm Brandt (+ 1566), zu verhindern wußte.[126] Auch den vier Jahre später erfolgten Austritt von Johannes Wolff nutzte der Rat, um eine Schutzwache ins Kloster zu legen, die erst auf massiven Einspruch des Mainzer Erzbischofs zurückgezogen wurde.[127] Um 1566 wollte die Stadtobrigkeit die Stifte und Klöster zur Finanzierung des evangelischen Kirchenwesens heranziehen.[128] Nicht in der Existenz bedrohlich waren die Gewalttätigkeiten gegenüber dem Dominikanerkloster wegen der Einführung des Gregorianischen Kalenders durch die Altgläubigen zu Weihnachten 1583.[129] Eine Unterstützung des Klosters

---

[124] In JACQUINs Chronik wird auf den Augsburger Religionsfrieden im Gegensatz zum Interim nicht eingegangen. Vgl. WOLTER, Bedeutung 36: "Die durchgehaltene Permanenz der geistlichen Orden und Stifter ermöglichte nach dem geharnischten Reichstag von Augsburg (1548) nicht nur die Freiheit des Kultes in allen Kirchen der Stifter und Klöster sondern auch die Subsumtion Frankfurts unter den § 27 des Reichstagsabschieds von 1555 in Augsburg". Ebd. 356: "Das Interim hatte der Katholischen Enklave in Frankfurt das erneuerte Leben ermöglicht und damit entscheidende Weichen für die Zukunft gestellt." - Nach dem Augsburger Religionsfrieden gehörte Frankfurt zu den Reichsstädten, denen "ausdrücklich die Wahrung der augenblicklichen Parität auferlegt war" (PETRY, Religionsfriede 163f.).

[125] WOLTER, Stiftsdechant 356.

[126] Vgl. JACQUIN 521-536. Vgl. auch DECHENT, Kirchengeschichte 234; BECK 57-60; HEITZENRÖDER 221. Vgl. auch WEDEWER 83 Anm. 51, danach mußte der Konvent Geller mit 400 fl. abfinden. Zu Provinzial Brandt vgl. L. SIEMER, Verzeichnis 91.

[127] Vgl. DECHENT, Kirchengeschichte 224f.; WOLTER, Stiftsdechant 363; BECK 60f.

[128] Vgl. R. JUNG, Auftreten 262 (Gravamina für den Augsburger Reichstag 1566). Es gab verschiedene Versuche, den status quo der Katholiken zu modifizieren. So wurde auf den Reichstagen 1558, 1562, 1566 und später versucht, die Bartholomäuskirche als lutherische Zentralkirche zurückzuerhalten und das kirchliche Vermögen der Altgläubigen für den Unterhalt der Prädikanten, Schulen und für die Kirchenpflege heranzuziehen; vgl. WOLTER, Stiftsdechant 360.

[129] "Anno 1582, den 15. Dec., hat das Handwerksgesindel die Prediger gestürmt und die Fenster ausgeworfen, weil die Mönche den neuen Kalender angenommen." Zit. nach WEDEWER 66 Anm. 28. Vgl. auch BECK 62f.; BOTHE, Geschichte 381; DECHENT, Kirchengeschichte 257f. - Allerdings rechnete noch Herzog Maximilian v. Bayern 1614 beim Kauf des Düreraltars mit der eventuellen Vertreibung der Patres "der Religion halber"; zit. R. JUNG, Verkauf 311.

war auch, daß die Mainzer Kurfürsten in Ermangelung eines eigenen Hauses bei Aufenthalten in der Reichsstadt im Dominikanerkloster abstiegen[130] und damit eine enge Verbindung zum Konvent dokumentierten.

In der zweiten Hälfte des 16. Jahrhunderts war der Konvent durch Überalterung und Nachwuchsmangel geschwächt.[131] Auch die vielen tüchtigen Prioren der Reformationszeit konnten daran nichts ändern. Zu nennen sind Konrad Necrosius[132] und die später sogar als Provinziale amtierenden Wilhelm Brandt (1560-65) und Johannes Koss(e)ler (1574-86).[133] Gerade Kosseler war neben dem Dekan von St. Bartholomäus Johannes Latomus (1524-98)[134] eine der bedeutendsten altgläubigen Persönlichkeiten in der Stadt. Mit acht wohl zumeist überalterten Mönchen war der Konvent im Jahre 1567 trotzdem im Vergleich zu anderen Klöstern personell stark[135] und konnte bzw. mußte diese bis ins beginnende 17. Jahrhundert unterstützten. Inwieweit dadurch Frankfurt ein Zentrum der Teutonia während der zweiten Hälfte des 16. Jahrhunderts war, wäre noch zu untersuchen. Jedenfalls war der Konvent im Mittelrheingebiet ein Bezugspunkt für die umliegenden Klöster Mainz, Worms, Speyer und Wimpfen, obwohl Mainz von der Verfassung der Stadt her am besten zu dieser Funktion geeignet gewesen wäre, denn die Stadt blieb als einzige gänzlich beim alten Glauben. Zur Zeit der Konsolidierung um 1600 zählte der Frankfurter Konvent elf Kleriker, von denen aber nur fünf in Frankfurt waren. Dafür stellte das Kloster die Prioren von Wimpfen und Mainz, die Konventsprediger in Landshut, Rottweil und Speyer und den Subprior von Mainz.[136]

---

[130] Hinweise bzgl. Kurfürst Sebastian von Heusenstamm 1552 und 1553 bei JACQUIN 507, 510; LERSNER I/1, 163. Zu Daniel Brendel 1558 vgl. JACQUIN 517; BECK 59 Anm. 319. Vgl. auch unten Anm. 153.

[131] Gegen WOLTER, Bedeutung 37f.: "Zwar machten die geistlichen Orden ... ihre inneren Krisen durch, konnten sich aber ... immer wieder erholen. ... Es war also durchaus keine Zeit hartnäckigen Überlebens, sondern im Rahmen des zeitgemäßen religiösen Rhythmus ein Beitrag zur Erneuerung der Kirche".

[132] Vgl. LERSNER I/2, 127; H. H. KOCH 128. Im seinem Todesjahr 1553 war er gleichzeitig Prior und Prediger zu St. Bartholomäus; vgl. JACQUIN 509.

[133] Kosseler war als Prior 1562 Nachfolger des ausgetretenen Geller (vgl. LERSNER II/2, 196). Nach ebd. I/2, 127 verstarb er am 22. November 1586. Als Provinzial visitierte er mit Ninguarda 1583 St. Katharina in Augsburg; vgl. H. BARTH 720 Anm. 119. Zum Provinzialat vgl. L. SIEMER, Verzeichnis 91.

[134] Vgl. zu ihm NIEDERQUELL 80, sowie WOLTER, Stiftsdechant. Dort auch zu seiner Funktion als bedeutender Förderer der Predigerbrüder.

[135] Brief Nadals ed. R. JUNG, Auftreten 276f. Die lutherischen Prädikanten klagten um die Mitte des 16. Jahrhunderts, daß die Frankfurter Mönche und Pfaffen fortwährend Zuzug von auswärts erhielten; vgl. ebd. 259. Doch stimmte dies für die Dominikaner wohl nicht. Eine Assignation von ausländischen bzw. westfälischen Mönchen war trotz des im Lauf der Reformation sehr verkleinerten Einzugsgebietes des Konvents nicht nachzuweisen.

[136] Vgl. LÖHR, Wirksamkeit 134. 1614 diente der Verkauf des Dürerbildes "zu Unnderhaltung vier Priester bemelten Ordens"; ed. WEIZSÄCKER 354; auch zitiert bei R. JUNG, Verkauf 311. - Zu dem bedeutenden und langjährigen Mainzer Prior und Vikar der Natio Rhenania Michael Cremer vgl. S. 190 und S. 192.

Allerdings galt auch für Frankfurt seit der Mitte des Jahrhunderts die starke Verarmung[137] aufgrund des stark verkleinerten terminus praedicationis.[138] Die finanzielle Bedrängnis zeigt sich daran, daß um 1573 sogar der Kirchhof verpachtet wurde.[139] Trotzdem entfaltete der Konvent unter Prior Kosseler bedeutende gegenreformatorische Aktivitäten. Dazu gehörte die Einrichtung einer öffentlichen Sonntagspredigt, die regen Zuspruch aus der Bevölkerung fand, und auch die zeitweise Aufnahme der Jesuiten zwischen 1564 und 1567.[140]

Nach längerer Zeit konservativer Beharrung kam es ab 1580 allmählich zu einer Konsolidierung auf niedrigem Niveau. Dafür gibt es mehrere Anhaltspunkte, so die Provinzkapitel von 1581, 1605 und 1636.[141] Außerdem ließen sich Laien wie Kleriker wieder bei den Dominikanern begraben[142] und nahmen Stiftungen vor,[143] was auf einen neuen Förderkreis hinweist. Darunter waren bedeutende Personen wie der Verlagsbuchhändler Siegmund Feierabend (1628-1590) und die Familien Latomus und Pithan. Auch wenn schon 1589 Prior Cornelius Volmershausen für den Seckbacher Besitz ein Konventsackerbuch anlegen ließ,[144] war die Konsolidierung

---

[137] Vgl. BECK 35 (mehrfache Bitte um Verkauf von Wein, um Schulden zu begleichen).

[138] Vgl. I. W. FRANK, Erneuerung 447. Die Termineien Gelnhausen, Rockenberg, Friedberg, Münzenberg(?) gingen verloren; erhalten blieben die im Kurmainzer Gebiet, nämlich Aschaffenburg, Seligenstadt, Dieburg; vgl. H. H. KOCH 42, 107, 112; KLIEM 16f.; I. W. FRANK, Totenbuch 117 Anm. 357.

[139] Vgl. H. H. KOCH 98f.

[140] Vgl. R. JUNG, Auftreten 253f., 258-260, 262f., 266, 268 u. bes. 276f. Es gab sogar das Gerücht, der Prior würde Jesuit und würde diesen sein Kloster übergeben; vgl. 263. Vgl. auch BRAUNSBERGER V, 522; WOLTER, Stiftsdechant 362f.; DECHENT, Kirchengeschichte 237-239, 272. Nach BRÜCK, Anfänge 276, zwang die Pest 1564 die Mainzer Jesuiten, vorübergehend die Stadt zu verlassen, weshalb drei von ihnen sowie ein Teil ihrer Schüler im Frankfurter Dominikanerkloster Unterkunft fanden.

[141] Vgl. LOË, Teutonia 52; nach ebd. 17, war das Kapitel nicht 1605, sondern 1606. Zum Provinzkapitel von 1636 vgl. LERSNER I/2, 125; I. W. FRANK, Erneuerung 466.

[142] 1590 ließen sich drei Personen, nämlich der Kaplan von St. Bartholomäus A. Triselmann und der bedeutende Verleger Siegmund Feierabend samt Frau bestatten; zu diesen und weiteren Begräbnissen vgl. zusammenfasssend LERSNER I/2, 125; H. H. KOCH 100, 102. Zu Feierabend vgl. auch SCHINDLING, Humanismus 217; zum Epitaph vgl. WEIZSÄCKER 304-307. Laut PALLMANN 94, wollte auch der Sohn Carl Siegmund bei den Predigern begraben werden, er starb aber zu Boll in Württemberg.

[143] 1599 Salvatoraltar Uffenbachs (Stiftung der Familie Pithan); vgl. WEIZSÄCKER 260-272; BECK 81; dort auch zu weiteren Stiftungen und Legaten der Familie. Vom Ende des 16. Jh. stammen zwei Bruchteile weiterer Altäre; vgl. WEIZSÄCKER 287-294. Einen spendete 1597 Dechant Latomus, außerdem u.a. 100 fl. und ein Glasfenster 1594 und veranlaßt andere Kanoniker zur Stiftung eines anderen Glasfensters. Deshalb wurde er als "singularis patronus" der Dominikaner bezeichnet; sein Bruder vermachte dem Kloster 500 fl.; vgl. WEIZSÄCKER 291f. (auch zu Stiftungen von Verwandten), 328-338; WOLTER, Stiftsdechant 364f. Die Latomus waren mit den Pithan verschwägert. Zu weiteren Stiftungen und Spenden vgl. BECK 39f.; WEIZSÄCKER 7 Anm. 3, 314-322.

[144] Vgl. StA Frankfurt, Dom.Bücher 25/1589: Conventsackerbuch sub prioratu fr. C. Volmershausen zu Seckbach gerichtlich aufgerichtet. - Vgl. H. H. KOCH 115, zu den 1590 noch vorhandenen Renten.

vor allem ein Werk von Prior Johannes Kocher (1591-1618),[145] den man in seiner Bedeutung für den Frankfurter Konvent durchaus Johannes Wilnau und Johannes Kosseler zur Seite stellen kann. In seiner Amtszeit wurde u. a. ein Liber proventuum begonnen,[146] in dem nicht nur eine Bestandsaufnahme der Einkünfte erfolgte, sondern auch Anniversarien, verstorbene sowie bedeutende Frates verzeichnet wurden, ebenso die in Frankfurt abgehaltenen Provinzkapitel, die dort gewählten Provinziale usw. Es fand also auch eine Bestandssicherung in einem erweiterten Sinne statt: Die Vergangenheit sollte nicht in Vergessenheit geraten. Ebenso wurden zwischen 1591 und 1618 250 Gulden für Bücher ausgegeben, was auf eine Neubesinnung auf das Studienziel des Ordens deutet.[147] Hinzu kam die religiöse Erneuerung, die sich in der Wiederbelebung der nie ganz erloschenen Rosenkranzbruderschaft,[148] dem Abriß des Lettners im Jahr 1600 und den Altarweihen 1606 und 1619 spiegelte.[149] Vielleicht hatte Kosseler auch den Kölner Dominikanerprofessor Cosmas Morelles (+ 1636) eingeladen, der 1613 öffentlich mit lutherischen Professoren in Frankfurt disputierte.[150]

Somit hatte sich der Frankfurter Konvent trotz der turbulenten Jahre des Fettmilch-Aufstandes 1612-1616[151] schon zur Zeit der Visitation Marinis 1617/18 regene-

---

[145] Vgl. LERSNER I/2, 127: "*Joannes Kochaeus Vir integritate vitae conspicuus, multarum rerum experientia insignis omni virtutum genere ornatissimus, & in tota Provincia Teutonica celebris, qui singularis patientia ac mansuetudine praestitit, vitam ad deceptam senectutem usque 66. annis Creatori & Salvatori suo inservivit, & hanc domum per annos 33 prudenter & magna cum laude gubernavit ac in omnibus notabiliter auxit, & Prior obiit*". Vgl. ebenso WEIZSÄCKER 32. Zum Verkauf des Dürerschen Altarbildes vgl. unten Anm. 151. WEIZSÄCKER 160, rühmt ihn auch in diesem Falle als guten Haushalter.

[146] Vgl. StA Frankfurt, Dom.Bücher 6/1591-1617.

[147] Vgl. H. H. KOCH 53.

[148] Vgl. KLIEM, bes. 125, vgl. auch 96 u. 99; 123f. zur (erneuten) Wiederbelebung der Bruderschaft 1621 (da 25 Dominikaner am Anfang der neuen Liste stehen, werden sich wohl die benachbarten Konvente ebenfalls eingetragen haben). - Die Bruderschaft verzeichnete selbst zur Reformationszeit vereinzelt Aufnahmen. So ließen sich 1551 die Schwestern des Klosters Himmelskron bei Worms in das Bruderschaftsbuch einschreiben; vgl. JACQUIN 503f.

[149] Vgl. WEIZSÄCKER 22, 116, 370f.: 1606 wurden der Hl. Kreuz- und Allerheiligenaltar, 1619 der Dreifaltigkeitsaltar geweiht.

[150] Vgl. MONUMENTA CONVENTUS COLONIENSIS 573. Zu Morelles vgl. z.B. auch S. 365 mit Anm. 40.

[151] Da Herzog Maximilian von Bayern in der Schenkungsurkunde Kochers vom 23.9.1614 als Patronus bezeichnet wurde und da er am 16.9. versprach, falls die Dominikaner vertrieben würden, die jährliche Rente von 400 fl. auf einen anderen Konvent zu übertragen, könnte - neben politischen Rücksichten auf die katholische Führungsmacht - die Gefahr des Fettmilch-Aufstandes zum billigen Verkauf des Düreraltars (Kaiser Rudolf hatte 10.000 fl. geboten) beigetragen haben; vgl. WEIZSÄCKER 155; vgl. auch ebd. 155-164, 191-193, 354f., 372; R. JUNG, Verkauf. - Zum Fettmilch-Aufstand vgl. den Überblick bei SCHINDLING, Wachstum 229-238.

riert.[152] Die Visitation Marinis wollte der Mainzer Erzbischof nutzen, um durch einen Kommissar seine Hoheit über das Kloster zu dokumentieren. Dieser Versuch der Ausdehnung des erzbischöflichen Kirchenregiments wurde aber von Marini mit Hilfe der Kurie durchkreuzt.[153] Mittlerweile war Prior Kocher schon über 25 Jahre im Amt, weshalb er von Marini abgesetzt wurde, da das Generalkapitel von Bologna 1615 die Amtsdauer der Prioren auf drei Jahre beschränkt hatte.[154] Dennoch konnte und wollte man im Orden die Talente des fähigen Konventsvorstehers nicht missen. Daher wirkte er 1618 als Prior im benachbarten Mainz.[155] Nach dem Weggang Marinis wurde er wieder Frankfurter Prior. Als solcher nahm er auf dem Regensburger Provinzkapitel 1624 teil. Sein Amt als Definitor zeigt, daß er auch innerhalb der Provinz geschätzt war.[156] Im Fall des Frankfurter Konvents war die durch die Visitation Marinis beabsichtigte "Erneuerung" des Ordenslebens nur eine kurze, sowohl für den Konvent wie auch besonders für den Prior schmerzhafte und wohl als sinnlos angesehene Unterbrechung der schon seit langem durchgeführten und recht erfolgreichen Bemühungen Prior Kochers. Von der an den italienischen Verhältnissen ausgerichteten Sicht und ohne Kenntnis der zähen und aufgrund der differenzierten Situation im Reich durchaus schwierigen Erneuerungsbemühungen konnte Marini die Verdienste von Männern wie Kocher nicht anerkennen, da sie den Ordensvorschriften widersprachen.

1.1.4   Zusammenfassung und Ergebnis

Da die Anstrengungen des Frankfurter Magistrats auf Kontrolle der einzigen Pfarrei vergeblich waren, förderte er die Bettelorden und ihre paraparochiale Seelsorge schon vor der Reformation. Allerdings hatten die Mendikanten bei aller obrigkeitli-

---

[152] Vgl. KORDEL, Visitation I, 305 (Visitation begonnen, aber noch nicht vollendet), 338. Die Provinzkapitelsakten von 1614 und 1617 zeigen, daß sich die Lage in der Provinz normalisierte und personell stabilisierte. 1614 wurde Johannes Stifilius dem Frankfurter Konvent als *Lector juvenum* (offensichtlich gab es neben dem Noviziat in Mainz noch eine Schule in Frankfurt) und Organist assigniert; der später durch einen Nachtrag als in Frankfurt verstorben bezeichnete Wilhelm Erburkenius ging zum Studium nach Köln; vgl. StA Warburg, Codex, unter den Überschriften "Assignationes" und "Pro Studio theologico". 1617 wurde Georg Muntzius von seinem Heimatkonvent Schwäbisch Gemünd nach Frankfurt assigniert.

[153] Vgl. KORDEL, Visitation II, 406f., 408f., 377f. - 1612 verweigerten die Dominikaner das Ersuchen des Nuntius Albergati um ein Quartier, da alle für den Mainzer Erzbischof reserviert seien, "*cui mandato omnino parere compellimur*"; vgl. NBD V/1, 2. Halbbd., 546 Nr. 576.

[154] Ebd. I, 325 Anm. 36, 339 erwähnt die Absetzung von 11 Prioren auch in Verbindung mit dieser Altersregelung. Der Frankfurter Prior war nach dem Kölner Kapitel 1617 und vor dem Freiburger Kapitel abgesetzt worden; vgl. ebd. II, 378, 409; bei PFEIFER 275, Hinweis auf STA Würzburg, MRA Klöster und Stifte K 668/1176: Brief des Generalvikars an den Erzbischof vom 7.7.1618 wegen Absetzung des Frankfurter Dominikanerpriors.

[155] Vgl. I. W. FRANK, Totenbuch 163; vgl. auch 101, 102, 294 Anm. 680.

[156] Vgl. KORDEL, Visitation II, 452, 462.

chen Eingebundenheit ihrer Klöster aufgrund ihrer Exemtion und der Privilegien gleichzeitig einen Sonderstatus, der sie dem Zugriff des Rates entzog. Wie in anderen Städten war der Rat an einer Aufhebung aller geistlichen Sonderrechtsbereiche interessiert. Dies gelang ihm zur Zeit der Reformation nur im Fall des Franziskanerklosters, das er einziehen konnte. Die anderen altgläubigen Institutionen behaupteten infolge der gebotenen Rücksichtnahme der Stadt auf den Kaiser ihren Sonderstatus und konnten trotz der Reformation ihre Sonderrechtsbereiche in der Stadt erhalten.

Interessant ist, daß der mit Frankfurt rivalisierende Nachbar Kurmainz sich nicht erst zur Reformationszeit der Dominikaner annahm. Die Bemühungen des Mainzer Erzbischofs um Einflußnahme auf den Konvent gehen bis zur Reformacio 1474 zurück, doch scheiterten sie nicht nur in diesem Fall. Der Einflußnahme diente wohl auch das erzbischöfliche Logis im Konvent und der Versuch, dem Ordensvisitator einen erzbischöflichen Kommissar bei der Visitation zur Seite zu stellen. Die Verbindung mit Kurmainz und die gewährte Unterstützung war allerdings für das Überleben des Konvents zur Reformationszeit äußerst bedeutsam, so z.B. der Reichskammergerichtsprozeß oder das von Kurmainz verfügte Holzembargo. Hier zeigt sich, daß das geistliche Interesse des Oberhirten zwischen der Reformacio 1474 und der Reform des Konvents 1618 immer auch mit einem politischem verknüpft war. Somit müssen auch geistliche Angelegenheiten auf damit verknüpfte Motivbündel untersucht werden.

Ein erster Höhepunkt des Vorgehens der mit den Zünften verbundenen evangelischen Bewegung gegen altgläubige Institutionen war 1525 wie in anderen Städten die Stürmung des Dominikanerklosters und seine Inventarisierung. Für die von Seiten der "Neugläubigen" kritisierte mangelhafte Situation der Pfarrei war an sich das Bartholomäusstift zuständig. Doch dieses wurde gerade nicht angegriffen; vielmehr dienten die rechtlich weniger gesicherten Dominikaner nicht nur im Jahr 1525 gewissermaßen als "Blitzableiter" für die aufgebrachten Massen. Gleichzeitig hatte der Konvent die Funktion eines "Einfallstors" in den Bereich der geistlichen Privilegien, wie sich z.B. bei der Ablösung der ewigen Zinsen zeigte. Allerdings blieben die Bemühungen des Frankfurter Magistrats weitgehend erfolglos. Er konnte sich zu keinem rabiaten Vorgehen entscheiden; die Kontinuität der traditionell kaisertreuen Politik Frankfurts geriet erst spät durch die Reformation ins Wanken.[157] In der Folge wurden allerdings, um die starke reformatorische Bewegung

---

[157] Vgl. z. B. JAHNS, Frankfurt 19. Nach K. DIENST: Hessen. In: TRE 15 (1986) 268 hätte Frankfurt aufgrund der reichsrechtlichen und geographischen Position (Nähe des altgläubigen Kurmainz) katholisch bleiben müssen. Damit sind jedoch die inneren Spannungen der Stadt sowie die prekäre Lage neben Hanau und der damaligen aufstrebenden Großmacht Hessen zu wenig in den Blick genommen. Zur Gefahr für die Reichsstadt, zwischen die Mühlsteine der territorialen Aufstiegskämpfe zu geraten und der daraus resultie-

zu beruhigen, ständig, aber zaghaft, weitere einschränkende Maßnahmen auch gegen die Dominikaner verfügt, trotz der Politik der Rücksichtnahme auf den Kaiser und den Mainzer Erzbischof. Am meisten waren von allen geistlichen Institutionen der Stadt die Bettelkonvente den Maßnahmen des Rates ausgesetzt, was auch an dem geringeren Rechtsstatus der Bettelorden im Vergleich etwa zu dem Reichsstift St. Bartholomäus oder dem Deutschorden lag. Das Vorgehen gegen die Bettelorden bestätigt die These von Volker PRESS, die Regierenden oder das Patriziat hätten den Druck gegen sie auf die alte Kirche abgeleitet.[158] Dies ist dahingehend zu präzisieren, daß der Druck zuerst die Bettelklöster traf, bei denen der Rat besser ansetzen konnte und die, verglichen mit den anderen geistlichen Institutionen, das schwächste Glied in der Kette waren. Da die Obrigkeit der Stadt ihre Hilfe als weltlicher Arm der Kirche zur Zeit der reformatorischen Bewegung versagte, waren die Möglichkeiten der altgläubigen Seite zu Widerstand und Gegenwehr drastisch eingeschränkt. Der Rat beeinflußte zwar bis 1536 die reformatorische Bewegung wenig. Er veranlaßte jedoch die das Leben der Bettelorden zunehmend einschränkenden Verordnungen.

Wichtig für die Beharrung der Dominikaner in Frankfurt ist, daß sie keineswegs nur auf die "neugläubige Bedrohung" reagierten. Ihre Prioren waren Vorkämpfer der Altgläubigen in der Stadt, so z.B. die Prioren Dietenberger und Kosseler. Auch die gelegentliche Stürmung des Klosters, so 1525 und 1583, zeigt den Gegensatz der Predigerbrüder zur Reformation auf. Für ihre Beharrung war das Festhalten an Rechtspositionen und Übereinkünften von großer Bedeutung. Besonders deutlich zeigt sich dies am Protest des Priors vor dem erzbischöflich Mainzischen Gericht 1531 und im Jahr 1549, als sich die Fratres die wieder erlangte Freiheit sofort in einem Rechtsakt dokumentieren ließen.

Im Gegensatz zu anderen Städten mußte der Frankfurter Rat das Interim wegen der Anwesenheit kaiserlicher Truppen durchführen. Für die Dominikaner bedeutete dies nicht nur die Ermöglichung der seit 1524 eingeschränkten Religionsausübung, sondern die Errettung aus einer prekären, ja existenzbedrohenden Lage, die u.a. aufgrund des Verbots der Neuaufnahme von Novizen ab 1544 gegeben war. Somit war das Interim - zumindest subjektiv aus der Sicht der Fratres - wichtiger als der Augsburger Religionsfriede. Da nach dem Interim in Frankfurt der status quo festgelegt war, konnte es nach etwa 40 Jahren der konservativen Beharrung zu einer allmählichen Regeneration ab 1590 kommen. Diese Regeneration wurde im Gegensatz zur Reformatio nicht obrigkeitlich, also weder durch den Frankfurter Rat noch

---

renden außenpolitischen Reserviertheit des Rates vgl. WOLTER, Reichsstadt 140; auch nach HAAS 16 Anm. 30, erschwerte die exponierte geopolitische Gemengelage die Reformationspolitik der Reichsstadt sehr.
[158] Vgl. PRESS, Führungsgruppen 73.

durch den Mainzer Erzbischof, unterstützt. Wichtig für die Konsolidierung war die klerikale Solidarität, die sich z.B. in der Aufnahme der Jesuiten durch die Dominikaner zeigte sowie in der Unterstützung letzterer durch den Stiftsdechant Latomus und seine Verwandtschaft. Kaum Hilfe erhielt der Frankfurter Konvent durch den Orden, vielmehr stellte er - trotz des sehr verkleinerten Terminbezirks und des Minderheitenstatus in der Stadt - mehrere Provinziale und unterstützte die benachbarten Konvente personell. Somit kann man den Frankfurter Konvent als das Zentrum der dominikanischen Beharrung im Rhein-Main-Gebiet bezeichnen. Die vom Ordensmeister beabsichtigte Unterstützung und Erneuerung durch den Ordensvisitator Marini war erfolglos und bedeutete nur einen Rückschlag für die schon seit langem durchgeführten Bemühungen in Frankfurt. Trotz der fast für das ganze Jahrhundert bezeugten guten Disziplin und Beharrung des Konvents gab es schon vor der Reformation und danach nicht nur im 16. Jahrhundert Apostaten. Aufgrund der herausragenden Quellenlage sind sie für den Frankfurter Konvent sehr gut dokumentiert. Wenn schon ein so disziplinierter Konvent wie Frankfurt etliche Apostaten bei gleichzeitiger weiterer Beharrung anderer Fratres aufwies, so kann dies wohl auch von anderen Konventen angenommen werden.

1.2 *Nordhausen*[1]

1.2.1 Ausgangslage

Nordthüringen war wie Oberschwaben eines der territorial zersplittertsten Gebiete Deutschlands. Das hatten die beiden thüringischen Reichsstädte Nordhausen und Mühlhausen zum Aufbau einer beachtlichen Stellung genutzt.[2] Allerdings war Nordhausen mit ca. 6.300 Einwohnern nie so bedeutend wie die mächtigen Nachbarstädte Erfurt und Mühlhausen, wies jedoch auch keine vergleichbaren inneren Spannungen auf. Zudem besaß Nordhausen außer der 1313 erworbenen Bannmeile Landes um die Stadt kein Territorium.[3] Schutzverträge mit verschiedenen Mächten, u.a. dem Haus Wettin,[4] sicherten die Stadt. Auch aufgrund des Reichsschultheißenamtes besaßen die Wettiner bedeutsamen Einfluß in der Stadt, doch verwahrte sich die Stadt gut gegen diesen Zugriff. Deshalb gehörten Mühlhausen und Nordhausen seit 1512 auch zum Nieder- und nicht zum Obersächsischen Reichskreis.[5] Auch im 16. Jahrhundert stand Nordhausen auf der Höhe seiner Macht und seines Ansehens im Reich."[6]

---

[1] Die Geschichte des Nordhäuser Dominikanerklosters und bes. sein Ende wurde kaum erforscht (kurze Zusammenfassung bei LÖHR, Kapitel 48*). Leider verbrannte ein Teil des Stadtarchivs infolge der britischen Bombenangriffe vom 3./4.4.1945. Doch haben sich Urkunden auch zum Ende des Dominikanerklosters durch Abschrift in den Collectaneen des vierzig Jahre als Nordhäuser Bürgermeister wirkenden Mediziners Johann Conrad FROMANN (1616-1706; biographischer Hinweis bei OSSWALD, Kriminal-Akten 151) erhalten. Von der Literatur zur Reformationsgeschichte der Stadt ist neben SILBERBORTH, Geschichte, grundlegend BRECHT, Politik, sowie die älteren monographischen Arbeiten von PERSCHMANN, Reformation (leider ohne Anm.) und die 1924 erstellte masch. Diss. von G. SCHMIDT, die mitunter hinter PERSCHMANNs Analyse und Interpretation zurückbleibt. Einige der dort enthaltenen Informationen gerade zum Ende des Predigerkonvents konnten nicht verifiziert werden. Neben verdienstvollen älteren Arbeiten, angefangen von F. Chr. LESSER (zu ihm KAISER, bes. 86f. zu histor. Schriften), sind auch die in den "Beiträgen zur Heimatkunde aus Stadt und Kreis Nordhausen" publizierten Artikel zu berücksichtigen; zuletzt ist auf den Sammelband JUSTUS JONAS hinzuweisen.

[2] Vgl. G. FRANZ, Bauernkrieg 249.

[3] Vgl. PATZE/AUFGEBAUER 310; KLEIN, Sachsen 35f. Laut Fromann hatte Nordhausen 1581 614 Bürger innerhalb und 588 außerhalb der Stadt, insgesamt also 1202; vgl. OSSWALD, Liber 95. Um 1550 besaß die Stadt ca. 6.300 Einwohner und 1499 577 waffenfähige Bürger; vgl. STOLBERG 625, 627 sowie SILBERBORTH, Geschichte 251f.; LAUERWALD, Nordhausen 14, geht von 6-7.000 Einwohnern aus. Zur innerstädtischen Herrschaft und zur Ratsverfassung vgl. G. SCHMIDT 41f.; STOLBERG 626f.; PATZE/AUFGEBAUER 311.

[4] Die Schutzverträge mit Sachsen wurden alle zehn Jahre erneuert; vgl. z.B. für 1522 bis 1542 StA Nordhausen I, Abt. B, Ab Nr. 45-47 (zit. nach Rep.).

[5] Vgl. KLEIN, Sachsen 37, 34.

[6] PATZE/AUFGEBAUER 311.

Die Nordhäuser Obrigkeit bemühte sich ebenso wie die Magistrate anderer Gemeinwesen, fremde Einflüsse in der Stadt auszuschalten bzw. in die Hand zu bekommen, so die den Grafen von Honstein gehörende Vogtei[7] und das von Sachsen besetzte Schulzenamt.[8] Gleiche Bemühungen des Rates gab es in Bezug auf die kirchlichen Institutionen mit ihrer eigenen Gerichtsbarkeit, der Steuerfreiheit und den sonstigen Privilegien.[9] Wie in verschiedenen anderen Städten war auch in Nordhausen das obrigkeitliche Kirchenregiment nur schwach entwickelt: 1506 gab es 117 Vikarien, nur über eine davon besaß der Rat die Verfügungsgewalt.[10] Das Domstift Hl. Kreuz gebot über fast alle Kirchen der Stadt. Es besaß das Patronat über die vier Pfarrkirchen St. Blasius, St. Jakob, St. Nikolaus und St. Peter, ebenso über die mit Pfarrechten ausgestattete Altendorferkirche St. Maria der dort lebenden Zisterzienserinnen. Die Frauenbergkirche (St. Mariae novi operis; Neuwerkskirche) war das Gotteshaus des dortigen Zisterzienserinnenkonvents. An geistlichen Einrichtungen gab es in der Stadt neben etlichen Kapellen noch die Höfe des Deutschen Ordens, der Ilfelder Prämonstratenser und Walkenrieder Zisterzienser sowie die Bettelordensklöster der Barfüßer, Dominikaner und Augustinereremiten, außerdem das Servitenkloster Himmelgarten vor der Stadt.[11] Der Rat besaß nur die Verfügungsgewalt über die Siechenhofkapelle St. Cyriakus, die Hospitäler zu St. Elisabeth und St. Martin, das seit 1428 mit dem von St. Georg vereinigt war.[12] Ebenso hatte er auf die Niederlassungen der Mendikanten Einfluß.

Im nicht reformierten Nordhäuser Dominikanerkonvent, der im Jahr 1504 17 Mitglieder zählte,[13] fand 1516 das letzte Provinzkapitel der mehrheitlich konven-

---

[7] Vgl. SILBERBORTH, Geschichte 197-205: 1505 wurde Nordhausen die Vogtei verkauft, 1506 kam sie an Sachsen. Dann blieb sie doch bei den Grafen. 1523 erfolgte ein Reichskammergerichtsprozeß. Erst 1532 war das Strafrecht durch kaiserliches Edikt fest in Nordhäuser Hand.

[8] Vgl. SILBERBORTH, Geschichte 205-210. Die endgültige Einigung kam erst 1538 zustande.

[9] Z. B. Ratsverordnung 1501 gegen das Vermögen der "toten Hand"; vgl. den Hinweis bei PERSCHMANN, Reformation 9.

[10] Vgl. HÖSS, Humanismus 57. G. SCHMIDT 9f., nennt einige von Bürgern gestiftete Vikariate.

[11] Vgl. zusammenfassend ebd. 7-10; HÖSS, Humanismus 57.

[12] Vgl. DOERING 50-53; SILBERBORTH, Geschichte 265-268; STILLER. Zum Hospital St. Elisabeth vgl. Anm. S. 84 Anm. 50; zu St. Georg vgl. STILLER. - Stadtplan mit den geistlichen Institutionen bei PATZE/-AUFGEBAUER 307; vgl. auch die Karte Nordhausen im Mittelalter bei SILBERBORTH, a.a.O., Bild 20 (nach S. 256).

[13] Vgl. LÖHR, Kapitel 48* Anm. 30. 1525 war von ihnen nur Gregor Straußberg im Kloster; vgl. S. 91. Johannes Lichtenfels war 1516 Lektor und 1522 Prior in Freiberg, 1519 Lektor und Praedicator in Halberstadt (vgl. ebd. 11 mit Anm. 35, 17, 55, 124); Henricus Cuba wurde 1513 nach Erfurt assigniert und 1519 Student in Berlin (vgl. ebd. 18, 118). 1504 nicht erwähnt der aus dem Lübecker Konvent stammende Theodericus Gometow, der 1513/1514 als filius nativus in Nordhausen starb; vgl. ebd. 39; vgl. auch DERS., Reg. Mansuetis 31 mit Anm. 52, 38, 67.

tualen Provinz Saxonia statt,[14] bevor 1517 die Vereinigung der observanten und nichtobservanten Konvente erfolgte. Bei den Franziskanern scheint sich die Einführung der Observanz 1484 auf die durch den Kustos von Thüringen und die Brüder des Nordhäuser Konvents vom Rat erbetene (Wieder-) Einsetzung eines Procurators beschränkt zu haben.[15] Ein Pfleger ist für die zwischen 1503 und 1510 observant gewordenen Augustinereremiten[16] und die Predigermönche nicht nachweisbar. Im Konvent bestand bis 1523 auch ein Studium der Artes.[17] Nichts spricht gegen einen guten Zustand des Klosters und ein gutes Einvernehmen mit der Bürgerschaft, worauf auch einige Zinsverkäufe und Stiftungsurkunden von Anniversarien hinweisen.[18] Es gab Stiftungen aus dem Hochadel, so von den Grafen von Beichlingen, Schwarzburg und von Stolberg.[19] Das Interesse der Gläubigen am Kloster zeigte sich auch an den mit dem Konvent verbundenen Bruderschaften von St. Sebastian,[20] St. Jacob und Jodocus,[21] Dreikönig sowie der Rosenkranzbruder-

---

[14] Edition der Beschlüsse bei DERS., Kapitel 46-62.

[15] Vgl. LEMMENS 20; DOELLE 69 sowie E. KOCH 7. Schon am 3.11.1474 war eine Urkunde vor den "Vormündern" (Procuratoren) des Barfüßerklosters abgeschlossen worden; vgl. StA Nordhausen I, Abt. Lc, Nr. 43 (zit. nach Rep.). Somit handelte es sich 1484 um die Wiedereinführung dieses Amtes.

[16] Der Versuch, 1503 die Observanz einzuführen - nach SILBERBORTH, Geschichte 260, 298, wären die Mönche wegen ihres Lebenswandels 1503 davongejagt worden -, scheiterte wohl; vgl. KUNZELMANN 247. 1510 gehörte Nordhausen zu den 7 observanten Konventen, die gegen die Union von Observanten und Konventualen waren, vgl. M. SCHULZE 171. Bei OSSWALD, Kriminal-Akten 161, das Regest eines Zinsverkaufs des reformierten Klosters von 1516. In dem Jahr visitierte Luther als Distriktsvikar Nordhausen; vgl. J. SCHMIDT 197; BENSING 44; KUNZELMANN 247.

[17] Nachweisbar 1513-1519 und 1523; vgl. LÖHR, Kapitel 14, 43, 57, 77, 93, 120, 164. Im Kapitel 1524 wird das Nordhäuser Studium unter der Rubrik "de studiis arcium" (vgl. ebd. 175) nicht genannt, ebenso in der Folge. Der wohl 1521 als Praedicator eingesetzte und auch als Lektor fungierende Wolfgang Scheverdecker, der 1523 ohne Namensnennung bestätigt wurde, war danach nicht mehr nachweisbar (vgl. ebd. 154, 164; zu ihm vgl. auch 11, 74, 89, 139), ein Austritt ist nicht auszuschließen.

[18] Vgl. StA Nordhausen I, Abt. Ld, Nr. 21ff. Daher ist G. SCHMIDT 15f., entgegenzutreten, der behauptete, die Bedeutung der Klöster im 15. und 16. Jh. wäre gesunken und der das "ausschweifende(n) Leben der Klosterinsassen" kritisierte, wofür er den Beleg schuldig blieb. Der einzige Frater dieser Art war der vom Provinzkapitel 1517 wegen der vielen im Nordhäuser Termin begangenen Skandale zum Kerker verurteilte, allerdings geflüchtete Petrus Kranach. Die Strafe wurde 1518 bestätigt; vgl. LÖHR, Kapitel 84, 99.

[19] 1476 ein ewiger Gulden des Grafen zu Beichlingen zu seinem Seelgerät; vgl. StA Nordhausen I, Abt. Ld, Nr. 18 (1476 Aug. 12); ebd. Nr. 20 (1491 Juli 25): Graf Günter d. Ä. v. Schwarzburg und Herr zu Arnstadt belehnt das Kloster mit einer wüsten Hofstätte. Der Graf von Stolberg schenkte 1445 gegen die Aufnahme in die Gebetsgemeinschaft einen "Holzfleck"; vgl. ebd. Nr. 10.

[20] Erwähnt 1464 und 1494; vgl. FROMANN XI, 337, 340. Mit der 1420, 1421 und 1431 erwähnten Schützenbruderschaft identisch, dazu StA Nordhausen I, Abt. Ld, Nr. 4, 5, 7. Vgl. auch LESSER/FÖRSTEMANN 61, der zwischen Sebastians- u. Schützenbruderschaft unterscheidet. Zur Sebastiansbruderschaft der Pfeilschützen vgl. J. SCHMIDT 33; SILBERBORTH, Geschichte 269-271.

schaft. Die Seelsorge, wegen der sich die Dominikaner 1481 mit den Minoriten verglichen,[22] erstreckte sich auch auf das Umland, den sog. Terminbezirk. Dort übte der Konvent Seelsorge aus, durfte betteln und auch der Nachwuchs "rekrutierte" sich aus diesem Gebiet. Terminhäuser der Predigerbrüder waren in Stolberg, Sondershausen und wohl auch in Frankenhausen.[23]

1.2.2 Von der reformatorischen Bewegung bis zum Ende des Konvents 1525

Wie in anderen Städten des Reiches erhob sich auch in Nordhausen die Gemeinde gegen die finanzielle Mißwirtschaft des Rats um 1512/15.[24] Dieses Unzufriedenheitspotential sollte nur ein Jahrzehnt später die reformatorische Bewegung fördern: wie überall gab es auch aus Nordhausen Klagen über den großen unversteuerten Besitz des Klerus, das Anwachsen des Besitzes der "toten Hand" und das Problem der Ablösung der ewigen Zinsen,[25] was dann zu einer starken, Thomas Müntzer (1488/89-1525) zuneigenden Fraktion führte. Dieser hatte sich 1522 in Nordhausen um eine Anstellung beworben, zwei Aufenthalte Mitte Juli und Ende September in der Reichsstadt sind belegt.[26]

Die ersten sicheren Anzeichen für eine reformatorische Bewegung in Nordhausen stammten vom Anfang des Jahres 1522,[27] was der dominikanische Ordenschronist Johannes LINDNER bestätigte,[28] der auch auf das Wirken der Augustinereremiten

---

[21] Vgl. StA Nordhausen I, Abt. Ld, Nr. 16 (1468 März 31). Vgl. auch J. SCHMIDT 196; G. SCHMIDT 12. Zu den Nordhäuser Zünften vgl. auch SILBERBORTH, Geschichte 213-250, 248f. zu Bruderschaften. Noch 1541 wurde eine Marienbruderschaft der Schmiedeknechte "in den Predigern" erwähnt.

[22] Vgl. StA Nordhausen I, Abt. Ld, Nr. 19.

[23] 1431 befreite der Graf von Stolberg das dortige Terminhaus von allen Abgaben. Dafür lasen die Prediger vier mal jährlich eine Seelenmesse für den Graf und die Gemeinde zu Stolberg; vgl. StA Nordhausen I, Abt. Ld, Nr. 8. Zu den anderen Terminhäusern vgl. LESSER/FÖRSTEMANN 61.

[24] Vgl. G. FRANZ, Bauernkrieg 70, 83. Die z.B. bei PERSCHMANN, Reformation 6; SEHLING I/2, 395, als "demokratisch" bezeichnete Ratsverfassung von 1375 ist von daher mit Vorbehalt zu versehen.

[25] Vgl. LAUERWALD, Revolution 1.

[26] Vgl. BENSING 41-52 sowie LAUERWALD, Revolution 1-3.

[27] Vgl. BRECHT, Politik 192 (zu Anm. 45).

[28] Vgl. LINDNER 1627f.: *"Vnd (MVCXIX) entwichen etliche Studenten sterbhalben von Erfort dahin, namen yhn fur, ouch aldo (wi czu Erfort) der pristerheuser czu störmen, aber der rat lis etliche derselbigen busen czur staupe slaen. Darnach wart di Luterische secta czuvor von den eynsidler bruder, Augustiner gnant, in das gemeine volck bracht, do Laurentius Susse gmelten ordens abtronniger monch, (der) sich beweipte, vnd pharher czu s. Peter wart, treulich daczu half, vnd Doctor Jonas aldo stat kint, vnd vyl ander schwermer solch irtum einfurten, darvnder closter leute allenthalben czustrewet"*. Zu Professoren und Studenten, die 1521 (!) wegen des Pfaffenstürmens nach Nordhausen kamen; vgl. G. SCHMIDT 9. - Zu Justus Jonas vgl. auch BENSING 39-41 sowie den Sammelband JUSTUS JONAS, bes. den Beitrag von KUHLBRODT.

und den Einfluß des 1493 in der Stadt geborenen Justus Jonas (1493-1555) verweist. Die sich um den Besitzer der Ratsapotheke, Blasius Michel, sammelnden Handwerker empfingen ihre Anregungen vor allem von Franz Günther, der 1515 Student in Wittenberg wurde. Während seiner Zeit in Jüterbog 1519 freundete er sich auch mit Thomas Müntzer an und ist vielleicht die Ursache für dessen Bewerbung sowie die Keimzelle seines Freundeskreises.[29] Die neugläubige Sache erfuhr in der Stadt massive Unterstützung, weshalb es dazu kommen konnte, daß sich nach dem Urteil Luthers keine Stadt dem Evangelium so bald unterwarf wie Nordhausen.[30] Viele Nordhäuser hatten in Erfurt[31] oder Wittenberg[32] studiert und kannten Luther. Auch der einflußreiche spätere Oberstadtschreiber und Bürgermeister Michael Meyenburg (1491-1555) hatte enge Beziehungen zu Erfurter Humanisten und Freunden der neugläubigen Bewegung.[33]

Die Formierung der evangelischen Bewegung 1522 ist definitiv an der undatierten, aber ins Jahr 1522 gehörenden Beschwerde des Hl. Kreuz-Stiftes an den Rat zu ersehen, der aufgrund seines Patronatsrechts *"wider kaiserliches Edikt und päpstlichen Bann die Martinsbuben, verlaufene Mönche auftreten ließe zu predigen, hätten ein verlaufenen Mönch verordnet an die Kapelle St. Görgen"*.[34] Allerdings ging der

---

[29] Vgl. LAUERWALD, Revolution 1; DERS., Müntzer 41. Weitere Zeichen der Verbundenheit Müntzers mit Nordhausen waren, daß er in der Nacht vom 7./8.8.1524 mit einem Nordhäuser Goldschmied, wahrscheinlich Martin Rüdiger, aus Allstädt floh und nach Müntzers Tod sich seine Witwe die ersten vier Wochen in Nordhausen aufhielt; vgl. DERS., Revolution 3, 4; DERS., Müntzer 42, 43. - E. KOCH 7, setzte den Beginn der reformatorischen Bewegung 1521 an. Von 1521/22 stammten die letzten Belege für Spenden an die Franziskaner (Regest der vormals letzten erhaltenen Urkunde) und Augustinereremiten; vgl. StA Nordhausen I, Abt. Lc, Nr. 60 von 1521 (Franziskaner) und Abt. Le, Nr. 49-51 (zit. nach Rep.).

[30] Die Äußerung wird häufig ohne Beleg aus Luthers Werken zitiert; vgl. PERSCHMANN, Reformation 11f.; HÖSS, Humanismus 57f.; PATZE/AUFGEBAUER 31; MÄGDEFRAU/GRATZ 38, 68. Tadel Luthers an die Stadt, welche *"vordem das Evangelium fressen wollte vor lauter Liebe, nun aber plötzlich und leichtlich umgefallen sind"* wegen Nichtunterzeichnung der Protestation 1529 zit. nach G. SCHMIDT 44.

[31] Vgl. ebd. 18 mit Anm. 26; SILBERBORTH, Geschichte 286. Der erste neugläubige Pfarrer der Frauenbergkirche, Andreas Gewaltig, studierte 1511 in Erfurt; vgl. LESSER/FÖRSTEMANN 103.

[32] Vgl. SILBERBORTH, Geschichte 286. Verzeichnis der Nordhäuser an der Universität Wittenberg bei FROMANN IX, 270ff. Der ab 1524 amtierende Pfr. Jakob Oethe von St. Nicolai hatte 1523 den Dr. theol. in Wittenberg erlangt; vgl. LESSER/FÖRSTEMANN 28.

[33] Vgl. PATZE/AUFGEBAUER 311. Zu Humanisten in Nordhausen vgl. auch SILBERBORTH, Geschichte 288-292, 291f.; LAUERWALD, Revolution 2.

[34] Quelle: FROMANN XI, 613. Hier zit. nach LAUERWALD, Müntzer 42. Vgl. auch DERS., Revolution 2; E. KOCH 7; BRECHT, Politik 192 (zu Anm. 45). Die Identifikation des entlaufenen Mönchs mit Müntzer ist problematisch. Denn er wirkte zwar zeitweise als Nonnenbeichtvater, war aber immer Weltkleriker; vgl. BENSING 41 Anm. 48. Ein ähnliches Schreiben ging an Kaiser Karl; beide sind im StA nicht mehr vorhanden, aber mehrfach zitiert worden; vgl. ebd. 41 Anm. 50. - Auch andere Obrigkeiten ließen 1522 ehemalige Mönche kirchenkritisch predigen, so z.B. in Frankfurt am Main; vgl. S. 53f.

Rat, "immer eine zielgerichtete Strategie verfolgend, aus politischen Rücksichten auf Kaiser und Reich, auf die das Schulzenamt und die Vogtei in der Stadt innehabenden sächsischen Kurfürsten und benachbarte Fürsten und Grafen äußerst um- und vorsichtig vor."[35] Die Einsetzung eines Pfarrers an St. Petri 1522 ist ein weiteres Anzeichen, daß der Rat vorsichtig, aber deutlich Position bezog.[36] Der seit 1519 als Nordhäuser Augustinerprior amtierende, Luther eng verbunden Lorenz Süße (+ 1549) wurde, nachdem das Generalkapitel zu Wittenberg generell den Fratres den Austritt gestattet hatte,[37] am 16. Februar von den Bürgermeistern Thomas Sack und Johann Branderoth und im Beisein des gesamten Rates sowie zweier Mitglieder des Stiftskapitels in sein neues Amt eingeführt.[38] Die durch die Präsenz dokumentierte, zumindest stillschweigende Zustimmung des Patronatsherren war durch entsprechenden Druck von Seiten des Rates erreicht worden.[39] In der gleichfalls dem Patronat des Stifts unterstehenden Pfarrkirche St. Nicolaus direkt neben dem Rathaus[40] soll die Reformation 1522 eingeführt worden sein.[41] Auch diese Stellenbesetzung wurde anscheinend ohne offene Differenzen mit dem Kapitel vorgenommen. Der Propst des Stiftes war immerhin der Bischof von Straßburg Wilhelm, Graf von Honstein (+ 1541), der zur Zeit des Bauernkrieges als Statthalter Erzbischof Albrechts fungierte.[42] Der Propst war in Nordhausen durchaus präsent, denn im gleichen Jahr 1522

---

[35] LAUERWALD, Revolution 2. Nach MOELLER, Überlegungen 18, hatte "der Rat die neue Bewegung frühzeitig wahrgenommen und zu seiner Sache gemacht".

[36] Vgl. E. KOCH 8.

[37] Zum Generalkapitel vgl. BENSING 43. Vgl. auch J. SCHMIDT 161, mit Zitat aus dem bis 1522 geführten Erbzinsbuch der Augustiner: "Anno 1521 regimen in isto conventu August. Rev. P. Laur. Susse prior conventus qui primus evangelicam concionem anno 1522 in ecclesia montis petrini habuit." Noch am 24.1.1522 war Süsse Prior; vgl. KUNZELMANN 247. 1522 war Konrad Held Prior, 1523 Nicolaus Hun, der auch der letzte Prior des Klosters war; vgl. LESSER/FÖRSTEMANN 156. Vgl. auch dort 55f., den Abdruck von Grabinschrift und Gedenktafel, nach der Süße von 1522 bis 1548/49 (also fast 27 Jahre lang) ununterbrochen die Pfarrei versah. Vgl. SILBERBORTH, Geschichte 300f.; BRECHT, Probleme 192 (zu Anm. 45); E. KOCH 7; PATZE/AUFGEBAUER 311. - Das Problem der Datierung der Kontroverse zwischen Süsse und Müntzer auf 1522 oder 1524 interessiert hier nicht; vgl. dazu E. KOCH 10-12; LAUERWALD, Müntzer 42f. Zum "ungepraten Lorentzen zu Northaußen" vgl. G. FRANZ, Müntzer 338.

[38] Vgl. BENSING 42; HÖSS, Humanismus 58.

[39] Das Kapitel beschwerte sich erst 1530 (!) beim Kaiser: "Sie <die Ratsherren> haben die Pfarrleute zu St. Peter durch ihr Dräuen, unser Güter zu beleidigen, dazu gedrungen, einen ausgelaufenen Mönch, der auch sein Habit abgelegt, und Papst und Kaiser und die ganze Klerisey geschmäht, gar zu einem Pfarrherrn zu präsentieren." Zit. nach BENSING 41. Vgl. auch PERSCHMANN, Reformation 16f.; G. SCHMIDT 23; HÖSS, Humanismus 58.

[40] Vgl. die Ansicht bei J. SCHMIDT 126.

[41] Vgl. ebd. 137: "Die Reformation ist im Jahre 1522 vom Pfarrer Heinrich Siemrodt in der St. Nicolaigemeinde eingeführt worden." Vgl. SILBERBORTH, Geschichte 304. Die Berufung des Bürgermeistersohnes Jakob Oethe zum Pfarrer 1524 fand auch die Zustimmung des Stiftes; vgl. auch S. 81 Anm. 32.

[42] Vgl. LESSER/FÖRSTEMANN 138f.

ließen dieser und der Nordhäuser Rat zwei Gewölbe im Nordhäuser Dom bauen und teilten die Baukosten von ca. 236 Rheinischen Gulden gleichmäßig zwischen Rat und Stift.[43]

Zwei Monate nach der Berufung Süsses kam es Anfang Mai 1522 - wie in Erfurt 1521 - zu einem "Pfaffensturm": bewaffnete Bürger drangen in die Priesterhäuser ein. Ebenso war im Frühjahr auch der Dechant von Hl. Kreuz, Melchior von Aachen, als Oberstadtschreiber durch den der neugläubigen Seite zuneigenden Michael Meyenburg abgelöst worden. Im Sommer 1523 sagte Claus Senger dem Dechanten Fehde an, so daß dieser bis 1534 nicht in der Stadt residierte.[44] Aufgrund dieser massiven reformatorischen Bewegung - auch durch das Wirken Thomas Müntzers und seiner Anhänger - kam es dazu, daß der Rat 1523 die Kleinodien der Kirchen inventarisieren ließ.[45] Wegen dieser als bedrohlich empfundenen Entwicklung legten die Kanoniker von Hl. Kreuz am 29. Juni 1523 urkundlich ihren Beschluß nieder, Praebenden und Freiheiten des Stifts zu erhalten, selbst wenn sie gezwungen sein sollten, sich außerhalb der Stadt aufzuhalten. Auch dann sollten sie ihre Pfründen beibehalten und sich bei Klagen am kaiserlichen Hofe gegenseitig unterstützen.[46] Doch konnten die Stiftsherren sich dem städtischen Druck nur zum Teil entziehen. Dieser Befund galt z.B. auch in Bezug auf das Patronatsrecht des Stifts. Am 26. August wurden vom Kloster Walkenried als zuständigem Ordensvisitator, dem Stift Hl. Kreuz als Patronatsherr und dem Rat die Kleinodien des Altendorfklosters inventarisiert. Deren Verwahrung im Rathaus[47] zeigt, daß davon vor allem der Rat profitierte. In diesem Jahr wurden auch die Kleinodien der Augustinereremiten inventarisiert und vom Rat an sich genommen.[48] Das geschah wohl noch nicht bei den Dominikanern.[49] 1524 erlangte der Rat Rechte am Elisa-

---

[43] Vgl. J. SCHMIDT 102; SILBERBORTH, Geschichte 322; BENSING 44, 43f. zum Vergleich zwischen der Stiftsschule und der städtischen Lateinschule zu St. Jakob.

[44] Vgl. E. KOCH 7f.

[45] Vgl. BENSING 44; PATZE/AUFGEBAUER 311. Ausgenommen war wohl das Reichsstift. Nach PERSCHMANN, Reformation 18, hätte es das Gerücht gegeben, Kleinodien würden zur Seite geschafft, weshalb Beschwerden einzelner Familien erfolgten und der Rat handelte.

[46] Vgl. StA Nordhausen I, Abt. Na, Nr. 23 e (zit. nach Rep.).

[47] Vgl. E. KOCH 7-9. Ed. des Inventars, das am Mittwoch nach Bartholomäi (25.8.) 1523 durch die Herren von Walkenried, Georg Mungerode und den Rat aufgenommen wurde, bei K. MEYER, Kleinodienverzeichnisse 246f.

[48] Vgl. J. SCHMIDT 197; SILBERBORTH, Geschichte 30.

[49] Die später von Prior Ludolf erwähnte Inventarisierung - "uff ein zeith vor dem uffruhr" hätte der Konvent auf Verlangen des Rats ein Verzeichnis aller Güter und Kleinodien abgeliefert (vgl. FROMANN XI, 889f.) - ist wohl eher im Herbst 1524 vorgenommen worden; vgl. unten S. 87f. mit Anm. 71.

beth-Hospital[50] und kontrollierte nicht nur die Opferkästen des Altendorfklo-sters,[51] sondern sogar des Domstifts.[52] Im gleichen Jahr 1524 wurde auch der erste Diaconus für St. Blasii, M. Andreas Ernst aus Nordhausen, erstmalig er-wähnt.[53] Aus diesen Indizien kann geschlossen werden, daß die Obrigkeit ihr Kir-chenregiment in erheblichem Maß ausdehnte. Gleichzeitig zu diesen Vorgängen ließ sich der Rat auf den Reichstagen ab Frühjahr 1523 nicht mehr vertreten, sondern schickte eigene Gesandte. Auf dem Speyrer Reichsstädtetag im Juli 1524 war dies M. Meyenburg. "Dieser hohe unmittelbare Einsatz auf Reichsebene muß wohl als Signal für die Einbeziehung reichspolitischer Gesichtspunkte in die Reformations- und Religionspolitik des Rates in diesen Jahren gewertet werden."[54] Der Rat hatte am 4. April 1524 dem vom Stift eingesetzten, der alten Religion verhafteten und streitbaren Pfarrer von St. Blasii, Georg Neckerkolb, bei Androhung des Verlustes des Schutzes der Stadt befohlen, nur das lautere Evangelium zu predigen.[55] Nec-kerkolb mußte sich ins Domstift zurückziehen.[56] Für ihn wurde der Lutherschüler und bisherige Schulrektor des schon neugläubigen benachbarten Stolberg, Johannes Spangenberg (1484-1550) berufen, der der eigentliche Reformator Nordhausens war, bis er 1546 Generalsuperintendent in Eisleben wurde. Die Rechtsgrundlage des Rates bei diesem Vorgehen ist unklar, der zeitliche Zusammenhang mit der Nürn-berger Protestation fällt jedoch auf.[57] Es spricht viel dafür, daß diese Aktion wie auch das Predigtmandat vom 26. September 1524 die Abwehr radikaler reformatori-scher Strömungen zum Ziel hatte. Somit beugte sich der Rat dem Druck der evange-lischen Bewegung, nutzte dies aber gleichzeitig zur Ausweitung seines Kirchenregi-ments und um sich gegenüber dem Hl. Kreuz-Stift durchzusetzen.[58]

---

[50] Im Januar 1524 erlangte der Rat durch Verzicht der Familie Swellngrebil die Häfte der Vormundschaft des Elisabethhospitals und 1549 die andere Hälfte; vgl. FROMANN XIV, 442, 443. Vgl. auch J. SCHMIDT 193.

[51] Vgl. PERSCHMANN, Reformation 18.

[52] Vgl. SILBERBORTH, Geschichte 301.

[53] Vgl. LESSER/FÖRSTEMANN 48.

[54] E. KOCH 9.

[55] Vgl. LESSER/FÖRSTEMANN 321; vgl. auch 320f.: schon 1516 und 1523 hatte der Rat Vikaren des Domstifts Schutz und Geleit aufgesagt. Vgl. auch SILBERBORTH, Geschichte 302; BRECHT, Politik 191f.; LAUERWALD, Revolution 9.

[56] Vgl. PERSCHMANN, Reformation 19; G. SCHMIDT 26; HÖSS, Humanismus 59; BRECHT, Politik 192f.

[57] Vgl. BRECHT, Politik 192f. Zur Person vgl. LESSER/FÖRSTEMANN 44f., 63, 65; PERSCHMANN, Reforma-tion 19f.; SILBERBORTH, Geschichte 292f.; G. SCHMIDT 31-39. Nur namensverwandt mit dem Treysaer Dominikaner J. Spangenberg (Spangenberch). Zu ihm vgl. S. 254 mit Anm. 31.

[58] Vgl. E. KOCH 9.

Der Beschluß des Speyrer Städtetags, jede Stadt solle *"so viel als möglich bei ihren Geistlichen und Prädikanten schaffen und daran sein, daß durch dieselben füro hin nichts Anderes denn das heilige, lautere und klare Evangelium, durch die apostolischen und biblischen Schriften approbirt, gepredigt und fürgetragen werde, und sonst alle andere Lehre, so der heiligen Schrift und dem Evangelium widerwärtig, auch zur Schmähung und zum Aufruhr dienet, gänzlich geschwiegen und unterlassen werde"*,[59] diente in Nordhausen als rechtliche Grundlage für die Einführung der reformatorischen Predigt. Am 26. September 1524 befahl die Obrigkeit, in allen Kirchen das Evangelium zu predigen: *"Auf Befehl unserer Herren der Aeltesten haben wir, der Rat, nach Beschluß der Freien und Reichsstädte auf dem Städtetage zu Speyer anno 1524, Montag nach Margareten unseren Pfarrherren und Seelenwärtern aus allen Pfarrkirchen gesagt, das göttliche Wort einträchtiglich nach Vermöge des Heiligen Evangelii und biblischen apostolischen Schrift hinfür zu predigen. Wer auch dagegen und des Widerspiels befunden, dem soll seine Predigt verboten sein."*[60] Dieses Mandat markiert die offizielle Einführung der Reformation noch vor dem Bauernkrieg. "Fast schärfer als im Abschied und in großer Nähe zur Nürnberger Protestation wurde das Verbot aller nichtevangelischen Predigt ausgesprochen. ... Im Jahr 1524 jedoch muß sich die Führung der Stadt mit der Entlassung Neckerkolbs, der Anstellung Spangenbergs und der Verbindlichmachung der evangelischen Predigt ihrer Sache völlig sicher gewesen sein."[61]

Aus Rücksicht auf den Kaiser vermied die Reichsstadt im Verlauf der folgenden Jahre weitere offizielle Akte: den hessischen Bündniswerbungen gegenüber hielt sich die Reichsstadt bedeckt und Meyenburg steuerte die Stadt durch die Rivalitäten der beiden wettinischen Linien. 1529 verhinderte er, daß Nordhausen der Protestation beitrat.[62] Aufgrund dieser betonten Nordhäuser Zurückhaltung gab es vor dem

---

[59] Zit. nach BRECHT, Politik 194. Vgl. auch den Bericht vom 12.8.1524 an den sächsischen Kurfürst, wo es vom Speyrer Tag der Reichsstädte heißt: *"Alda vnter anderem eynmutiglichen beschlossen, bey dem wort gottes, vngescheucht eynicher gefare, zu pleiben."* (FÖRSTEMANN, Kirchen-Reformation 213 Nr. 87). Vgl. HÖSS, Humanismus 59.

[60] Zit. nach SILBERBORTH, Geschichte 302; LAUERWALD, Revolution 3 (ohne Beleg). Ähnl. zit. (jedoch Varianten) bei PERSCHMANN, Reformation 21 und G. SCHMIDT 26 mit Anm. 9. Er beruft sich auf FROMANN XIII, 122, mit Zitat: *"Geschehen Montag nach dem Tage Matthiä 1524".* Unklar ist die Datierung des Ratsbefehls: *28.2.* (Montag nach Matthias): SCHMIDT a.a.O.; HÖSS, Humanismus 59. *18.6.:* PERSCHMANN, a.a.O. 21 (wohl Verschreibung, der 18.7. wäre der Montag nach Margaretha). *26.9.:* SILBERBORTH; LAUERWALD, a.a.O.; BRECHT, Politik 195.

[61] Ebd. 195.

[62] Vgl. KLEIN, Sachsen 36. - Die schwankende Position der Stadt erwähnt auch Myconius am 5.3.1531: *"Fuit mecum iis diebus Doctor Jacobus Oethen Northusianus, qui dicebat, se metuere, si Caesar contra nos edicta severiora promulgaret, ne timore perterrita Ecclesia omnis Northusiana in papismum aut baratrum relabatur."* (CLEMEN, Myconius 451f.)

Interim keine Kirchenordnung[63] und auch nicht das Amt eines Superintendenten.[64] Ebenso kam es nur zögernd 1532 zum Anschluß an den Schmalkaldischen Bund unter Betonung der Loyalität gegenüber dem Kaiser. Diese Rücksicht auf Kaiser und Reich zeigte sich an der Nichtteilnahme am Schmalkaldischen Krieg und einer nur formalen Annahme des Interims, gegen das sich massive Proteste in Rat und Bürgerschaft erhoben.[65] Doch schritt auch das neugläubige Kirchenwesen in der Stadt nur langsam voran: bis 1527 hielt man an der lateinischen Messe fest, erst dann wurde der Empfang des Abendmahls unter beiderlei Gestalt eingeführt, bis 1556 gab es die Elevation, die Chorröcke der Geistlichen, die "Christmesse" und Kerzen bei aufgebahrten Leichen.[66] Im Gegensatz zu diesem langsamen Vorgehen stand die schnelle Auflösung der Bettelklöster.

Vom Herbst 1524 stammte die wohl von Johannes Spangenberg verfaßte "*Northawsser Ratslagung Euangelium und Ceremonien betreffend*". Nachdem bzgl. der Klöster festgestellt worden war, daß durch die verschiedenen "Werkereien" die unterschiedlichen Orden entstanden[67] und das "*closterleben solcher meynung gehalten eytel gift, teuffelisch dingk, gotslesterung und verleucknung Christi mit seinem euangelio und ein lauter verderben der sel zu verdamnus*"[68] sei, beschäftigte sich der Ratschlag direkt mit dem Klosterwesen.

"*Das die closter uffzusperren und freyzulassen, auch diejhene, so herußkomen mit zimlicher hilff zu bedencken sein.*
Weyl dan closterleben nichtz ist dan leib und sel jemerlich verderben und eytel mordt dises und jhenes lebens, beden wider all Gottes wort, werck und willen strebt, ist ein cristenlich oberkait schuldig, die closter uffzusperren, frey laßen, gen wer da gen wil, und dem wort Gotes und werck raum an denselben laßen. Wo aber etlich also von Got begabt, das sie nicht zu samen noch leipsfrucht dienen noch tugen und wollen frey darin pleyben, das ire werck on verdienst und nicht wider das euangelium farn, die mag man darin laßen, gleich wie man thut mit den lewten, die im spital

---

[63] Vgl. BRECHT, Politik 207; SEHLING I/2, 395.

[64] Vgl. HÖSS, Duldung 236. Meyenburg widerstrebte es, "die unmittelbare Einwirkungsmöglichkeit des Rates auf das Kirchenwesen durch die Schaffung eines solchen Amtes zu verkürzen." Vgl. auch G. SCHMIDT 33. Das widerspricht nicht der anderen Intention. Nach SILBERBORTH, Geschichte 348, wurde erst 1569 der erste Superintendent berufen.

[65] Vgl. KLEIN, Sachsen 36. Nach G. SCHMIDT 44, erfolgte der Eintritt in den Schmalkalischen Bund erst 1532.

[66] Vgl. ebd. 38; LAUERWALD, Revolution 12; BRECHT, Politik 207.

[67] Vgl. BRECHT, Politik 254: "*Es haben aber die wercklerer da ein jemerlich spil angericht, die erschrocken gewussen einer dahin, der ander dorthin gewisen, der ein uff ditz werck, der ander uff das werck. Daher ist kommen manicherlai orden.*" Ed. der Ratschlagung ebd. 252-263; Kommentar 203-209.

[68] Ebd. 261.

oder derglychen versamlung sein, biß das sie aussterben. Es ist aber hoch von noten, das frum trew oberkait bedencken diejhennigen, so außtreten wollen, nicht so ploß und ledig gen laßen, damit sie nit auß notzwang verursacht werden, ergernus und bloße stuck furzunemen, wie ytz leider zuweyl geschicht, welchs hinfurt niemantz schuld sein wurde, dan der oberkait, so solch mit ledigen henden faren laßen, so sie inen doch billicher zu handtwercken und diensten furderlich sein solten als denen, die auß dem gefengknus des teufels erloßt, bisher ire narung verlorn und verseumpt und an leip, gut, ere und sel schaden erlitten haben. Vil erger wer es, wan solch erloßte auß not musten sich wider in das unsawber, uncristenlich, verdamlich leben begeben, das sie ernert wurden, wie auch schon etlich mal geschehen. Darfur ein cristenlich oberkait fleys zu haben schuldig. Die closterguter aber, so loß werden, sollen ein oberkait eintweder den erben, so sie es dorffen, lassen heimfallen, oder eins tails, darnach die not ist; wo nicht not ist, fur gemein gut under die armen zu tailn ordnen, das doch also an Gottes dienst werd angelegt, die hewßer aber und stet behalten billich die oberkait des orts."[69]

Als Teil eines offiziellen Papiers spiegelt das Kapitel die Ratspolitik gegenüber den Klöstern. Keinen Beleg gibt es, daß Predigerbrüder von der Möglichkeit des Austritts Gebrauch machten. Doch waren die Brüder zum Aussterben verurteilt, die Verteilung des Klosterguts schon geregelt und die finanziellen Möglichkeiten des Konvents eingeschränkt.

Nach dem Ratsmandat vom September 1524 kam es zu einer Polarisierung zwischen dem aufgrund des Ausbaus des Kirchenregiments am Fortgang der Reformation interessierten, vom Stadtsyndikus Michael Meyenburg geführten Stadtpatriziat und der vorwiegend aus Handwerkern und Stadtarmen bestehenden radikaleren "Müntzerpartei", geführt von dem Goldschmied Martin Ruediger, mit dem Müntzer aus Allstedt geflohen war, sowie von Hans Kehner und Hans Sander. 1524 erfolgte ein Bildersturm.[70] Um der Plünderungsgefahr zu entgehen, soll der Rat die Oberaufsicht über die Kirchengüter übernommen, die Inventarien überprüft und die Güter selbst im Rathaus verschlossen haben. Dem verweigerten sich nur das Domkapitel

---

[69] Ebd. 262.

[70] Vgl. LAUERWALD, Revolution 3. Nach DOERING 8, wurde die Reformation rasch durchgeführt und es kam zu heftigen Ausschreitungen gegen Altgläubige und Juden. Nach E. KOCH 9f., fanden die "bilderstürmerischen Aktivitäten" nach dem August, evtl. im Frühherbst statt. Sie könnten dem Ratsmandat also vorausgegangen sein. - Feststellung, nach dem Sieg der Neugläubigen sei die Reformation durch Bilderstürmer bedroht gewesen, die mit Müntzer und Mühlhausen in Verbindung stünden, bei PERSCHMANN, Reformation 22f.; G. SCHMIDT 26f.; HÖSS, Humanismus 59. Doch waren auch Müntzeranhänger aus Mühlhausen gekommen; die Stadt beschwerte sich später über die Verhaftung ihrer Bürger, die nur nach dem Evangelium gehandelt hätten; vgl. auch SILBERBORTH, Geschichte 306.

und das Frauenbergskloster.[71] Im Dezember 1524 befürchtete der Prokurator der Franziskaner wegen dieser Maßnahmen die Einziehung des Klosters.[72] Vielleicht beendete im Zusammenhang dieser Unruhen das Studium artium der Dominikaner seine Tätigkeit.[73] Allerdings war vorher noch Martin Tinctor durch das am 14. September 1524 tagende Provinzkapitel von Pirna nach Nordhausen assigniert worden.[74] Jedoch war er dort nicht nachzuweisen. 1524 erließen auch Kaiser Karl V. sowie Herzog Georg von Sachsen Schutzbriefe für das Walkenrieder Kloster.[75] Denn in Nordhausen spitzte sich die Situation immer mehr zu. Auch Luther konnte bei einem Besuch Ende April 1525 nichts ausrichten; er wurde vielmehr während einer Predigt in der Georgskapelle bedroht.[76]

Im Altendorf, dem Konzentrationspunkt der Armut, sowie im Rautenviertel und in der Oberstadt bildeten sich ab dem 29. April drei Aufstandsparteien, die - ähnlich wie in Mühlhausen - einen "ewigen Rat" forderten.[77] Das erbat eine Deputation auch am 30. April 1525 vom Bauernhaufen, der nur 30 km vor der Stadt lag und dort auch Klöster, wie z.B. Walkenried, Ilfeld und Himmelgarten, stürmte.[78] Wie

---

[71] Vgl. PERSCHMANN, Reformation 23; G. SCHMIDT 29. Somit war dies vermutlich die von Prior Ludolf erwähnte Einziehung der Konventskleinodien einige Zeit vor den Unruhen des Bauernkrieges; vgl. S. 83 Anm. 49.

[72] Vgl. E. KOCH 10: "Im Dezember 1524 kam es zu Spannungen zwischen dem Rat von Nordhausen und dem Franziskanerkonvent auf Grund einer Verleumdung des Rates durch den Prokurator des Barfüßer-klosters, der behauptet hatte, der Rat habe die Kleinodien des Klosters nicht nur inventarisieren, sondern auch einziehen wollen. Die Angelegenheit war bis vor die Grafen von Stolberg, Schwarzburg und Hohenstein als Schutzherren des Barfüßerklosters gekommen. Der Rat vermied in diesem Schriftwechsel und in seinem Verhalten jedoch jeden Anlaß zu einer Verschärfung des Konflikts und nutzte den Vorgang nicht zu seinen Gunsten aus."

[73] Vgl. S. 79 Anm. 17.

[74] Vgl. LÖHR, Kapitel 178. Vgl. auch 98 (1518 von Freiberg nach Pirna assigniert) und 168 (1523: "absolutus a conventu Halberstadensi" wird er abermals nach Pirna assigniert). Sein weiteres Schicksal ist unbekannt.

[75] Vgl. FROMANN XII, 258f., 260.

[76] Vgl. PATZE/AUFGEBAUER 311; LAUERWALD, Revolution 3 und bes. GRIESE 27-29, 32 (Zitat aus Luthers Tischreden), 33. Zur Datierung der Predigt in Nordhausen vgl. die im benachbarten Stolberg gehaltene bei JAKOBS, Ratsjahrbuch 160: "Martinus Luder hat hyr frytag noch oster (21. April) eodem anno gepredigt".

[77] Vgl. LAUERWALD, Revolution 4. Zur Forderung des ewigen Rates vgl. auch G. FRANZ, Bauernkrieg 247. Nach SILBERBORTH, Geschichte 308, wurde am 29.4. das Altendorfer Nonnenkloster geplündert. Bericht aus den Nordhäuser Kriminalakten (ohne Erwähnung der Dominikaner) bei OSSWALD, Kriminal-Akten 162-165.

[78] Vgl. SILBERBORTH, Geschichte 306f.; G. FRANZ, Bauernkrieg 260; GRIESE 28, 32. Nach SILBERBORTH, Geschichte 309; LAUERWALD, Revolution 4, sollte nach dem Willen der der von Hans Kehner geführten Oberstädter Müntzer nach Nordhausen ziehen und dort einen ewigen Rat errichten.

im benachbarten Stolberg[79] kam es am 2. Mai in Nordhausen zum Aufstand. Dabei handelt es sich um die innerstädtische Opposition; die Bauern kamen nie in die Stadt hinein.[80] In der Nacht zum zweiten Mai drangen bewaffnete Bürger in die Priesterhäuser ein und plünderten sie. Darauf weigerten sich die (Dom-) Vikare und Kanoniker nicht mehr, ein Inventar der Kirchenkleinodien aufnehmen zu lassen.[81] Außer im Domstift sollen die Aufständischen am schlimmsten im Dominikanerkloster gehaust haben.[82] An 3. Mai verordnete dann der Rat den Geistlichen, darunter auch den Mendikanten den Bürgereid.[83] Auffällig ist, daß der Eid anscheinend von keinem Dominikaner geleistet wurde. Unklar ist, inwieweit der Rat zur Bewahrung von Ruhe und Ordnung[84] zu diesem Handeln gedrängt wurde oder ob er scheinheilig die günstige Situation ausnutzte.[85] Hier erscheint dies eher durch die städtische Obrigkeit inszeniert, zumal auch im Frauenbergskloster[86] sowie bei den anderen Bettelkonventen ein ähnliches Vorgehen angewandt wurde. Ebenso leisteten einschließlich der Stiftsherren die Geistlichen den Bürgereid aufgrund der Bedrohung durch den Bauernkrieg, wodurch - mit Ausnahme des Domstifts - später alle Geistlichen dem Rat unterworfen waren und er so allmählich der oberste und einzige Kirchenpatron in der Stadt wurde.[87]

---

[79] Vgl. JAKOBS, Ratsjahrbuch 160.

[80] So J. SCHMIDT 165. Lesser hatte den ruinösen Zustand des Altendorfer Klosters den Zerstörungen durch die Bauern zugeschrieben.

[81] Vgl. SILBERBORTH, Geschichte 322 (zum 2.5.). Das bei FROMANN XI, 638, überlieferte Verzeichnis der Inventarisierung vom 4. Tag nach Assumptionis Mariae (19.8.) und Rückgabe der Kleinodien vom 28. August ediert bei OSSWALD, Liber 157-160. Danach scheint diese (2.?) Inventarisierung erst nach der Entlassung der Geistlichen aus dem Bürgereid im August 1525 erfolgt zu sein. Vgl. J. SCHMIDT 48.

[82] Vgl. SILBERBORTH, Geschichte 310.

[83] Vgl. FRANZ/FUCHS 185 Nr. 1298: "*Hierauf sind 6 tumhern, 15 vicarien, 3 priester, 6 barfüßer, 4 augustiner, 2 pröbste allhier burger worden, teil das bürgerrecht erfreut, teil mit einer marken gelaufen.*" Vgl. auch PERSCHMANN, Reformation 24. Unzutreffend G. SCHMIDT 28: "Ein Notbündnis zwischen Evangelischen und Katholiken wurde in der Zeit äußerster Gefahr geschlossen; Domherren und Mönche, sonst von städtischen Pflichten frei, erhielten das Bürgerrecht, um an der Seite der Nordhäuser Bürger Wachdienst zu leisten."

[84] Vgl. PERSCHMANN, Reformation 25f. Vgl. in diesem Zusammenhang die Bemerkung von SILBERBORTH, Geschichte 310, daß Rathaus und Rat unbelästigt blieben. Dieser "ließ das Unwesen die Stadt ruhig durchtoben und hielt nur die Tore geschlossen, damit von draußen kein Bauer hereindränge."

[85] Zu Meyenburgs mitunter macchiavellistischem Vorgehen vgl. SILBERBORTH, Heune.

[86] Vgl. J. SCHMIDT 112: "Beim Bauernaufruhr im Mai 1525 wurde auch unser Kloster überfallen von "*drei Furchen böser Buben einen Lermen anzurichten,*" als aber der Rath einige aus seiner Mitte dorthin sandte mit dem Erbieten, die Nonnen bei ihrem Eigenthume zu schützen, wurde ihm die Antwort: man habe bereits alles Werthvolle an einen sichern Ort gebracht."

[87] Vgl. SILBERBORTH, Geschichte 315. Treibende Kraft war Meyenburg.

Wie sah nun das Ende der Dominikaner genau aus? Nach allen Berichten flüchteten die Predigerbrüder ebenso die Franziskaner vor dem eingedrungenen Bauernhaufen bzw. wurden von diesem vertrieben und kamen nicht mehr wieder.[88] Da die Bauern nie in die Stadt hineinkamen, ist dies unzutreffend. Jedoch ist gerade beim Dominikanerkloster die Chronologie der verschiedenen Ereignisse unsicher, da die späteren Briefe des Priors an die Obrigkeit mitunter keine genauen Zeitangaben enthalten und sich gelegentlich widersprechen.

Zwar wird die Plünderung des Dominikanerklosters in der Regel auf den 8. Mai 1525 datiert,[89] doch erfolgte sie wohl am 2. Mai gleichzeitig mit der Plünderung der Priesterhäuser. Das bestätigt ein Schreiben des Nordhäuser Schultheißen L. Busch an seinen Amtskollegen in Sangershausen vom 4. Mai: "*Und ist iczunt drey dage in Northawsen groß ufrurh gewest; stet noch in der wage. Alle closter in Northawsenn und umbligent closter ... jemerlichen zurissen und spuliert.*"[90] Ein Schreiben von Prior Ludolf, von dem leider das genaue Datum nicht überliefert ist, schilderte den gleichen Sachverhalt: mehrere Bürger drangen ins Kloster ein, lärmten und versorgten sich mit Essen und Trinken. Auf Ansuchen der Predigerbrüder wies der Rat durch etliche Verordnete die Störenfriede zwar aus dem Kloster, bestrafte sie also nicht, und nahm zudem gleichzeitig eine Inventarisierung vor und auch "*dye Schlüssel zu allem daß da war*".[91] Nach der Plünderung ließ sich die Ratsdeputation noch am gleichen Tag alle Wertsachen sowie die Urkunden des Dominikanerklosters ausliefern.[92] Der dabei angewandte Druck des Rates scheint im Schreiben Prior Ludolfs vom 28. Oktober auf: "*Ich hab och vil unnützer wort müssen erdulden, wi ich das closter solte haben obergeben on not wil*".[93] In dem Zusammenhang könnte auch die Befragung der Fratres erfolgt sein; denn nach der Inventarisierung legten die Ratsherren ein Verzeichnis an, "*was die Münche sich resolvieret*". Der genaue Zeitpunkt des Vorganges ist unbekannt. Das erstaunlich milde Vorgehen - die Täter wurden nur aus dem Kloster ausgewiesen - würde dafür sprechen, daß der Klostersturm ähnlich wie in Erfurt inszeniert worden war; ande-

---

[88] Vgl. J. SCHMIDT 196; STOLBERG/STOLBERG 565; DOERING 52; LÖHR, Kapitel 48*; DERS., Wirksamkeit 140; OPFERMANN 64; MATTHES 80. Zu den Franziskanern vgl. LEMMENS 25; LESSER/FÖRSTEMANN 85. - Gleiches gilt wohl von den Augustinereremiten. Der letzte Mönch in deren Kloster, Dr. Johann Klein, starb aber erst 1537; vgl. ebd. 155. Unbekannt ist, wann das Kloster aufgehoben wurde.

[89] Z.B. G. SCHMIDT 29; LÖHR, Kapitel 48*.

[90] Vgl. GESS, Akten II, 167 Nr. 914.

[91] Ed. FRANZ/FUCHS 718 Nr. 1928 sowie 710f. Nr. 1921. Vgl. FROMANN XI, 889f.; PERSCHMANN, Reformation 28.

[92] Vgl. G. SCHMIDT 29. Ähnliches sei im Augustinerkloster geschehen.

[93] FRANZ/FUCHS 711 Nr. 1921; laut 718 Nr. 1928 hatten die Fratres vom Rat bei der Übergabe der Schlüssel eine schriftliche Zusage erhalten.

rerseits mußte vielleicht auf die problematische Situation und Stimmung in der Stadt Rücksicht genommen werden. Auf alle Fälle reagierte der Rat sofort und nutzte die Situation aus. Somit stimmt die auch von Gabriel LÖHR übernommene These Theodor PERSCHMANNs nicht, die Mönche wären an der Verwüstung des Klosters zum Teil selbst Schuld gewesen, hätten ihre Sachen zerschlagen und zerrissen, dann Betten und andere Gegenstände über die Mauer geworfen und seien geflüchtet.[94] Nach verschiedenen anderen Autoren zerstreuten sie sich. Jedoch waren die Dominikaner am Abend des 2. Mai definitiv noch im Kloster. Vielleicht verweigerten sie den Bürgereid und mußten in dem Zusammenhang in der Nacht zum 3. Mai fliehen.

Über ihre Zukunft äußerten sich die Mönche bei der "Befragung", die mehr den Charakter einer Abfindung hatte, folgendermaßen: Nur Gregor Straußberg wollte im Orden bleiben, aber nicht hier, er möchte versorgt sein. Prior Johannes Ludolf, der Custos Ecclesiae Paul Buchmar und Valentin Schneider wollen nicht wieder ins Kloster. "*Borsch hat j weib, wil ein pfar*".[95] Fünf alte Fratres sind im Spital, auch Dietrich Kroff hat seine Zustimmung zur Übersiedlung dorthin gegeben. Die älteren Ordensmitglieder waren damit versorgt, Prior Ludolf bat um einen Zinsbrief, Valentin Schneider erhielt 25 Schock Groschen und zwei Betten, Paul Buchmar bekam 5 Gulden. Nach Gabriel LÖHR forderten die Prediger, wie auch die Minoriten und Augustiner, nur entsprechende Abfindungssummen für die Aussteuer, die sie ins Kloster mitgebracht hatten.[96] Die Forderungen waren sehr bescheiden. Der bald danach erfolgte Klostersturm bzw. die Flucht verhinderte vielleicht die Auszahlung. Etwas später versuchten zwei ehemalige Fratres, Johannes Ludolf und Paul Buchmar, die kein weiteres Interesse am Klosterleben hatten, weitere Zahlungen des Rates zu erlangen.[97] Im Anschluß an die Befragung findet sich bei FROMANN der Untersuchungsbericht, was man "*nach geschehener plünderung des closters*" bei den einzelnen Bürgern an Klosterinventar fand.[98] Diese Feststellung könnte durchaus einige Tage gedauert haben. Somit ging der Stadtrat sehr gründlich und methodisch vor. Der Rat versicherte sich also auf verschiedene Weisen "seines Eigentums" nach der Ausraubung des Klosters.[99] Doch könnte der Zeitpunkt für diese Handlungen

---

[94] Vgl. PERSCHMANN, Reformation 28; LÖHR, Kapitel 48*.

[95] FROMANN XI, 892. Vgl. LÖHR, Kapitel 48* Anm. 31. Zu J. Ludolf, der 1527 (?) evangelischer Prediger zu Windehausen und darauf zu Großen-Furra wurde, vgl. auch LESSER/FÖRSTEMANN 62f. Evtl. ein Verwandter ist Dominicus Ludolphi, der vom Nordhäuser Provinzkapitel 1516 als Student der Artes in Nordhausen bestätigt wurde und evtl. mit dem schon 1513 dort erwähnten fr. Dominicus identisch ist; vgl. LÖHR, a.a.O. 14, 57.

[96] Vgl. LÖHR, Kapitel 48*.

[97] Vgl. S. 95.

[98] Vgl. FROMANN XI, 892; z. Tl. ed. bei FRANZ/FUCHS 718 Anm. 1.

[99] Vgl. SILBERBORTH, Geschichte 310.

auch später gewesen sein. Denn nach der Schlacht von Frankenhausen am 15. Mai, an der auch ein Nordhäuser Aufgebot teilnahm,[100] verlangte ein Ratsdekret Ende Mai, die Bürger sollten alle von ihnen aus dem Predigerkloster entwendeten Gegenstände wieder zurückbringen.[101]

Nach G. SCHMIDT sei die Bitte an die Predigerbrüder erfolgt, sich *"kleine acht Tage"* zu gedulden.[102] Vielleicht erfolgte später ein zweiter Klostersturm, um die Bettelmönche endgültig loszuwerden. Diese wären dann geflüchtet. Ebenso seien die Franziskaner wie die Walkenrieder Mönche vom Rat vertrieben worden.[103] Diese Flucht der Dominikaner wäre vor dem 8. Mai 1525 erfolgt, da der Rat an diesem Tag, vielleicht nach dem zweiten Klostersturm, eine Besatzung ins Dominikanerkloster legte,[104] das nahe der Stadtmauer zwischen der Kuckelpforte und dem Marterturme lag.[105] Doch könnten das Militär auch zum Schutz der Stadtbefestigung verlegt worden sein.

Insgesamt bleiben die Vorgänge um das Ende des Klosters im Dunkel. Es ist unklar, ob die Fratres gezwungen oder freiwillig gingen. Prior Ludolf schrieb am 23. Juni 1525 an den Rat, daß *"ich mit sampt mynen brudern uns dieser zeit aus dem closter haben mussen enthalten mit armuth u. mannigfaltigen gebrechen"*.[106] Das läßt auf einen gewissen Zwang beim Verlassen des Klosters schließen. Es gibt wenig An-

---

[100] Vgl. G. FRANZ, Quellen 529f.: *"Als die Herren, erstlich Herzog Heinrich von Braunschweig und der Landgraff auf der Seiten nach Mühlhausen war fürkommen, habe er <Müntzer> das Volk ermahnet, fest zu stehen. Da kahmen ihnen die von Mühlhausen zu Hulfe, dergleichen auf der andern, da kamen die von Nordhausen."* Vgl. auch LAUERWALD, Revolution 4.

[101] Vgl. FRANZ/FUCHS 407 Nr. 1609. Vgl. auch PERSCHMANN, Reformation 31; LÖHR, Kapitel 48*. Nach SILBERBORTH, Geschichte 311, verlangte der Rat in einem scharfen Erlaß, alle entwendete Habe wieder zurückzugeben. Laut PERSCHMANN, a.a.O. 31, hatten die (nach seiner These geflüchteten) Mönche Verzeichnisse der geraubten Gegenstände eingereicht. Waren sie nach der Schlacht bei Frankenhausen wiedergekommen?

[102] Vgl. G. SCHMIDT 29, mit Verweis auf "Reinhard, Städt. Archiv. Bd. 3, 668". Diese Angabe ist wie andere auch leider nicht weiter ausgewiesen bzw. nachvollziehbar. Laut PERSCHMANN, Reformation 28, hätte die Ratsdeputation am 8. Mai verlangt, daß das Kloster ihnen in einem Tag oder zwei eingeräumt werde, worin die Mönche eingewilligt hätten.

[103] Zu letzteren vgl. FRANZ/FUCHS 241 Nr. 1376 (Schreiben des Abtes vom 8.5.1525): *"Es haben abir die von northausen meine arme bruder aus meiner und irer husung, die mir und meinem stift von selbigem rate gefreiet, geweiset, den hoff sampt allen gutern do ingenommen."*

[104] Vgl. LÖHR, Kapitel 48*. Sonst hätte die Plünderung trotz des Schutzes der Wachen bzw. sogar unter ihrem Schutz stattgefunden.

[105] Vgl. K. MEYER, Reichsstadt 308: der Marterturm (wohl aufgrund der dortigen Folterkammer) lag dicht neben dem Dominikanerkloster, 1430 wurde er auch "Predigerthorm" genannt.

[106] FROMANN XI, 888.

haltspunkte, ob die Mönche flüchteten, nach einer Abfindung auswanderten oder vertrieben wurden. Der unbelegten These der Flucht widerspricht ein Schreiben des ehemaligen Priors Ludolf vom 20. September 1525, daß das "*closter ny verlassen oder ubergeben*"[107] worden sei. In einem späteren Schreiben, das wohl irrtümlich von FROMANN auf 1540 datiert ist, klagen Buchmar und Ludolf, die beide schon als Pfarrer andernorts tätig sind, daß "*E.E.w. sich des closters bemachtiget*" und beschreiben, was alles unter Wert vom Rat eingezogen worden ist.[108] Beide verweisen immer wieder auf die "Vertröstungen" des Rates, der vielleicht den Fratres eine Abfindung in Aussicht stellte, um die Klosterinsassen los zu werden.

Festzuhalten ist, daß das Dominikanerkloster 1525 im Besitz des Rates war, die Klosterinsassen befanden sich wohl seit Anfang Mai nicht mehr darin. Letztlich ist nicht zu eruieren, wann und wie die Fratres Nordhausen verließen. Erst 1526 wandte sich auch Provinzial Rab an den Rat. Er bemühte sich um die Erhaltung des Klosters für den Orden. Die in seinem Schreiben getroffene Feststellung, die Mönche, "*so nun aber in dießer aufruhrischen zeit von muthwilligen, die geistl. unchristl. weyß gehandelt, auch sie selbst yres standes durch verfuhrung flüchtig ihrer wyhe u. gelubde, so für gott gethan vergeßlich und also abgetreten*"[109] erhellt die Vorgänge um das Ende des Klosters auch nicht. Vielleicht handelte es sich um "Klostermüde", die der Reformation nahestanden oder sich ihr angeschlossen hatten[110] oder um eine Selbstauflösung des Klosters. Möglicherweise waren die Insassen durch das ab 1524 abzusehende Ende des Klosters schon zermürbt.

1525 wurden also alle drei Klöster der Bettelorden vom Rat eingezogen. Die Fratres kehrten nicht zurück.[111] Das Frauenbergkloster wurde erst 1557 - mit der bei Frauenklöstern als notwendigen Versorgungsanstalten üblichen Verspätung - in eine Mädchenschule umgewandelt.[112] Altgläubig blieben letztlich nur das Stift Hl. Kreuz[113] sowie einige Zeit lang die Klosterhöfe.[114]

---

[107] Ebd.

[108] Vgl. ebd. 893.

[109] Ebd. 894.

[110] Vgl. G. SCHMIDT 29.

[111] Zu den Augustinern vgl. KUNZELMANN 248; SILBERBORTH, Geschichte 313, 317.

[112] Vgl. K. MEYER, Entwicklungsgeschichte 550.

[113] Vgl. STOLBERG 627, 628: Die Angabe, daß durch den kaiserlichen Schutzbrief von 1531 das Domstift endgültig gesichert wurde, stimmt nicht. 1565 versuchte der Rat erfolglos, das Stift in seine Hand zu bekommen; vgl. DOERING 14.

[114] Vgl. LESSER/FÖRSTEMANN 87, 87-89 zu dem weiteren Hin und Her um den Walkenrieder Hof. Vgl. auch J. SCHMIDT 199; SILBERBORTH, Geschichte 327.

1.2.3 Weiteres Schicksal von Fratres und Konvent

Am 23. Juni 1525 klagte *"E. gehorsamer Capplan, bruder johannes Ludolphi"* in einem Brief an den Rat, daß *"ich mit sampt mynen brudern uns dieser zeit aus dem Closter haben mussen enthalten mit armuth und mannigfaltigen gebrechen haben mussen erleiden"*, bat um Versorgung *"biß zu austrag dießer sache, Wollen auch guth willig erscheinen"* und drohte, auf einem Reichs- oder Kurfürstentag Recht zu suchen.[115] Die Drohung war im nächsten Brief schon abgemildert. Im Schreiben vom 20. September 1525 erinnerte Prior Ludolf den Rat daran, daß er ihm und seinen *"verlassenen brudern"*, als dieser alle Güter von ihnen erfordert hätte, *"herlich zusagung getan, dem wir gentzlich glauben"*, verweist auf ihre Armut und *"daß wir unßern Orden und closter ny verlassen oder ubergeben"* und bittet den Rat, *"wollet euch dermassen gegen uns erzeigen, daß unser clagen gen liebd. land uns nicht von nöten sei"*.[116] Am 28. Oktober bat Johannes Ludolf den Rat um Geleit.[117] Da die Fratres nicht im Orden geblieben waren, konnten sie nicht auf einer finanziellen Kompensation insistieren. Im anderen Falle hätten sie über ihren Provinzial Herzog Georg um Hilfe angehen können, der schon am 2. Juni in seinem Schreiben den Nordhäuser Magistrat zur Wiederherstellung der kirchlichen Ordnung und der Klöster gemahnt hatte.[118] Darauf antwortete der Rat schon einen Tag später am 3. Juni: *"Aber nicht an ists, daß in iczigen aufrurigen handeln die geistlichen zum teil ire closter und stift in unser stadt selbst verlassen, die wir doch vor ire personen, so vil uns ummer mugelich gewest, geschuczt und gehanthabt."*[119] Doch ergriff auch Provinzial Rab nicht diese Möglichkeit der Intervention, was auf eine schlechte Rechtsposition des Ordens schließen läßt.

---

[115] Vgl. FROMANN XI, 888f. Ebenso wandte sich am 22.6. der vertriebene Franziskaner C. Horter seiner Versorgung wegen an den Rat; vgl. FRANZ/FUCHS 503f. Nr. 1695, in Anm. 2 ein wohl früheres Bittschreiben der Franziskaner.

[116] FROMANN XI, 887f.

[117] Vgl. FRANZ/FUCHS 711 Nr. 1921.

[118] Vgl. GESS, Akten II, 268 Nr. 1014: *"ist an euch unser beger, ... ir wollet ... den orden ore closter widereingeraumet"*.

[119] GESS, Akten II, 271 Nr. 1018. Noch 1527 mahnte Hzg. Georg die Stadt zur Wiederaufnahme des unterlassenen Gottesdienstes; vgl. ebd. 790 Nr. 1482: Nachdem die Vorfahren des Quedlinburgers H. Schwelngrebel *"eczliche stiftung in kirchen und closter zu Northausen mit gelde, gutern, cleynoten und jerlichen zinsen in dy ehr gottes und seyner heyligen vorordent, welche zins auch noch jerlichen daselbst entricht werden, so sey es doch am tag, das der goczdinst, welcher dermaßen gestift, genzlich gefallen und von denselbigen amtern gar keins gehalten werd"*. Weiteres Schreiben ebd. 804 Nr. 1495. Ebenso nahm sich der Fürst der Klagen zweier Priester an; vgl. ebd. 788f. Nr. 1479, 803 Nr. 1494.

Am Samstag nach Allerheiligen 1525 nannte sich Ludolf *"prior zu der Zeit des uf-fruhrs"*.[120] Die größere Distanz zu seinem ehemaligen Amt wird sichtbar; der Hinweis auf die damalige Gutwilligkeit der Mönche und die Zusage der Ratsmitglieder war abermals umsonst. Später wurde Johann Ludolf lutherischer Prediger in Windehausen, danach in Großfurra.[121] Als Pfarrer zu Großfurra wandte er sich wie auch der als Pfarrer von Rottleberode fungierende Paul Buchmar abermals an den Rat wegen einer Abfindung, wobei sie auf die vorhandenen Güter des Klosters verweisen.[122] 1526 hatte Provinzial Rab an die Stadt geschrieben und sie gebeten, das Kloster wieder dem Orden einzuräumen, wenn Fratres von ihm oder anderen Prälaten gesandt würden. Er wahrte die Ansprüche des Ordens auf das Kloster gegenüber dem Rat, da *"pillich solche guter bey dem orden bleiben sollen"*.[123] Auch in diesem Fall läßt Rabs vorsichtige Ausdrucksweise auf eine schlechte Rechtsposition schließen. In einem Schreiben des Rats, in dem leider die Jahresangabe fehlt, wurde dem Pfarrer zu Windehausen, dem ehemaligen Prior Ludolf, gegen die rechtliche Übereignung des Klosters an den Rat vertraglich zugesichert, daß er neben einer Geldzahlung bis ans Lebensende, falls er diese Pfarrei nicht mehr versehen wolle, das Pfarrhaus von St. Elisabeth, wo er auch jetzt schon etwas deponieren könne, bewohnen dürfe und auch versorgt würde. Ferner wolle ihm der Rat zu einer Pfarrstelle in der Stadt, so es sein Wunsch wäre, behilflich sein. Diese Urkunde steht vor einer von 1532.[124] Da Nordhausen 1532 in den Schmalkaldischen Bund eintrat, mußte der Rat wahrscheinlich keinen Restitutionswünschen und -versuchen mehr begegnen. Daher war die Urkunde wohl etliche Zeit vorher verfaßt worden. Wegen der Mitgliedschaft im Defensivbündnis war die Obrigkeit nicht mehr darauf angewiesen, eine Zessionsurkunde zu erlangen.

Die leerstehenden Klostergebäude der Dominikaner wurden vom Rat für die lateinische Schule verwandt. Die Stiftsschule wurde nach 1525 nicht mehr besucht, die städtische Schule wie die Lateinschule zu St. Jakob soll in den Wirren des Bauernkrieges eingegangen sein.[125] Doch schon nach seinem Amtsantritt 1524 hatte Johannes Spangenberg Schüler um sich versammelt. Die Räume der Blasiipfarre

---

[120] Vgl. FROMANN XI, 891. Gleichzeitig unterschrieb Paulus Buchmar, der sich als Custos Ecclesiae bezeichnete.

[121] Vgl. MATTHES 80.

[122] Vgl. FROMANN XI, 893f. Die Jahreszahl 1540 ist wohl eine Verschreibung FROMANNs.

[123] Ebd. 895. Regest bei BÜNGER, Beiträge 108.

[124] Vgl. FROMANN XI, 896f. Unklar bleibt auch in diesem Fall die Chronologie: wenn Ludolf als Pfarrer von Windehausen das recht großzügige Angebot des Rats ablehnte, warum wandte er sich dann später als Pfarrer von Großfurra an den Rat wegen einer Abfindung?

[125] Vgl. PERSCHMANN, Reformation 35.

reichten für sie nicht aus.[126] Daher soll der Rat schon 1525 das leerstehende Predigerkloster zum Schulgebäude bestimmt haben.[127] Nach Gabriel LÖHRs Meinung hätten die Gebäude einige Zeit leergestanden.[128] In einem undatierten Schreiben erklärte sich Provinzial Rab mit der Nutzung des Konvents zu Schulzwecken bis zu dem Zeitpunkt einverstanden, daß *"solch closter wiederumb von ihm oder seinen nachkommen mit frommen geistlichen und gelerten ordensleuten zu lob dem allmächtigen Got sol besetzt werden"*.[129] Daher solle der Rat die Gebäude aus den Zinsen des Klostereigentums instand halten und dem jeweiligen Provinzial jährlich drei Gulden zahlen.[130] Am 6. November 1531 nun verwies Rab in einem Schreiben auf obigen Brief, auf die nicht erhaltenen Zinsen und die in den Händen des Rats befindlichen Schuldurkunden.[131] Vermutlich zahlte die Stadt keinen Zins, da sie sonst die Verfügungsgewalt des Ordens anerkannt hätte. Außerdem war das Klostergut schon lange in städtisches Eigentum übergegangen. Vielleicht hatte die Stadtobrigkeit vom ehemaligen Prior Ludolf eine Abtretungsurkunde erlangt, so daß den Ansprüchen des Provinzials begegnet werden konnte. Außerdem stärkte der 1531 erfolgte Eintritt in den Schmalkaldischen Bund die Position der Reichsstadt, so daß es der Verzichtserklärung Ludolfs evtl. nicht mehr bedurfte. 1532 konnte dann auch das aus den Klöstern stammende Silber für die Türkensteuer verkauft werden.[132] Nach der von Ernst Günther FÖRSTEMANN überarbeiteten Chronik des Friedrich Christian LESSER scheint die Schule zwar 1525 eingerichtet worden zu sein, allerdings wurde sie erst 1534 Gymnasium. Ab diesem Zeitpunkt war Johannes Spangenberg als Rektor belegt.[133] Ab 1537 wurden Stiftungen zugunsten der Ratsschule, auch Schule bei den Predigern genannt, vorgenommen.[134] 1541 erhielt Meyenburg ein kaiserliches Privileg, das die faktische Anerkennung der bisher vor-

---

[126] Vgl. DERS., Clajus 20 (ohne Beleg); G. SCHMIDT 37.

[127] Vgl. K. MEYER, Entwicklungsgeschichte 550. Mehrere Kirchenschulen sollen unter Leitung Spangenbergs zur Schule im Dominikanerkloster zusammengelegt worden sein; vgl. FLITNER 83; G. SCHMIDT 37. - Das Datum der Eröffnung der Schule im Predigerkloster ist nicht belegt. Der Beginn 1525 ist möglich, da der Rat auch sonst schnell handelte. Definitiv bestand die Schule vor 1531, s.u.

[128] So LÖHR, Kapitel 48* (ohne genauere Jahresangaben oder Beleg).

[129] Abschrift des nicht mehr vorhandenen Originals von FÖRSTEMANN; zit. nach J. SCHMIDT 196. Regest auch bei BÜNGER, Beiträge 108.

[130] Vgl. BÜNGER, Beiträge 108f.; LÖHR, Kapitel 48*. Laut LESSER/FÖRSTEMANN 63 stammte dieses Schreiben vom 31.7.1531.

[131] Vgl. BÜNGER, Beiträge 109; FROMANN XII, 921.

[132] Vgl. J. SCHMIDT 198 (bzgl. Augustinereremiten); G. SCHMIDT 44f.; SILBERBORTH, Geschichte 313f., 320.

[133] Vgl. LESSER/FÖRSTEMANN 63, 65, 150.

[134] Vgl. StA Nordhausen I, Abt. Ld, Nr. 24 (1537 Jan 8), Nr. 24 b (1548 Oct 1), Nr. 25 (1549 Sept 30) sowie die folgenden Jahre.

genommenen Klosterauflösungen beinhaltete.[135] Daher war die Möglichkeit einer Restitution des Konventes im Zusammenhang der Einführung des Interims[136] gänzlich ausgeschlossen.

1.2.4 Zusammenfassung und Ergebnis

Gabriel LÖHR machte für den schnellen Zusammenbruch des Konvents eine fehlende führende Persönlichkeit an der Spitze des Klosters verantwortlich.[137] Diese These trifft insofern zu, als der 1524/25 amtierende Prior Ludolf offensichtlich nicht das Format der Jenaer Prioren Eckenfelder oder Kramer hatte, die den Konvent noch Jahrzehnte nach der Vertreibung im Leipziger bzw. Erfurter Exil zusammenhielten. Angesichts der klaren Hinwendung der Stadt zur neugläubigen Lehre seit 1522 und definitiv dann 1524 wäre es möglich, daß die Nordhäuser Prediger schon zermürbt waren, die Sinnlosigkeit eines weiteren Kampfes einsahen und daher lieber ein Auskommen mit der Stadt suchten. Doch leider sind die Vorgänge um das Ende des Klosters nicht eindeutig auszumachen. Auffällig ist trotzdem, daß dieser Konventualenkonvent anscheinend ohne viel Widerstand zusammenbrach. Doch kann man daraus nicht schließen, daß die konventualen Klöster vielleicht wegen laxerer Lebensweise und größerem Versorgungsdenken der Fratres generell schneller ihren Widerstand aufgaben und sich dem neuen Kirchenwesen in der Stadt anpaßten. Denn die Fratres der gleichfalls konventualen Göttinger Niederlassung leisteten trotz einiger Apostaten erheblichen Widerstand gegen die Reformation. Etliche Dominikaner lebten noch 15 Jahre nach der Aufhebung des Klosters 1533 als Exilkonvent zusammen. Das schnelle Ende des Nordhäuser Ordenshauses ist um so erstaunlicher, da es sich im Falle von Nordhausen um eine Reichsstadt handelte, wo im Gegensatz zu den exilierten sächsischen Konventen Jena, Eisenach und Plauen eine Klage beim Reichskammergericht möglich gewesen wäre. Jedoch wurde ein solches Vorgehen nur einmal angedroht, von der Möglichkeit kein Gebrauch gemacht und eine Restitution nicht in Betracht gezogen. Daher muß geschlossen werden, daß die Nordhäuser Konventualen nicht mehr am Ordensleben interessiert waren, was ja auch aus der undatierten "Befragung" durch den Rat hervorgeht. Keiner der Fratres war nach 1525 mehr als Dominikaner nachweisbar. Vom ehemaligen Prior Ludolf und dem Custos Buchmar ist ein Wirken im (neugläubigen) Pfarrdienst sogar ausdrücklich bezeugt. Somit hing die mangelnde Resistenz der Fratres und das schnelle Ende des Klosters wohl mit den Persönlichkeiten der Fratres und besonders des Vorstehers

---

[135] Vgl. Höss, Duldung 247. Regest bei LINKE 49 Nr. 122: "K(aiser) Karl V. befiehlt, daß geistliche Güter zu Nordhausen die öffentlichen Lasten der Stadt mittragen sollen, sobald sie in weltliche Hände übergehen." Original im StA Nordhausen I, Abt. A, Nr. 47. Zum Hintergrund vgl. G. SCHMIDT 45, 47f.

[136] Zum Interim vgl. SILBERBORTH, Geschichte 338-340.

[137] Vgl. LÖHR, Kapitel 75*; DERS., Wirksamkeit 140.

zusammen. Wenn außer Gregor Straußberg andere Nordhäuser Fratres weiterhin am Ordensleben interessiert gewesen wären, hätte der Provinzial bestimmt bei Herzog Georg interveniert, der sich in Nordhausen für eine Wiederherstellung der Klöster einsetzte.

Festzuhalten ist, daß der Nordhäuser Konvent das einzige der 101 Klöster in Teutonia und Saxonia ist, das relativ schnell zusammenbrach, allerdings ist das Ausmaß des angewandten Zwanges nicht genau eruierbar.

Beim Ende des Konventes spielten vermutlich sowohl das Wirken des Rates wie die Zermürbung der Mönche, die nach der "Ratschlagung" von 1524 keine Zukunft mehr für sich sahen, eine Rolle. Der Rat erscheint in Bezug auf das Kirchenregiment als das vorwärtsdrängende Element: er hatte sich schon 1523 und 1524, also vor dem Bauernkrieg, in den Besitz aller Wertsachen gesetzt. Insofern hat der Rat dann 1525 auch wohl eher agiert denn auf die Unruhen reagiert. Gerade der als geschickte Taktierer bekannte M. Meyenburg könnte hier sein Talent entfaltet haben. So ist Nordhausen ein gutes Beispiel für eine Ratsreformation, in der die Obrigkeit schon früh die reformatorische Bewegung steuerte und kanalisierte. Die mit dem Bauernkrieg verbundenen Wirren nutzte der Stadtrat zur Aufhebung der meisten kirchlichen Institutionen. Außerdem übernahm der Rat nun das Patronat der Pfarrkirchen und normierte die Gehaltszahlungen der Pfarrer, die aus dem eingezogenen Klostergut stammten.[138] Damit hatte der Rat in kurzer Zeit (1522-25) neben der Einziehung der Mendikantenklöster die Kontrolle der Pfarreien erlangt. Auch die Schulausbildung, die z.T. in geistlicher Hand gewesen war, zog die Obrigkeit in der Folge an sich. Die vorher herrschende Pluralität war im obrigkeitlichen Sinne vereinheitlicht worden.

Zu berücksichtigen ist, daß Nordhausen nicht die einzige Stadt im Reich war, die so handelte. Eine Lösung wie in Nordhausen strebten am 31. August 1524 auch die Straßburger Prädikanten an.[139] Ähnliches ereignete sich in anderen (Reichs-)Städten. Auch in Nürnberg war das Kirchenwesen "aus der Phase der bloßen Duldung reformatorischer Predigt in die der kirchlichen Veränderung übergegangen."[140] Gleiches galt auch für Konstanz, in Schwäbisch-Hall und Rothenburg wurden die Klöster aufgehoben, in Memmingen und Magdeburg kam es zu den ersten Änderungen des altgläubigen Gottesdienstes. Auch für die fuldische Landstadt Hammelburg

---

[138] Vgl. PERSCHMANN, Reformation 34.

[139] Vgl. BRECHT, Politik 195f.

[140] Ebd. 186.

wird der Durchbruch der neugläubigen Bewegung 1524 angesetzt.[141] "Von 1524 an waren die der Reformation zuneigenden Städte neben Kursachsen zunächst die bedeutendste politische Größe auf der evangelischen Seite. Einige von diesen Städten waren von ihrer religiösen Überzeugung her entschlossen, es eher zu einem Konflikt mit dem Kaiser und den Instanzen des Reiches kommen zu lassen, als auf die evangelische Predigt zu verzichten. Diese Städte entwickeln gemeinsam eine bedeutsame Aktivität."[142] Durch diese Reformation wurde nicht nur die glaubensmäßige Einheit in der Stadt befördert, sondern auch das städtische Kirchenregiment weiter gestärkt. Im Zusammenhang der stadtinternen Interessen wie auch der über Nordhausen hinausreichenden Politik der Reichsstädte innerhalb des Deutschen Reiches muß das Ende des Dominikanerklosters gewürdigt werden. Auch wenn der Konvent resistenter gewesen wäre, hätte er dem dezidierten Willen des Rates wohl kaum länger Widerstand leisten können; sein Ende war spätestens 1524 beschlossen worden. Danach ging es nur noch um die Weise, wie der Konvent an die Stadt übergehen sollte.

---

[141] Vgl. MERZ, Beziehungsgeflechte 221f.
[142] BRECHT, Politik 219.

2   SEMIREICHSSTÄDTE

In den Semireichsstädten, die auch als Autonomiestädte bzw. autonome Landstädte bezeichnet wurden, war die Reichsstandschaft umstritten, sei es, daß sie noch angestrebt wurde oder faktisch schon verloren war. Somit war die Verfassung der Stadt zwischen den Bürgern und ihrem Landesherren umstritten, allerdings besaßen alle diese Städte häufig wegen ihrer Wirtschaftskraft zu Beginn des 16. Jahrhunderts einen recht großen Handlungsspielraum. Daher bestand ein besonderes Spannungs-verhältnis der Bürger zum Landesherren, der gegen die Unabhängigkeitsbestrebun-gen arbeitete.[1] Die meisten dieser Städte wurden aufgrund der größeren Machtmittel der Fürsten schließlich früher oder später auf den Status einer Landstadt herabge-drückt. Dies geschah in Göttingen schon 1532. Erfurt konnte seinen Status bis 1664 bewahren.

2.1   *Erfurt*[2]

2.1.1   Ausgangslage

Im Jahr 1500 war Erfurt mit etwa 15-18.000 Einwohnern einer der bevölkerungs-reichsten Orte Deutschlands.[3] Wegen der günstigen Lage am Schnittpunkt wichtiger Verkehrswege und aufgrund eines beachtlichen Gewerbes und Handels war die Stadt das Zentrum Thüringens. Die aus der Wirtschaftskraft resultierende Machtstellung hatte zum Aufbau des flächenmäßig größten deutschen Stadtstaates und zu weitge-hender Unabhängigkeit vom kurmainzischen Landesherrn geführt. Allerdings hatte das in den Reichsmatrikeln als Reichsstadt geführte Gemeinwesen 1483 Kurmainz als "rechten Erbherren" und gleichzeitig Sachsen als Schutz- und Schirmherren anerkennen müssen.[4] Aufgrund des Lavierens mit beiden Territorialfürsten war die

---

[1] Vgl. S. 3 Anm. 10.

[2] In Ergänzung der älteren Literatur bis 1945 brachte vor allem das Stadtjubiläum 1992 wichtige Publikatio-nen hervor: neben SCHÜTZ bes. die von U. WEISS hg. Sammelbände von 1992 und 1995. Allerdings werden die Dominikaner kaum behandelt. Für diese ist neben DERS., Bürger (mit wichtigen Details) hervorzuheben KLEINEIDAM II-III. Dort eingearbeitet sind LÖHRs Forschungen über die Dominikaner an den Universitäten Erfurt und Mainz bzw. im Mittelrheingebiet. Archivalien enthält vor allem das LHA Magdeburg sowie dessen Außenstelle Wernigerode.

[3] Nach H. SCHILLING, Stadt 11, waren es um 1500 15.000 Einwohner, um 1550 dann 18.000; nach ABE, Euricius 278, 19.000 Einwohner; nach TODE 80, 18.-24.000 Einwohner.

[4] Vgl. z.B. NEUBAUER XIVf.; SCRIBNER, Society 265f.; WILLOWEIT 195; LUDOLPHY, Friedrich 252f.; PRESS, Kurmainz 388-391; WILLICKS; CHRIST 401-405. Zum Ausbau des Territoriums und zur Behandlung als Reichsstadt vgl. ebd. 410-417. Siehe HOLTZ, Erfurt, zum Verhältnis Kaiser Friedrichs III. zur Stadt. DERS., Situation 104f., plädiert für den Terminus "Freie Landstadt" bzw. "Freie Territorialstadt" an Stelle von "Quasi-Reichsstadt", da ähnlich den freien Städten Erfurt sich weitgehend dem landesherrlichen Zugriff

"außenpolitische" Lage zu Anfang des 16. Jahrhunderts äußerst prekär. Genauso problematisch war die Situation im Inneren der Stadt. Die kleine ratsfähige Oberschicht versuchte ihren Herrschaftsanspruch aufrechtzuerhalten und die Kosten des geschickten Lavierens zwischen Kurmainz, Kursachsen und dem Reich auf die Bevölkerungsmehrheit abzuwälzen.[5]

Erfurt war in besonderem Maß von kirchlichen Institutionen geprägt. Um 1500 gab es in der Stadt zwei Stifte, nämlich das auch als Dom- oder Liebfrauenstift bezeichnete St. Marien sowie St. Severi, zwölf Klöster, darunter vier der Mendikanten, nämlich der Augustiner, Franziskaner, Dominikaner und Serviten, sowie eine große Anzahl von Pfarrkirchen und Kapellen.[6] Alle 25 Pfarrkirchen waren dem Liebfrauenstift "unterworfen". Der Rat besaß nur wenig Einflußmöglichkeiten in kirchlichen Belangen. Er hatte deshalb Interesse daran, die kirchliche Präsenz in den Griff zu bekommen. Das galt umso mehr, als die Autonomiebestrebungen der Stadt automatisch zum Konflikt mit dem geistlichen Stadtherren, dem Erzbischof von Mainz führten. Dessen Stütze im Klerus sollte eingeschränkt werden.[7]

Der um 1459 reformierte, zu dem Zeitpunkt etwa 80 Personen zählende Erfurter Predigerkonvent[8] wurde am Anfang des 16. Jahrhunderts auch von den kurmainzer

---

entzogen hatte.

[5] Vgl. U. WEISS, Bürger 77f. Schuldenlast von 600.000 fl. erwähnt u.a. bei KLEINEIDAM II, 185. Deswegen Darlehensaufnahme z.B. beim Jenaer Dominikanerkonvent; vgl. S. 275 mit Anm. 31. Zu Getreideverkäufen ab 1483 wegen der Finanzkrise vgl. OEHMIG, Brotversorgung 209f. Zur Ratsverfassung zu Beginn des Jh. vgl. GUTSCHE 24ff. Kurzbiographien der Ratsmeister und Vierherren 1510-30 bei U. WEISS, a.a.0. 313-316.

[6] Nach BEYER/BIEREYE 294, gab es neben den Stiften 23 (sic!) Pfarrkirchen, 36 Kapellen, 6 Hospitäler und 22 Klöster oder Ordenshäuser (4 Nonnen- und 8 Männerklöster, der Rest wohl Stadthöfe auswärtiger Klöster). Vgl. auch U. WEISS, Bürger 13-16. Zur Zahl der Pfarrkirchen vgl. jedoch FRANZ/FUCHS 402 Nr. 1604: "*Wiewoll auch biß anher in Erffurdt 25 pfarren dem gehorsam Unser Frauen kirchen underworfen gewest, auch eins teils dem capittel daselbst incorporirt*".

[7] Wie anderswo erließ der Rat Amortisationsgesetze und versuchte, die Privilegien des Klerus zu beschränken. Für das 13. Jh. vgl. U. WEISS, Bürger 18f. Der Rat förderte seinen Einfluß z.B. durch Prädikaturstiftungen (1488 bei St. Andreas); vgl. ebd. 46f.; 55f. zum Einfluß des Rates auf die Besetzung der Lektoralpräbenden.

[8] Laut "Sacre religionis honestas" Papst Pauls II. vom 17.12.1468 wurde 9 Jahre vorher die *vita regularis* eingeführt; vgl. RIPOLL/BREMOND III, 462; LÖHR, Kapitel 13*. In Erfurt wurde die Reform wohl nicht streng befolgt, da das von Studierenden verschiedener Ordensprovinzen frequentierte Generalstudium auch konventualen Fratres offenstand (daher die trotz der Observanzeinführung erteilte obige päpstl. Erlaubnis zum Fleischgenuß). Prof. Nikolaus Marquitz wurde vom konventualen Provinzial Hermann Meyer 1488 zum Provinzialvikar über die obervante Leipziger Kongregation ernannt. Dies war ein Bruch des Venediger Abkommens, nach dem Vikar nur ein vom Leipziger Konvent Vorgeschlagener werden dürfe. Der Provinzial nützte bei diesem Vorgehen wohl auch den Gegensatz zwischen beiden Universitätsorten aus; vgl. LÖHR, a.a.0. 15*f. Wegen der Streitigkeiten zwischen Erfurt und Leipzig 1490 vermittelte C. Lossow;

Behörden als "städtisches Eigenkloster" angesehen: Die Verhandlungen zwischen dem Rat und dem Erfurter Küchenmeister als Vertreter des Mainzer Erzbischofs fanden entweder im Kreuzgang des Dominikanerklosters[9] oder dem der Marienkirche statt, die neben dem Mainzer Hof das Wahrzeichen kurmainzer Präsenz war. Der städtische Einfluß auf den Predigerkonvent beruhte wohl auf der Instrumentalisierung der Observanz, womit vielleicht die Einsetzung von Pflegern verbunden war.[10] Bis 1510 besuchte der Magistrat vor der Ratswahl die Messe in der Dominikanerkirche.[11] Ebenso diente das Dominikanerkloster wie andere kirchliche Institutionen dem Rat als Bank: 1517 zwang Adolar Huttener u.a. den Konvent, auf die vom Magistrat bisher nicht gezahlten Zinsen zu verzichten und diese zukünftig auf vier Prozent zu senken.[12] Ebenso sollten die geistlichen Institutionen zu Steuern herangezogen werden: Von allen Klöstern war aber 1510 und 1511 lediglich der Besitz der Prediger verzeichnet worden.[13] Dies kann als weiteres Indiz für die stark ausgeprägte obrigkeitliche Verfügungsgewalt über den Predigerkonvent gewertet werden.

---

vgl. DERS., Erfurt 254.

[9] Vgl. BRODKORB 156, 168; 164 zur dort vereinbarten Wasserordnung. Verhandlungen wurden auf diese Weise das ganze Jh. geführt; vgl. z.B. S. 115, 130. Zu Verhandlungen in der Predigerkirche 1600 vgl. ZACKE 124. - Während des "tollen Jahres" 1509 war das Kloster mehrfach Versammlungsort: Am 8.6. gab es das Gerücht, der Rat hätte 800 Bewaffnete in den Klöstern der Kartäuser und Prediger verborgen (vgl. NEUBAUER 3; U. WEISS, Bürger 91). Geheime Zusammenkunft der Achtherren am 13.7. (vgl. NEUBAUER 19; U. WEISS, a.a.O. 100 nennt den 12.7.). Im Kreuzgang trafen sich auch die Führer der Schwarzen Rotte (vgl. NEUBAUER 20); Vertreter der Viertel und Handwerker versammelten sich am 13.11. auf dem Predigerkirchhof (vgl. ebd. 51; BEYER/BIEREYE 331); die Gemeinde bzw. das Viertel wurde mehrmals (vom Rat) dort zusammengerufen (vgl. NEUBAUER 54, 94 Anm. 42a); vgl. auch U. WEISS, a.a.O. 90, zum evtl. Widerstand der Dominikaner gegen das neue Regiment 1513, so daß die Gemeinde nicht in den Klosterhof der Dominikaner berufen wurde. Allerdings vermieden es die Klöster, in den Stadtwirren einzugreifen; vgl. ebd. 95.

[10] Vgl. StBibl Mainz, III k:2°/196a (Schreiben des Rats an den Kaiser vom 13.7.1594; zit. Stelle bei Marginalie "Num. 65"): "*Der Closter wegen geschicht vns auch vnrecht/daß wir vns bey denselben eindringen wolten/Begeren nicht anders dan vnserer Vorfahren auff vns brachte iura zu continuiren/-Benentlich aber haben vber 150 Jhar hero vnsere Vorfahren die Vormundtschafften vber die Clöster allhier herobracht/welches wir ale Stunden beweisen können/von welcher Gerechtigkeit vnser gnedigster Herr vns auch gerne verdingen wolte.*" Mit der Nennung des Zeitraums von 150 Jahren Bezug auf die vergebliche Reformacio 1451 unter Nikolaus von Kues. Damals hatte eine Visitation unter Beteiligung von vier Ratsmitgliedern stattgefunden (vgl. U. WEISS, Bürger 41f.), woraus der Rat Hoheitsrechte ableitete. Die genannte Vormundschaft beinhaltete möglicherweise die Einsetzung von Pflegern, die aber bisher nicht nachgewiesen werden konnten.

[11] Vgl. ebd. 85, 17.

[12] Vgl. ebd. 87. Zur Reduzierung städt. Schulden ab 1513 und zur wirtschaftl. Unzufriedenheit vgl. SCRIBNER, Unity 195.

[13] Versteuert wurde er noch nicht; vgl. U. WEISS, Bürger 89f.

102

Zu Beginn des 16. Jahrhunderts war die von der Stadt 1392 gegründete Alma mater noch die einzige im thüringisch-hessischen und dem angrenzenden niedersächsisch-fränkischen Raum, auch wenn sie im letzten Viertel des 15. Jahrhunderts aufgrund von Neugründungen an Bedeutung verloren hatte.[14] Gleichfalls erlebte das privilegierte Generalstudium der Saxonia wegen der zahlreichen Konkurrenz nach 1480 eine Phase des Niedergangs.[15] Der Regens studii Nikolaus Marquitz wurde 1498 wegen Vernachlässigung des Studiums sogar abgesetzt. Sein Nachfolger Johannes Keltz scheint bis zu seinem Tod 1526 das Generalstudium geleitet zu haben, neben ihm Caspar Ebur, der 1518 Dekan der theologischen Fakultät war.[16] Die Ordensprofessoren waren wie der gesamte Erfurter Lehrkörper überaltert.[17] Es war keine literarische Produktion festzustellen.[18] Daher bemühte sich z.B. das Provinzkapitel 1516 um Hebung des Erfurter Studiums. "*pro huiusmodi studio reparando*"[19] sollte jede Nation zumindest einen Generalstudenten in Erfurt haben. 1516 wurden sechs General- und elf Semistudenten assigniert. Die Unterstützung der Erfurter Humani-

---

[14] Vgl. ABE, Frequenz 32f., 27; KLEINEIDAM II, 140; SCHWINGES 209f. Zur gesunkenen Wertschätzung des in Erfurt vertretenen Nominalismus vgl. TEWES. Jedoch waren die Dominikaner dort nicht in der Lage, den "Siegeszug der Thomisten" (ebd. 450) zu verwirklichen. An der theologischen Fakultät gab es neben den drei Ordenslehrstühlen der Dominikaner, Franziskaner und Augustinereremiten drei des Weltklerus. Ungeachtet der Bedeutung für die Mendikanten war Erfurt die bevorzugte Universität des Pfarrklerus; vgl. NEIDIGER, Dominikanerkloster 53, 66.

[15] Vgl. S. 37; LÖHR, Leipzig 15-20; I. W. FRANK, Bettelordensstudia 39ff. Auch nach BEYER/BIEREYE 296, waren die Erfurter Generalstudia der Franziskaner und Dominikaner um 1500 verfallen, es blühte das der Augustinereremiten.

[16] Vgl. LÖHR, Erfurt 255ff.; DERS., Kapitel 13* Anm. 66, 35*f.; DERS., Leipzig 16; KLEINEIDAM II, 90f., 117, 287, 298. 1496 war fr. Adam Schiedsrichter zwischen den Erfurter Professoren Marquitz und Clenger; der Ordensmagister verfügte, ihre Vergünstigungen sollten vom Kapitel geprüft werden. 1498 wurde Marquitz abgesetzt. 1498 auch Ordinationes des Ordensmagisters, "*quia hunc usque destructum fuit studium*"; vgl. LÖHR, Reg. Turriani 85. Die 1510 promovierten Nachfolger waren durch Ordensämter beansprucht: Keltz war 1516 und 1520 Definitor, 1521 Vicarius Thuringiae (vgl. DERS., Kapitel 47, 133, 152). Ebur (Eberhardi) war wohl von 1510-1518 Prior, 1517 und 1526 auch Definitor (vgl. KLEINEIDAM II, 298).

[17] Nach KLEINEIDAM II, 155, waren nach 1517 6 der 7 Professoren einschließlich Johannes Nathin OESA und Johannes Keltz OP zwischen 60 und 70 Jahren alt; vgl. auch 267f. Vgl. auch LUTHER: "*In Erfurt werden nur Fünfzigjährige zu Doktoren der Theologie promoviert*" (WA.Tr 4, 129, 28f. Nr. 4091). Von 1493-1504 fand in der theologischen Fakultät keine Promotion statt. Unter den 1514 Promovierten war Matthias Sturtz OP (vgl. KLEINEIDAM II, 154, 207; LÖHR, Erfurt 258; damit hätte ein jüngerer Magister als Professor zur Verfügung gestanden). Zu den 1520 Promovierten (dann erst wieder 1629!) zählte Wichmann Luther OP; vgl. KLEINEIDAM III, 252, 311.

[18] Vgl. ebd. II, 156 (allgemein), 298 (Dominikaner). 1518 wurden in Erfurt die *Transsumpta bullarum apostolicarum de privilegiis fratrum ordinis praedicatorum* gedruckt; vgl. LHA Magdeb., Rep. Copiare Nr. 1520.

[19] LÖHR, Kapitel 53; 54 zu den Assignationen. Schon 1514 Schutz des Erfurter Studiums durch die Verfügung, nur wer wenigstens drei Jahre in Erfurt gewesen sei, dürfe außerhalb der Provinz studieren; vgl. ebd. 31.

sten für Reuchlin in den Dunkelmännerbriefen blieb unbekannt und hatte daher wohl keine direkten Auswirkungen auf Konvent und Generalstudium.[20] Von Bedeutung für den Niedergang der Universität wie des Ordensstudiums waren die städtischen Unruhen mit Höhepunkten 1509, 1516 und 1521. Außerdem wurde die Stadt mehrfach von der Pest betroffen.[21] 1518 mußte konventsintern ein Streit zwischen Studenten und Konventualen geschlichtet werden.[22]

2.1.2 Von der reformatorischen Bewegung bis zum Hammelburger Vertrag des Jahres 1530

Für das Entstehen einer reformatorischen Bewegung war der persönliche Kontakt Luthers zur Stadt von Bedeutung.[23] Wegen eines gewissen Lokalpatriotismus für den Erfurter Augustiner und wegen dessen Gegensatz in der Ablaßfrage zum Magdeburger und Mainzer Erzbischof Albrecht von Brandenburg, dem politischen Gegner der städtischen Autonomie, war Erfurt eine der ersten Städte im Reich, in der "Luthers Sache" entschieden gefördert wurde. Wohl auch wegen des Einflusses der Erfurter Humanisten und der Sympathien für Luther in der Stadt verweigerte die Erfurter Theologische Fakultät das erbetene Gutachten nach der Leipziger Disputation 1519, da sie ohne die Professoren aus dem Dominikaner- und Augustinereremitenorden nicht urteilen könne.[24] Die Exemplare der päpstlichen Bannandrohungsbulle wurden von Studenten im Oktober 1520 ins Wasser geworfen.[25] Aufgrund der Gegnerschaft zu Kurmainz tolerierte dies der Rat und gestattete, daß der Augustinerprior Johannes Lang (ca. 1487-1548) später dem gebannten Luther im Namen des Rates sogar Asyl in Erfurt anbot.[26] Die auf Luthers feierliche Begrüßung durch

---

[20] Die theologische Fakultät sprach sich 1513 gegen Reuchlin aus und verurteilte den Augenspiegel (vgl. PETERSE 66f.; KLEINEIDAM II, 201f.), worum Bernhard von Luxemburg OP im Auftrag Hochstratens ersucht hatte; vgl. auch PAULUS, Dominikaner 107. Erfurter Theologen waren 1513 bei der Anklage und Verurteilung des Augenspiegels in Mainz; vgl. L. GEIGER, Briefwechsel 205, Nr. 175. Zur Entstehung der Dunkelmännerbriefe in Erfurt vgl. z.B. BEYER/BIEREYE 268-272; TEWES 482-488.

[21] Vgl. KLEINEIDAM II, 193, 267f.; III, 26; 27f. zum Niedergang des Studiums; ABE, Euricius 284.

[22] Vgl. LÖHR, Kapitel 89.

[23] 1501-12 Student, Magister und Augustinermönch in Erfurt; vgl. PETERS, Erfurt 256f.; MOELLER, Erwägungen 279f.

[24] Vgl. MÄGDEFRAU/GRATZ 18; T. FUCHS 183f.; KLEINEIDAM II, 237, 245. Sein Argument, die Verweigerung des Gutachtens erfolge wegen der Qualität der Ordensprofessoren, da sich die anderen akademischen Lehrer als weniger kompetent ansähen, ist für die Dominikaner wegen des darniederliegenden Generalstudiums zu vernachlässigen. Zum Erfurter Humanismus vgl. KLEIN, Humanismus 282-287; zur Bedeutung der Humanisten für die Sache Luthers vgl. SCRIBNER, Eigentümlichkeit 243f.

[25] Vgl. KLEINEIDAM II, 253f.; U. WEISS, Bürger 120f.; PETERS, Erfurt 258.

[26] Vgl. U. WEISS, Luther 216; MÄGDEFRAU/GRATZ 23f. - 1522 war Luther trotz der Reichsacht kurz in der Stadt; er erhielt allerdings keine offizielle Begrüßung; vgl. SCRIBNER, Unity 187.

Rat und Universität am 6. April 1521 bei seiner Reise zum Wormser Reichstag folgenden Auseinandersetzungen bildeten einen Grund für den "Pfaffensturm" im Juni 1521.[27] Er brachte die Stadt in den Ruf, turbulent und aufrührerisch bei der Unterstützung der religiösen Reform vorzugehen. Der Stadtrat nützte die Ereignisse aus, um die Privilegien der Erfurter Geistlichkeit abzubauen.[28] Schon im Juli 1521 predigte ein Augustinereremit im Sinne Luthers.[29] In den wohlhabenden Gemeinden St. Moritz und St. Michael waren aufgrund des Pfarrerwahlrechts die Lutheranhänger Georg Forchheim und Antonius Musa schon im Mai und Juni 1521 zu Pfarrern gewählt worden.[30] Somit waren in Erfurt neben den Augustinereremiten auch der Pfarrklerus das "Einfallstor" der Reformation. Gleichzeitig war die altgläubige Praxis noch intakt. Im Juli 1521 hatte Johann Kranichfeld, einer der exilierten Achtherrn, den Ertrag von 135 Gulden jährlich gestiftet, damit jeden Sonntag Bedürftige auf dem Kirchhof der Dominikaner gespeist würden.[31] Am 8. September 1521, dem Fest Nativitas Mariae, fand in Erfurt das Provinzkapitel der Saxonia unbehelligt statt. Es verpflichtete jeden Priester des Ordens zu einer Messe für den Rat, der traditionsgemäß Bier und Wein gestiftet hatte, und ebenso für die Universität.[32] Falsch ist die Nachricht, daß ein Jahr später der Rat einen lutherischen Prädikanten in der Predigerkirche eingesetzt hätte.[33] Doch gab es heftige Auseinandersetzungen zwischen Bartholomäus von Usingen auf der Kanzel der Marienkirche und neugläubigen Predigern.[34] Der Rat arbeitete weiterhin kontinuierlich am Ausbau seines Kirchenregiments. Vermutlich ausgelöst durch die vielen Kloster-

---

[27] Vgl. ebd. 195f.; PILVOUSEK 12ff.; U. WEISS, Bürger 123-132; PETERS, Erfurt 259ff.

[28] Vgl. BLICKLE, Stadt 255; SCRIBNER, Eigentümlichkeit 242, 245: "Unter kaum verhüllter Androhung weiterer Ausschreitungen erzwang der Rat viele Zugeständnisse von der Erfurter Geistlichkeit."

[29] So Erzbischof Albrecht an den Papst: *"Zudem begünstigt man einen gewissen aufsässigen Prediger, vom Orden des heil. Augustinus, welcher gegen die Hoheit Ew. Heiligkeit, gegen genannte Ew. Kreatur und den geistlichen Stand und dessen Würde in gar trauriger Weise das gemeine Volk anreizt und zur Untreue anlocken wird."* Zit. nach GREDY 56. Vgl. U. WEISS, Bürger 127.

[30] Vgl. ebd. 141f.; SCRIBNER, Eigentümlichkeit 247.

[31] Vgl. U. WEISS, Bürger132f.

[32] Vgl. LÖHR, Kapitel 145, 156f.; U. WEISS, Bürger 137f.

[33] Vgl. LÖHR, Kapitel 70*; KLEINEIDAM II, 267. Die falsche These, der Dominikaner Magister Georg Forchheim hätte zum ersten Mal 1521 in der Kirche evangelisch gepredigt, ab 1522 sei er ständiger Prediger in dieser ersten Kirche der Neugläubigen geworden (vgl. FALCKENSTEIN 585; ZACKE 120; SCHEERER 67; LUCKE 27) korrigiert z.B. bei KLEINEIDAM III, 5 Anm. 12. Die Dominikaner mußten auch ihr Kloster nicht 1522 verlassen, wie A. KOCH, Weihbischöfe 89, behauptete. Der Rat wies im Sommersemester 1522 jedoch die Universität an, keine ausgetretenen Mönche auch nur als Gäste aufzunehmen. Daher mußte der ehemalige Augustinereremit Johannes Lang den Lehrkörper verlassen; vgl. KLEINEIDAM III, 29; U. WEISS, Bürger 125.

[34] Vgl. ebd. 146-153, 157ff.; SCRIBNER, Eigentümlichkeit 246; PETERS, Erfurt 266ff.; zu den Schriften der Beteiligten MOELLER, Erwägungen 281f.

austritte nahmen der Ratsmeister Hans Koch zum Hopfengarten, der Vierherr Claus Gunderam und das Ratsmitglied Eoban Ziegler am 5. Mai 1522 eine Inventarisierung im Predigerkloster vor, die Gunther Redwitz protokollierte.[35] Am 5. Juli 1523 wurde in St. Michaelis erstmals das Abendmahl unter beiderlei Gestalt gereicht, am 13. Juli verheiratete sich der erste Geistliche.[36] 1523 wurde das vermutlich durch diese Vorgänge mitgenommene Studium nicht in den Convokationsakten erwähnt. Im folgenden Jahr 1524 wurde den Erfurter Dozenten die Verpflichtung eingeschärft, *"ut legant realiter"*![37] Wie anderswo brach die bisherige Frömmigkeits- und Spendenpraxis zusammen: von 1523 datieren die zwei letzten Zinskäufe zugunsten der Dominikaner.[38] Gleichzeitig gerieten auch die Dominikaner durch die neugläubige Bewegung zunehmend in Bedrängnis. Denn die Prädikanten "stachelten die öffentliche Meinung durch ihre Ansicht an, das Mönchswesen sei ganz auszurotten; und der Rat kam dieser Ansicht im Sommer 1524 mit dem Beschluß nach, den Klöstern die Aufnahme von Novizen zu untersagen. Der Rat plante, Klostereigentum zu säkularisieren, Meßstiftungen aufzulösen und den Erlös zu gemeinnützigen Zwecken zu verwenden. Es fing gleich mit der Beschlagnahmung der Finanzen der Erfurter Bruderschaften an".[39] Aufgrund ihrer finanziellen Bedrängnis ermahnten Prior und Konvent am Sonntag Laetare den Grafen von Leutenberg-Arnstadt wegen der seit zwei Jahren ausstehenden Zinsen von seiner Residenz Arnstadt.[40]

---

[35] Vgl. LHA, Magdeb., Rep. A 37 b I Abt. II, Tit. XVIII, Nr. 5. Verweis auf die Quelle bei LÖHR, Wirksamkeit 135. Vgl. zu den Austritten (1521 vereinzelt, gehäuft Anfang 1522) U. WEISS, Bürger 137-140; SCRIBNER, Eigentümlichkeit 246; LÖHR, Kapitel 70* (Dominikaner nicht erwähnt). - Unzulässig frühdatiert ist die Nachricht, 1522 sei das Gymnasium des Severistifts in das Refektorium der Dominikaner verlegt worden; vgl. ZACKE 120; SCHEERER 67; Korrektur der Ansicht bei THIELE 7f.

[36] Vgl. SCRIBNER, Eigentümlichkeit 246; 246, 248f. zur Zurückhaltung des Rats 1521-23 und dem Bündnis neugläubige Prediger-Rat ab 1523. Zu den ersten neugläubigen Kirchen Mitte 1524 gehörte als einzige Klosterkirche die Schottenkirche. Unzulässige Projektion der Situation 1525 schon in diese Zeit bei A. KOCH, Weihbischöfe 89 ("Ihre Kirche < Dominikaner >, dann die der Barfüßer, der Augustiner-Eremiten, der Regler und vier der Pfarrkirchen gingen unter dem Schutz des Rathes an die Prediger der neuen Lehre über."); GREDY 59 (nur noch in vier Pfarrkirchen Gottesdienst nach alten Ritus).

[37] Vgl. LÖHR, Kapitel 162, 174.

[38] Vgl. LHA Magdeb., Rep. Copiare Nr. 1519, fol. 14r-v; Rep. U 15 bis Nr. 15. 1522 auch letzter Eintrag im Totenbuch; vgl. ZACKE 57.

[39] SCRIBNER, Eigentümlichkeit 249. Der Rat wollte mit dem Vermögen der Bruderschaften die städtischen Schulden tilgen. Vermutlich schon zu diesem frühen Zeitpunkt endete die starke Präsenz der Zünfte bei den Dominikanern vgl. LHA Magdeb., Rep. U 15, Nr. 5, 9; ZACKE 48f., 57; KOLDE 12f. Inwieweit das Engagement von Zünften und Patriziern zu Ende des 15. Jh. abgenommen hatte, wäre noch zu erforschen. Zur (Patrizier-?) Familie Rosenzweig und zum Grabmal des 1518 verstorbenen Heinrich Reinbott vgl. OVERMANN, Predigerkirche 21f. Als religiöse Genossenschaft bestand die Bruderschaft der Jakobuspilger; vgl. U. WEISS, Bürger 49, 72.

[40] Vgl. LHA Magdeb., Rep. A 37 b, Abt. II, Tit. XVIII, Nr. 5, fol. 5.

Mit Elan nutzte der Rat, besonders der Bürgermeister Adolarius Huttener - ähnlich anderen Städten[41] -, die im Bauernkrieg gebotenen Möglichkeiten für die eigene Unabhängigkeit und damit zusammenhängend für die Förderung des neuen Kirchenwesens. Am 25. April 1525 waren *"alle closter in Erffurt ausgespulet und irer clinodien ... beraubet"*.[42] Zuerst wurden bei den Bettelorden, dann bei den Augustinerchorherren und Kartäusern alle Wertsachen registriert und aufs Rathaus gebracht. Am 26. April 1525 wurde sogar das Domstift inventarisiert und das Inventar dem Rat übergeben. Obwohl 10.000 Gulden Schutzgeld gezahlt werden mußten, nahm die Obrigkeit auch die restlichen Wertsachen und Dokumente in Verwahrung. Der altgläubige Gottesdienst wurde bis auf weitere Anordnung des Rates untersagt. Trotz der Annahme des Bürgerrechts durch einige Kleriker unterstützte sie der Rat nicht.[43] Als das Gerücht aufkam, die aufständischen Bauern wollten den Mainzer Hof stürmen, *"haben die amptleut den rat zu Erfurt zu den predigern nach alter gewontheit bitten lassen"* und gebeten, sie vor Gewalt zu schützen.[44] Am 27. April wurde selbst den Geistlichen der beiden Stifte die Predigt verboten und aller Gottesdienst untersagt, danach wurden die aufrührerischen Bauern am 28. April vorsätzlich in die Stadt gelassen und gegen die Mainzer Herrschaft gelenkt. Sie plünderten auch die geistlichen Häuser und Klöster.[45] Dies geschah unter Kontrolle des Magistrats. Nach mehreren Zeugenaussagen hätten Mitglieder des Rats, vor allem der Oberratsmeister Adolarius Huttener gesagt, *"si solten monch und nonnen aus den clostern jagen."*[46] Nachdem der Rat den geistlichen Besitz inventarisiert und

---

[41] Vgl. SCRIBNER, Eigentümlichkeit 250. Zu Huttener vgl. U. WEISS, Bürger 314.

[42] Vgl. FRANZ/FUCHS 400 Nr. 1604 (Beschwerdeschrift des Erfurter Klerus). Vgl. U. WEISS, Bürger 172f. Neben dem Verbot öffentl. altgläubigen Gottesdiensts (v)erlangte der Rat die Ablieferung der kirchlichen Wertsachen, Kapitalien, Schuldverschreibungen, Zins- und Einnahmeregister, angeblich, um sie vor Raub zu sichern; vgl. GREDY 93. Falls später ein Kloster eine Urkunde brauchte, mußte es beim Rat die Überlassung auf kurze Zeit beantragen; vgl. KLEINEIDAM III, 84. Dieses Verfahren wurde nach 1525 beibehalten: für die Augustinereremiten 1535 und 1556 vgl. OVERMANN, Urkundenbuch 364 Nr. 663; 377 Nr. 692. - Auch Pfleger wurden in den Klöstern eingesetzt; vgl. KLEINEIDAM III, 36. Bei den Dominikanern gab es sie wohl schon.

[43] Vgl. GESS, Akten II, 362 Anm. 1; FRANZ/FUCHS 129 Nr. 1211; ebd. 400 Nr. 1604. Nach ebd. 129 Anm. 1, wurden am 26.4. viele Kirchen inventarisiert.

[44] Vgl. ebd. 339 Nr. 1521 (undatiert).

[45] Vgl. ebd. 401 Nr. 1604 (Beschwerdeschrift des Erfurter Klerus); 446 Nr. 1639. Vgl. U. WEISS, Erwartung 175: "Der Aufruhr der Bauern wurde mit festem Vorsatz gegen die Mainzer Herrschaft gelenkt". Der mit ihr verbundene Klerus war das zweite Ziel. *"So haben auch die gemein zu Erffurt und yre undertanen vom lande, die sich dann zu ynen hineingeschlagen ... auch etzliche klostere in der stat gestormt und nach yrer gewonheit ausgereumt"* (GESS, Akten II, 138 Nr. 880; vgl. auch 145f. Nr. 887).

[46] FRANZ/FUCHS 917 Nr. 2126; vgl. ebd. 917f.: *"Er George und er Adelarius haben bevohlen, monch und nonnen auszutreiben und 10 prediger und pfarre zu bestellen."* Vgl. ebd. 929f. Nr. 2136: *"ime von seinen herren des rats bevolhen, den baurn in meintzischn hof und die closter einzuziehen anzuzaigen."* Vgl. auch die Aussage des Bauern Hans Tunger: *"hetten auch der gantze hauffen denselbigen hern des raths eyn eydt*

gesichert hatte, veranlaßte er also die Bauern zur Plünderung. Gleichzeitig sicherte er den Besitz der Klöster: Am 29. April schrieb der Erfurter Rat an den Amtmann zu Tonndorf, er solle die Förster der Dominikaner sowie der anderen Klöster geloben lassen, daß sie von dem Gehölz nichts entfremden würden.[47] Dieses planmäßige Vorgehen sollte sich bis zur Aufsage des Untertanenverhältnisses gegenüber Kurmainz fortsetzen. Am 1. Mai einigte sich der Rat mit den aufständischen "*vormunden, vierteln und hantwerken der stadt*", indem er außer dem Schoß alle Schulden nachließ.[48] Trotz des Abzugs der Bauern am 5. Mai agierte der Rat, als ob sie ihren Einfluß noch weiter ausübten. Der Rat konstituierte sich als "ewiger Rat", übernahm die Verwaltung des Mainzer Hofes und erklärte am 6. Mai alle mainzischen und geistlichen Güter als Eigentum der Stadt. Außerdem ließ er ein neues Siegel schaffen ohne Hinweis auf die Mainzer Oberhoheit.[49] Am 9. Mai erfolgte die offizielle Lossagung der Stadt vom Mainzer Stift.[50] Damit war durch einen "Staatsstreich" die Mainzer Oberhoheit beseitigt. Die Unterordnung unter Kurmainz wurde als aufgehoben angesehen, der Rat als einzige Obrigkeit proklamiert. Hand in Hand damit ging die Neuordnung des Kirchenwesens. Schon am 5. Mai wurde im Mainzer Hof beschlossen, daß nur zehn Gotteshäuser, in denen neugläubig gepredigt wurde, geöffnet bleiben sollten. Gleichzeitig "*hat der rath ... in alle pfarkirchen und closter geschickt und verbieten lassen, das sie kein metten, vesper ader mesz heimlich ader offenbar singen ader lesen sollen, und welche solichs nit halten, wolle*

---

geschworen, darauf sie die hern ingelassen ... aber in dem Mentzischenhof, clostern unnd geistlichen heusern, wo mhan sie hinweisen wurde (sic!), was sie aldo essen unnd tringken wurden, wan sie das maul gewischten, solte der wirt bezahlt sein. Solch geleit unnd nachlassung hette Herman von Hof durch den gantzen hauffen ausgeruffen." (EITNER, Urkunden 23; vgl. 32 auch das Zitat aus dem Coburger Codex 8777: "*der nahmen sie etzliche <rynder> unnd furttens in ire losament, als in das Augustiner, Prediger unnd Parfusser closter, unnd schlachten dieselb*"). Nach TODE 118f., wurden den Erfurter Bauern geordnet nach Ämtern und Vogteien Objekte zum Stürmen angewiesen. Auch der ehemalige Ulmer Minorit Eberlin von Günzburg (14-15), der zu dieser Zeit als Prädikant in Erfurt wirkte, sprach von Aufhetzung; er wurde etwas später von Huttener entlassen; vgl. EBERLIN fol. D IIIvff.; zit. auch bei SESSIONS 149-152. Zu dem ehemaligen Ulmer Minoriten vgl. PETERS, Eberlin.

[47] Vgl. FRANZ/FUCHS 147 Nr. 1236.

[48] Vgl. ebd. 164f. Nr. 1264.

[49] Vgl. BEYER/BIEREYE 390f. Zu der im Zusammenhang der Lossagung von Mainz erfolgenden Münzprägung im Jahr 1525 (letzte Prägung vorher 1468, nächste Prägung 1534) vgl. RÖBLITZ 340f. Vgl. FRANZ/FUCHS 211 Nr. 1336: am 6.5. erfolgte (nach dem Abzug der Bauern) das Verbot, Mainzisches oder geistliches Gut anzutasten.

[50] Vgl. ebd. 253 Nr. 1391. Vgl. auch BLICKLE, Stadt 254. Bezeichnung dieses Vorgehens als Staatsstreich bzw. "Reformation durch coup d'etat" bei SCRIBNER, Eigentümlichkeit 253, 252. Unverständlich PRESS, Kurmainz 392: "Der Rat vollzog den Übergang zur Reformation und beseitigte die Mainzer Oberherrschaft, aber er schreckte vor dem äußersten zurück."

der rath straffen".[51] Der Magistrat schickte Abgesandte in alle Klöster und befragte die Insassen, ob sie darin bleiben wollten.[52] Das von Luther genehmigte "Teutsch-Kirchenamt" wurde vom Rat als neuer Ritus am Dreifaltigkeitssonntag 1525 verbindlich gemacht.[53]

Das Ende des Bauernkrieges brachte auch für die Ambitionen der Stadt Erfurt einen Rückschlag. In bezug auf die einmal erreichten Positionen blieb der Rat so lange wie möglich hart und verhandelte geschickt. Trotz des jahrelangen Drängens von Erzbischof Albrecht nach Abschaffung des neuen Kirchenwesens und Restitution des alten sowie Erstattung des angerichteten Schadens stand das Erfurter Kirchenwesen nicht zur Disposition.[54] Die Stifts- und Klosterkleinodien betreffend "*hett der rate*

---

[51] Zit. EITNER, Urkunden 35 (nach U. WEISS, Bürger 253, hätten die Dominikaner aber in einer Kapelle im Konvent Gottesdienst gehalten). Vgl. FRANZ/FUCHS 402 Nr. 1604 (Beschwerdeschrift des Erfurter Klerus); 448 Nr. 1639. Je drei der ehemals 25 Pfarren, die man auf insgesamt 10 reduzierte, wurden zu einer der drei Pfarreien bei den Augustinern, Predigern und Barfüßern vereinigt und neue Pfarrer eingesetzt, für die Predigerkirche Peter Bamberger; vgl. BEYER/BIEREYE 391; PILVOUSEK 17. Am 9.5. schrieb Eobanus Hessus jedoch, daß Peter Geltner Pfr. der Predigergemeinde sei; vgl. ROMEICK, Eobanus 86 mit Anm. 19 (S. 88); U. WEISS, Bürger 180f. Ende Mai wurden die 10 Pfarreien auf 8 reduziert. "*Templa Mariae, Praedicatorum, Minorum, Scotorum, Regularium, Mercatorum, Augustinianorum, Andreae in parochias sunt redacta. Horae canonicae prorsus nullae celebrantur; Missarum ritus aboliti*" (Brief Eobans von Pfingsten, dem 4.6.1525; zit. nach KLEINEIDAM III, 36 Anm. 120). In die Predigerkirche wurde der ehemalige Dominikaner Johannes Rötelstein (Rutelius?) eingesetzt; vgl. BEYER/BIEREYE 392; OVERMANN, Predigerkirche 10f.; U. WEISS, Bürger 181; vgl. ebd., Register, zum weiteren Wirken (fälschlich nahm ZACKE 120, Predigtätigkeit ab 1521 mit Forchheim an). Nur Konrad Klinge hielt im Großen Hospital öffentlich altgläubigen Gottesdienst; vgl. BEYER/BIEREYE 392; U. WEISS, Bürger 181. Problematisch war daher für die Mendikanten die Persolvierung der Anniversarien. Die medizinische Fakultät ließ den Augustinereremiten für ihr Anniversar "privat" eine Spende zukommen, "*pro quo ipsi peragerent funeralem memoriam quando possent.*" KLEINEIDAM III, 39 Anm. 134.

[52] Vgl. EITNER, Urkunden 36; FRANZ/FUCHS 449 Nr. 1639; U. WEISS, Bürger 179. Die Mönche waren also nicht vertrieben worden. Zwar schrieb Eobanus Hessus am 7.5. "*Monachi pulsi omnes, vestales extrusae, canonici fugati*" (zit. U. WEISS, Bürger 178). Doch war dies "überschwengliche Rhetorik". Rötelstein trat evtl. zu dieser Zeit aus. Vielleicht ist er der ebd. 220 Anm. 99, Erwähnte (10 fl. als Abfindung; laut 179 erhielt jede/r Austretende diese Summe). - Der Rat plante, die desolate Universität ins Dominikanerkloster zu verlegen; vgl. ebd. 191.

[53] Vgl. WA.B III, 591f. Nr. 934; U. WEISS, Luther 220; DERS., Bürger 182-185; PETERS, Erfurt 270. Nach Hessus waren schon zu Pfingsten "neue Feiern" eingerichtet; vgl. ROMEICK, Eobanus 90. - Nach den vom Rat am 9.5. angenommenen Artikeln waren Altarstiftungen den Erben auszuzahlen, ansonsten dem gemeinen Kasten; vgl. FRANZ/FUCHS 250 Nr. 1390 (5.); 252f. Nr. 1390a. Zu Luthers gutachtlicher Kritik an den Erfurter Artikeln vgl. U. WEISS, Luther; H. KUNST 162-170; PETERS, Erfurt 268ff.

[54] So bekannte der Erfurt Rat am 22. Juni 1525 im Brief an Herzog Johann, "*daß wir bei dem waren und rechten wort gottes als fromme getreue christen stehn und pleiben*"; FRANZ/FUCHS 505 Nr. 1698. Vgl. U. WEISS, Bürger 202. Zu den Mainzer Forderungen in Religionsfragen vgl. auch FRANZ/FUCHS 634, 635f. Während der Kaiser 1527 auf Intervention Albrechts die Restitution altgläubiger Institutionen und die Rückkehr zum alten Glauben verlangte, forderten der Kurfürst von Sachsen und Philipp von Hessen die Stadt auf, dem Evangelium treu zu bleiben; vgl. KLEINEIDAM III, 40; GREDY 115. Zu den Verhandlungen

gesehen, wie allenthalben gehandelt", daher hätten sie inventarisiert und alles an sich genommen. "*Wolten solhs, sovil zu der erhe gotes dienet, zimlich widergeben. Was aber uberflussig, dieweil sie in merglich schulden erwachsen, wolten sie zu der gemeinen stat nutz hinlegen, die schuldener damit bezalen*".[55] Da im neuen Kirchenwesen weniger Kirchengut gebraucht wurde, war die Absicht des Rates offensichtlich. Erst am 7. Januar 1526 erkannten die Gesandten Erfurts die Oberhoheit des Erzbischofs wieder an.[56] Daraufhin sollte der altgläubige Gottesdienst wieder beginnen. Dies geschah jedoch erst an Pfingsten 1526 im Marienstift.[57] Trotz der Intervention des Kaisers und des Schwäbischen Bundes gestalteten sich die Verhandlungen zwischen Erfurt und Kurmainz recht langwierig. 1529 wurde jedoch das Festhalten am status quo als Urteilsspruch verkündet.[58] Der Rat lavierte zwischen den Forderungen des altgläubigen Mainzer Kurfürsten und des Kaisers sowie des neugläubigen sächsischen Kurfürsten. Aus einer gewissen Position der Stärke konnte der Magistrat es sich leisten, bis 1530 zu verhandeln und dann ein insgesamt für die Stadt positives Ergebnis erreichen.

Diese Vorgänge waren die Rahmenbedingung für die Mendikanten in Erfurt. 1525 wurde nach dem Ende des "Bauernaufruhrs" den vier Bettelorden die Erlaubnis zum Gottesdienst und die Herausgabe der in Verwahrung genommenen Rechtsdokumente und Wertsachen verweigert.[59] Aufgrund der Unruhen in der Stadt hatte der Personalstand des Erfurter Konvents abgenommen: Der Erfurter Ex-Dominikaner Johann Rötelstein war Pfarrer der Predigerkirche geworden. Der auf ein Jahr als Beichtvater im Frauenkloster Ichtershausen angestellte Erfurter Konventuale Johann Hendell kam nach der Vertreibung der Zisterzienserinnen durch die Bauern, die ihm auch zwei gute Kappen aus dem Beichthaus nahmen, nicht wieder ins Kloster.[60] 1525 konsolidierte sich nach Ende des Aufstandes bei den Dominikanern die Situation, so im Bereich des Generalstudiums. 1526 wurde Caspar Ebur vom Provinzka-

---

ab 1525 vgl. SCRIBNER, Unity 204ff.

[55] FRANZ/FUCHS 632f. Nr. 1839. Auf Drängen seines Mitgliedes Albrecht von Brandenburg erließ der schwäbische Bund am 5.8.1525 an Erfurt die erst am 9.9. eingetroffene Aufforderung, volle Restitution und Schadenersatz zu leisten, auch die "lutherische Sekte abzustellen" und den altgläubigen Gottesdienst zu erneuern; vgl. GREDY 94. Zu den Verhandlungen um das Kirchengut vgl. auch U. WEISS, Bürger 218-222.

[56] Vgl. GREDY 114 ("*Kurfürstliche Gnaden wolle des Rats und der Stadt gnädiger Herr sein und bleiben.*"). Bzgl. der Restitution erklärten die Vertreter Erfurts zuerst, sie wollten tun, was in ihren Kräften stünde.

[57] Vgl. FRANZ/FUCHS 830f. Nr. 2033; PILVOUSEK 18; U. WEISS, Bürger 216f.

[58] Vgl. GREDY 115f. Nach SCRIBNER, Eigentümlichkeit 243 Anm. 5 wurde 1528 jeder Glaubenspartei vier Pfarrkirchen zugestanden; Dom, Augustiner- und Dominikanerkirchen hätte beiden zur Verfügung gestanden. Vgl. auch DERS., Society 260ff.; U. WEISS, Bürger 236.

[59] Vgl. U. WEISS, Bürger 208f.

[60] Vgl. FRANZ/FUCHS 686 Nr. 1891. Zu Rötelstein vgl. S. 109 Anm. 51.

pitel als Regens studii bestätigt.[61] Das Studium, das mittlerweile fast jede Bedeutung verloren hatte, konnte wohl bis zum Tode Eburs 1533 aufrecht erhalten werden. Allerdings hatte der Rat die Absicht aufgegeben, die Klöster aussterben zu lassen. Er beteuerte vielmehr ihr "*christl. Leben*", um die z.B. von Herzog Georg gesperrten auswärtigen Zinsen zu erlangen.[62] Jedoch gab es 1528 kaum noch Fratres im Kloster.[63]

Nach jahrelangen Verhandlungen kam es zum Hammelburger Vertrag, der am 6. Februar paraphiert und am 4. März 1530 ratifiziert wurde. Erfurt erkannte abermals die Oberhoheit des Kurfürsten an, zahlte die recht geringe Summe von 2.500 Gulden als Entschädigung und sollte den Stiften und Gotteshäusern die Kleinodien restituieren und für die schon veräußerten 12 Mark Silber zahlen. Altgläubiger Gottesdienst sollte "*vnuerhindert eines Raths vnd Gemeinde*"[64] im Dom, dem Severistift und dem Benediktinerkloster auf dem Petersberg stattfinden, wogegen Albrecht eine volle Amnestie verkündigte. Ansonsten wurde der status quo festgeschrieben: "*aller ander Gottesheuser halb/vnd in Sachen den Glauben vnd Ceremonien betreffende/-wollen wir hiermit vnnd diesmal keiner Parthey ichts gegeben/genomen/erleubt oder verboten haben*".[65] Stillschweigend wurde damit die implizite Autonomie der Stadt von der geistlichen Jurisdiktion und Oberhoheit des Mainzer Erzbischofs anerkannt,

---

[61] Vgl. LÖHR, Kapitel 183, 70*. Nach LÖHR vegetierte das Studium nur noch dahin. Die häufig vorkommende Formel "*de studentibus providetur*" ist nicht unbedingt Anzeichen für einen Notstand. Es gab wohl Studenten in Erfurt, zumeist wurde der zahlenmäßig geringe Ordensnachwuchs wohl im sichereren Leipzig ausgebildet. 1528 gab es in Erfurt im Unterschied zu anderen Konventen keinen Regens studii, Magister studentium, keinen Lector secundarius, lapidar hieß es: "*legant et disputent fratres Ludowicus Crafft et cristoferus Dispolt.*" Allerdings wurden fünf Studenten assigniert; vgl. ebd. 194; zu Nikolaus Neuper vgl. auch DERS., Erfurt 258 (außerdem wurden noch drei Fratres in den personell geschwächten Konvent gesandt; vgl. LÖHR, a.a.O. 197). Erst 1530 war die Studienorganisation (zumindest formal) mit Caspar Ebur als Regens wieder intakt. Johannes Werner wurde als Lektor secundarius und praedicator in seinen Konvent zurückgerufen; vgl. ebd. 205. 1534 war Ebur verstorben, trotzdem heißt es bzgl. des Studiums "*qui prius*"; vgl. ebd. 217, 215. Nun stand das Generalstudium vermutlich nur noch auf dem Papier.

[62] Vgl. U. WEISS, Bürger 219f.

[63] Vgl. LINDNER 1555: "*welich closter numahls (MVCXXVIII) ist leyder von brudern lar, wie den och ander closter daselbst cum teyl vorwust seyn, wen vil vorlaufne, meyneidige, gottreulosige Munche, Pfaffen vnd Nonnen wurden czu Erfort in schucz gehalten, vnd so sie sich beweipten vnd bemanten, ire trewphlicht Gote vnd dem orden hyndangesaczt, gefoddert, belehnt vnd vorerht, aber die in iren clöstern stanthaftig, bespottet, verfolget vnd allermassen geengiftiget, mussen sich leiden vnd schmygen in kommer vnd armut, dermasen wart czu Erfort dise jaren mutwilliger uncristlicher freuel getrieben, yedach seint sie sehr gestillet, vnd beginnen von tag czu tage solches wider abe zustellen vnd sich erkennen, beuor MCV XXX.*"

[64] StBibl Mainz, III k:2⁰/196a (Fasz. 4: Concordata vnd Vertrege/so zwischen Erzbischoff vnd Stifft Meintz/etc. vnd der Stad Erffurdt auffgericht; darin: Vertrag durch den löbl. Bund zu Schwaben Anno 1530 zu Hammelburg auffgericht; hier Nr. 7.

[65] Ebd. Vgl. SCRIBNER, Society 264-267; U. WEISS, Bürger 242f., 243f. zur Unzufriedenheit mit dem Vertrag; PETERS, Erfurt 273f.; PRESS, Kurmainz 392; PILVOUSEK 19; KLEINEIDAM III, 47.

nachdem die politische Unabhängigkeitserklärung gescheitert war. "Mainz konnte ... seine politische Position, seine Stellung als 'Erbherr' behaupten. Das Ziel einer völligen Restitution des altgläubigen Kirchenwesens mußte es jedoch aufgeben."[66] Der Status quo einer religiösen Mischsituation wurde legitimiert, allerdings von beiden Seiten mit dem Vorbehalt einer Änderung. Dieser Paragraph bildete den Hintergrund für die Situation der Mendikanten, speziell der Dominikaner, in der Stadt. Die Predigerkirche diente also weiterhin als evangelische Pfarrkirche, das Kloster blieb im Besitz der Dominikaner.[67] Ausdruck der altgläubigen Konsolidierung bzw. Reaktion war, daß der dezidiert "katholische" Franziskaner Konrad Klinge (ca. 1483/84-1556) jetzt Prediger am Marienstift wurde, der bisherige evangelische Prediger Johannes Lang wurde Neunuhrprediger der Dominikanerkirche.[68] 1530 setzte der Rat seine Klosterverwalter (Pfleger) wieder ab. Jedoch hatten die Vorsteher der geistlichen Institute jährlich dem Rat Rechnung abzulegen und mußten ebenfalls in diesem Jahr Steuern zahlen.[69] Somit mußte der Rat seine bisherige Politik zum Teil aufgeben. Er arbeitete aber weiterhin an der Verringerung und Einschränkung geistlicher Privilegien.

Erfurt ist ein gutes Beispiel für eine allmählich voranschreitende Reformation. Es ist recht problematisch, die Reformation zu datieren.[70] Die Berufung auf den Speyrer Reichsabschied 1526 diente der Rechtfertigung der schon ab 1523 und vor allem während der Unruhen des Jahres 1525 geschaffenen Zustände.[71] Schon ab 1521 galt Erfurt als "lutherische" Stadt. Mit dem Hammelburger Vertrag war rechtlich eindeutig Position bezogen. Allerdings nur in aller Vorläufigkeit: jede Seite sah den Vertrag nur soweit als bindend an, als er für nützlich erachtet wurde. Der Erfurter Klerus akzeptierte den durch ihren Erzbischof abgeschlossenen Vertrag erst 1539.

2.1.3 Die Beharrung im neugläubigen Kirchenwesen

Der Hammelburger Vertrag ermöglichte zwar die Konsolidierung der Dominikaner, doch war die Situation in einer mehrheitlich protestantischen Umgebung nicht immer

---

[66] CHRIST 404.

[67] Vgl. LÖHR, Kapitel 70*; MEISNER 5; KLEINEIDAM III, 47. Die meisten der 15 Altäre wurden im Lauf der Zeit aus der Kirche entfernt, diese 1574 ausgemalt; vgl. SCHEERER 68. Laut SCRIBNER, Society 261, hätten die Dominikaner im Chor der Kirche bei verschlossen Türen Messe halten können.

[68] Vgl. KLEINEIDAM III, 311.

[69] Vgl. SCRIBNER, Society 269; U. WEISS, Bürger 252. Ebd. Anm. 30 wurde das Vermögen der Dominikaner mit 1074 fl. im Verrechnungsbuch angegeben.

[70] Daher heißt es auch in einem Schreiben des Rates von 1589, daß das *publicum exercitium Augustanae confessionis in 60 Jahren quiete herbracht* sei; vgl. StBibl Mainz, III k:2⁰/196a.

[71] Vgl. U. WEISS, Revolution 127; SCRIBNER, Unity 211f.

unproblematisch.[72] Neben dem darniederliegenden Studium und dem Personalmangel hatte der Konvent vor allem mit wirtschaftlichen Schwierigkeiten zu kämpfen.[73] Um dem abzuhelfen, begaben sich die zwei bedeutendsten Mitglieder des 1525 aus Jena vertriebenen und 1539/40 aus Leipzig weggezogenen Jenaer Konvents nach Erfurt.[74] Prior Georg Kramer und der 1539 in die Dienste Albrechts von Brandenburg getretene Petrus Rauch von Ansbach immatrikulierten sich im Wintersemester des Jahres an der Erfurter Universität. Zu dieser Zeit übte Albrecht als Kanzler der Universität Druck aus, um die Theologische Fakultät altgläubig zu halten.[75] Ihr fehlten Personal und Studenten. Als Sententiar hielt Rauch dort vielleicht bis zu seiner Promotion 1543 in Mainz Vorlesungen.[76] Durch die zwei Predigerbrüder sollte die Fakultät neu belebt werden. Außerdem wollten wohl auch die Dominikaner das seit 1534 nur noch nominell bestehende Generalstudium fortführen.

---

[72] Zwei terminierende Mönche wurden 1531 außerhalb Erfurts von einem protestantischen Ritter überfallen, einer der Fratres getötet; vgl. FALCKENSTEIN 598f.; erwähnt bei U. WEISS, Bürger 261.

[73] Wichtiger Einkommenstitel neben den unregelmäßig gezahlten Zinsen war die Vermietung der dem Konvent gehörenden Häuser, die Urkunden geben auch wichtigen Aufschluß über die Besetzung der Konventsämter: Prior Laurentius Koch, Dr. Caspar Ebur (+1533) und Subprior Brauer überließen ein Haus dem Jakob Rost und Frau (ohne Datum, aber vor 1533); im Kaufbrief für das Haus "zum goldenen Mohren" für Junker Philipp Ziegeler am 25.3.1536 wurden Prior Pantaleon Brauer und Subprior Conrad Clenger genannt; am 19.5.1537 wurde das Haus "zum großen Rosengarten" am Kloster Simon von Grenßen und Sohn Florian überlassen; am 24.4.1538 quittieren Prior Brauer, C. Clenger und Custos Jakob Kiffinberger (sic!) eine Zinsablösung für Klaus Noth bzgl. des Hauses "zum Birnbaum"; vgl. LHA Magdeb., Rep. U 15, Nr. 16-19; Nr. 21: am 30.6.1546 Verpachtung des Hauses "zum kleinen Rosengarten" an Wilhelm von Kutzleben durch Prior Erhardt, Schaffner Clenger, Custos Kopffenberger; Nr. 22 vom 11.8.1548: das Haus "zum Einsiedler" beim Kloster erhält Hans von Grenssen und Familie durch Prior Erhardt und Schaffner Clenger; Kopfinberger wurde nicht (mehr?) erwähnt; Nr. 23 vom 3.6.1553: Revers der Anna, Philipp Zieglers Witwe, für das durch Vizeprior Clenger ihr auf Lebenszeit verkaufte Haus "zum goldenen Mohren"; vgl. dazu auch oben die Urk. von 1536.

[74] Zum Exil des Jenaer Konvents vgl. S. 288-290. Die Instrumentalisierung der Dominikaner durch Erzbischof Albrecht belegt die Assignation weiterer Jenaer Konventsmitglieder nach Halle, die vermutlich dessen Lieblingsresidenz beim alten Glauben halten sollten; vgl. LÖHR, Kapitel 65*.

[75] 1536 Verbot, "Lutheraner" zum theologischen Magisterexamen zuzulassen. Um Tumulte bei der Zurückweisung von Protestanten zu vermeiden, ließ die Universität 1538-41 Promotionen ausfallen; vgl. KLEINEIDAM III, 61, 141; vgl. 69: "Konrad Klinge war als einziger Doktor der Theologie übrig geblieben; aber es fand sich niemand, der den Mut gehabt hätte, zum Doktor der Theologie zu promovieren. Man hatte sich damit abgefunden, daß auch Bakkalare der Theologie das Dekanat der Fakultät führen und die Lektoratspräbende am Marienstift erhalten konnten." Vgl. auch U. WEISS, Bürger 270f. In den Provinzkapitelsakten 1540 fehlt eine Bestimmung über das Erfurter Generalstudium.

[76] Vgl. K.-B. SPRINGER: Rauch, Petrus. In: BBKL 7 (1994) 1399. Evtl. konnte er in Erfurt aus dem in der vorigen Anm. genannten Grund nicht promoviert werden. Für die an sich übliche Promotion durch einen Ordensprofessor bot sich Necrosius in Mainz an. Da Rauch 1543 dort als "non nominatus", also wohl durch erzbischöfliche Intervention, ins Konsil der Fakultät aufgenommen wurde, wirkte er vermutlich ab diesem Zeitpunkt nicht mehr in Erfurt; vgl. auch S. 183. Der Versuch der Stabilisierung des Erfurter Studiums scheiterte. Mit dem Tod Klinges 1556 begann die Zeit der "katholisch-theologischen" Fakultät ohne Theologen; vgl. KLEINEIDAM III, 177.

Gleichzeitig stützte Rauch durch seine Funktion als Prediger der Marienkirche die altgläubige Position in der Stadt.[77] Nach Rauchs Weggang blieb der Jenaer Prior in Erfurt. Im Streit mit der Leipziger Universität wurden die Jenaer Konventualen aufgrund ihres Wohnortes in den Jahren 1551 und 1558 sogar als "*monachos Erdfurdenses*" bezeichnet.[78]

Allein wegen der Anwesenheit Georg Kramers ist die häufiger kolportierte Nachricht unzutreffend, 1544 sei Hans Kintzinger als einziger Mönch im Kloster gewesen, den der Rat wegen einiger Holzungen noch zu versorgen hatte.[79] Vielmehr ließ der Rat den Dominikaner Johannes Kitzing in das Servitenkloster ziehen, damit dieses nach dem Tod des Priors 1543 von einer geistlichen Person besetzt sei.[80] Urkundlich sind für dieses Jahr im Dominikanerkloster Prior Wolfgang Erhardt, Schaffner Conrad Clenger und Custos Jakob Kopfinberger genannt.[81] Außerdem waren wohl auch der später noch erwähnte Jakob Schoppe, Prior Kramer und evtl. noch weitere Jenaer Konventualen oder Konversen im Kloster. Die finanzielle Lage war sehr schlecht. Am 1. August 1543 baten die Dominikaner, Franziskaner und Augustinereremiten den Rat, ihnen gegen den Herren zu Greiz und Kranichstein beizustehen, der ihnen das Holzsammeln verwehrte.[82] Die Bettelorden waren also auch außerhalb Erfurts, das fast gänzlich von Sachsen umschlossen war, in einer schwierigen Lage. Um Hilfe konnten sie sich nur an den Rat wenden, der sie seit Jahrzehnten in ihren Rechten beschränkte. Als Gegenleistung boten sie zwar ihr Gebet an, was auf das mehrheitlich protestantische Gremium wohl keinen großen Eindruck machte. Eine willkommene Unterstützung war es, daß Weihbischof Rauch bei seinem Tod 1558 dem Erfurter Konvent 100 Gulden für ein Anniversar vermachte, was der damalige Prior Joachim Bartoldi quittierte.[83]

---

[77] Angeblich 1541-45; vgl. K.-B. SPRINGER: Rauch, Petrus. In: BBKL 7 (1994) 1399 nach G. GIERATHS: Rauch, Petrus. In: LThK² 8 (1963) 1011; KLEINEIDAM III, 163. Nach ebd. 174, wäre Klinge Prediger von 1530-56 gewesen. In dem Fall hätte Rauch nur aushilfsweise dieses Amt ausgeübt.

[78] Vgl. ZARNCKE, Acta 417, 476.

[79] So ZACKE 123, 133; SCHEERER 67; LÖHR, Kapitel 70*; LUCKE 15, 28 (seine ebd. 15 vorgenommene Berechnung der Konventsstärke ist völlig unsinnig).

[80] Vgl. U. WEISS, Bürger 256.

[81] LHA Magdeb., Rep. U 15, Nr. 20: Quittung vom 2.5. für den Rentmeister Graf Gunthers von Schwarzburg über 6 Silberschillinge wiederkäuflicher Zinsen. Zu den Schulden des Grafen vgl. EINERT 30f. Zu Erhardt vgl. LÖHR, Kapitel 90 Anm. 8; 9 Anm. 14 zu Clenger sowie Anm. 73 auf S. 113.

[82] Regest bei OVERMANN, Urkundenbuch 371f. Nr. 678. Der Rat bekümmerte sich um die Anliegen der altgläubigen Institutionen; vgl. Art. 7 des Leipziger Vertrags 1533; vgl. U. WEISS, Bürger 251f. 1560 wandte sich der Erfurter Rat u.a. für die Dominikaner an den Mainzer Erzbischof, da die Herren "*Reussen von Plaw zu Kranchweldt*" ihnen das Holzsammeln verweigerten; vgl. LHA Magdeburg, Rep. A 37 b I, Abt. II, Tit. XV, Nr. 83, fol. 2-5.

[83] Vgl. KLEINEIDAM III, 163.

Der Sieg des Kaisers über den Schmalkaldischen Bund stärkte auch die Position des Mainzer Erzbischofs. Von dessen Beamten wurden 1549 Abgeordnete des Rats ins Predigerkloster gebeten, ihnen der Augsburger Reichsabschied übergeben und eine Reform der "Polizei" verlangt. Darauf reagierte der Magistrat allerdings mit Protest und der Einführung einer eigenen Polizeiordnung. Durch das Interim - der Rat akzeptierte die Leipziger Variante - und den Augsburger Religionsfrieden verbesserte sich die Situation der Dominikaner in der Stadt wohl nicht.[84] Die Mainzer Erzbischöfe hätten vielleicht trotz des Hammelburger Vertrages unter Berufung auf den Augsburger Religionsfrieden das kirchliche Leben in Erfurt "rekatholisieren" können, doch hatten sie nicht die Macht dazu. Der Rat hingegen beanspruchte die Rechte eines Reichsstandes. Dazu gehörte auch das ius reformandi. Es erwies sich als zeitgemäße Kampfform für die eigene Unabhängigkeit und gegen das Erzstift. In dem Zusammenhang stand der erstmals seit 1510 am 30. Januar 1559 wieder unternommene Ratskirchgang in die evangelische Predigerkirche.[85] Der Kampf für die Erfurter Unabhängigkeit erstreckte sich daher auch auf Klöster und Kirchen. Gerade die Mendikantenkonvente wurden vom Magistrat zur Untermauerung der Erfurter Ansprüche genutzt. So "nahm man auch hier das ius reformandi in Anspruch und versuchte die Bettelklöster einzuziehen; an ihnen glaubte man ein Recht zu haben, da sie aus den Spenden der Bürger entstanden waren".[86]

1560 visitierte der Provinzvikar Bartholomäus Kleindienst (+ 1560) den Erfurter Konvent. Die von ihm beabsichtigte Stabilisierung der Situation, wobei es vermutlich auch um eine Präsenz der Dominikaner an der Universität ging, scheiterte wegen seines frühen Todes.[87] 1562 bis 1567 amtierte Conrad Clenger als "*prioratampts-vorweser*",[88] danach Jakob Schoppe. Bei Bekanntwerden von dessem unge-

---

[84] Zum Visitationsauftrag Erzbischof Sebastians für Erfurt, von dessen Durchführung nichts bekannt ist, und zu Erfurts Antwort auf den "zweiten Rundbrief" vgl. DECOT, Religionsfriede 118, 106; U. WEISS, Bürger 272f. Da das Interim dem Erzbischof zur Ausdehnung der Konzessionen des Hammelburger Vertrages diente, war der Rat dagegen; vgl. DERS., Revolution 131. - Zur Nichtdurchsetzbarkeit des erzbischöflichen ius reformandi vgl. ebd. 131f.; PRESS, Kurmainz 393; zur Berufung der Stadt auf die Declaratio Ferdinandea U. WEISS, Bürger 274.

[85] "*In diesem Jahre gieng (sic!) der neue Rath am Montage nach Pauli Bekehrung zum ersten mahl in die Prediger-Kirche in corpore.*" FALCKENSTEIN 638. Vgl. KLEINEIDAM III, 80; SCRIBNER, Society 269, 271; U. WEISS, Revolution 132; DERS., Bürger 277f.

[86] THIELE 11f. Ähnliche Argumentation für Göttingen bei LUBECUS; vgl. das Zitat auf S. 27.

[87] Vgl. KLEINEIDAM III, 109 mit Verweis auf den Brief des Johannes Alphons de Polanco an Petrus Canisius von 1560: "*Ubi pater Frater Bartholomaeus dominicanus advenerit, de cause moguntina et erfordiensi agetur*" (ed. BRAUNSBERGER II, 331f. Nr. 431). Zu dessen früherer Tätigkeit als Hofmeister in Erfurt vgl. auch PAULUS, Dominikaner 268; 273 zum Tod am 8.10.1560.

[88] Vgl. LHA Magdeb., Rep. U 15, Nr. 24 (19.5.1562: Quittung an den gräflich Schwarzburgischen Rentmeister über die gezahlten Zinsen); Nr. 25 (25.7.1566: Ablösung eines an den Mainzer Hof zu

bührlichen Lebenswandel und der Veruntreuung der Klostergüter hatte Provinzial Heinrich Hoppe den Christopher Dietmar (Dithmar) als Prior eingesetzt, welchem Schoppe aber keinen Gehorsam leisten wollte. Diese Situation sollte sich 1588 wiederholen. Daraufhin wurde Schoppe erst im Kloster, dann im Mainzer Hof als Gefangener gehalten. Am 9. November 1569 schwor er Urfehde und wurde zur Besserung von dem nach Erfurt gekommenen Provinzial in den Osnabrücker Konvent versetzt. Die Urfehde sah vor, daß Schoppe nicht mehr nach Erfurt kommen werde, außer *"mir werde dem solchen von o.g. Herrn Provinzial oder meinem Obirsten nach verflossen vier oder 5 Jahren solichs erlaubt auferlegt vnd befohlen"*.[89] Was für den Orden und Kurmainz "Veruntreuung" von Seiten Schoppes war, war für den Rat Rückführung des eigenen, in das Kloster gesteckten Eigentums, das nicht dem Gegner Mainz in die Hände fallen sollte. Umgekehrt war für den Erfurter Rat der "Schutz" bzw. die "Verwahrung" des Klosterguts durch den Orden oder die Mainzer Beamten "Diebstahl und Entfremdung".[90] Es war strittig, ob das Klostergut Eigentum der Stadt bzw. der jeweiligen geistlichen Institution war.

1574 gelang es Erfurt, die Türkensteuer direkt an das Reich abzuführen und somit den Anspruch auf Reichsunmittelbarkeit zu untermauern.[91] Auf der anderen Seite waren der Kurfürst Daniel Brendel von Homburg (1555-82) und sein Nachfolger Wolfgang von Dalberg (1582-1601) fest entschlossen, die Oberherrschaft über die

---

zahlenden Freizinses von 3 silbernen Pf. für das Haus "zum kleinen Rosengarten", beim Kloster gelegen); LHA Magdeb., Rep. A 37b I, Ab. II, Tit. XVIII, Nr. 5, fol. 6 (mit J. Schoppe wird der Verkauf eines Ackers an das Peterskloster für 120 fl. *"zu erhaltung vnsers leibs Notturfft"* beurkundet).

[89] Vgl. LHA Magdeb., Rep. U 15, Nr. 28 (Schoppes Urfehde). Neben Erbzinsen, Wiesen u. Häusern hatte er Meßgewänder sogar *"dem Juden"* verkauft, *"in summa also gehauset ..., daß ich versorget und vorsehen"*. Vgl. LHA Magdeb., Rep. Copiare Nr. 1519, fol. 9: über Kaufbrief von 1515 Vermerk *"dise summa geldes ist verkaufft worden von Her Jacob Schoppe."* LHA Magdeb., Rep. U 15, Nr. 26, bekannte Dr. med. Petrus Anianus am 1.5.1569, einen Zins von 1 Malter Korn über 32 Jahre lang schuldig geblieben zu sein; laut Nr. 27 vom 9.7.1569 hatte der Goldschmied Caspar Groner dem Konvent über 140 fl. rückständiger Kaufgelder für das Haus "zum kleinen Rosengarten" zu zahlen. Der Provinzial nutzte die Visitation zur Ordnung der finanziellen Verhältnisse des Konvents. Ebenso wurde ein neuer Prior Rüdiger eingesetzt, der am 10.12.1569 (mit Senior Clenger, Schoppe und Georg Silesius) Dr. Anianus eine Quittung über 50 fl. Kaufgeld für Zinsen ausstellte; vgl. ebd. Nr. 29. Am 10.12. empfing der Kanonikus Gottfried Berckmann des Liebfrauenstifts 50 fl. von Dr. Anianus, die der Kanonikus dem Prior Georg Silesius am Sonnabend Cyriaci Martyris 1570 übergab. - Laut ZACKE 133, war Christoph Dietmar schon 1521 Konventual des Klosters.

[90] Vgl. S. 121 Anm. 117 und zu den verschiedenen Eigentumsauffassungen bzgl. des Klosterguts vgl. S. 342-346.

[91] Vgl. BEYER/BIEREYE 454; CHRIST 404f.

116

Stadt durchzusetzen.[92] Dem Ziel dienten auch "gegenreformatorische Aktivitäten". So wurde z.B. erbittert um die Wigbertipfarrei und - da zu dieser Zeit die meisten Klöster ausstarben - um das Reglerkloster gestritten. In dem Zusammenhang standen auch die weniger bedeutsamen Auseinandersetzungen um das Dominikanerkloster, die weiterhin untrennbar mit dem Namen Jakob Schoppes verbunden waren. 1577 schickte der Provinzial den Beichtvater des Frauenklosters Galiläa, Christopher Dietmar, als Visitator mit dem Auftrag, er solle sich um das Vermögen des Konvents und insbesondere um die Einsetzung eines Priors kümmern. Kurmainzer Beamten hatten das Vermögen beschlagnahmt, um es dem neuen Prior zu übergeben. Erkundigen sollte sich der Visitator beim Mainzer Kommissar sowie Frater Georg Silesius (Kramer?), und "*von ihme Rechnunge von allen Jharen, darinne er nicht gerechnet, ... fordern*"[93]. Dann sollte er die Situation im Konvent ordnen, vor allem die Zinsen und Güter inventarisieren, "*beide deposita, Halle vnd Erfurt, ... eroffnen*",[94] die dem Konvent gehörenden Häuser verkaufen und die vom Abt auf dem Petersberg geschuldeten 50 Gulden einziehen. Falls es dienlich sei, solle er auf Bitten des Abtes den J. Schoppe wieder einsetzen,[95] denn der Konvent war fast ohne Personal. In einem Bericht von 1578 heißt es: "*Im Predigerkloster sei nur ein Mönch, der als Schuster arbeite und einhergehe.*"[96] Jakob Schoppe war mit Hilfe der Mainzer Beamten eingesetzt worden, da kein anderer Frater zur Verfügung stand. So sollte vermieden werden, daß der Rat das Kloster aufheben würde. Die

---

[92] 1577 kamen die ersten Jesuiten (verkleidet) in die Stadt, 1578 Weihbischof Nikolaus Elgard (1547-87). Die wichtigsten Beamtenstellen wurden mit dezidierten Katholiken besetzt, so die des Sieglers mit Dr. Theodor Buchmaier (Buhemeiger/Baumeyher) und die des Vitztums mit Dr. Georg Oland; vgl. BEYER/BIEREYE 456-459. Zu den konfessionellen Gegensätzen, die sich z.B. äußerten in den Poachschen Händeln ab 1569 (zu P. vgl. auch STUPPERICH, Reformatorenlexikon 167f. und RICHTER), dem Kavatensturm 1579, dem Streit um das Reglerkloster (1580-86) und die Wigbertikirche 1581-1589? (1587 kaiserl. Restitutionsmandat) sowie der Kalenderreform 1583 vgl. BEYER/BIEREYE 445-466; KLEINEIDAM III, 114-119, 142. Zu Elgard vgl. DREHMANN; GREBNER. Zu korrigieren ist KLEINEIDAM III, 118, nach dem sich Kurmainz nicht um die absterbenden Mendikantenkonvente gekümmert hätte. Zu Restitutionsversuchen des Augustinereremitenklosters durch den Erzbischof ab 1565 vgl. THIELE 49f.

[93] Vgl. LHA Magdeb., Rep. U 15, Nr. 29a; ed. bei BÜNGER, Beiträge 146f. Nr. 8; vgl. auch ebd. 113; RENSING 152f. - Christopher Dietmar war 1577 bis 1598 Beichtvater und in dieser Funktion Prior des Frauenklosters Galiläa; vgl. HENGST, Klosterbuch I, 326.

[94] LHA Magdeb., Rep. U 15, Nr. 29a. Das "depositum Halle" bestand wohl aus den Wertsachen des dortigen Konvents, die evtl. nach der Aufhebung 1561 von Prior Bartoldi nach Erfurt verbracht worden waren; vgl. SPRINGER, Dominikaner 405.

[95] Vgl. LHA Magdeb., Rep. U 15, Nr. 29a.

[96] Zit. THIELE 65 Nr. 8 (Diarium Dr. Oland). Er berichtete 1578 dem Erzbischof, fast alle Klöster seien verwahrlost und beinahe leer; vgl. KLEINEIDAM III, 113; 105 (ebenso U. WEISS, Bürger 276) zum Aussterben der Klöster: 1580 die Regler, 1588 die Dominikaner, 1594 die Franziskaner, schließlich 1598 die Augustinereremiten (ihr Prior hatte schon 1560 das Kloster übergeben); auch das Kartäuserkloster drohte auszusterben; das Schottenkloster stand von 1561-77 leer.

Häuserverkäufe erfolgten, da der Provinzial das Klostergut dem Rat entziehen wollte und deshalb an transferierbarem Bargeld interessiert war. Trotz des Schutzes durch den Hammelburger Vertrag 1530 und vielleicht im Zusammenhang mit der Aufhebung des Reglerklosters 1580 dehnte der Rat aufgrund der bestehenden kirchenregimentlichen Einbindung des Predigerkonvents seine Einflußnahme weiter aus. So wurde im gleichen Jahr die Deckenkonstruktion des Refektoriums in den neuen Saal des Rathauses übertragen und dort eingebaut.[97] Beim Provinzkapitel am 27. März 1582 konnte kein Vertreter des Erfurter Konvents teilnehmen. Der dort gewählte Provinzial Nikolaus Steinlage ernannte am 2. Oktober 1582 den Dortmunder Frater Hermann Beermann zum Erfurter Prior und beauftragte ihn, sofort das Kloster zu übernehmen.[98] Diesem war es wohl unmöglich, sein Amt anzutreten. Vermutlich wurde er - wie 1588 Christopher Dietmar - vom Rat daran gehindert. Am 23. November 1582 befahl der Provinzial dem Frater Berthold Parcurdt, in den Erfurter Konvent zurückzukehren, er wolle selbst kommen und mit Hilfe des Mainzer Erzbischofs Ordnung schaffen.[99] Der Dechant des Marienstiftes und kurmainzische Siegler, Dr. Theodor Buchmaier, klagte am 16. Januar 1583 über die Unordentlichkeit und die Entweihung des Glaubens durch die Konventualen Bertold Parcurdt und Johannes Keilmann, weshalb er den Provinzial um Versetzung des Fraters Bertold bat. Am 31. Januar bat der Provinzial, da er nicht selbst kommen könne, wegen des Personalmangels den Siegler, er möge *"doch dem Bartholdum Parcurd in der Guthe oder sonst ernstlichen vermanen, anhaltten vnd vermögen, damit er alles, was er auss vnserm conuentu zu Erffurdt vorkauft ader verbracht, ohn einigen Verzugk widerumb restituire vnd vnss auss dem Closter verreichen möchte, aber Johannem Keilman in guther Disciplin vnd Zucht sich zuerhalten ermanen vnd eine guthe*

---

[97] Vgl. StBibl Mainz, III k:2⁰/196 a ("Copi < sic > Deß Churfürsten zu Maintz der Kayserl. May. gethanen Schreibens wegen deren von Erffordt geübten Friedbruchs vnd Thathandlungen, de Dato 15. Julij Anno 89"): "*In gleichem hat bemelter Rath geweret/das meine Geistliche Richter vnd Executores Fratrem Iacobum Schoppen/Prediger Ordens/welcher in deme jhme vertraweten Closter mit einer vnzüchtigen Frawen Person vbel gehauset/dasselbe Closter durchaus verwüstet/die Gebew abbricht/die Stein vnd Gehölz daraus verkaufft/nicht haben gebürender weiß züchtigen/vnd von solcher begierlichen verwüstungen abhalten können/Auch selbst hat er der Rath deß Closters refertorii jmmer Gebew daraus genommen/vnd ein grosse Stuben/welches sie die newe stuben nennen auff dem Rahthaus (sic!)/darvon machen lassen.*" Ebenso Hinweis im Schreiben des Erzbischofs an den Kaiser vom 11.5.1591. Daß die Täfelung gekauft war, schrieb der Rat erst am 13.7.1594 (Fasz. 10; bei der Marginalie "Num. 64") an den Kaiser: "*Von des Klosters refectorio/welchs im Wetter gestanden/zuverfaulen angefangen/vnd vns nicht vmb sonst ankommen ist/kan man viel wunder treiben/Wie aber andere Geistlichen selbst solch Kloster sonst an Gebewden/ Brawpfannen/Zinsen/Bücher/Kleinodien vnd allerhand Ornat gentzlich spolijrt vnd zum grunde gerichtet/ darvon ist altum silentium verhanden.*" - Jedoch war Schoppe nicht Prior, 1580 amtierte Prior Silesius, wie aus Hans Petermanns Verschreibung über 10 Schneeberger jährlicher Zinsen für 12 fl. Hauptsumme hervorgeht; vgl. LHA Magdeb., Rep. U 15, Nr. 30.

[98] Vgl. BÜNGER, Beiträge 113; RENSING 191, 153; KORDEL, Kapitelsakten 228.

[99] Vgl. BÜNGER, Beiträge 114.

Aufsehend auf das Conuent biss auf benente Zeid, als kombstigen Paschen oder kurtz darnach, bissdahin ich eine bequeme Person verhoffentlich schicken werde, haben wollte".[100] Am 14. August schrieb der Provinzial an J. Keilmann, er verstehe dessen Klagen nicht, und wolle selbst kommen.[101] Vom Osnabrücker Provinzkapitel im August/September 1583 wurde der Visitator von 1577, Christopher Dietmar, als Prior sowie der schon genannte Diakon Johannes Keilmann nach Erfurt assigniert, letzterer erhielt auch die Erlaubnis, dort die Priesterweihe empfangen.[102] An der Erfurter Universität immatrikulierte sich Keilmann zum Wintersemester 1583/84.[103] Somit wurde noch einmal versucht, die dominikanische Tradition an der Universität zu beleben. 1584 bis 1586 ist Keilmann als Prior belegt.[104] Der wegen sittlicher Vergehen eingekerkerte Johannes Keilmann - was von den Mainzer Beamten als Angriff auf die geistliche Immunität prozeßrechtlich ausgeschlachtet wurde[105] - war aus seinem Gefängnis geflohen.[106] Erstaunlich war, daß der an

---

[100] Ebd. 148f. Nr. 9. Parcurdt apostasierte wohl.

[101] Vgl. ebd. 114.

[102] Vgl. KORDEL, Kapitelsakten 240, 241; 230f. zur Datierung des Kapitels; 232 vermutet er (fälschlich), daß Erfurt der Ausbildung des Ordensnachwuchses noch gedient hätte.

[103] Vgl. KLEINEIDAM III, 164.

[104] Vgl. LHA Magdeb., Rep. U 15, Nr. 31 (28.11.1584: Miet- und Pachtvertrag zwischen Prior Keilmann und Nikolaus Hartung über einige Äcker). Vgl. KLEINEIDAM III, 164. Vgl. LHA Magdeb., Rep. A 37 b I, Abt. II, Tit. XVIII 22c: Antiquus Liber Mortuorum Monasterii Praedicatorum, fol. 1: *"Prior desselbigen Klosters dieses 1586 Jhars Johann Keilmann"*, von dem wohl selbst die Niederschrift des Totenbuchs stammt. Wie in anderen Konventen wurden in Erfurt zu dieser Zeit verschiedene Bücher neu angelegt. Somit wurde noch kurz vor dem Ende des Konvents der Versuch einer Bestandssicherung vorgenommen.

[105] Der Rat hätte Keilmann in *"schwere Gefengnus"* gesteckt (kein genaues Datum genannt); vgl. StBibl Mainz, III k:2⁰/196 a ("Copi < sic > Deß Churfürsten zu Maintz der Kayserl. May. gethanen Schreibens wegen deren von Erffordt geübten Friedbruchs vnd Thathandlungen, de Dato 15. Julij Anno 89"). Vgl. auch ebd. (Schreiben des Erzbischofs an den Kaiser vom 11.5.1591: *"So vbergehen sie auch was etliche meiner Geistlichen Personen halb ohn alle gegebene vrsachen vnnd beschuldigung gegen Sie/Als nemlichen Fratrem Johannem Keillman/Prediger Ordens/Martinum Schwippe Vicarium S. Severi ... mit schwerem Gefengniß furgenommen/Dadurch sie denn abermals sich ganz verdechtig/vnd der Sachen schuldig machen/- Vnd darum billich mit ernst gegen sie zuvorfahren."* (Hervorhebung vom Verf.) Der Rat hatte nach seiner Auffassung aufgrund der Verträge mit dem Administrator Albrecht von 1483 das Recht, Geistliche, die nicht an Leib und Leben zu strafen waren, ins Ratsgefängnis zu überführen. Vgl. auch das Schreiben des Rats vom 9.7.1526 bei GESS, Akten II, 571 Nr. 1278, daß Mainz ohne Genehmigung des Rats keinen Geistlichen gefangensetzen dürfe.

[106] Vgl. StBibl Mainz, III k:2⁰/196a (Fasz. 10: Schreiben des Rats an den Kaiser vom 13.7.1594): *"Frater Johan Keilman ist wegen vielfeltig getriebener Hurerey vnnd Schwängerung einer Magt von hinnen entlauffen/ist wunder/daß vnser gnedigster herr eines solchen gesellen sich annimpt/von dem doch der Provincial beweißlich anhero geschrieben/daß er wirdig wehre/daß ihn die Raben fressen."* Nichts vermeldet der Rat jedoch von einer Inhaftierung. Wohl auf Keilman oder Schoppe zu beziehen die Beilage Nr. 65 zu obigem Schreiben, die für das Jahr 1585 folgende Angabe enthält: *"Aber einmal ist er < Küchenmeister Ciliax vom Peterskloster > nach deß Münnichs Huren gegangen zun Predigern/hat ihn der Bruder mit*

sich vom Ordinarius exemte Dominikaner als eine "*meiner Geistlichen Perso-nen*"[107] bezeichnet wurde. 1587 erklärte sich Provinzial Steinlage gegenüber den Kurmainzischen Executoren in Erfurt bereit, gegen gewisse Zusicherungen einen Prior für das dortige Kloster zu senden.[108] Gegen Schoppe wollten Mainzer Beamte am 20. September 1587 vorgehen. Der Rat versprach diesbezüglich am 21. September, daß er "*im Closter an eine Kette im beysein eines E.E.Raths gesandten angelegt werde/doch daß jhme sonsten weder an Leib noch Gut kein Eintrag gesche-hen möge*".[109] Schoppe konnte nicht verkennen, daß die Ordensgremien wie die kurmainzer Beamten gegen ihn eingestellt waren. Am 6. Oktober 1587 zeigten diese dem Rat an, sie seien entschlossen "*eine vom Herrn Prouincialn des Prediger Ordens anhero zum VicePriorn deputirte Person in gedachtes Kloster zu introduci-ren*".[110] Dem legte der Rat jedoch Hindernisse in den Weg. Nach dessen Ver-ständnis war Jakob Schoppe 1588 der letzte Bewohner und damit Rechtsträger des Konvents. Am 5. Februar 1588 soll er dem Rat das Kloster, bestehend aus Schlaf-haus, Kreuzgang, Garten, Stuben und Kammern, übergeben haben.[111] Dafür gibt es keinen Quellenbeleg. Falls die Übergabe vorgenommen und der Vertrag vom Rat nicht bekannt gemacht worden wäre, wären alle folgenden Verhandlungen um die Einsetzung eines Priors bzw. die Übergabe des Klosters an diesen nur Spiegelfechte-rei gewesen.

Am 28. Juni 1588 antwortete der Rat auf die Mainzer Klagen gegen Schoppe, daß er diesen nicht zustimmen könne. Schon die Vorgänger des Dominikaners wie auch die Erfurter Geistlichen hätten das Kloster beraubt, d.h. die besten Stücke daraus an sich gebracht. Gegen "*Leben vnd Wandel*" des Fraters könnte der Rat die Klagen nicht annehmen, da Schoppe - obwohl er "*einmal gentzlich aus dem Closter gewe-*

Steinen bald die Kappe abgesagt/wie er selber berichtet hat/Wonet damals hinder dem Berge bey jrer Mutter/in eim klein heußlein." Nach KORDEL, Kapitelsakten 241 Anm. 31, befand sich Keilmann 1596 im Dortmunder Konvent.

[107] Vgl. das Zitat in Anm. 105.

[108] Vgl. BÜNGER, Beiträge 114.

[109] Vgl. StBibl Mainz, III k:2⁰/196a (Schreiben des Rats an den Kaiser vom 17.2.1590; hier Beilage Nr. 31 vom 20.9.1587). Auf das Ultimatum der "Mainzer" bzgl. des Fraters erbot sich der Rat am 20.9., auf die Klage vor einem unparteiischen Richter zu warten. Schoppe hätte versprochen, nicht zu fliehen und den Rat "*zu recht vnd vor unrechter gewalt*" um Schutz gebeten. Beim Treffen kurmainzer Beamter und Ratsvertreter im Kreuzgang des Liebfrauenstifts am 21.9. machte der Rat den Vorschlag, den Mönch im Kloster zu verwahren.

[110] Vgl. StBibl Mainz III k:2⁰/196 a (Schreiben des Rats an den Kaiser vom 17.2.1590; Beilage Nr. 32: Convokation zwischen dem Rat und Kurmainzer Beamten im Kreuzgang des Marienstifts vom 6.10.1587).

[111] Vgl. RENSING 153; LÖHR, Kapitel 70*; KORDEL, Kapitelsakten 232. Nach ZACKE 124, hätte sich Schoppe eine Wohnung im Konvent und ein kleines Einkommen reserviert.

sen"[112] - mit vollem Wissen um seine Taten wieder durch die Mainzer Beamten eingesetzt worden sei. Die Mainzer Beamten veranlaßten den Provinzial, einen neuen Prior zu senden. Als dieser, der schon bekannte Christopher Dietmar, im September 1588 erschien, verweigerte ihm Schoppe den Eintritt.[113] Gegen den hinhaltenden Widerstand des Rats erklärten die Mainzer Beamten am 30. August 1588 den von ihnen in die Dominikanerkirche gebetenen Ratsvertretern, "*daß derselbe Münch nicht als ein Verwalter in gemeldts Closter gesetzt/sondern daß er dasselbe nur so lang jnnen behalten sollte/biß eine Qualificirte Person anhero geordnet würde*".[114] Da Schoppe dem Gesandten des Provinzials den Eintritt verweigere, erbaten sie vom Rat die Öffnung des Klosters. Erst am 10. September befahl der Rat Schoppe, "*sich der einführung der Newen Ordensperson nicht zuuorwegern*"[115] und verordnete Gesandte, damit dabei kein Aufruhr entstünde und am Mönch "*nichts thetlichs*"[116] begangen würde. Als die Mainzer Beamten und Prior Christopher Dietmar am 12. September dann die Übergabe des Klosters verlangten, erklärten die Ratsverordneten, daß nur der Einlaß genehmigt worden sei. Ebenso war die Zusammenkunft am 14. September vergeblich. Der Rat hatte Schoppe befohlen, die gerichtliche Possession des Priors vorzunehmen. Als der Prior und Mainzer Beamte, darunter der Siegler, Dr. Heinrich, die Schlüssel als Zeichen der Übergabe des Klosters empfangen wollten, erklärten die im Auftrag des Rats anwesenden Zweiherren, wegen der Schlüssel hätten sie kein Mandat. Auch Jakob Schoppe verweigerte die Herausgabe der Schlüssel, beschuldigte den Siegler des Diebstahls und führte aus, er sei Konventual dieses Klosters und habe nach dem "fremden", d.h. nicht ortsansässigen, Mönch nicht geschickt, das Einkommen lange nicht für beide.[117] Schoppe argumentiert also wie der Rat, was wohl kein Zufall

---

[112] StBibl Mainz III k:2⁰/196a (Scheiben des Erfurter Rates vom 17.2.1590 auf das kaiserliche Poenalmandat vom 30.10.1589; ebenso Beilage 30: Schreiben des Rats an den Churfürsten vom 28.6.1588).

[113] Vgl. BEYER/BIEREYE 466.

[114] StBibl Mainz III K:2⁰/196a (Schreiben des Rats an den Kaiser vom 17.2.1590; hier Beilage Nr. 33).

[115] Vgl. ebd., hier Beilage Nr. 33.

[116] Ebd.

[117] Vgl. ebd.: "*Vnd wann jhr mich gleich henget oder schleifft/so wil ich jhme dennoch nicht obediren/denn ich bin ein Conuentual Person dieses Closters/vnd habe dem frembden Münch keinen boten geschickt/er hette nicht ehe kommen sollen/dan wan ich ihn citiren lassen/so ist das einkommen dieses Closters so gros nicht/das man viel Ordenspersonen darein setzen wil/dan ich alleine mich davon kaum behelffen mag*" (paraphrasiert bei BEYER/BIEREYE 467). Vorwürfe des Sieglers konterte Schoppe, indem er Dietmar des Diebstahls beschuldigte ("*ich kenne diesen Christoff Diethmar gar wol/weiß auch wol/daß er vormals mehr im Kloster gewesen/aber er wird dißmal nicht 600 Fl. wider enttragen können/wie er vormals gethan*"). Gemeint ist die Rettung des Klostereigentums sowie wohl des "Depositum Halle" vor dem Zugriff der Stadt. Ferner sagte Schoppe den kurmainzer Beamten, sie seien an der Situation selbst schuld, "*do sie nun gewust/daß ich so ein loser Kerll/vnd dem Kloster nicht gnugsam vorstehen können/warumb haben sie mich herein gesetzt/hetten sie mich wol draussen lassen können*". Während des Rundganges der Mainzer Beamten

war. Da der Rat nicht eingriff, war der Versuch der Wiederbesetzung des Klosters gescheitert.[118] Jedoch wurde in der erzbischöflichen Klageschrift 1591 an den Kaiser dieses Verhalten nicht benannt. Offensichtlich war die Rechtsposition des Ordens und von Kurmainz schlecht.[119] Als Schoppe 1591 das Kloster verließ, soll er dem Ältesten der evangelischen Predigergemeinde das Inventarverzeichnis übergeben haben, das er durch Notar Reichhardt hatte aufnehmen lassen. Damit ging das Kloster in die Hand der Predigergemeinde bzw. der Stadt über.[120] Der untere Teil des Dormitoriums soll sofort vom Rat instand gesetzt und als Schule verwandt worden sein.[121] Für die Übergabe wurde fr. Jakob lebenslängliche "*herberge*" vom Rat zugesagt. Er begab sich aber nach Weimar, wo er am 31. Mai 1591 urkundlich belegt war. Als "*Senior unndt der letzte des prediger Closters Inn Erffurt*"[122] bat er von dort aus den Rat, er möge die ihm zustehenden jährlichen 37 Gulden weiterhin zahlen. "*Ich will dargegen ... das zu dem closter gehörige darüber E.E. ... die Bothmeßigkeit habenn, genzlich gesundt willig ubergebenn habenn, außgenommen aber das Holz, das zu Tondorf ... liegt*".[123] Denn Meister Benedikt, "*aldtermann zu S. Martini vnndt zun predigern*" wie auch der "*kirchner*" Valentin hätten das Eigentum des Jakob Schoppe auf Befehl des Rates mit Beschlag belegt. Daher war

---

mit Dietmar durch das Kloster zogen sich die Zweiermänner zurück und kamen auch auf Bitten nicht mehr ins Kloster.

[118] Vgl BEYER/BIEREYE 467.

[119] Vgl. StBibl Mainz III K:2⁰/196a (Schreiben des Erzbischofs an den Kaiser vom 11. Mai 1591) enthält nur diese Passage: "*Welcher gestalt mein Rath sich auch von wegen des Prediger Münchs/Jacobi Schoppen entschuldigt/vnd vermeinet/das sie wider Recht vnd Concordata nicht gehandelt/in deme sie meinen Geistlichen verordenten Richtern vnd Beampten nicht allein nicht gestehen wollen/ihn seiner groben vbertrettung halb zu züchtigen/Sondern dieses orths ihre Hend abermals mit am Teig haben wollen/darzu man ihr gleichwol gar nicht bedarff/findet sich aus jhren (sic) erklerung.*"

[120] Vgl. ZACKE 124; KLEINEIDAM III, 164; BEYER/BIEREYE 467 Anm. Vgl. J. M. GUDENUS 241f. zu den Vorgängen 1588-91 "*Relinqueret Senatus ad justitiam patentem viam, nec Domini sui jura invaderent. Continuationi litium, Dominicanorum & Monasterium materiam praebuit: id a dissoluto quodam monacho possidebatur, qui sub protectione Senatus superiores suos, ipsum adeo ArchiEpiscopum despiciebat. Electoris Sigillifer coercere irregularem, & cum Provinciali ordinis disciplinae veteri Coenobium restituere conatur. At Senatus, ne quid in personam sub protectione sua constitui admitteretur, inhibet. Monasterium autem mandatis recentibus Caesareis vindicare sibi non ausus. Introducitur novus, ut dicant, prior, sed cui alter conviciis, & Senatus favore praevaluit. Sic & hoc, aliaque, praecipue mendicantium Coenobia Senatui cessere, partim disciplina laxiore profanata, partim irrita venditione derelicta.*"

[121] Vgl. SCHEERER 67f.; BEYER/BIEREYE 467 Anm.; LUCKE 28. Um 1600 ist Zacharias Hogel dort als Rektor nachweisbar; vgl. KLEINEIDAM III, 190. - 1594 sollen umfangreiche Wiederherstellungarbeiten ausgeführt worden sein; vgl. OVERMANN, Predigerkirche 11.

[122] Vgl. die Urkunde in LHA Magdeb., Rep. A 37b, Abt. II, Tit. XVIII Nr. 5, fol. 47-57.

[123] Ebd. (von dort auch das folgende Zitat). Nach SCRIBNER, Society 276, erlangte Sachsen-Weimar erst 1602 vollständig den umstrittenen Besitz von Tonndorf; der Erwerb des Waldes war evtl. ein wichtiger Schritt in diesem Prozeß. Laut ZACKE 124, verkaufte Schoppe der Weimarer Regierung auch das Klosterholz zu Osthausen.

122

er aus Erfurt geflohen und versuchte, sein Eigentum wieder zu erhalten. Gegen die Übergabe des im sächsischen Territorium gelegenen Predigerwaldes erhielt er vom Fürsten eine Bestallung. Dann heiratete er wohl seine Konkubine und verstarb schon recht bald, da sich im Mai 1592 seine Witwe Agatha an den sächsischen Kurfürsten um Unterstützung wegen der entstandenen Schulden wandte. Vermutlich hatte der Erfurter Rat nach der Übergabe des Klosters zwischen 1588/91 den als "*Alderman*" bezeichneten Pfleger eingesetzt.

Das Erfurter Kloster war dem Orden verloren. Nur in diesem - verglichen mit der Publizität um die Wigbertikirche, das Reglerkloster, die Neuwerkskirche und die Übergriffe bzgl. der Abtei St. Peter - relativ unbedeutenden Streit setzte sich die Stadt gegen Kurmainz durch. Entscheidend war die kommunale Einbindung des Konvents, gegen den die Ansprüche auf geistliche Jurisdiktion vergeblich waren. Beide Seiten argumentierten mit der Verfügungsgewalt über das Kloster. Das Kirchenregiment war Ausfluß und Zeichen obrigkeitlicher Zuständigkeit, daher sprach der Erzbischof von "meinem Rat" wie von "meinen Klöstern".[124] Der Rat konnte sich auf einen Verkauf oder eine Übergabe durch den letzten, noch im Kloster befindlichen Frater stützen.

Kurfürst Johann Schweikard von Kronberg betrieb bei der Stadt die Herausgabe der Klöster und aller seit dem Passauer Vertrag eingezogenen Kirchengüter. 1605 wurde die Wigbertipfarrkirche und das Reglerkloster von den Protestanten geräumt.[125] Im Vertrag von 1618 hieß es: "*Weiters sollen unsere Rathsmeister und Rath Barfüßer, Prediger und Augstiner Closter wie der Marien Knechter Kirchen und Clöster ...*

---

[124] Vgl. StBibl Mainz III K.2^0/196a (Schreiben des Erzbischofs an den Kaiser vom 11.5.1591): "*Dieweil aber mein Rath gewohnet alle ding/worin sie wollen in einen zweiffel zu ziehen/vnd fur sich selbst dienlichen zuverstehen vnd zu interpraetiren, so ... vnterlassen <sie> aber keine gelegenheit/warinn sie nur Mir vnd meinen Stifften vnd Klöstern an den hergebrachten Immuniteten vnd Freyheiten/einen abbruch vnd schmelerung zufügen können*". Zur Bezeichnung Keilmanns als "*meiner Geistlichen Person*" vgl. oben Anm. 105. Auch später wurde der Rat beschuldigt: "*Vnd sonsten sich auch vnbefügsamer weise vnterstehen/Bey dem Prediger vnnd andern Klöstern sich einzudringen/vnd ein mitvorwaltung zu haben*". Dagegen schrieb der Rat am 13.7.1594 an den Kaiser (Fasz. 10, Zitat bei Marginalie "Num. 64."): "*Weils vns aber die Maintzischen Beampten bey angreiffung des nunmehr verstorbenen Prediger Münchs/gentzlich excludiren wollen/erscheinet klar/welch theil wider klare Verträge gehandelt habe*". Im Fall der verlangten Restitution des Minoritenkonvents verwies der Rat schon vorher auf die mangelnde Zuständigkeit des Erzbischofs: "*Das Barfüsser Closter aber ist nicht in vnser gewalt/sondern biß auff die blosse sehr wandelbare gebew durch die Maintzischen Beampten/Münichen vnnd Pfaffen gentzlich vnd alles Vorraths spoliirt/wider welches mehr auffsehen von nöten gewesen were/vnangesehen/daß vom Bapst Benedicto diß Closter/von aller geistlichen jurisdiction vnd gewalt eximirt worden/vnd nvser gnedigster Herr derwegen kein Interesse hat.*"

[125] Vgl. BEYER/BIEREYE 476f.

wieder einräumen und überantwortten."[126] Somit hätte für die Dominikaner die Möglichkeit der Restitution bestanden. Geplant war eine Besetzung wohl. Der Vikar des Provinzials, Johannes Andreas Mandalensis, schrieb am 24. April dem für die Erfurter Angelegenheit deputierten Kommissar, dem Mainzer Domkantor und Propst von St. Alban, Anton Waldbott von Bassenheim, er wäre über den Willen des Erzbischofs benachrichtigt, daß der Orden in der Frage Erfurts Stellung beziehe. Doch könne er aufgrund der Wandlungen in der Leitung der Provinz, gemeint ist die Absetzung des Provinzials und der Prioren, nichts entscheiden und bitte, die Rückkehr des Kommissars Marini abzuwarten.[127] Aufgrund des genannten Vertrages wäre eine Restitution wohl möglich gewesen. Vermutlich wollte der Erzbischof aufgrund der mittlerweile gefestigten mainzischen Landesherrschaft nur in sein Kirchenregiment eingebundene Geistliche. Als Marini dies in Frankfurt und Mainz verweigerte, verlor der Erzbischof vielleicht das Interesse und kümmerte sich um diese Angelegenheit nicht mehr.[128] Vermutlich war von Seiten der Dominikaner wegen der Personalknappheit eine Neubesetzung nicht vorgesehen. An einer finanziellen Kompensation des Ordens hatte wohl der Erzbischof kein Interesse. Außerdem hatte die Ansiedlung der Dominikaner in Erfurt für das Erzstift keine große Bedeutung. Ein Bettelorden, nämlich die Augustinereremiten, waren restituiert worden, zudem gab es noch die Jesuiten. Die Dominikaner wurden in der mehrheitlich protestantischen Stadt für die Seelsorge nicht unbedingt gebraucht. Dem Kurfürsten brachte die nicht erfolgte Restitution keinerlei Einbußen. Denn ein Bettelorden hatte nicht viel Besitz. Dieser war schon längst "umgewidmet" bzw. entfernt worden. Nur für das Gebäude, das zudem teilweise als Schule genutzt wurde, lohnte sich der Aufwand einer Restitution wohl nicht.

---

[126] THIELE 83f. Nr. 18. Da das Augustinereremitenkloster der Stadt als Pädagogium blieb, erhielt der Augustinereremitenorden das Servitenkloster. Vgl. auch BEYER/BIEREYE 480; KLEINEIDAM III, 142, 126f.; PRESS, Kurmainz 393f.

[127] Vgl. LHA Magdeb., Rep. A 37b I, Abt. II, Tit. XVIII Nr. 5, fol. 200: "... *accepi, quae R^{mi} nostri Archiepiscopi desuper esset voluntas: utrumque, ut ad superiores nostros referrem, quo et suam ipsi voluntatem declararent. Verum, quia interea non parua incidit nostrorum superiorum, ipsiusque Prouincialis mutatio; idcirco minus succedere potuit certae voluntatis, aut animi declaratio. Est autem in provincia inde ex Urbe Reverendus ... Pater Comissarius Generalis; at idem longius abest uel in Austria uel in Boemia: hicque iam diu exspectatur eius huc reditus. ... Quocirca equidem ex parte iniuncti mihi officii vicariatus Provincialis ... humiliter oro et obtestor, ut in caeteris suae commissionis curis, etiam conuentum nostrum Erfordianum, amore Dei ac Ordinis nostri, esse cordi sibi uelit: sicque disponere desuper, ut is, si non usui, ac certe utilitate esse huic Moguntino Conuentui queat: ... An sit alienandus uenditione, ut pecunia immo certa conficiatur, An uero ab Ordine paulatim reformandus ac inhabitandus; ego categorice definire non habeo potestatem prope diem hic exspectatur P. Commissaris Generalis; ab hoc definitivam sententiam cum humili ad VOS petitione eiusdem, oro clementer exspectare*". Der Brief wurde erst am 26.6.1618 in Erfurt übergeben.

[128] Vgl. S. 191, S. 73. - Restitutionsversuch 1630 erwähnt bei SCHEERER 67f.; OVERMANN, Predigerkirche 11.

2.1.4 Zusammenfassung und Ergebnis

Aufgrund der starken vorreformatorischen Einbindung des Dominikanerkonvents ins städtische Kirchenregiment verwundert, daß er - im Gegensatz zu den Serviten und Barfüßern - erst spät in die politischen Überlegungen des Rats einbezogen wurde. Das war vermutlich eine Folge der konservativen Beharrung. Die Dominikaner stellten lange Prioren und Fratres, die sich der neugläubigen Seite verweigerten. Die Beharrung der Dominikaner im neugläubigen Kirchenwesen besonders nach 1530 ist quellenmäßig gut dokumentiert.

Das Ringen um Einflußnahme auf den Konvent spiegelt die Auseinandersetzungen zwischen Stadt und Landesherren. Bis 1555 und darüber hinaus blieb die neugläubi-ge, seit 1525 an einer Konventsaufhebung interessierte städtische Obrigkeit der wichtigste Ansprechpartner für die altgläubigen Fratres in der Stadt. Zur Erhaltung des Konventsbesitzes, den der Rat ja als sein Eigentum ansah, unterstützte er die Fratres, so gegen die Herren zu Greiz und Kranichstein. Sowohl der Magistrat der Semireichsstadt wie der Landesherr gingen von ihrer Oberhoheit über die Stadt und auch über den Konvent aus. Der Erzbischof Wolfgang von Dalberg bezeichnete in dem Zusammenhang z.B. die Mitglieder des exemten und nicht dem Ordinarius unterstellten Ordens als "seine geistlichen Personen".[129] Fratres bemühten sich im Auftrag des mainzischen Landesherren - wenn auch nach 1534 nur sporadisch - die "katholische" Fakultät zu erhalten und wurden wie Petrus Rauch als Prediger gegen das neue Kirchenwesen verwandt. Zwar gehörte der Erzbischof der gleichen Kon-fession wie die Fratres an. Doch war er nicht nur in räumlicher Hinsicht weit entfernt. Auch die von ihm leistbare Unterstützung war recht unbedeutend. Vor Ort hatte die lokale Obrigkeit, sprich der Magistrat, den größeren Einfluß. Nicht erst seit dem 1559 wieder eingeführten Ratskirchgang mußten sich die Fratres mit den Ansprüchen des Rates auf den Konvent und den dabei verwandten obrigkeitlichen Machtmitteln auseinanderzusetzen. Daher exponierten sich die Erfurter Dominikaner nicht zu sehr für die altgläubige Sache. Denn seit 1525 diente ihre Kirche dem neugläubigen Gottesdienst. Die Dominikaner mußten mit den Neugläubigen zu-sammenleben. Daran vermochte der Mainzer Erzbischof nichts zu ändern. Für die Dominikaner galt es daher, sich mit beiden Obrigkeiten zu arrangieren. Gegen Ende des Jahrhunderts nahm - wie auch andernorts nachzuweisen - der landesherrliche Druck auf Erfurt zu. Die kurmainzer Beamten und die Provinziale suchten den Konvent zu erhalten. Gestützt auf den Rat konnte Jakob Schoppe dem von Provinzi-

---

[129] S. o. Anm. 105. - Zu dieser obrigkeitlichen Einbindung der Fratres in der Erzdiözese Mainz vgl. auch den Mainzer Ratschlag von 1525 und die Verweigerung eines Quartiers für den Nuntius in Frank-furt, da die Dominikaner alle Räume für den Mainzer Erzbischof zu reservieren hatten; vgl. S. 181 und S. 73 Anm. 153.

al entsandten Prior die Übergabe des Konvents verweigern. Dagegen waren die kurmainzer Beamten machtlos.

Am Beispiel Erfurt zeigt sich der Triumph der Verlokalisierung über die ortsunabhängigen Ordensstrukturen. 1588 verweigerte frater Schoppe dem "fremden", d.h. nicht ortsansässigen Dominikaner den Eintritt ins Kloster. Zwar war diese Argumentation nur vorgeschoben, interessant ist aber, daß man sich dieser Argumentation bedienen konnte. Zur Konventsübergabe beigetragen hat zusätzlich auch die "einmalige Risikobereitschaft" der Erfurter Politiker.[130]

Die Mainzer Kurfürsten konnten selbst in ihrer Bischofsstadt Mainz evangelische Neigungen erst zu Ende des Jahrhunderts verdrängen. Gestützt auf Kursachsen konnte das schon lange recht unabhängige Erfurt aus einem ausgeprägten Selbstbewußtsein heraus harte und erfolgreiche Auseinandersetzungen für Reformation und städtische Autonomie führen.[131] Doch wurde keine gänzliche Autonomie erreicht, die überwiegend neugläubige Bevölkerung lebte unter der lange nur nominellen Herrschaft eines Bischofs. Das überwiegend evangelische Bürgertum und die katholische Mainzer Administration standen sich gegenüber.[132] Hervorzuheben ist, daß den Dominikanern nur eine unbedeutende Rolle im Widerspiel der streitenden Obrigkeiten zukam. Die überaus langwierigen Eingriffe des Rats vor und während der Reformation in Verfassung, Lebensweise und Besitz des Dominikanerklosters, z.B. Einsetzung von Prädikanten bzw. Pfarrern, die Errichtung einer Schule im Konvent und der dem Rat zugefallene Schutz der Fratres, machten sich schließlich bezahlt. Unsicher ist, warum die nach dem Vertrag von 1618 möglich gewordene Restitution nicht erfolgte. Erfurt war der letzte Konvent in den Ordensprovinzen Saxonia und Teutonia, der eingezogen wurde. Im 1597 erloschenen Halberstadt kam es später zu einer Neubesetzung. Eine solche wäre auch in Erfurt möglich gewesen. Zur Zeit der Übergabe des Konvents in den Jahren 1588/91 konsolidierten sich andernorts die Konvente bereits, so in Frankfurt oder Mainz. In Erfurt war jedoch die Position des Rates zu stark. Vielleicht ließ sich auch der Vertrag von 1618 nicht durchsetzen. Vermutlich war auch von seiten der Dominikaner wie des Erzbischofs das Interesse an einer Restitution nicht besonders groß.

---

[130] Vgl. SCRIBNER, Eigentümlichkeit 254 (diese beschränkte sich keineswegs nur auf die Zeit bis 1530). Relativierung des "Machiavellismus" bei BLICKLE, Stadt 257f.

[131] Vgl. PRESS, Bischof 144.

[132] Vgl. ebd. 150.

2.2 *Göttingen*[1]

2.2.1 Ausgangslage

Göttingen war bis zur Mitte des 16. Jahrhunderts die wichtigste Stadt des Herzogtums Calenberg-Göttingen[2] und mußte bei weitgehender Unabhängigkeit[3] auf den Herzog als Stadtherren Rücksicht nehmen. Andererseits wurde Göttingen kontinuierlich als Freie Reichsstadt in den Reichsmatrikeln geführt.[4]

Zur ungeklärten verfassungsrechtlichen Situation und den daraus resultierenden Konflikten mit der Landesherrschaft kamen innerstädtische Spannungen.[5] Die Bürger wollten eine größere Beteiligung am Stadtregiment. Es bestand in der Herrschaft der allein ratsfähigen Kaufmannsgilde im Sinne einer Ratsoligarchie. Der Rat bestimmte sogar die Meister der Gilden.[6] Wie in Braunschweig erhoben sich 1513 in Göttingen Gilden und "Meinheit", also die Gemeinde, gegen den Rat.[7] Katalysator war ähnlich wie in Erfurt, daß die Bürger nicht über die Schuldenlast von insgesamt 90.000 Gulden informiert waren. Nach der Entmachtung des Rats am 6. März 1514 und einer kurzen Alleinherrschaft von Gilden, Innungen und Meinheit setzte Herzog Erich I. von Calenberg-Göttingen (1495-1540) im Jahr 1515 zur

---

[1] Unabdingbar für jede Forschung ist das von HASSELBLATT/KÄSTNER hg. Göttinger Urkundenbuch für die Zeit von 1500-33 und die historischen Arbeiten des LUBECUS (ed. VOGELSANG, Annalen; VOLZ, Bericht). Die das Ende der Mendikantenklöster betreffenden Passagen edierte SAATHOFF im Göttinger Gemeindeblatt von 1928. Damit ist die Quellenbasis für die Bearbeitung des Dominikanerkonvents sehr gut. Die Literatur ist in den Beiträgen des von MITTLER hg. Katalogs zum 750jährigen Bestehen der Paulinerkirche aufgearbeitet. Dort sind auch die Regesten etlicher ungedruckter Urkunden enthalten. Das obrigkeitliche Kirchenregiment ist von (LEEWE-)SCHARRENBERG und VOGELSANG bearbeitet. Für die Reformationsgeschichte der Stadt sind bes. die Arbeiten von MOELLER, MÖRKE und VOLZ zu erwähnen sowie zuletzt die Dissertation von SCHLOTHEUBER zu den dortigen Franziskanern.

[2] Vgl. VOLZ, Reformation 49f.

[3] Zusammenfassend VOGELSANG, Stadt 13; MOHNHAUPT, Ratsverfassung 19-23; SCHARRENBERG 6-8; ERDMANN 14. 1493 und 1500 begab sich die Stadt in die Schutzherrschaft Hessens; vgl. HASSELBLATT/-KÄSTNER 1 Nr. 2. Zu verschiedenen Schutz- und Bündnisverhältnissen vgl. auch HASSELBLATT 6f. Ein Beispiel für die Auseinandersetzungen zwischen Magistrat und Stadtherr, die auch Religionsfragen betrafen, war, daß der Magistrat dem hzgl. Rat, früheren Kanzler und Albanspfarrer Johannes Zipolle 1499 verbot, Stadt und Pfarre zu betreten; vgl. VOGELSANG, Annalen 268f.

[4] Vgl. HASSELBLATT 21-23; ULRICH; ERDMANN 14f.; SCHARRENBERG 7f.; MOHNHAUPT, Stadtverfassung 244; MINDERMANN, Adel 19f.

[5] Vgl. insgesamt MOHNHAUPT, Stadtverfassung.

[6] Im 24köpfigen Rat "wählte" jeweils der amtierende Rat am Ende des Jahres den alten Rat; vgl. MOHNHAUPT, Stadtverfassung 233-241. Vgl. insgesamt DENECKE.

[7] Vgl. POSTEL, Sozialgeschichte 85; MÖRKE, Rat 88-94. - Aufzählung von Stadtrevolten in der Zeit von 1509 bis 1517 bei SCRIBNER, Paradigms 118 Anm. 15.

Stärkung seines eigenen Einflusses den alten Rat wieder ein. Mit der herzoglichen Intervention waren tiefgreifende Änderungen der städtischen Verfassung verbunden: die Gilden wurden ratsfähig und ihre Vertreter wirkten als Beisitzer bei der Prüfung der Kämmereirechnungen mit. Da der Rat sich infolge der Überzahl, die durch den herzoglichen Schiedsspruch verursacht worden war, bis 1525 nicht ergänzte, war die Situation nur zeitweise entspannt.[8] Dieses Konfliktpotential sollte auch der Ausbreitung der neugläubigen Bewegung förderlich sein.

In kirchlicher Hinsicht lag das Patronat der Pfarrkirchen St. Johannis, St. Jakobi und St. Nikolai vor der Stadt in der Hand des Landesherren. Das Patronat der Marienkirche gehörte dem Deutschen Orden, das von St. Albani hatte 1522 das Kloster Steina durch Tausch von Herzog Ernst erlangt. Die Stadt versuchte, durch lautloses Sich-Hineinschieben bei Herausbildung neuer Verhältnisse, dem Ziel eines unabhängigen Kirchenregimentes näher zu kommen. Daher betrieb der Rat die Exemtion und Separation der vier Kapellen von der jeweiligen Mutterkirche mit Ausnahme der Georgskapelle vor der Stadt, die im Besitz der gleichnamigen Kalande war. Über diese Kapellen hatte der Rat seit dem 13. Jahrhundert allmählich die Treuhänderschaft ebenso wie über die bürgerlichen geistlichen Stiftungen und Meßpfründen - schließlich waren es 61 Stiftungen von Vikarien und Kommenden - übernommen. Vor der Stadt hatte der Rat auch Einfluß auf die Pfarrkirche St. Peter in Altengrone.[9]

Außer dem 1508 gegründeten Süsterenkloster St. Anna der regulierten franziskanischen Tertiarinnen, dem Franziskaner- und Dominikanerkloster[10] gab es in der Stadt neben vielfältigem geistlichen Grundbesitz den Hof des Klosters Weende sowie drei Höfe der reichsunmittelbaren Walkenrieder Zisterzienser, von denen der bedeutendste dem Dominikanerkloster ebenso wie die Terminei der Eschweger Augustinereremiten benachbart lag.[11] Insgesamt soll der Klerus für die ca. 5.000

---

[8] Vgl. MOHNHAUPT, Stadtverfassung 248-250; DERS., Ratsverfassung 24-35 sowie VOGELSANG, Stadt 14. Zu den Schulden vgl. auch HASSELBLATT 10f.

[9] Vgl. SCHARRENBERG 20-47; VOGELSANG, Kirche 466-475, 481f.; DREXHAGE-LEISEBEIN 228. Zu St. Albani vgl. die Urkunde von 1522 bei HEIDEMANN 110-115; Regest bei HASSELBLATT/KÄSTNER 419 Nr. 239a.

[10] Vgl. VOGELSANG, Kirche 470f.

[11] Vgl. ebd. 475f.; SCHARRENBERG 20; LAST 89-91. Der dem Dominikanerkloster benachbarte Walkenrieder Hof besaß eine Georgskapelle (nicht zu verwechseln mit der Kapelle der Kalande); vgl. SAATHOFF, Kirchengeschichte 45; REUTHER 546; 556 zur Terminei in der heutigen Paulinerstr. 6.

Einwohner zählende Stadt aus ca. 70 Weltgeistlichen und 80 Ordensleuten bestanden haben.[12] Das waren über 3% der Bevölkerung.

Das 1294 erstmalig erwähnte Göttinger Dominikanerkloster war wie das Barfüßer-kloster eine Stiftung des Landesherrn.[13] Die paraparochiale Seelsorge der Mendikanten wurde von Bürgern und Rat[14] in Anspruch genommen, wobei die Pauliner besonders von den Gilden geschätzt wurden.[15] Während der Unruhen 1513 sammelten sich die Gilden bei "den Pewlern"[16] und führten im Kreuzgang Gespräche. 1514 wählten sie dort nach dem kurzfristigen Sieg den Bürgermeister und die sechs Kämmerer.[17] Während der kritischen Tage der Durchsetzung des neugläubigen Kirchenwesens 1529 sollten sich die Gilden ebenfalls auf dem Paulinerkirchhof versammeln.

Provinzkapitel wurden in Göttingen ab Ende des 14. bis zu Beginn des 16. Jahrhunderts häufig abgehalten, so 1350, 1381, 1418, 1472, 1483?, 1494, 1501? und 1507.[18] Auf eine solide Finanzlage deutet u.a. die Bautätigkeit zu Ende des Jahrhunderts hin.[19] Der zu dieser Zeit amtierende langjährige Prior Johannes Piper (+ 1520) ließ den 1499 vollendeten Hochaltar von Hans Raphon (1455/67-1541?) anfertigen[20] und stiftete 1512 mit seinem gleichfalls im Göttinger Konvent lebenden

---

[12] Vgl. VOGELSANG, Kirche 475; DERS., Stadt 17. - ERDMANN 12; SAATHOFF, Geschichte 286 Nr. 6 und SCHARRENBERG 6, gingen von 7.000-7.500 Einwohnern aus. Das führte zur zu hoch veranschlagten Zahl von 200-250 Geistlichen; vgl. SAATHOFF, Geschichte 104; VOLZ, Reformation 51. In jedem der beiden Mendikantenkonvente lebten ca. 20 Fratres; vgl. ASMUS 180.

[13] Vgl. BERGER, Bettelorden 89; AUFGEBAUER 11f.

[14] Bei den Franziskanern ließen sich viele Bürgermeister bestatten: Simon Giseler und Frau 1481/88, Giseler von Munden 1483, Heinrich Helmoldes 1492; ebenso der fürstliche Rat H. von Hardenberg 1493; vgl. VOGELSANG, Annalen 226, 228, 248, 253. Die Barfüßerstraße war einer der bevorzugten Wohnorte der Kaufmannsgilde; vgl. DENECKE 202. Zu den Häusern der bedeutenden Familien Giseler und Swanvogel vgl. die Karte bei VOLZ, Bericht 6 Nr. 3-5. Für die Predigerbrüder sind keine solch bedeutenden Begräb-nisse überliefert. Zu den Beziehungen des Adels zu beiden Orden vgl. zuletzt MINDERMANN, Adel 134-159.

[15] Vgl. MINDERMANN, Basis 18f., 49-51 (auch zu Stiftungen des lokalen Adels).

[16] HASSELBLATT/KÄSTNER 68 Anm. 1.

[17] Vgl. VOGELSANG, Annalen 308.

[18] Vgl. ebd. 98, 115, 129f., 147, 148, 228, 275; BÜNGER, Beiträge 96, 104, 116, 119f. Generalkapitel fanden keine statt, auch wenn seit LUBECUS (vgl. VOGELSANG, Annalen 98) diese Behauptung kursiert; vgl. z.B. SAATHOFF, Kirchengeschichte 30; SCHARRENBERG 19.

[19] 1488 Ausmalung des Sommerrefektors unter dem Priorat Pipers; vgl. VOGELSANG, Annalen 245; 1497 Errichtung des Brauhauses (vgl. ebd. 263) wohl nur für den Eigenbedarf, da keine Einsprüche des Rats bekannt sind; vgl. DERS., Stadt 53f.

[20] Vgl. GMELIN 606 mit Anm. 73; HAHN 88f. Wie anderswo amtierten Prioren recht lange, so Piper von 1482-1501/06; vgl. MINDERMANN, Dominikanerprioren 21.

Bruder Heinrich (+ 1523) einen Kelch.[21] Beide gehörten wie der Mainzer Weihbischof Berthold von Oberg (+ 1498), der in Göttingen seinen Lebensabend verbrachte, zu den wohlhabenden Konventsmitgliedern. Das zeigte sich an dem Vermögen, das sie beim Rat angelegt hatten.[22] Wegen des Privateigentums der Konventualen und aufgrund der städtischen Kontrolle desselben bestand sowohl von seiten der Fratres wie des Rates wenig Interesse an der Einführung der Observanz. Das Kloster blieb auch nach der Vereinigung mit den Observanten im Jahr 1517 bei der Richtung der Konventualen.[23] Bei den Franziskanern war die Observanz endgültig 1462 gewaltsam eingeführt worden.[24] Dem beträchtlichen Vermögen einzelner widersprach ein bescheidener Gemeinschaftsbesitz der Dominikaner nicht. Das von Arend MINDERMANN errechnete Konventseinkommen aus Anniversar- und Memorialstiftungen entsprach in etwa dem von Isnard W. FRANK für das Mainzer Kloster veranschlagten Beträgen an der unteren Einkommensgrenze der Bevölkerung.[25] Hinzu kamen die durch Seelsorgetätigkeit im Terminbezirk erbettelten Gaben. Feste Stationen gab es in Allendorf an der Werra, Duderstadt, Hannover, Kassel, Northeim und Witzenhausen.[26] Der disziplinarische Zustand der Fratres war gut. Der einzige bekannte Fall eines Vergehens erwies sich allerdings als gravierend: Adam Sellatoris wurde wegen vieler im Göttinger Termin begangener, nicht genauer genannter Skandale vom Provinzkapitel 1517 zum Kerker verurteilt.

---

[21] Vgl. ebd. 20; BRINKMANN 52.

[22] Oberg legte 1000 fl. an, die sich auf 200 fl. verminderten. Die Brüder Piper hatten 160 fl. und 50 Göttinger Mark beim Rat hinterlegt; vgl. MINDERMANN, Basis 18; DERS., Dominikanerprioren 20; NEITZERT 25, 58f. Evtl. steht die Geldanlage der Pipers im Zusammenhang mit der Ratsverordnung, die Eigentum von Professen im Besitz der Stadt behielt, davon aber eine Rente zahlte; vgl. VOGELSANG, Stadt 37f. 1425 war eine solche Erbschaft vor dem geistlichen Mainzer Richter geregelt worden; vgl. KRUSCH 136f.

[23] Vgl. LÖHR, Wirksamkeit 140. - Ein weiteres Indiz für die kommunale Einbindung der Dominikaner (aber nicht der Franziskaner) ist, daß der Rat 1469 die Wachpflicht auf die nichtgeistlichen Bewohner ihres Konvents ausdehnte; vgl. MINDERMANN, Adel 135.

[24] Vgl. VOGELSANG, Annalen 189. Zur erstmals ca. 1444 und endgültig 1462 eingeführten Observanz vgl. DERS., Stadt 92-94; DREXHAGE-LEISEBEIN 228f. (Rat veräußerte dann Klostergüter!); BERGER, Niederlassungen 143. Vgl. SCHWARZ 441 Nr. 1765 von 1450 (auf Bitten des Rats sollen die 1444 reformierten Franziskaner geschützt werden), 494 Nr. 1981.

[25] Vgl. MINDERMANN, Basis 19: die Prediger hatten 100 Mark jährlich an Renten (und Spenden, Gaben aus dem Termin etc.). Es gab allerdings (gegen MINDERMANN) wohl mehr als 12 Fratres im Konvent; da die Provinzkapitel mitunter schon 5-6 Studenten assignierten; vgl. LÖHR, Kapitel 15, 43. So erhielt ein Mönch weniger als 8 Mark pro Jahr. Für die der Armut verpflichteten Dominikaner, die den Feudalbesitz der älteren monastischen Verbände ablehnten, kann man nicht deren jährliches Einkommen von 50-60 fl. zu Grunde legen, realistisch ist der Vergleich mit armen, aber nicht den ärmsten Einwohnern (6 Mark jährlich). Ähnlich I. W. FRANK, Existenzsicherung, bes. 57f.

[26] Vgl. MINDERMANN, Termineien 15-17, 47-49. 1494 entschied Provinzial Daniel von Eger den Streit zwischen Mühlhausen und Göttingen wegen der Termingrenzen; vgl. BÜNGER, Beiträge 102.

Offensichtlich war er dann *fugitivus*, weil das Kapitel 1518 diese Strafe erneuerte. 1521 war er endlich ergriffen und zu ewigem Kerker verurteilt worden.[27]

Die Behandlung der Klöster durch den Rat war keineswegs einheitlich: der Stadthof des reichsunmittelbaren Klosters Walkenried wurde anders behandelt als eine herzogliche oder eine städtische Stiftung wie das Annenkloster. Im allgemeinen förderten die Stadtobrigkeiten die Mendikanten, da sie Grundbesitz ablehnten. Seit 1418 war wegen der Vielzahl der Terminierer und anderer Sammler der Bettel der Mendikanten an die Erlaubnis des Rates gebunden.[28] Wegen dieser Genehmigungspflicht waren die Fratres von der Stadt finanziell abhängig. Die Dominikaner nahmen wie die anderen geistlichen Institutionen das Ratsgericht in Anspruch, wo sie sich in der Regel von Prokuratoren vertreten ließen.[29] Die beiden Bettelorden wie die auf dem Johanniskirchhof lebenden weltlichen Personen waren seit dem Ratsstatut von 1469 den Stadtpflichten unterworfen.[30] Als Göttingen 1520 vom Offizial des Mainzer Erzbischofs mit dem Interdikt belegt wurde, hielten die Pauliner auf das Ersuchen des Rates das Interdikt nicht ein. Sie wurden dafür selbst gebannt; Provinzial Rab hob dies zwar aufgrund seiner päpstlichen Vollmachten wieder auf, bat aber den Rat, solches nicht mehr zu verlangen.[31] Aufgrund der Interdiktsprivilegien des Ordens konnte also die Entscheidung des geistlichen Gerichts entschärft bzw. umgangen werden. Die Stadt unterlief so die erzbischöflichen Strafbestimmungen.

2.2.2 Von der reformatorischen Bewegung bis zum Ende des Konvents im Jahre 1533

1518 war der Albrecht von Brandenburg gewährte St. Petersablaß auch in Göttingen verkündet worden. Insgesamt wurden 74 Gulden eingenommen, wovon sieben Gulden zwischen den Klöstern der Dominikaner und Franziskaner und der Pfarrkirche St. Johannis als den Sammelstellen geteilt wurden.[32] Damit waren die Göttinger Dominikaner direkt mit Albrechts "Ablaßhandel" verbunden gewesen. Einen vereinzelten Beleg für das Eindringen lutherischen Gedankenguts gab es 1523, doch

---

[27] Vgl. LÖHR, Kapitel 84, 99, 156.

[28] Vgl. VOGELSANG, Stadt 30, 16.

[29] 1450 vertrat sie Werner Ridder, 1484 Hans Hartleff, 1485 Heinrich Winkelmann; vgl. ebd. 76; 75-77 Beispiele für die Inanspruchnahme des Gerichts durch andere Kleriker. Das Verhalten der Pauliner war in Göttingen nicht ungewöhnlich.

[30] Vgl. ebd. 44.

[31] Vgl. HASSELBLATT/KÄSTNER 417f. Nr. 207a. Vgl. auch VOGELSANG, Stadt 66.

[32] Vgl. F. HERRMANN, Ablaßvisitationsprotokolle 379; VOLZ, Ablaß 85 (dt. Übersetzung der Abrechnungsurkunde).

war das ohne weitere Folgen.[33] Ebenso erfaßte der Bauernkrieg Göttingen im Gegensatz zum benachbarten Duderstadt nicht; die vertriebenen Walkenrieder Mönche fanden sogar auf ihrem Göttinger Hof Zuflucht.[34] Der Rat verlangte im Jahr 1526 von Prior Johannes Degenhardi ein Inventar, das dieser am 30. November erstellte.[35]

Der Einfluß neugläubigen Gedankengutes war erst vergleichsweise spät in Göttingen faßbar.[36] Am 22. März 1528 hatte der Rat das kaiserliche und landesfürstliche Mandat gegen die Luthersche Predigt verkünden lassen und beschlossen, altgläubig zu bleiben,[37] obwohl etliche Nachbarn - 1524 Nordhausen, 1527 die Landgrafschaft Hessen, mit der Göttingen enge Kontakte pflegte, sowie Goslar[38] und 1528 Braunschweig[39] - die Glaubensneuerung angenommen hatten. Ab 1528 gab es Anzeichen für eine neugläubige Bewegung in Göttingen. Der Kaplan von St. Jakobi soll in diesem Sinne gepredigt haben. Er wurde aber auf mainzische Intervention hin entfernt.[40] In den Zusammenhang der reformatorischen Bewegung gehört z.B. auch der Fall des Hans Catherinen, der in der Kapelle des Hl. Geist Hospitals die Geistlichen beim Magnificat mit seinen Versen überschrie.[41] Nach dem Bericht des Franciscus LUBECUS (1533-96) wurden Luthers deutsche Werke 1529 in Göttingen viel gekauft.[42] Im Mai des Jahres wurde der Messerschmied Lodewich Romunt vom

---

[33] Fünf Personen verbreiteten Luthers Lehre, es folgte ein Ratsverbot. Vgl. das Quellenzitat bei MOELLER, Reformation 494 Anm. 15; vgl. auch VOLZ, Reformation 53f. Das bestehende altgläubige Gefüge beschreibt auch VOGELSANG, Annalen 330: *"In disem jare 1523 ... war auch noch das bapsthum sehr stark zu Gottingen, dan die leute noch von der lehre des heiligen evangelii weinig wusten odder von Doctoris Martini Lutheri lehre, und do sie es schone wusten, folgeten doch nicht. Darum so waeren noch vile leute, so diese Akenfard hilten und dohin aus Gottingen reiseten. Under andren waren Harmen Marshusen, Jasper Mollenhauwer, auch weiber und megede, so vile ablas mit sich brachten."*

[34] Vgl. ebd. 333. In Göttingen war zu dieser Zeit anscheinend der landesfürstliche Einfluß (erste Ratsnachwahl seit 1515) sehr stark, vgl. ebd. 335: *"Do benimpt seine furstliche gnade den gildenmeistern ire macht und gwalt ... und geboth aldar, das sie dem rad als irer geburlichen obrikeit parriren und gehorsam sein sollten."* Ein Jahr später verweigerte die Stadt jedoch die herzoglichen Steuern.

[35] Vgl. SCHLOTHEUBER, Franziskaner 42 mit Anm. 73; LÖHR, Kapitel 56*.

[36] Vgl. MOELLER, Reformation 493f., 513.

[37] Vgl. ERDMANN 19 mit Anm. 3.

[38] Vgl. VOGELSANG, Annalen 336f. mit Anm. 2.

[39] Vgl. LEEWE-SCHARRENBERG 35; VOLZ, Reformation 55.

[40] Vgl. VOGELSANG, Annalen 338f. mit Anm.; kritisch dazu VOLZ, Reformation 55f. mit Anm. 27. Vgl. LEEWE-SCHARRENBERG 35; MOELLER, Reformation 495 mit Anm. 21.

[41] Vgl. VOGELSANG, Stadt 75. Ebenso waren am 28.1.1528 zwei junge Männer wegen Verstoß gegen das Freitagsfasten bestraft worden, vgl. VOLZ, Reformation 56.

[42] Vgl. VOGELSANG, Annalen 340: *"furnemlich die wollenknapen und duchmacher fingen auch all gemachsam zu hause, diesse lider und psallmen zu singen".* Vgl. dazu auch VOLZ, Reformation 56f.

Rat verwarnt, weil er lutherische Bücher kaufte, las und mit anderen darüber diskutierte.[43] Ferner kam es zum vom Rat verbotenen "Auslaufen" der Bürger nach Grone, wo der Mainzer Kommissar Johannes Bruns (1492-1547) neugläubig predigte, sowie nach Rosdorf.[44] Der Schuhmacher Andreas Backen verprügelte um Fronleichnam einen Dominikaner nach seiner Predigt und warf ihn ins Wasser.[45]

Zuerst wurden die Göttinger Dominikaner von der Reformation im benachbarten Hessen betroffen. Am 30. Mai 1529 verkaufte Landgraf Philipp die Allendorfer Terminei der Göttinger Predigerbrüder für 35 Gulden an Heinrich zum Tore und dessen Frau.[46] Am 24. August 1529 kam es bei einer städtischen Bittprozession[47] zu Störungen. "viel der neuen Wollnweber"[48] sangen Luthers Lieder und spotteten. Der mit Strafen drohende Rat wurde bewußt brüskiert. In der Paulinerkirche stimmten die Neugläubigen dann das deutsche Tedeum an. Schließlich spielte ein Frater so laut die Orgel, daß die Konkurrenz zwischen alt- und neugläubigem Kirchengesang übertönt wurde. Die "neuen Wollenweber" waren das aufstrebende Element in der Stadt. Da sie am Wohlstand Göttingens vorrangigen Anteil hatten, engagierten sie sich auf diese Weise gegen die politische Benachteiligung.[49] Etwas überspitzt spricht Hans-Walter KRUMWIEDE vom "Nebeneinander von Revolution und Reformation".[50] Auch in anderen Städten waren die Wollweber und Tuchmacher das treibende Element für die Glaubensneuerung.[51]

Geführt wurde die sich formierende neugläubige Bewegung durch den ehemaligen Rostocker Dominikanerlektor Friedrich Hüventhal,[52] der entgegen der offiziellen

---

[43] Vgl. SCHLOTHEUBER, Auflösung 71. Er gehörte zu den ersten Kontaktpersonen Hüventhals.

[44] Vgl. Bruns Rechtfertigungsschreiben vom Sommer 1529 bei SAATHOFF, Kirchengeschichte 70-72. Vgl. VOLZ, Reformation 57f. Kurze Vita bei PRIETZEL 566f.

[45] Vgl. MÖRKE, Rat 188.

[46] Vgl. MINDERMANN, Termineien 17.

[47] Anlaß war der "englische Schweiß", der in vielen Städten Deutschlands grassierte, große Angst erzeugte und auch die Reformation beförderte; vgl. MOELLER, Reformation 492. Zu früheren Pestprozessionen vgl. VOGELSANG, Annalen 190f. (im Jahr 1463), 204 (1469), 254 und 257 (1494; ebd. zur Prozessionsordnung mit Statio bei den Paulinern *flexis genibus*), 258 (1495).

[48] VOLZ, Bericht 15f. Darauf vermerkt er: *"Dies ist der Anfang des Evangelii."* Vgl. DERS., Reformation 58.

[49] Vgl. MOELLER, Reformation 495f. Die "neuen Wollenweber" waren im Gegensatz zu den "alten Wollenwebern" auf die Herstellung gefärbter Waren spezialisiert.

[50] KRUMWIEDE, Reformation 16.

[51] Vgl. NISSEN 692, 696; CZOK, Volksbewegungen 45.

[52] Vgl. VOLZ, Bericht 16 mit Anm. 97f. (bisher beste Zusammenstellung der biographischen Daten; als Mitglied des Rostocker Konvents nicht nachweisbar).

Politik des Rates am 17. Oktober in die Stadt eingeschleust wurde[53] und schon am nächsten und übernächsten Tag öffentlich auf dem Markt, also direkt vor dem Rathaus, predigte. Der Rat fühlte sich provoziert, beschloß, hart durchzugreifen und drohte den drei Bürgern, die Hüventhal in die Stadt gebracht hatten, mit der Hinrichtung. Als der Magistrat außerdem die Sechsmannen (die Vertreter der Gilden) von den Beratungen ausschloß, kam es am 20. Oktober, als zwei Ratsvertreter jeden Handwerker der Gilden einzeln zwecks Stellungnahme zu Rat oder Gilden und zur neugläubigen Bewegung befragen wollten, zu Tumulten. Eine Versammlung von weit über 100 Personen aus allen Gilden wählte auf dem Paulinerkirchhof zehn "Mittler", darunter jeweils zwei Mitglieder der angesehenen Familien Giseler, Medem und Ruscheplatte.[54] Diese Mittler erwirkten unter dem bewaffneten Schutz der Gilden - es handelte sich um einen Aufstand gegen das Ratsregiment - die entscheidenden Umstrukturierungen der Ratsverfassung sowie die Tolerierung der neugläubigen Lehre. Noch während der Verhandlungen mit dem Rat *"nahmen sie den Sonntag das Paulinerkloster ein mit Gwalt, das ist ohne, ja wider den Willen der Paulinermönche, daß do Herr Friedrich predigte"*.[55] Gegen den Willen des Rates, der die Neugläubigen mit einer Kapelle abspeisen wollte, war der Zugang zur größten Kirche der Stadt erzwungen worden und am 24. Oktober hielt der ehemalige Dominikaner Hüventhal in der Predigerkirche den ersten neugläubigen Gottesdienst.[56] Eine Rolle spielte wohl auch die Rechtslage, die eine Inbesitznahme der Pfarrkirchen als problematischer erscheinen ließ. Die Neugläubigen achteten darauf, daß sie keine unter herzoglichem Patronat stehende Pfarrkirche okkupierten. Die Dominikanerkirche war trotz der herzoglicher Stiftung weitgehend dessen Einfluß entzogen und in den der Stadt übergegangen. Im November kam es zu einem Klostersturm.[57]

---

[53] Vgl. MOELLER, Reformation 498. Dies war möglich, weil mindestens ein Mitglied der führenden Ratsfamilien, Simon Giseler mit dem Barte, für die neugläubigen Sache gewonnen war. Dessen Ratschlag war für das Einschleusen Hüventhals entscheidend; vgl. VOLZ, Reformation 58f.

[54] Vgl. ebd. 61; SCHLOTHEUBER, Franziskaner 34f.; MÖRKE, Rat 156-162, 194-199. Erwähnung des Paulinerkirchhofs bei VOLZ, Bericht 21, 24; MOELLER, Reformation 498, bezeichnet ihn "gewissermaßen als Gegenmarktplatz". Im Paulinerkloster beratschlagten die Gilden jährlich die Wahlgrundsätze für die Ratswahl; vgl. MOHNHAUPT, Ratsverfassung 48; DERS., Stadtverfassung 254. Zu bedenken ist die vorreformatorische Affinität der Gilden zu den Predigern, vgl. oben Anm. S. 129.

[55] VOLZ, Bericht 27.

[56] Vgl. MOELLER, Reformation 499.

[57] Vgl. VOGELSANG, Annalen 342: *"holeten ... zu her Fridrichs zeiten alle holtzern gotzen und bilde aus den beiden clostern und kirchen und brachten die auf den market und wolten dar ein fewer von machen."* Vgl. VOLZ, Reformation 64; SCHLOTHEUBER, Franziskaner 37f. Es wurde wohl nicht viel geplündert, denn nach ERDMANN 36 Anm. 1, stimmten die Inventare der Prediger von 1526 und 1530 ziemlich überein.

Nach weiteren langwierigen und strittigen Kämpfen, wobei sich die Menge erneut auf dem Paulinerkirchhof sammelte, und die Autorität des Rates allmählich zerfiel, wurde dieser am 18. November 1529 zur Annahme eines auf den 3. November rückdatierten Rezesses gezwungen, in dem die religiösen und politischen Errungenschaften festgehalten wurden.[58] Darin wurde der katholische Kultus und der Bestand der Klöster noch ausdrücklich garantiert.[59]

Allerdings machte das neugläubige Kirchenwesen Fortschritte. Die fünf altgläubigen Pfarrkirchen wurden ab dem 6. Dezember 1529 bis zum 2. Februar 1530 geschlossen.[60] Formal hatte so der Rat das herzogliche Patronatsrecht nicht angetastet, doch handelte es sich um einen schwerwiegenden Eingriff des Rates in den Bereich der Seelsorge. Gleichzeitig wurden Pfarrechte von den in der Paulinerkirche wirkenden neugläubigen Prädikanten usurpiert und in diesem Gotteshaus alle pfarrechtlichen Amtshandlungen vorgenommen.[61] In der Predigerkirche hatte Friedrich Hüventhal wegen seiner aufrührerischen und gegen Ratsmitglieder gerichteten Reden Predigtverbot erhalten. Da auch der Herzog ihm feindlich gesonnen und Hüventhal auch

---

[58] Vgl. HASSELBLATT/KÄSTNER 199-203 Nr. 438, 200 Versammlung bei den Paulinern erwähnt. Vgl. zum Rezeß VOLZ, Reformation 62f.; MOELLER, Reformation 499f.; SCHLOTHEUBER, Auflösung 35. Vgl. MOHNHAUPT, Stadtverfassung 251f.; DERS., Ratsverfassung 36-56.

[59] "Averst mit geistligen personen, closteren ceremonien unde andern gebruke in den kerken willen wy, alße dat an uns gekomen, unvorandert so lange dat mit gudem Rade anders worde vorordent, by uns laten blyven". HASSELBLATT/KÄSTNER 201 Nr. 438. VOGELSANG, Stadt 18, weist auf die nötige Rücksichtnahme auf Hzg. Erich hin. Im Entwurf hieß es zurückhaltender: "Furder enwillen wy ok noch schullen unser eyn jegen den andern noch over dejennen, by uns beseten unde wonhaftich, de syn geistlick odder wertlick, cloisterpersonen edder anders hir by uns neyner gewolt gestaiden edder sulvest vornemen, sunder eynen idern in synen stande unde levende fredesam geweren unde bliven laten, ok de kerken edder cloister noch de zciringe darinne allenthalven bynnen unser stad nicht vorstoren noch mit der gewolt overfallen edder vornichtigen in neyne wyße." Vgl. HASSELBLATT/KÄSTNER 196-199 Nr. 437, hier 199 Anm. 1; 198 wurde dies von "de hupe ton Pewelern" abgelehnt.

[60] Vgl. MOELLER, Reformation 504; SCHLOTHEUBER, Franziskaner 38f. Wegen der Pfarreien, die er nicht anzutasten wagte, schrieb der Rat noch am 1.3.1531 an den Herzog: "Der parren halven ... wetten wy y von neynem frevel noch an husern noch an gudern begangen unde wolden ßodanne jegen juwe furstlige gnade myt wetten ungerne don." (HASSELBLATT/KÄSTNER 245 Nr. 518)

[61] Vgl. VOGELSANG, Annalen 344: "Die kinder wurden zu Deutsch gedauft darselbst in der Paulinerkirchen". Ebenso VOLZ, Bericht 29: "Allein die Kirche zun Paulinern, die war offen, Do predigt man, do muchte < = konnte> man däufen < = taufen>. Die Bilder wurden herunter geworfen und gestürmt, vorbrannt, zerslagen. Fingen an, daselbst alsbald zu däufen mit gemeinem, schlechtem < = einfachem> Wasser (ohne Chrisam), wie der Münnich sagt. In keiner Pfarrkirchen durft man däufen, Sakrament reichen noch ein Paar Volks zusammengeben bis auf Purificationis Mariae." Die Berufung auf den Mönch, evtl. einen Ex-Dominikaner als Gewährsmann (H. Henzemann ?) macht den sonst nicht überlieferten Bildersturm (vgl. Anm. 57) wahrscheinlich. Am 2.2.1530 wurde die erste deutsche Messe in der Paulinerkirche gehalten; vgl. VOGELSANG, Annalen 344 (= VOLZ, Bericht 33). Vorher hatte es sich um Predigtgottesdienste gehandelt.

von daher nicht mehr tragbar war,[62] wurde er um den 8. Dezember vor die Stadt geführt und mit zehn Gulden abgefunden.[63] Zwar mußte der Rat wegen den Wollwebern und dem in der Stadt vorhandenen Unruhepotential vorsichtig taktieren, doch noch wichtiger war das Auskommen mit dem altgläubigen Landesherren. Durch die Religionsneuerung war das Verhältnis zu Herzog Erich, der seit 1525 auch Mitglied im Dessauer Bund war, schwer gestört. Nach der Entfernung Hüventhals lenkte die neugläubige Bewegung in ruhigere Bahnen.

Schon am 16. November bemühte sich Göttingen in Braunschweig um den Prädikanten Heinrich Winkel (1493-1551), der u.a. auch *"nicht to uprore unde vornichtinge der klostere edder ceremonien ... geneget syn schall"*.[64] Nach Bernd MOELLER war die Berufung durch den Rat das Zeichen für den Durchbruch der Reformation, der in sehr kurzer Zeit erfolgte. Geichzeitig hatte sich der Magistrat auch an Hessen wegen eines Predigers gewandt - im Januar 1530 kam Jost Winter (ca. 1497-1557), im August Magister Johann Sutel (1504-1575) -, ebenso an Martin Luther, dessen Kandidat aber des Niederdeutschen nicht mächtig war.[65] Die notwendige Etablierung des neugläubigen Kirchenwesens durch geeignete Pfarrer und deren Finanzierung sollte während der nächsten Jahre ein ständiges Problem des Rates sein. Ein weiteres Zeichen der Konsolidierung war die angestrebte Kirchenordnung. Noch im Dezember entstanden wohl die beiden überlieferten Vorentwürfe.[66] Evtl. zu dieser Zeit wurden die Mendikantenklöster nach der Darstellung des Franciscus LUBECUS aber von allen möglichen Leuten ausgeraubt.[67] Die Existenz eines altgläubigen

---

[62] Am 25.11., ca. eine Woche nach Verabschiedung des Rezesses, hatte sich der Hzg. an den Rat in Form eines nur gegen Hüventhal gerichteten Fehdebriefes gewandt. Urk. bei HASSELBLATT/KÄSTNER 205 Nr. 442. Vgl. MOELLER, Reformation 501f.; VOLZ, Reformation 64, 66.

[63] Vgl. VOLZ, Bericht 28f. sowie HASSELBLATT/KÄSTNER 206-208 Nr. 443. Vgl. auch VOLZ, Reformation 63; SCHLOTHEUBER, Franziskaner 38.

[64] Ed. JACOBS, Einführung 292f.; Auszug bei HASSELBLATT/KÄSTNER 205 Nr. 440. Nach VOLZ, Bericht 29, predigte Winkel nach seiner Ankunft in Göttingen *"alle Dage fleißig in obgedachter Paulinerkirche."*

[65] Vgl. MOELLER, Reformation 503f. Vgl. auch VOGELSANG, Annalen 342, 343f.

[66] Vgl. MOELLER, Reformation 505. Zum Klostergut der Mendikanten vgl. TSCHACKERT, Vorarbeiten 372: *"11. Juwer E.W. wollen ock mit her Haken testamente, mit den broderschoppen und wat dar von gelde vorhanden is, item ock her Schwaneflogels testamente, by den ßhomakeren bestellet, dar von man alle weken eyne mißße holden tho den Pauleren und XII armen ethen und gelt geven scholde, item mit beyden klösteren sampt öhren thobehöringen und kleinodien, ock mit den kalandes göderen und was sust der mathen vorhanden is edder noch vorlopen kan, mit rade des superattendenten ßo handelen, dat dar goddes ehre und dat hyllige evangelium mede gefordert und vortgesettet werde, und solke gödern nicht yn wertlyken gebruk gewandt werden."*

[67] Vgl. VOGELSANG, Annalen 342: *"Ob nhun wol diße Gotts wort lauter und reine predigten, für allem aufrur warneten, die bilde zu sturmen ernstlich straffeten, auch widderdeufferey und baurenaufrur all vorwarfen, auch das ire dathen und fleissig vormaneten, wie sie mit den closterpersonen und geistlichen guetern geberen und ummegehen solten, dannoch so wurden irer etzliche von den hern und obrikeit, auch*

Ordens direkt am einzigen neugläubigen Gotteshaus mußte störend wirken und vielleicht auch der Sammlung der von den Ereignissen überrollten altgläubigen Faktion dienen. Daher ging der Rat gegen die Klöster vor. Am 6. Januar 1530 wurde, nachdem sich Vertreter des Rats Zugang zu beiden Mendikantenkonventen verschafft hatten, eine Inventarisierung vorgenommen und die Kleinodien der Dominikaner in "*eyken laden*" in der Sakristei verschlossen.[68]

Am 10. April 1530 wurde die neue, von Luther approbierte Kirchenordnung von den Kanzeln der Kirchen verlesen.[69] Im Abschnitt über die Ordensleute wurde den Barfüßern und Paulinern der Ausgang aus dem Konvent verboten. Alle Fratres außer den *filii nativi* des Konvents, also alle Dominikaner, die nicht in der Stadt eingekleidet worden waren, sollten hingegen Göttingen verlassen. Das Ordenskleid sollte durch bürgerliche Tracht ersetzt, der Austritt der Dominikaner gefördert und den Fratres zu einem Handwerk oder Studium verholfen werden. Den im Kloster Verbleibenden wurden zwei Schaffner vorgesetzt.[70] Die Klosterpflegschaft bestand erst ab diesem späten Zeitpunkt. Johannes Letzner (+ 1616) nennt als vom Rat eingesetzte Vormünder die zwei Knochenhauer Hans de Lange und Hans Gercken, den Schneidermeister Henning Molken sowie den ehemaligen Kämmerer Jakob Hinterthür,[71] die offensichtlich alle Mitglieder der Gilden waren. Die Kirchenordnung verbot das öffentliche wie private Lesen und Hören der Messe sowie die Beichte. Die Orden setzten sich jedoch darüber hinweg.[72] Im Gegensatz zu Eva SCHLOTHEUBER, die annimmt, daß einzelne Dominikaner sich schon im Herbst 1529 aus Göttingen versetzen ließen, wird hier davon ausgegangen, daß die Predigerbrüder erst infolge der Kirchenordnung die Stadt verließen. Denn die Kirchenordnung sah die Ausweisung der nicht in der Stadt Eingekleideten vor. Johannes Avervelt kam nach Hildesheim und der 1526 als Lektor und Praedicator des Konvents eingesetzte Ambrosius Cistificis nach Magdeburg.[73] Vermutlich wurde kein Zwang durch den Rat angewandt, um diese Vorschrift durchzusetzen. Denn die Barfüßer blieben zusammen, ihre auswärtigen Fratres schickten sie noch im Juli 1533 nicht weg. Daher

---

von den gemeinen, so hirinnen iren eigennutz suchten, alles, wo sie konten, aus den clostern und kirchen zu hause wandten und liessen, bie dage und bie nacht heimdrugen, und ware alles frei und gemeine. Wer was kreig, der hatte es."

[68] Vgl. LÖHR, Kapitel 56*; Schlotheuber, Auflösung 36, 71; DIES., Franziskaner 44.

[69] Vgl. VOGELSANG, Annalen 344 (= VOLZ, Bericht 33); SCHLOTHEUBER, Auflösung 35. Die Kirchenordnung wurde ein Jahr später in Wittenberg gedruckt; ed. SEHLING VI/2, 906-915.

[70] Vgl. ebd. 909, 910. Vgl. ERDMANN 40; LEEWE-SCHARRENBERG 58f., 63f.

[71] Vgl. SCHLOTHEUBER, Franziskaner 45f.

[72] Vgl. SAATHOFF, Klöster 97; SCHLOTHEUBER, Auflösung 35; DIES., Franziskaner 38f.

[73] Vgl. SCHLOTHEUBER, Auflösung 35; DIES., Franziskaner 40. Die Assignation von Avervelt und Cistificis erfolgte auf dem Kapitel 1530; vgl. LÖHR, Kapitel 207. Vgl. zu Cistificis auch ebd. 214, 187.

kann angenommen werden, daß die auch sonst an rechtlichen Rahmenbedingungen interessierten Dominikaner ihre Leute vorsorglich versetzten, um der Obrigkeit keinen Grund für weitere Interventionen zu geben. Mit sechs Patres sowie drei Laienbrüdern[74] blieb Prior Johannes Degenhart im Konvent. Am 20. Juli 1530 bat Johannes Holtborn - zu dieser Zeit war sowohl ein Franziskaner wie ein Dominikaner dieses Namens in Göttingen - darum, bei seinen Brüdern bleiben zu können. Er wurde jedoch abschlägig beschieden.[75] Ebenso supplizierten die Barfüsser am 13. Dezember, der Rat möge sein Verbot, den Chorraum zu betreten, zurücknehmen; doch mußten sich die Franziskaner weiterhin in der Kirche unter das übrige Volk stellen.[76]

Das Engagement der Stadt für die neue Lehre rief eine Reaktion des dezidiert altgläubigen Herzogs hervor. Von den Gegenmaßnahmen Herzog Erichs I. wog für die Stadt besonders schwer die am 19. April erfolgte Auslösung des in Göttinger Pfandbesitz befindlichen Amts Friedland. Drei Tage später verbot der Fürst dem Göttinger Pfarrklerus die Annahme der neuen Kirchenordnung.[77] Für den Rat war daher die Finanzierung des neuen Kirchenwesens problematisch. Die altgläubigen Pfarrer mußte der Magistrat wegen des landesfürstlichen Patronats im Besitz der Einkünfte belassen, daneben die neuen evangelischen Prediger selbst besolden und Unterkünfte besorgen. Aufgrund dieses Dilemmas war es nicht verwunderlich, daß der Rat versuchte, die anderen altgläubigen Institutionen für die Pfarrbesoldung heranzuziehen bzw. diese Institutionen in seine Hand zu bekommen. Dabei sind an erster Stelle die Mendikantenkonvente zu nennen. Deshalb nahm der durch den Rat

---

[74] Vgl. SAATHOFF, Klöster 97; SCHLOTHEUBER, Auflösung 35; DIES., Franziskaner 40. Unter den Fratres waren die drei letzten Göttinger Konventualen: 1) Wilhelm Krummel(l) (1513 Student in Göttingen, 1540 von Hildesheim nach Wesel geschickt), 2) Johannes Ra(c)kebrand (der aus dem Göttinger Konvent stammende Artesstudent war 1523 als J. Rabeker in Braunschweig), 3) Bartold Junge(n) von Northeim (1515f. Philosophie- bzw. Artesstudent in Göttingen, 1517 Theologiestudent in Warburg, 1519 Student in Göttingen, 1523 nach Mühlhausen assigniert). Den Orden verließen durch Austritt: 4) Hartmut Henzemann, 5) Andreas Kelner (der Konventsbäcker wurde 1513 von Warburg nach Ruppin assigniert, 1517 ein Andreas Kelve von Seehausen nach Göttingen, 1518 von Seehausen nach Tangermünde), 6) der Koch Andreas Molthane. Im Exil belegt: 7) Johannes Varmsen von Münden. Ferner waren noch im Konvent: 8) Bartold Gieser (Gysen: 1518 Student in Paris, 1519 Artesstudent in Göttingen, 1520 nach Minden assigniert), 9) der als Schreiner und Maler bezeichnete Konverse Johannes Düntelmann; vgl. die Belege bei LÖHR, Kapitel; SAATHOFF, Klöster 97.

[75] Vgl. HASSELBLATT/KÄSTNER 229 Nr. 486. Allerdings war sowohl der Dominikaner wie der Franziskaner dieses Namens noch später noch in Göttingen nachweisbar.

[76] Vgl. ebd. 234f. Nr. 501.

[77] Vgl. ebd. 220f. Nr. 471; MOELLER, Reformation 507.

und die Gilden auf die Pauliner ausgeübte Druck zu, obwohl sich der Konvent auf kaiserlichen und landesfürstlichen Schutz berief.[78]

Um Ostern 1530 wurden nach einem Klostersturm die Wertsachen der Barfüßer inventarisiert und ein Teil davon, besonders die Kelche, aufs Rathaus gebracht.[79] Den Dominikanern wurden die Pretiosen erst am 17. August genommen.[80] Ende April wurde die dem Paulinerkloster benachbarte Terminei der Eschweger Augustinereremiten von Landgraf Philipp dem lutherischen Prediger Jost Winter geschenkt, der sie am 25. Mai bezog.[81]

Gegen Ostern oder Pfingsten kam als Prädikant Magister Jost Isermann nach Göttingen. Nach der glänzend abgelegten Probepredigt in der Paulinerkirche wurde er *"vorordnet in der pfarn zu S. Jacob zu predigen"*.[82] Die städtischen Eingriffe auf die unter herzoglichem Patronat stehenden Pfarrkirchen nahmen also zu. Offiziell wurde die bestehende Struktur nicht angetastet. Bis 1542 hatten alle Pfarreien einen altgläubigen Pfarrer, gleichzeitig allerdings auch einen neugläubigen Prädikanten. Die Prädikaturen ermöglichten dem Rat den allmählichen Zugriff auf die Pfarrei. An diesem Beispiel zeigt sich deutlich die "Konkurrenz- und Ersatzseelsorge" der Prädikanten gegenüber den Pfarrern, die schon vor der Reformation bestand.

Am 17. August wurden die Kleinodien aus der Paulinerkirche ins Rathaus gebracht. Das von den Dominikanern verlangte und von Custos Krumellen erstellte Verzeichnis ihrer Besitztitel wies 37, das des Rats jedoch 57 Positionen auf. Offensichtlich wollten die Dominikaner ihr Eigentum so weit wie möglich dem Zugriff des Rates entziehen. Zwei der Kelche wurden den Prädikanten Winter und C. Cordewang zum Gebrauch überlassen. Der Rat war sich zunächst unsicher, inwieweit die Dominikaner ein Besitzrecht an den Pretiosen hatten. Trotzdem wurde das Metall schließlich eingeschmolzen. Der weiterhin vorsichtig taktierende Rat verzeichnete es

---

[78] Vgl. LÖHR, Kapitel 56*. Zum kaiserlichen Schutzbrief an alle Dominikanerkonvente vgl. S. 300 mit Anm. 32.

[79] Vgl. HASSELBLATT/KÄSTNER 222 Nr. 474: *"mit grosser gewalt in das Barfussenkloster zu Gottingen gefallen de schanke und toren vor dem kore zubrochen ire kysten geofnet alle kylche kleinode misgewant und, wes sy zu gots dienste sonst lange gebraucht, genomen vorsperret und beslossen"*. Widerspruch kam nur vom Ritter Busse von Bartensleben. Vgl. auch ebd. 224 Nr. 477 (Schreiben der Stadt Göttingen vom 4.5.1530). Ein Kelch wurde leihweise dem Süsternkloster überlassen.

[80] Vgl. SCHLOTHEUBER, Auflösung 36; DIES., Franziskaner 44f.

[81] Vgl. HASSELBLATT/KÄSTNER 225-227 Nr. 481. Vgl. auch VOGELSANG, Stadt 31; VOLZ, Bericht 59 Anm. 270. Vor dem 25.3.1530 war der ehemalige Eschweger Prior dort verstorben; vgl. HASSELBLATT/-KÄSTNER 220 Nr. 469.

[82] TSCHACKERT, Magister 84.

unter der Rubrik "*gelde, dat wy hebben geborget und nicht vortynsen*".[83] Vom Mobiliar erhielt u.a. der Prädikant Sutel, der seit dem 30. August in Göttingen war, einen Bankkasten aus dem Chor der Kirche.

Am 14. November 1530 wurde mit Hans von Schneen (+ 1556), der bis 1534 amtierte, eine dezidiert neugläubige Person als Bürgermeister an die Spitze des Rates gewählt. Von ihm wurde der erzbischöfliche Kommissar Johannes Bruns als Syndikus berufen, der der eigentliche Leiter der Stadtpolitik war.[84] Doch ist der direkte Anteil beider an den Maßnahmen gegen die Mendikanten nicht zu erheben. Um endgültig mit den Resten der alten Kirche aufzuräumen, plante man für Februar 1531 eine Disputation zwischen den Neugläubigen und den Franziskanern, "dem Zentrum der Altgläubigen in der Stadt".[85] Da die Unparteilichkeit des Rats als Schiedsrichter nicht zu erwarten war, traf am 8. Februar auf Betreiben der Franziskaner ein herzogliches Mandat ein, das die Disputation verbot.[86] Die Franziskaner stellten nun ihrerseits Bedingungen für eine Disputation, die für den Rat unannehmbar waren, so u.a. sollte der Rat beurkunden, daß sie den Barfüßern aufgezwungen, also rechtsungültig sei. Das lehnte die Göttinger Obrigkeit ab und wies den Franziskaner Andreas Fricke aus der Stadt. Im Schreiben vom 1. März an den Herzog nahm der Magistrat dann von der Disputation Abstand.[87] Am nächsten Tag, dem 2. Mai, erfolgte ein Sturm auf das Franziskanerkloster. Gegen die von Eva SCHLOTHEUBER vertretene These ist zu sagen, daß der Rat in diesem Falle kaum eine weitere Eskalation vermeiden wollte.[88] Da er - als Urheber der anderen Maßnahmen gegen die Mendikanten - erst am Abend des Tages gegen die Beteiligten am Klostersturm einschritt und sie dann nur nach Hause schickte, belegt eine zumindest stillschweigende Sympathie der Obrigkeit mit den Unruhestiftern, zumal die Ratsvertreter die Gelegenheit zu einem Angebot wegen der Übergabe des

---

[83] SCHLOTHEUBER, Franziskaner 45 Anm. 102; vgl. auch ebd. 44-47 und DIES., Franziskaner 36f. Sutel erhielt von der Stadt ein Haus am Prediger-Kirchhof; vgl. TSCHACKERT, Magister 88.

[84] Vgl. VOLZ, Reformation 67.

[85] Ebd. 68; SCHLOTHEUBER, Franziskaner 68f. Vgl. zur altgläubigen Opposition MOELLER, Reformation 508. Dazu gehörte das Mitglied der Kaufgilde Hans von Dransfeld, der 1531 ab-, 1532 wiedergewählt und 1534 Bürgermeister wurde. Ebenso wäre Johann Winkelmann, der Bürgermeister von 1529, zu erwähnen; vgl. VOLZ, Bericht 54 Anm. 219, 57 Anm. 248. Nach BIELEFELD, Kirchen 25, mahnte der Rat noch 1551, den Besuch altgläubiger Gottesdienste außerhalb der Stadt zu unterlassen.

[86] Ed. HASSELBLATT/KÄSTNER 239f. Nr. 510. Vgl. MOELLER, Reformation 509; VOLZ, Reformation 68; TSCHACKERT, Magister 9f., 82, 130; SCHLOTHEUBER, Franziskaner 49.

[87] Ed. HASSELBLATT/KÄSTNER 241 Nr. 512, 244f. Nr. 518; vgl. auch 246 Nr. 520; zu Fricke 243 Nr. 514, vgl. auch 247ff. Nr. 523. Vgl. SCHLOTHEUBER, Auflösung 37f.; DIES., Franziskaner 49f.

[88] Vgl. SCHLOTHEUBER, Auflösung 38; DIES., Franziskaner 51. Vgl. TSCHACKERT, Magister 84: "*Umb diese zeit sindt etzliche burger ins Barfüßercloster gefallen, blieben auch die nacht darinnen bis an den andren dag den abent; haben zimlich mit den monnichen gegessen und gedrunken.*"

Klosters nutzten.[89] Die Barfüßer nahmen aktiver an den Auseinandersetzungen um die neue Lehre teil als die Pauliner. Letztere beschränkten sich darauf, am 3. Mai 1531 auf die Strafen zu verweisen, die eine Gewalttat ihnen gegenüber bewirken würde[90]. Im Frühjahr 1531 hatte der Prädikant Sutel M. Luther geklagt, *"das der rad zu Gottingen uber irer kirchenordnung nit wolten halden, dazu der geistlichen guter in kirchen und clostern nicht recht gebraucheten und darmit, wie sichs geburet, ummegingen, ja die clostergueter in ihren eigen nutz wendeten."*[91] Ungefähr zur gleichen Zeit wurden die Mendikanten in ihren Klöstern eingeschlossen. Dadurch konnten sie nicht auf die Bevölkerung einwirken, außerdem wurde ihnen der Erwerb des Lebensunterhalts erschwert[92] und schließlich war somit das in der Kirchenordnung vorgesehene Ausgehverbot nun durchgesetzt. Am 21. Juli des Jahres verlangte der Rat vom Annenkloster u.a. die Annahme von Pflegern, die Übergabe der Urkunden an den Rat und außerdem, daß das Haus allen Bürgerkindern offenstehen solle.[93]

Mit Unterstützung des Moringer Landtages hatte Herzog Ernst I. unter Berufung auf den Augsburger Reichsabschied von 1530 von Göttingen die Rückkehr zum alten Glauben gefordert. Doch am 28. März beschlossen Rat und Gilden, am Evangelium festzuhalten. Gleichzeitig wurde die Restitution der Klöster abgeschlagen.[94] Die Glaubensneuerung war nicht nur gegen den Rat und den altgläubigen Landesherrn, sondern auch gegen den Beschluß des Speyrer Reichstages von 1529[95] durchgesetzt worden. Daher war Gewalt von seiten des Landesherrn als Disziplinierungsmittel gegen die aufsässige Landstadt nicht auszuschließen, weshalb Göttingen dem Schmalkaldischen Bund beitrat.[96] Ebenso wurde 1531 die Stadtbefestigung verstärkt.[97] Nach dem Eintritt in den Schmalkaldischen Bund war das neue Göttinger Kirchenwesen nach außen machtpolitisch abgesichert und konnte sich alllmählich im

---

[89] Vgl. TSCHACKERT, Magister 84f. Vgl. auch ebd. 14ff.

[90] Vgl. HASSELBLATT/KÄSTNER 258 Nr. 542.

[91] VOGELSANG, Annalen 346.

[92] Vgl. SCHLOTHEUBER, Franziskaner 52f.

[93] Vgl. HASSELBLATT/KÄSTNER 273 Nr. 562.

[94] Vgl. ebd. 261 Nr. 547 sowie 381f. Nr. 721. Vgl. auch MOELLER, Reformation 509; SCHLOTHEUBER, Franziskaner 52.

[95] Der Augsburger Reichstagsabschied von 1530 erfolgte nach der Einführung der Glaubensneuerung in Göttingen.

[96] Vgl. MÖRKE, Göttingen 289.

[97] Vgl. HASSELBLATT/KÄSTNER 384 Nr. 724. Vgl. ERDMANN 11; LAST 100. Zur Heranziehung der Barfüßer dazu vgl. S. 144 mit Anm. 108.

Innern konsolidieren.[98] Seit Oktober 1531 durften nur Neugläubige Ämter bekleiden, 1532 wurden die letzten "Papisten" aus dem Rat entfernt.[99] In diesem Zusammenhang der Säuberung der Stadt von Altgläubigen steht das Ende der beiden Konvente. Außerdem wurde Göttingen 1532 als Mitglied des Schmalkaldischen Bundes ausdrücklich in den Nürnberger Anstand aufgenommen, so daß der Herzog im Jahr darauf - auch wegen seiner Schulden, für deren Abtragung er die Stadt brauchte - den religiösen status quo akzeptierte.[100] Damit hatten die Dominikaner ihren letzten Rückhalt, nämlich Kaiser und Landesherrn, verloren.

Vermutlich flüchtete zu diesem Zeitpunkt Prior Degenhard mit einigen Fratres aus Göttingen und konstituierte sich als Exilkonvent. Der Augsburger Reichstagsabschied von 1530 hatte die Restitution von Klöstern ja ausdrücklich vorgesehen.[101] Die Flucht der meisten Dominikaner ist verständlich, denn sogar der private bzw. heimliche Gottesdienst war den Fratres in der Stadt untersagt. Da auch der Ausgang in die Stadt verboten war, blieb der passive Widerstand im Konvent letztlich ohne Wirkung. Die Flucht eines Teils der Konventualen war daher kein Ausdruck für Auflösungserscheinungen im Paulinerkloster. Vielmehr unternahm der Prior als Repräsentant des Konvents diesen Schritt, um die Unabhängigkeit vom Rat zu bewahren. Allerdings hatten die noch im Konvent befindlichen Fratres durch die Flucht des Priors vermutlich ihre wichtigste Stütze verloren. In der Folge gaben einige der Fratres den Widerstand gegen das neue Kirchenwesen auf. Am 5. März 1532 unterzeichnete Johannes Holtborn, daß er seine Klostergelübde auflöse und nach Rückgabe des eingebrachten Besitzes keine Forderungen an den Rat mehr habe, ebenso zwei Tage später der analphabetische Koch Andreas Molthane, für den der altgläubige Geistliche Nicolaus Hanawer (+ 1540) unterschrieb, sowie Andreas Kelner. Am 12. Dezember 1532 ließ sich Frater Hartmann Henzemann (+ 1580) abfinden.[102] Um diese Zeit zerstreuten sich die anderen Fratres. Johannes Münden ging wohl als Prädikant nach Osterode. Einige begaben sich heimlich zum hessischen Landgrafen, der ihnen laut Franciscus LUBECUS zu dem eingebrachten Besitz

---

[98] Vgl. VOLZ, Reformation 69; MOELLER, Reformation 509 mit Anm. 104; KAHLE 92f.

[99] Vgl. HASSELBLATT/KÄSTNER 384f. Nr. 725 sowie VOLZ, Reformation 70.

[100] Vgl. MOELLER, Reformation 512.

[101] Zum Exilkonvent s.u.; zum Reichstagsabschied vgl. S. 303 mit Anm. 46.

[102] Vgl. SCHLOTHEUBER, Auflösung 71-73; DIES., Franziskaner 40f.; HASSELBLATT/KÄSTNER 304ff. Nr. 612 u. 614f., 351 Nr. 680; LÖHR, Kapitel 56*. Laut VOGELSANG, Annalen 468 (mit der gelegentlichen Datierungsungenauigkeit), hatte Henzemann "am ersten das evangelion in Gottingen helfen predigen anno 31 et 30". 1537 wurde er Pfr. an St. Nicolai. Zur Person vgl. KNOKE 363; VOGELSANG, a.a.0. 446 Anm. 4; ebd. 349 wohl auf ihn zu beziehen (evtl. auch auf Rackebrant).

verhalf. Der Rat gab den Dominikanern aber vornehmlich Sachwerte.[103] Wegen dieser Entwicklungen waren ab 1533 in Göttingen nur noch drei Fratres, nämlich Bertold Junge, Wilhelm Krumme und Johannes Rackebrant, die für den Exilkonvent vor Ort die Stellung hielten. Franciscus LUBECUS beschrieb ihre Bedrängnis: "*Die wurden dermaßen getrieben und beängstigt, daß sie oben auf'm Kloster des Tages auf den obersten Cellen sitzen mußten und man ihnen schier keine Schlafstätte gönnen wollte*".[104] Selbst von Nahrung waren sie abgeschnitten. Rackebrant wurde von seinem Vater ernährt, B. Junge von dem Zisterzienser aus dem benachbarten Walkenrieder Hof! Da zeigt sich deutlich der unterschiedliche Rechtsstatus der Mönche. Dem Zisterzienser geschah von Seiten der Neugläubigen nichts, ja er konnte sogar einem bedrohten Mitbruder beistehen. Allerdings hatte das Kloster Walkenried Ende 1532 seinen Zehnt der Stadt überlassen und trat für den Fall seiner Auflösung die dortigen Güter an Göttingen ab.[105]

Nach Franciscus LUBECUS mußten die mittlerweile nur aus zwei Fratres bestehende Kommunität im Paulinerkonvent - Wilhelm Krumme war wohl inzwischen ausgetreten - im Jahr 1533 abermals alle Güter, Wertsachen und Urkunden inventarisieren und dem Rat übergeben. Eine Inventarisierungsliste sowie einen der Schlüssel zu der Lade mit den Wertsachen erhielt Johannes Rakebrant. Schließlich ließ der Rat allerdings das Silber einschmelzen und einen Teil des Klosterinventars zum halben Preis verkaufen. Ebenso nahmen etliche der Bürger Sachen an sich, einschließlich der Honoratioren,[106] so daß wohl nur ein Teil der Gegenstände und des Erlöses der neugläubigen Lehre zugute kam. Obwohl damit das Kloster schon de facto aufgehoben war, zögerte der Rat angesichts des altgläubigen Landesfürsten noch mit dem endgültigen Rechtsakt. Am 15. April 1533 erkannte Herzog Erich die Glaubensneuerung in seiner Landstadt an, was er sich allerdings finanziell honorieren

---

[103] Vgl. SAATHOFF, Klöster 97 (ohne Zeitangabe); danach SCHLOTHEUBER, Auflösung 36; DIES., Franziskaner 40f. Im Fall Rakebrants unterlief LUBECUS ein Irrtum. Der Frater nahm erst nach der Übergabe des Klosters 1533 die Prädikantenstelle in Roringen, dann in Roßdorf an. - In der Edition des LUBECUS bei VOGELSANG, Annalen 344 heißt es: "*hatten nur allein der closter innen, der sie bemechtigt, furnemlich das Pauliner, weil dise munniche balt selbst wichen und von inen ausgingen die meisten.*" Da LUBECUS auf mündlichen Nachrichten basiert, ist die Jahresangabe 1530 falsch, der geschilderte Inhalt wohl richtig.

[104] SAATHOFF, Klöster 97; vgl. auch SCHLOTHEUBER, Auflösung 36; DIES., Franziskaner 42. Bei LUBECUS erfolgte die Ernährung Rakebrants irrtümlich durch dessen Vetter. Korrektur in "Vater" bei SCHLOTHEUBER, Auflösung 36; auch bei HASSELBLATT/KÄSTNER 394 Nr. 734, ist von dem Dominikaner als "*Rakebrandes sohne*" die Rede.

[105] Vgl. ebd. 337-345 Nr. 667ff.

[106] Vgl. SAATHOFF, Klöster 97. Vgl. auch SCHLOTHEUBER, Auflösung 36f. Vgl. die Entrüstung des LUBECUS (ed. SAATHOFF, a.a.0): "*Wer da am besten stehlen konnte, der war ein guter Evangelischer Bruder, er wäre Mittler, 6 Mann, Ratsherr oder Burgmeister, ja Knecht oder Herr.*"

ließ.[107] Damit war die letzte Stütze der Mendikantenklöster gefallen. Herzog Erich hielt jedoch an seinem Patronat über die Pfarrkirchen weiter fest.

Am 9. Juni 1533 wandte sich der Guardian Christoph Mengershausen an Herzogin Elisabeth (1510-58), da die Franziskanern u.a. von den ihnen auferlegten Bauarbeiten an der Stadtbefestigung befreit werden wollten. Außerdem baten sie um freien Ein- und Ausgang aus dem Kloster, wogegen sie sich verpflichteten, das Evangelium wie bisher zu predigen.[108] Der Rat hingegen antwortete, daß die Last der Verteidigung von jedermann mitgetragen werden müsse und tadelte die Franziskaner als Müßiggänger. Ansonsten sei das Kloster billigerweise verschlossen, damit die Brüder nicht heimlich predigten. Es stünde ihnen ja frei, aus der Stadt zu gehen, wohin sie wollten. Am 4. Juli wurden vom Rat auch die Güter des Deutschen Ordens trotz dessen Berufung auf die Ordensprivilegien besteuert. Am 10. Juli verlangte der Rat - da er seine Kirchenordnung durchsetzen und die Fratres nicht länger in der Stadt dulden wolle - von beiden Konventen den Auszug der Fratres, d.h. die Räumung der Klöster, die Gebrechlichen wollte die Stadt versorgen. Das Ansinnen wurde von beiden Konventen abgelehnt. Ebenso schickten die Franziskaner die zehn auswärtigen Brüder nicht weg. Vielmehr verbrannten sie am 14. einen Teil ihrer Habe, um "ihr Eigentum" nicht dem Rat in die Hände fallen zu lassen. Die Barfüsser hatten schon einen Tag vorher auch urkundlich dokumentiert, daß sie beieinander bleiben und nicht voneinander scheiden wollten. Die Vertreter des Rates und der Gilden erhielten dieses Schreiben aber erst am 17. Juli im Minoritenkloster.[109]

Gleichfalls am 10. Juli wurden die zwei Pauliner Bertold Jungen und Johannes Rakebrand aufgefordert, ihren geistlichen Stand aufzugeben und bis zum 13. zu antworten, denn man sei *"geneigt etwas anders mit deme cloester vortonemende; wo se sick aver hirinne sperren und widderwertig erzeigen, wolden eyn erbar rat unde gilden wes anders und wat de noit heschet vornemen, dat one denne to ungude*

---

[107] Vgl. MÖRKE, Göttingen 289; SCHLOTHEUBER, Auflösung 38. Regest der Aufnahme Göttingens in den Nürnberger Anstand bei HASSELBLATT/KÄSTNER 326. Nr. 646; vgl. auch Nr. 647: nachdem die Landstadt dadurch ihren Rang als freie Stadt dokumentiert hatte, bat sie am selben Tag den Landesherrn um Befreiung von der Türkensteuer und bezeichnete sich noch andernorts als nicht reichsunmittelbar. Urkunde vom 15.4.1533 ebd. 352ff. Nr. 687.

[108] Vgl. ebd. 359ff. Nr. 699 (356 Nr. 691 allg. zu Arbeiten an den Stadtwällen und -gräben). In seiner Antwort (vgl. ebd. 362ff. Nr. 702) stellte der Rat von Göttingen die Arbeit im Graben als Aufgabe eines jeden Mannes dar; für den Magistrat war der klerikale Sonderstatus aufgehoben. Vgl. auch SCHLOTHEUBER, Auflösung 38; DIES., Franziskaner 55f.

[109] Vgl. HASSELBLATT-KÄSTNER 366-369 Nr. 705f., bes. Anm. 2. Vgl. SCHLOTHEUBER, Auflösung 39; DIES., Franziskaner 56f. Nach HASSELBLATT/KÄSTNER 369 Anm. 2, erging die Aufforderung zum Austritt auch an das Süsterenkloster.

gedien und erwachsen konde".[110] Die undatierten Beschwerden von Rat und Gilden, die in acht Klagepunkten und sieben Forderungen formuliert wurden, stammten wohl aus der Zeit vor dem 10. Juli, da die erste Beschwerde lautete, daß noch drei Personen im Kloster wären. Hauptsorge des Rates war die mögliche Verschleuderung der Güter und Einkommenstitel. Trotz der mehrfachen Einziehung von Besitz war offensichtlich noch etwas davon vorhanden. Der Magistrat sah das Kloster als sein Eigentum an und empörte sich, die Fratres würden in verschlossene Zellen und Gemächer eindringen und Klostergut entnehmen.[111] Die Obrigkeit hatte also sämtliche Eigentumsrechte des Klosters an sich gezogen. Außerdem wurde den Paulinern die Verachtung der Kirchenordnung vorgeworfen. Wenn sie sich an die Kirchenordnung hielten, sei ihnen als Bürgerkindern eine gute Versorgung garantiert. Der achte Vorwurf an die Mönche war, daß sie ledig seien, was ein bezeichnendes Licht auf die Argumentation wirft. Am Ende der Urkunde wurde eine Rechtsverwahrung der beiden Fratres nachgetragen.

Am 18. Juli wies der Rat die am Vortag erhaltene Antwort der Franziskaner als ungenügend zurück, nachdem "*gy lange jar her furstliger edder ordentlicher overicheit ny hebben willen underwopen wesen*"[112] und verlangte "*caution*" wegen des der Stadt angetanen materiellen und geistlichen Schadens. Die Franziskanerobservanten zogen am 23. Juli 1533 ab.[113] "*Also hat der rath auch solches closter lange zugeschlossen, die guter zu sich genomen und nie keine rechnung hirvon getan, wedder dem Fursten noch den monnichen.*"[114]

Der Rat ermahnte am 24. Juli die beiden Pauliner, weil sie auf das Ultimatum nicht geantwortet und das Klostergut verschwendet hätten. Anscheinend wurden die Konventualen von der Obrigkeit innerhalb des schon verschlossenen Klosters eingeschlossen.[115] Am Samstag, den 26., wurden sie wegen weiteren Verkaufs von

---

[110] Ebd. 393 Anm. 1.

[111] Vgl. ebd. 393f. Nr. 734; SCHLOTHEUBER, Auflösung 39; DIES., Franziskaner 61. Bei HASSELBLATT/-KÄSTNER 394 Anm. 1, der Hinweis, daß im Jahr 1538 im Barfüßerkloster Wertgegenstände unter der Diele des Kreuzganges gefunden wurden.

[112] Ebd. 370 Nr. 708.

[113] Schilderung des Auszuges bei SAATHOFF, Klöster 97f. Vgl. SCHLOTHEUBER, Auflösung 39; DIES., Franziskaner 56.

[114] SAATHOFF, Klöster 98. Zit. auch bei SCHLOTHEUBER, Auflösung 39.

[115] Vgl. SCHLOTHEUBER, Auflösung 39. Bei HASSELBLATT/KÄSTNER 393 Nr. 734 Anm. 2, heißt es: "Juli 24 lassen sie < die Fratres > Rath und Gilden vor Zeugen "*ut deme hueße, dat her Parnessen gewiset, < wisen > und dat und ander tosluten*", weil sie die geforderte Antwort nicht gegeben hätten und das Klostergut durchbrächten.

Klostergut *"auch von dem slapehuse besloten"*.[116] Am Sonntag, den 27., also vier Tage nach den Franziskanern, verließen die beiden Dominikaner schließlich vor Zeugen *"frywillich"* das Kloster.[117] Noch am Tag des Abzugs wurde ein weiteres Inventar vom Rat aufgenommen.

Im Gegensatz zu den Bettelordenskonventen hielt sich der St. Annenkonvent noch einige Zeit und wurde schließlich in ein Damenstift umgewandelt; die Deutschordensniederlassung wurde noch 1583 erwähnt.[118] Das zeigt, daß nicht alle Orden gleich, sondern je nach dem Rechtsstatus und Nutzen für die Stadt behandelt wurden.

2.2.3   Die Verwendung des Klostergutes

Am 25. September 1533 wurde erneut ein Inventar im Paulinerkloster aufgenommen.[119] Weiterhin wurden Klostervormünder für das übernommene Gut eingesetzt. Jährlich übernahmen zwei Mitglieder der Gilden diese Aufgabe.[120] Bis 1542 waren die Güter der Bettelklöster bis auf die Bibliotheken weitgehend veräußert.[121]

Im Gegensatz zum Franziskanerkloster[122] gab es für das der Dominikaner verschiedene Versuche einer Nutzung. Der Entwurf der Kirchenordnung des Prädikanten Jost Winter von 1529 sah vor, daß eine Bibliothek für die Prädikanten im Paulinerkloster eingerichtet würde.[123] Daraus wurde wohl nichts. Die Konventsbibliotheken der Franziskaner wie der Dominikaner wurden 1545 durch den Göttinger Superintendenten Joachim Mörlin (1514-71) mit Erlaubnis des Rats besichtigt. Wie die vor ihm amtierenden Prädikanten nahm Mörlin etliche Bücher an sich,

---

[116] HASSELBLATT/KÄSTNER 393 Nr. 734 Anm. 2. Vgl. SCHLOTHEUBER, Auflösung 39 mit Datierung 16.7.

[117] Vgl. HASSELBLATT/KÄSTNER 393 Nr. 734 Anm. 2. Vgl. SCHLOTHEUBER, Auflösung 39.

[118] Vgl. VOGELSANG, Stadt 110. Nach TSCHACKERT, Magister 16, nahmen die Nonnen erst 1542 einen neugläubigen Prediger an.

[119] Vgl. HASSELBLATT/KÄSTNER 394 Anm. 1.

[120] Vgl. MOHNHAUPT, Stadtverfassung 234. Gleiches galt für das Vermögen der aufgehobenen Bruderschaften.

[121] Vgl. SCHLOTHEUBER, Auflösung 71. Ebd. Abrechnung der Liquidatoren über die verkauften Güter des Barfüßerklosters.

[122] Nach VOGELSANG, Annalen 352, soll 1538 ein *"buchsenhaus"* darin errichtet worden sein. Erst 1593 wurde die Mädchenschule gegründet, vgl. BIELEFELD, Ordnung.

[123] Vgl. TSCHACKERT, Vorarbeiten 373: *"Idt were ock wol nodt, dat J.E.W. de lyberaria im Paulerkloster anrichten und mit der tydt alle opera Augustini und andere gude böker dorup tugen wolde, dat de predicanten, de solke boker nicht heben noch betalen konnen, dar mochten tho flucht tho hebben."*

einige "nutzlose" Pergamentbände ließ er verkaufen.[124] Vermutlich war die Paulinerbibliothek für das in den Jahren 1542-45 bestehende Pädagogium genutzt worden. Die Reste der Bibliothek ließ J. Mörlin zum Nutzen der Prediger in die Johanniskirche bringen, von wo sie im Jahr 1630 den Dominikanern restituiert wurde.

Nach 1533 soll das Predigerkloster leergestanden haben.[125] Die Grab- und Altarsteine der verschiedenen Kirchen, darunter auch die der Klöster mit Ausnahme der in der Franziskanerkirche begrabenen Angehörigen des Herrscherhauses sollen zum Bau des Deichs und des Wassergrabens um die Stadt verwandt worden sein.[126] Zuerst wurde in der ehemaligen Küche des profanierten Paulinerklosters die Münze eingerichtet, die später in das ehemalige Barfüßerkloster umzog, sodann im Brauhaus der Dominikaner eine städtische Bierbrauerei. Kurz danach kam eine Bierschenke ins Kloster, die allerdings nicht lange bestand. Die Kirche wurde von den Kaufleuten als Warenlager genutzt.[127]

Um allzu starke Einflußnahme der mittlerweile neugläubig gewordenen Landesherrschaft unter Herzogin Elisabeth zu vermeiden, verweigerte der Rat 1542 die landesherrliche Visitation und eröffnete im Herbst 1542 aus eigener Initiative ein Pädagogium im ehemaligen Paulinerkloster.[128] In dem Zusammenhang wurden wohl ehemalige Dominikanermönche aus dem Kloster gewiesen.[129] Vielleicht handelte es sich um ältere oder noch vom Rat zu versorgende ehemalige Fratres. Deren Existenz im ehemaligen Konvent hatte unter Umständen dem Rat dazu gedient, den Ansprüchen des Exilkonvents zu begegnen. Als die von der lutherischen Theologie legitimierte Umwidmung von Klostergut zu Schulzwecken auch in Göttingen in die Praxis umgesetzt wurde, waren die ehemaligen Fratres für den Rat nicht mehr nützlich. Daher wurden sie wohl ausgewiesen. Vermögen und Gebäude des ehemaligen Paulinerklosters wurden nun als Grundstock dem Pädagogium übereignet. Der Rat wollte eine Schule im Universitätsrang erlangen und beantragte 1543 beim Kaiser ein Privileg zur Verleihung der akademischen Grade. Doch sperrte Herzogin

---

[124] LUBECUS zit. nach SCHLOTHEUBER, Bildungswesen 24.

[125] Vgl. SEHLING VI/2, 910 Anm. 17.

[126] Vgl. ARNOLD, Inschriften 14, sowie als Quelle LUBECUS, ed. VOLZ, Annalen 346. Fälschlich auf 1531 datiert. Laut ebd. 348f., wurde 1534 noch an den Deichen gebaut. Die Verwendung von Grab- und Altarsteinen für Befestigungsarbeiten ist z.B. auch aus Jena (vgl. S. 283) bekannt.

[127] Vgl. SAATHOFF, Klöster 97 sowie LAST 102f.; SCHLOTHEUBER, Auflösung 39.

[128] Vgl. vor allem KAHLE; ferner BIELEFELD, Kirche 517; D. KUNST 627f. Vgl. zu VOGELSANG, Annalen 362, kritisch KAHLE 100-103. Zur Verwendung der Klostereinkünfte vgl. BRENNEKE 33.

[129] Vgl. das Quellenzitat bei SCHLOTHEUBER, Franziskaner 45 Anm. 104: 1542 wurden mit den Zinsen der Dominikaner die *"monnike so sick domals im pewelern kloster erhildenn vorthowesen und de mith notturftigen kost und drancke tovorsorgenn"*.

Elisabeth von Calenberg-Göttingen Ende 1544 das Kalandsvermögen, so daß dieses Unternehmen um Ostern 1545 scheiterte.[130] Daraufhin wurde der Dachboden des Klosters als Kornspeicher genutzt.[131] 1586 wurde das Pädagogium von Herzog Julius von Braunschweig-Wolfenbüttel (1568-89) - also nicht auf Initiative des Magistrats - erneut im ehemaligen Paulinerkloster begründet. Neben Unterrichts-räumen wurden dort auch Lehrerzimmer und eine Wohnung für den Pädagogiarchen eingerichtet.[132]

Da sich das neugläubige Kirchenwesen in den Pfarreien nach dem Tode Herzog Erichs konsolidiert hatte, wurde die erste neugläubige "Pfarrkirche" im Pauliner-kloster überflüssig. Zuerst diente sie - wie oben erwähnt - als Warenlager. Im Jahr 1544 wurde zum Bau der Empore in St. Johannis die aus der Paulinerkirche über-tragen.[133] Die Glocken der Mendikantenkirchen, Kapellen und Hospitäler wurden eingeschmolzen, ebenso die Kerzenleuchter. Das neugläubige Gemeindeprinzip machte wie anderswo die Fülle der vielen spätmittelalterlichen Devotionsstätten überflüssig. Daher wurden weder die Gebäude noch die Ausstattung mehr benötigt und konnten einem besseren Zweck zugeführt werden. Auch die Friedhöfe der ehemaligen geistlichen Institutionen wurden nicht mehr genutzt. Als die Gemeinde St. Johannis mit ihrem Pfarrer 1552 im Streit lag und dieser deshalb niemand auf dem Pfarrfriedhof bestatten wollte, wurde dann stillschweigend der Paulinerkirchhof und der der Bartholomäus- und Hl. Kreuz-Kapellen genutzt.[134]

2.2.4   Der Exilkonvent

Der abgefundene Laienbruder Andreas Molthane konnte nach der Aufhebung des Konvents im Waschhaus des Franziskanerklosters wohnen, wo er 1538 bezeugt ist.[135] Später gehörte er jedoch vermutlich zu denjenigen, die im ehemaligen Klo-ster wohnten, dann aber 1542 bei der Gründung des Pädagogiums ausgewiesen

---

[130] Vgl. KAHLE 94-98; BRENNEKE 101; VOGELSANG, Stadt 111; BIELEFELD, Kirchen 517; D. KUNST 628f.

[131] Dort verstarb am 3.9.1575 der Kornschreiber bei der Erfüllung seiner Dienstpflichten; vgl. VOGEL-SANG, Annalen 457f. Zur Verwendung der zwei Bettelklöster als Magazine 1558 vgl. BRENNEKE 450. Erwähnt auch bei REUTHER 541f., 544.

[132] Vgl. VOGELSANG, Stadt 230; D. KUNST 629f. Dieses Pädagogium bestand bis zur Universitätsgründung 1734, war aber als "Pflanzgarten für Helmstedt" gegründet worden.

[133] Vgl. VOGELSANG, Annalen 367. Hier wird der Lesevariante a) gefolgt, wo statt *"einen newen gang odder voerkirchen"* *"boerkirchen"* angegeben wird. Bordkirche bezeichnet die Empore, hier ist wohl der Gang über dem Kirchenschiff rechts und links an der Mauer darunter zu verstehen, nicht die Empore selbst.

[134] Vgl. ebd. 399. 1585 wurde ein geistig Verwirrter ebenfalls stillschweigend (*"ohne singen und klingen"*) auf dem Paulinerkirchhof bestattet, vgl. ebd. 484.

[135] Vgl. SCHLOTHEUBER, Auflösung 72.

148

wurden. Hartmann Henze(l)mann wurde 1537 lutherischer Prediger an der Göttinger Nikolaikirche.[136] Erst nach der Aufhebung des Konvents nahm Johannes Rakebrant eine Stelle als neugläubiger Prediger an.[137]

Der Aufenthaltsort des wohl 1532 unter Prior Degenhard ins Exil gegangenen Konvents ist leider nicht bekannt. Es könnte Warburg gewesen sein, da von dort aus 1629/30 die Restitution des Konvents durch Prior Musculus betrieben wurde.[138] Noch um 1540 setzten sich die Fratres für ihr Eigentum ein. Über den Mainzer Erzbischof versuchten sie eine Rente von neun Gulden auf ein Kapital von 200 Gulden vom Kloster Steina einzufordern.[139] Im Streit um die Hinterlassenschaft des verstorbenen ehemaligen Priors Johann Vermelsens, die die Herren von Hardenberg in Besitz hatten, wandten sich Prior und Konvent der Dominikaner in der Zeit von 1545-48 an den Mainzer Erzbischof bzw. an dessen Kommissar zu Heiligenstadt. 1548 unterschrieben die entsprechende Urkunde noch Prior Johannes Vberfelt sowie die Fratres Heinrich Mey(g)er, der Senior Conrad Tolite und Subprior Hermann Klingenbil.[140] Fast alle dieser Fratres waren schon vor der Reformation als Göttinger Konventualen nachweisbar. Johann Vermelsen fungierte 1513 als Göttinger Prior. 1521 hatte er als Göttinger Lektor wieder das Stimmrecht erhalten.[141] Er war mit dem 1530 erwähnten J. Varmsen identisch. Heinrich Meyer war

---

[136] Vgl. ebd. 73; BIELEFELD, Kirchen 516.

[137] Vgl. oben S. 143 Anm. 103.

[138] Die Urkunden des Göttinger Exilkonvents nach 1544 waren zwar in einem Braunschweig betreffenden Faszikel im LHA Magdeburg. Da der Konvent um 1535 kurz vor dem Ende stand und sehr bedrängt wurde (vgl. LÖHR, Kapitel 55*), kam Braunschweig als Exilort wohl nicht oder nur kurzfristig in Frage.

[139] Vgl. MINDERMANN, Basis 52. Vgl. die Urkunde von ca. 1540 (eigene Abschrift während der Ausstellung im Paulinerkloster): "Cum ex multis annis a propria domo conventu et civitate vj et violentia expulsi sumus propter haeresin Lutheranorum ... et in exilium missi ac natale solum dulcemque patriam (licet cum spe redditus) derelinquere coacti sumus". Ort und Ausstellungsdatum sind leider nicht vermerkt (vermutlich Abschrift der erzbischöflichen Kanzlei; vgl. MINDERMANN, a.a.O. 51f.), ebensowenig der Namen des Priors oder irgendwelcher Fratres. Evtl. hatten die Zahlungen von Steina nach der Einführung der Reformation in Calenberg-Göttingen 1538 aufgehört. Dafür spräche, daß bis 1538 die Herren von Plesse eine Rente von einer halben Mark jährlich an die Paulinerbrüderschaft St. Anna zahlten; vgl. ebd. 52, 19. Schon seit 1528 gab es neugläubige Predigten und ab 1534 einen neugläubigen Pfarrer auf der Burg; vgl. VOGELSANG, Annalen 350 Anm. 5, der das Datum der Reformation von Geschlecht und Herrschaft auf 1537 ansetzt.

[140] Vgl. LHA Magdeb., Rep. A 37a, XXXII Nr. 497, fol. 26-31. Die Akten begannen im Jahr 1545. - Ein Conradus Tolle war 1506 in einem Confessionale des Mainzer Erzbischofs genannt worden; vgl. MINDERMANN, Adel 155 Anm. 553 (der Konvent bestand keineswegs nur aus den genannten zwölf Fratres; neben den Priestern, die Beichterlaubnis erhielten, gab es noch Konversen und Studenten sowie ältere Geistliche, die für die Seelsorge nicht mehr in Frage kamen).

[141] Vgl. LÖHR, Kapitel 3, 151f. Zu Varmsen (Fernsen, Varmessen, Vermelter, Werneleben) vgl. MINDERMANN, Adel 155 Anm. 553f. sowie S. 138 mit Anm. 74.

von 1516-24 als Göttinger Lektor nachweisbar. Der Göttinger Konventuale Hermann Clingenbil wurde 1517 zum Studium nach Köln assigniert, 1526 war er Magister studentium in Hildesheim.[142] Die noch mindestens 15 Jahre nach der Aufhebung des Klosters als Exilkonvent lebenden Fratres waren vielleicht noch die Empfänger eines Seelgeräts aus Göttingen selbst. Vom 15. Juni 1534 datiert das Testament des altgläubigen Pfarrers Tileman Conradi, der - ein Jahr nach der Vertreibung der Mendikanten - ein Seelgerät *"by den Pewelern und barvoten brode<r>n"* stifte- te.[143]

Trotz der Unterwerfung Göttingens unter den Kaiser im Juni 1548 und obwohl der altgläubige Herzog Erich II. (1540-84) nach längerer Abwesenheit 1549 in den Klöstern seines Landes altgläubigen Gottesdienst einführen wollte, war die Sonder- stellung Göttingens so stark, daß es zu keinem Restitutionsversuch kam.[144]

2.2.5   Zusammenfassung und Ergebnis

Der Göttinger Rat hatte auch in Bezug auf das nichtreformierte Paulinerkloster eine sehr starke kirchenregimentliche Position. Pfleger wurden allerdings erst in der Kirchenordnung von 1530 eingesetzt. Die Gemeinde wurde - im Gegensatz zum benachbarten Eichsfeld - vom Bauernkrieg nicht betroffen. Auch die evangelische Bewegung gewann erst vier Jahre später an Einfluß. So lebten die Dominikaner noch unangefochten in der Stadt, als viele Konvente im benachbarten Thüringen schon vertrieben oder aufgehoben worden waren. Dies zeigt, wie im Deutschen Reich Landschaften in unterschiedlichem Maß und zu verschiedenen Zeitpunkten von der Reformation erfaßt wurden.

Die als "englischer Schweiß" bezeichnete Seuche gab es 1529 auch in anderen Städten.[145] Doch in Göttingen war sie der Anstoß für die Reformation. Wichtig ist der Zusammenhang zwischen sozialen Spannungen und neugläubigem Impetus, der sich von Ort zu Ort durchaus unterschiedlich akzentuierte, aber für fast alle größe- ren Städte Niedersachsens galt.[146] "Die politischen und die reformatorischen For- derungen aber stützten sich gegenseitig, sie kamen gemeinschaftlich zum Durch-

---

[142] Vgl. LÖHR, Kapitel 58, 80, 123, 154, 166, 176; 79, 184 (Clingenbil zu Clyngental verschrieben).

[143] Zit. nach der Edition des Testaments bei VOLZ, Humanist 110.

[144] Vgl. BIELEFELD, Kirchen 519-521. Laut BRENNEKE 450, verlangte der Herzog 1558 die Rückgabe der z.T. als städtische Magazine verwandten zwei Bettelklöster, da sie von seinen Vorfahren gestiftet und dotiert seien. - Zur Restitution des Paulinerklosters 1628-32 vgl. SCHLOTHEUBER, Rückkehr; DIES., Franziskaner 83-99; H.-M. KÜHN, Göttingen.

[145] EHBRECHT, Verlaufsformen 39f. Vgl. auch KRUMWIEDE, Reformation 16f.

[146] Vgl. detailliert MÖRKE, Rat sowie KRUMWIEDE, Kirchengeschichte 79f.

bruch und zum Erfolg."[147] Die Reformation in Göttingen erfolgte aufgrund der Spannungen in der Stadt gegen den altgläubigen Rat, den altgläubigen Landesherren und die den Neugläubigen entgegenstehenden Bestimmungen des Speyrer Reichstags von 1529 und des Augsburger Reichstags von 1530.[148] Den Nürnberger Anstand nutzte die Stadt Göttingen hingegen zum Ausbau des Kirchenwesens auf reformatorischer Grundlage und zur Aufhebung der Bettelklöster. Trotz des Einflusses der örtlichen Gegebenheiten für die Beharrung und das Ende der Dominikaner ist am Beispiel Göttingens die Bedeutung des Reichsrechts hervorzuheben, dessen Bestimmungen sich direkt auf die jeweilige Situation in den einzelnen Städten und Territorien auswirkten.

Die Reformation störte in der Semireichsstadt das labile Verhältnis zwischen Fürst und Stadt erheblich. "Die eigenmächtige Durchsetzung kirchlicher Neuorganisation und der Beitritt zum Schmalkaldischen Bund scheinen den autonomen Status der Leinestadt erneut - und diesmal kraftvoll wie selten zuvor - unter Beweis zu stellen."[149] Doch geriet sie gegenüber dem Territorium in die Defensive und bekannte sich 1532 zur Landsässigkeit. Die Kommune verlor somit ihre politische Selbständigkeit. Dafür bewahrte sie die religiöse Autonomie.

Auf die Fratres wurde erheblicher Druck von Seiten der evangelischen Bewegung und danach von Seiten des Rates ausgeübt. Gerade in Göttingen war das neugläubige Vorgehen gegen die Mendikanten äußerst rabiat, was eine zügige Durchführung der Reformation ermöglichte. Die widerständige Beharrung der Dominikaner war demgegenüber erfolglos. Als dies abzusehen war, blieben nur wenige Fratres im Konvent zurück. Sie hielten vor Ort den Rechtsanspruch der Dominikaner auf den Konvent aufrecht. Die Unterstützung der Pauliner in der Endphase der Beharrung durch einen Walkenrieder Mönch zeigt die unterschiedliche rechtliche Stellung und Behandlung der jeweiligen monastischen Gemeinschaft. Der Dominikanerprior als Rechtsträger sowie einige Fratres oder frühere Göttinger Konventualen waren schon vorher ins Exil gegangen. Sowohl die Zurücklassung einiger Fratres in Göttingen zur Sicherung des Rechtsanspruchs wie auch die Konstituierung des Exilkonvents zeigt das Beharren der Predigerbrüder auf Rechtspositionen. Dem fügt sich auch die Urkunde von 1531 ein, gemäß der die Dominikaner zur Vermeidung von Gewalttaten ihnen gegenüber auf die möglichen Rechtsfolgen verwiesen. Auch wenn dieses Verfahren einen gewissen Schutz bot, mußten die Dominikaner vorsichtiger als die Franziskaner taktieren. Denn die Protestanten und ihre Prädikanten wirkten in ihrer unmittelbaren Nähe, nämlich in der Kirche der Pauliner. Nicht nur zur Zeit von

---

[147] MOELLER, Reformation 498.

[148] Vgl. KAHLE 92f.

[149] MÖRKE, Göttingen 290, vgl. 288-293.

Hüventhals Hetzreden bestand die Möglichkeit einer Stürmung des benachbarten Konvents.

Da die Förderung von Prädikantenstellen sich aus dem spätmittelalterlichen Stiftungsusus ableitete, konnten auch in Göttingen allmählich konkurrierend zu den altgläubigen Pfarrern von der Stadt neugläubige Prädikanten angestellt werden. Erste Ausweichmöglichkeit für das entstehende neugläubige Kirchenwesen war die Paulinerkirche. Nach der Konsolidierung des Kirchenwesens wurde - gemäß dem neugläubigen Ideal der Stärkung der Gemeinde - dieser Bezug allmählich abgebaut und insgesamt alle extraparochialen Seelsorgezentren aufgehoben.

Im Gegensatz zu den Semireichsstädten, die in ihrem Bemühen um Autonomie den Status einer Reichsstadt entweder noch anstrebten oder bereits verloren hatten und sich deshalb mit den Ansprüchen der jeweiligen Territorialherren auf das Stadt-regiment auseinandersetzen mußten, waren in Reichsstädten mit Bischofssitz ver-fassungsgemäß zwei Obrigkeiten vorgesehen, der Magistrat und der Bischof. Das führte zu der paradox anmutenden Situation, daß diese Reichsstädte trotz des bischöflichen Stadtherrn keine bischöflichen Städte mehr waren. Damit war jedoch zugleich eine ständige Konfliktsituation zwischen der Bürgerschaft und der unter dem Bischof stehenden Geistlichkeit institutionalisiert. Gerade in der Beziehung ist das ausgewählte Beispiel Worms besonders instruktiv.

3.1   Worms[1]

3.1.1   Ausgangslage

Innerhalb der Reichsstädte mit Bischofssitz, zu denen z.B. Augsburg und Konstanz zählten, bildeten die "Freien Städte" eine besondere Gruppe.[2] Sie umfaßte die sieben Bischofsstädte Basel, Köln, Mainz (bis 1462), Regensburg, Speyer, Straßburg und Worms. Bei ihnen bestand wie bei den anderen Reichsstädten mit Bischofssitz ein spannungsreiches Verhältnis zwischen Kaiser, Bischof und Bürgerschaft. 1505 verweigerte die Stadt Worms den zunehmend in die Abhängigkeit von der Kurpfalz geratenen Bischöfen das Recht auf die Einsetzung der Bürgermeister und Ratsperso-nen und ernannte einen Schultheiß auf Lebenszeit. Gleichzeitig wurde durch den Erlaß einer Judenordnung ebenfalls bischöfliches Recht usurpiert. Gerade in der Freien Reichsstadt Worms war zu Beginn des 16. Jahrhunderts der Kampf zwischen

---

[1] Hier sind in erster Linie die im StA Worms befindlichen, bisher nur in geringem Maß ausgewerteten Akten (und die darin enthaltenen Urkunden) zum Dominikanerkonvent heranzuziehen. Innerhalb der noch nicht durchpaginierten und uneinheitlich numerierten Bestände wurden zur besseren Auffindbarkeit der benutzten Stellen mitunter die Signaturen des 18. Jahrhunderts angegeben. Eine gänzliche Durcharbeitung des Quellenbestandes von mehr als 600 Folios war im Rahmen dieser Arbeit nicht möglich. Manchmal wurden Urkunden des 16. und des beginnenden 17. Jahrhunderts auch in Akten späterer Zeiten in Kopie beigefügt oder inseriert. Die genauere Erforschung bleibt daher einer Spezialuntersuchung vorbehalten. Eine Edition der das Predigerkloster betreffenden Passagen aus WÜRDTWEINs Monasticon Wormatiense besorgte L. SIEMER; zu Verfasser und Werk vgl. auch K.-B. SPRINGER: Würdtwein, Stephan Alexander. In: BBKL 14 (1998) 156-160. Die Konventsgeschichte von GIERATHS ist für die Reformationszeit nur wenig ergiebig. Wichtig sind neben den zumeist älteren Standardwerken zur Wormser Geschichte von ARNOLD, BECKER, BOOS u.a. in jüngster Zeit vor allem die verschiedenen Forschungsbeiträge von REUTER und zuletzt von KEILMANN.

[2] Zum Status als Freie Stadt vgl. ARNOLD, Verfassungsgeschichte 415-430; REUTER, Worms 13f.; DERS., Mehrkonfessionalität 10f.

Stadtrat und Bischof besonders heftig.[3] Doch war auch das Verhältnis der Stadt zum Kaiser nicht immer ungetrübt. 1494 wollten sowohl Worms wie auch Speyer dem römischen König Maximilian I. (1493-1519) nicht als ihrem Herrn, sondern bloß als Oberhaupt des Reiches huldigen.[4] Zu Beginn des 16. Jahrhunderts erhielt die Reichsstadt vom Kaiser allerdings Privilegien, die ihre Stellung gegenüber dem Bischof festigten. Doch als Reichsvikar erzwang Kurfürst Ludwig V. (1508-44) 1519 den als "Pfalzgrafenrachtung" bezeichneten Vertrag zwischen Bischof und Stadt, den diese als Niederlage ansah. Die folgenden Jahre waren daher vom Bemühen um ihre Modifikation gekennzeichnet.[5]

Die Geistlichkeit zählte zu Ende des 15. Jahrhunderts 516 Personen einschließlich der Ordensfrauen. Das waren etwa 10 % der auf ca. 5.-6.000 Personen geschätzten Einwohnerschaft.[6] Jedem der bedeutenderen Stifte und Klöster war im Lauf der Zeit eine Pfarrei inkorporiert worden. Die innerstädtischen Hauptpfarreien waren St. Johannes beim Dom, St. Lampert beim Martinsstift, St. Rupert beim Paulusstift und St. Magnus beim Andreasstift. In den Vorstädten war dem Cyriakusstift in Neuhausen die Michaelispfarrkirche, dem Liebfrauenstift die Pfarrei St. Amandus, dem Zisterzienserinnenkloster Nonnenmünster (i.e. Marienmünster) die Caecilienpfarrkirche und dem Reuerinnenkloster die Pfarrei St. Andreas auf dem Berge zugeordnet.[7]

Die Stadt hatte sich weitgehend vom Bischof und dem von ihm abhängigen Klerus emanzipiert. So gingen bei Prozessionen die von der Stadt "angestellten Pfaffen"[8] getrennt vom bischöflichen Klerus. Der Gegensatz zum Bischof war ein wichtiger Grund für die städtische Förderung und kirchenregimentliche Kontrolle der Bettelorden, innerhalb derer der Dominikanerkonvent mit 24 Priestern 1495 die meisten Mitglieder aufwies.[9] Schon seit 1385 waren die Mitglieder von dreien der vier

---

[3] Zu den Verfassungskämpfen zwischen 1483 und 1526 vgl. ARNOLD, Verfassungsgeschichte 465-502; REUTER, Worms 14-21; DERS., Mehrkonfessionalität 11-13. Zum Einfluß der Kurpfalz auf das Bistum vgl. LOSSEN, Staat 44-96; BRÜCK, Bistum 1f.; HÜTTMANN 26f.; WOLGAST, Hochstift 137.

[4] Vgl. BOOS, Monumenta 378 mit Anm. 5; SOLDAN 99-102 mit Anm. 1 auf S. 100. Zur kaiserlichen Privilegierung vgl. auch REUTER, Worms 5, 15; KEILMANN, Bistum 156.

[5] Vgl. ARNOLD, Verfassungsgeschichte 493-498; REUTER, Mehrkonfessionalität 12; KEILMANN, Ambition 252.

[6] 1495 waren es 226 Weltkleriker und 290 Ordenspersonen, davon 171 Nonnen; vgl. EBERHARDT 49-52. - Zum Bevölkerungsrückgang im Spätmittelalter und der wirtschaftlichen Aktivität der Stadt vgl. PETRI 15.

[7] Zu den geistlichen Institutionen in Worms vgl. EBERHARDT 14-53; BOOS, Geschichte III, 145-156; W. MÜLLER 488; REUTER, Mehrkonfessionalität 16. Zum königlichen St. Cyriakusstift vgl. BRÜCK, Bistum 5. Zur Topographie vgl. auch REUTER, Worms 21-31.

[8] Für das Jahr 1503 erwähnt bei SOLDAN 168.

[9] Vgl. EBERHARDT 43-51, 53ff.

Mendikantenkonvente, nämlich die Franziskaner, Dominikaner und Augustinereremiten, Bürger der Stadt.[10] Deshalb entrichteten die Dominikaner jährlich zwei Gulden Schirmgeld und ritterbürtige Patrizier der Reichsstadt, wie die Angehörigen des Geschlechts der Bonn von Wachenheim, ließen sich im Dominikanerkloster bestatten.[11] Es ist daher auffällig, daß die Reformacio des Konvents nicht von der Stadt durchgeführt wurde. Das Kloster wurde vielmehr vor dem Provinzkapitel 1447 in enger Zusammenarbeit des Wormser Bischofs Reinhard I. von Sickingen (1445-82) mit dem Kurfürsten Ludwig IV. von der Pfalz (1436-49), der sich schon für die Reform der bei Worms gelegenen Dominikanerinnenklöster eingesetzt hatte, der Observanz zugeführt.[12] Das Engagement des Bischofs und des Klerus für die Reform sollte wohl ein Gegengewicht zu dem städtischen Einfluß auf den Konvent bilden. Dennoch behielt der Rat seine errungene Position weiterhin und baute sie sogar teilweise aus. In allen Pfarreien, Mendikantenklöstern und z. B. auch im Liebfrauenstift wurden schließlich städtische Pfleger eingesetzt.[13] Am 22. Januar 1505 bat der Wormser Dominikanerprior Petrus Heym (+ 1506) um "einen anderen Rhatspfleger ahn des Abgestorbenen stelle".[14] Die städtischen Klosterpfleger wurden nach diesem Modus im 16. und 17. Jahrhundert eingesetzt.[15] Der Rat - nicht

---

[10] Vgl. S. 18 Anm. 67. - Zum Karmelitenkonvent liegen keine Angaben zur Mitgliedschaft in der Bürgerschaft vor, doch scheint eine enge Anbindung an den Bischof von Worms bestanden zu haben.

[11] Vgl. StA Worms, Nr. 1866 (zit. nach "Repertorium über die Jenigen Sachen, die Predigerkirche darinnen geschehener Veränderung, bes. des Bodens, ... betreffend", darin Nr. 3). Die vom Beginn des 17. Jh. stammende Akte gibt nicht an, wann das Schirmgeld eingeführt wurde. Doch da die Stadt 1385 die Wormser Dominikaner "in yren gewalt, burgerschafft und schirme genomen hant" und "sie uns allen oder wen daz under uns in userm closter angienge, getruwelichen glich yren burgern beschirmen und zu helfen kommen" (Boos, Urkundenbuch 565 Nr. 863, Z. 12f., 17ff.), wurde als Zeichen der Anerkennung dieses Schutzes vermutlich gleichzeitig die erwähnte Abgabe erhoben. - Zu den Begräbnissen der Patrizier vgl. R. FUCHS 262 Nr. 371 (Ritter Wilhelm Bonn, Bürgermeister 1485, + 1504); 188 Nr. 271 (Eberhard Hildebrand, mit Wappen der Bonn von Wachenheim, + 1471); 191 Nr. 278 (Ritter Daniel von Mudersbach, + 1477); 265 Nr. 378 (Hans Hartlieb, gen. Walsporn, Bürgermeister 1482/83 und 1491, + 1507).

[12] Vgl. Boos, Monumenta 336 Z. 18-25; LOЁ, Teutonia 37; REICHERT, Buch 107, 150 ("Diser observantz ist mit grossen trüwen by gestanden der erwirdig her der bischoff von Wurms und die korheren und priesterschaft da selbs"); SCHEEBEN, Chronica 88. Vgl. auch GIERATHS 51ff.; HILLENBRAND 257f.; KEILMANN, Bistum 148f.; LÖHR, Teutonia 28, 122. Vielleicht wegen der Beteiligung seines Vaters an der Reformacio stiftete Kurfürst Friedrich 1467 für sich ein Anniversar bei den Wormser Predigern im Wert von 10 fl.; vgl. LOSSEN, Staat 211.

[13] Vgl. StA Worms, Nr. 1911 (Teilband "Pflegery"). Städtische Pfleger an den Pfarrkirchen, bes. St. Amandus, auch erwähnt bei SCHRÖCKER 37, 43f.; H. SCHMITT 29f.

[14] Vgl. StA Worms, Nr. 1866. Zu Heym vgl. S. 177.

[15] Vgl. StA Worms, Nr. 1911 (Teilband "Pflegery"). Fol. 6r: "Off mitwoch nach Lucie virginis A° xv^f xvij. ist an Her Hamman Lispergs seliger stat den prediger herren des prediger closters hie zu worms zu herr Reinhard nolizen (?) vorgegebenen Pfleger zu pfleger zuuerordnet her philips wolf dem closter und den brudern getrulich vorzusin". Fol. 7r zum Jahr 1520: "dem prediger closter ist geordent vnd gegeben Herr philips wolff vnd herr Peter Krappf." P. Wolf(f) war gleichzeitig Pfleger des Klosters Kirschgarten. Diese

155

der Bischof - war die entscheidende Obrigkeit für die Dominikaner. Da Worms finanziell sehr belastet war, nutzte die Stadt wie viele andere Kommunen[16] den Konvent als Kreditgeber. So wurden z.B. in den Jahren 1482 und 1488 Anleihen aufgenommen.[17]

Zu den ständigen Querelen zwischen Bischof und Stadt um die Oberhoheit kamen die Streitigkeiten des Magistrats mit dem Klerus wegen des Weinausschanks, der Getreidesteuer und verschiedener Mühlrechte. Aufgrund der hohen Bedeutung des *cultus publicus* für das Wohl der Stadt,[18] konnte die Geistlichkeit ihre Seelsorge durchaus als Kampf- und Druckmittel nutzen. Daher zog die Klerisei von 1499 bis 1509 aus der Stadt in das kurpfälzische Neuhausen.[19] Trotzdem war die Reichsstadt keineswegs ohne Gottesdienst und seelsorgerliche Betreuung. Dafür waren nach den Abmachungen von 1385 nun die Bettelorden zuständig. Aufgrund ihres Wirkens griffen die geistlichen Zensuren nicht. Allerdings verschärfte der Wormser Bischof seinen Druck auf die Mendikanten z.B. durch ein Terminierverbot.[20] Als der "*Prior Augustini*" mit "*Hern Peter Holderbaum Predigerordens*" namens der vier Mendikantenorden 1507 in Mainz gegen das erlassene Interdikt appellierten, wurde von Geistlichen, darunter dem Mainzer Domdekan, im Kreuzgang zu St. Johann "*hant an sie gelegt*" und "*hern petern fur sein maul und mermals uff sein haubt frevelich gestossen*",[21] weshalb sich der Wormser Rat beim Kaiser beschwerte. Daß dieses Engagement während des Interdikts den Bettelorden von der Obrigkeit aufge-

---

Regelung war auch auf dem undatierten Zettel fol. 32 notiert, nach fol. 33r war P. Krapf ab 1531 auch Pfleger des Klosters Nonnenmünster. Der Eintrag 1520 wurde 1529 ergänzt: "*an stat Her Philips Wolffen ist Her Hanns vonn hompurg zum pfleger geordnet dienstag (post?) Albani ... °29*". 1546 amtierten Peter Krapff und ein Adam (Nachname unleserlich; vgl. fol. 11r); Krapff wurde wohl 1550 durch Eberhart Schaff ersetzt. Jahreszahl 1550 oben auf dem Folio durch Hand des Nachtragenden gestrichen; 1553 war Schaff neben Peter Peuleiras (?) Schaffner (vgl. fol. 13v). Diese Praxis wurde über das 16. Jh. hinaus beibehalten; vgl. fol. 20r: "*Den prediger münch ist ii. Oct. 1644 an H. Rühlen sel. statt geordnet und H. Hen. Rulzen adjungirt worden, H. Hartmann Dridenbend (?).*" Weitere Angaben für das 17. Jh. (vgl. z.B. fol. 25a) wurden nicht ausgewertet. - Bei den Pflegern handelte es sich um bedeutende Ratsmitglieder, zu einer diplomatischen Mission von P. Wolf in Mainz vgl. BOOS, Monumenta 503 Anm. 2.

[16] Im Untersuchungsraum ist dies in Erfurt, Treysa etc. nachweisbar; vgl. bes. S. 28 mit Anm. 124.

[17] Vgl. REUTER, Reaktion 154. Wegen dieser Kredite führte die Stadt noch im 18. Jh. Prozesse.

[18] Vgl. allgemein S. 17.

[19] Vgl. ARNOLD, Verfassungsgeschichte 471-483; REUTER, Mehrkonfessionalität 12; KEILMANN, Bistum 156f. (auch zum Folgenden).

[20] Vgl. BOOS, Monumenta 528, Z. 17-25.

[21] Ebd. 520 Z. 47-60 (Schreiben vom 14.7.1507). Vgl. auch GIERATHS 54 (dort Holderbaum als Dominikanerprior bezeichnet) sowie KEILMANN, Bistum 157. - Das ambulatorische Interdikt mußte einige Zeit lang vom Frankfurter Dominikanerkonvent wie auch von den anderen geistlichen Institutionen wegen der Anwesenheit eines Wormser Bürgers in der Stadt beachtet werden; vgl. JACQUIN 313.

zwungen worden war, wird daran deutlich, daß der Rat etliche Tage vor diesem Ereignis in Mainz den vier Mendikantenorden in Anwesenheit von Notaren und Zeugen vorgehalten hatte, "wie sie mit Almosen begabt und ernährt worden seien. Sie sollten singen, sonst sage man ihnen den Schirm auf."[22] Ein Jahr nach der Beilegung des Streites zwischen Stadt und Bischof 1509 absolvierte Provinzial Laurentius Auffkirchen (1509-15) die Dominikaner von allen kirchlichen Strafen. Gleichzeitig trug der päpstliche Legat Kardinal Leonhard dem päpstlichen Poenitentiar auf, die Dominikaner und Karmeliten von aller Schuld und Strafe loszusprechen, die wegen ihrer Teilnahme am Streit des Bischofs mit der Bürgerschaft über sie verhängt worden war.[23]

Allerdings kehrte in Worms keineswegs Frieden ein. Wie in zahlreichen anderen Städten gab es auch hier stadtinterne Auseinandersetzungen mit dem Ziel einer Beteiligung weiterer Bevölkerungskreise am Stadtregiment, so z.B. 1513/14.[24] Dabei waren die Zünfte 1514 auch *"in die Klöster der vier orden mit gewappneter hand eigens gewalts gestiegen und gefallen"* und suchten *"die rathspersonen und andere von der ehrbarkeit darinnen"*.[25] Zusätzlich zu einem konventsinternen Zwist[26] waren die Wormser Dominikaner noch an den Auseinandersetzungen des Ordens mit Johannes Reuchlin - wenn auch nur in geringem Maß - beteiligt. 1509 beschlagnahmte Johannes Pfefferkorn wie in Frankfurt und Mainz auch in Worms jüdische Bücher.[27] Im weiteren Verlauf des Reuchlinstreits beglaubigte der Worm-

---

[22] Boos, Monumenta 520 Z. 32-34 (Schreiben vom 11.7.1507).

[23] Ed. L. SIEMER, Monasticon 20ff. Nr. 22f.; Regest bei WAGNER/SCHNEIDER 60f. 1508 hatte sich der Rat beim päpstlichen Legaten vergeblich für die Mendikanten verwandt; vgl. SOLDAN 196 (vgl. auch 198): *"Er wolle auch die Mönche der vier Orden nicht restituieren, noch ließen sie unser Bischof und die Pfaffheit in und außerhalb betteln, predigen oder Messe lesen."*

[24] Vgl. ARNOLD, Verfassungsgeschichte 489-492; 492f. zur Fehde Sickingen gegen Worms 1515-18. Stadtunruhen 1514 auch erwähnt bei STRUCK 7.

[25] ARNOLD, Chronik 235. Die Annahme der Zünfte, daß die Ratsmitglieder in ihrer Not mehrheitlich die Bettelordenskirchen aufsuchen würden, ist ein weiteres Indiz für die Affinität der Wormser Oberschicht zu den Mendikanten.

[26] 1511 wurde Prior Paulus Hug vom Generalmagister Cajetan als Schiedsrichter zwischen Wolfgang Tieffental und den restlichen Patres eingesetzt; vgl. A. MEYER, Registrum 194f. Nr. 76. - 1512 wurde Hug nach Worms transfiliiert; vgl. A. MEYER, a.a.O. 196 Nr. 86 vom 12.5.1512: *"Frater Paulus Hug, prior Wormaciensis, transfertur cum hereditate et omnibus iuribus suis, quantum ex auctoritate Reverendissimi pendet, de conventu Ulmensi et fit filius illius conventus reformati"*. Der Grund für die Transfiliation des schon als Wormser Prior amtierenden Fraters ist unbekannt. Es ist möglich, daß auch der Wormser Rat an "Einheimischen" als Prioren interessiert war (vgl. zu diesem Interesse S. 24f.). Hug, der 1515 als Definitor am Generalkapitel in Rom teilnahm, wurde dort aufgrund des Todes von Provinzial Aufkirchen zum Provinzvikar ernannt. Von 1529 bis zu seinem Tod amtierte er als Provinzial; vgl. PAULUS, Dominikaner 287f.; GIERATHS 63f.

[27] Vgl. PETERSE 24.

ser Prior Paulus Hug (+ 1537) im Jahr 1514 eine Vollmacht Hochstratens für Johannes Host vom Romberg als dessen Prokurator für das Mainzer Gericht.[28] Vermutlich gab es in der Stadt Sympathien für Reuchlin, weshalb die bürgerliche Unterstützung des Predigerkonvents vielleicht schon vor der Reformation im Schwinden war.

3.1.2 Reformatorische Bewegung, Beharrung und Erneuerung

Aufgrund der ständigen Auseinandersetzungen der Stadt mit dem Bischof und der Geistlichkeit waren die Bürger schon vor dem Wormser Reichstag 1521 "lutherisch" gesinnt. Nach Ansicht des päpstlichen Nuntius Aleander gehörten die Bürger der Freien Stadt zu den eifrigsten Anhängern der religiösen Neuerung.[29] Der Gegensatz zum Bischof dürfte wohl die Sympathien für Luther verstärkt und auf die bestehenden Spannungen polarisierend gewirkt haben.

Während Luthers Anwesenheit in Worms im Jahre 1521 zog dessen Ordensmitbruder und Begleiter Johann Petzensteiner den Wormser Dominikanerprior, als dieser nach einer Predigt von der Kanzel stieg, vor das Volk und warf ihm vor, er hätte in seiner Predigt den Apostel Paulus schlecht ausgelegt.[30]

Der sächsische Kurfürst Friedrich der Weise (1486-1525), dessen Bruder Johann (1486-1532) während des Reichstages im Dominikanerkonvent Unterkunft erhielt, hatte in der Nachbarschaft des Klosters eine Wohnung gefunden.[31] Der Grund dafür war die Knappheit an Unterbringungsmöglichkeiten angesichts der großen Zahl von Reichstagsbesuchern und weniger die Aversion des Kurfürsten gegen den Dominikanerorden, dessen Mitglieder gegen seinen Schützling Luther predigten. Ein weiterer Teilnehmer am Reichstag war Johannes Faber, der Vikar der Dominikanerkonventualen und Augsburger Prior. Seine Leichenrede auf den englischen Kardinal Wilhelm von Croy im Januar 1521 nutzte er u.a. für einen Aufruf zum Einschreiten gegen Luther. Kaiser und Kurfürsten sollten allerdings auch durch einen Romzug den Papst zur Ordnung rufen. Trotz der Verärgerung des Nuntius

---

[28] Vgl. L. GEIGER, Reuchlin 301.

[29] Vgl. HAUPT, Beiträge 15; H. STEITZ 11f. Zum Reichstag vgl. die verschiedenen Beiträge in REUTER, Reichstag sowie zusammenfassend DOTZAUER 34-36.

[30] Vgl. DRTA.JR II, 627f.

[31] Vgl. FÖRSTEMANN, Kirchen-Reformation 5 Nr. 7, 7 Nr. 10. Zum Logis Herzog Johanns in drei Zimmern des Dominikanerklosters, wo Ständeberatungen stattfanden; vgl. auch HUTH 252. Zu drei im April/Mai 1521 verstorbenen und im Predigerkloster begrabenen Reichstagsteilnehmern vgl. R. FUCHS 288f. Nr. 403ff.; L. SIEMER, Monasticon 22f. Nr. 24; REUTER, Worms 45, 53.

über diese Worte erhielt Faber den kaiserlichen Auftrag, die ganze Fastenzeit über in Worms zu predigen.[32]

Das am 26. Mai publizierte Wormser Edikt, welches die Verbrennung von Luthers Schriften vorsah und auch die Anhängerschaft an ihn und das Lesen seiner Schriften unter Strafe stellte,[33] stieß gerade in Worms auf besondere Nichtachtung. Wie in Mainz wurde der bei der Verbrennung der Lutherschriften am 29. Mai 1521 vor dem Bischofshof im Auftrag von Nuntius Aleander predigende Dominikaner Dr. Johannes Burchard trotz der Anwesenheit des Kaisers von der Menge vor dem Bischofshof bedrängt.[34] In der typologisierenden und daher historisch nicht immer zuverlässigen "Passion D. Martin Luthers" machte der Verfasser u.a. die Predigerbrüder als *"fürsten der priester und gleißner"*[35] für das lutherfeindliche Mandat verantwortlich.

Schon Mitte Mai 1521 hatte nach dem Überfall auf Luther der Kaplan an der Magnuskirche Johannes Freiherr, genannt Romanus, heftig den Nuntius und dessen Anhänger angegriffen. Unterstützt wurde er von einer Klerikergruppe am St. Andreasstift. Die dem Stift inkorporierte Magnuskirche diente bald als erste Predigtkirche der Neugläubigen.[36] Die Sympathien für die kirchliche Neuerung gingen quer durch alle Bevölkerungsschichten. So hatten nach Auffassung des Chronisten Friedrich ZORN (1538-1610) *"auch etliche aus den Rathspersonen Lust und Liebe zur evangelischen Lehre bekommen, haben dieselben von Rath und Gemeinde etliche Prädikanten bestellt, welche extra ordinem neben den Pfarrern in den vier Hauptpfarreien, welche sie nicht haben dürfen abschaffen, die weil sie dem Bischof und der Klerisei zu bestellen befohlen (waren) das Evangelium an etlichen Tagen predigten ... Diesen ... haben die Geistlichen ... alle Kirchen versperrt".*[37] Ähnlich wie in Göttingen ermöglichten Prädikanten neugläubigen Gottesdienst neben und in Konkurrenz zum altgläubigen Pfarrgottesdienst, der nicht angetastet wurde. Leider bleibt das Engagement der Dominikaner in dieser Zeit unbekannt.

---

[32] Vgl. PAULUS, Dominikaner 310f.; WOHLFEIL 137; BRÜCK, Kardinal 261; FRANZEN, Hermann 309.

[33] Vgl. DRTA.JR II, 640-659 Nr. 92; 657 Z. 20: Gebot, Luthers Bücher zu zerreißen und zu verbrennen. Zum Publikationsmandat der Bulle vom 26.5. vgl. ebd. 659ff. Nr. 93.

[34] Vgl. das Zitat auf S. 180 Anm. 29; DRTA.JR II, 953 Nr. 249 Anm. 4 sowie HAUPT, Beiträge 18; PAULUS, Dominikaner 326f. (dort auch Dispens Burchardis bzgl. der Annahme von Pfründen); KAMMER 7; REUTER, Mehrkonfessionalität 14; KEILMANN, Bistum 162.

[35] UFER 458.

[36] Vgl. REUTER, Mehrkonfessionalität 14f.

[37] Fortführung der Zorn'schen Chronik von der Mitte des 17. Jh. zit. nach REUTER, Mehrkonfessionalität 15. Vgl. auch KAMMER 7.

Die starke evangelische Bewegung führte zu heftigen religiösen Auseinandersetzungen, die auch über Worms hinaus Kreise zogen und in die außer Hutten und Luther sogar der Papst Hadrian VI. (1523-24) mit einem Schreiben eingriff.[38] Hand in Hand mit den religiösen Auseinandersetzungen baute die Stadt ihre Autonomie aus. Am 6. Dezember 1522 schuf die Bürgerschaft eigenmächtig, d.h. ohne Zustimmung des Bischofs, ein dreizehnköpfiges Ratskollegium.[39] In der Stadt und unter dem Klerus stiegen die Sympathien für Luther. Gleichzeitig eskalierten die Auseinandersetzungen der Neugläubigen mit den Altgläubigen und der Neugläubigen untereinander. Trotz des Religionsmandats vom 10. März 1523, in dem die Obrigkeit zu Ruhe und Ordnung mahnte, kehrte keine Ruhe in der Stadt ein. Vielmehr wurde Worms für einige Jahre eine Hochburg der Wiedertäufer.

Der Querelen müde, resignierte Bischof Reinhard II. von Rippur im Jahr 1523. Doch auch der aus dem mächtigen pfälzischen Kurhaus gewählte und am 16. März 1524 päpstlich bestätigte Koadjutor, Pfalzgraf Heinrich (Administrator 1523-28, dann Bischof bis 1552), brachte der altgläubigen Seite letztlich keine Vorteile gegenüber der weiteren Ausbreitung der neuen Lehre und der unbotmäßigen Reichsstadt. Die äußeren Voraussetzungen dafür waren allerdings gut: die Stadt hatte sich zur stärkere Bindung an den Pfälzer Hof durch den 1522 abgeschlossenen Schirmvertrag auf 60 Jahre verpflichten müssen. Doch absorbierte das 1524 gleichzeitig mit der Wormser Diözese erlangte Utrechter Bistum Heinrichs Kräfte völlig.[40]

Die Freie Stadt Worms nützte wie viele andere Gemeinwesen den Bauernkrieg zur Regelung der kirchlichen Angelegenheiten im eigenen Sinne, d.h. zur Beseitigung bischöflicher Rechte wie stiftischer Privilegien und zur Festigung des städtischen Regiments. Der Stadtrat zwang auf Drängen der aufständischen neugläubig gesinnten Handwerkergruppe den Klerus, die gleichen bürgerlichen Verpflichtungen auf sich zu nehmen, wie sie z.B. auch in Frankfurt oder Speyer der Geistlichkeit aufgezwungen worden waren.[41] Außerdem schaffte der Rat die Pfalzgrafenrachtung ab.[42]

---

[38] Ulrich von Hutten griff in den Zwist mit einem Sendschreiben vom 27.7.1522 ein sowie Papst Hadrian VI. mit einer vom 30.11. datierten Bulle, in welcher er die Stadt ermahnte, beim alten Glauben zu bleiben. Doch antwortete die Stadt auf das päpstliche Schreiben nicht trotz der Mahnung des Bischofs vom 29.5.15-23. Dazu und zu Luthers Sendschreiben aus dem Jahr 1524 vgl. REUTER, Mehrkonfessionalität 16f., 18f.; DERS., Worms 56; KEILMANN, Bistum 162.

[39] Vgl. REUTER, Worms 13f.; KEILMANN, Ambition 252.

[40] Vgl. REUTER, Mehrkonfessionalität 16-19; DERS., Worms 55ff.; KEILMANN, Ambition 252-255; DERS., Bistum 162ff. - Zum Religionsmandat vgl. REUTER, Religionsmandat; 206f. Ed. des Textes. - Schutzvertrag von 1522 bei ARNOLD, Chronik 255f. Zu Pfalzgraf Heinrich und der kurpfälzischen Unterstützung seiner Wahl vgl. BRÜCK, Fürschreiben 53ff.; WOLGAST, Hochstift 138.

[41] Vgl. PETRI 32f. Nach DOTZAUER 43, stand der Rat an der "Spitze des Aufruhrs gegen die bischöflichen Gewalten".

Wie andernorts gingen politische und kirchlich-religiöse Änderungen Hand in Hand. Am 3. Mai 1525 ordnete der Rat an, in allen Pfarrkirchen das Evangelium lauter zu predigen. Die Verkündigung des Wortes Gottes sei nur den von der Gemeinde Gewählten erlaubt. Altgläubige "Mißbräuche" sollten nicht mehr praktiziert und in den Stiften einschließlich des Domes Taufsteine errichtet werden.[43] Aus diesen Anordnungen geht die öffentliche Annahme der neuen Lehre hervor. Wie auch sonst üblich, wandte sich die evangelische Bewegung gegen die Mendikanten und das Mönchtum. In den am 3. Mai vom Rat angenommenen Beschwerden der Stadt hieß es die Religiosen betreffend: *"Item alle Münch, Pfaffen und Nonnen aussterben zu lassen und daß fürter kein oder keine mehr zu ewigen Zeiten auffgenommen werden."*[44] Der Klerus hatte darauf schon am 29. April ausweichend geantwortet: *"Uf den achten aller mönch pfaffen und nonnen auszsterbens betreffen sagen ein gemeine pfafheit, das solcher artickel in irem gewalt nit steht. Was aber ein radt und gemeinde an beiden oberkeiten babsten keisern könig fursten hern und ander, so kloster zuverwalten und pfrunden zuverliehen haben, erlangten, mogen ein pfafheit für sich leiden."*[45] In dieser Antwort ist eine generelle Akzeptanz des obrigkeitlichen Kirchenregiment durch den Klerus formuliert und dokumentiert.

Nachdem der pfälzische Kurfürst über die aufständischen Bauern in dem vor Worms gelegenen Pfeddersheim am 23./24. Juni 1525 gesiegt hatte, mußte der Rat die erlassenen Verordnungen wieder zurücknehmen. Der Klerus wurde wieder in seine Rechte eingesetzt und am 27. Juni beschwor der Rat die Wiedereinführung der Pfalzgrafenrachtung.[46] "Doch wieder scheint die Abwesenheit des Koadjutors eine energischere Durchsetzung altkirchlicher Ansprüche verhindert zu haben. Zwar verschwand die evangelische Predigt nun vorübergehend aus fast allen Wormser Pfarrkirchen bis auf St. Magnus, aber die versprochene Restitution vieler geistlicher Besitzungen und Rechte ließ noch lange auf sich warten. So waren die Pfarrhöfe von St. Amandus, St. Lambrecht und St. Michael bis 1526 noch nicht wieder ihren alten Besitzern zurückgegeben worden. Der Pfarrer von St. Michael hatte sich mit den Angehörigen seiner Pfarrei zerstritten und war daher eigenmächtig abgesetzt worden. In allen städtischen Pfarreien wurden die Plebane in ihrer Arbeit und ihren Einkünften behindert. Fast überall verweigerten die Kirchengeschworenen noch die Herausgabe von Paramenten und geistlichen Gerätschaften. An St. Magnus amtierte

---

[42] Vgl. REUTER, Mehrkonfessionalität 12. Zu den Vorgängen im Jahr 1525 vgl. ebd. 19-21; KEILMANN, Ambition 255f.

[43] Vgl. PAULI 333ff.; FALK, Beiträge 329f.; BOOS, Monumenta 621.

[44] Zornsche Chronik; zit. nach FALK, Beiträge 328. Leichte Textvarianten bei BOOS, Monumenta 621 Nr. 8.

[45] Ebd. 623.

[46] Vgl. KEILMANN, Ambition 256.

noch immer der inzwischen verheiratete Pfarrer Ulrich Preu gen. Schlaginhaufen."[47]

Am 18. April 1526 kam es aufgrund der politischen Gegebenheiten zu einer neuen Rachtung unter dem bischöflichen Administrator Heinrich von der Pfalz. Gegenüber der Rachtung von 1519 wurden etliche Änderungen zum Vorteil der Stadt vorgenommen. Danach blieb der Bischof zwar nominell Stadtherr, jedoch war der 1522 geschaffene "Dreizehnerrat" die eigentliche Obrigkeit der Stadt. Die von der Geistlichkeit geforderte Rückkehr zur Ratsordnung der Pfalzgrafenrachtung war gescheitert.[48] Die Freie Stadt Worms hatte sich erneut gegen den Bischof durchgesetzt.

Die gewonnene politische Position wurde vom Rat sofort ausgebaut. Zusätzlich zur Magnuskirche und dem Tanzhaus sollen daher ab 1526 auch das Schiff der Dominikanerkirche und die Barfüßerkirche neugläubige Predigtstätten geworden sein.[49] In Worms wurden wie in anderen Städten Bettelordenskirchen früh als Stätten des neugläubigen Gottesdiensts genutzt, weil sie am meisten unter städtischem Einfluß standen. Über die Ereignisse in der Dominikanerkirche beschwerte sich der nach einer öffentlichen Protestation von den dortigen Dominikanern um Hilfe angegangene Provinzial Eberhard von Kleve in einem Schreiben aus Heidelberg vom 4. Mai (freitags vor Vocem iocunditatis) 1526, weshalb die geschilderten Vorgänge vor dem Speyrer Reichstagsabschied vom August des Jahres lagen. In der Dominikanerkirche hatten "*durch uwers ratß drytzynder intrungen myr eynen pauwern von bochenhem, kautzen genant, mit gewalt den gemelten myns klosters predig stull vffgestelt zu predigen wider den langwirigen gebruch der heiligen gemeynen christlichen kyrch vff die falsch ... manyr wyder auch ka. maiest. vnd bapstlicher heilickeit verbot, das myr als gemeltem klosters obrickeit nit geburt zu dulten.*"[50] Der Prädikant war der seit 1524 in Worms wirkende Jakob Kautz (* um 1500, + nach 1532) aus Großbockenheim an der Weinstraße, den der Rat im Jahr 1527 als einen Führer der

---

[47] Ebd.

[48] Vgl. ARNOLD, Verfassungsgeschichte 501; REUTER, Mehrkonfessionalität 12f.; KEILMANN, Ambition 257.

[49] Vgl. KAMMER 23; REUTER, Mehrkonfessionalität 16; HUTH 253; KEILMANN, Bistum 162. - Der Zeitpunkt der neugläubigen Nutzung der Predigerkirche läßt sich leider nicht genauer präzisieren.

[50] StA Worms, Nr. 1867, Fasc. Nr. VI.A ("Acta die Prediger Pfarr Kirche betreffend"). - Laut G. GIERATHS 60 mit Verweis auf "StA Worms 1867", soll 1526 der erste lutherische Gottesdienst durch "Pfarrer Breckenheyen" gehalten worden sein. Auf dem ersten Blatt des gemeinten Fasc. Nr. VI.A heißt das entsprechende Regest für die erste Urkunde: "*Provincialis beschwert sich in einem Schreiben wegen eines angestellten pfarrhern in ihrer Kirche. 1526.*" Der in der Urkunde differenzierter dargestellte Sachverhalt ist auch den folgenden Ausführungen zu entnehmen.

spiritualistischen Wiedertäufer in Worms auswies.[51] Doch 1526 wurde er durch eine gewaltsame Intervention des "Dreizehnerrats", des entscheidenden Gremiums der Stadt, zur Predigt in der Dominikanerkirche veranlaßt. Kautz war wohl kein gebildeter Kleriker oder gar Theologe im damals üblichen Sinn. Allerdings handelte es sich bei ihm auch nicht um einen gewöhnlichen Bauern, wie es das Schreiben des Provinzials vermuten läßt. Der Bruder des Prädikanten, Peter Kautz, soll vielmehr "Kaufhausschreiber" und Ratsmitglied gewesen sein.[52] Zusätzlich beklagte der Provinzial, daß die seit altersher steuerfreien Weingärten des Konvents, "*so yn uwern marck gelegen*", nun zu einer Schatzung von 18 Weißpfennigen veranlagt wurden, "*das doch keyn gemeyner bürger thut*".[53] Doch erhielt er vom Magistrat im gleichen Jahr eine zurückhaltende, formale Antwort. Darin verwies der Rat auf seine Rechtgläubigkeit und sein korrektes Verhalten.[54]

Aus dem beschriebenen Verlauf der Vorgänge um die Einführung der Reformation in Worms geht hervor, daß wichtige Weichenstellungen hin auf ein neugläubiges Kirchenwesen schon vor dem Speyrer Reichstagsabschied geschaffen worden waren. Die Vorgänge um die Dominikanerkirche zeigen, daß von einer Restitution des altgläubigen Kirchenwesens, auf die der Rat nach der Niederschlagung des Bauernaufstandes verpflichtet worden war, nicht die Rede sein kann. Vielmehr wurden die 1525 abrogierten städtischen Maßnahmen gegen den Klerus im Fall der Dominikaner fortgeführt. Vermutlich war, wie vorher in den Jahren 1522-24, der Druck der Bevölkerung auf den Rat weiterhin stark und die Stimmung der bestehenden kirchlichen Ordnung feindlich gesinnt. Somit war schon vor dem Speyrer Reichstagsabschied vom 27. August 1526[55] die Dominikanerkirche als Predigtstätte in Benutzung. Gleiches kann für die Barfüßerkirche vermutet werden. Die meisten Franziskaner apostasierten, da 1527 nur noch ein Frater im Konvent lebte. Daher traf der Rat mit seinen Bemühungen um einen Kirchenraum dort wohl auf weniger Widerstand als bei den Dominikanern. Aufgrund der ungenügenden Quellenlage ist es schwer, gravierende Einschnitte in der Entwicklung der Stadt Worms in Richtung

---

[51] Vgl. I. WILHELM-SCHAFFER: Kautz, Jakob. In: BBKL 3 (1992) 1264-1265; T. SCHALLER: Kautz, Jakob. In: NDB 11 (1977) 376-377; WECKERLING XIII-XXI. Vgl. auch die vorige Anm. - Zum Wormser Täufertum vgl. HEIN 288-295.

[52] Vgl. WECKERLING XXf.

[53] Vgl. StA Worms, Nr. 1867, Fasc. Nr. VI.A.

[54] Vgl. ebd. Vgl. auch die Darstellung der Vorgänge nach GIERATHS 60.

[55] Vgl. KEILMANN, Ambition 235, 257f. Laut DERS., Bistum 166, nutzte der Rat "die erneute Abwesenheit des Koadjutors zu einem weiteren Vorstoß in der Religionsfrage. Die Rechtsgrundlage dazu bot ihm der Speyrer Reichstagsabschied." H. STEITZ 37, behandelt u.a. Worms unter der Überschrift "Reformationen auf Grund des Speyrer Reichstagsabschiedes von 1526". - Zum letzten Franziskaner vgl. S. 166.

Reformation zu bemerken. Auch die Position des Rates läßt sich für jede Phase der Vorgänge nicht eindeutig bestimmen.

In der Dominikanerkirche wurde der "extra ordinem" von der Stadt angestellte Prädikant beibehalten.[56] 1527 soll schließlich der Chor vom Kirchenschiff durch eine Mauer getrennt worden sein, um einen eigenen Gottesdienstraum für die Neugläubigen zu gewinnen.[57] Der Chor war die *ecclesia conventus*, die durch den Lettner vom Gottesdienstraum der Laien ausgesondert war. Die funktionale Trennung im Gotteshaus wurde aufgrund des religiösen Dissenses zu einer konfessionellen Zweiteilung der Kirche. Für den neugläubigen Gottesdienst war ja auch nur das Kirchenschiff von Wichtigkeit. Aufgrund der Abhängigkeit des Konvents von der Bürgerschaft sah man hier wohl die einfachste Möglichkeit, einen Gottesdienstraum zu erlangen. Den Zugriff auf den Chor wagte man nicht. Ebenso blieben die Pfarrkirchen und die Pfarrstruktur, die bischöflichem Recht unterstanden, weitgehend unberührt.

Falls die Stadt Worms vorhatte, nach dem Speyrer Reichstagsabschied ein neues Kirchenwesen auf reformatorischer Grundlage zu errichten, wurde sie sofort gebremst. Als Schutzherr der im vergangenen Jahr geschlossenen Rachtung verlangte Kurfürst Ludwig im Januar 1527 ein Vorgehen gegen die Prädikanten, welche die öffentliche Ordnung bedrohen würden. Der Stadtrat erklärte sich dazu bereit, wollte aber nicht "*daß ein rat der gemeinen bürgerschaft das evangelium entziehen wöllt*".[58] Daher wurden Verhandlungen mit kurfürstlichen Beamten wegen eines geeigneten Prädikanten begonnen. Der Stadt ging es im Gegensatz zum Kurfürsten nicht um Restitution des alten, sondern um Ausbau des eigenen Kirchenwesens. Mit Rücksicht auf den mächtigen Nachbarn und zur Vermeidung von Unruhen in der Stadt sollte dies aber in ruhigen Bahnen verlaufen. Von dieser Absicht war auch das weitere Vorgehen gegen die Mendikantenkonvente bestimmt. Am 27. Februar 1527 ließ der Rat dem einzigen noch verbliebenen Franziskaner mitteilen, daß in der Konventsstube des Franziskanerklosters eine "Kinderschule" errichtet würde. In der Franziskanerkirche wurde im Auftrag des Rates 1528 durch den neugläubigen Pfarrer Ulrich Sintzinger eine Taufe vorgenommen, also Pfarrechte usurpiert.[59] Die Dominikanerkirche war indessen wohl die Hauptkirche der in Worms starken Täuferbewegung geworden. Am Sonntag Laetare 1527 ermahnte der Rat die Prediger Hilarius und Kautz wegen ihrer Neuerungen bei der Taufe. Jakob Kautz antwor-

---

[56] Zur gleichen Situation an den Pfarrkirchen vgl. A. BECKER 55.

[57] Vgl. VILLINGER 94 (ohne Beleg). Vielleicht wurde der bis 1556 bestehende Lettner (s.u. S. 169) verschlossen oder zugemauert.

[58] Zit. nach KEILMANN, Ambition 258.

[59] Vgl. A. BECKER 62ff.; HUTH 253f.; KEILMANN, Ambition 235, 258.

164

tete allerdings, Gott habe ihm befohlen, so zu predigen.[60] Wie in Göttingen war die evangelische Bewegung zuerst und vorwiegend von radikalen Elementen getragen, was auch für die Prediger galt. Daher distanzierte sich der Rat wohl zunehmend vom Prädikanten Kautz, den er im Vorjahr dort zur Predigt eingesetzt hatte. Vom 24. Mai 1527 datiert eine Konstitution des Rates gegen die Wiedertäufer.[61] Jakob Kautz schlug als Hauptvertreter der "Schwärmer" zu Pfingsten (5. Juni) 1527 seine "Sieben Artikel" an der Dominikanerkirche als Disputationsthesen an.[62] Die Disputation fand jedoch nicht statt. Die Täufer wurden wohl wegen des öffentlichen Echos sowie wegen der nötigen Rücksicht auf den pfälzischen Kurfürsten Anfang Juli 1527 ausgewiesen. Aus Mainz ließ Cochläus eine Widerlegung der Thesen sowohl von Kautz wie auch der Entgegnung der "Lutheraner" Ulrich Preu und Johann Sintzinger veröffentlichen.[63]

Nach der Ausweisung radikaler Elemente wurde weiter am Ausbau eines neugläubigen Kirchenwesens gearbeitet. Der Höhepunkt der städtischen Maßnahmen war die Errichtung einer durch die Stadt finanzierten Prädikatur. Auf diese berief der Rat im Sommer 1527 den Straßburger Theologen Leonhard Brunner (um 1500-1558).[64] Als Predigtstätte wurde ihm die Barfüßerkirche zugewiesen. Nach Ansicht Franz PETRIs war die Errichtung der Prädikatur "gleichbedeutend mit der Einführung der Reformation".[65] Ohne daß der Rat offiziell Stellung bezog - denn er schloß sich später weder der Protestatio noch der Confessio Augustana an - war Worms ab 1527 eine "protestantische" Stadt. In die gleiche Richtung weist auch die Immatrikulation von fünf Bürgern an der Marburger Universität im Jahr 1531.[66]

Die reformatorische Bewegung hatte wichtige Ziele erreicht. Tatsächlich war Worms mehrheitlich eine neugläubige Stadt. An mehreren Kirchen wirkten Prädikanten, die Sakramente und Gottesdienste in der neuen Form vollzogen. Doch wurde das geänderte Kirchenwesen nicht durch eine Kirchenordnung dokumentiert. Zwischen

---

[60] Vgl. A. BECKER 46.

[61] Vgl. WECKERLING XXV.

[62] Vgl. A. BECKER 41; FALK, Beiträge 331ff.; KAMMER 25; BOOS, Geschichte IV, 268f.; 270f zum Echo auf die Vorgänge aus anderen Städten. - Edition der Artikel bei WECKERLING XV-XVII; A. BECKER 41ff. Der Text beginnt mit "*Jakob Kautz, prädicant zu Worms mit seinen Brüdern Hetzer, Denck und Rinck*". Daher war Kautz Hauptverantwortlicher für die Artikel und evtl. auch Wortführer der Wiedertäufer.

[63] Vgl. WECKERLING XVIII.; A. BECKER 46.

[64] Vgl. KAMMER 6; H. STEITZ 37; REUTER, Mehrkonfessionalität 20; KEILMANN, Ambition 259; F. W. BAUTZ: Brunner (Fontanus), Leonhard. In: BBKL 1 (1990) 770.

[65] PETRI 48. Auch in der Folge war allerdings die Haltung des Rates nicht eindeutig; vgl. DOTZAUER 64.

[66] Es waren Johannes Ingler, Bernhard und Matthias Schlatt sowie Balthasar Maiel und der Drucker Martin Ruheck; vgl. CAESAR 7. 1532 immatrikulierte Philipp Marquardt; vgl. ebd. 9.

den altgläubigen Mächten des Bischofs und der Kurpfalz stehend, konnte sich Worms seine auf kaiserlichen Privilegien beruhende reichsstädtische Selbständigkeit nur durch den Schutz des Kaisers erhalten. Deshalb war es die erste Sorge des Rates, sich den Kaiser nicht durch offene Opposition zu verärgern.[67] Aufgrund dieser Rücksichtnahme auf den Kaiser, den Bischof und den Pfälzer Kurfürsten waren die altgläubigen Institutionen der Stadt, also auch das Predigerkloster, geschützt.

Die von der altgläubigen Seite erhoffte Unterstützung der Kurpfalz für den aus ihrer Familie stammenden Koadjutor bzw. Bischof blieb aus.[68] Mit Ausnahme der Magnuskirche blieben alle Pfarreien im Besitz der "alten Religion". Gleiches galt für die Stifte und Klöster bis auf das Minoriten- und das Augustinereremitenkloster. Wie in Frankfurt gehörten der katholischen Minderheit die meisten Gotteshäuser. Deshalb ließ die Stadt, die in der Reformationszeit die Alleinverwaltung des Pfarrvermögens erlangt hatte,[69] die Pfarrkirchen verfallen.[70] Um so mehr waren der Rat wie die dem neuen Kirchenwesen zugetane Bürgerschaft auf die Kirchen der Mendikanten verwiesen. Aus dem 1385 von ihnen erworbenen Bürgerrecht konnte der Rat vielleicht Ansprüche auf die Nutzung der Baulichkeiten ableiten. Die Konvente der Franziskaner und Augustinereremiten wurden aufgehoben. 1532 wurde das Franziskanerkloster von dem aus Worms stammenden letzten Konventualen Georg Sant der Stadt übergeben. 1539 wurde die darin errichtete Lateinschule von Kaiser Karl V. bestätigt. Am 5. Januar 1541 quittierte der Provinzial Bartholomäus Hermann die 730 Gulden, die er für das Kloster erhalten hatte. Wegen dieses Verkaufs konnte das Kloster 1549 nicht restituiert werden. Im Jahr 1566 fiel die Barfüßerkirche ein. Im gleicher Jahr verbrannte aus Fahrlässigkeit des allein darin wohnenden Priors Wendelin das 1535 auf Beschluß des Reichskammergerichts restituierte Augustinereremitenkloster, in dem die Kinderlehre gehalten wurde, 1567 kaufte es der Rat und übergab es der "Elendenherberge".[71] Resistenter als diese beiden Orden erwiesen sich die Karmeliten und Dominikaner. Doch waren sie aufgrund ihrer finanziellen Not auf den Magistrat angewiesen. Dieser schlug den Predigerbrüdern z.B. am 4. Februar 1538 die Bitte um Erlassung der Schatzung ab.[72]

---

[67] Vgl. WECKERLING XXV.

[68] Vgl. KEILMANN, Ambition 259.

[69] So H. SCHMITT 31f.

[70] Vgl. W. MÜLLER 492.

[71] Vgl. VILLINGER 94f.; REUTER, Mehrkonfessionalität 23f. Vgl. zum Franziskanerkloster HUTH 253-260; BERGER/SPRINGER/WOLF-DAHM 190. Zum Augustinereremitenkloster vgl. BOOS, Geschichte III, 149.

[72] Vgl. StA Worms, Nr. 1866 (Regest zit. nach "Repertorium huius fasciculi", dort Nr. 9).

Die Dominikanerkirche war gleichzeitig Konventskirche und Kirche der Protestanten. 1539/40 predigten die Prädikanten der neugläubigen Stände auf dem Wormser Reichstag in der Dominikanerkirche.[73] Nur wenig später fand in der Stadt unter der Leitung des Provinzvikars und Wormser Priors Hieronymus Schierstein im Jahr 1541 das Provinzkapitel der Teutonia statt, wo am 14. Juni Georg Diener (1541-45) zum Provinzial gewählt wurde.[74] Das Kapitel hatten die Dominikaner schon am 23. März des Jahres dem Rat angezeigt und um seinen Schutz gebeten.[75] Auch in anderen Fällen hatte der Konvent die Unterstützung der städtischen Obrigkeit nötig: 1546 wandte er sich um Hilfe an die Stadt, da der kurfürstlich pfälzische Amtmann zu Dirmstein von den Dominikanern eine Schatzung von 30 Gulden verlangte, obwohl sich die jährlichen Gefälle nach ihren Angaben auf vier Gulden und zehn Schilling an Holz beliefen. Daher solle der Rat für sie als *Mit Bürger* um Milderung bitten.[76] Im gleichen Jahr bestätigte der Konvent der Stadt, bezüglich der Liegenschaften unter ihrer Jurisdiktion zu stehen.[77] Nicht nur der Rat berief sich auf den Bürgerstatus der Mendikanten, diese taten es auch selbst. Aus den wenigen Ereignissen kann man schließen, daß sich die Dominikaner schon vor dem Augsburger Religionsfrieden mit der mehrheitlich protestantischen Reichsstadt arrangiert hatten.

Wegen der labilen Position der Stadt und der damit verbundenen Rücksicht auf den Kaiser vermied der Rat weiterhin jegliche offene Konfrontation. Aus der gleichen Motivation nahm er auch das Interim an. Da es vom Magistrat zwischen 1548 und 1552 streng beachtet wurde, wanderten die neugläubigen Prediger aus. Der Prädikant Hieronymus Brack hielt am 28. August 1548 in der Dominikanerkirche seine Abschiedspredigt und begab sich danach von Worms nach Westhofen.[78] Die altgläubige Seite bekam durch das Interim Auftrieb. Da die Meinung vertreten wurde, "Lutherische" hätten Kinder nicht gültig getauft, wurde einem Kind, das schon "zu

---

[73] Vgl. F. X. REMLING, Reformationswerk 94.

[74] Vgl. L. SIEMER, Monasticon 23; DERS., Verzeichnis 90; LOË, Teutonia 16; GIERATHS 24.

[75] Vgl. StA Worms, Nr. 1866: *"Günstigen lieben herren, es hat vnser orden diesser prouintz vff negst kommendt jubilate alhyr in vnserem closter der ordenung nach ein prouintial capittell zu haben willens. vnd wiewoll wir vnss vermög der gehorsam solches nit zu entschlagen haben noch wollen. So haben wir Danocht E. F. w. alß vnserm schutz u. schyrmherrn solches onangezeigt auch nit wollen lassen. Demütigste vleyß bittende e. f. w. wolle in solches auch gunsticklichen willigen. Vnd die patres so vff angezogen cappitel. Gn.(?) Hern(?) drum(?) durch eine geringe anzall sein würdt kommen werden dye zeytt sie hir seindt glich vnd gunstiglichen schutzen vnd schirmen werden sy onzweiffell neben vns vmb E. F. w. mit ... gepott vnd allen willigen Diensten solches zuuerdine(n) sich alezeit bevleissen."* - Zum Mainzer filius conventus H. Schierstein vgl. I. W. FRANK, Totenbuch 129f.

[76] Vgl. StA Worms, Nr. 1866.

[77] Vgl. das Regest in StA Worms, Nr. 1867, Fasc. Nr. VI.B.

[78] Vgl. A. BECKER 59.

den Predigern" getauft worden war, erneut von einem katholischen Geistlichen das Sakrament gespendet.[79] So sollte neben der Förderung des Seelenheils des betreffenden Kindes wohl auch die Zugehörigkeit der Bürger zum "bischöflichen" Klerus und seinen Pfarreien dokumentiert werden. Das Interim erwies sich so als ein Mittel im Ringen zwischen Stadt und Bischof.

1549 konnte ein weiteres Provinzkapitel der Teutonia in Worms stattfinden. Bei dieser Gelegenheit hielt Johannes Slotanus (+ 1560) eine bedeutende Predigt.[80] Die Dominikaner hatten eine Kopie des 1530 für den Orden erlangten kaiserlichen Schutzbriefes Karls V. ihrer Supplikation vom 12. März 1549 an den Rat beigefügt. Deren Inhalt ist leider nicht mehr bekannt, doch bezog sie sich wohl auf das Kapitel.[81] Somit zeigt sich auch hier das Interesse der Dominikaner an rechtlicher Absicherung. Doch war in Worms schon vor dem Augsburger Religionsfrieden, der das Nebeneinander von lutherischer Mehrheit und katholischer Minderheit reichsrechtlich absicherte, zwischen dem Magistrat und dem Orden ein gewisser modus vivendi gefunden worden. Allerdings galt dies nicht generell für das Verhältnis zwischen beiden Konfessionen.[82] Nach 1541 und 1549 konnten in der neugläubigen Reichsstadt weitere Provinzkapitel der Dominikaner in den Jahren 1573, 1584 und 1590 stattfinden. Letzteres war wegen Störungen durch die Bürger sogar von Wimpfen nach Worms verlegt worden, woran deutlich wird, daß diese Stadt für die Dominikaner "sicher" war.[83] Somit fanden erstaunlicherweise in der evangelischen Reichsstadt Worms mehr Provinzkapitel statt als in der altgläubigen Bischofsstadt Mainz. Vermutlich hatte dieses "Wohlverhalten" der Kommune mit der Rücksichtnahme auf den Bischof und die altgläubigen Institutionen in der Stadt, auf das im benachbarten Speyer tagende Reichskammergericht und auf den Kaiser zu tun.[84] Schließlich war Worms ja mehrfach Ort von Reichstagen und Religionsgesprächen,[85] die auch eine bedeutende Einnahmequelle für die Stadt waren. In seinem

---

[79] Vgl. ebd. 60.

[80] Vgl. LOË, Teutonia 16; PAULUS, Dominikaner 158 (mit Hinweis auf PAULUS datiert GIERATHS 56 die Predigt auf 1541!); K.-B. SPRINGER: Slotanus, Johannes. In: BBKL 10 (1995) 638f.

[81] Vgl. StA Worms, Nr. 1866 (Regest bei "Additamentum sive Supplementum Actorum antiquorum ad Fasciculum I", hier Nr. 5. Die Kopie des kaiserlichen Schutzbriefes ist in den Akten enthalten).

[82] Zu den Auseinandersetzungen zwischen Stiften und Klöstern mit der Stadt vgl. KEILMANN, Bistum 180.

[83] Vgl. L. SIEMER, Monasticon 23; LÖHR, Wirksamkeit 146; GIERATHS 24, 60.

[84] Ebenso mußte sich die Stadt des Druckes der sie umklammernden calvinischen Kurpfalz erwehren und dagegen das lutherische Bekenntnis sichern (vgl. ILLERT 7, 10).

[85] Zur Bedeutung von Worms als Reichstagsstadt bis 1545 vgl. PETRY, Bedeutung. Von den Reichstagen waren die Dominikaner wenig betroffen, außer daß der Konvent als Unterkunft gebraucht wurde. Unter den Reichstagsteilnehmern waren jeweils auch Dominikaner, die vielleicht im Kloster Unterkunft fanden. So war z.B. 1540 Ambrosius Pelargus im Auftrag des Mainzer Erzbischofs (vgl. GIERATHS 59; KEIL 188f.),

Schreiben aus dem Jahr 1560 betonte Provinzial Wilhelm Brant auch die freundschaftlichen und gutnachbarlichen Beziehungen zwischen Stadt und Konvent. Der Provinzial suchte allerdings in diesem Schreiben vom Rat eine verbindliche Erklärung zu erlangen, daß die Dominikaner ungestört ihren "wahren" Gottesdienst *"zu gewonlichen stunden und zeitten, mit singen und beten"*[86] abhalten könnten, wobei Brant nicht vergaß, auf *"deß Heiligen Reichs Religions friede"* und die dem Dominikanerorden gewährten kaiserlichen Privilegien zu verweisen. Im Gegenzug wollte sich der Provinzial in Bezug auf die Reparatur der schon schadhaften Kirche erkenntlich zeigen. Denn unter anderem drohte, daß *"in die kirch vom regen ... Wasser fallen mocht"*.[87] Der Ausgang dieser Angelegenheit ist nicht bekannt, doch hütete sich der Rat wohl, die erbetene Stellungnahme abzugeben, da sie seine Position geschwächt hätte. Das Dominikanerkloster war weiterhin weit mehr als andere altgläubige Institutionen in die Verfügungsgewalt der Stadt eingebunden. In einem Vergleich vom 11. April 1592 stimmten die Dominikaner zu, jährlich für ihre Niederlassung zwei Gulden Schatzung zu zahlen und diese Schatzung auch künftig von allen in Zukunft mit Zustimmung des Magistrats erworbenen Gütern zu entrichten.[88]

Erst nach dem Augsburger Religionsfrieden bezog die Reichsstadt offiziell in der Glaubensfrage Position. 1560 erschien ein städtisches Agendbüchlein, das laut Vorwort keineswegs einer künftigen Kirchenordnung vorgreifen wollte. Im evangelischen Teil der Dominikanerkirche kam es nun zu Änderungen bzw. Erneuerungen. 1556 wurden die Kirchenbänke an- sowie der Lettner abgeschafft.[89] Doch war in kirchlicher Hinsicht die Situation immer noch ungefestigt. Noch 1570 bat die Stadt den Bischof, ihr doch die Magnuskirche freizugeben, deren Rückgabe der Klerus immer wieder forderte.[90] Die Stadt verfügte nur über die wenigen, schon lange für den lutherischen Gottesdienst benutzten Kirchen, darunter auch die Predigerkirche.

1545/46 Provinzial Johannes Pesselius i.A. des Kölner Klerus anwesend (vgl. GIERATHS 59). 1557 nahm Johannes Gressenikus als Theologe Herzog Albrechts von Bayern am Wormser Religionsgespräch teil. Seine am Andreastag gehaltene Predigt wurde öffentlich vom Straßburger Superintendenten Johannes Marbach geschmäht, was auch Protestanten peinlich war; vgl. PAULUS, Dominikaner 290; GIERATHS 59.

[86] StA Worms, Nr. 1867, Fasc. Nr. VI.A.

[87] Ebd.

[88] Vgl. REUTER, Reaktion 145, 151. Die zwei Gulden Schatzung sind evtl. identisch mit dem oben erwähnten Schirmgeld.

[89] Vgl. VILLINGER 94; REUTER, Mehrkonfessionalität 21f. 1569 wurde ein Kirchturm erbaut; vgl. VILLINGER 94.

[90] Vgl. ILLERT 6.

In der protestantischen Stadt mit den vielen altgläubigen Enklaven war sie bis 1689 Hauptkirche der Neugläubigen.[91]

In der zu Ende des 16. Jahrhunderts mehrheitlich neugläubigen und von einem rein lutherischen Magistrat regierten Reichsstadt gab es weiterhin eine katholische Minderheit. Der Anteil der altgläubigen Handwerker mit Bürgerrecht an der Stadtbevölkerung soll zu dieser Zeit 10 % betragen haben.[92] Wie in Frankfurt war die altgläubige Seite im Besitz der meisten Kirchen. Ebenso blieb der größte Teil der katholischen Institutionen bestehen.[93] Das war die Basis, auf der sich unter Bischof Wilhelm von Effern (1604-16) und seinen Nachfolgern die altgläubige Position konsolidieren konnte.[94] 1606/07 wurden die Jesuiten angesiedelt, ab 1637 die Kapuziner.[95] Die altgläubige Konsolidierung erstreckte sich auch auf die Dominikaner. Sie waren vielleicht schon zu diesem Zeitpunkt für die Seelsorge an einigen Pfarrkirchen verantwortlich.[96] Doch schwenkten sie nicht automatisch auf die Linie des Bischofs um. Dazu waren sie zu sehr dem Magistrat verpflichtet, der ja auch für die Erneuerung der von den Protestanten mitbenutzten Predigerkirche zuständig war. Allerdings wurde ab 1616 zwischen der Stadt und dem Konvent um die Durchführung notwendiger Reparaturen und um die Übernahme der Kosten gestritten. Dies ist ein Anzeichen für die mittlerweile erstarkte Position der Dominikaner. In früheren Jahren hatten sie solche Auseinandersetzungen nach Möglichkeit vermieden; 1618 setzte sich der Ordensvisitator T. Marini in stärkerem Maß als seine Wormser Mitbrüder für eine Lösung des Streits im dominikanischen Sinne ein. Etwas später forderten die Dominikaner am Hofgericht dann die Rückgabe des Kirchenschiffes.[97]

1584 verfaßte der Wormser Konventsprediger Conrad Hollander den "Nucleus sacrarum literarum ac variarum controversiarum manipulus pro et contra resolutis".[98] Sein Name verweist auf die personelle Unterstützung aus der Provinz Germania inferior. Aus den Niederlanden stammte ebenso der in den Wormser Konvent

---

[91] Vgl. REUTER, Mehrkonfessionalität 23f. 1604 wurde das älteste lutherische Kirchenbuch, das Taufbuch der Predigerkirche, angelegt.

[92] Vgl. REUTER, Mehrkonfessionalität 22f., 26.

[93] Vgl. WARMBRUNN 194ff.

[94] Vgl. WOLGAST, Hochstift 320; H. R. SCHMIDT 38. Geschützt war das Hochstift erst, als es sich ab 1626 an mächtigere geistliche Nachbarn wie Kurmainz anlehnte.

[95] Vgl. REUTER, Mehrkonfessionalität 27f. Zu den Jesuiten vgl. KEILMANN, Bistum 191ff.

[96] S.u. S. 171 mit Anm. 105.

[97] S.u.

[98] Vgl. LÖHR, Wirksamkeit 143.

170

transfiliierte Paulus Reiswick (+ 1606).[99] 1614 assignierte das Landshuter Provinz-kapitel Hieronymus Keyßer und Hyacinth Walten nach Worms, das Kölner Provinz-kapitel 1617 Albert Grim aus Würzburg und das Freiburger Kapitel von 1619 den Luxemburger Frater Andreas Hollenstein.[100] Allerdings war der personelle Zu-stand des Konvents trotz der personellen Verstärkung zu Beginn des 17. Jahrhun-derts alles andere als zufriedenstellend. Im Jahr 1609 forderte Bischof Wilhelm von Effern (1604-16) die Stadt auf, den ehemaligen Dominikaner Thomas Symbertus auszuliefern, der zur evangelischen Religion übergetreten und in die Bürgerschaft der Stadt Worms aufgenommen sei.[101] Vielleicht aus dem gleichen Grund beschloß das Regensburger Provinzkapitel von 1624, Johannes Rutilanus bis auf weiteren Beschluß zu "verwahren". Frater Petrus Martyr wurde zwar aus dem Konvents-gefängnis entlassen, allerdings war es ihm weiterhin untersagt, den Konvent zu verlassen.[102] Ein anderer schwerer Vorfall hatte sich im Mai des Jahres 1611 er-eignet. Der "alte" Prior Johannes Clunwirth (Rhenensis) wollte seinen Sohn nicht anerkennen, da er seinerzeit in Würzburg die mittlerweile verstorbene Mutter mit 30 Thalern abgefunden hatte. Das mehrere Tage lang vor dem Kloster ausgesetzte Kind war der Grund für Unruhen. In dem Zusammenhang wurde ein Frater von Hand-werkern mißhandelt. Wohl deshalb lief auch ein Mönch mit einer Stange zur Pforte hinaus, "*die Leute zu schlagen.*"[103] Trotz dieser Skandale waren die Prediger-brüder anscheinend in Worms als Seelsorger gefragt.[104] Nach Ansicht von Gundolf GIERATHS übten sie für die katholische Minderheit bis 1649 die Seelsorge an den nicht mehr besetzten Pfarrkirchen aus.[105]

---

[99] Vgl. I. W. FRANK, Totenbuch 294; ebd. 220 zu dem zu Studienzwecken in Mainz weilenden Wormser Diakon Andreas Werner.

[100] Vgl. KORDEL, Visitation II, 444. Zu den Bestimmungen 1614 und 1617 vgl. StA Warburg, Codex.

[101] Vgl. StA Worms, Nr. 1867. Darin enthalten Urk. des Konvents an den Rat vom 31.8.1610 (so Aufschrift; Urk. datiert auf 9.9.1610) und Fasc. 16: "*Acta Uns (sic!) Herrn Fürst Bischoffen zu Worms begehrte ausliefferung eines Conuentualen des hiesigen Dominikaner Klosters Thomas Symbertus sive Symbertus Kirchdörfer, welcher zu der Evangelischen Religion übergegangen und in der Stadt Worms Bürgerschaft aufgenommen worden. auch nachherige Klage des convents wieder denselben*" (enthält Urk. vom 19.9.1609 bis 1.10.1610). Vgl. auch GIERATHS 60; REUTER, Siegel 133.

[102] Vgl. KORDEL, Visitation II, 458.

[103] StA Worms, Nr. 1866 (darin Nr. 17 Fasc. II).

[104] Vgl. die Bestimmung des Landshuter Provinzkapitels 1614 (StA Warburg, Codex): "*Concedimus R.D. Commendatori domus Joannitarum Wormatiae R.P. Anthonium.*"

[105] Vgl. GIERATHS 61. Nach einem Bericht von 1632 hätten die vier armen Fratres "*verlittener Zeit die Pfarren der ingesessenen und benachbarten Papisten versehen*"; zit. nach BRÜCK, Quellen 20. Zur Regierungszeit des Mainzer Kurfürsten Kasimir Wambold zu Umstatt (1629-44) übernahmen die Dominika-ner auch die Seelsorge in Bürstadt; vgl. KOOB 122f.

Ebenso prekär wie die personelle stellte sich auch die wirtschaftliche Situation des angeschlagenen Konvents dar. Da von dem vorreformatorischen Terminbezirk nur unbedeutende Reste übrigblieben und die Seelsorge in einer mehrheitlich protestantischen Stadt kaum Einkünfte brachte, wird die in einem Verwaltungsbericht über die Provinz von 1644 für den Wormser Konvent getroffene Feststellung großer Armut schon ab der zweiten Hälfte des 16. Jahrhunderts gegolten haben.[106] Deswegen mußten sich die Dominikaner um die wirtschaftliche Bestandssicherung kümmern. Am 30. November 1590 beurkundeten Schultheiß Valentin von Stetten und die Schöffen des Flomborner Gerichts die Umschreibung der dortigen Güter des Wormser Dominikanerklosters.[107]

Erstaunlicherweise kam der Ordensvisitator Tomaso Marini nicht in die Reichsstadt, um die erwähnte personelle und wirtschaftliche Situation des Konvents zu überprüfen und nach Möglichkeit zu verbessern. In einem vom 19. Juli 1618 datierten Schreiben an den Rat der Freien Stadt bedauerte Marini vielmehr, wegen dringender Geschäfte nicht persönlich nach Worms kommen zu können und entsandte daher den Mainzer Prior und Vikar der Rheinischen Nation Andreas Coppenstein. Letzterer wandte sich am 31. Juli an den Rat wegen der Renovierung der Kanzel und der Altäre und der vom Rat beabsichtigten Errichtung einer Orgel.[108] Dafür hatte der aus Pforzheim stammende Orgelbauer Schneider ein Angebot unterbreitet.[109] Gleichfalls am 31. Juli ("*penultimo Iulij stylo correcto*") wandte sich auch Marini erneut an den Rat und nannte für den vom Rat geplanten und von ihm "*amice et fauenter*" gestatteten Bau der Orgel eine Anzahl von Vorbedingungen. Unter anderem verlangte er die Übergabe der 1616 mit dem Konvent geschlossenen Verträge, die Ausführung der darin zugesagten Konditionen sowie die Renovierung der Kanzel und der Altargemälde. Im Zuge des Baues der Ratsorgel könne auch die Orgel der Dominikaner auf Kosten des Rates repariert werden. Schließlich sollte der Rat urkundlich das Recht der Predigerbrüder auf eine sonn- und feiertägliche Predigt einräumen; es wäre darüber hinaus verdienstvoll, wenn die protestantische Katechese in die St. Magnus-Kirche verlegt würde, damit die Dominikaner ihre Nachmittagspredigt um zwei Uhr halten könnten.[110] Auf diese Vorschläge liegt keine Antwort

---

[106] Vgl. WALZ, Descriptio 693; GIERATHS 60.

[107] Vgl. STA Darmstadt, Flomborn Nr. 56/10. - Ein weiteres Indiz für die andernorts übliche finanzielle Konsolidierung zeigt sich darin, daß Prior Arnold 1597 den Rat um Umterstützung bat, um einen vier Jahre schuldig gebliebenen Zins zu erhalten; vgl. StA Worms, Nr. 1866.

[108] Vgl. StA Worms, Nr. 1867, Fasc. Nr. VI.A. Vgl. auch StA Worms, Nr. 1866 (Regest bei "Additamentum sive Supplementum Actorum antiquorum ad Fasciculum I", hier Nr. 6). Im Regest wurde Coppenstein irrtümlich als Provinzial bezeichnet.

[109] Vgl. StA Worms, Nr. 1866 (darin Nr. 17 Fasc. II).

[110] Vgl. StA Worms, Nr. 1867, Fasc. Nr. VI.A.

des Rates vor. Die von Marini vertretene kompromißlose Position war vielleicht nicht im Sinn der Wormser Predigerbrüder, welche an einem Auskommen mit dem Rat interessiert sein mußten.

Im Zusammenhang der wohl durch Coppenstein als Vertreter Marinis durchgeführten Visitation war vermutlich wie in fast allen anderen Konventen der Prior abgesetzt worden.[111] Ab 1619 und 1624 sowie 1625 amtierte dann jedenfalls Johannes Breidenbach als Konventsvorsteher.[112] Am 17. Dezember 1619 beurkundete er, 170 Gulden Wormser Währung gegen das Unterpfand eines Kapitalbriefes von 300 Gulden erhalten zu haben. Diese Summe war wohl wegen der Schulden des Klosters aufgenommen worden. Nach einem *"Confessat Schein"* des Priors vom 7. Juli 1626 war der Konvent der Stadt 212 Reichstaler, 9 Batzen und 8 Denare schuldig.[113] Allerdings hatte die Stadt auch seit dem ausgehenden 15. Jahrhundert Schulden beim Konvent, die noch im 18. Jahrhundert nicht abgegolten waren. 1623 konnte der Konvent den Reuerinnen auf dem Andreasberg jedenfalls 400 Gulden leihen.[114]

Im Dreißigjährigen Krieg stabilisierten ab 1620 die gegenreformatorischen Aktivitäten unter dem Schutz der ligistischen und spanischen Truppen an der Bergstraße und in der Pfalz[115] auch die Lage der Wormser Dominikaner. Infolge der gestärkten katholischen Position versuchten die Dominikaner 1623 erneut, das von den Protestanten genutzte Kirchenschiff wiederzuerlangen. Am 18. März des Jahres wandten sie sich deshalb - wie auch gleichzeitig für die Speyrer Dominikanerkirche - an den Kaiser.[116]

3.1.3 Zusammenfassung und Ergebnis

Schon vor der Reformation war der Handlungsspielraum der Stadt durch den mächtigen Nachbarn Kurpfalz und den Bischof, der weiterhin stadtherrliche An-

---

[111] Vgl. KORDEL, Visitation I, 305, 337. Doch wurde wie andernorts wohl auch der Wormser Prior wegen zu langer Amtszeit abgesetzt (vgl. ebd. 325 Anm. 36).

[112] Vgl. REUTER, Siegel 133.

[113] Vgl. StA Worms, Nr. 1866 (Regest bei "Additamentum sive Supplementum Actorum antiquorum ad Fasciculum I", hier Nr. 7f.).

[114] Vgl. REUTER, Reaktion 154 mit Anm. 37.

[115] Vgl. WARMBRUNN 196-201. Bei der ebd. 199, erwähnten Restitution des Heidelberger Dominikanerkonvents waren vielleicht auch Wormser Fratres beteiligt. Zu den spanischen Truppen in der linksrheinischen Pfalz vgl. EGLER, dort auch zu Soldaten der Union in Worms. - Auf den den Dominikanern gehörenden Fluren Platte und Mörsch nördlich der Stadt vor der Mainzer Pforte ließ der Rat 1622 ein Bollwerk anlegen; vgl. REUTER, Reaktion 151f.

[116] Vgl. SEIBRICH 180; DUHR II/2, 159.

sprüche anmeldete, stark eingeengt. Als Gegenreaktion gab es in Worms schon früh eine Unterstützung der neugläubigen Bewegung durch den Rat, gerade auch wegen der Auseinandersetzungen mit Bischof und Klerus. Allerdings wurde aus Rücksicht auf den Kaiser, das im benachbarten Speyer tagende Reichskammergericht und die benachbarten Kurfürstentümer Pfalz und Mainz lange Zeit die Reformation nicht offiziell eingeführt und keine Kirchenordnung erlassen. Inoffiziell war die Reformation kurz nach dem Speyrer Reichstagsabschied im Jahr 1527 weitgehend durchgesetzt worden. In dem Kampf um die Stadthoheit spielte die Entscheidungskompetenz für die religiösen Fragen eine wichtige Rolle.

Die Dominikaner waren in beträchtlichem Maß in das städtische Kirchenregiment eingebunden. Wie andernorts waren die Predigerbrüder auch in Worms gegen neugläubiges Gedankengut resistent. Doch wurde wie in etlichen Reichsstädten bzw. Reichsstädten mit Bischofssitz, so z.B. Wimpfen und Regensburg,[117] das Kirchenschiff im Autrag des Rates okkupiert; den Dominikanern blieb der Chor der Kirche. Im Unterschied zu anderen Städten sind die späteren "gutnachbarlichen" Beziehungen zwischen Orden und Stadt ein Wormser Spezifikum, das mit der notwendigen Rücksichtnahme des Rates aufgrund der labilen Situation einer Reichsstadt mit Bischofssitz zu begründen ist.

In Worms griffen die reichsrechtlichen Bestimmungen nur in geringem Maß. Das Wormser Edikt wurde ignoriert. Schon vor dem Speyrer Reichsabschied 1526 wurde gegen den Protest der Dominikaner und ihres Provinzials das Schiff der Dominikanerkirche als Predigtstätte genutzt. Somit prägten die örtlichen Gegebenheiten die Entwicklung des Wormser Kirchenwesens. Allerdings ist es beim gegenwärtigen Quellenstand nicht möglich, ein adäquates Bild des Wormser Rates im Spannungsfeld zwischen Bischof, Kaiser, Pfälzer Kurfürst und eigener Bürgerschaft zu zeichnen, wie dies für die Stadt Frankfurt Sigrid JAHNS vorgenommen hat. Daher kann die Situation der Dominikaner in der Stadt nur in aller Vorläufigkeit dargestellt werden. Beim jetzigen Forschungsstand ist es kaum möglich, Zäsuren für den Übergang zur Reformation und für das erste Jahrhundert des evangelischen Bekenntnisses in der Reichsstadt zu setzen.

---

[117] Vgl. S. 347 mit Anm. 20.

Bei Bischofsstädten handelt es sich um eine besondere Form von landesherrlichen Städten. Zumindest dem Anspruch nach waren alle Bischöfe Landes- und Reichsfürsten. Sie lebten häufig nicht in ihrer Bischofsstadt, sondern in einer Residenz. Das galt auch für das als Untersuchungsgebiet ausgewählte Erzbistum Mainz. So wohnte Albrecht von Brandenburg als Mainzer und Magdeburger Erzbischof sowie als Administrator von Halberstadt selten in den drei Bischofsstädten, sondern am liebsten in der Magdeburger Residenz Halle oder in der Mainzer Residenz Aschaffenburg.[1] Wegen der häufigen Abwesenheit des Bischofs war das Domkapitel für eine Bischofsstadt die wichtigste Regierungsinstanz.

4.1   Mainz[2]

4.1.1   Ausgangslage

Als Bischofsstadt und als "Hauptstadt" des wichtigsten geistlichen Reichs- und Kurfürsten verfügte Mainz über eine große Anzahl kirchlicher Institutionen. Neben den zehn Stiften, von denen das Domstift St. Martin das bedeutendste war, gab es mehrere Frauen- und Männerklöster, darunter die vier Niederlassungen der Mendikanten. Von den elf Pfarreien waren fünf Mainzer Stiften inkorporiert, nämlich die "Dompfarrei", St. Johann, Mariengreden, St. Stephan und die dem Petersstift zugehörige Pfarrei Udenmünster. Die kleine Pfarrei St. Paul war dem Altmünsterkloster der Zisterzienserinnen zuständig. Neben den vier "Innenstadtpfarreien" St. Christoph, St. Emmeran, St. Ignaz und St. Quintin sowie der Pfarrei St. Nikolaus auf der Steig im Vorort Vilzbach gab es noch eine Vielzahl von geistlichen Häusern, angefangen von dem Großen Konvent der Beginen über die Niederlassungen des Deutschen Ritterordens und der Johanniter bis zu den Stadthöfen der Zisterzienser.[3]

---

[1] Zu Halle vgl. KRAUSE, bes. 298-337. Zur Residenzfunktion der Stadt Mainz und zu den kurmainzer Residenzen vgl. CHRIST 39-46.

[2] Die Geschichte des Dominikanerklosters ist gut aufgearbeitet; vgl. zuletzt zusammenfassend die Gesamtdarstellung von SPRINGER/BERGER. Neben der älteren kunsthistorischen Arbeit von ARENS sind verschiedene Forschungen I. W. FRANKs zu nennen; vor allem die Edition des Totenbuches, und die Aufsätze über die Bettelorden in Mainz im Mittelalter, das Mainzer Dominikanerkloster während der reformatorischen Verunsicherung sowie die nachtridentinische Erneuerung der deutschen Dominikaner. Als Quellen wurden im StA Mainz das Ackerbuch, das Zinsbuch des Klosters, die ungedruckten Regesten des Stadtarchivs und die der Borgationsbücher herangezogen. Grundlegend für die Geschichte der Stadt im 16. Jahrhundert sind F. HERRMANN, Bewegung und BRÜCK, Mainz.

[3] Vgl. FALCK 255-260, 278-281. Die für das 13. Jahrhundert festgestellte Situation (vgl. dazu BERGER, Bettelorden 105f.) galt noch weitgehend im 16. Jahrhundert.

Die Stadt Mainz hatte bis zur Eroberung 1462 im Rahmen der Stiftsfehde - dabei wurden auch Dominikanerkirche und -kloster in Mitleidenschaft gezogen - fast reichsstädtischen Status, wurde dann aber erzbischöfliche Stadt.[4] Erzbischof Adolf II. von Nassau war zunächst den Mendikanten aufgrund ihrer Parteinahme für seinen Gegner Dieter von Isenburg (1459-61/63, 1475-82) keineswegs wohlgesonnen. Nach der Eroberung der Stadt waren die Dominikaner gefangen gesetzt worden. Zur Disziplinierung des zunächst feindlich gesonnenen Ordensklerus bot sich die Einführung der Observanz an. Doch ist die am 5. April 1468 durch Adolfs Weihbischof Siegfried Piscator (+ 1473) erfolgte Reform des Dominikanerklosters[5] in einen größeren Kontext zu stellen: der erzbischöfliche Stadt- und Landesherr wollte alle Konvente seines Erzbistums der Observanz zuführen.[6] Am besten gelang ihm das in seiner Bischofsstadt Mainz und in ihrer unmittelbarer Umgebung. Noch 1468 wurde anscheinend als erster Konvent das Mainzer Dominikanerkloster, im folgenden Jahr das Franziskanerkloster in Mainz sowie das in Oppenheim reformiert.[7]

Da die Dominikaner im Gegensatz zu den Franziskanern seit jeher Gemeinschaftsbesitz hatten, konnte die Tradition der Stiftungen für Totengedächtnisse und Anniversarien, die die wichtigste Einnahmequelle der Fratres war, fortgesetzt werden.[8] War mit der Reformacio häufig auch eine finanzielle Kontrolle verbunden, so ist die obrigkeitliche Einsetzung von Pflegern für Mainz - im Gegensatz zu dem 1474 auch von Mainz aus reformierten Frankfurter Konvent - nicht nachweisbar. Indirekt stieg der erzbischöfliche Einfluß durch den veränderten Förderkreis: ein großer Teil der eng mit dem Dominikanerkloster verbundenen Patriziergeschlechter, die bisher den gewichtigen Förderkreis gebildet hatten, mußte 1462 die Stadt verlassen und war

---

[4] Vgl. BRÜCK, Mainz 1f. Die Stadt hatte 1500 etwa 6.000, 1600 etwa 20.000 Einwohner, vgl. H. SCHILLING, Stadt 11. Zur Zugehörigkeit zu den Freien Städten vgl. S. 153. - Zu Reparaturen am Dominikanerkloster nach 1462 vgl. I. W. FRANK, Totenbuch 16 Anm. 45. Für eine Distanz des Erzbischofs zum Dominikanerkloster spricht, daß er erst 1466 und 1468 Ablässe für die 1462 durch Brand teilweise zerstörte Kirche erteilte; vgl. DERS., Dominikanerkloster 443 Anm. 21.

[5] Vgl. DERS., Totenbuch 94.

[6] Vgl. S. 21, S. 49 mit Anm. 11.

[7] Zu Oppenheim vgl. StA Mainz, HBA I/75 (WÜRDTWEIN), 262: "*Anno autem 1469 10 Maji authoritate apostolica per Reverendissiumum Dominum Adolphum archiepiscopum Moguntinum mutatus est ille conventus in ordinem Mendicantium et reditus partim in Xenodochium S: Spiritus, partim in domo Leprosorum ad oppidum situm, sunt translocati.*" Ebenso BERGER/SPRINGER/WOLF-DAHM 200f. Wegen der entstandenen Armut übertrug Adolf 1473 an das Oppenheimer Kloster eine Gülte vom Weißfrauenkonvent, die vorher an die Mainzer Franziskaner entrichtet worden war; vgl. V. F. GUDENUS V, 1071-1074. Zur Reform des Mainzer Franziskanerklosters am 9.1.1469 vgl. ARENS, Kunstdenkmäler 270; BERGER, Niederlassungen 145; nach EUBEL 62, erfolgte sie schon 1468.

[8] Vgl. I. W. FRANK, Totenbuch 93ff. sowie DERS., Existenzsicherung 58, zum Einkommen des Konvents.

176

z.T. nach Frankfurt übergesiedelt, so z.B. die Familie zum Jungen.[9] Bei den Dominikanern ließen sich bald nach der Reform Beamte des erzbischöflichen Hofes, die manchmal auch Professoren an der 1476/77 gegründeten Universität waren, bestatten.[10] Die Errichtung der Hochschule brachte für die Ordensschule der Dominikaner keine Rangerhöhung. Das Hausstudium wurde nicht einmal zu einem Partiku-lar, geschweige denn zu einem Generalstudium ausgebaut.[11] Auch nach der Reform gehörte Mainz nicht zu den herausragenden Konventen der Provinz. Mainz stand vorher wie nachher im Schatten des benachbarten Frankfurt.[12]

Schon kurze Zeit nach Einführung der Reformacio blühte der Konvent. Herauszuheben ist die Prioratszeit des tüchtigen Petrus Heym (1491-1502, + 1506[13]). Unter ihm war 1493 die vielleicht im Gefolge der Stiftsfehde und der Ausweisungen erloschene Annenbruderschaft neu gegründet worden.[14] Weitere Indizien des guten Zustandes sind: In Mainz fanden 1481 und 1512 Provinzkapitel statt. Ablässe wurden 1488/89 gewährt[15] und Baumaßnahmen vorgenommen.[16]

Die nach Einführung der Observanz wenig geänderten Seelsorgemethoden der Predigerbrüder, vor allem die Möglichkeit des Begräbnisses und der Anniversarstiftung, waren weiterhin gesucht. Im Bereich der Predigt nahm jedoch die Bedeutung der Mendikanten ab. Der Weltklerus war in zunehmendem Maße ebenso wie

---

[9] Vgl. zu den Begräbnissen von Mainzer Geschlechtern I. W. FRANK, Totenbuch 41, 43-57. Von den Zünften nur die Kürschnerbruderschaft bei den Dominikanern belegt; vgl. ebd. 38.

[10] Vgl. I. W. FRANK, Dominikanerkloster 465-467; DERS., Totenbuch 82-84. Die bestatteten Beamten gehörten verschiedensten Stellungen und Rängen an. Die Bandbreite reichte von erzbischöflichen Kanzlern (Breithart, Pfeffer, Richtenfels) über Notare bis zu Sekretären. Juraprofessoren: Richtenfels, V. Recker, B. und J. Kuhorn, L. Wilthelm. Medizinprofessor: Münsingen.

[11] Vgl. I. W. FRANK, Totenbuch 111; DERS., Dominikanerkloster 440, 449f. Im Gegensatz zu den Dominikanern war der Weihbischof aus dem Karmeliterorden bei der Gründung der Universität beteiligt und Mainz wurde 1539 Sitz eines karmelitischen Generalstudiums. In deren Kirche und Sakristei fand auch die jährliche Rektorswahl statt; vgl. METZNER 9.

[12] Vgl. I. W. FRANK, Dominikanerkloster 444.

[13] Vgl. DERS., Totenbuch 156 Anm. 120; 95 zur Zunahme der Stiftungen. Heym war 1505 Wormser Prior; vgl. S. 155. - Zustandsbericht der Mainzer geistlichen Institutionen von 1500 ed. bei F. HERRMANN, Bewegung 205-207; vgl. auch ebd. 1 Anm. 1. Von den Mendikanten wurde ausgesagt: "procul a mendicitate absunt". Diese Äußerung kann so interpretiert werden, daß der Konvent wohlhabend war.

[14] Vgl. I. W. FRANK, Totenbuch 25.

[15] Kurze Erwähnung bei LENHART 192. - Zu den beiden Provinzkapiteln vgl. SPRINGER, Beiträge 62ff.

[16] Vgl. I. W. FRANK, Totenbuch 35f.

die Mendikanten universitär gebildet,[17] Prädikaturen wurden gestiftet. Dieter von Isenburg hatte eine Dompredigerstelle errichtet. Zwar kam es in Mainz zu keinem Streit zwischen Prädikanten und Predigerbrüdern. Doch die im Auftrag des Mainzer Erzbischofs von dominikanischen Inquisitoren aus Köln durchgeführte Verurteilung des früheren Mainzer Dompredigers Johann Rucherat von Wesel wurde von Humanisten als Affront gewertet und bildete später einen Aspekt des Wigandstreites.[18]

Während der Konvent zu Beginn des 16. Jahrhunderts in guten Zustand war, wurde er gleichzeitig von der starken öffentlichen Kritik an den Bettelorden betroffen. Die Auseinandersetzung Hochstratens mit dem zeitweise in Mainz lehrenden Petrus Ravennas[19] sowie der Reuchlinstreit wirkte sich aus.[20] Der bedeutende Hebraist Johannes Reuchlin war am 27. September 1513 durch den Kölner Inquisitor Johannes Hochstraten in Mainz angeklagt worden.[21] Am 9. Oktober kam Reuchlin in die Bischofsstadt und Hochstraten predigte dort gegen den Augenspiegel. Drei Tage später verkündete Hochstraten in seiner Funktion als päpstlicher Inquisitor für die Erzdiözesen Köln, Mainz und Trier die Verdammung dieses Werkes. Doch erhob der Mainzer Erzbischof Einspruch und setzte den Vollzug einen Monat lang aus.[22] Die Mainzer Dominikaner hatten sich schon mit Vertretern theologischer Fakultäten zur Verbrennung der Schriften versammelt. Die Menschenmenge war durch die Zusage eines 300tägigen Ablasses "herbeigelockt" worden.[23] Das war wohl der Grund für die Verunglimpfung der ortsansässigen Predigerbrüder in den Dunkelmän-

---

[17] An gebildeten Pfarrern ist vor allem der ab 1487 an der Universität Mainz tätige Lic.theol. und Pfarrer von St. Christoph (1491-1518) Florentinus Diel zu nennen. Vgl. seine von FALK hg. Aufzeichnungen; bes. 1-3 zusammenfassend zu dessen wissenschaftlicher, literarischer und pastoraler Tätigkeit. Diels Schüler, der gleichfalls an der Universität tätige Jakob Merstetter, war Pfarrer von St. Emmeran; vgl. SINGER, bes. 11-18. Im Kontext der Universitätsreform von 1523 erfolgte der Vorschlag, zur Hebung des Niveaus des Pfarrklerus die Stadtpfarreien mit "emeriti legentes" der Universität zu besetzen; vgl. F. HERRMANN, Bewegung 109 Anm. 265.

[18] Vgl. S. 40 Anm. 183. Vgl. SAMORAY 19, zur Anzeige durch den damaligen Mainzer Prior Wilnau. Hensel, der im Streit mit Wigand Wirt auch die Verurteilung Rucherats thematisierte, war 1481 Theologieprofessor in Mainz gewesen; vgl. DUCHHARDT 305; WIEDEMANN 48, 51.

[19] Vgl. NAUERT 624f.

[20] Pfefferkorn konfiszierte 1509 jüdische Bücher in Mainz, vgl. PETERSE 24. U.a. sollen die Mainzer Predigerbrüder Pfefferkorns Empfehlungsschreiben an die Schwester Kaiser Maximilians I. verfaßt haben; vgl. L. GEIGER, Reuchlin 216 (ebenso allerdings u.a. auch die Predigerklöster von Oppenheim und München, womit die Nachricht in Zweifel zu ziehen ist).

[21] Zum Mainzer Prozeß vgl. PETERSE 35-38. Zu Hochstratens Rolle vgl. den Überblick bei F. W. BAUTZ: Hoogstraten, Jakob von. In: BBKL 2 (1990) 1043f.

[22] Vgl. FRIEDLÄNDER 15f.; ebd. 17, die Klage Reuchlins vom Februar 1514, worin er die Rechtmäßigkeit des Mainzer Gerichts in Zweifel zieht.

[23] Vgl. L. GEIGER, Briefwechsel 200-207 Nr. 175; DERS., Reuchlin 295f. Zur Beteiligung Erfurter Theologen vgl. S. 104 Anm. 20.

nerbriefen. Darin findet sich die Unterstellung durch den zu dieser Zeit in Mainz in den Diensten Albrechts von Brandenburg befindlichen Ulrich von Hutten, ein bettelnder Dominikaner hätte im Mainzer Gasthaus "Zur Krone" öffentlich Unzucht getrieben, ein anderer vor dem Altar der Dominikanerkirche.[24] Der Reuchlinstreit wird auch die öffentliche Meinung gegenüber den Dominikanern beeinflußt haben, ebenso der Wigandstreit im benachbarten Frankfurt.

4.1.2   Reformatorische Bewegung, Existenzkrise und Beharrung

Am Bischofssitz des Albrecht von Brandenburg gab es schon früh Sympathien für Luther und auch Auseinandersetzungen über seine Theologie: im Jahre 1520 griffen Mönche die pro-lutherischen Predigten des Dompredigers Wolfgang Capito (1478-1540) an.[25] An der Universität war die Sympathie für Luther besonders stark.[26] Es gab lange keine besondere Affinität des Erzbischofs und seines Humanisten-kreises für die Dominikaner.[27] Daß die "neugläubigen" Predigten ihre Wirkung auf die Öffentlichkeit nicht verfehlten und bereits eine starke evangelische Bewegung bestand, zeigte sich bei den öffentlichen Unruhen anläßlich der vom päpstlichen Nuntius Aleander angeordneten Verbrennung von Luthers Büchern in Mainz am 28. November 1520. Aleander war schon während des vorausgehenden Gottesdienstes im Dom verhöhnt und auf dem Markt sogar hin- und hergestoßen worden. Der von ihm mit der Predigt beauftragte Mainzer Lektor der Dominikaner, Dr. Johannes Burchard, fand die Tür zur Kanzel verschlossen und soll voll Angst gewesen sein.

---

[24] Vgl. BÖMER 83 (I, 47); dt. Übersetzung bei BINDER 113f.

[25] Vgl. F. HERRMANN, Bewegung 76f., 111. Dabei handelte es sich wohl um Dominikaner, evtl. auch um Franziskaner, da deren Mainzer Guardian Albrechts Ablaßkommissar war. Vgl. den Brief Hedios vom 10.6.1520 (ed. EGLI 319 Nr. 142). Vgl. zu Capito BRÜCK, Domprediger 149; GÖNNA 443-445. Andeutung, daß Capito evtl. wegen der verlangten Predigt zur Verbrennung von Luthers Schriften von seinem Amt zurücktrat, im Brief Hedios an Zwingli vom 15.10. aus Mainz; vgl. BÖCKING I, 421; 422: *"Monachi nihil non tentant"* ist evtl. auf die Mainzer Dominikaner zu beziehen. Nach BRÜCK, a.a.0. 149, verzichtete Capito erst am 5.1.1521 auf die Dompredigerstelle, ließ sich jedoch ab Oktober von Hedio vertreten.

[26] Vgl. F. HERRMANN, Bewegung 107-111. Der Mainzer Theologiestudent Melchior Ambach und der Liebfrauenvikar (?) Johannes Bernhardi, gen. Algesheimer, waren später Prädikanten in Frankfurt. Der Sententiar der Theologie Adam Weiß war Regent der Burse zum Schenkenberg, an der die via antiqua gelehrt wurde. Im Wintersemester 1517/18 zeigte er sich als der humanistischen Richtung verpflichtet; vgl. ebd. 109 mit Anm. 268. Zu "martianischen" Predigern in Mainz und Mainzer Studenten in Wittenberg vgl. KÜTHER 201f.

[27] Zu Mainzer Humanisten vgl. F. HERRMANN, Bewegung 62-66; 83, 87 zu Albrechts Ablehnung des päpstlichen Inquisitorenamtes für das Deutsche Reich. Zu seiner Rolle im Reuchlinstreit vgl. die Hinweise bei GÖNNA 427f., 441f.

Auf dem Marktplatz verweigerte der Henker die Verbrennung.[28] Der Mainzer Konvent sah sich sogar veranlaßt, sich von seinem Lektor zu trennen, da er sonst den Verlust von Almosen und Feindseligkeiten aus der Bevölkerung befürchtete.[29] Überall kam es zu Sympathiebekundungen für Luther. So veröffentlichte Ulrich von Hutten 1521 "Eine Klage über den Lutherischen Brand zu Mainz".[30] Vor seiner Abreise aus Mainz hatte Nuntius Aleander den Dominikanerprovinzial Eberhard von Kleve beauftragt, in der ganzen Teutonia gegen Luther predigen und die Verbrennung seiner Schriften verkündigen zu lassen. Ebenso sollten am ersten Advent alle Mainzer Pfarreien und Klöster gegen Luther predigen.[31] Die Verbrennungsaktion

---

[28] Vgl. GREDY 48-50; PAULUS, Dominikaner 326; F. HERRMANN, Bewegung 116-121. Zu Burchardi vgl. den Bericht Aleanders vom 24.3.1521; ed. BALAN 144: "La terza è per el Dottor Brochardi che predico a nostra instantia in Moguntia contra Luther con gran periculo della vita, quando facessimo la executione; Dondde è stato necessario a partirsi". Assignation von Burchard als Lektor nach Mainz auf dem Kapitel 1520; vgl. LÖHR, Akten 279. - Vgl. den Brief Hedios an Zwingli aus Mainz vom 21.12.1520: "Lutherum hic combussimus ex decreto pontificis, sed ridicule. Et sunt, qui deierent (sic!), non fuisse Lutherum, sed Silvium Aeneam; quidam Eccium, aut Silvestrem fuisse asseverant. Quicunque fuerit, facta est hec contumelio Martino. Parum abfuisset, quin Aleander fuisset iniectus merdae." EGLI 376f. Nr. 166. Über die Vorgänge in Mainz schrieb Hutten am 28.11. an Bucer, am 9.11. an Luther; Beatus Rhenanus am 7.1.1521 an B. Amerbach; vgl. BÖCKING I, 428, 436f., 429.

[29] Vgl. BALAN 289f.: "A li di passati partite de Fiandra per Italia quello frate Jos. Borchardi de predicatori, el qual, como altre volte scripsi, per haver predicato contra li Lutherani ne lo incendio di loro libri fatto a Maguntia, et de poi multo melio, et quando haveamo molto più de bisogno de tal officio, predicò similmente a Vormes in presentia di Cesar, non solum è perseguitato da Lutherani cum periculo de la vita, ma ancora è refutato da suoi proprii frati de Maguntia sotto pretexto, che se lo retenissemo in casa, non solum mancarebbeno loro le elemosine, ma sarebbeno oltraggiati da li de Hutten et altri Lutherani" (zu beachten ist, daß dies im Kontext von Burchardis Bitte um einen päpstlichen Gnadenerweis steht.). Vgl. I. W. FRANK, Dominikanerkloster 449. Zu Burchardi vgl. auch BALAN 144, 169, 215, 295f.

[30] Ed. BÖCKING III, 455-459. Vgl. F. HERRMANN, Bewegung 120; KALKOFF, Hutten 266-269. Auch im Karsthans und anderen Flugschriften wurde auf den Mainzer Vorgang angespielt.

[31] Vgl. GREDY 51; F. HERRMANN, Bewegung 121; KALKOFF, Capito 58. Vgl. den Bericht Aleanders, ed. BALAN 24: "A' di XXX del passato partendomi da Moguntia per Wormes lasciai al Provincial de Predicatori per Germania un mandato de far predicar per tutta sua provincia contra Luther et la condemnatione delli libri; item altri mandati a tutti li conventi et rectori di Parrochie di Moguntia che predicassero la Domenica seguente, et tal carga lassai al Rev.mo Car.le el quale (ut postea intellexi) fece mandar ad executione diligentemente." - Die Franziskaner hatten den gleichen Predigtauftrag erhalten. Gegen den Mainzer Prediger Daniel wurde in dem Zusammenhang ein Drohbrief an die Kirchentüren angeschlagen. Zur Vermeidung von Volksaufständen wies Generalvikar Zobel seine Beamten an, dem Franziskaner Mäßigung zu empfehlen; vgl. HERRMANN, a.a.O. 121f. Offensichtlich exponierten sich die Franziskaner mehr als Dominikaner in Mainz. Dem Provinzial der Minoriten, der Unterstützung für den Predigtauftrag erbat, empfahl Erzbischof Albrecht, nur das reine Evangelium zu predigen und ordensinterne Zwistigkeiten zu lassen; vgl. EGLI 465f. Nr. 185 (vom 4.8.1521). Nach HERRMANN, a.a.O. 90, verbot Albrecht später den von Rom aus mit der Bekämpfung Luthers beauftragten Franziskanern die Tätigkeit in seiner Diözese. Capito schrieb am 20.12.1521 an Luther: "Durch seinen Spruch hinderte er (Albrecht) die Wandermönche, die Vollmacht, gegen dich zu predigen, auszuüben, obwohl sie mit päpstlichen Bullen versehen sind. Ich werde euch, so sagte er in meiner Abwesenheit, nicht entgegen sein, wenn ihr das Evanglium rein und einfach, ohne einen andern anzugreifen lehren wolltet"; zit. nach GREDY 51f.

180

in Mainz war wohl der letzte Anlaß für den sehr verärgerten Luther, die Verbrennung der Bannandrohungsbulle und anderer Schriften in Wittenberg am 10. Dezember 1520 vorzunehmen.[32]

Nach der mißglückten Verbrennung ist kein weiteres Engagement der Mainzer Dominikaner für die altgläubige Sache überliefert. Erst Ende März 1523, als sich Erzbischof Albrechts Haltung gegenüber den Neugläubigen allmählich wandelte, klagte der Domprediger Caspar Hedio (1494-1552) in einem Brief über die Angriffe der Bettelmönche.[33]

Über weitere Zusammenstöße der evangelischen Bewegung mit den Dominikanern gibt es keine Informationen. Auch der Bauernkrieg war für die Mainzer Dominikaner nicht so bedrohlich wie z. B. für die Frankfurter Mitbrüder. Es fanden keine Klosterstürme statt. In den Mainzer Artikeln findet sich im Gegensatz z.B. zu den Frankfurter Artikeln nichts über die Abschaffung der Termineien und gar das Verbot der Novizenaufnahme für Mendikanten. Allerdings sollten wie anderswo *"all geistlich Personen in der Stadt Mentz, es seien Mönch, Nonnen etc., usgenommen den hohen Domstift"* die *"Beschwerden"*, also die Verpflichtungen der Bürger ebenso tragen.[34] Auch das Mainzer Domkapitel teilte die weithin verbreitete Meinung, daß der Ablaßstreit und die darauf folgenden Ereignisse als "Mönchsgezänk" zwischen den Luther folgenden Augustinereremiten und den Tetzel unterstützenden Dominikanern anzusehen seien. *"Die weill auch Dise auffrurische, ketzerische lere ursprung unnd anfang aller meisth aus der vier bettell orden verschwengklicher freiheit (...) verursacht unnd erwachsen; als dan offenbar unnd unleugbar ist, auch kunfftige zceit, wo es alßo bleiben unnd mit czeitigem rathe nich verkomen wirdet, noch grosser unradth zufurchten stehet"* bat das Domkapitel im Mainzer Ratschlag von 1525, daß der in Spanien weilende Kaiser *"bepstliche heilickeit auffs hochst vnnd vleissigst ersuchen und ermanen wolt, solch der vier bettel orden previlegia, magnum marre genandt, zu cassiren und revociren und genczlich abzuthuen, gedachte vier orden Diocesarien unnd ordinarien untherworffen zu machen."*[35] Das Domka-

---

[32] Vgl. S. 43f. Luther war durch Capito und Hutten von der Mainzer Verbrennung informiert worden. Am 14.1.1521 hatte Luther an Staupitz geschrieben: *"Mea ter aserunt, Lovanii, Coloniae, Moguntiae: sed Moguntiae cum magno contemtu adque adeo periculo comburentium"*; zit. nach ROTSCHEIDT 159.

[33] Vgl. F. HERRMANN, Bewegung 139. Nach der Publikation des Nürnberger Reichsabschieds in seinem Territorium am 23.9. ging Albrecht gegen die Neugläubigen vor. Doch erst im Sommer 1524 kam es zu nachlässig geführten Prozessen gegen die Neugläubigen, darunter Melchior Ambach; vgl. ebd. 145, 148, 150f. Daher übertreiben die Ansicht von H. STEITZ 4: "Die Angriffe der Bettelmönche leiteten die obrigkeitlichen Maßnahmen ein".

[34] Vgl. G. FRANZ, Quellen 454 Nr. 8. Zu den Frankfurter Artikeln vgl. S. 56 mit Anm. 49f.

[35] WA 19, 271f. Erwähnung bei F. HERRMANN, Bewegung 178; BRECHT, Fragment 275. - Zu den Gravamina gegen Bettelorden auf Reichstagen vgl. S. 301f.

pitel teilte nicht nur die Aversion eines großen Teils der Bevölkerung gegen die exemten Mendikanten. Vielmehr war es vor allem an ihrer Einordnung in die diözesane Zuständigkeit interessiert. Die reformatorische Bedrohung veränderte diese Einstellung allmählich zugunsten eines gemeinsamen Schulterschlusses. So unterstützte der Klerus, darunter auch der Domklerus, die Dominikaner. Ihr Förderkreis beschränkte sich später zeitweise auf die Solidarität der altgläubigen Geistlichkeit. Außerdem stützte sich Albrecht von Brandenburg vermehrt auf die altgläubigen Luthergegner, die Dominikaner[36] und nahm sie in seine Dienste, so schon 1526 den Frankfurter Filius Wirtemberger als Hofprediger. Johannes Heym wirkte 1528/29 und 1532 als Praedicator in Mainz für die altgläubige Sache.[37] Gleichzeitig nutzte der Landesfürst die Dominikaner für den "Mainzer Reformkreis". Denn wie in Erfurt lag die theologische Fakultät darnieder. Seit dem Beginn der Reformationszeit verlor die Mainzer Universität kontinuierlich an Bedeutung.[38] Weil ein renommierter Professor für die Erneuerung der theologischen Fakultät nötig war,[39] wurde 1532 der Frankfurter filius und bedeutende Theologe Johannes Dietenberger für die Hochschule gewonnen.[40] Im gleichen Jahr noch erschien seine berühmte Bibelübersetzung, die im katholischen Bereich viele Auflagen erlebte und mit der Lutherbibel konkurrierte. Dietenbergers Nachfolger an der Universität war der gleichfalls aus dem Frankfurter Konvent stammende Konrad Necrosius.[41] Er war wie Dietenberger nicht nur als Professor tätig. 1541 nahm er als Theologe Albrechts am Wormser Religionsgespräch teil[42] und gehörte ab November mit anderen Main-

---

[36] Zum Umschwung in der Haltung Erzbischof Albrechts und seine ersten Maßnahmen gegen die Neugläubigen vgl. F. HERRMANN, Bewegung 128-154.

[37] Zu Wirttemberger und Heym vgl. S. 59 mit Anm. 64. Zu letzterem s. auch PAULUS, Dominikaner 214. Evtl. verstarb er in Mainz am 18.1.1535; der bei H. H. KOCH 114, mitgeteilte Auszug aus dem Necrolog nennt den Sterbeort nicht.

[38] Vgl. STEINER 261.

[39] Vgl. GÖNNA 451 Anm. 357.

[40] Vgl. LÖHR, Erfurt 272; WEDEWER 147-149, 202 zu seiner Tätigkeit als Visitator im Rheingau im November 1532; F. HERRMANN, Bewegung 199; I. W. FRANK, Dominikanerkloster 450ff. Aufgrund der neugläubigen Bewegung hatte die altgläubige Universität trotz der Erneuerungsversuche von 1523, 1535 und 1541 wenig bedeutende Lehrer aufzuweisen; vgl. HERRMANN, a.a.O. 107. - Evtl. ist die Berufung auf Freunde in Mainz zurückzuführen. WEDEWER 137f., bezeichnete den Domprediger Nausea als Dietenbergers Freund und edierte auch zwei Schreiben von 1530. 1527 hatte Dietenberger den Tractatus de divortio dem Mainzer Domherren und Frankfurter Propst Valentin von Tetleben gewidmet (vgl. ebd. 143, 145, 467) sowie eine gegen Luther gerichtete Schrift über die Ohrenbeichte (vgl. GREDY 109).

[41] Necrosius war zwar als Professor tätig, wurde aber erst 1541 promoviert; vgl. LÖHR, Erfurt 269, vgl. auch 272f.

[42] Vgl. SMOLINKY, Albrecht 126.

zer Geistlichen einer Kommission zur Reform des Klerus an.[43] Als sein Nachfolger an der Mainzer Universität war wohl der Jenaer filius Petrus Rauch von Ansbach vorgesehen, der seit 1539 in den Diensten Albrechts stand, in Erfurt studierte, 1543 in Mainz bei Konrad Necrosius promovierte und dann im Konsil der Fakultät nachweisbar war.[44] Doch nach Albrechts Tod wurde der vielseitige und vielbeschäftigte Dominikaner 1546 Weihbischof von Bamberg. Diese personelle Unterstützung der Universität durch die drei auswärtigen Predigerbrüder zeigt einerseits, daß der Mainzer Konvent seit Weihbischof Piscator keine bedeutenden Prediger und Theologen hervorgebracht hatte, andererseits, daß der Mainzer Hof und der Erzbischof durchaus ein Interesse hatten, Kräfte für die Universität und das beabsichtigte Reformprogramm zu gewinnen. Da diese Kräfte vor Ort nicht in ausreichendem Maß vorhanden waren, wurden später die Jesuiten gefördert.

Zu Beginn der 40iger Jahre war die Existenzkrise des Konvents sehr bedrohlich geworden, obwohl er von dem fähigen, zwölf Jahre lang amtierenden, Prior Johannes von Bingen (+ 1550) geleitet wurde.[45] Zwar kam es in der erzbischöflichen Stadt zu keiner Reformation. Es sind auch keine Apostaten oder Fugitivi bekannt. Gefährlich war vielmehr der Nachwuchsmangel und die schleichende finanzielle Auszehrung. Bis etwa 1540 konnte der Konvent noch von dem hohen Personalstand vom Anfang des Jahrhunderts zehren. Der Bettelbezirk verkleinerte sich mehr und mehr: gänzlich verloren gingen die hessischen und später auch die pfälzischen Gebiete, daher kam aus diesen Gebieten kein Nachwuchs mehr. In den altgläubigen Landstrichen, d.h. vor allem im kurmainzer Territorium, stand die Bevölkerung den Mendikanten vermutlich gleichfalls reserviert gegenüber. In Mainz selbst gab es ein starkes Interesse am neugläubigen Gedankengut bis zum Ende des Jahrhunderts.[46] Daher wurden die verschiedenen gottesdienstlich-sakramentalen Leistungen der Mendikanten kaum noch beansprucht. Also entfielen auch die als Gegenleistung erbrachten Zuwendungen an die Konvente. Obwohl die Predigerbrüder ihrem Verständnis gemäß auch der "Verkündigung des lauteren Wortes Gottes" verpflichtet

---

[43] Vgl. F. HERRMANN, Bewegung 28; DERS., Protokolle 920f. (22.11.1541); SMOLINSKY, Albrecht 128. Vgl. auch PAULUS, Dominikaner 214f., zu weiteren Aufträgen im Dienste der Erzbischöfe Albrecht und Sebastian. - 1545 beendete Necrosius seine Tätigkeit als Universitätsprofessor; vgl. PRAETORIUS 93.

[44] Er war Mitglied, ohne nominiert worden zu sein, also auf direkte Intervention des Erzbischofs, vgl. LÖHR, Erfurt 269. Zu seinem Wirken auch an anderen Orten des Untersuchungsgebietes, nämlich Jena, Leipzig und Erfurt vgl. zusammenfassend K.-B. SPRINGER: Rauch, Petrus. In: BBKL 7 (1994) 1398-1401. - Bei allen altgläubigen Universitäten sank gerade die Bedeutung der theologischen Fakultät zur Reformationszeit. 1560 nannte Legat Commendone Mainz eine unbedeutende Universität; vgl. VEIT, Geschichte 108.

[45] Epitaph mit Erwähnung seiner 12jährigen Amtszeit bei ARENS, Inschriften 568 Nr. 1214. Vgl. auch I. W. FRANK, Dominikanerkloster 446f.; DERS., Totenbuch 100.

[46] Vgl. S. 187.

waren, fanden ihre *"predikanten"*[47] in Mainz anscheinend wenig Resonanz. Außerdem konnten keine neuen Erwerbsquellen erschlossen werden. Neben der personellen Auszehrung bestimmte daher zunehmende Verarmung die Situation. Zu Beginn der 40iger Jahre stieg die Zahl der Ablösungen von wiederkäuflichen Zinsen rapide an.[48] Obwohl der damalige *"censuarius conventus"* Petrus Piscator sich um eine sofortige Wiederanlage des für die Zins- und Rentablösungen erhaltenen Kapitals bemühte, konnten kaum die notwendigsten Anschaffungen getätigt werden, so 1544 die eines Eisenofens für das Winterrefektorium.[49] Der Konvent mußte sich verschulden und sah sich sogar zu Verkäufen gezwungen.[50] 1541 hatte der Konvent schuldenhalber sogar seine Aufhebung befürchtet.[51] Trotzdem konnte - mit Unterstützung des Domkapitels - 1545 das Provinzkapitel der Predigerbrüder in Mainz stattfinden.[52] Bis in diese Zeit erlaubte es der Personalstand, daß bei den jährlichen Haushaltsabrechnungen außer Prior und Subprior noch zwei Konventsmitglieder als Zeugen unterschrieben. Allmählich begann eine durch die Personalknappheit bedingte Ämterkumulation. Die vorhandenen Bücher, sogar das Totenbuch, wurden nicht mehr ordentlich geführt. Nicht einmal die verstorbenen Fratres wurden zum frommen Gedenken verzeichnet.[53] Totenbuch,[54] Ackerbuch[55] und Zinsbuch[56] enthalten

---

[47] 1550 wurde eine Ausgabe von 2 Pfund und 14 Schilling *"per f. Jacobo textoris predicante conventus"* (sic!) getätigt; vgl. StA Mainz, Abt. 13/122 (ZINSBUCH) 222.

[48] Vgl. I. W. FRANK, Dominikanerkloster 459; DERS., Totenbuch 71 (Statistik der Stiftungen). Auch Stiftungen des Klerus sind nur bis 1548 im Totenbuch verzeichnet; vgl. DERS., Dominikanerkloster 459-465.

[49] Vgl. I. W. FRANK, Totenbuch 35, 295; zu den Ablösungen und ihrer Wiederanlage vgl. unten Anm. 54ff. - Nicht gefährdet war die Besitzkontinuität in Harxheim: nach 1489 (durch den Zinsmeister Johannes von Ausheim) wurden die Güter 1544 (Subprior Petrus Piscator) und 1609 (unter Prior Cremer) erneut umschrieben; vgl. HSTA Darmstadt, Abt. A 2 Harxheim Nr. 82/6-9.

[50] Zum 1559/82 erfolgten Verkauf einiger Häuser zur Schuldendeckung vgl. SPRINGER, Beiträge 97. - 1548 zahlten die Dominikaner wegen ihrer Armut nur 1 fl. Subsidien, die Augustinereremiten hingegen 15 fl., die Karmeliter 10 fl.; vgl. BRÜCK, Subsidienregister 248.

[51] Vgl. F. HERMANN, Protokolle 891; dort weitere Hinweise auf Suppliken sowie die Armut des Konvents, vgl. 902 (3.6.1541), 903 (28.6.1541), 933 (8.2.1542), 1032 (20.3.1544), 1085 (25.2.1545). In den beiden letzten Fällen ging es um verweigerte Zinsen in Hochheim.

[52] Vgl. SPRINGER, Beiträge 64.

[53] Keine Fratres nach 1547 verzeichnet; vgl. I. W. FRANK, Totenbuch 180. 1539 waren aufgrund Überalterung wohl 4 Fratres gestorben sowie der gerade geweihte J. Lufft (vgl. ebd. 178, 271, 282, 289, 290), 1543 außer Johannes Nespöc der Novize Ulrich von Speyer und der Akolyth Heinrich Hellt (vgl. ebd. 255, 246, 251). Danach gab es anscheinend keinen Nachwuchs mehr. StA Mainz, Abt. 13/122 (ZINSBUCH) nennt bis 1557 folgende Fratres: Friedrich Althun, ("Magister noster") Conrad Necrosius, (Zinsmeister) Johannes Fabri, Johannes Kyrn, Augustin Lapicide, (Subprior, Zinsmeister) Petrus Piscator, (Prior) Hieronymus Schierstein (vgl. zu ihm FRANK, a.a.O. 95f. mit Anm. 295), (Prior, Subprior, Sakristan) Jakob Stoltz, (der 1551ff. erwähnte, daher nicht mit dem 1512 Verstorbenen identische) Conrad Textor, (Prior, Subprior, Konventsprädikant, Zinsmeister) Jakob Textor. Ferner wird unter den Zeugen 1551-52 ein *"f. Gerlacus*

184

etliche Ablösevermerke. Auch das den Predigern gehörende Zinshaus am Friedhof wurde nicht mehr genutzt.[57] Ob auch das Dominikanerkloster von der im Zusammenhang mit dem Provinzialkonzil durchgeführten erzbischöflichen Visitation 1548 betroffen wurde, ist unklar.[58]

Von den Verwüstungen, die Markgraf Albrecht Alcibiades von Brandenburg-Kulmbach (1527-57) 1552 in Mainz anrichtete,[59] wurde das Dominikanerkloster nicht betroffen. Da darin zudem nur nur noch wenige Fratres lebten, konnte die Kirche von Stiften, die ihren Gottesdienstraum verloren hatten, genutzt werden. So hielt das St. Viktorstift von der Zerstörung am 22. August bis zur Verlegung am 21. Oktober

---

laicus" (sic!) erwähnt, 1553 "*f. Johannes Koppenrad sacerdos*", 1554 außer ihm noch der Frater und Priester Wendelin. Dies deutet auf eine sich verschlechternde Personallage, in der kaum noch Priester im Konvent waren. 1556 und 1557 unterschrieben nur noch Prior Jakob Textor und Subprior Conrad Textor die überprüfte Abrechnung; 1558 und 1559 fehlte die Prüfung und Unterzeichnung der Jahresabrechnung dann ganz; vgl. ZINSBUCH 48, 73, 99, 122, 145, 173, 201, 222, 241, 264, 278, 300, 323, 342.

[54] Vgl. I. W. FRANK, Totenbuch 236 (Anniversar S. Textor); 297 mit Anm. 696; 302, 304 mit Anm. 725." StA Mainz, Abt. 13/120 (TOTENBUCH) 184 (vgl. FRANK, a.a.O. 302: Eintrag Metzeler) vermerkt neben zweizeiliger Rasur am Rande: "*redempta est*".

[55] Schon immer hatte es Ablösevermerke gegeben, das lag in der Natur des wiederkäuflichen Zinses. Vom Beginn des 16. Jh. stammen die folgenden Ablösevermerke aus dem im StA Mainz, Abt. 13/121 befindlichen ACKERBUCH: 244-247 (1513: Mittelheim, Wiederanlage zu Eltville), 133-137 (1516: Flörsheim; Wiederanlage in Mainz); 129-132 (5.6.1523 Ober-Olm), 75 (1530?), 33 (1532: 1 Malter Korn, Oppenheim), 234 (1532 Oppenheim ohne Wiederanlage), 357f. (1533 Mainz), 227f. (1534 Ablösung der Wormser Urkunden von 1407/1421; vgl. SPRINGER, Beiträge 93), 258 (1534), 320 (1536 Nieder-Saulheim). 1540 wurden abgelöst: 119f. (Wallertheim: Wiese), 171ff. (1 fl. Hechtsheim, neu angelegt Geisenheim 11.11.1541), 52f. (Wiese Großgerau, Wiederanlage Geisenheim 11.11.1541 durch Petrus Piscator), 15, 53 (Oppenheim, neu angelegt Geisenheim 11.11.1541). 1541 wurden abgelöst: 319f. (Nieder-Saulheim, neu angelegt in Bretzenheim). Weiterhin 61 (1543 Kostheim), 37 (1544 Mombach), 45 (1553 Mommenheim), 114ff. (Hattenheim 5 fl., abgelöst 1600), 46 (1604 Zornheim). Undatiert u.a.: 34f., 58 (Bretzenheim, neu angelegt zu Eltville), 75 (Hochheim), 121-124 (Schierstein), 187-190 (Ebersheim 3 fl.), 229-232 (Massenheim), 288-290 (Östrich). - ACKERBUCH 78 (vom 4.2.1524), die Notiz, daß ein Zins jahrelang nicht gereicht wurde.

[56] Vgl. StA Mainz, Abt. 13/122 (ZINSBUCH) 4 Nr. 18, 8 Nr. 38.

[57] Es war vor 1568 an einen Geistlichen vermietet worden. 1568 verwaltete es der im benachbarten Hof zum Großen Ginmaul wohnende Domkapitular von Troe, 1594 stand es leer; vgl. SCHROHE, Stadtaufnahmen 73 Nr. 731f.; ebd. 81f. Nr. 802ff., 809 zu von den Dominikanern vermieteten Häusern.

[58] Die Beschlüsse verlangten u.a. die Wiederaufrichtung der Studienanstalten in den Klöstern (vgl. F. HERRMANN, Bewegung 44) und griffen damit inhaltlich den Beschluß des Tridentinums über das Schriftstudium auf der 5. Sessio vom 17.6.1546 auf (vgl. ALBERIGO 668 Nr. 4f.). Formal handelte es sich um die Ausführung der reichsgesetzlich verankerten Formula reformationis; vgl. ARCEG VI, 357.

[59] Vgl. BRÜCK, Mainz 28-30.

1552 und das St. Albansstift in der Zeit von 1552 bis 1664 bei den Dominikanern Chor und Gottesdienst.[60]

Wegen Personalmangels konnten wohl auch bei den Dominikanern die gewohnten Seelsorgeformen nicht weiter ausgeübt werden. 1554 beklagte Erzbischof Sebastian von Heusenstamm, daß die vier Bettelorden weder an Sonn- und Feiertagen noch an den Wochentagen im Advent predigten. Ebenso sollten die Prioren die Klosterschulen wieder einrichten.[61] Vielleicht wegen dieser Kritik visitierte ein Jahr später der 1545 in Mainz gewählte Provinzial Johannes Tilanus (+ 1558) den Konvent.[62] Die von Provinzvikar Kleindienst versuchte Stabilisierung der Situation im Jahr 1560 war vergeblich. Mit der von ihm betriebenen "causa moguntina" war unter Umständen eine dominikanische Präsenz an der Universität gemeint.[63] Auch auf die Dominikaner kann die Äußerung des Erzbischofs Daniel Brendel von Homburg (1555-82) bezogen werden, die Klöster seiner Diözese könnten höchstens noch zehn Jahre bestehen. Daher war seine Absicht verständlich, die Baulichkeiten dem aufstrebenden Orden der Jesuiten zu übergeben. Der zur Errichtung eines Kollegs nach Mainz gesandte Pater Johannes Rhetius (1532-74) wohnte im Mai 1561 zuerst bei den Dominikanern, dann bei dem Domscholaster und Generalvikar Johann Fock von Wallstadt.[64] Gleichzeitig nutzte jedoch der Erzbischof wie sein Vorgänger Sebastian von Heusenstamm die Dominikaner in der Zeit der Beharrung: als Weihbischöfe

---

[60] Zum St. Viktorstift vgl. HANSEL 20; zur Mitbenutzung durch St. Alban SPRINGER, Beiträge 23. Allerdings waren die Beziehungen zeitweise distanziert bis feindselig; vgl. I. W. FRANK, Totenbuch 79. Inwieweit die Stiftsherren sich einsetzten, daß das Kloster nicht den Jesuiten übertragen wurde, muß dahingestellt bleiben, ebenso wie eine "Kompensation" des Konvents für die gewährte geistliche Gastfreundschaft aussah.

[61] Vgl. F. HERRMANN, Bewegung 200 Anm. 526.

[62] Vgl. StA Mainz, Abt. 13/122 (ZINSBUCH) 300 (nach der Abrechnung für das Jahr 1554): "Et postmodum pro me fratre Johannes a Tyla provincialem denuo calculata et confirmata anno dni 1555 quarta Septembr." Johannes Pesselius (Stempel) Tilanus war von 1545-58 Provinzial der Teutonia; vgl. LOË, Teutonia 16. - Zu einer früheren Visitation des Konvents im Jahr 1528 durch den Provinzial Eberhard von Kleve vgl. JACQUIN 436.

[63] Vgl. S. 115 Anm. 87.

[64] Vgl. BRÜCK, Anfänge 274f. Schon Ende Oktober/Anfang November 1560 war das Dominikanerkloster besichtigt worden, "aber die Jesuiter wären des Gemüts, niemands zu vertreiben." Vgl. HANSEN 405 Anm. 1: (Briefauszug vom 11.6.1561): "Vide, si potes obtinere Carmelitarum monasterium aliquo modo, et si non illud, saltem Dominicanorum, quod credo facilius erit."; (Briefauszug vom 9.8.): "Non putarem ego tam incommodum, accipere ecclesiam ac monasterium Dominicanorum, etiam si d. canonici S. Albani occupent eam ad tempus; nam illi contenti erunt choro, vobis sufficiet templi navis pro exercitiis Societatis." Als die Jesuiten 1564 Mainz wegen der Pest kurzzeitig verließen, fanden sie und ihre Schüler Aufnahme im Frankfurter Dominikanerkloster; vgl. S. 71 Anm. 140. Erst 1577 wurde den Jesuiten das Franziskanerkloster zugewiesen. Vielleicht wurde der Erzbischof auch zum Dank für die "Verschonung" 1580 der Verdienste des Dominikanerordens durch das Generalkapitel teilhaftig; vgl. I. W. FRANK, Totenbuch 122.

wirkten Balthasar Fannemann (1548-1561),[65] der mit Sebastian von Heusenstamm am Konzil von Trient teilnahm, sowie als sein Nachfolger Leonhard Sittard (1563-1569), dessen Bruder Matthias kaiserlicher Hofprediger und Beichtvater war.[66] Diese recht bedeutenden Dominikaner können nicht vergessen machen, daß das Studium des Konvents und seine Novizenausbildung zusammengebrochen war. 1567 schrieb der Jesuit Thyräus aus Mainz, daß u.a. auch der Provinzial der Dominikaner seine Fratres zu den Jesuiten schicke, damit diese sie in der Wissenschaft sowie im Ordensleben unterweisen würden.[67] Nach Leonhard Sittard war erst 1582 der nächste Prior, nämlich Thomas Jakob Fabri von Weißensee, namentlich bekannt.[68]

4.1.3   Die Regeneration des Konvents

Die Bischofsstadt war selbst zu Ende des Jahrunderts nicht wieder völlig "katholisch". Ab 1572 war die Professio Tridentina für den Klerus verbindlich. Die Reform des Klerus zog sich allerdings bis nach dem Dreißigjährigen Krieg hin. Wichtig für die konfessionelle Geschlossenheit in der Hauptstadt des Kurstaats waren die Maßnahmen zu Beginn des 17. Jahrhunderts, wie z.B. die Entfernung der Protestanten aus Hof und Beamtenschaft 1603.[69] Der langsamen Erneuerung im Erzbistum und in der Bischofsstadt entsprach die Regeneration der Dominikaner: erste Ansätze sind ca. 1580 feststellbar, doch wichtige Maßnahmen erfolgten erst

---

[65] Zu ihm vgl. JOANNIS 445f.; PAULUS, Dominikaner 85f.; F. JÜRGENSMEIER: Fannemann, Balthasar. In: GATZ 178f. Zu Vorbehalten des Canisius gegen seine Rechtgläubigkeit vgl. BRAUNSBERGER III, 264 (Anm.); F. HERRMANN, Bewegung 200 Anm. 524. Zu Fannemann auf dem Trienter Konzil vgl. z.B. RENSING 149f.; DECOT, Religionsfrieden 163, 164 Anm. 492, 166.

[66] Vgl. JOANNIS 446; K.-B. SPRINGER: Sittard. In: BBKL 10 (1995) 573f.; F. JÜRGENSMEIER: Zittardus, Leonhard. In: GATZ 773. Vermutlich gemeint im Mainzer Viermonatsbericht der Jesuiten vom Januar bis April 1562: gerühmt wurde die Predigttätigkeit des Mainzer Priors auch im Dom; vgl. HANSEN 421 Nr. 292; DUHR I, 105.

[67] Zit. nach ebd. 499. Seit dem Tod des Ulrich von Speyer 1543 (vgl. I. W. FRANK, Totenbuch 246) war in Mainz kein Novize bis zur Errichtung des Novitiates 1614 nachweisbar.

[68] Bei I. W. FRANK, Totenbuch 140, nur als vicarius erwähnt. - Die existenzbedrohte Lage galt auch für andere Mainzer Klöster: 1574 lebten in St. Agnes nur noch sieben Nonnen mit der Äbtissin, 1582 wurden die leerstehenden Gebäude der aus dem Kreuznacher St. Peterskloster geflüchteten Kanonissinnengemeinschaft überlassen; vgl. SCHWERDTFEGER 39. Das Altmünsterkloster befürchtete aufgrund der sich bis 1596 verschärfenden Finanzlage seinen Untergang; vgl. ADAM 13. Auch in der Kartause waren um 1571 nur 3-4 Mönche; vgl. WAGNER/SCHNEIDER 190; ebd. 5 zum Antoniterhof, der wohl leerstand, bis ihn ab 1574 der Gewaltbote bezog; 1553 soll das Reichklarakloster wegen der Pest ausgestorben sein, 1570 apostasierte die dortige Äbtissin, starb aber 1586 bekehrt; vgl. ebd. 219. - Gleichzeitig blühte die Niederlassung der Jesuiten; vgl. HANSEN 704 (Jan. 1576: 43 Brüder, darunter 12 Priester), 717 (Dez. 1577: 44 Brüder), 737 (1.1.1580: 52 Brüder, davon 23 Priester); vgl. ANNUAE LITTERAE 1581, 168 (50 Brüder); 1582, 169 (52 Brüder).

[69] Vgl. H. R. SCHMIDT 38; 73 zur "niederschmetternden" Situation noch bei der Visitation des Mainzer Sekundarklerus 1594; vgl. genauer BRÜCK, Erzstift 94-97.

unter dem Priorat Cremers zu Beginn des 17. Jahrhunderts. Da die Stadt Mainz vielfach im Dreißigjährigen Krieg unter verschiedenen Besatzungen, Kriegshandlungen und Seuchen litt, wovon auch der Dominikanerkonvent wohl in Mitleidenschaft gezogen wurde, dauerte die Konsolidierung über den Dreißigjährigen Krieg hinaus.

Zentral für die Regeneration wurde das langjährige Priorat des vielseitigen Franziskus Franck (+ 1594). Er wirkte als Baccalaureus ab 1584 an der Mainzer Universität, wo er 1588 auch in den Fakultätsrat aufgenommen wurde.[70] Während seiner Amtszeit regenerierte sich der Personalstand des Mainzer Klosters soweit, daß 1593 nach der Absetzung des Kölner Priors als dessen Nachfolger ein Mitglied des Mainzer Klosters eingesetzt werden konnte.[71] Gleichzeitig wurde während seiner Amtszeit auch das Ackerbuch redigiert,[72] und die Stiftungsverpflichtungen z.T. erneuert.[73] Ebenso wurde das Hausstudium wieder eingerichtet. Auf dem Augsburger Provinzkapitel 1593 wurde vertraglich festgesetzt, daß der Aachener Konvent ständig einen Frater für das Mainzer Studium abzustellen und zu ernähren hatte.[74] In diese Zeit fallen die ersten Ansätze der dominikanischen Pfarrseelsorge. Schon 1583 soll der Binger Terminarius Jakob Rath Administrator der Pfarre gewesen sein.[75] Wohl wegen Personalmangels im Mainzer Säkularklerus war Franciscus

---

[70] Vgl. LÖHR, Erfurt 269, 273f.

[71] Vgl. DERS., Dominikanerkloster 104. Schon 1591 war Franck mit dem Koblenzer Prior vom Generalmagister als Richter und Kommissar über den Kölner Prior Henrich van Bergereyk eingesetzt worden; vgl. ebd. 103f.

[72] Vgl. StA Mainz, Abt. 13/122 (ACKERBUCH) 39, 55. Sofort mit Beginn von Francks Priorat 1587 wurde ein neuer Pächter für die Harxheimer Güter bestellt; vgl. ebd. 329; 315 der Vermerk: *"Zu wissen daß i Malter Korn zu Hanheim ein male auß gestanden ist von 1564 bis 1594"*.

[73] Franck kümmerte sich darum, daß die dem Konvent zustehenden Einkünfte auch entrichtet wurden, wie aus den Regesten der BORGATIONSBÜCHER im StA Mainz hervorgeht. Allein im Jahr 1590 wurden sechs Zinsreichungen dokumentiert (Jan. 2, Febr. 6 und 13, April 29, Juni 15, Aug. 12). Damit wurde in einem Jahr des Priorats von Franck der Zins so häufig gezahlt wie vorher während der Jahre 1545-73 (1564 Juli 13; 1571 Jan. 9, März 18; 1573 Mai 3, Mai 27, Juni 2). - 1591 wurde durch Prior Franck das Gut der Dominikaner im pfalzgräflichen Selzen von neuem an die bisherigen Hofleute verliehen; vgl. HSTA Darmstadt, Abt. A 2, Selzen Nr. 214/25. Um 1592 wurde mit der Anlage von 1000 fl. der Grundstock für die Grundbesitzkonzentration in Ober- und Niederwalluf gelegt; vgl. I. W. FRANK, Totenbuch 148.

[74] Vgl. die Confirmation des Kölner Provinzkapitels 1617: *"Confirmamus quoque contractum initum et confirmatum ab admodum R.P. patribus P. Zittardo M. provinciali in capitulo Augustano et per patribus difinitoribus eiusdem inter conventum Maguntinum et Aquensem de fratre perpetuo alendo in studio Moguntino et utrique imponimus silentium"*. StA Warburg, Codex. Franck war Aachener Konventuale. Augsburger Provinzkapitel von 1593 erwähnt bei LOË, Teutonia 52. 1607 wird für Mainz ein *"logices studiosus"* genannt. Dies weist auf ein kontinuierliches Philosophiestudium hin; vgl. I. W. FRANK, Totenbuch 220.

[75] Vgl. PENNRICH 302; WEIDENBACH 64 (ohne Beleg; im Exemplar des Bischöflichen Priesterseminars Mainz unter der Signatur Mz 270b ist "Dominikaner" handschriftlich durchgestrichen und mit "Domvikar" überschrieben).

Franck 1593-1594 kurzfristig mit der "Dompfarrstelle" betraut worden. Kurz vor seinem Tod vertrat ihn Subprior Theodor Oitweiler, der 1594-1596 dann als Pfarrer in der dem Konvent benachbarten Kirche St. Emmeran wirkte.[76] Das Trienter Konzil hatte zwar in seinen Reformdekreten unter anderem die Seelsorge und Sakramentenspendung wieder deutlich als die Aufgabe der Pfarrer herausgestellt und die Zuordnung der Gläubigen zu dem für sie jeweils zuständigen Ortspfarrer eingeschärft, aber vielerorts war eine geregelte Pfarrseelsorge nur noch möglich, wenn dafür auch Ordensleute eingesetzt wurden. Nach dem Dreißigjährigen Krieg übten die Dominikaner die Pfarrseelsorge in Niederwalluf (1649-1729),[77] wo sie außer beträchtlichen Liegenschaften sogar das Patronat erlangten, und in Gonsenheim (1636?/54-1712) aus. Nicht nur weil im Lauf der Reformationszeit ein großer Teil des ehemaligen Terminbezirks nun zu protestantischen Territorien gehörte, waren die Dominikaner wohl auch auf die mit den Pfarrstellen verbundenen Einkünfte angewiesen. Gleichzeitig griffen die Diözesanbehörden angesichts des akuten Priestermangels während und nach dem Dreißigjährigen Krieg gern auf die überregionalen Ordensverbände zurück.

Die Konsolidierung und Reorganisation bei allen Bettelorden gegen Ende des Jahrhunderts entsprach der allgemeinen Konsolidierung des Corpus Catholicorum im Reich.[78] So trat vor allem unter der Regierung von Erzbischof Johann Schweikard von Kronberg (1604-26) eine deutliche Veränderung ein. Dieser setzte für die Durchführung seiner Reform- und Rekatholisierungspläne in beachtlichem Maße auf die Orden, denn nach wie vor fehlte es an brauchbaren Klerikern. In Mainz selbst wurde 1612 ein Franziskanerkonvent durch niederdeutsche Observanten gegründet, 1619/20 die Niederlassung der ebenfalls der Observanz zuzurechnenden Armen Klarissen.[79] Vor allem griff der Kurfürst bei seinem Reform- und Rekatholisierungsprogramm auf die Jesuiten[80] und Kapuziner[81] zurück, die der Kurfürst besonders förderte und dafür auch in seinen Dienst nahm. Die Förderung galt in geringerem Maß auch für die Dominikaner, denen Johann Schweikard in seinem

---

[76] Vgl. I. W. FRANK, Totenbuch 104 mit Anm. 314 sowie ebd. 103 Anm. 310, 268.

[77] Belege ebd. 71f. Anm. 232. Vgl. auch ebd. 104 mit Anm. 312.

[78] Zu Konversionen in Mainz zwischen 1581 bis 1608 vgl. F. HERRMANN, Bewegung 201.

[79] Vgl. BERGER, Niederlassungen 145, 149.

[80] Gründungen in Aschaffenburg 1612 und in Erfurt 1616; vgl. JÜRGENSMEIER, Bistum 211f.

[81] Gründungen in Mainz 1618, Aschaffenburg und Nothgottes/Rheingau 1620; vgl. BERGER, Niederlassungen 152. 1620 kamen von Worms Kapuziner kurzfristig mit der spanischen Armee nach Alzey; vgl. WAGNER/SCHNEIDER 152. Hinweis auf die Rekatholisierung der Bergstraße 1623ff. durch (Kapuziner und) Jesuiten bei KOOB 103, 104.

Testament ein Legat von 100 Gulden vermachte.[82] Unter dem in seine Regierungszeit fallenden langjährigen Priorat Michael Cremers wurde die Konsolidierung des
Konvents fortgesetzt: u.a. wurde die Kirche 1609 erneuert, das Zinsbuch 1610
durchgesehen[83] und ein neuer Förderkreis gebildet.[84] Letzteres zeigte sich auch
daran, daß Stiftungen und Anniversare wieder einsetzten. Das von den Stiftern dem
Konvent vermachte Geld ermöglichte Grundstückskäufe in Lorch/Rheingau.[85]
Anzeichen für einen religiösen Aufschwung war auch die Gründung der Rosenkranzbruderschaft im Jahr 1611, für die Prior Cremer 1612 ein Bruderschaftsbuch
verfaßte.[86] Das Provinzkapitel in Landshut 1614 bestätigte Michael Cremer als
Vikar der Natio Rhenaniae.[87] 1614 wurde sogar das Zentralnovitiat der Teutonia
in Mainz eingerichtet.[88] Der Ordensvisitator Marini sandte 1618 ungefähr 40 Novi-

---

[82] Vgl. I. W. FRANK, Totenbuch 148. Fälschlich datiert das Totenbuch den Tod auf den 17.3.1627, er war
schon am 17.9.1626 verstorben; vgl. BRÜCK, Mainz 44. - 1613 hatte Andreas Coppenstein dem Kurfürsten
sein Clavis praedicandi rosarii gewidmet; vgl. FRANK, a.a.0. 102 Anm. 308.

[83] Vgl. die Randvermerke im StA Mainz, Abt. 13/122, 2 Nr. 3f. Ebenso wurde im Zusammenhang der
Kircherneuerung wohl der 1613 erwähnte Michaelsaltar aufgestellt, 1611 stiftete Jodok von Riedt den Altar
zu Ehren der hl. Petrus und Jakob; vgl. SPRINGER, Beiträge 23; I. W. FRANK, Totenbuch 20 Anm. 57, 27
Anm. 86, 28.

[84] Fautores des Konvents erwähnt 31.3.1605, 29.11.1616 und 25.3.1631; vgl. I. W. FRANK, Totenbuch
173f., 294, 170. - Weitere Stiftungen durch Kenichen (1617), die Hillgerin (1618), Pfr. Molitor (1618),
Marcus Neuss (1619); vgl. ebd. 178; 163; 265; 152, 227f. Zum Förderkreis gehörten die Jusprofessoren
Campius und Jos (1616 Professor, + 1635), Lubentius Pfingsthorn hatte sich um eine Professur beworben;
vgl. ebd. 236, 298, 201 sowie PRAETORIUS 98. Der weiterhin bestehende klerikale Förderkreis wurde hier
nicht weiter berücksichtigt.

[85] 1611 und 1613 wurden je 100 fl. dort angelegt; vgl. I. W. FRANK, Totenbuch 138f., 144f. - Zur
Erneuerung des Besitzes in Harxheim durch Cremer s. Anm. S. 184 Anm. 49.

[86] Vgl. FALK, Marianum 48ff., 150; I. W. FRANK, Totenbuch 24 mit Anm. 74. Gleichzeitig wurde wohl
die durch die Zeit der reformatorischen Unsicherheit hinweg bestehende Annabruderschaft neu belebt, nicht
jedoch die des Petrus Martyr. - Die Anna-Bruderschaft ist belegt (vgl. Ungedr. Regesten des StA Mainz)
1538 Juni 18, 1539 Jan. 15, 1553 Febr. 14, 1554 Febr. 21, 1595. Ebenso 1564 Jan. 4 in den Ungedr.
Regesten der Borgationsbücher des StA Mainz.

[87] Vgl. StA Warburg, Codex. Gleichzeitig wurde er mit dem Würzburger Prior zum speziellen Visitator
für Bamberg bestimmt, um den Streit zwischen Bischof und Konvent beizulegen. - Als Provinzvikar auch
1615 belegt; vgl. BAADER 97.

[88] Vgl. die Provinzkapitelsakten im Codex des StA Warburg. Assigniert wurde 1614 z.B. der Student
Nicolaus Evigen. Vom Kölner Provinzkapitel 1617 wurden nach Mainz zum Philosophiestudium assigniert:
Franziscus N. aus Trier, Petrus Seyderschyt, Bartholomäus aus Aachen, Johannes Jakobus Croelsfart aus
Hagenau sowie Andreas Coppenstein aus Koblenz als Prediger. - Vermutlich florierte das Novitiat nicht
richtig, denn Marini nahm 1618 für sich in Anspruch, es eingerichtet zu haben; vgl. KORDEL, Visitation
I, 338: "il convento di Magonza, quale ho constituito di rigorosa osservanza e di novitiato de' semplici".
Damit meinte er wohl die Assignation sämtlicher Novizen nach Mainz. Evtl. faßte er auch die von ihm
durchgeführten Reformen als Neugründung auf.

190

zen dorthin.[89] Zu Beginn des 17. Jahrhunderts nahm der Konvent daher kurzfristig eine bedeutende Rolle innerhalb der Teutonia ein. Im Gegensatz zu der Ansicht, nach der die führende Rolle der Jesuiten an der Universität festschrieben war, zeigten die Kurfürsten auch an einem wissenschaftlichen Engagement der Dominikaner Interesse. Doch blieb Johannes Nelling (+ 1623), der Beichtvater des Kurfürsten Johann Schweikard zu Kronberg, der letzte Professor aus dem Dominikanerorden an der Mainzer Universität.[90]

Kurfürst Schweikard sah die Förderung und Nutzung der Dominikaner unter dem Aspekt des Ausbaus seines landesfürstlichen Kirchenregiments. Daher wollte er auch die Kontrolle über die im Erzbistum befindlichen Konvente. Den im Auftrag des Ordensgenerals die Teutonia visitierenden Tomaso Marini sollte daher 1618 ein erzbischöflicher Kommissar begleiten, wovon der Kurfürst nur durch Einspruch aus Rom abzubringen war. Hinter dieser Beschränkung der Handlungsfreiheit des Ordensvisitators, die das Konzil von Trient vorgesehen hatte,[91] stand auch der Mainzer Konvent. Dieser war schon in gutem Zustand und daher weitgehend erneuert. Daher stieß Marini bei der Durchsetzung seiner von der italienischen Situation geprägten Vorstellungen der strikten Observanz auf Widerstand, wobei sich der Konvent auf den Erzbischof stützen konnte. Dieser zog jedoch nach dem Einspruch des Kardinalnepoten Scipio Borghese, des Protektors der Predigerbrüder, seine Hilfe zurück.[92] Wohl auch wegen dieses Widerstandes verlegte Marini das

---

[89] Vgl. KORDEL, Visitation I, 309, 322 Anm. 29; I. W. FRANK, Erneuerung 465f., 473. Zur Verlegung nach Würzburg s. u.

[90] 1606 Baccalaureus an der Mainzer Universität, 1607 Magister und im Fakultätsrat, 1608 Bestätigung des Magisteriums vom Generalkapitel; vgl. LÖHR, Erfurt 269, 274; KORDEL, Visitation II, 393 Anm. 58. Zum Engagement für die Kanonisierung Alberts des Großen vgl. allgemein ebd. 389f., 452.

[91] Vgl. Sessio XXV: De regularibus, Caput XI: "*In monasteriis seu domibus virorum seu mulierum, quibus imminet animarum cura personarum saecularium, praeter eas, quae sunt de illorum monasteriorum seu locorum familia: personae tam regulares quam saeculares huiusmodi curam exercentes, subsint immediate in iis, quae ad dictam curam et sacramentorum administrationem pertinent, iurisdictioni, visitationi et correctioni episcopi, in cuius dioecesi sunt sita, nec ibi aliqui, etiam ad nutum amovibiles, deputentur nisi de eiusdem consensu ac praevio examine, per eum aut eius vicarium faciendo* " (ALBERIGO 780).

[92] Vgl. KORDEL, Visitation II, 377f., 406f. Wie viele Fratres gegen Marini opponierten, kann nicht eruiert werden. Daß der Erzbischof nicht nur auf die Klagen der Konventualen einging, kann daraus geschlossen werden, daß "*la pretentione dell'arcivescovo*" sich auch auf den seiner Jurisdiktion unterstehenden Frankfurter Konvent erstreckte; vgl. ebd. 408f. Doch gab der Erzbischof (und die Brüder?) im Fall des Frankfurter Konvents wohl schneller nach; jedenfalls ist Frankfurt - aber noch nicht Mainz - im Visitationsbericht Marinis vom November 1618 erwähnt; vgl. ebd. 408. Nach VEIT, Reformbestrebungen 36f. wäre der Einspruch des Dominikanergenerals (!) wie auch des Generalvisitators der Karmeliten bei einer ähnlichen Gelegenheit vergeblich gewesen.

Zentralnovitiat nach Würzburg.[93] Vermutlich aus dem gleichen Grund wurde der als Nachfolger Cremers ab 1617 amtierende Matthias Eigerscheidt (Airsheid, + 1645)[94] im Jahr 1618 abgesetzt. Andere Prioren hingegen - denn an fähigen Leuten war die Provinz noch immer knapp - waren nach ihrer Absetzung meist an einen anderen Konvent versetzt worden. So wirkte der bisherige langjährige und tüchtige Frankfurter Prior Johannes Kocher dann 1618 als Prior in Mainz. Noch im gleichen Jahr folgte auf ihn der auch 1620 als Prior fungierende Andreas Coppenstein (+ 1638). 1622/23 war Johannes Nelling Vorsteher des Konvents.[95] Alle drei gehörten zu den bedeutendsten Dominikanern der Teutonia. Daß der 1611 als Hofprediger und Beichtvater des Kurfürsten fungierende Nelling später Mainzer Prior wurde, kann als Indiz für die nach dem Weggang Marinis wohl wiederhergestellte landes-fürstliche Zuständigkeit und Einflußnahme auf den Konvent angesehen werden. Das Priorat des von Marini abgesetzten Matthias Eigerscheidt kann ebenso als Anzeichen einer restaurativen Reaktion gewertet werden. Als dieser auf dem Regensburger Provinzkapitel 1624 auf seine Bitte vom Amt abgelöst worden war, wurde wie z.B. auch in Köln nur ein *"vicarius in capite conventus"*[96] eingesetzt. In Mainz wirkte der Generalprediger Nikolaus Altenhausen in diesem Amt. Die Abstufung des Konvents läßt auf eine weiterhin angespannte und durch den Dreißigjährigen Krieg wohl noch verschärfte Personalsituation schließen. Hingegen muß die finanzielle Situation zufriedenstellend gewesen sein. Jedenfalls lieh Kurfürst Anselm Casimir 1631 vom Konvent 200 Königstaler zu des Erzstifts *"ohnvermeidtlicher defensions-notturfft"*.[97]

4.1.4 Zusammenfassung und Ergebnis

Mit der Reformacio war dem Erzbischof, der ansonsten keinen besonderen Recht-stitel in Bezug auf den Konvent hatte, eine gewisse Einflußmöglichkeit zugefallen. Nach der Reform war der Konvent zwischen 1480 und 1520 in gutem Zustand.

---

[93] Vgl. KORDEL, Visitation I, 332; DERS., Visitation II, 378, 409; I. W. FRANK, Erneuerung 466. Marini gab als Grund die Schulden des Konventes an. Doch wird der befürchtete starke landesfürstliche Einfluß auf den Konvent eine Rolle bei dieser Entscheidung gespielt haben.

[94] Vgl. StA Warburg, Codex. Ebenso auch Vikar der Natio Rhenania, sein Magisterium wurde auf dem gleichen Provinzkapitel bestätigt. - Biographische Daten Eigerscheidts bei LÖHR, Dominikanerkloster 113.

[95] Vgl. I. W. FRANK, Totenbuch 163, 101f. - Zu Kocher vgl. auch S. 72f., zu Nelling S. 191 und S. 368. Zu Coppenstein vgl. LÖHR, Dominikanerkloster 106.

[96] KORDEL, Visitation II, 455, 454. - 1622 wurde der Einfall Braunschweiger Truppen zurückgewiesen. Doch sonst sind keine Gründe für eine solche Statusreduzierung des Konventes namhaft zu machen.

[97] Vgl. SCHROHE, Mainz 114.

Die Bischofsstadt Mainz wies bis zum Ende des 16. Jahrhunderts eine starke neugläubige Fraktion auf, die dann mit energischen Konversionskampagnen bekämpft wurde.[98] Grund für das Scheitern der Neugläubigen war u.a. das Fehlen eines bürgerlichen Patriziats und damit eine entsprechende Unterstützung der Bevölkerung und einflußreicher Kreise. Die evangelische Bewegung in Mainz war weitgehend eine humanistische Bewegung, die ihren Rückhalt vornehmlich in Universitätskreisen hatte. Wichtiger noch war die mangelnde Autonomie der Stadt, die - wenn auch spät - ein Durchgreifen des Stadtregiments ermöglichte, vorher aber die Durchsetzung der reformatorischen Bewegung verhinderte.[99] Aufgrund dieser Situation konnte der Mainzer Konvent überleben und sich - wie die altgläubige Seite in der Stadt insgesamt - zu Ende des 16. Jahrhunderts konsolidieren, während der Erfurter Konvent endgültig 1588/91 von dem neugläubigen Magistrat eingezogen wurde. Die Gleichzeitigkeit des Endes des Erfurter Konvents und der Neuaufschwung des Mainzer Klosters unter dem Priorat des Franciscus Franck (1587-94) zeigt, wie groß die Bedeutung der jeweiligen Persönlichkeiten, die mit der Leitung und Verwaltung des Konvents betraut waren, für dessen Bestehen war. Darüber hinaus illustriert ein Vergleich der beiden Niederlassungen die Bedeutung der Obrigkeit für die Weiterexistenz der Dominikaner. In dieser Beziehung war die Situation in beiden Städten sehr unterschiedlich. Erfurt unterstand nur nominell dem Erzbischof als Landesherren. Daher gab es für die Stadt einen größeren Handlungsspielraum, der vom Rat für die Aufhebung des Dominikanerkonvents genutzt wurde. In der Bischofsstadt Mainz bestand für ein solches Handeln des Rates keine Möglichkeit.

---

[98] Vgl. RUBLACK, Reformation 121.

[99] Vgl. ebd. 120f.; DECOT, Bindung 92.

5 RESIDENZSTÄDTE

Residenzstädte waren landesherrliche Städte, in denen der Fürst häufiger oder dauernd seinen Aufenthalt nahm. In diesen Gemeinwesen war der Einfluß des Herrschers wegen seiner Präsenz besonders groß. Das galt auch für den Bereich von Kirche und Religion. Bettelordensklöster waren gerade auch in Residenzstädten angesiedelt worden,[1] um diese als geistig-geistliches Zentrum aufzuwerten.

Bisher untersucht wurde der Themenkomplex "Residenzstadt und Reformation" am Beispiel von Marburg.[2] Außer der Hauptstadt des dezidiert neugläubigen Landgrafen Philipp von Hessen wird in dieser Untersuchung Leipzig behandelt. Die Stadt war unter Herzog Georg dem Bärtigen (1500-39) von Sachsen altgläubig und nahm erst spät ein Kirchenwesen auf reformatorischer Grundlage an.

5.1 Leipzig[3]

5.1.1 Ausgangslage

Wie in der Landgrafschaft Hessen neben Kassel auch Marburg als Residenz diente, so gab es im albertinischen Sachsen seit der Leipziger Teilung von 1485 für die zwei geographisch voneinander getrennten Landeshälften die Zentren Leipzig und Dresden.[4] Alle Wirtschaftskräfte Sachsens wurden durch die Handelsmetropole Leipzig zusammengefaßt.[5] Obwohl die Innungen keinen Anteil an der Stadtver-

---

[1] Zu Heidelberg und Stuttgart vgl. S. 23.

[2] Vgl. STALNAKER.

[3] Zum Leipziger Dominikanerkloster und zur Geschichte der Stadt im 16. Jh. sind edierte Quellen und Literatur zahlreich vorhanden, weshalb keine Archivalien in Leipzig sowie im Dresdener Staatsarchiv eingesehen wurden. An Quellen sind neben dem dreibändigen Urkundenbuch der Stadt und dem einbändigen der Universität (ed. von POSERN-KLETT, FÖRSTEMANN und STÜBEL), worin auch Archivalien zum Paulinerkloster enthalten sind, grundlegend die von GESS besorgte Edition der Akten und Briefe zur Kirchenpolitik Herzog Georgs von Sachsen. Die Dominikaner an der Universität Leipzig erfuhren 1934 eine monographische Bearbeitung durch LÖHR; die Paulinerkirche behandelt die kunsthistorische Dissertation von HÜTTER aus dem Jahr 1961, die wegen der Zeitumstände erst 1993 veröffentlicht werden konnte. An neuerer Literatur zu Leipzig sind besonders die verschiedenen Arbeiten von WARTENBERG zu nennen. Nach seinen Worten harrt die Universitätspolitik von Herzog Moritz während seiner beiden ersten Regierungsjahre, d.h. während des Endstadiums des Dominikanerklosters, noch der Bearbeitung (vgl. DERS., Landesherrschaft 18).

[4] Vgl. KÖTZSCHKE/KRETZSCHMAR 147f.; BLASCHKE, Geschichte 294-298. Vgl. die Karte bei DERS., Sachsen 24; nach 28f. gab es noch keine feste Residenz, sondern bevorzugte Aufenthaltsorte. Seit 1474 war Dresden Hauptresidenz, die Bedeutung von Leipzig nahm in dieser Beziehung ab; vgl. KLEIN, Bildung 348.

[5] Vgl. BLASCHKE, Sachsen 46f.; KÖTZSCHKE/KRETZSCHMAR 154f., 169f.; VOGLER, Müntzer 15f.; CZOK, Geschichte 177f.

194

waltung hatten und die Ratsfähigkeit fast gänzlich auf vornehme Bürger und Handelsleute beschränkt war, kam es in Leipzig mit seinen 6.-7.000 Einwohnern[6] nicht zu Bürgerkämpfen.[7] In den drei abwechselnd das Regiment führenden Räten waren die Mitglieder auf Lebenszeit gewählt. Auch in Leipzig ist also die Abschottung der Honoratiorenschicht festzustellen. Die Stadt hatte wichtige landesherrliche Rechte erkauft, so 1434 die Hochgerichtsbarkeit.[8] Trotzdem blieb der Einfluß des Landesherrn dominierend.

Um 1500 gab es an geistlichen Institutionen in Leipzig das Thomasstift mit den zwei abhängigen Pfarreien von St. Thomas und St. Nicolai, die Klöster der Franziskaner und Dominikaner mit den angeschlossenen Beginenhäusern und die Samnung der Nonnen von St. Georg sowie mehrere Kapellen.[9] Wie in anderen Städten war der Magistrat auf den Ausbau seines Kirchenregiments bedacht: Bei allen Kirchen und Kapellen lag die Verwaltung des Kirchenvermögens in den Händen von zwei Altarleuten, zumeist Ratsmitgliedern. Durch diese wurde ab 1373 auch der Küster der Nikolaikirche eingesetzt.[10] 1484 kaufte der Magistrat vom Abt des Erfurter Schottenklosters die Rechte an der Vorstadtpfarrei St. Jakob.[11] 1511 machte der Rat von der schon 1395 erteilten päpstlichen Erlaubnis Gebrauch und errichtete unabhängig vom Thomasstift in der Küsterei von St. Nicolai ein *"pedagogium vor yre stadtkynder".*[12] Gegen das Thomaskloster, das alle geistlichen Ämter in der Stadt besetzte und mit dem der Rat wegen der Amortisationsgesetze, der Gerichtsbarkeit oder dem Schulwesen immer wieder in Streit geriet, bevorzugte die Bürgerschaft die Dominikaner und Franziskaner bei seelsorglichen Handlungen.[13] Der Rat ver-

---

[6] Zur Einwohnerzahl vgl. H. ARNDT 43; KÖTZSCHKE/KRETZSCHMAR 153. Während Hzg. Georgs Regierung sollte sich diese verdoppeln; vgl. ebd. 188; ARNDT, a.a.O. VOGLER, Müntzer 16, nennt ca. 6.500 Einwohner um 1480 und 9.000 im Jahr 1540; er stützt sich wohl auf PROCHNO 20f.; nach H. SCHILLING, Stadt 11, waren es 10.000 Personen um die Mitte des Jahrhunderts.

[7] Vgl. BLASCHKE, Geschichte 260; KÖTZSCHKE/KRETZSCHMAR 154. Zur Verfassung und Ratsverwaltung vgl. KOPPMANN; WUSTMANN, Geschichte 73f.; KELLER, bes. 185f. CZOK, Volksbewegungen 150, erwähnt einen Aufstand 1514. Zur Umstrukturierung der Ratsfamilien im 15. und 16 Jh. vgl. K. STEINMÜLLER 139f.; H. ARNDT 42f.

[8] Vgl. BLASCHKE, Sachsen 75. Ebenso erlangte Leipzig die Münze, die Erhebung des Marktzolles und die Aufsicht über die Handwerksämter; vgl. KÖTZSCHKE/KRETZSCHMAR 128.

[9] Vgl. WUSTMANN, Geschichte 20-55, 55-68 zu den Hospitälern; 176ff. zur Umwandlung der Zisterzienserinnen von St. Georg 1480 in Benediktinerinnen. Zu den Beginen bei den Paulinern vgl. HÜTTER 75.

[10] Vgl. POSERN-KLETT II, 111 Nr. 134; WUSTMANN, Geschichte 49-51. Teilung der Spolien der Nikolaikirche zwischen dem Propst von St. Thomas und den *"kirchvetere"* 1475 bei POSERN-KLETT II, 310 Nr. 289. Zu Altarstiftungen beim Rat vgl. WUSTMANN, a.a.O. 347f.

[11] Vgl. POSERN-KLETT I, 438-441 Nr. 527f., 442 Nr. 530. Vgl. auch WUSTMANN, Geschichte 52ff.

[12] POSERN-KLETT II, 368 Nr. 377. Vgl. WUSTMANN, Geschichte 316-319; MANGNER 4, 6.

[13] Vgl. WUSTMANN, Geschichte 342ff., 340.

suchte, seinen Einfluß auch über die Bettelorden auszudehnen. Denn ihre Konkurrenzseelsorge[14] diente der Stärkung des Kirchenregimentes.

Im Rahmen dieser Kontrolle des Magistrats stand die erste Reformacio der Mendikanten. Nach der Predigttätigkeit Capistrans in der Stadt erklärten die Franziskaner und die Dominikaner am 29. November 1452 vor dem Rat ihre Bereitschaft zur Reform. In dem Zusammenhang hatten die Predigerbrüder *"den rath gebetin in vorsteher ires gotishuses zcu setczen; das man on denne zcugesait hath"*.[15] Bei den Dominikanern waren die erbetenen Pfleger bald darauf nicht mehr nachweisbar. Vielleicht wurde diese Einrichtung wieder abgeschafft, wie dies Jahrzehnte später auch in Frankfurt/Main festzustellen war.

Es handelte sich bei beiden Orden um eine Reform, ohne sich der Observanz anzuschließen.[16] Wegen dieses Mankos erfolgte bei den Leipziger Paulinern nur drei Jahre später, am 25. Oktober 1455, eine erneute Reformacio von Nürnberg aus, einem bedeutendem Reformzentrum in der Ordensprovinz Teutonia. Zu den Fratres, die von dort nach Leipzig kamen, zählten Prior Ulrich Smet und die Brüder Georg und Peter Nigri.[17] Die Observanzeinführung war anscheinend nicht mit einer Stärkung der städtischen Befugnisse über das Kloster verbunden.

Für eine Einflußnahme des Landesherrn bei der Reformacio 1455 gibt es keinen Beleg. Jedoch wurde in der Residenzstadt - Mitglieder der Fürstenfamilie waren bei den Dominikanern bestattet[18] - der Einfluß des Fürsten wichtiger als der des Leipziger Magistrats. Diese Einflußnahme und Kontrolle galt selbst für den Bereich der geistlichen Stiftungen. 1468 wurde vom Fürsten ein Anniversar abgelöst: *"Ad illum anniversarium conventus non tenetur, quia depost alius contractus per principes terre factus fuit, prout patet in litteris principum, et conventus tenebatur nobiles*

---

[14] Eine Altarstiftung in der Peterskirche von 1434 bestimmte, daß daran kein Dominikaner oder Franziskaner angestellt werden dürfe; Vergleich Bischof Johanns zwischen dem Thomas- und dem Franziskanerkloster Mitte 15. Jh.; Beschwerden der Dominikaner gegen das Thomaskloster 1464; Vergleich der zwei Mendikantenkonvente mit dem Thomaskloster 1502. Trotzdem ging es 1503 schon wieder um das Pfarrecht und Klagen der Mönche; vgl. WUSTMANN, Geschichte 340ff. Ed. der Urk. bei FÖRSTEMANN, Urkundenbuch 165f. Nr. 234 (1464); POSERN-KLETT II, 184 Nr. 208 (1434); 359f. Nr. 361 (1502).

[15] FÖRSTEMANN, Urkundenbuch 162 Nr. 228; 260f. Nr. 336ff. zur Reformacio der Franziskaner. Vgl. auch POSERN-KLETT I, 286 Nr. 359; LÖHR, Leipzig 49; DERS., Kapitel 9*.

[16] Für die Franziskaner vgl. DREXHAGE-LEISEBEIN 230ff. Erst 1498 erfolgte bei ihnen die Einführung der Observanz, die auch in Leipzig mit der Festschreibung obrigkeitlicher Kompetenzen verbunden war.

[17] Vgl. LÖHR, Leipzig 49f.; DERS., Kapitel 9*; DERS., Reform 216.

[18] Vgl. ZARNCKE, Acta 517.

ipsos cum quinquaginta aureis contentare"[19]. War auf der einen Seite die fürstliche Aufsicht über den Konvent und die obrigkeitliche Kontrolle stark ausgeprägt, so konnten die Dominikaner auf der anderen Seite mit dem Schutz des Landesfürsten rechnen. Gegen Versuche, die Terminhäuser des Konvents in städtischen Besitz zu bringen, mobilisierten die Pauliner schon 1459 erfolgreich Kurfürst Friedrich II. (1428-64).[20]

Beide Seiten, sowohl der Orden wie die Landesherrschaft, profitierten in der Folge von dieser gegenseitigen Beziehung. Ausgehend von der fürstlichen Residenz Leipzig wurden alle sächsischen Konvente noch vor der Teilung des Landes 1485 reformiert und in einer eigenen Kongregation, der Congregatio Lipsiensis, zusammengeschlossen. Die nur noch nominell zur Provinz gehörende, vielmehr von einem eigenen Generalvikar als Stellvertreter des Generalmagisters[21] geleitete Kongregation umfaßte nach der Reform von Eger und ebenso wohl von Leutenberg schließlich alle Konvente der Natio Misniae sowie die Klöster Eisenach und Jena der Natio Thuringiae. Durch die Observanz war die in Nationes gegliederte Ordensverfassung zersetzt und eine eigene Struktur geschaffen worden. Die Leipziger Kongregation reichte über das sächsische Territorium hinaus und deckte sich vielleicht sogar mit dem beabsichtigten Einflußbereich der Fürsten.[22] Aufgrund einer Interessengleichheit zwischen den Herrschern und den sächsischen Observanten war es selbstverständlich, daß letztere in ihren Auseinandersetzungen mit dem konventualen Provinzial Meyer von den Fürsten geschützt wurden.[23]

Die Bemühungen der sächsischen Fürsten um die Dominikaner sind in einem größeren Kontext zu sehen. Es handelte sich um den Versuch, die Institutionen der

---

[19] FÖRSTEMANN, Urkundenbuch 167 Nr. 237 (Aufschrift auf dem Stiftungsvertrag); ebd. 174 Nr. 244, genehmigten die Landesfürsten die Verpfändung einer Wiese für ein anderes Anniversar unter der Bedingung, daß innerhalb von drei Jahren der Wiederkauf erfolgen solle.

[20] Vgl. ebd. 164f. Nr. 232; WUSTMANN, Geschichte 337f.

[21] Vgl. GESS, Akten I, XXIff.; vgl. XIII Anm. 1 Zit. aus dem Schreiben des Ordensgenerals (FÖRSTEMANN, Urkundenbuch 183 Nr. 254) betr. der Exemtion der Fratres von der Jurisdiktion des Provinzials. Zur Congregatio Lipsiensis vgl. die S. 16 Anm. 56, genannte Literatur.

[22] Das Gebiet der Grafen von Schwarzburg, in dem der Leutenberger Dominikanerkonvent lag, sollte dem sächsischen Territorium einverleibt werden. Nach dem Schmalkaldischen Krieg forderte Hzg. Moritz u.a. auch die Lehenshoheit über die Grafen von Schwarzburg; vgl. KLEIN, Politik 241. Um eine Unterordnung zu vermeiden, wandte sich der Graf 1529 gegen die kursächsische Visitation seines Territoriums. 1563 konnten die Ernestiner die Herrschaft von Graf Philipp (1540-64) erwerben, 1567 verzichteten sie jedoch darauf; vgl. ebd. 267, 272.

[23] Vgl. zuletzt zusammenfassend M. SCHULZE 154-163.

Ortskirche in das Territorium zu integrieren.[24] 1485 erteilte Papst Innozenz VIII. (1484-92) den sächsischen Fürsten die Erlaubnis, daß die Bischöfe von Meißen und Merseburg unter Hinzuziehung zweier Ordensgeistlicher die exemten und nicht exemten Klöster ihrer Lande visitieren und auch reformieren dürften.[25] Inwieweit dieses Recht die schon reformierten Dominikaner betraf, ist unklar. Ebenso äußerte Herzog Georg im Jahr 1503 gegenüber Kardinal Peraudi (1435-1505) den Wunsch, alle Klöster seines Territoriums visitieren zu können. Doch erlangte er kein entsprechendes Privileg.[26]

Im Zuge dieser Einbindung geistlicher Institutionen in den Territorialisierungsprozeß pflegten die Fürsten gute Beziehungen zu den Dominikanern und umgekehrt. So hatte Herzog Georg mit dem in Sachsen geborenen Kardinal Nikolaus von Schönberg (1472-1537) seit seiner Jugendzeit Umgang und Briefwechsel.[27] Dieser sowie Kardinal Cajetan waren die Vertreter des Herzogs auf dem fünften Laterankonzil.[28] 1507 waren Herzog Georg und sein Bruder Heinrich durch Schreiben des Generalmagisters "*ad beneficia ordinis*" aufgenommen worden.[29] Erst ein Jahr später erhielt die Stadt Leipzig - und dann nur vom Provinzial Johannes Antonii (1505-15) - anläßlich des Provinzkapitels in der Stadt die gleiche Vergünstigung.[30] Dies ist ein Indiz dafür, wie das städtische gegenüber dem landesfürstlichen Kirchenregiment in Bezug auf die Dominikaner ins Hintertreffen geriet.

Die durch die Observanzeinführung und die Ausstrahlung des geistlichen Lebens[31] sowie die obrigkeitliche Unterstützung gesteigerte Attraktivität der Dominikaner hatte auch auf die Personalstärke wie auf die Finanzen Auswirkung. In einem unvollständigen Verzeichnis der Mitglieder des Konvents aus der Zeit um 1500

---

[24] So schrieb der Herzog im Jahr 1525 an Landgraf Philipp: "*Das ich ober der geistlichen jurisdiccion halt, ist orsach, das ich weiß das ich Juden und Heiden bei recht schotzen sal; diweil dan die geistlichen gar nicht weniger den Juden und Heiden sein, so muß ich si bei dem das si in langem gbrauch herbrocht und noch nicht vor unrecht erkent, schotzen*" (FRIEDENSBURG, Beiträge 121). - Biographische Skizze des Herzogs bei HOYER, Georg.

[25] Vgl. G. MÜLLER, Visitation 50.

[26] Vgl. WARTENBERG, Landesherrschaft 89. 1503 erlangte Hzg. Georg das päpstliche Privileg, die Strafgewalt über die (Welt-)Geistlichen solle in Zukunft in den Händen eines vom Herzog berufenen Konservators liegen; vgl. GESS, Akten I, LXIII.

[27] Vgl. DERS., Klostervisitationen 23.

[28] Vgl. CARDAUNS 105 mit Anm. 3; K.-B. SPRINGER: Schönberg, Nikolaus v. In: LThK³ 9 (im Druck).

[29] Vgl. MEERSSEMAN/PLANZER 65 Nr. 17.

[30] Vgl. FÖRSTEMANN, Urkundenbuch 198 Nr. 278. Vgl. BÜNGER, Beiträge 104.

[31] Besonders attraktiv war für die Gläubigen die Rosenkranzbruderschaft. Auf Bitten der Herzogin Barbara verfaßte Markus von Weida 1515 ein Bruderschaftsbuch; vgl. LÖHR, Leipzig 75.

wurden 43 Konventualen und fünf Novizen genannt.[32] Der reformierte Konvent war sowohl für Universitätsangehörige[33] wie auch für Leipziger attraktiv.[34] Es gab also eine beträchtliche Verlokalisierungstendenz. Der Konvent war aufgrund der vielfältigen Förderung durch die Fürsten,[35] den Adel[36] und den Rat[37] sowie die Bürgerschaft durchaus wohlhabend. Aus dem Testament des Meißener Bischofs Johann erhielten die Pauliner einen mit 40 Gulden jährlich verzinsten Hauptbrief von 800 Gulden.[38] Für ihre Waldungen stellten die Fratres einen Förster an, wofür auf Verlangen des Rates ein Stadtkind genommen werden solle.[39] Sie besaßen auch eine Ziegelei.[40] Die gute Finanzlage ermöglichte zahlreiche Baumaßnahmen. Seit den achtziger Jahren des 15. Jahrhunderts wurde fast ununterbrochen an Kirche und Kloster gearbeitet.[41] Außerdem verliehen die Bettelmönche erhebliche Summen an die Räte der Städte Halle, Erfurt, Borna, Döbeln und Mittweida. 1506 legten sie

---

[32] Vgl. FÖRSTEMANN, Urkundenbuch 244ff. Nr. VIII.

[33] Zu Anniversarstiftungen von Professoren vgl. LÖHR, Leipzig 79.

[34] Vgl. ebd. 53-56.

[35] Schenkung einer Wiese 1465; vgl. FÖRSTEMANN, Urkundenbuch 166f. Nr. 236. 1484 Bestattung v. Kurfürstin Elisabeth; vgl. LINDNER 1464, 1465; BERBIG 2; F. SCHULZE 39. Ab 1506 erhielten die Fratres für das Anniversar von Hzg. Georg und seiner Familie jährlich 10 Eimer Wein und 24 Scheffel Weizen (vgl. FÖRSTEMANN, a.a.O. 194ff. Nr. 276), 1508 eine Beihilfe zu Bauzwecken (vgl. ebd. 200 Nr. 282). 1518 gestattete der Hzg. eine Verlängerung des Chores; vgl. HÜTTER 80, 90.

[36] 1491 Aufnahme der Gräfin von Henneberg in die Gebetsgemeinschaft (vgl. FÖRSTEMANN, Urkundenbuch 186 Nr. 257); 1496 Seelgerätstiftung des Hans von Mergenthal (vgl. ebd. 188f. Nr. 262); Pflugsche Begräbniskapelle erwähnt ebd. 219 Anm. 317a; HÜTTER (s. nächste Anm.). 1484 Anniversarstiftung der Elisabeth Pflug von 100 Gulden ed. FÖRSTEMANN, a.a.O. 174f. Nr. 245.

[37] 1471 Erlaubnis, einen Turm auf die Stadtmauer zu bauen; vgl. FÖRSTEMANN, Urkundenbuch 168f. Nr. 238. 1485 Spende von 100 fl. zum Bau des neuen Refektors; vgl. ebd. 176 Nr. 247. Nach dem Torhaus-brand 1502 unterstützte der Rat das Kloster und belohnte die löschenden Bürger; vgl. ebd. 190f. Nr. 268f. Zur Unterstützung von Baumaßnahmen durch den Rat vgl. WUSTMANN, Geschichte 208f. 1521 Stiftung von 10 fl. für ein Chorfenster; vgl. HÜTTER 92. - 1484 ließ das Ratsmitglied Hans Leimbach die Familien-kapelle erbauen (vgl. FÖRSTEMANN, a.a.O. 219 Anm. 307a), ebenso die Familie Haugwitz (zu den Kapellen vgl. insgesamt HÜTTER 50-55); 1517 Anniversarstiftung des Ratsmitglieds Hans Hummelßhain (vgl. FÖRSTEMANN, a.a.O. 206f. Nr. 293).

[38] Vgl. FÖRSTEMANN, Urkundenbuch 201 Nr. 283.

[39] Vgl. ebd. 171 Nr. 241; vgl. auch 169f.; 202 Nr. 286. Schon 1393 hatte der Markgraf den für ein Anniversar geschenkten Besitz der Wüstung Albrechtshain bestätigt (das sog. Oberholz), vgl. ebd. 146f. Nr. 213; HÜTTER 37f.

[40] Vgl. FÖRSTEMANN, Urkundenbuch 173 Nr. 243; 199 Nr. 281; HÜTTER 33 Anm. 73.

[41] Vgl. bes. HÜTTER 29, 57-116. 1479-85 entstanden die neuen Konventsgebäude (vgl. BLASCHKE, Sachsen 98); 1502 brannte das neu erbaute vordere Torhaus ab; vgl. WUSTMANN, Geschichte 353. Um 1511 baute man das neue Sommerrefektor, das Brauhaus und die die Bibliothek umfassende Gebäudegruppe (vgl. ECKSTAEDT 20). Der Chor wurde 1517-21 erweitert (vgl. FÖRSTEMANN, Urkundenbuch 206 Nr. 292); 1520 ein neuer Hauptaltar errichtet (vgl. GIESSEN 72).

300 rheinische Gulden in der Stadt Freiberg an.[42] Daher konnte auch in wirtschaftlicher Hinsicht keineswegs von einem abgewirtschafteten Mönchtum kurz vor Beginn der Reformation die Rede sein. So galt auch von Leipzig die in anderen Städten feststellbare Blüte des Konventslebens. Zu dieser Blüte trugen eine Reihe bedeutender Prioren bei, vor allem die auch als Provinziale und Professoren wirkenden entschiedenen Vorkämpfer der Observanz Nikolaus Beier (1480-87)[43] und Hermann Rab (1515-33).[44]

Die Instrumentalisierung der Dominikaner für das landesherrliche Kirchenregiment galt auch für die Universität. Besonders nach der Gründung Wittenbergs 1502 durch die Ernestiner als innersächsischer Konkurrenzuniversität verstärkte sich die Förderung der Leipziger Landesuniversität durch den albertinischen Herzog. In dem Zusammenhang setzte er seine Hoffnung auch auf die Dominikaner. Nach der Universitätsreform vom 8. November 1502 war geplant, daß jeweils zwei Professoren des Dominikanerordens zum Konsil der Fakultät gehören sollten.[45] Doch war es nicht möglich, zwei Dominikanerprofessoren an der Leipziger *alma mater* anzustellen.[46] Der seit 1482 an der Universität tätige, schon sehr alte N. Beier war nach 1500 der einzige Magister aus dem Orden. Als er starb, konnte der Orden wegen verschiedener Todesfälle die Professur bis zur Promotion Hermann Rabs

---

[42] Vgl. WUSTMANN, Geschichte 338. Die 1500 an Erfurt verliehene Summe wurde allerdings zehn Jahre lang nicht verzinst, 1518 verzichteten die Fratres auf die rückständigen Zinsen; vgl. auch FÖRSTEMANN, Urkundenbuch 207f. Nr. 294.

[43] Vgl. LÖHR, Leipzig, bes. 61ff.; DERS., Kapitel, Register; BÜNGER, Beiträge 97ff.

[44] Vgl. zuletzt K.-B. SPRINGER: Rab, Hermann. In: BBKL 7 (1994) 1145f. Zu Rabs Professorentätigkeit vgl. LÖHR, Leipzig 87f.; DERS., Kapitel 62*. - Bekannte Leipziger Filii waren u.a. der ab 1514 als Halberstädter Weihbischof amtierende Heinrich Leuker (+ 1538); vgl. LÖHR, Leipzig 77; GATZ 414 (dort Lencker gen.); s. unten S. 209 Anm. 103, zur Teilnahme am Religionsgespräch 1534. Zu erwähnen ist auch der schriftstellerisch tätige Markus von Weida (ca. 1450 - ca. 1516); vgl. LÖHR, Leipzig 74ff.; T. BERGER: Markus von Weida. In: LThK³ 6 (1997) 1407.

[45] Vgl. STÜBEL 263 Nr. 225: "*Es sollen auch zween doctores prediger ordens ad consilium facultatis theologice genommen werden*". Vgl. LÖHR, Leipzig 19f., 83; HELBIG 19; ZSCHÄBITZ 59. Zur Universitätsreform vgl. STEINMETZ, Humanismus 31f. Auch aus finanziellen Gründen boten sich Mendikantenprofessuren an.

[46] Vgl. STÜBEL 307 Nr. 252: "*Der dritt artickel von zwen doctorn prediger ordens ist nye vorfolget, wenn (sic!) es ist noch heut keyn doctor der heyligen schrifft im predigercloster zu leyptzk.*" (zwischen 1506 und 1537; von GESS, Leipzig 85f., und LÖHR, Leipzig 83f., auf 1511 datiert). Vgl. STÜBEL 318 Nr. 253: "*Dergleichen dieweil im predigercloster zwene doctores nicht gehalten, das nachmals mit inen geredt das sie zwene doctores stetiglich zu besserung der universitet halten musten, doch das denselbten emolimenta universitatis wie andern mitgeteilt werde. Dergleichen mit den Tomisten auch zu handeln das sie uffs wenigst einen hilden.*" Nach GESS, Leipzig 89, in den Jahren 1518/19 verfaßt. Vgl. ebenso STÜBEL 368 Nr. 278 (Z. 22-26). ZSCHÄBITZ 59, datierte alle Gutachten in die Zeit um 1502; doch ist dies problematisch und ungesichert.

1512/14 nicht besetzen.[47] Allerdings wurden dem Leipziger Konvent seit Anfang des 16. Jahrhunderts vom Orden aus *studentes generales* assigniert.[48] Daraus kann geschlossen werden, daß das herzogliche Vorhaben der Förderung der dominikanischen Präsenz an der Universität die Unterstützung der Ordensleitung fand. Außerdem hatten die Mitglieder der Congregatio Lipsiensis nun die Möglichkeit zum "hauseigenen" Erwerb der theologischen Grade.[49] Wie Nikolaus Beier war auch dessen Nachfolger als Professor Hermann Rab ein eifriger Verfechter dominikanischer Präsenz an der Leipziger Universität. Als Leipziger Professoren förderten sie das dortige Studium und implizit die territoriale Einbindung der Predigerbrüder. Denn auf diese Weise schwächten sie die dominikanische Studienorganisation, da die Stellung des Erfurter Konvents als Sitz des Generalstudiums der Provinz vermindert wurde.[50]

Trotz der Pflege des Humanismus seit 1461 dominierte in Leipzig die an Thomas von Aquin ausgerichtete Scholastik.[51] Als Hochburg derselben wurde neben der Kölner auch die Leipziger Hochschule in den Dunkelmännerbriefen verspottet und der Rückständigkeit beschuldigt.[52] Schon vorher gab es Auseinandersetzungen mit den Paulinern. So waren die der Armut verpflichteten Fratres wegen ihres Besitzes gelegentlich in Rechtsstreitigkeiten verwickelt.[53] Hinzu kamen theologische Auseinandersetzungen. Wie in anderen Städten wurde zu Ende des 15. Jahrhunderts wegen der "*immaculata conceptio*" gestritten. Zwischen Franziskanern und der Juristischen Fakultät der Universität, bes. Johannes Breitenbach einerseits, und den von Georg Örter von Frickenhausen geführten Dominikanern andererseits kam es deshalb

---

[47] Vgl. LÖHR, Leipzig 105. Rab erhielt 1512 die Erlaubnis zur Promotion, 1514 war er im Konsil der Fakultät; vgl. K.-B. SPRINGER: Rab, Hermann. In: BBKL 7 (1994) 1145f.

[48] Vgl. LÖHR, Leipzig 20. Zu Generalstudenten ab 1513 vgl. DERS., Kapitel; z.B. 10 (1513).

[49] Gegen ebd. 11* ist zu betonen, daß das Erfurter Generalstudium gleichfalls reformiert war.

[50] Diese Position war schon beträchtlich unterminiert; vgl. z.B. S. 37, S. 106.

[51] Die theologische Fakultät war wie die Dominikaner bes. der durch Thomas von Aquin (und Capreolus) geprägten Scholastik verpflichtet "*und so lectiones in Augustino ader andern doctoribus und buchern der propheten nochdem sich yr facultet wol eygent gancz underlossen*". STÜBEL 282 Nr. 232 (von STÜBEL zwischen 1502-1537 datiert, von ZSCHÄBITZ 60 mit Anm. 137 auf die Zeit um 1518; von LÖHR, Leipzig 84f. auf etwa 1513; von GESS, Leipzig 83f. auf 1516). Vgl. ebd. STÜBEL 288 Nr. 234 (ab Z. 30) sowie 307 Nr. 252 (Z. 27-31); 386 Nr. 284 (Z. 18-21: Dr. Magnus Hundt las Capreolus, Dr. Hieronymus Dungersheim den Thomas von Aquin).

[52] Vgl. BLASCHKE, Sachsen 89f.

[53] Vgl. FÖRSTEMANN, Urkundenbuch 189f. Nr. 264ff. (1497-99). Zum Streit 1520 vgl. ebd. 209f. Nr. 297.

1489/90 zum Konflikt.[54] Georg von Frickenhausen war zu Ende des Jahrhunderts mit anderen Leipziger Theologen, u.a. dem Franziskaner Johannes Weygelmant und Johannes Breitenbach, in einen Zwist wegen der dem Freiberger Marienstift 1491 verliehenen päpstlichen Butterbriefe geraten.[55] Als 1499 Sigismund Fagilucus die Poesie als Quelle der geheiligten Weisheit bezeichnete, traf er auf den Widerstand der Dominikaner, die darin einen Angriff auf die Theologie sahen.[56] Wegen der vielfältigen Kritik erfreute sich das "Zentrum der Observanz" Leipzig trotz der guten Disziplin der Fratres wohl nicht mehr allgemeiner Förderung.

| 5.1.2 | Von der reformatorischen Bewegung bis zum offiziellen Ende des Konvents in den Jahren 1539/40 |

Der Leipziger Konvent war durch den *filius conventus* Johannes Tetzel besonders von der beginnenden Auseinandersetzung mit Martin Luther betroffen. Noch kurz vorher hatte Herzog Georg am 1. April 1517 gegenüber dem Leipziger Kloster sein Mißfallen betont, da Tetzel im Auftrag des Magdeburger Erzbischofs Albrecht von Brandenburg in der Stadt Ablaßbriefe vertrieb. Der Herzog verbot ihm dies, da die albertinischen und ernestinischen Herrscher am 7. März 1517 verabredet hätten, keinen römischen Ablaß zuzulassen. Die Dominikaner mußten sich daher beim Fürsten entschuldigen.[57] Nach Beginn der Ablaßkontroverse zwischen Luther und Tetzel lud Karl von Miltitz beide für den Januar 1519 zu einer Zusammenkunft in Altenburg ein, Tetzel erschien aber nicht. Ab Ende 1518 lebte er bis zu seinem Tod am 11. August 1519 - wenige Wochen nach der Leipziger Disputation - im dortigen Konvent.[58] An Miltitz schrieb er zu Ende des Jahres 1518, er könne ohne Lebensgefahr das Kloster nicht verlassen. Sein ehemaliger Mitstudent, Provinzial Hermann Rab, entschuldigte ebenfalls das Fernbleiben seines Ordensmitbruders. Daraufhin

---

[54] Vgl. SEBASTIAN 240; LÖHR, Leipzig 66ff.; C. SCHMITT 398f.; STEGMÜLLER 46; FÖRSTEMANN, Urkundenbuch 245 Nr. VIII. Vgl. auch S. 40 Anm. 186. Abschriften der Traktate Breitenbachs und Frickenhausens fanden sich in der Bibliothek der Basler Karthäuser, vgl. STEGMÜLLER 50.

[55] Vgl. FÖRSTEMANN, Urkundenbuch 187 Nr. 260 (AD 1493); 189 Nr. 263 (AD 1496). Vgl. LÖHR, Leipzig 66f. und bes. PETZOLD.

[56] Vgl. TEWES 465.

[57] Hzg. Georg tadelte, "*das sich her Tetczel und etliche seyns anhanges in euern closter gnadebrife auszugeben understehen und unsere undertanen in iren predigten, dieselbigen zu losen, fast reyzen sollen.*" GESS, Akten I, 6 Nr. 10, vgl. auch 8f. Nr. 14; FÖRSTEMANN, Urkundenbuch 203-206 Nr. 289ff.; PAULUS, Tetzel 36f., 40.

[58] Vgl. DERS., Dominikaner 5, 9. Luther hielt sich an die Abmachungen mit Miltitz; vgl. ALAND 168f. Nach älteren Autoren, z.B. WUSTMANN, Vergangenheit 51, sei Tetzel am 3. Juli während der Leipziger Disputation verstorben.

kam der verärgerte Miltitz nach Leipzig und machte Tetzel, der mit dem Provinzial zu ihm gekommen war, wegen seines Verhaltens beim Ablaßhandel Vorwürfe.[59]

Bei der Leipziger Disputation vom 27. Juni bis zum 15. Juli 1519 zwischen Andreas Karlstadt und Martin Luther auf der einen und Johannes Eck auf der anderen Seite waren die Dominikaner offiziell nicht beteiligt. Doch hatte schon am 6. Januar 1519 Petrus Mosellanus (1493-1524) an Erasmus geschrieben: der eine, nämlich Andreas Bodenstein genannt Karlstadt (ca. 1480-1541) *"wird mit sich bringen die Augustinianische Fraction, der Andere <Eck> das Volk der Predigermönche mitführen, denn diese sind überall da, wenn das tägliche Brod in Gefahr kommt."*[60] Bei der Einfahrt der Wittenberger Theologen in Leipzig zerbrach beim Paulinerkirchhof ein Rad an Karlstadts Wagen und er stürzte, was als schlechtes Omen gewertet wurde.[61] Der Merseburger Bischof verbot zwar als Kanzler der Hochschule die Disputation, doch wurde dessen Beauftragter verhaftet und der Herzog gab den Befehl, jeder Störung von Seiten des Bischofs zuvorzukommen. Diese Anordnung zeigt die Stärke des landesfürstlichen Kirchenregiments gegenüber dem Ortsordinarius.[62] Am 4. Juli eröffnete Luther die Disputation mit einer Anklage gegen die "Inquisitoren": *"Doleo etiam, eos non adesse quos maxime oportuit, qui, cum et privatum et publice toties me crimine hereseos profanarunt, nunc, cum instet cognitio cause, se subtraxerunt: heretice pravitatis inquisitores dico, qui fraternam monitionem et doctrinam postposuerunt criminationibus suis."*[63] Diese Worte richteten sich direkt gegen die Dominikaner und besonders gegen den Inquisitor Tetzel, von dem Luther vielleicht annahm, daß er seine Krankheit nur vorgeschützt habe. Die Anwesenheit des von 1514 bis zu seinem Tod 1533 im Rat der theologischen Fakultät tätigen Provinzials Rab während des Disputation ist ausdrücklich bezeugt. Laut Karlstadt hätte der bei den Leipziger Theologieprofessoren sitzende Dominikaner dem Johannes Eck Zettel mit Argumentationshilfen zugesteckt.[64] Auch soll Luther während der Fronleich-

---

[59] Vgl. PAULUS, Dominikaner 10f.; WUSTMANN, Geschichte 357f.

[60] Zit. nach SEIDEMANN, Disputation 38.

[61] Vgl. JUNGHANS, Reformation 69; SEIDEMANN, Disputation 40f. Vgl. WUSTMANN, Geschichte 361f.; BORNKAMM 199.

[62] Vgl. WUSTMANN, Geschichte 363. - Zur Leipziger Disputation vgl. zuletzt T. FUCHS 144-187. Die Disputation sollte von den Universitäten Paris und Erfurt begutachtet werden, Eck schloß die Augustiner, Luther die Dominikaner und Franziskaner aus. Vgl. SEIDEMANN, Disputation 72f. Zur Ablehnung der Erfurter Universität vgl. S. 104.

[63] WA II, 254. Vgl. PAULUS, Tetzel 81f.

[64] Vgl. SEIDEMANN, Disputation 77f.; WUSTMANN, Vergangenheit 54 (ohne Beleg). Zu Rabs Anwesenheit bei der Disputation vgl. CLEMEN, Bericht 51.

namsoktav in die Paulinerkirche gekommen sein, worauf die Mönche das eucharistische Sakrament verschlossen und in die Sakristei flüchteten.[65]

Als Johannes Eck ab dem 29. September 1520 in Leipzig die päpstliche Bannandrohungsbulle verkünden ließ, war der Widerstand der Bevölkerung dagegen so heftig, daß er im Paulinerkloster Schutz suchen mußte. Wie im ernestinischen Torgau wurden seine Anschläge mit Kot beworfen. Weder der Bischof noch die Universität wagten, die Bulle zu veröffentlichen. Auch Herzog Georg sprach sich am 18. Oktober 1520 gegen deren Exekution aus, die Verbrennung von Luthers Schriften unterblieb.[66] Täglich wurden Absagebriefe gegen Eck über die Mauer des Paulinerkonvents geworfen, bis er schließlich heimlich aus der Stadt floh.[67] Somit waren die Sympathien für Luther in der Bevölkerung recht groß.

Die Aussage des Humanisten Petrus Mosellanus von 1520: *"die ganze Jugend stürzt sich auf das Studium der hl. Wissenschaften. Bei mir, sicherlich nicht dem besten Lehrmeister, hören mehr als 300 die Interpretation der paulinischen Briefe!"*[68] kennzeichnet die Situation der zusätzlich im Lehrdienst tätigen Humanisten und galt wohl nicht für die scholastischen Leipziger Professoren einschließlich Hermann Rabs. Doch nahm in der Folge wie anderswo mit der Ausnahme von Wittenberg[69] die Zahl der Studierenden rapide ab: bis 1517 gab es in Leipzig jährlich etwa 400 Neuimmatrikulationen, 1522 nur 285 und 1524 nur 90, bis 1530 blieb die Zahl bei etwa 100 stehen.[70] Gleichzeitig immatrikulierten ab 1517 außer Dominikanern keine Ordensleute, auch nicht die Zisterzienser, die ein eigenes Kolleg besaßen oder die Regularkanoniker von St. Thomas in Leipzig.[71] Aufgrund des universitären Engagements verwundert die mangelnde literarische Aktivität der Pauliner gegen

---

[65] Vgl. SEIDEMANN, Disputation 66; WUSTMANN, Geschichte 373; BORNKAMM 199.

[66] Vgl. GESS, Akten I, 140f. Nr. 177; 143f. Nr. 181; 149f. Nr. 187f.; 153ff. Nr. 190f., 193.

[67] Vgl. JUNGHANS, Reformation 92 sowie WUSTMANN, Geschichte 382; BORNKAMM 200; F. SCHULZE 47. - Wohl erst im Februar 1521 wurde die Bannbulle in Leipzig ohne großes Aufsehen veröffentlicht; vgl. WUSTMANN, a.a.0. 383.

[68] Zit. nach KLUGE 24. Zur Gegnerschaft der theologischen Fakultät zu Mosellanus (1521) vgl. STÜBEL 441f. Nr. 325.

[69] Vgl. HÜBNER 20f.: bis 1539 lag dort die Zahl der jährlichen Inskriptionen bei durchschnittlich 200. Vgl. jedoch den statistischen Vergleich der Universitäten Wittenberg und Leipzig bei ZSCHÄBITZ 53 Anm. 86. Wittenberg erreichte nie die Attraktivität, die Leipzig bis 1521 auf Studierende ausgeübt hatte. Auch Luther kritisierte das Nachlassen des Schul- und Universitätsbesuches; vgl. ZSCHÄBITZ 53f. Vgl. WA 30/II, 550: *"Da ligen die hohen Schulen Erfford, Leiptzig vnd ander mehr wust so wol als die knaben schulen ... Vnd fast allein das geringe Wittemberg muß itzt das beste thun."*

[70] Vgl. BLASCHKE, Sachsen 91.

[71] Vgl. LÖHR, Leipzig 90f.; DERS., Kapitel 62*f.

Luther,[72] obwohl Karlstadt in einer Streitschrift gegen Hieronymus Dungersheim (1485-1540) von 1522 provozierend die Lehre der Leipziger Pauliner als die einzige an der Fakultät heilsame bezeichnete[73] und der allerdings als Provinzial in Anspruch genommene Professor Rab Schriften von und gegen Luther sammeln ließ.[74] Vielleicht galt Tetzels Kloster als befangen. Erst ab 1524/25 wurden die Schriften des ehemaligen Leipziger Konventualen Petrus Sylvius (ca. 1470 - ca. 1536) veröffentlicht.[75]

Da durch die Leipziger Teilung ernestinisches und albertinisches Gebiet nicht scharf voneinander getrennt und neugläubige Prädikanten in kursächsischen Orten nicht weit von Leipzig wirkten, gab es trotz aller herzoglichen Verordnungen, die dies zu unterbinden suchten, eine neugläubige Bewegung in Leipzig.[76] Der Paulinerkonvent mußte besonders mit der Abneigung gegen den Orden in Kursachsen kämpfen. Am 16. August 1521 hatte der Torgauer Rat dem Frater Johann das Terminieren untersagt; am 30. Dezember 1521 beschwerte sich der Eilenburger Rat beim Kurfürsten, daß der Terminarier die gesammelten Almosen in der Stadt verkaufe und auch Fuhren gegen Lohn unternehme. Die Terminei zu Eilenburg wurde 1522 gestürmt, vom Rat in Besitz genommen und danach verbrannt. Das Altenburger Terminhaus wurde am 6. September 1522 vom Rat inventarisiert und eingezogen. Allerdings befahlen am 3. November die kurfürstlichen Räte die Restitution. Der Konvent sandte am 29. November zwar die Fratres Johann Beichling und Johann von Wochaw dorthin. Doch waren sie schon instruiert worden, wegen des Verkaufs des Hauses mit dem Rat zu verhandeln. Die Übereignung erfolgte am 22. November 1523[77] und kann aufgrund der Umstände nicht als ein Anzeichen für den Verfall und die Abnahme des Klosterwesens gewertet werden.[78] Vielmehr war die jeweilige Obrigkeit durch die neugläubige Bewegung mobilisiert worden. Ebenso mußte der Konvent 1524 das Torgauer Terminhaus an den kurfürstlichen Bettmeister

---

[72] Vgl. DERS., Leipzig 90; SMOLINSKY, Alveldt 342 mit Anm. 31.

[73] Vgl. FREUDENBERGER 187. Mit Luther setzten sich Dungersheim und der Franziskaner Alveldt auseinander; vgl. zu diesem SMOLINSKY, Alveldt.

[74] Vgl. LÖHR, Leipzig 90; LOH Anm. 247 (S. 121); laut Anm. 273 (S. 122) haben sich über 80 Sammelbände aus dem Dominikaner- und Thomaskloster erhalten, die gegen Luther bzw. den Papst gerichtet waren. HOFFMANN 23, nennt 231 Einzeldrucke in 24 Bänden. Daher erstaunt, daß Rab nicht kontroverstheologisch tätig wurde.

[75] Vgl. K.-B. SPRINGER: Sylvius, Petrus. In: BBKL 11 (1996) 328f. Zwar verfaßte er schon um 1520 Schriften, doch wurde die erste 1525 gedruckt; vgl. PAULUS, Dominikaner 54-57.

[76] Vgl. BLASCHKE, Sachsen 111; WUSTMANN, Geschichte 387, 391-400.

[77] Vgl. FÖRSTEMANN, Urkundenbuch 211 Nr. 300; 222 Nr. 311; 211f. Nr. 301, 213 Nr. 303.

[78] So P. KIRN 152.

Michael Weinknecht verkaufen.[79] So verlor das Paulinerkloster schon vor dem Bauernkrieg alle Termineien im Kurfürstentum aufgrund der Duldungspolitik der Ernestiner gegenüber der kirchlichen Neuerung.[80] Gleichzeitig wurde verschiedentlich versucht, finanzielle Verpflichtungen und Stiftungen gegenüber dem Konvent einzustellen,[81] womit dessen finanzielle Bedrängnis zunahm.

Im Gegensatz zu anderen Städten rührte sich in Leipzig aufgrund des massiven kirchenregimentlichen Eingreifens für die altgläubige Seite die neugläubige Bewegung erst 1524 öffentlich. Am 13. Februar rügte Herzog Georg z.B. die Neigung der Zünfte zur Abschaffung gestifteter Gottesdienste und befahl dem Rat, u.a. keine Versammlungen und gottesdienstlichen Neuerungen zu dulden.[82] Am 2. April baten dann 105 Bürger Leipzigs den Herzog um Anstellung des neugläubigen Predigers Andreas Bodenschatz im Nonnenkloster bzw. an einer der Pfarrkirchen, die am 12. April mit Hinweis auf die "*eherlichen, fromen, tugentlichen Christlichen predigern ... zu s. Thomas, zu s. Niclas, zun predigern und barfußern*"[83] abgelehnt wurde. Der Schuster Matthias Moritz, der in St. Thomas und bei den Dominikanern gebeichtet hatte, wurde nicht absolviert, weil er nicht vom Lesen der "*neuen schrift*" ablassen wollte.[84] Jedoch wirkten sich diese Einzelfälle und die heimliche Sympathie für die neugläubige Sache nicht weiter öffentlich aus. Als Bischof Adolf von Merseburg (1514-26) bei der Visitation im Mai 1524 auch die Vorsteher des Pauliner- und Barfüßerklosters "*erfordern*" ließ und sie zur Akzeptanz der neugläubigen Lehre in der Bevölkerung befragte, erhielt er eine beruhigende Antwort.[85]

Als (Neben-)Residenz Herzog Georgs wurde Leipzig kaum vom Bauernkrieg erfaßt.[86] Leipzig war zu dieser Zeit ein sicheres Refugium für die vertriebenen Pauliner aus Mühlhausen,[87] Plauen, Eisenach und Jena.[88] Vom Jahr 1525 bis zur

---

[79] Vgl. FÖRSTEMANN, Urkundenbuch 211 Nr. 300.

[80] 1535 hieß es, die Terminei zu Borna hätte der Rat seit etlichen Jahren als Wohnung für den Prädikanten eingerichtet; in Gräfenhainichen hatte der Rat das Haus ohne Wissen und Willen des Klosters verkauft und den Erlös behalten; vgl. FÖRSTEMANN, Urkundenbuch 221 Nr. 311.

[81] Zu 1523 vgl. ebd. 212 Nr. 302; 213 Nr. 304 zu 1527.

[82] Vgl. GESS, Akten I, 607f. Nr. 603.

[83] Ebd. 649 Nr. 643 Z. 13f. Vgl. WUSTMANN, Geschichte 397-400, 405f.

[84] Vgl. GESS, Akten I, 643 Nr. 635.

[85] Vgl. SEIDEMANN, Disputation 141; GESS, Akten I, 667f. Nr. 658.

[86] Ein vergeblicher Aufruhrversuch wurde zur Unterdrückung der Glaubenserneuerung genutzt; vgl. GESS, Akten II, 307-319 Nr. 1063. Vgl. auch H. ARNDT 46.

[87] Vgl. GESS, Akten II, 3f. Nr. 774. Vgl. auch LÖHR, Kapitel 47*.

Auflösung des Leipziger Klosters 1540 blieben die Mitglieder der Konvente Jena und Plauen im dortigen Exil.[89]

Die Personalsituation war wegen der zwei genannten Exilkonvente vergleichsweise gut. Weil die Förderung qualifizierten Nachwuchses Provinzial Rab ein Anliegen war, studierten Dominikaner weiterhin an der Universität.[90] Doch erlangte keiner von ihnen das Magisterium.[91] Als 1534 Provinzial Rab und der Jenaer Prior Ekkenfelder verstorben waren, gab es anscheinend keine führende und energische Persönlichkeit in den Reihen der zumeist schon recht betagten Konventualen.[92] Das Engagement der Pauliner an der Universität nahm nun ab. Nach Elisabeth HÜTTER hätte allerdings schon um 1530 das innere Auseinanderbrechen der Ordensgemeinschaft wegen der sich verringernden Zahl der Konventsmitglieder begonnen.[93] Trotzdem versuchten die Predigerbrüder, ihre Präsenz an der Hochschule aufrecht zu erhalten: 1534 immatrikulierte sich der neugewählte Jenaer Prior Georg Kramer, 1536 begann der Leipziger Prior Wolfgang Schirmeister (Pannificis) als Sententiar zu lesen, 1537 erlangte er mit Balthasar von Neustadt das Lizentiat.[94] Beim Tod Herzog Georgs 1539 war der Orden durch diese beiden Lizentiaten und den Cursor Simon Ollificis an der Universität vertreten.[95]

Aufgrund des weiter bestehenden altgläubigen Kirchenwesens hielten sich - aber nur vereinzelt - die entsprechenden Frömmigkeitsformen: Von den am 22. Juni 1525 gestifteten fünf Anniversarien der vermögenden Witwe Apollonia Widebach erhielten die Paulernonnen fünf Gulden Zinsen, die Pauler 15 Gulden sowie die Rosen-

---

[88] Vgl. das Schreiben vom 11.4.1528 an Hzg. Georg: *"Dan wyr vorweyset auß allen termineyen und heusern des churfurstenthumbs"*; vgl. FÖRSTEMANN, Urkundenbuch 215 Nr. 305. Vgl. auch LÖHR, Kapitel 44*-47*; DERS., Leipzig 102.

[89] Zu Mühlhausen vgl. LÖHR, Kapitel 47*, zu Eisenach und Jena die entsprechenden Kapitel dieser Arbeit, zum Plauener Prior 1540 s. u.

[90] Vgl. oben S. 204. Zu Dominikanern an der Universität nach 1525 vgl. LÖHR, Leipzig 94 (Elgersma), 96 (Bodenstein), 98-101. Zu P. Rauch vgl. K.-B. SPRINGER: Rauch, Petrus. In: BBKL 7 (1994) 1398-1401; LÖHR, a.a.O. 98f.

[91] Leipzig war wohl der wichtigste Studienort der Saxonia nach 1525. Erfurt, der traditionelle Ort des Generalstudiums, kam wegen der lange währenden Restitutionsverhandlungen nach dem Bauernkrieg als Studienort nicht bzw. nur eingeschränkt in Frage.

[92] Vgl. LÖHR, Leipzig 106.

[93] Vgl. HÜTTER 119.

[94] Vgl. FÖRSTEMANN, Urkundenbuch 251 Nr. XI; 224 Nr. 314. Zu Schirmeisters Studium in Köln vgl. LÖHR, Kapitel 186.

[95] Vgl. ebd. 63*.

kranzbruderschaft 10 Gulden jährlich.[96] 1528/29 gab der Magistrat einen Zuschuß zur Renovierung der Orgel in der Paulinerkirche.[97] Doch wurde die Situation auch in dem politisch stabilen und von den Religionswirren ungefährdeten Leipzig für die Dominikaner zunehmend schwierig. Am 11. April 1528 hatte der Konvent Herzog Georg gebeten, den Besitz der Ziegelscheune und des Predigerholzes gegen den Leipziger Rat zu schützen. Das Schreiben ist ein Zeugnis für die angespannte finanzielle Situation des Konvents: "*wyr haben auch keynen residenten terminarium an keynem ende mher, dan sich keyner mher erhalten kan, also das wir nhun keße putter hoppen gersten, welchs wyr vor erpethen zum guten teyll, ytzt kauffen mussen, und so wyr nicht ein wenig korn ym vorrathe hetten, so mußten wir es doch warlich auch keuffen. Das wyr endtlich durch entzciehunge gewonlicher oblation testament almosen obvention, auch durch not dartzu gedrungen heuptsummen die uns abegelegt, nämlich von Heintz Scherll sechshundert fl., haben mussen einpüssen, auch zu unsern nöten und enthalt genötiget zu vorkauffen gehöltze lange tzeit geheget, weinperge und andere dinge, also das wyr über zweytausent fl. diesse jare eingepüsset*".[98] Das Schreiben wirkt resignierend, das Ende des Konvents wurde befürchtet.[99] Aufgrund der Bedrängnis wurde der Landesfürst als "*nach got unsern höchsten troste tutorem patronum und schutzherrn*"[100] angerufen. In dieser angespannten, aber dennoch vergleichsweise guten Situation des Konvents fand 1528 das Provinzkapitel in Leipzig statt, denn aufgrund des dezidiert altgläubigen Landesherren war eine ungefährdete Abhaltung der Versammlung möglich.[101]

Das Kloster war nicht an Herzog Georgs Vorgehen gegen Neugläubige und "Sektierer" beteiligt. Als 1527 Johannes Hergot in Leipzig hingerichtet wurde, diente das Paulinerkloster nur als Verhandlungsort zwischen Universitätsvertretern und dem Rat wegen der zwei Studenten, die seine Schriften vertrieben hatten.[102] Auch bei den Religionsgesprächen 1534 und 1539 war der Dominikanerkonvent nur Tagungs-

---

[96] Vgl. FÖRSTEMANN, Urkundenbuch 88 Nr. 136 sowie WUSTMANN, Geschichte 411-415.

[97] Vgl. FÖRSTEMANN, Urkundenbuch 206 Nr. 292.

[98] Vgl. ebd. 215 Nr. 305. Der Besitz des Konvents in Kursachsen wurde nun auch zu Steuern herangezogen, d.h. die Immunität bestand nicht mehr; vgl. ebd. 217f. Nr. 306. Ebenso hatte u.a. die Stadt Erfurt seit über 10 Jahren keine Zinsen gezahlt, vgl. ebd. 216.

[99] "*ßo werden wyr in warheit unserm vorderben gar nahent sein, wie es uns den sunst nicht weyt ist*"; vgl. ebd. 217; HÜTTER 117 Anm. 299.

[100] FÖRSTEMANN, Urkundenbuch 216; vgl. auch ebd. 217: "*Wollen hiemitt e.f.g. unß armen brudere in derselben ewr furstlichen gnaden schutz und schyrm als unserm gnedigsten herren allenthalben bevolhen haben.*"

[101] Ed. LÖHR, Kapitel 192-201. In Leipzig war schon 1520 und 1524 getagt worden.

[102] Vgl. KIRCHHOFF 44, 29-33.

ort.[103] Ebenso hatten Pauliner nichts mit der Ausweisung von 70-80 Bürgern 1533 wegen ihrer neugläubiger Gesinnung zu tun.[104] Anlaß dafür war, daß auf Betreiben des Franziskanerguardians Kaspar Sagarus Kontrollmarken für die Osterbeichte eingeführt worden waren. Wer nach Ostern dem Rat kein solches Zeichen abliefern konnte, galt als Anhänger Luthers.[105] Somit exponierten sich die Dominikaner weniger gegenüber der neugläubigen Bewegung als die Franziskaner. Diese können als Vorkämpfer der Altgläubigen in Leipzig bezeichnet werden.

Obwohl das altgläubige Kirchenwesen offiziell unangefochten war und das neugläubige von der Obrigkeit niedergehalten wurde, nahm der Druck des Rats auf die kirchlichen Institutionen zu. 1530 ließ der Leipziger Rat in den Kirchen, Kapellen und Klöstern inventarisieren und nahm den größten Teil der Wertgegenstände an sich, einiges wurde den Gotteshäusern zum Gebrauch überlassen.[106] Ebenso endete die Steuerbefreiung für die Häuser des Konvents. Das Kloster war ab 1532 einige Jahre lang nicht in der Lage, den Schoß zu zahlen und bei der Stadt verschuldet. Gleiches galt für den Klosterbesitz in Kursachsen: Anfang 1533 verwandte sich Herzog Georg vergeblich für die althergebrachte Steuerfreiheit der dort gelegenen Güter der Dominikaner.[107] Wegen ihrer Not erbaten Prior und Konvent im Jahr 1533 die Intervention des Magdeburger Erzbischofs Albrecht von Brandenburg, da der Rat von Halle die geschuldeten Zinsen nicht bezahlte.[108] Vergeblich war das am 26. April 1535 an Herzog Georg gerichtete Ersuchen, er möge sich dafür einsetzen, daß Kurfürst Johann Friedrich dem Kloster die eingezogenen Terminhäuser zu Borna, Eilenburg und Gräfenhainichen einräume. Die Aussichtslosigkeit dieses nur auf den Rechtsstandpunkt gegründeten Unterfangens zeigte schon die Beilage zum Gesuch, denn alle Termineien hatte der Orden vor mehr als zehn Jahren eingebüßt.[109]

---

[103] Vgl. PAULUS, Dominikaner 217-219; LÖHR, Leipzig 103f.; BORNKAMM 201f.; HELBIG, Reformation 47f., 52; WARTENBERG, Religionsgespräche; DERS., Landesherrschaft 65f., 70; SCHRADER, Vehe 20ff.; T. FUCHS 388-409. Da 1534 Pflug in dem Zusammenhang mit Kardinal Schönberg OP korrespondierte und Cajetan als Leiter der Verhandlungen über die Messe im Gespräch war, versuchten die dominikanischen Vertreter (Vehe, Leucker) wohl vergeblich, ihren Orden in die Verhandlungen einzubeziehen; vgl. WARTENBERG, Religionsgespräche 35f.

[104] Vgl. BLASCHKE, Sachsen 111; ZSCHÄBITZ 64f.; WARTENBERG, Landesherrschaft 35.

[105] Vgl. WUSTMANN, Geschichte 430.

[106] Vgl. zu den Paulinern FÖRSTEMANN, Urkundenbuch 218f. Nr. 307.

[107] Vgl. ebd. 220 Nr. 309. Nach Entrichtung des Schosses 1534/35 an die Stadt blieb dafür ein neuer Schuldenposten etliche Jahre unbezahlt.

[108] Vgl. LÖHR, Kapitel 63*.

[109] Vgl. oben S. 205 mit Anm. 77.

Unabhängig von der finanziellen Not gab es weitere Bedrängnisse des Klosters, bei denen vielleicht der Glaubensstreit mitspielte. 1532 gelobte J. Schwartz, den die Pauliner bei der Universität wegen der geäußerten Beleidigungen und Drohungen verklagt hatten, nichts mehr gegen das Kloster zu unternehmen.[110] Da Mitglieder der Familie Pflug die für ein Anniversar den Dominikanern vermachte Schaftrift wieder besitzen wollten, verprügelten sie 1535 etliche Mönche.[111] Gravierender als dieser Vorfall waren die durch Initiativen des Kirchenregiments verursachten Bedrängnisse. So konnten sich die Dominikaner dem Sog hin zur Pfarrei nicht entziehen. Deren Bevorzugung spiegelte sich in der von Herzog Georg am 13. Januar 1536 erlassenen Begräbnisordnung. Allerdings waren auch hygienische Gründe zu berücksichtigen, denn der Rat hatte 1531 beschlossen, aus Gesundheitsgründen das Begräbnis vor die Stadt zu verlegen. Wurde nun dennoch eines der Klöster als Beisetzungsstätte gewählt, so hatte der Erbe des Verstorbenen an die Pfarrei *"einne namhaftige und dem armut fast unmugliche summa geldes"*[112] von vier Schock zu zahlen. Dagegen beschwerten sich die Dominikaner am 10. März 1536. Eines ihrer ältesten Privilegien war die ab dem 13. Jahrhundert erlangte, aber vielerorts angefochtene "libera sepultura". Für das Begräbnis bei den Bettelorden, besonders auch für Universitätsangehörige, wurde schließlich eine Ausnahmeregelung geschaffen.

Da Herzog Georg keine Erben besaß und daher nach seinem Tod der neugläubige Bruder Heinrich die Regierung übernehmen würde, war das Ende der durch Flucht oder durch allmähliches Aussterben geleerten Klöster abzusehen. Auch deshalb gab es eine Krise der geistlichen Institutionen trotz des offiziell bestehenden altgläubigen Kirchenwesens. Da *"die geisthlichen yre orden, habit vnnd closter vorliessen, dardurch die closter hofe heuser vnnd anndere yhre wohnunng vnnd guter vnns ader vnnsern erben vnd nachkommen als den lanndesfursten zu hannden kummen"*,[113] erhielt der Leipziger Rat das Vorkaufsrecht u. a. auf das Paulinerkloster. Der herzogliche Schutz galt bis zu Georgs Tod am 17. April 1539 für die drei Dominikanerklöster Pirna, Leipzig und Freiberg im albertinischen Sachsen.[114]

---

[110] Vgl. ZARNCKE, Acta 49; FÖRSTEMANN, Urkundenbuch 220 Nr. 308.

[111] Vgl. ebd. 222 Nr. 312. Nach 1543 erlangte die Familie den fraglichen Besitz.

[112] FÖRSTEMANN, Urkundenbuch 223f. Nr. 313; im Antwortschreiben einen Tag später machte der Rat darauf aufmerksam, daß die geforderte Summe unter der portio canonica liege, vgl. ebd. 224f. Nr. 314. Begräbnisordnung bei POSERN-KLETT II, 416ff. Nr. 449; 417 zum Begräbnis bei Paulinern und Barfüßern; 418 Nr. 450 zur Ausnahmeregelung für die Universität. Vgl. dazu STÜBEL 509f. Nr. 383. Vgl. insgesamt WUSTMANN, Geschichte 67f., 440-444. - Zur libera sepultura vgl. BERGER, Bettelorden 208f.

[113] POSERN-KLETT II, 424 Nr. 459.

[114] Vgl. H.-M. KÜHN, Einziehung 115 Anm. 2. Zur Kirchenpolitik in den letzten Jahren Hzg. Georgs vgl. CARDAUNS.

Sein Nachfolger, Herzog Heinrich (1539-41), wollte rasch das albertinische Herzogtum im Sinne der neuen Lehre umgestalten. Am 11. Mai erhielt der Leipziger Rat den Befehl, mit der Verfolgung der Neugläubigen einzuhalten, kurz darauf wurde die Reformation der Kirchen und Klöster auf den Pfingsttag (25. Mai) festgesetzt. Leipzig sollte der Ausgangspunkt für die religiöse Neuordnung des Herzogtums werden. Zur Huldigung der Stadt erschien der Herzog mit dem sächsischen Kurfürsten und etlichen Prädikanten, darunter Martin Luther, der auch Pfingstsamstag und -sonntag predigte.[115] Allerdings erlangte der Rat bei der Huldigung vom Landesherren neben der Bestätigung des von Georg erlangten Vorkaufsrechtes über die Klostergüter auch die Zusage, den neuen Gottesdienst erst einführen zu müssen, wenn der Landtag gehört worden sei. Trotzdem wurde die altgläubige Seite und besonders die Klöster zunehmenden Beschränkungen unterworfen. Am 4. Juni wurden in ganz Leipzig die Kirchen- und Klosterkleinodien in Verwahrung genommen und nur noch das Notwendigste den geistlichen Institutionen belassen.[116] Am 5. Juni entfiel die Fronleichnamsprozession, wofür die Klöster allerdings noch die übliche Weinspende erhielten. An diesem Tag schrieb der Herzog an den Rat, er möge die altgläubige Agitation der Franziskaner unterbinden,[117] gleichzeitig auch dafür sorgen, daß nicht weiterhin an die Altäre und Bilder der Kirchen und Klöster Hand angelegt werde. Der zuständige Bischof wurde gänzlich übergangen.

Auch an der Universität sollte der altgläubige Einfluß gebrochen werden. Dem dienten mehrere Disputationen: am 17. Juni stritt Friedrich Myconius (1490-1546) fünf Stunden lang u.a. mit dem Dominikaner Balthasar Müller über die Taufe, ebenso nach seinen Worten siegreich am 20. Juni im großen Auditorium der Universität. Am 23. Juni disputierte Caspar Cruciger (1504-48). Darauf verließen mehrere Professoren Leipzig, darunter auch der erwähnte Balthasar Müller.[118] Eine auf den

---

[115] Vgl. ZSCHÄBITZ 64f.; WARTENBERG, Entstehung 67f. Zur Einführung der Reformation und zu Hzg. Heinrichs Kirchenpolitik vgl. DERS., Landesherrschaft 94-102. Zu Leipzig vgl. WUSTMANN 448-458.

[116] Es handelte sich bei den Paulinern um sechs Kelche sowie Meßornate in verschiedenen Kirchenfarben; vgl. FÖRSTEMANN, Urkundenbuch 218 Nr. 307.

[117] Vgl. auch zum Folgenden WUSTMANN, Geschichte 456f. Ebenso schrieb der ehemalige Franziskaner Myconius (Mecum) nach der Visitation 1539, die Barfüßer seien die größte Behinderung des Evangeliums; vgl. ebd. 471.

[118] Vgl. LÖHR, Kapitel 63*f. Nach einem Bericht im vatikanischen Archiv nahmen an den "Disputationes de eucharistia" auf neugläubiger Seite Mykonius und Cruciger, auf altgläubiger Rektor Pistorius, Dr. Ochsenfarth, Dr. Metz und Lizentiat B. Müller OP teil; vgl. CARDAUNS 124 Anm. 2. Vgl. MYCONIUS (ed. CLEMEN, Geschichte 47): "Die Sach kam zur Disputation im Collegio Majori ad S. Nicolaum, da argumentiert ich einen Tag fünf, den andern neun Stund: Da fiel des Papsts und des Teufels, der ihn reitet, Kram in den Dreck. Der Sophist Dr. Melchior trollet sich, der Predigermönch Lic. Balthasar zeugt gen Würzburg". Vgl. LÖHR, Leipzig 104; nach ebd. 101, war Cursor S. Ollificis als Teilnehmer an der Disputation nicht in Frage gekommen; Lizentiat Schirmeister hatte vielleicht darauf verzichtet.

12./13. August einberufene Versammlung der Universitätsangehörigen erklärte dann, *"sie seien der Reformation erfreut"*.[119]

Entscheidendes Mittel zur Durchsetzung der neugläubigen Reformation war die im Juli und August 1539 in den wichtigsten Orten des Territoriums durchgeführte Kirchen- und Schulvisitation. Vom 5. bis zum 15. August waren die Visitatoren in Leipzig.[120] Sie befahlen am 6. August die Geistlichkeit einschließlich der Mendikanten vor sich. An diesem Tag untersagten die Visitatoren *"in gegenwart des rats den paulern und parfüssern doselbst vermuge fürstlicher instruction"*[121] jeden öffentlichen wie heimlichen altgläubigen Gottesdienst einschließlich der Spendung der Sakramente und der Predigt. Die neugläubige Zentrierung auf die Gemeinde zeigte sich bei der Begründung *"dorzu sie auch nicht pfarrer sind noch recht vocation und beruf haben."*[122] Erlaubt sei das Stundengebet bei verschlossener Kirche. Es dürften keine Novizen aufgenommmen werden, jedem Frater sei hingegen der Austritt freigestellt, auch der Ehestand sei nicht mehr verboten. Ferner dürften sie *"kein meuterei mit jemanden wider das heilig evangelium und christliche ceremonien und derselben anhenger"*[123] machen, also nichts gegen die neugläubige Lehre reden oder schreiben. Der Rat solle darauf achten, daß dem nicht zuwidergehandelt würde. Gleichzeitig zu dieser "Kirchenordnung" wurde auch im Paulinerkloster das Kirchen- und Klostergut inventarisiert. Danach wurde den Klöstern mitgeteilt, daß der Rat in Zukunft alle Stiftungen, Zinsen und Almosen für Jahrgedächtnisse einnehmen würde. Das daraufhin von den Dominikanern an den Herzog gerichtete Bittgesuch blieb erfolglos.[124] Am 25. August wurden die wenigen den Dominikanern noch belassenen Kirchengerätschaften aus dem Kloster getragen, ferner alle Zinsbriefe.[125] Dem Konvent war jede finanzielle Eigenständigkeit und die Möglichkeit zur Meßfeier genommen, denn die sechs noch vorhandenen Kelche waren gleichfalls bis auf einen entfernt worden. Der Konvent war zwar noch nicht aufgehoben, doch

---

[119] Zit. nach HELBIG, Universität 31. Vgl. ZSCHÄBITZ 65; R. THOMAS 120.

[120] Vgl. WUSTMANN, Geschichte 458f.

[121] SEHLING I, 589. Zum Verbot des altgläubigen Gottesdienstes vgl. auch ZARNCKE, Acta 188: *"Henricus ... silentium sacris eorundem imposuit 1539 mense Augusto."* Vgl. BLASCHKE, Sachsen 112; LÖHR, Kapitel 64*.

[122] SEHLING I, 589.

[123] Ebd.

[124] Vgl. WUSTMANN, Geschichte 464f.

[125] Vgl. FÖRSTEMANN, Urkundenbuch 218f. Nr. 307 (bzgl. Kelche undatierter Zusatz: *"haben V kelch geanthwurt. Item noch 1 großen kelch ubirantwurt."*).

seiner Funktionen beraubt. Ein Ende war abzusehen.[126] Der Konvent fügte sich zwar am 29. August 1539 den Bestimmungen der Visitatoren aufgrund der finanziellen Daumenschraube, *"denn wue wir solche artikel unvorbruchlich halten wurdenn, solt an dem einkummen unsers armen closter kein vorkurczung gescheen."*[127] Trotz des neugläubigen Landesherren beharrten die Pauliner weiterhin auf ihrem Rechtsstandpunkt. Doch handelte es sich nun um das Eigentum des Landesherren. Am gleichen Tag bat der Konvent den Herzog, sich in den ernestinischen Landen, wo man der Meinung gewesen war, *"ob unser closter erlehedicht wurdt woltenn sye alsdenn seiner churfurstlichenn durchlauchtikeyt solch holcz zuwendenn unnd e.f.g. landt enthfremdbdenn"*,[128] für ihren Forst zu verwenden sowie für die Einräumung der drei Termineien von Eilenburg, Gräfenhainichen und Borna. Trotz des eingeführten neugläubigen Kirchenwesens unterzeichneten weiterhin der *"willige prior unnd die gancze samnung des Paulerclosters predigerordens daselbst".*[129] Dies ist Ausdruck der Beharrung der Dominikaner, sie taten so, als hätte sich für sie und ihr Konventsleben trotz der Abrogation der Messe und der anderen verordneten Maßnahmen weiter nichts geändert. Diese Ansicht war auch mindestens zum Teil richtig. Aufgrund des Widerstands der Stände, die ohne Landtagsbeschluß nicht ohne weiteres die neue Lehre annehmen wollten, war der Herzog zu langsamerem Vorgehen bei der Einführung der Reformation gezwungen.[130] Außerdem wollte der Adel die Versorgungsanstalten für die nachgeborenen Kinder nicht verlieren und sah sich durch den Herzog in seinen Patronatsrechten bedroht. So blieben die neuen religiösen Formen nur "aufgeklebt" und unterlagen der beständigen Sabotage des Adels.[131] Daher erfolgte das Ende des Paulinerklosters nicht so schnell, wie Herzog Heinrich das vielleicht gedacht hatte. Auf dem Chemnitzer Landtag im November 1539 mußte er der Bildung eines vierzehnköpfigen Ausschusses der Landstände zur Mitsprache bei der Neuregelung der Verwaltung und der Verwendung des geistlichen Gutes zustimmen. Aus finanziellen Gründen übergab der Herzog in Leipzig 1540 die Güterverwaltung ganz den Ständen.[132]

---

[126] Daher setzt auch HÜTTER 117, das Ende des Konvents 1539 an. Dagegen WARTENBERG, Landesherrschaft 96: "Die Klöster blieben zunächst unangetastet. Nur die Mißbräuche waren in ihnen abzuschaffen, damit sie nicht zu Stützpunkten heimlicher Predigt wurden."

[127] FÖRSTEMANN, Urkundenbuch 225 Nr. 315. Vgl. LÖHR, Kapitel 64*.

[128] FÖRSTEMANN, Urkundenbuch 227 Nr. 316. Zu den Termineien vgl. S. 205 mit Anm. 77.

[129] FÖRSTEMANN, Urkundenbuch 227 Nr. 316.

[130] Vgl. BRANDENBURG, Herzog 192-195; WARTENBERG, Entstehung 71-74.

[131] Vgl. ZSCHÄBITZ 62f.; LOH 12.

[132] Vgl. ebd. 13; WUSTMANN, Geschichte 478f.

Allerdings wollte Herzog Heinrich sein Reformprogramm durchzuziehen und setzte zu dem Zweck erneut eine Visitationskommission ein. In Leipzig begann die zweite Visitation am 6. Mai.[133] Diesmal sollten vor allem die Klöster aufgelöst werden, denn diese waren die Zentren des altgläubigen Widerstands. Wohl um diese Zeit verließen die Jenaer Dominikaner mit Ausnahme von zwei Laienbrüdern Leipzig. Prior Kramer und Petrus Rauch immatrikulierten im Wintersemester, also im Herbst 1540, in Erfurt.[134] Die Mitglieder des Plauener Konvents wie auch von Leipzig blieben. Am 7. und 8. Mai 1540 wurden die acht Patres und acht Laienbrüder visitiert. Gegenüber den Visitatoren erklärte der seit 1536 amtierende Prior Schirmeister, er wolle das Ordenskleid ablegen, aber im Kloster bleiben. Der Subprior, fünf Patres sowie sechs Laienbrüder wollten sich ebenso den in der Urkunde nicht weiter ausgeführten herzoglichen Befehlen fügen. Dafür wurde ihnen lebenslängliche Versorgung im Kloster zugestanden. Die zwei auswärtigen Patres und fünf Studenten dürfe der Prior unter den genannten Bedingungen aufnehmen.[135] Der vielleicht schon vorher ausgetretene Valentin Koeler erhielt eine endgültige Abfindung von 15 Gulden. Für die schon bejahrten Fratres stand wohl der Versorgungsaspekt im Vordergrund. Ihnen wurde zugesagt, daß sie gegen jährliche Rechnung "*in diesem closter und bei iren guetern sollen gelassen werden*". Einigen wurde versprochen, "*wie sie begert, zum predigampt zu fodern*".[136]

Der Laienbruder des Jenaer Konvents Erhard Schnabel hatte zwar zuerst erklärt, er wolle sich wie seine Mitbrüder den landesherrlichen Anordnungen fügen, wanderte dann aber doch mit dem anderen Jenaer Konversen Nikolaus Schreier, der schon 41 Jahre im Orden war, aus. Dies zeigt die erstaunliche Beharrungskraft des Jenaer Konvents.

Im Gegensatz zu den Jenaer Konventualen hatten Prior Andreas Zedel und der schon 40 Jahre im Kloster befindliche Subprior Julius Schwab von Hasfart des Plauener Klosters Bedenkzeit erbeten,[137] sich dann aber den Visitatoren gefügt. Die ver-

---

[133] Vgl. ebd. 474ff.

[134] Vgl. LÖHR, Kapitel 46*, 65* mit Anm. 103f.; DERS., Erfurt 273; DERS., Leipzig 102 (zu Anm. 80); K.-B. SPRINGER: Rauch, Petrus. In: BBKL 7 (1994) 1399.

[135] Das nahm später nur Johannes von Oppenheim an; vgl. S. 223.

[136] FÖRSTEMANN, Urkundenbuch 228f. Nr. 317. Vgl. LÖHR, Kapitel 64*f. mit Anm. 102; DERS., Leipzig 104f. - Die Verhandlungen der Visitatoren mit Propst und Konventualen des Thomasklosters erfolgten am 6./8.5.; vgl. POSERN-KLETT II, 427f. Nr. 464. Im Franziskanerkloster waren noch dreizehn Fratres und drei Konversen (sowie 12 Beginen), vgl. WUSTMANN, Geschichte 477. Zur weniger passiven Haltung der Franziskaner vgl. FÖRSTEMANN, a.a.0. 302-305 Nr. 386ff.; STÜBEL 532f. Nr. 407.

[137] Zu den Jenaer u. Plauener Fratres vgl. FÖRSTEMANN, Urkundenbuch 228 Nr. 317 (Schnabel im Text als Koch von Eger bezeichnet, in der Anm. als von Jena); LÖHR, Kapitel 65* Anm. 102f.; nach 46* E. Schnabel noch 1559 genannt; dort auch zum Plauener Restkonvent. - Zwar gedachte das Provinzkapitel

zögerte zustimmende Entscheidung war vielleicht auch dadurch bedingt, daß die Dominikaner in Leipzig erneut hofften, aufgrund der Altgläubigen in Adel, Magistrat und Landtag werde das herzogliche Vorgehen sabotiert. In der Tat war es noch die nächsten zwei Jahre möglich, sich den Verhältnissen zu fügen, ohne der eigenen altgläubigen Überzeugung etwas zu vergeben.

5.1.3 Vom Paulinerkonvent zum Paulinerkolleg und das weitere Schicksal der Dominikaner

Das weitere Schicksal der Dominikaner war untrennbar mit dem des entstehenden Paulinerkollegs verbunden. Zentral war in beiden Fällen die Person des ehemaligen Priors Schirmeister, der einerseits Kontinuitätsträger der "vorreformatorischen" Fakultät und andererseits einer der ersten neuen "protestantischen" Professoren war.

5.1.3.1 Die Entwicklung bis zur Übergabe des Paulinerkonvents an die Universität

Wegen der fortgesetzten ständischen Obstruktionspolitik wurde die de jure vorgenommene Klosteraufhebung nicht oder nur eingeschränkt de facto wirksam. Nach dem Willen der Sequestrationskommission bestand der Konvent unter der Leitung des Priors weiter: *"Das Paulercloster zu Leypzigk sal dem prior daselbst auf rechnung gelassen und er solchs jerlichen ins ampt Leypzigk zu berechnen und wivil er ordenspersonen, die in das closter gehoren, underheldet und wie eine ide mit namen heist anzuzeigen und bey einer jeden rechnung ferners bescheits zu gewarten schuldig sein; die holzer sal er nit anders dan zu notdurft des feurs gebrauchen."*[138] Der als Verwalter amtierende Prior erhielt sogar die konfiszierten Kapitalien oder zumindest die Verfügung darüber zurück! Der Konvent exisitierte also weiter, allerdings unter Kontrolle der Sequestratoren.[139] Daher konnten die Fratres mit Recht hoffen, ihre altgläubige Überzeugung weiterhin leben zu können. Vielleicht

---

1540 auch des in Leipzig verstorbenen Priors von Eger, Heinrich Kestinghausen (vgl. LÖHR, Kapitel 224), doch bestand der Egerer Konvent weiter, obwohl ihn die Kapitelsakten nach 1523 nicht mehr erwähnen. Der Prior war wohl *ratione officii* in Leipzig gewesen.

[138] FÖRSTEMANN, Urkundenbuch 230 Nr. 319. Ebenso blieben auch die Pirnaer Dominikaner in ihrem Kloster, das zunächst an sie verpachtet wurde; vgl. H.-M. KÜHN, Einziehung 102. - Auch 1542 unterschrieb Schirmeister Urkunden mit *"demutige gehorsame prior und convent sancti Pauls closter zu Leiptzigk"*; vgl. FÖRSTEMANN, Urkundenbuch 231f. Nr. 321.

[139] Ausdruck dessen war, daß bei der Visitation ein weiteres Inventar des Klosters am 18.1.1541 aufgenommen wurde; vgl. FÖRSTEMANN, Urkundenbuch 246 Nr. IX; WUSTMANN, Geschichte 480.

trugen die Pauliner sogar den verbotenen Habit;[140] es gibt leider keinen Hinweis, wie ihre *vita communis* sich angesichts des Verbots altgläubigen Gottesdienstes gestaltete. Das Angebot, im neuen Kirchenwesen ein geistliches Amt zu versehen, nahm zu diesem Zeitpunkt kein Pauliner an.[141] Das läßt auf eine ziemlich stabile Kommunität schließen. Ähnlich sah es auch das Hildesheimer Provinzkapitel der Dominikaner vom Jahr 1540. Zwar nahm kein Vertreter des Konvents daran teil, doch galt dieser als entschuldigt.[142] Der Konvent bestand nach Meinung der in Hildesheim versammelten Dominikaner nicht nur weiterhin, er war auch voll geschäftsfähig. Die Leipziger Novizen Andreas Haniß, Wolfgang Wynck (Ehring) und Wolfgang Plattner wurden nach Halle assigniert,[143] Johann von Oppenheim nach Dortmund versetzt[144] und - zumindest auf dem Papier - das Leipziger Studium fortgesetzt.[145] Prior Schirmeister war auch weiterhin Mitglied der nominell neugläubigen Theologischen Fakultät.[146] Aufgrund dieser Situation kann man nicht sagen, er hätte sich schon 1540 der Reformation innerlich ganz zugewandt.[147] Er ist vielmehr einer via media zwischen den beiden entstehenden Konfessionen zuzurechnen.

Die allmählich erfolgende Umgestaltung des Paulinerklosters tendierte langfristig zu einer Lösung im neugläubigen Sinne. An der Universität fielen die Reformen der 40er Jahre "mit dem Beginn einer neuen Periode in der wirtschaftlichen Fundierung

---

[140] Ohne Hinweis auf die Dominikaner ist die allgemein gehaltene Notiz, 1542 sei Hzg. Moritz gegen altgläubigen Gottesdienst in den Klöstern eingeschritten und hätte den Mönchen befohlen, die Habite abzulegen und die Predigt zu besuchen; vgl. BRANDENBURG, Moritz 285; laut ebd. 291, sollen von 37 thüringischen und meißnischen Klöstern 12 ziemlich vollständig besetzt gewesen sein. Als Verwalter amtierten häufig Adlige oder die bisherigen Vorsteher.

[141] Etwa ein Jahr später trat am 29.1.1541 Johann Schwarm aus dem Konvent aus. Er wurde Pfarrer in Probstheide, dann zu Eudritzsch. Als Abfertigung erhielt er vom Prior im Auftrag der als Sequestratoren wirkenden Leipziger Stadtrichter 30 fl., zwei Betten und Bettzeug; vgl. FÖRSTEMANN, Urkundenbuch 230 Nr. 320; WUSTMANN, Geschichte 492. Vgl. den Auszug aus dem Ratsbuch, der gut die Einordnung der Geistlichen ins jeweilige Kirchenregiment beschreibt: *"Er Johann Schwarm ethwan pfahrrer zur Haide ist die pfar zuw Eudertizsch zugesagt, so lang es dem rath gefellig, sol der getrewlich vorstehen."*

[142] Vgl. LÖHR, Kapitel 65*, 223: *"In primis sufficientem reverendi patris prioris Lipsensis excusationem examinatam sufficientem invenimus, ideoque acceptamus eumque coram deo et ordine excusatum credimus"*.

[143] Vgl. ebd. 65*; FÖRSTEMANN, Urkundenbuch 229 Nr. 317. Zu W. Plattner vgl. S. 224f. Über das Wirken der anderen Fratres im Orden können keine weiteren Angaben gemacht werden.

[144] Vgl. LÖHR, Kapitel 223 mit Anm. 15; RENSING 176.

[145] Vgl. LÖHR, Kapitel 222: *"In conventu Lipsiensi continuamus studium theologie. Magister regens et studentes, magister studencium et semistudentes qui prius."*

[146] Vgl. ebd. 65*.

[147] So BORNKAMM 203.

zusammen."[148] Im August 1541 wurde der inventarisierte Klosterbesitz des Territoriums durch den Sequestrationsausschuss in drei Teile geteilt: 1. zur Verbesserung des Einkommens der im Kirchendienst Tätigen, 2. zur Hebung der Universität Leipzig, 3. "*zu trost gemeiner Landschaft*".[149] Herzog Moritz (1541-53) sagte zu, die Universität entschiedener als vorher zu fördern. Am 26. Mai 1542 erließ er deshalb die "Neue Fundation der Universität". Die auf das Bekenntnis zur rechten Lehre des Wortes Gottes verpflichtete Theologische Fakultät sollte nun aus zwei alt- und zwei neutestamentlichen Professuren sowie einer weiteren Professur für Hebräisch bestehen. Leitender Professor war der jeweilige Leipziger Superintendent. Diese fünf Stellen wurden jährlich mit 250 bzw. 150 Gulden und Einnahmen aus den Kanonikaten zu Meißen sowie 100 Gulden für den Hebraisten dotiert.[150] Das Paulinerkloster war noch nicht für die Universität bestimmt.

Nur kurze Zeit später war der Leipziger Magistrat dem Ziel seiner bisherigen Klosterpolitik einen erheblichen Schritt nähergekommen. Weil der Rat für Herzog Moritz 30.000 Goldgulden aufgebracht hatte, räumten ihm dessen Statthalter und Räte am 21. Juli 1542 das Nutzungsrecht an den dortigen Klöstern und Klostergütern ein. Außerdem wollten sie den Herzog zum Verkauf der Güter an den Rat bewegen. Zu den genannten kirchlichen Institutionen in der Nutzungskompetenz des Rates gehörte auch das Dominikanerkloster, von dem es in der Urkunde heißt, daß es "*nach nicht vorledigt*"[151] sei. Der Herzog wies als Eigentümer der Klöster dem Rat die von letzterem zur Besoldung der Kirchen- und Schuldiener bestimmten Summen aus dem Einkommen der Klöster und Kirchen an, dafür wurden auch "*die anniuersarien des Paulerclosters erledigt vnd ganckhafftig gemacht*".[152] Da das Paulinerkloster fast gänzlich im Besitz der Stadt war, sollte die Kirche abgebrochen werden. Zu Pfingsten 1542 wurden die Altäre sowie das Chorgestühl entfernt und die Kirche geschlossen, die Statuen und Bilder rettete die Fürsprache des Priors Schirmeister.[153] Zu diesem Zeitpunkt waren von den 1539 erwähnten 16 Fratres nur noch vier Mönche im Kloster, die anderen waren mittlerweile entweder ver-

---

[148] HOYER, Gründung 18.

[149] Zit. nach LOH 13.

[150] Vgl. R. THOMAS 123; ZSCHÄBITZ 65. Zur Dotierung s. auch S. 224 Anm. 194. - Herzog Moritz entschied den Kampf mit den Ständen um die Verwaltung der Klostergüter für sich. 1543 begann deren Veräußerung zu geistlichen wie auch weltlichen Zwecken; vgl. KÖTZSCHKE/KRETZSCHMAR 196. Zur Beteiligung des Adels bei der Säkularisation vgl. OEHMIG, Säkularisation. - Biographische Würdigung des Herzogs bzw. Kurfürsten bei WARTENBERG, Moritz.

[151] POSERN-KLETT II, 441 Nr. 475; vgl. auch 442 Nr. 476.

[152] Ebd. 445 Nr. 478.

[153] Vgl. ZARNCKE, Acta 188, 517; ECKSTAEDT 20 (ohne Beleg); LÖHR, Leipzig 106; WARTENBERG, Landesherrschaft 157.

storben oder wirkten als neugläubige Geistliche.[154] Die vergangenen drei Jahre hatten also einen Erosionsprozeß im Konvent bewirkt.

Allerdings war das Dominikanerkloster nicht im Kauf der Leipziger Klöster eingeschlossen, für den der Rat am 6. August 1542 83.342 Gulden entrichtete. Der Herzog hatte über das Schicksal des Paulinerklosters noch nicht verfügt, daher konnten die Dominikaner einstweilen weiterhin in ihrem Konvent bleiben. Die Barfüßer wurden hingegen am 24. Juli 1542 vom Rat abgefunden und am 29. Juli aus der Stadt geführt.[155] Die verkauften Klöster wurden abgerissen und Wohnhäuser errichtet. Damit wurden die in Luthers "Ordenung eyns gemeynen kastens" von 1523 dargelegten Vorstellungen verwirklicht: *"aus den bettel klöstern ynn stedten weren gutte schulen für knaben und meydlyn zu machen ... aus den ubrigen klöstern aber möcht man machen heußer, wo die stadt yhr dürffte"*.[156] Die Thomasschule wurde Stadtschule und der Rat erhielt das Patronatsrecht des Propstes von St. Thomas.[157] Der Magistrat bekam so das ganze Kirchen- und Schulwesen Leipzigs in seine Hand.[158] Außerdem wurden die innerstädtischen Zinsrechte des Thomasklosters nach 1543 abgelöst.[159] Ferner profitierte der Rat dadurch, daß die beiden größten Grundherren in der Nähe der Stadt, der Bischof von Merseburg und das Thomaskloster, nun verdrängt waren. Mit 18 Dörfern aus den Grundherrschaften der Klöster rundete der Rat das Gebiet der Stadt ab.[160]

Unterdessen war das Paulinerkloster zunehmend in die Überlegungen um die Universitätsreform einbezogen worden. Von daher erschien den damit Betrauten die Übergabe der Gebäude an die Stadt zunehmend als sinnlos. Für die Universität war sowieso eine bessere Ausstattung mit Räumlichkeiten für Vorlesungen und Dozenten- wie Studentenwohnungen nötig. Diese Räumlichkeiten waren in Leipzig nicht in ausreichendem Maß vorhanden, da ja auch die Stadt das Kloster für dringend

---

[154] Vgl. ZARNCKE, Acta 188f.; LÖHR, Kapitel 65* Anm. 102. Bei GRÜNBERG war keiner der Konventualen nachweisbar.

[155] Vgl. FÖRSTEMANN, Urkundenbuch 305f. Nr. 390; WUSTMANN, Geschichte 483f.

[156] WA 12, 15. Vgl. auch WUSTMANN, Geschichte 498ff. Die Wohnhäuser wurden für 300-600 fl. pro Einheit verkauft.

[157] Vgl. POSERN-KLETT II, 447-450 Nr. 480; MANGNER 7ff.

[158] Vgl. WUSTMANN, Geschichte 482.

[159] Vgl. E. MÜLLER 244f.

[160] Vgl. H. ARNDT 47. - Wie Gemeinwesen anderer Stadttypen verfolgte Leipzig eine Arrondierungspolitik: Ende des 15. Jahrhunderts wurden einzelne Rittergüter im Umfeld der Stadt erlangt, nach den genannten Erwerbungen von 1543 folgte 1569 der Kauf des Ritterguts Taucha mit seinen Dörfern; vgl. BLASCHKE, Bewegung 121.

benötigten Wohnraum nutzen wollte. Von daher ergab es sich beinahe zwangsläufig, daß ein heftiges Ringen um das Kloster einsetzte.

Im September 1542 gelang es dem seit 1538 als Professor amtierenden früheren Leiter der Thomasschule Caspar Borner (um 1492-1547), den herzoglichen Rat Georg Komerstadt dafür zu gewinnen, das Paulinerkloster für die Universität vorzusehen und nicht dem Leipziger Rat zu verkaufen.[161] Vielleicht verweigerte in diesem Zusammenhang der Leipziger Rat die Zahlung etlicher Zinsen, die an das Paulinerkloster zu entrichten waren. Ebenso legte er den Erben der Mordeisenschen Stiftung nahe, sich genau so zu verhalten.[162]

Die Neuordnung der Universität war nur gegen den äußerst heftigen Widerstand des Leipziger Magistrats möglich und ist im Zusammenhang der neuen Landesordnung vom 21. Mai 1543 zu sehen.[163] Der Ständeausschuss hatte vorgeschlagen, "*das alle Bücher aus allen Clöstern gegen Leipzig geschickt, die besten in die Liberey des Pauler Closters gelegt, und die andern in allen Facultaeten armen Studenten auff eine anzahl Jahre zugebrauchen geliehen würden*".[164] Dieses Vorgehen legte sich nahe, da die Bibliotheca Paulina mit 929 Bänden eine der umfangreichsten in Sachsen war[165] und außerdem am Universitätsort lag. Im Juni 1543 waren alle Leipziger Klosterbibliotheken inventarisiert und auf Befehl von Herzog Moritz in das Paulinerkloster überführt worden, ebenso übernahm die Hochschule z.B. die Bestände des Zisterzienserklosters Altzelle.[166] Durch diese Zentralisation der Buchbestände verfügte die Leipziger Universitätsbibliothek bis zum Ende des 16. Jahrhunderts über die größte sächsische Büchersammlung.[167] Erst nach Abschluß der Umbauarbeiten am Paulinerkolleg konnte Caspar Borner 1546 mit der Ordnung und Katalogisierung der Buchbestände beginnen, die bis dahin unter einem Dach gelagert

---

[161] Vgl. LOH 15.

[162] Vgl. FÖRSTEMANN, Urkundenbuch 247ff. Nr. X.

[163] Vgl. WARTENBERG, Landesherrschaft, bes. 177f.

[164] Zit. nach LOH 13; vgl. auch 92.

[165] Vgl. BLASCHKE, Sachsen 95. Nach F. SCHULZE 24, handelte es sich um 1150 Werke. Notizen aus Handschriften und Drucken des Paulinerklosters ed. FÖRSTEMANN, Urkundenbuch 249f. Nr. XI.

[166] Vgl. LOH 60f. Vgl. auch Carlowitz Schreiben vom 2.7.1543: "*Weiter hab ich die Bibliotheken in dem Thomasser Pauler und Barfusser Closter alle unterschiedlich inventiren lassen, und, wil die andern zwei, e.f.g. befelch nach, in das Pauler Closter tranferiren lassen*" (zit. ebd. 106 Anm. 19). Zu weiteren Überführungen von Klosterbibliotheken vgl. ebd. 62ff.; vgl. auch 15f. Ende 1544 lag die "Hauptmasse des Besitzes der albertinischen Klosterbibliotheken" nun zentral bei der Leipziger Universität.

[167] Vgl. ebd. 101.

hatten und von Wachen gegen Diebstahl geschützt wurden.[168] Erst 1548 wurde offiziell festgelegt: *"Bibliothecam Paulinam esse instruendam."*[169]

Im Zusammenhang mit der geplanten neuen Verwendung des Paulinerklosters sollten die letzten Mönche abgefunden werden. Gemäß der an den herzoglichen Amtmann, Leipziger Bürgermeister und Jusprofessor Ludwig Fachs ergangenen herzoglichen Instruktion vom 8. Juni 1543 wurden dem Prior maximal jährlich 60 Gulden, den Fratres maximal 30 Gulden angeboten. Dafür sollte der Prior die ungefähr 242 Gulden jährlicher Zinsen aus Jahrgedächtnissen und anderen Stiftungen an den Leipziger Rat überschreiben. Doch verlangte Schirmeister 150 Gulden,[170] denn das vorhandene Einkommen war für die wenigen Mönche viel höher als die Abfindungssummen. Daher sperrten sich die Dominikaner noch im Juli gegen dieses Vorhaben[171] und waren bei der Übergabe des Paulinerkonvents an die Universität noch nicht abgefertigt. Im Gegensatz zur Stadt, die die letzten Barfüßer ausgewiesen hatte, gingen die herzoglichen Beauftragten nicht rabiat vor. In dem komplizierten Gerangel um ihr Klostergut konnten die Pauliner einstweilen ihre Position halten.

5.1.3.2   Die ersten Jahre des Paulinerkollegs und das Ende der Dominikaner

Am 28. Juni 1543 wurden die Gebäude des Paulerklosters samt der Kirche der Universität vom Leipziger Amtmann Christoph von Karlowitz (1507-1574) *"in gegenwertigkeit des priors"*[172] eingeräumt. Er gehörte zu den drei *"praesides"* des neuen Kollegs neben Caspar Borner und dem Dekan der theologischen Fakultät Johannes Sauer.[173] Die Schätzung der als Oberholz bezeichneten Waldung durch die Universität erfolgte ebenfalls unter Teilnahme des früheren Priors am 26. Oktober 1543.[174] Ergänzend zu den in Leipzig verstreut liegenden Kollegien und

---

[168] Vgl. ebd. 28, 92.

[169] Zit. nach ebd. Anm. 54 (S. 109).

[170] Vgl. ebd. 232 Nr. 322. Vgl. WUSTMANN, Geschichte 492. Schon am 5.5.1543 hatte Hzg. Moritz Anordnungen bzgl. der Ruhegehalte des Propstes (300 fl. jährlich) und der Konventualen von St. Thomas (40 fl. pro Jahr) getroffen; vgl. POSERN-KLETT II, 443f. Nr. 477.

[171] Vgl. FÖRSTEMANN, Urkundenbuch Nr. 196: *"So heben die funff monche im Paulercloster noch IIII^c fl. zinße uff; weil sye die haben, lassen sye sich nicht contentiren. Dorumb solt es den handel fördern, das ire brieffe alhier uffm schlosse uber die widerkeuffliche zinße besagend heraußgenommen, deme rathe die iren uber die II^cXLV fl. anniversarien zugestelth und die andern in e.f.g. ampte behalten und die uberigen F̃LXV fl. zinse den monchen zu irem unterhalt, bis sye in andere wege contentirt, gelassen wörden."* (Bürgermeister Fachs an Hzg. Moritz am 20.7.1543)

[172] FÖRSTEMANN, Urkundenbuch 233 Nr. 323.

[173] Vgl. ZARNCKE, Acta 194, 178.

[174] Vgl. FÖRSTEMANN, Urkundenbuch 233 Nr. 323.

Bursen erhielt die Universität somit - neben weiterem Grundbesitz und der damit verbundenen Verbesserung der Dotation - einen größeren, in sich geschlossenen Gebäudekomplex. Gleichzeitig verstärkte der Herzog durch diese Maßnahme seinen Einfluß auf die Universität.[175]

Allerdings hatte der Landesfürst nicht das gesamte noch vorhandene Vermögen des Paulinerklosters der Universität vermacht. Ein Teil davon war dem fürstlichen Kammergut zugefallen. Darüber konnte der Herrscher frei verfügen. Am 31. Dezember 1548 wurde die *"hofstedt der Paulerforsterey vor dem Ranischen thore an dem Steinwege gelegen"* an Hans Thamm aufgrund seiner treuen Dienste im Schmalkaldischen Kriege erblich überlassen. Das zugehörige Gehölz wurde am 6. Juni 1550 für 500 Gulden an Wolf Seydel von Leipzig verkauft.[176]

Wegen der Übergabe des Dominikanerklosters an die Universität waren die Vertreter der Stadt verprellt und zeigten dies auch. Am Tag vor der Übergabe begab sich der Bürgermeister in das Paulinum und ließ den von der Stadt seinerzeit den Fratres genehmigten Gang durch eine Mauer sperren.[177] Der Rat versuchte weiterhin, das Gebäude der Universität abzukaufen. Er bot 10.000 Gulden. Aus den Zinsen sollte die Besoldung der Professoren verbessert und ein Kolleggebäude gebaut werden, aber alle Anstrengungen der Stadt blieben umsonst.[178] Wegen dieser Zwistigkeiten war es notwendig, daß Herzog Moritz und sein Bruder August die Schenkung an die Hochschule urkundlich vollzogen. Dies geschah am 22. April 1544. Die Universität erhielt dabei außer fünf Dörfern und gewissen wiederkäuflichen Zinsen der anderen Leipziger Klöster erneut die Gebäude des Paulinerklosters mit allen zugehörigen Gebäuden einschließlich der Kirche und des Friedhofs, sowie den Hausrat des Konvents, 136 Gulden und fünf Groschen an jährlichen Zinsen sowie den 221,4 Hektar (417 halbe Acker) umfassenden, als "Oberholz" bezeichneten Forst bei Wolckewitz im Wert von 250 Gulden jährlicher Nutzung zugesprochen.[179]

---

[175] Vgl. LOH 14f.

[176] Vgl. FÖRSTEMANN, Urkundenbuch 235 Nr. 328.

[177] Vgl. WUSTMANN, Geschichte 500f. Ebenso sperrte er die Vergünstigung zum Bierbrauen, entfernte das Pulvermagazin nicht und stritt um die Nutzung des Kirchhofs.

[178] Vgl. WUSTMANN, Geschichte 495; WARTENBERG, Reformation 8. - Damit endeten die Streitigkeiten zwischen Stadt und Universität jedoch nicht. So entschieden am 7.1.1544 die herzoglichen Räte zwischen dem Rat und der Universität zugunsten der letzteren: der Rat mußte u.a. das Gewölbe, in dem er zur Verteidigung der Stadt Pulver lagerte, räumen und der Kirchhof sollte bei Nacht geschlossen werden. Am 16.3.1544 beschwerte sich die Universität erneut, da der Rat verlangte, daß das Kirchhofstor als Fahrweg unter Tage offen stehen solle, außerdem hätten die Bürger ihr Holz auf dem Friedhof gelagert; vgl. STÜBEL 562-565 Nr. 436f.; WUSTMANN, Geschichte 501.

[179] Vgl. FÖRSTEMANN, Urkundenbuch 234 Nr. 326; STÜBEL 567ff. Nr. 439.

Prior Schirmeister hatte inzwischen noch Karriere an der Universität gemacht. Bei der ersten akademischen Feier in der Paulinerkirche am 10. Oktober 1543 gehörte der frühere Dominikanerprior wie auch Kaspar Borner zu den ersten drei von der theologischen Fakultät promovierten neugläubigen Doktores.[180] Bei der Promotion hatte Schirmeister den Eid auf die gesunde Lehre des Evangeliums und des Wortes Gottes abgelegt,[181] was jedoch noch verschiedene Interpretationen zuließ. Zwar war er 1545 an Beratungen für eine neue Kirchenordnung beteiligt,[182] doch war er keineswegs ein fanatischer "Protestant". 1549 wollte ihn nämlich der einen mittleren Reformkurs vertretende Bischof Julius Pflug von Naumburg-Zeitz (1541-64) in seinen Dienst nehmen. Schirmeister verlangte allerdings, daß er sein Jahrgeld von 70 Gulden, die freie Wohnung im Kloster sowie den Stand an der Universität für den Fall behielte, daß er wiederkomme. Vermutlich war er auch an der Universität nicht zu entbehren, weshalb er in Leipzig blieb.[183] Vermutlich vertrat der ehemalige Prior einen ähnlichen Reformkurs zwischen den sich erst allmählich ausbildenden Konfessionen wie der Bischof. Er symbolisierte in seiner Person einerseits die Kontinuität mit der "vorreformatorischen" theologischen Fakultät. Als einer der ersten promovierten neugläubigen Doctores stand er andererseits gleichzeitig für den Neuanfang der Fakultät wie der Universität. Wahrscheinlich hatte sich Schirmeister nicht nur unentbehrlich gemacht sondern auch allmählich mit dem Umschwung der Verhältnisse abgefunden. Er war keineswegs so dezidiert altgläubig wie ein Hermann Rab oder ein Prior Eckenfelder, sonst hätte er die Promotion mit dem Eid auf die "neue Religion" wohl abgelehnt. Doch hatte die von ihm vertretene via media vielleicht das Überleben des Konvents seit 1540 gefördert, da für die Sequestrationskommission ein dezidierter Altgläubiger an der Spitze des Konvents wohl untragbar gewesen wäre.

Nach der Übergabe des Paulinerklosters begannen 1543 die Umbauarbeiten am Paulinerkolleg.[184] Im Winter 1543 wurde die Paulinerkirche neu eingeweiht, die Predigt hielt der Jenaer Superintendent Anton Musa. Als Luther im August 1545 in Leipzig weilte und am 12. August - am Jahrestag der Reformation der Universität -

---

[180] Vgl. ZARNCKE, Acta 196; WITKOWSKI 61; R. THOMAS 124. Erwähnung der Promotion bei WARTENBERG, Landesherrschaft 254 Anm. 184. Magister Johannes Sauer hingegen floh Mitte 1544 heimlich nach Wien; vgl. ebd. 185 Anm. 63. Auch er hatte sich zunächst der schleppend eingeführten Reformation angepaßt.

[181] Iuramentum Doctoris ed. ZARNCKE, Statutenbücher 573.

[182] Vgl. WARTENBERG, Landesherrschaft 208. In der bei BRANDENBURG, Enstehung 228-231, ed. Superintendenteninstruktion vom 27.8.1545 ist Schirmeister als Unterzeichner nach dem Dekan und vor den übrigen Mitgliedern, darunter auch drei Superintendenten, aufgeführt.

[183] Vgl. HERRMANN/WARTENBERG 485f. Nr. 421.

[184] Vgl. HÜTTER IX, 48, 50.

in der Paulinerkirche predigte, wohnte er bei Joachim Camerarius im großen Garten des Paulinums, unmittelbar hinter dem Beginenhaus.[185] Der Umbau des Klosters für Universitätszwecke war erst am 18. Februar 1546 beendet. Er kostete 5.765 Goldgulden, die Errichtung des Konvikts 3.031 Goldgulden.[186] Das Winterrefektor war zum Speisesaal des Konvikts umgebaut worden und das Beginenhaus zu Professorenwohnungen, ebenso die zwei Backhäuser.[187] Nachdem am 24. Februar 1546 die Universität mit dem Rat einen Vertrag über Schoß, Wächtergeld und Gericht im Pauliner Beginenhaus, über die Wasserleitung im Paulinerhofe und anderes geschlossen hatte,[188] war anscheinend das Einvernehmen mit der Stadt wieder hergestellt. Im gleichen Jahr 1546 wurde der Chor der Paulinerkirche aus defensorischen Gründen abgebrochen.[189]

1543 war die Pensionsfrage so geregelt worden, daß der Prior 75 Gulden in halbjährlichem Raten erhalten solle, die anderen drei Ordenspersonen, der frühere Prior Andreas Zedel sowie Andreas Kraus von Michelfeld je 30 Gulden und der im Jahr 1544 ausgetretene Konverse Johannes Becher (Bechelt) 10 Gulden. Dem ehemaligen Pauliner Wiperto Kolben, der sich nach 1540 freiwillig aus dem Kloster begeben hatte, wies Herzog Moritz am 16. Juli 1545 lebenslang jährlich 30 Gulden aus der herzoglichen Kammer an. Somit hatte der Prior gegenüber der Instruktion vom 8. August eine höhere Summe als vom Kirchenregiment beabsichtigt erlangt. Jedoch war mit der genannten Summe wohl auch seine Professur und seine Tätigkeit als einer der "praesides" des Kollegs dotiert. Außerdem behielten alle ehemaligen Fratres sowie der Prior mit seinem Diener Wohnrecht im ehemaligen Gästetrakt des Klosters.[190] Einer der beiden Fratres im Paulinerkolleg starb im Winter 1544/45. Am 4. Februar 1548 wurde einem weiteren ehemaligen Frater, Johannes Oppenheim, nach der Regelung von 1540 von der Universität Wohnung und Unterhalt zunächst auf ein Jahr gewährt, am 16. Juli 1549 wurde dies auf ein weiteres Jahr zugestanden. Danach kam Oppenheim ins Hospital zu St. Georg. Zu Michaelis 1550 waren nur noch der Prior sowie ein Laienbruder im Konvent, welchem zum letzten Mal zu Michaelis 1552 der angegebene Betrag ausgezahlt wurde. Wahrscheinlich starb der letzte Konventuale dann. Schon vorher hatte der schwer erkrankte Wolfgang Schirmeister am 3. März 1548 gebeten, der Sorge um das Paulinerkolleg enthoben zu werden. Am 7. März wurde ein neues Präsidium gewählt, dem der

---

[185] Vgl. BORNKAMM 204.

[186] Vgl. FRANKE 150. Zu Zerstörungen 1547 vgl. WUSTMANN, Geschichte 530, 535; vgl. auch 526, 546.

[187] Vgl. FRANKE 154, 155.

[188] Vgl. STÜBEL 588ff. Nr. 463.

[189] Vgl. HÜTTER IX, 41.

[190] Vgl. ZARNCKE, Acta 204, 215, 513, 514; FÖRSTEMANN, Urkundenbuch 233f. Nr. 324f.

ehemalige Prior nicht mehr angehörte. Sein Bruder, Martin Schirmeister, wurde im April 1548 als Ökonom des Paulinums verabschiedet.[191] Im Wintersemester 1550/51 war Schirmeister einer der "*consiliarii*" der Universität als Vertreter der natio Misnensis.[192] Am 27. März 1553 wurde er zu einem der "*praediatores seu curatores pagorum*"[193] bestimmt und am 18. Juni 1553 von der Fakultät zum canonicus Misnensis erwählt, womit wohl seine Ansprüche an das Paulinerkloster abgegolten waren. Bei dem Kanonikat handelte es sich um die Dotierung des vierten Theologieprofessors.[194] Im folgenden Jahr 1554 wurde Schirmeister Dekan der theologischen Fakultät. Er starb am 7. März 1555.[195]

Zur Zeit des Interims waren noch Fratres im Konvent. Sie konnten gegenüber dem Kirchenregiment keine Ansprüche mehr geltend machen, obwohl die Restitution der geistlichen Güter im nunmehrigen Kursachsen auch auf dem Augsburger Reichstag 1548 zur Sprache kam.[196] Jedoch mußte die Regierung sich gegen verschiedene Ansprüche sichern. Von 1548 soll daher eine gefälschte kaiserliche Bestätigung der Universitätsprivilegien stammen.[197] Ebenso nahm Moritz' Rat Christof von Karlowitz mit dem Kardinal von Trient Kontakt auf, damit der Fürst von Seiten des Papstes unangefochten bliebe.[198] Am 20. Februar 1551 bestätigte dann der päpstliche Nuntius Sebastian Pighinus die Privilegien der Universität.[199]

Das am längsten lebende Konventsmitglied war der aus Leipzig stammende und 1536 in den Orden eingetretene W. Platt(e)ner (+ 1597). Zur Zeit der Aufhebung des Leipziger Klosters war er Subdiakon im Haller Konvent, später viele Jahre lang

---

[191] Vgl. ZARNCKE, Acta 333f., 335. Doch wurde der Ex-Prior zu Konsultationen bei Befestigungsarbeiten 1551 im Paulinum hinzugezogen; vgl. ebd. 408. Im gleichen Jahr war er Zeuge in einem Rechtsstreit; vgl. ebd. 413f. Zu J. v. Oppenheim vgl. auch LÖHR, Kapitel 223 mit Anm. 15; RENSING 176.

[192] Vgl. ZARNCKE, Acta 382.

[193] Vgl. ebd. 430. Gemeint war wohl die Aufsicht über die der Universität gehörenden Dörfer.

[194] Die Reformation Hzg. Moritz vom 26. Mai 1542 bestimmte: "*Der anderer lerer soll anderthalbhundert guldenn jerlich habenn, der drytte sal die prebenda zcu Meysenn habenn, der vierde sal die ander prebenda zcu Meysenn habenn, wann sich die vorleidigt. Aber mytler zceyth sal er das canonicat zu Czeitzs und darzw vyrzick guldenn habenn*" (ZARNCKE, Statutenbücher 44). Vermutlich wurde das Kanonikat erst jetzt frei.

[195] Zum Dekanat vgl. Z. SCHNEIDER 326. Todesdatum bei FÖRSTEMANN, Urkundenbuch 234 Nr. 324. Seine Wohnung im Paulinum war Gegenstand von Schreiben zwischen Fürst und Universität, am 15.4. wurden seine Güter vom Dekan der theologischen Fakultät in Verwahrung genommen; vgl. ZARNCKE, Acta 435, 510.

[196] Vgl. H.-M. KÜHN, Einziehung 84. - Zum Leipziger Interim vgl. ebd. 86f.; WARTENBERG, Moritz 117f.

[197] Vgl. STÜBEL 599ff. Nr. 473.

[198] Vgl. H.-M. KÜHN, Einziehung 84.

[199] Vgl. STÜBEL 617ff. Nr. 493.

als Domprediger und Prior in Halberstadt. Er rettete dem Orden das dortige Kloster, für das er zahlreiche Bücher erwarb, die er noch in den Jahren 1577/84 mit "*F.W.P. conventus Dominicanorum Lipsiensis*" signierte.[200] Seine Biographie ist ein einzigartiges Beispiel konservativer Beharrung.

5.1.4   Zusammenfassung und Ergebnis

Der Leipziger Konvent ist ein gutes Beispiel für die Durchsetzungskraft des landesherrlichen Regimentes. Obwohl 1452 Franziskaner wie Dominikaner vom Leipziger Rat und nicht etwa vom Herzog Pfleger erbaten, integrierten die Fürsten das Dominikanerkloster, bei dem die Stadt auf das Recht der Einsetzung von Pflegern wieder verzichten mußte, in den eigenen Herrschaftsbereich. Die Förderung der Congregatio Lipsiensis entsprach nicht nur dem Trend der Zeit, der die Observanz bevorzugte. Die Zusammenfassung aller sächsischen Konvente in einer Kongregation entsprach dem Sog zu territorialer Vereinheitlichung. Die Abhängigkeit der Dominikaner vom landesfürstlichen Kirchenregiment galt in besonderem Maß bei den Kämpfen zwischen der der von Leipzig geführten observanten Kongregation mit den Konventualen.

Wegen des altgläubigen Kirchenregiments Herzog Georgs konnte der Leipziger sowie die dort lebenden exilierten Jenaer und Plauener Konvente bis 1539 bestehen. Zu dieser Zeit war das ungefährdete Leipzig das Zentrum der Provinz, wo auch der theologische Nachwuchs studierte. Georgs neugläubiger Nachfolgers Heinrich verfügte zwar in zwei Visitationen das Ende des Konventes, konnte es aber nicht durchsetzen. Die altgläubige Haltung der Stände und auch eines Teils des Leipziger Stadtrates, also der "upper class", verzögerte die Einführung der Reformation und ermöglichte den Dominikanern drei Jahre der Weiterexistenz.

Wie in Marburg oder Göttingen hatten sich die Leipziger Franziskaner dezidierter als die Dominikaner für das alte Kirchenwesen eingesetzt. Sie wurden nicht deswegen früher ausgewiesen als die Pauliner. Entscheidend war vielmehr das obrigkeitliche Interesse. In diesem Fall wollte der Leipziger Rat Neubauten errichten, wobei die Insassen nur störten. Wie in Marburg wurden die Klostergebäude und ein Teil der Einkünfte des Leipziger Paulinerkonvents im lutherischen Sinne für Bildung, d.h. die Universität, verwandt. Die Nutzung der Klostergüter war keineswegs nach einem vorgefaßten Plan durchgeführt worden. Nach dem obrigkeitlichen Säkularisationbeschluß vergingen viele Jahre. Schließlich erfolgte die Umsetzung der Klosteraufhebung in anderer Form, als sich dies Herzog Heinrich ursprünglich

---

[200] Vgl. LÖHR, Leipzig 106; KORDEL, Osnabrück 228 Anm. 10. Eintritt errechnet aufgrund der Angaben im Visitationsbericht vom 7./8.5.1540, s.d.

gedacht hatte. Fratres mußten bis zu ihrem Ableben vertragsgemäß in der Nutznie-
ßung des Inventars belassen werden. Die Zeitspanne zwischen Auflösung und neuer
Nutzung betrug mehrere Jahre. Im Fall der Universitätsbibliothek Leipzig waren es
drei bis acht Jahre: die Auflösung des Dominikanerklosters erfolgte 1540, die
Bibliothek wurde erst 1548 offiziell errichtet. Instruktiv läßt sich das Ringen um den
Nutzen und den Besitz des Klostergutes an den Bemühungen der Universität und des
Leipziger Rat illustrieren. Aus den Auseinandersetzungen kann geschlossen werden,
daß auch das vergleichsweise geringe Klostergut der Bettelorden für Obrigkeiten und
Institutionen große Bedeutung hatte.

5.2   Marburg[1]

5.2.1   Ausgangslage

Zur Marburger Residenz von ca. 4.000 Einwohnern[2] gehörten die entsprechenden geistlichen Institute und Institutionen: als bedeutendste die Niederlassung des Deutschen Ordens. Er hatte neben der Obhut über das für die Herrscherfamilie und das Territorium wichtige Grab der Hl. Elisabet auch das Patronatsrecht über die der Gottesmutter geweihten Pfarrkirche inne. Außerdem bestanden in der Stadt die Konvente der Minoriten, Dominikaner und franziskanischen Tertiarinnen, die Niederlassung der als "Kugelherren" bezeichneten "Brüder vom gemeinsamen Leben" sowie etliche Kapellen, Klosterhöfe und Termineien.[3]

Die im innerstädtischen Bereich erlangte relative Unabhängigkeit des Rates wurde von den Landgrafen zunehmend beschränkt.[4] Wichtiger als die Kontrolle der Stiftungen durch den Rat,[5] der den Dominikanerkonvent auch als Tagungsort nutzte,[6] war für die Predigerbrüder der überall,[7] so auch im kirchlichen Bereich,[8] steigende Einfluß des Fürsten. Landgraf Heinrich III. (1458-83) bestimmte im Streit der

---

[1] In Regestenform sind die die Marburger Dominikaner betreffenden Archivalien bei ECKHARDT, Klöster erschlossen. Quellen zur Marburger Stadtgeschichte wurden von KÜCH, solche zur hessischen Reformations-geschichte z.B. von G. FRANZ ediert. Die Dominikaner fanden keine monographische Bearbeitung, doch gibt es zahlreiche Werke zur Klosterauflösung in der Landgrafschaft. Besonders ist der Aufsatz von E. G. FRANZ über die hessischen Klöster zu erwähnen, ebenso die älteren Werke von SOHM und W. D. WOLFF, das von DERSCH hg. Klosterbuch sowie MILLER und zuletzt J. SCHILLING, Klöster; DERS., Mönche. Zur hessischen Reformationsgeschichte vgl. vornehmlich die Arbeiten von W. HEINEMEYER.

[2] Vgl. VERSCHAREN 1; DEMANDT, Marburg. Allmählich nahm die Residenzfunktion von Marburg ab und Kassel trat in dieser Beziehung in den Vordergrund.

[3] Vgl. APEL 224-261; K. HEINEMEYER 3f.; VERSCHAREN 31f.

[4] Zur Stadtverfassung und der zunehmenden Einflußnahme des Landesherren, die in der Schöffenordnung 1523 gipfelte; vgl. SCHWIND 183; KRÜGER 280-286; STALNAKER 303-309; VERSCHAREN 134f., zur abnehmenden städtischen Autonomie nach 1471. Zu 1523 s.u.

[5] Vgl. ECKHARDT, Klöster II, 7f. Nr. 10 (1370), 20 Nr. 37 (1452), 24 Nr. 44 (1459), 27 Nr. 50 (1473). Zum Marburger städtischen Kirchenregiment vgl. APEL 268-285.

[6] Vgl. KÜCH II, 384 (18.19.8.1495), 386 (11.4.1496); 463 (1515: *Als der rat solt mit zunft und gemein dage haulten in den Predigern*"). Der Rat wurde vom Landgrafen am 26.2.1462 in die *"stoben zun Predigern"* für Verhandlungen eingeladen; vgl. ebd. 143; vgl. 373 (18.4.1494) sowie H.-J. SCHMIDT 138f. Unabhängig davon gab es ein altes und ein neues Rathaus. Letzteres wurde 1512-24 erbaut; vgl. KRÜGER 284.

[7] Als erste hessische Zentralbehörde wurde 1500 das Hofgericht in Marburg gegründet; vgl. z.B. W. HEINEMEYER, Gründung 51ff.

[8] Die geistliche Jurisdiktion des territorialen Rivalen, des Mainzer Erzstiftes, wurde zunehmend beschränkt; vgl. E. G. FRANZ, Luterismus 237ff.; KELLENBENZ, Fiskus 26.

Dominikaner und Franziskaner um die *immaculata conceptio* am 31. Dezember 1479, daß die Predigerbrüder das Fest *"halten sollen under dem namen Conceptionis und nit Sanctificationis"*.[9] Der Landgraf regelte also äußerst selbstständig eine geistliche Angelegenheit. Bei der Gründung des Marburger Kugelhauses 1476/77 behielt sich der Fürst für den Fall des Nachlassens der Disziplin die Auflösung des Hauses vor und bestellte zwei Geistliche als Visitatoren, womit er aufgrund von päpstlichen Genehmigungen die für die Visitation und Reformation von Klöstern notwendige Zustimmung des Diözesanbischofs umging. Die Unterstellung der Stiftung unter den landesfürstlichen Schutz beinhaltete auch Aufsichtsrechte. U.a. wurde jede Veräußerung oder Entfremdung der dem Haus gestifteten Güter untersagt. Das landesfürstliche Kirchenregiment war beinahe vollständig ausgebildet.[10]

In den Zusammenhang der landesherrlichen (Ein-)Ordnung des Klosterwesens gehörte die teilweise mit Brachialgewalt durchgesetzte Reformacio der Orden. Auch die Marburger und Treysaer Dominikaner wehrten sich gegen die ab 1489 erfolgenden Reformen. Um diese durchzusetzen, hatte sich Kardinal Raimund Peraudi auf Bitten von Fürst Wilhelm I. (1471-93) an den Observantenvikar der Leipziger Predigerkongregation gewandt. 1491 befahl der Landgraf allen Bettelorden, die ständig außerhalb der Konvente lebenden Terminarier abzuberufen und durch neue zu ersetzen, um so dem ungeregelten Leben außerhalb der Klöster ein Ende zu machen. Ebenso verbot er die Übereignung von Zinsen, Renten und Gefällen in geistliche Hände. Zwei Jahre später traten die Reformversuche in die entscheidende Phase. Landgraf Wilhelm III. (1483-1500, + 1509) forderte am 16. Februar 1493 in einem ultimativen Schreiben an Papst Alexander VI. (1492-1503) energische Maßnahmen zur Wiederherstellung von Zucht und Ordnung in den zahlreichen Klöstern seines Landes. Denn z.B. der Franziskanerkonvent seiner Residenz Marburg sei in den letzten drei Jahren viermal vergeblich reformiert worden. Wenn die Reformacio nicht erfolge, wäre er genötigt, das weltliche Schwert zu gebrauchen.[11] Als seine Vorstellungen bei Papst und Kurie nichts fruchteten, ließ er u.a. den Marburger und Treysaer Dominikanerkonvent 1494 mit Observanten aus Magdeburg

---

[9] Ed. FALK, Marianum 95f.; RADY/RAICH 387f. Vgl. ECKHARDT, Klöster II, 27f. Nr. 53. Der gleiche Landgraf förderte den Konvent z.B. durch Stiftung eines Anniversars; vgl. ebd. 28f. Nr. 55; Quittungen ebd. 31 Nr. 61a (1497), 33 Nr. 64a (1512), 34 Nr. 69 (1524). 1515 stiftete auch Landgräfin Anna ein Jahrgedächtnis; vgl. ebd. 33 Nr. 65; zur geminderten Fassung 1520 (u.a. sollten aus ihren Kleidern für die Marburger u. Treysaer Dominikaner Meßgewänder gefertigt werden) vgl. ebd. III/1, 880f. Nr. 1418; SCHENK ZU SCHWEINSBERG 137.

[10] Vgl. K. HEINEMEYER 12-17, 22f.; J. SCHILLING, Klöster 107; HINZ 75.

[11] *"compellarque exercere potestatem secularis gladii, si spiritualis, quam diu quesivi, negabitur"*; ed. bei J. SCHILLING, Klöster 112. Vgl. ebd. 110-113; H.-J. SCHMIDT 143f. Amortisationsverbot 1491 ed. bei KÜCH I, 189f. Nr. 141.

und Halle besetzen.[12] Ähnlich wie die Franziskaner[13] widersetzten sich auch die Dominikaner weiterhin der landesfürstlichen Reform. Die hessischen Dominikaner waren dezidiert konventual. Im Jahr 1480 hatten die Konvente Marburg, Treysa, Mühlhausen und Nordhausen eine konventuale Kongregation gebildet, die evtl. durch die bevorstehende Wahl des observanten Provinzials Beier veranlaßt worden war.[14] 1505 wurde wie der Treysaer auch der Marburger Konvent durch die land-gräflichen Räte, den Dekan des Kasseler Martinsstifts, Dr. decretorum Heinrich Rulandus (+ 1518), und den ab 1489 amtierenden Kanzler Peter von Treisbach erneut reformiert und der Congregatio Hollandica unterstellt.[15] Damit hörte der Widerstand des Konvents jedoch nicht auf: Am 16. Juli 1508 mußte die Reformacio der Konvente Marburg, Treysa und Halberstadt sowie deren exemter Status von der Provinz vom Generalmagister Cajetan erneut approbiert werden.[16] Vielleicht wurde im Rahmen der Durchsetzung des landesherrlichen Willens gegenüber dem Kloster auch ein Vogt eingesetzt. Der der Krämerzunft angehörende landgräfliche Beamte und Marburger Schöffe Johannes Blankenheim soll 1519/20 Vogt des Dominikaner-klosters gewesen sein.[17] Da regelgerechtes Leben von einer ausreichenden wirt-schaftlichen Basis abhing, hatte der Landgraf den zur Reformacio geholten Magde-

---

[12] Vgl. ECKHARDT, Klöster II, 31 Nr. 62; LÖHR, Kapitel 21*f. Der nach dem 8.2.1494 in Marburg anwesende Provinzial war wohl wegen der Reformacio gekommen; vgl. KÜCH II, 375. Reform nicht-mendikantischer Klöster 1494 erwähnt bei W. D. WOLFF 49. DERSCH, Klosterbuch 112, und HEPPE 94, nahmen eine Reform noch 1493 an; sie gingen wohl von der sofortigen landesfürstlichen Umsetzung des Schreibens an den Papst aus.

[13] Vgl. J. SCHILLING, Klöster 113ff.

[14] Vgl. LÖHR, Reg. Mansuetis 62: "*Magister Hermannus Taylhem conv. Molhausensis fuit factus vicarius generalis quatuor conventuum, scilicet Northusensis, Molhausensis, Treisensis et Marburgensis cum plenaria potestate, sub provinciali tamen.*" Dieser Verbund ist noch im folgenden Jahr belegt; vgl. ebd. 67 (30.6.14-81): "*Priores conventuum Marpurgensis, Treysensis, Molhusensis et Northusensis possunt dare confessores, qui ter in anno plenarie absolvant fratres, similiter et sorores de penitencia Wetzflarie et Treyse commoran-tes.*" Zur Wahl Beiers vgl. z.B. BÜNGER, Beiträge 97.

[15] Vgl. die Marburger Rentereirechnung 1505: "*4 gulden und z albus hait doctor Rolandt und andere mit ime verzert by Heinr. Gyln, der prediger reformacion halber*"; "*15 alb. vor rintfleisch den predigern gekauft den tag, do man das cloester reformert von bevehel doctor Rolandes und Peter von Treispachs.*" Zit. nach GUNDLACH, Zentralbehörden 100 Anm. 8. Vgl. zu beiden ebd., Register sowie J. SCHILLING, Klöster 28; zu Rulandus auch MILLER 27 Anm. 68, 33, 84 und H.-J. SCHMIDT 146. Beide wurden u.a. 1508 als Vormünder für Landgraf Philipp bestellt. - Zur Aufnahme in die Congregatio vgl. A. MEYER, Congréga-tion 266 (Ed. des Beschlusses), LXXVII; LÖHR, Kapitel 22*.

[16] Vgl. A. MEYER, Registrum 38 Nr. 28 mit dem Zusatz "*et quatenus opus est, de novo eximuntur et submittuntur Vicario congregationis Hollandiae*". - Dem Widerstand förderlich war eine gewisse Kontinuität im Personalbestand: der konventuale Werner Gyße, der 1490 sein Haus verlieh, war 1503 observanter Subprior; vgl. ECKHARDT, Klöster II, 29 Nr. 57, 32 Nr. 63.

[17] Vgl. VERSCHAREN 93 (ohne Beleg).

burger und Haller Konventualen Zusicherungen für ihren Lebensunterhalt gemacht und ihnen einige Zinsen überlassen.[18]

Die Observanz war zwar primär aufgrund des landesfürstlichen Interesses durchgeführt worden. Sie hatte aber auch Folgen für die Disziplin der Fratres. Daher war der Konvent kurz vor der Reformation wohl in gutem Zustand. Die Einführung der Reformacio und das Ende der Konventualenfraktion bzw. deren Übernahme in das "neue Klosterwesen" bildet eine interessante Parallele zur Einführung der Reformation und dem Ende des Konvents: die Dominikaner widerstrebten zwar, mußten sich aber schließlich fügen. Eine Lektion für die Predigermönche war, daß auf Dauer kein Widerstand gegen den dezidierten Willen des Landesherren möglich war. Dieser veranlaßte nur wenige Jahrzehnte später das Ende des Konvents.

5.2.2 Von der reformatorischen Bewegung bis zum Ende des Konvents im Jahre 1527

Der 1518 von Kaiser Maximilian mit 13 1/2 Jahren mündig erklärte Landgraf Philipp (1509-67)[19] war im Testament Wilhelms II. auf die Klosterreform verpflichtet worden. Alle Klöster im Fürstentum sollten zur "*Reformacion*" gebracht werden.[20] Vom Fürsten unabhängig gab es ab 1521 vor allem in den Zentren des Landes Kassel[21] und Marburg Zeugnisse "martianischer" Gesinnung. In Marburg traten 1522 die beiden aus wohlhabenden Bürgerfamilien der Stadt stammenden Franziskaner Hartmann Ibach und Johannes Schwan aus ihrem Kloster aus.[22] Vielleicht verstärkte die reformatorische Bewegung und die damit zusammenhängende Abnahme der Stiftungen die 1522 beurkundete Finanznot der Marburger Dominikaner, die vor allem auf den Anbau der westlichen Stube 1521 und eines abgesondert stehenden Prioratshauses zurückzuführen war. Am 29. März verpfändete Prior Johannes Becker für 30 geliehene Gulden zwei Pfund Geldes von einem Marburger

---

[18] Vgl. ECKHARDT, Klöster II, 31 Nr. 62.

[19] Vgl. KÜRSCHNER 88.

[20] Vgl. E. G. FRANZ, Klöster 149; W. HEINEMEYER, Gründung 58. In dem Sinn war Philipp 1523 tätig, s.u.

[21] Vgl. J. SCHILLING, Klöster 160f. (dort auch zur reformatorischen Predigt in anderen hessischen Städten). Vgl. W. HEINEMEYER, Martianer; H. SCHNEIDER 134f., 137, 139f.; E. G. FRANZ, Klöster 149f. Das Studium eines Teils des hessischen Bildungsschicht in Erfurt und Wittenberg war dem Eindringen lutherischen Gedankenguts förderlich; vgl. DEMANDT, Geschichte 224.

[22] Vgl. VERSCHAREN 163ff.

Haus dem Deutschen Orden. Am 1. Mai wurde für 25 Goldgulden ein Zins verkauft.[23]

Unabhängig von der reformatorischen Bewegung wurde in Hessen weiterhin am Ausbau des landesfürstlichen Regimentes gearbeitet. 1523 erfolgte eine Reformation der Marburger Stadtverfassung. Danach wurde das Wahlrecht der Schöffen zum Vorschlagsrecht, der Landgraf konnte unter den Vorgeschlagenen auswählen.[24] Im Bereich des Kirchenwesens gehörte zur beabsichtigten Stärkung der fürstlichen Gewalt die "Niederlegung" der erzbischöflichen Jurisdiktion.[25] Doch ist der altgläubige Charakter der landesherrlichen Maßnahmen zu unterstreichen. So bestätigte am 6. Juli 1523 der Landgraf den Tertiarinnen in Marburg ihre Reformmaßnahmen und nahm sie in seinen Schutz.[26] Am 6. Januar 1524 quittierte der Predigerorden wohl zum letzten Mal den Zins für das Anniversar Landgraf Heinrichs III.[27] Denn im Sommer 1524 entschied sich der Landgraf für Luthers Ideen. Der Reformator selbst bezeichnete den Fürsten als neugläubig.[28] In der Polizeiordnung vom 18. Juli 1524 verbot der Herrscher u.a. allen Bettelorden außer den Grünberger Antonitern das Almosensammeln.[29]

Infolge seiner - wohl als Prozeß zu verstehenden - "Konversion" zur neugläubigen Sache schwand das Interesse des Herrschers an der Erneuerung des Klosterlebens. Aufgrund der reformatorischen Infragestellung des Mönchtums war eine Änderung des fürstlichen Verhaltens gegenüber den hessischen monastischen Einrichtungen zu erwarten. Schon im Januar 1525 wurde ein auch die Klosterfrage betreffenden Brief des Marburger Guardians Johannes Ferber mit einer ungnädigen Antwort des Landgrafen publiziert.[30] Damit war die prinzipielle Entscheidung gegen die Klöster

---

[23] Vgl. ECKHARDT, Klöster II, 34 Nr. 67f. Baumaßnahmen der Dominikaner 1521 erwähnt in UNIVERSITÄTSGEBÄUDE 6 (ohne Beleg). 1522 nahmen die Streitigkeiten der hessischen Klöster um Zinsen und andere Rechtstitel schlagartig zu; vgl. E. G. FRANZ, Klöster 150.

[24] Vgl. VERSCHAREN 93f., 156-159; FUHRMANN 48-54.

[25] Ein Verhandlungsgegenstand Mainzer und hessischer Räte auf dem Wormser Reichstag 1521 waren auch die hessischen Beschwerden über die geistliche Jurisdiktion des Erzbischofs; vgl. BRÜCK, Kardinal 267.

[26] Vgl. H. SCHNEIDER 134. Noch am 24.2.1524 gewährte er den Georgenberger Nonnen aufgrund der von seinen Vorfahren durchgeführten Reformacio Befreiung von verschiedenen Steuern; vgl. J. SCHILLING, Klöster 119. Gleichzeitig ging der Landgraf ab Juni 1523 gegen einzelne neugläubig gesinnte Prediger vor; vgl. H. SCHNEIDER 141; KOLBE 33. Grund für die Maßnahmen war vermutlich die Sorge vor Aufruhr.

[27] Vgl. ECKHARDT, Klöster II, 34 Nr. 69.

[28] Vgl. z.B. E. G. FRANZ, Luterismus 244; MILLER 116-136; JASPERT 32f.

[29] Vgl. STRUCK 79; J. SCHILLING, Klöster 163f. Zur Polizeiordnung vgl. W. HEINEMEYER, Gründung 55f.

[30] Vgl. J. SCHILLING, Klöster 165f.; 166-169 zum Briefwechsel des Landgrafen mit Hzg. Georg v. Sachsen, der auch die Klosterfrage berührte.

wohl gefallen. Deren Umsetzung sollte noch zwei Jahre auf sich warten lassen. Eine erste Folge war das "laissez faire" des Landgrafen in Bezug auf die kirchlichen Institutionen: Schon im Februar 1525 wurde Kassel als gänzlich "lutheranisch" bezeichnet, die Religiosen hätten alle ihre Häuser verlassen und würden heiraten und der Landgraf hätte selbst Apostaten und fugitivi seine Unterstützung zugesagt.[31] Weiterhin ordnete er am 24. Februar 1525 die Inventarisierung der Klöster und Kirchen an, die im April in der Landgrafschaft vorgenommen wurde.[32] Im März versuchte der Landgraf vergeblich, in Marburg einen neugläubigen Prädikanten durchzusetzen.[33] Philipp schrieb im April 1525 an seine Mutter, er wolle keine gewaltsame Veränderung der Klöster: *"aber das ich weren solt und der menschen gewissen verbinden solt, in das cloester oder heraus zu gehen oder pleiben, das wil ich obgotwil nit tun. Es steht mir auch solicher gewalt nit zu"*.[34] Der Fürst ging davon aus, daß sich das Wort Gottes durchsetzen und die Klöster leeren würden, wie dies allenthalben zu beobachten war, weshalb die Inventarisierung der Klöster als Notstandsmaßnahme nötig sei: *"der aufzeichnung der kirchen und cloester halben, da wil ich E.L. nit bergen, das ich das keiner andern gestalt halben tue, dan das ich besorge, dieweil so viel münch und nonnen auslaufen, das da nichts entragen werde, wan ich bin nit geneigt, imant etwas zu nemen, wan ich bedarf es nit."*[35] Zwar suchte der Landgraf diesem Änderungsprozeß durch die Entsendung neugläubiger Prediger in die Klöster etwas nachzuhelfen, erneut betonte er jedoch: *"Es ist auch mein meinung gar nit, das man sol monich und nonnen das ir nemen."*[36] Der Landgraf dachte daher wohl noch nicht an die Aufhebung der Klöster durch die Obrigkeit, sie hatte vielmehr die Entfremdung des dem Fürsten bzw. dem Territorium zustehenden Klostergutes zu verhindern.[37] Wohl auch mit Rücksicht auf das Reichsrecht kam für Hessen kein radikaler Alleingang in Frage. Das - auch später auf Absicherung bedachte - Vorgehen des Landgrafen in Bezug auf die Klö-

---

[31] Tagebuch des Göbel; zit. nach MILLER 110f.

[32] Vgl. J. SCHILLING, Klöster 169.

[33] Vorgesehen war der neugläubige Kasseler Karmelitenlektor Johannes de Campis. Ed. des landgräfl. Schreibens bei RADY/RAICH 640f. Vgl. HUYSKENS, Prädikanten 337f.; DERS., Philipp 112; J. SCHILLING, Klöster 169.

[34] G. FRANZ, Reformationsgeschichte 7f. Nr. 4; JASPERT 31f.

[35] G. FRANZ, Reformationsgeschichte 8.

[36] Ebd.

[37] Vgl. z.B. W. HEINEMEYER, Weg 188. Wegen Philipps Wendung hin zur Reformation und ihrer radikalen Klosterkritik kann man nicht behaupten, daß die "Klosterreform" Philipps zwar mit der allmählichen Einführung der Reformation in Hessen zusammentraf, aber nicht von ihr ausgelöst wurde, wie dies z.B. JASPERT 34, vertrat. Der Landgraf ging von einer "evolutionären" Lösung der Klosterfrage aus; vgl. z.B. MILLER 179.

ster bewegte sich durchaus im Rahmen der auch auf altgläubiger Seite verwandten Verordnungen zur Stärkung des Kirchenregiments.

Motivation für das "Sich-Bekümmern" um die monastischen Institutionen war auch der Finanzbedarf Hessens.[38] Als Vorgriff auf die Säkularisierung des Klostervermögens erscheint im Nachhinein die zunehmende Heranziehung der Klöster zur Finanzierung der territorialen Defizite. Dabei handelte es sich jedoch um eine Maßnahme kraft fürstlicher Landeshoheit und um kein Anzeichen der Reformation. Auch der Schwäbische Bund legte am 18. Juni 1525 seinen Mitgliedern nahe, die nötigen Geldmittel durch Einziehung von Monstranzen und sonstigen Silberkleinodien bei Stiften, Klöstern und Pfarreien aufzubringen.[39] In diesem Sinne verlangte Landgraf Philipp am 8. Juli 1525 ebenso wie andere alt- und neugläubige Fürsten von allen Stiften, Klöstern und Geistlichen seines Landes eine Zwangsanleihe.[40] Ende Oktober 1525 empfahl Philipp, geflohene Klosterpersonen wieder aufzunehmen und nur endgültig erledigte Klöster einzuziehen, wie das der Kasseler Karmeliten, die sich im Februar 1526 aufgelöst und als erste an den Landgrafen mit der Bitte um Abfindung gewandt hatten.[41] Philipps Hinweis auf das Auslaufen der Mönche und Nonnen und die Entfremdung kirchlichen Besitzes zeigt, daß - wie im benachbarten Kursachsen - durchaus an eine Verstärkung des landesherrlichen Einflusses durch die Verwaltung des Kirchen- und Klostergutes gedacht war.[42]

Verlief das Vorgehen gegen die Klöster noch in den gewohnten kirchenregimentlichen Bahnen und hatte noch am 23. August 1525 Papst Clemens VII. den Landgrafen zu seinem Sieg über die Lutheraner, die mit den aufständischen Bauern gleichgesetzt wurden, beglückwünscht,[43] so machte gleichzeitig das neue Kirchenwesen in Hessen Fortschritte. Am 15. August 1525 war der neugläubige Magister Adam Krafft (1493-1558) zum Hofprediger ernannt und auch mit der Visitation von

---

[38] Vgl. E. G. FRANZ, Klöster 151; DERS., Luterismus 247.

[39] Vgl. ebd. 246; DERS., Klöster 151f.; W. HEINEMEYER, Krankenfürsorge 7; G. FRANZ, Reformationsgeschichte 113 Nr. 176 (Memorialzettel von 1530).

[40] Vgl. MERX/FRANZ 601 Nr. 967. Vgl. E. G. FRANZ, Klöster 152; W. HEINEMEYER, Krankenfürsorge 7; KELLENBENZ, Fiskus 26. Aufgrund der knappen Finanzdecke hatte der Landgraf schon wiederholt auf das Kapital der Klöster zurückgegriffen. Ab 1522/23 wurde anstelle der Darlehensbitte den Klöstern eine Sonderschatzung auferlegt; vgl. E. G. FRANZ, Klöster 151.

[41] Vgl. das Regest bei G. FRANZ, Reformationsgeschichte 14 Nr. 17. Vgl. E. G. FRANZ, Luterismus 248. Im Schreiben vom 23.10.1525 an die Markgrafen von Brandenburg (vgl. G. FRANZ, Reformationsgeschichte 12 Nr. 11) vertrat Philipp bzgl. des Klosterguts weiterhin die schon aus dem Schreiben an seine Mutter im Frühjahr bekannte Position.

[42] Vgl. KELLENBENZ, Fiskus 26.

[43] Regest bei MERX/FRANZ 622 Nr. 1003; ed. bei HEPPE 132 Anm. 4; J. SCHILLING, Klöster 177 mit Anm. 157. Vgl. E. G. FRANZ, Luterismus 246.

Pfarreien beauftragt worden. Dies war ein weiterer Schritt in Bezug auf die Einordnung der Pfarrer in das landesfürstliche Kirchenregiment und zur Kontrolle der Geistlichen, die eigentlich dem Mainzer Erzbischof oblag.[44] Ebenso wurden im gleichen Jahr früher vertriebene oder in Haft genommene Geistliche zurückberufen.[45] Wurden anderswo häufig die neugläubigen Regungen mit dem Ende des Bauernkrieges zumindest zeitweilig erstickt, so war es in Hessen umgekehrt.[46] Die Marburger Beschwerdeartikel vom September des Jahres sprachen sich u.a. auch für die Besteuerung der Orden und Klöster sowie aller geistlichen Personen aus. Die Bitte um Abstellung der zu großen "Belästigung" der Stadt mit geistlichen Personen drängte auf eine grundsätzliche Lösung im neugläubigen Sinn. Die Abschaffung der Stiftungen in den Testamenten, vor allem der Seelgeräte und Jahrgedächtnisse, und die Forderung nach der Einsetzung neuer Priester an der Pfarrkirche drückte die Hinneigung zur neugläubigen Lehre aus und stellte darüber hinaus das seit 1234 ausgeübte Patronatsrecht des Deutschen Ordens in Frage.[47] In der diesbezüglichen Entscheidung des Landgrafen vom 24. Oktober sollte gleichzeitig vielleicht auch die altgläubige Agitation der Mendikanten unterbunden werden: *Mit den Predigern soll man den Observanten nochmals handeln und ine von beiden teilen sagen, das sie zuchtig sein, suchend der seelen heil und lassen das zenkisch werk deswegen.*"[48]

Die finanziellen Maßnahmen von 1525/26, die dem Landgrafen das Doppelte der für den Schwäbischen Bund benötigten Summe einbrachten, ließen die Klöster finanziell angeschlagen dastehen.[49] Am 28. Februar 1526 wurde das Klostergut in Marburg

---

[44] Vgl. G. FRANZ, Reformationsgeschichte 9f. Nr. 8; vgl. 272 Nr. 351(7) von 1537: "*Hat s.f.g. der neuen prediger einen, Adam von Fulda gnant, zu einem obersten bischof gesatzt, der hat bevelch, die pfarhern zu examinieren, die zu setzen und zu entsetzen.*" Vgl. W. HEINEMEYER, Gründung 57; DERS., Krankenfürsorge 4; J. SCHILLING, Krafft 93. Die Jurisdiktion des Erzbischofs war schon ausgehöhlt, auch wenn sie bis zum Vertrag von Hitzkirchen 1528 formal noch bestehen sollte.

[45] Vgl. KOLBE 38.

[46] Wie der größte Teil Hessens (vgl. z.B. MILLER 139f.), war Marburg und damit auch die Dominikaner während des Bauernkriegs nicht gefährdet und es gab keine städtischen Unruhen; vgl. VERSCHAREN 159; J. SCHILLING, Klöster 169f.

[47] "*Ist diese stadt mit geistlichen personen zu viel belestigt.*" (Nr. 6). Ferner sollen die Geistlichen Geschoß entrichten (Nr. 2;9); Testamente, Seelgeräte und Anniversarien sollen kassiert sein, "*das den geistlichen darvon hinfurter kein inkomens zustee*" (Nr. 5); auf Nr. 5 antwortete der Landgraf "*testament halben zimlichen insehen zu haben, so vil moglich ist*"; bzgl. Nr. 6 "*den artikel wird unser hergot wol messigen*"; vgl. G. FRANZ, Reformationsgeschichte 10f. Nr. 9. Vgl. VERSCHAREN 166f.; W. HEINEMEYER, Krankenfürsorge 4f.; APEL 308, 322f.

[48] KÜCH I, 299.

[49] Vgl. E. G. FRANZ, Klöster 152.

abermals inventarisiert, damit es die Mönche nicht in außerhessische Klöster brächten.[50]

Eine endgültige Lösung der Klosterfrage folgte erst, als der Speyrer Reichsabschied vom 27. August 1526 die rechtliche Grundlage dazu bot.[51] Im Sommer oder Herbst erfolgte des Landgrafen "Wende" bzgl. der Klöster. Nun wurde die Obrigkeit aktiv. An Luther und Melanchton schrieb Philipp Anfang September, ihm sei wie anderen Fürsten an den Klostergütern gelegen, doch sollten sie zum "gemeinen Nutz" gebraucht werden. Wer im Kloster bleiben wolle, werde dort unterhalten, dürfe aber dem alten Glauben nicht öffentlich anhängen. Wer abziehen wolle, werde abgefunden. Jedes Kloster erhalte einen landesherrlichen Verwalter. Überschüsse würden in einen gemeinen Kasten gelegt, auch ein Pädagogium oder eine Schule könnte davon unterhalten werden.[52] Der damit angedeutete Universitätsplan soll schon auf Philipps Vater, Landgraf Wilhelm II. zurückgehen.[53]

Der Umsetzung der nach hessischer Interpretation durch den Speyrer Abschied freigestellten Glaubensfrage dienten die Beschlüsse des Homberger Landtags und der vom 21-23. Oktober in Homberg an der Efze tagende "Synode", wozu alle Prioren und Patres und schließlich alle Priester eingeladen worden waren.[54] Nach kanonischem Recht war die Einberufung einer Synode durch die weltliche Obrigkeit unmöglich, weshalb Guardian Ferber am 22. Oktober dem Landgrafen das Recht dazu wie auch zur Aufhebung der Klöster und der Verwendung des Kirchengutes bestritt.[55] Doch war die "Versammlung" auch im Rahmen der Disputationen zur Durchsetzung des neugläubigen Kirchenwesens zu sehen. Die Obrigkeit sollte für die beabsichtigten reformatorischen Maßnahmen eine Legitimation erhalten. Die Mönchs- und Klosterfrage war "in den Homburger Verhandlungen eine Hauptsache und in ihrem Ergebnis die wichtigste Frage überhaupt."[56] Im 34. Kapitel lehnte die Reformatio Ecclesiarum Hassiae das Mönchtum grundsätzlich ab. Weil ungültige Gelübde keine Gültigkeit hätten, wurde der Austritt freigestellt. Die anderen Klo-

---

[50] Vgl. KOLBE 38f. Laut MILLER 220 Anm. 70, haben sich die Inventare nicht erhalten; es gibt also keine Quellenbelege. Möglich wäre auch, daß die Inventarisierung ein Jahr später stattfand.

[51] Ed. OBERMAN, Kirche 138f.

[52] Vgl. WA.B 4, 113f. Nr. 1035; W. HEINEMEYER, Gründung 62ff.; DERS., Krankenfürsorge 8f. Zum Brief des Landgrafen an den sächsischen Kurfürsten in der gleichen Angelegenheit vgl. MILLER 194f.

[53] Vgl. W. HEINEMEYER, Gründung 53f. mit Anm. 22.

[54] Vgl. SOHM 25-28; ZELLER 41f.; E. G. FRANZ, Luterismus 248; T. FUCHS 319-331; J. SCHILLING, Klöster 181-204; KLUETING, Enteignung 66. Zum Rechtscharakter der Versammlung vgl. MILLER 204f.

[55] Vgl. HEPPE 157-161; J. SCHILLING, Klöster 188f.

[56] J. SCHILLING, Klöster 188.

sterpersonen sollten zeitweise geduldet werden, dürften aber keinen altgläubigen Gottesdienst mehr halten. Wenn ein Kloster von Mönchen frei ist, sollten darin - "*praesertim Marburgi*" - Schulen errichtet werden. Kapitel 29 behandelte die Gründung eines "Universalstudiums" mit vier Fakultäten in Marburg.[57] Daher stellte sich die Frage eines Ortes für die Hochschule. Aufgrund der gleichzeitigen Ablehnung des Mönchtums war wahrscheinlich an eines der Marburger Klöster, somit vermutlich schon an das Dominikanerkloster gedacht. Eine Woche nach der Homberger Synode, am 30. Oktober 1526, widerrief Gela Buchseck ihr Testament von 1519 und 1520, da "*solch zweit testament bi obgenannten Predigern kein bestant haben mug*".[58] Dies zeigt, wie für die Bevölkerung sich das Ende des Konvents schon abzeichnete.

Von dem zentral gelegenen Marburg aus sollte die neue Kirchenordnung und die neue Universität ihren Anfang nehmen. Da auch die Bürgerschaft das Verlangen nach der neuen Lehre artikuliert hatte, bot sich die Stadt als "Versuchsstation" für die Einführung der Reformation in Hessen an. Daher verlegte Philipp seinen Hof Ende 1526 nach Marburg.[59] Somit hatten er und seine Räte vom Schloß aus im wahrsten Sinne des Wortes die weitere Entwicklung "im Blick". Dies verhinderte gleichfalls, daß sich gegen die allmähliche Abschaffung des altgläubigen Kirchenwesens Widerstand erhob.[60] Auch wenn die Reformatio Ecclesiarum Hassiae nach Luthers ablehnender Antwort vom Anfang Januar 1527 nicht eingeführt wurde, hielten der Landgraf und seine Räte an dem von ihnen konzipierten Programm der Klosterauflösung und der damit zusammenhängenden Errichtung der Universität, von Schulen und "gemeinen Kästen" fest.[61] Daher wurde in Marburg der altgläubige Kultus schon ab Herbst 1526 zunehmend eingeschränkt. Dies betraf z.B. ab November 1526 die Bruderschaften. Schließlich mußten sie, darunter auch die mit den Dominikanern verbundenen religiösen Genossenschaften, am 24. April 1527 auf landesherrlichen Befehl ihr Eigentum an die Vorsteher des Almosenkastens abgeben. Am 17. Dezember 1526 verbot der Marburger Rat dem Schulmeister das Singen des

---

[57] Vgl. SEHLING VIII, 64f., 63. Vgl. W. HEINEMEYER, Gründung 66ff.

[58] KÜCH I, 300 Nr. 215; G. FRANZ, Reformationsgeschichte 22 Nr. 31; ECKHARDT, Klöster II, 35 Nr. 70; APEL 264f., 246; J. SCHILLING, Klöster 202f. Doch sollten die Prediger noch ein "*tapfer somme*" erhalten. Am 8.2.1527 quittierte Prior Eisemroth den Empfang von Geld und Naturalien, die ihm persönlich auf Lebenszeit übertragen wurden; danach sollte der Zins an die Testamentsvollstrecker zurückfallen.

[59] Vgl. W. HEINEMEYER, Gründung 69f.; APEL 325. Vgl. HESSEN UND THÜRINGEN 294: "In der Residenzstadt Marburg soll - wohl modellhaft - das gottesdienstliche Leben ... geordnet werden".

[60] Vgl. KOLBE 41. Vgl. MILLER 277, zur Apathie der Religiosen angesichts der obrigkeitlichen Unterdrückung ihrer Konvente.

[61] Vgl. W. HEINEMEYER, Gründung 69; J. SCHILLING, Klöster 203f.

Salve Regina, der Organist wurde nur noch von Fall zu Fall bezahlt.[62] Grundlage für die weitere schrittweise, aber unaufhaltsame Einführung der Reformation sollte - nach dem Beispiel von Homberg - auch in Marburg die in einer Disputation erwiesene "Macht des göttlichen Wortes" sein. Am 23. Januar 1527 kam es zur Disputation zwischen dem ehemaligen Franziskaner Franz Lambert von Avignon (1487-1530) und dem stellvertretenden Vorsteher der Franziskaner vor den wichtigsten Vertretern aller Marburger Klöster.[63] Die Reaktion der Dominikaner währenddessen und danach ist nicht bekannt. Doch gab es wenig Neigung zur Annahme der Reformation. Wohl auch deshalb ordnete der Landgraf härtere Maßnahmen an. Vermutlich vom Tag nach der Disputation datiert ein "Denkzettel" des Landgrafen zum weiteren Vorgehen. So sollten in Marburg die Gottesdienste im neugläubigen Sinn geordnet werden und *"die monich in die predigt gehen"*.[64] Die Austrittswilligen, die beim Landgrafen darum ersuchten, sollten eine *"vorsehung"* erhalten. Vögte sollten über die Klöster eingesetzt werden, die dem Landgrafen abrechneten und die Insassen versorgten. Neu war, daß man an *"die personen, die nit ins lant gehoren, ein cimlich cerung gebe und sie in ire closter weise"*,[65] was gegen die "Ausländer" gerichtet war. Neueingetretene sollten beaufsichtigt werden, Seelgeräte dem Armenkasten zufallen. Ebenso sollte die Universität "angerichtet" werden. Wenige Tage später, Anfang Februar, erteilte der Landgraf eine Instruktion für die Inventarisation der Klostergüter, in der den Visitatoren auch die jeweilige Einsetzung eines Vogtes befohlen wurde. Alle Äbte und Prioren sollten über die letzten sechs Jahre Rechnung ablegen. *"Item wollet alles silbergeschir, kilch, monstranzen und andere dergleichen kirchenkleinot verzeichnent und in einem kasten verwerlich schliessen und nur einen kilch hieraussen lassen."*[66] Denn eine Gemeinde brauchte nur einen Kelch. Die monastisch-altgläubige "Meßfrömmigkeit" der Dominikaner mit den vielen Privatmessen der Fratres war bei dieser Visitation, die wohl am 8. Februar erfolgte, abrogiert worden. Aufgrund der getroffenen Maßnahmen war die schon länger bestehende landesfürstliche Oberhoheit über die hessischen Klöster nun beinahe vollendet. Es fehlte nur noch der Schlußakt. Im April erteilte Philipp seinem Kammermeister Rudolf von Weiblingen die Anweisung, *"das er den closterpersonen iren abscheit gebe, und das ich sihe alle an en weise, und das er eim iglichen gebe,*

---

[62] Vgl. KÜCH II, 532f.; KOLBE 53ff.; HUYSKENS, Prädikanten 342.

[63] Vgl. T. FUCHS 323 mit Anm. 433; ZIEGLER, Franziskanerobservanten 68; W. HEINEMEYER, Gründung 70f. mit Anm. 121. Allerdings verließen die Dominikaner nicht als Folge der Disputation ihr Kloster, wie z.B. APEL 326, meinte. J. SCHILLING, Klöster 206, bezeichnete die Disputation als "Nachspiel zur Homberger Synode". Was dort für ganz Hessen erreicht werden sollte, wurde hier für Marburg versucht.

[64] G. FRANZ, Reformationsgeschichte 28 Nr. 39.

[65] Ebd.

[66] Ebd. Vgl. auch ebd. 25f. Nr. 37; 28f. Nr. 39; W. HEINEMEYER, Gründung 71f.; J. SCHILLING, Klöster 207f.

darnach der man ist".[67] Im gleichen Monat schenkte der Landgraf als Oberherr der Grünberger Antoniter und als Lehensherr der Grafschaft Waldeck das Antoniter-kloster zu Arolsen dem Grafen Philipp von Waldeck zu seiner Taufe, wobei der Grünberger Präzeptor die Nutzung und Verwaltung auf Lebenszeit behalten solle.[68]

Am 24. April war gegen den Marburger Stadtrat endgültig die landesfürstliche Errichtung eines Armenkastens durchgesetzt worden, zu dessen Vorstehern auch der Vogt des Predigerklosters Blankenheim gehörte. Am 18. Mai siedelte der auch als Universitätsprofessor vorgesehene Adam Krafft nach Marburg über, nachdem ihm der Landgraf den Hof der Arnsburger Zisterzienser als Wohnung geschenkt hatte. Am 28. Mai wurde der altgläubige Marburger Pfarrer, Johann Diemar, durch land-gräfliche Beamte aus dem Pfarrhof vertrieben und die neugläubigen Prediger Adam Krafft und Johannes Amandus eingeführt. Am 30. Mai erfolgte die Immatrikula-tionseröffnung: durch den vom Landgrafen zum Rektor ernannten Juristen Johann Eisermann wurden insgesamt 105 Personen vielleicht sogar schon im Gebäude des Predigerklosters eingeschrieben.[69] Am gleichen Tag soll der neugläubige Gottes-dienst in Marburg begonnen haben.[70] Am 1. Juli wurde 1527 die Universität feier-lich von Kanzler Feige eröffnet.[71]

Sowohl die Reformation wie das Universitätsprojekt wurden also zügig durchge-führt. Zu betrachten ist, wie die Dominikaner auf diese Ereignisse reagierten. Über ihr Verhalten gegenüber der Reformation gibt es für die erste Hälfte des Jahres 1527 bis Mai keinerlei urkundliche Nachrichten. Doch ist der Rückschluß möglich, daß sie ein retardierendes Element für die geplante Universitätseröffnung darstellten. Denn der ursprüngliche Plan konnte nicht eingehalten werden. Als Ende Januar die landgräflichen Räte u.a. über die Berufungen von Professoren berieten, war auch ein Zeitplan festgelegt worden. Danach sollte die Universität zu Ostern, also am 21. April eröffnet werden.[72] Dieses Ziel wurde nicht verwirklicht. Da das Univer-sitätsprojekt recht energisch betrieben wurde, könnte ein Grund für die zeitliche Verzögerung auch der Widerstand der Dominikaner gegen ihre Aufhebung gewesen

---

[67] G. FRANZ, Reformationsgeschichte 32 Nr. 49. Vgl. JASPERT 36.

[68] Vgl. ECKHARDT, Antoniter 72.

[69] Vgl. CAESAR 1-3; G. FRANZ, Reformationsgeschichte 36 Nr. 56; W. HEINEMEYER, Gründung 49; DERS., Krankenfürsorge 11. Zu Blankenheim vgl. VERSCHAREN 168f. Er gehörte wohl zu den besonderen Vertrauensleuten des Landgrafen.

[70] Vgl. HÜTTEROTH, Marburg 8.

[71] Vgl. W. HEINEMEYER, Feige 34.

[72] Ed. HEPPE 196ff. Vgl. auch W. HEINEMEYER, Gründung 77-80 mit Anm. 162, 72ff. Dort auch zu den berufenen Theologieprofessoren.

sein, so daß die dringend benötigten Universitätsgebäude nicht bezugsfertig waren und die Eröffnung verschoben werden mußte.

Auch das Register über die Abfindungen der Klosterpersonen in Hessen wurde erst am 13. Mai, also drei Wochen nach der ursprünglich geplanten Universitätsgründung, begonnen. Kein Wunder, daß die Dominikaner unter den zuerst Abgefundenen verzeichnet sind. Für die Übergabe ihres Klosters war es mittlerweile höchste Zeit geworden. Zwischen dem 13. Mai und dem 1. Juni, doch vermutlich näher an der Verzichterklärung vom 1. Juni, wurden den dreizehn Personen im Predigerkloster folgende Abfindungen zugebilligt: jeweils 50 Gulden an Prior Johann Eisemroth (Ysemrot, Isenrodt), Subprior Heinrich Holtzer (Calopificis), Johannes Danielis, Johannes Becker (Pistor), Jakob Sutor, Philipp Henckman, Konrad Becker (Pistor); Ludwig Sutor (Sohlmacher), Kilian Heckmann, Wolfgang Bi(e)dencapf und Johannes Franckenberg erhielten je 30 Gulden, Peter Möller (Molatoris) aus Schweinsberg 10 Gulden. Der aus einer Marburger Schöffenfamilie stammende Eckhardt Gyse bekam eine Verschreibung über zehn Gulden jährlich.[73] Die Abfindungssummen wurden zumindest zum Teil aus dem Klostergut der Dominikaner bestritten.[74]

Nach der Notiz des Gründungsrektors Eisermann im "Catalogus studiosorum Marburgensium" hätten die am monastischen Leben "*Überdruß empfindenden*" Dominikaner ihr Kloster "*sub Aprili*" übergeben.[75] Diese Nachricht ist falsch

---

[73] Vgl. ECKHARDT, Klöster II, 35f. Nr. 71; LÖHR, Kapitel 49* mit Anm. 36; HÜTTEROTH, Marburg 85f.; E. G. FRANZ, Klöster 208f. Wohl alle ehemal. Offizianten wurden mit 50 fl. abgefertigt: Becker war ehemals Prior (vgl. LÖHR, a.a.O. 70; ECKHARDT, a.a.O. 33f. Nr. 66-69) gewesen, Calopificis 1517 Lektor sowie Treysaer Prior 1519 und 1521; vgl. LÖHR, a.a.O. 80, 115, 145. Der Konverse Möller erhielt nur 10 fl., "normale" Konventsmitglieder 30 fl., so der 1519 als Artes-Student nach Marburg assignierte Frankenberg (vgl. ebd. 121). Ludwig Sutor war 1507-10 in Halle, 1523 kam der aus dem Kloster Seehausen stammende Frater nach Marburg; vgl. ebd. 13* Anm. 67, 168. - Der vom Kölner Studium 1526 nach Marburg als Lektor und Praedicator assignierte Christof Dippolt war dort nicht nachweisbar, 1528 sandte ihn das Kapitel nach Erfurt; vgl. LÖHR, a.a.O. 187, 194. Unter den Abgefundenen kein Petrus Specht aus Marbach. Evtl. begab sich dieser schon vorher in den Mainzer Konvent, wo er 1529 verstarb; vgl. I. W. FRANK, Totenbuch 191 mit Anm. 257, 96 Anm. 293. - Zur Abfindung vgl. allgemein J. SCHILLING, Klöster 220f. Die Bettelmönche erhielten die geringsten Abfindungen, die Grünberger Antoniter die höchsten mit ca. 400 fl. pro Person; vgl. auch E. G. FRANZ, Klöster 160f.; DERS., Luterismus 251. - Von diesen Abfindungen zu unterscheiden ist die vom 1.6.1527 datierte Verzichturkunde.

[74] Vgl. ECKHARDT, Klöster II, 473 Nr. VIII.

[75] "*dum monasticae illius factionis taedio adfecti essent, Illustriss. Principis Philippi liberalitate missionem accepere, et aedes quas reliquerunt in Academiae vsum transferebatur*"; CAESAR 3. An die laut S. 1 "*III. Kal. Iunias*" begonnenen Immatrikulationen schließt sich der also nach dem 30. Juni eingefügte, jedoch "*sub Aprili*" datierte Eintrag über die Dominikaner an. Auf Eisermanns Eintrag basiert wohl DEMANDT, Geschichte 225: nach ihm gehörten die beiden Dominikanerklöster zu Marburg und Treysa zu denen, die sich bereits aufzulösen begonnen hatten. Nach MILLER 230, hätten die Dominikaner einmütig die Reforma-

datiert und auch inhaltlich unzutreffend. Zwar hätte es von seiten der Prediger-
mönche gewiß genug Grund zur Resignation aufgrund des bisherigen obrigkeitlichen
Vorgehens gegeben, jedoch waren die Dominikaner - wie die Franziskaner und
Kugelherren - in Philipps Musterstadt für die Einführung der Reformation einen
Monat nach der angeblichen Übergabe immer noch in ihrer Gesamtheit im Kloster,
obwohl dort die Universität eröffnet werden sollte. Somit kann man auch nicht
sagen, die Mehrzahl der Mitglieder hätte den Konvent verlassen. Denn nach den
Abfindungen unterzeichneten die dreizehn Dominikaner erst am 1. Juni die Ver-
zichturkunde. Prior und Konvent erklärten darin, daß sie sämtlich abgefunden
worden sind, auf alle Ansprüche verzichten und das Kloster zugunsten der geplanten
Universität räumen.[76] Somit war erst jetzt der Konvent übergeben. Von einer
Klosterübergabe im April kann daher überhaupt nicht die Rede sein. Noch am Tag
der Verzichterklärung verließen die Dominikaner ihr Kloster.[77] Keiner der Fratres
wurde - wie etwa in Leipzig - in die neugegründete Universität übernommen.[78]
Betagte Fratres wurden nicht im Kloster belassen.

Der Konvent hatte sich keineswegs freiwillig aufgelöst. Vielmehr ist ausdrücklich
von "*den verordenten ufhebern uß bevel meines gnedigsten hern*"[79] die Rede, die
für ihre Bemühungen mit fünf Gulden und einem Malter Korn entlohnt wurden. Die
Dominikaner blieben also in ihrer Gesamtheit so lange wie möglich in ihrem Kloster, nämlich bis zum Tag der Universitätseröffnung und wurden erst dann durch die
"*verordenten ufheber*" zum Aufgeben bewegt, indem alle Fratres gleichzeitig Ver-
zichturkunden unterzeichnen mußten. Für Apostaten und Fugitivi vor diesem Zeitpunkt gibt es keinen Beleg. Ohne die obrigkeitlich verordnete Aufhebung hätten sich
die Dominikaner wie die anderen Marburger monastischen Institutionen, das Kugelhaus und das Franziskanerkloster, wohl noch ein Jahr länger gehalten. Außerdem
setzten einige Dominikaner trotz ihrer Abfindung, die also nicht als bindend anerkannt wurde, den Widerstand gegen das neue Kirchenwesen fort.[80] Auch bei anderen Mendikantenkonventen, die in dem Register über die ausgegangenen Mönche
und Nonnen verzeichnet wurden, war die Verzichtleistung nicht unproblematisch:
Gegen die Ende Mai/Anfang Juni erfolgte Aufhebung des Servitenklosters Vacha,
wo im Gegensatz zu den Marburger Dominikanern allerdings schon vier Fratres

---

tion akzeptiert und sich abfinden lassen; nach ebd. 233, hätte die (aufgrund der Observanz bestehende)
hochstehende Spiritualität dazu geführt, daß die Dominikaner die Reformation begrüßten.

[76] Vgl. ECKHARDT, Klöster II, 36 Nr. 72.

[77] Vgl. LÖHR, Kapitel 49*.

[78] Der Procurator des Kugelhauses, Johannes Thenner, wurde der erste Ökonom der Universität; vgl.
KOLBE 43.

[79] ECKHARDT, Klöster II, 475 Nr. VIII.

[80] S.u. S. 245.

verheiratet waren,[81] protestierte Servitenprior Peter bis zum Augsburger Religionsfrieden.[82] Daraus kann geschlossen werden, daß die Aufhebung nicht ohne Druck bzw. nicht mit freiwilliger Zustimmung aller Fratres erfolgt war. Im Falle der Marburger Prediger handelte es sich - im Gegensatz etwa zum konventualen Nordhäuser Dominikanerkloster - um einen reformierten, also besser disziplinierten Konvent, der nicht einfach auf einen Anstoß zur Auflösung wartete.[83] Aus allen diesen Gründen erscheint es wahrscheinlich, daß auch auf die Marburger Dominikaner wegen der neu zu errichtenden Universität ein gewisser Druck ausgeübt wurde. Denn bis im Mai 1528 das ehemalige Franziskanerkloster an die neue Hochschule kam, waren die Lehrräume sowie die Studentenwohnungen der Universität nur im Gebäude des ehemaligen Predigerklosters,[84] die somit dringendst benötigt wurden. Auch das Kloster der Kugelherren war gleichfalls bis Mai 1528 von den Brüdern vom gemeinsamen Leben noch besetzt, die sogar noch einen Rechtsstreit vor dem Hofgericht führten.[85]

Durch den Vogt Blankenheim wurde der Besitz des Klosters "abgewickelt". Leider ist nicht bekannt, wieviel der ehemaligen Klostergüter mit Genehmigung des Landgrafen am 4. Juni verkauft wurden. Der Erlös fiel wohl an die fürstliche Kammer. Erst danach ordnete Landgraf Philipp die Inventarisierung an. Am 15. Juli wies er Johannes Moler und den Stadtschreiber Johann von Allendorf an, alle dem Pfarrhof und dem Predigerkloster zustehenden Einkünfte einzunehmen und im Fall des Predigerklosters an die landgräfliche Kammer abzuliefern. Die kammergutliche Verwendung des Marburger wie auch des Treysaer Klostergutes steht eindeutig fest. Nach dem damals angelegten Inventar der im Predigerkloster gefundenen Kleinodien, Urkunden und geistlichen Gewänder hatte hatte Prior Eisemroth zwei Kelche als sein Eigentum behalten, einen erhielt die Marburger Gemeinde, fünf kamen in den gemeinen Kasten. Das Anniversar Landgraf Heinrichs wurde abgelöst.[86] Die geringe Anzahl der Kelche, das Vorhandensein von nur einer kupfernen Monstranz sowie von wenigen Meßgewändern und Kaseln, die dazu häufig in schlechtem Zustand waren, zeigt, daß die Visitatoren im Frühjahr des Jahres, die alle Klein-

---

[81] Vgl. E. G. FRANZ, Klöster 155.

[82] Vgl. W. D. WOLFF 108; DERSCH, Klosterbuch 149.

[83] So z.B. MILLER 114. Anders jedoch der gleichfalls observante Treysaer Konvent; vgl. S. 254.

[84] Vgl. HERMELINK/KAEHLER 31. Zum Franziskanerkloster und dem Kugelhaus vgl. ebd. 32f. Zu ersteren vgl. auch den Eintrag Eisermanns im "Catalogus", ed. z.B. bei G. FRANZ, Reformationsgeschichte 68 Nr. 101.

[85] Vgl. K. HEINEMEYER 40f., 44; HINZ 76f. Vgl. auch unten zum Kasseler Abschied von 1527.

[86] Vgl. ECKHARDT, Klöster II, XI., 36-40 Nr. 73f., 469-475 Nr. VIII; HUYSKENS, Prädikanten 346. Blankenheim war später Vogt der Universität; 1533 immatrikulierte er; vgl. CAESAR 11; VERSCHAREN 155, 174.

odien an sich nehmen sollten, sehr gründlich vorgegangen waren. Vermutlich war ein Großteil der Kirchenschätze und -utensilien schon längst zu Gunsten der landesfürstlichen Kasse verkauft oder eingeschmolzen worden. Jedenfalls fiel der größte Teil des dominikanischen Vermögens an den Landesherren, die Universität erhielt fast nur die Gebäude. Aufgrund dieses Vorgehens hatten die Dominikaner wohl kaum die Möglichkeit, etwas für sich zu behalten.

Trotz seiner Vorreiterrolle für die Einführung der Reformation in Hessen war in Marburg als einziger Bettelordenskonvent nur das Dominikanerkloster aufgehoben worden, insgesamt ein eher dürftiges Ergebnis. Auch sonst waren in Hessen bisher nur wenige Konvente, so auch das Treysaer Dominikanerkloster, aufgehoben worden oder hatten sich selbst aufgelöst. Daher war es für die Obrigkeit *"unnther anderm der Ordens-Personen halben Ordnung furtzunemen hoich vonnoten"*.[87] Das Klostersäkularisierungs-Programm wurde auf dem Kasseler Landtagsabschied vom 15. Oktober 1527 formuliert. "Der Text ist das zentrale Dokument für das Ende der Klöster in der Landgrafschaft Hessen."[88] Die Klosterpersonen sollten nach Aufenthaltsdauer und eingebrachtem Gut entschädigt bzw. bis zum Lebensende versorgt werden, wofür in Ober- und Niederhessen je zwei ehemalige Klöster vorgesehen waren. Für die männlichen Ordenspersonen Oberhessens hatte das Marburger Kugelhaus diese Funktion, *"das sie daselbst im collegio studiren"*. Vorgesehen war also die Übernahme der Mönche in das neue Kirchenwesen. Wichtigster Punkt des Abschieds war die Ausstattung der neugegründeten Universität Marburg aus dem Klostergut. Für alle sonstigen Klostergefälle war - *"domit wir vnns des Arkwons eygens Nutzens gentzlich entheben"* - ein gemeiner Kasten für *"vnnser vnnd vnnser gemeines Lands Notturfft"* vorgesehen,[89] der später allerdings nicht zustande kam. Mit den vorgeschlagenen - und schon bzw. erst zum Teil durchgeführten Maßnahmen - sollten auch die Bedenken des Adels gegen das Klosteraufhebungsprogramm zerstreut werden. Bis zu diesem Zeitpunkt hatte Philipp bei seinem Vorgehen gegen die Klöster selbständig gehandelt ohne Heranziehung der Stände. Nun sollte durch ihre Beteiligung größere Unruhe und Obstruktion unter dem Adel verhindert werden. Deren Interessen wurden durch den Kasseler Abschied berücksichtigt, z.B. durch die großzügige Abfindung adeliger Ordenspersonen.[90] Gleichzeitig wurde die

---

[87] HILDEBRAND, Urkundensammlung 3 Nr. 2.

[88] J. SCHILLING, Klöster 208.

[89] Ed. HILDEBRAND, Urkundensammlung 2-5 Nr. 2; G. FRANZ, Reformationsgeschichte 45 Nr. 69. Vgl. E. G. FRANZ, Luterismus 249; DERS., Klöster 154f.; W. HEINEMEYER, Gründung 83f.; KLUETING, Enteignung 66. Einige Bestimmungen wurde jedoch kaum bzw. nur verspätet ausgeführt; vgl. JASPERT 37. Nach MILLER 273, waren anscheinend keine ehemaligen Mönche ins Kugelhaus gekommen.

[90] Vgl. SOHM 41; W. HEINEMEYER, Krankenfürsorge 11; JASPERT 37. Von 1521 bis zur Homburger Synode 1526 waren die Stände nicht zusammengetreten; vgl. W. D. WOLFF 81 und W. HEINEMEYER,

Änderung des Kirchenwesens nun auch vom Adel getragen. Durch den Abschied war also eine zusätzliche Legitimation und Rückversicherung erreicht worden. Der Kasseler Landtagsabschied vom 15. Oktober 1527 "segnete" implizit die schon erfolgte Verwendung von Kloster und Klostergut der Marburger Dominikaner zugunsten der Universität ab, die auch die Gebäude der anderen dortigen Klöster zugesprochen erhielt.[91]

Ab dem 17. Oktober wurde dann auch die "Abfertigung" der Konvente recht zügig durchgeführt.[92] Entgegen der Vermutung des Kasseler Abschieds, die Mehrzahl der Ordensleute habe die rund 40 hessischen Klöster freiwillig verlassen, befand sich die überwiegende Anzahl in ihren Niederlassungen, die seit der zwangsweisen Einsetzung evangelischer Prediger und landgräflicher Vögte im Frühjahr bereits unter landesherrlicher Verwaltung standen. Widerstand erfolgte nur von den Marburger Deutschherren, den Oberkaufunger Nonnen und dem Hainaer Exilkonvent, von denen auch Reichskammergerichtsprozesse geführt wurden. Die reichsrechtlich nicht geschützten Franiskanerkonvente in Marburg, Grünberg und Hofgeismar mußten auswandern.[93] Der Landgraf duldete - so weit reichsrechtlich möglich - keine monastischen Gemeinschaften mehr in Hessen.

Flankierend zu den Maßnahmen erschien 1527 in Marburg eine Rechtfertigungsschrift des landesherrlichen Klostersäkularisation: "*Was der durchleuchtige ... Herr Philips, Landgraf zu Hessen, ... mit den Klosterpersonen vorgenommen hat.*"[94] Nicht korrekt ist in Bezug auf die Marburger Dominikaner, "*daß der mehrer von geistlichen Closterpersonen/außländisch/vnnd nicht der vierdte Theil Landsassen*",[95]

Reformation 250 (HEINEMEYER zählte die Homberger Synode nicht als Ständeversammlung, die erste nach 1521 war daher der Kasseler Landtag vom Oktober 1527).

[91] Vgl. E. G. FRANZ, Luterismus 253. Zur Zentralisierung der Bücher aufgehobener Klöster in der Universitätsbibliothek (ohne Erwähnung der Bücher des Dominikanerklosters) vgl. ZEDLER 1-11. - Zur Dotierung der Universität mit aufgehobenen Klöstern vgl. W. D. WOLFF 137-144; laut 144 erbrachte die Vogtei Kugelhaus mit dem Predigerkloster in Marburg im Jahr 1575 340 fl. Bei der getrennten Aufstellung 1606 erbrachte die Vogtei Kugelhaus 951 fl., die des Predigerklosters aber nur noch 23 fl. Nach der Trennung der Universitätsgüter zwischen den Linien Kassel und Darmstadt empfing Darmstadt u.a. auch die Einkünfte des Marburger Predigerklosters für die Gießener Universität; vgl. ebd. 152, 155.

[92] Vgl. E. G. FRANZ, Klöster 156; DERS., Luterismus 249f.

[93] Vgl. ebd. 252f.; ZIEGLER, Franziskanerobservanten 71.

[94] Ed. HORTLEDER. Vgl. JASPERT 39-45. U.a. ging es darum, nachzuweisen, daß das Mönchtum unbiblisch sei; die Verantwortung der Obrigkeit für die Reformation wurde herausgestellt. Trug die Klosterschrift die volle Titulatur und das Wappen des hessischen Landgrafen und damit amtlichen Charakter (J. SCHILLING, Klöster 211), so war sie dennoch anonym und man konnte sich von ihr distanzieren.

[95] HORTLEDER 1961. Die Aussage trifft allgemein nicht zu (vgl. E. G. FRANZ, Klöster 158f.) und auch nicht für die Marburger Dominikaner: Von den 13 Konventualen stammte Gyse aus einer Marburger Schöffenfamilie, C. Pistor wohl aus Marburg, Calopificis evtl. aus Treysa, Biedenkopf, Frankenberg und

ebenso daß sich nach Überzeugung des Büchleins die meisten ausgetretenen Ordenspersonen, *"die solches aus klarem Verstande der heiligen Schrift selbst bekennen müssen"*,[96] nämlich daß das Klosterleben unchristlich sei, in die "christliche Gemeine" begeben hätten. Dies ist für die Marburger Dominikaner nicht nachweisbar.[97] Zwar war mit "Gemeine" nicht unbedingt die christliche (also die Pfarrgemeinde), sondern auch die territoriale Gemeinde gemeint. Insgesamt ist das Büchlein aber Ausdruck neugläubiger Gemeindetheologie, der außergemeindliche Sonderstrukturen zum Opfer fielen.

Das Vorgehen gegen das Klosterwesen war nur ein Aspekt der Ausdehnung des landgräflichen Kirchenwesens. Am 11. Juni 1528 wurde im Vertrag von Hitzkirchen vom Mainzer Erzbischof Albrecht der Verzicht auf die geistliche Jurisdiktion in Hessen erlangt.[98] "Am Ende des Ringens um den alten und den neuen Glauben war es den staatlichen und städtischen Obrigkeiten gelungen, die Formen des öffentlichen und kirchlichen Lebens nach den eigenen Ansichten zu gestalten und für die Zukunft ihren Untertanen das Bekenntnis vorzuschreiben."[99]

5.2.3 Weiteres Schicksal der Fratres und des Klostergutes

Da Prior Ysenrot schon 1517 *jubilarius* war,[100] wird er bald nach 1527 gestorben sein. In vorgerücktem Alter war auch Heinrich Calopificis.[101] Nicht bekannt ist, wohin sich die Dominikaner nach ihrer Abfindung wandten. Eckhard Gieße (Geyße) blieb als Sohn einer patrizischen Schöffenfamilie wohl in Marburg.[102] Sein höherer Stand war der Grund für die höhere Abfindung. Doch schon am 1. März 1528

Schweinsberg wohl aus den gleichnamigen hessischen Städten. JASPERT 42, macht darauf aufmerksam, daß der Grund für die These kein allgemeiner Ausländerhaß war und der Landgraf ja auch den Franzosen Franz Lambert von Avignon als Professor berufen hatte. Daher sollte wohl vor allem der befürchtete Abfluß von Geld aus dem Land vermieden und evtl. Emotionen gegen die Mönche geschürt werden.

[96] HORTLEDER 1959; vgl. auch ebd. 1961; SOHM 42f.

[97] Keiner der ehemaligen Dominikaner war weder als neugläubiger Geistlicher (vgl. HÜTTEROTH, Pfarrer) noch weiterhin in den Provinzkapitelsakten der Dominikaner aufgeführt.

[98] Vgl. JÜRGENSMEIER, Bistum 187; W. HEINEMEYER, Territorium 81; MILLER 14; W. D. WOLFF 85f.

[99] W. HEINEMEYER, Reformation 225.

[100] Vgl. LÖHR, Kapitel 70.

[101] Als Prior von Treysa nahm er am Erfurter Provinzkapitel 1521 teil; vgl. zur Person auch ebd. 145; vgl. auch 80 (1517 Lektor in Marburg), 115 (1519 als Prior von Treysa wird er Jubilarius).

[102] Vgl. HÜTTEROTH, Marburg 86. Zur Familie vgl. ECKHARDT, Klöster II, 17 Nr. 32, 22 Nr. 40, 27 Nr. 52, 30 Nr. 59 und VERSCHAREN 117, 124, 125, 130, 132. Aus der Familie kamen auch mehrere Dominikaner. Zu dem 1490 und 1503 urkundlich belegten Werner Gyse (Geyse) s.o. sowie HÜTTEROTH, a.a.O. 85. Ein Detmarus Geyse wurde 1519 als Student nach Hamburg assigniert; vgl. LÖHR, Kapitel 119.

bestimmmte der Landgraf, daß der Zins nach Gießes Tod an den Marburger Schult-heißen Konrad Buchsack fallen solle und erlaubte ihm, Gieße anderweitig "zufrie-denzustellen". Dieser erhielt am 30. September des Jahres eine Abfindung von 60 Gulden für seine Ansprüche.[103] Da Gieße sich bei dieser Gelegenheit weiterhin als Priester des Predigerordens bezeichnete, ist von ihm eine gewisse "konservative Beharrung" anzunehmen. Jedenfalls ließ er sich nicht (sofort?) in das neue Kir-chenwesen integrieren.

Der Verfügungsgewalt des Landgrafen entzogen waren die außerhalb seines Territo-riums gelegenen Termineien des Marburger Konvents. Dort hielten trotz ihrer Abfindung weiterhin Marburger Dominikaner aus. Jakob Solemacher hatte schon 1526/27 als Weilburger Terminarius gegen den Reformator Schnepf gepredigt. Nach seiner Abfindung 1527 blieb er in der Terminei, bis sie 1530 eingezogen wurde. Der gleichfalls 1527 abgefundene Konrad Pistor wirkte weiterhin als Terminarius in Herborn. 1531 verkaufte er das Terminierhaus für 38 Gulden an den Grafen Wil-helm von Nassau-Dillenburg.[104] Somit galt zumindest für etliche Marburger Domi-nikaner die auch für die Predigerbrüder anderer Konvente nachweisbare konservati-ve Beharrung. Vielleicht hatten auch der Prior und/oder weitere Konventsmitglieder in einer der Marburger Termineien oder einem der Hessen benachbarten Konvente Zuflucht gefunden.

Der Landgraf verfügte über alles Gut der Dominikaner in seinem Lande gleicherma-ßen. An sich war die Terminei in Allendorf dem noch unangefochten bestehenden Göttinger Konvent zuständig, doch wurde sie vom Landgrafen am 30. Mai 1529 an Heinrich vor dem Tore und seine Frau für 35 Gulden verkauft.[105] Ebenso geschah es mit der Marburger Terminei in Homberg/Ohm: das dortige Haus des Landgrafen (sic!), das an ihn durch "Veränderung gemeiner Geistlichkeit" gelangte, wurde dem Homberger Lehrer auf Bitten der Gemeinde am 15. Juli 1529 überlassen.[106] 1532 wurde die Übertragung eines Anniversarzinses, der dem Gießener Terminhaus der Marburger Dominikaner gehörte, an die dortige Pfarrei bestätigt.[107] Dies zeigt, daß auch Termineien im Sinne des neuen Kirchengutsbegriffs für schulische und kirchliche Zwecke verwandt wurden, jedoch gleichzeitig als Eigentum des Lan-desherren galten. Ferner zeigt sich an den Termineien auch die anderswo zu be-

---

[103] Vgl. ECKHARDT, Klöster III/1, 868f. Nr. 1399f.

[104] Vgl. LÖHR, Wirksamkeit 142.

[105] Vgl. G. FRANZ, Reformationsgeschichte 88 Nr. 138; vgl. auch allgemein 160 Nr. 238 zu einem landgräflichen Schreiben in Bezug auf die Inventarisierung ausländischer Klostergüter von 1532.

[106] Vgl. ECKHARDT, Klöster III/1, 869 Nr. 1401. Schon 1528 war die Terminei der Alsfelder Augustiner in Wetter verkauft worden; vgl. E. BECKER, Staatsarchiv 213 Nr. 91.

[107] Vgl. ECKHARDT, Klöster III/1, 869 Nr. 1402.

obachtende Territorialisierung: der Landgraf griff auf allen Klosterbesitz in seinem Territorium zu, obwohl die Allendorfer Terminei Göttinger Außenbesitz war. Auf der anderen Seite hatte er keinen Einfluß auf Marburger Außenstationen außerhalb seines Territoriums, wo Dominikaner deshalb noch etliche Jahre wirken konnten.

Nach dem Abzug der Franziskaner im Mai 1528 wurde gemäß dem Kasseler Abschied deren Konvent der Universität in Marburg als "Collegium Pomerii" übereignet, in beiden Kollegien wohnten auch die Stipendiaten. Ebenso fiel später das Kugelhaus an die Universität.[108] Trotzdem entwickelte sich die Universität nur langsam. Ihre Einkünfte waren jahrelang ungesichert. Erst vom 31. August 1529 datiert der Stiftungsbrief der Universität Marburg, vom gleichen Tag ihre Statuten.[109] Entscheidend für dieses späte Datum war wohl die mit den "Packschen Händeln" verbundene politische und wirtschaftliche Krise Hessens, weshalb für die Rüstungskosten in rund 60 Einzelverschreibungen Klöster und deren Einkünfte im Wert von 10.000 Gulden zu Geld gemacht wurden. Der Kasseler Abschluß ließ ja die Verwendung zu des Landes Notdurft zu. Bei weiteren Geldnöten wurde wiederum auf Klostergut zurückgegriffen.[110] 1531 wurde aus den mittlerweile arg geschmälerten Gefällen des ehemaligen Dominikanerklosters der "Fiscus academicus" geschaffen, von dem der Rektor die Kosten akademischer Preise, der Disputationen und des speziellen Lehrbetriebs zu bestreiten hatte. In der Kirche wurde Bänke für den Rektor und die Professoren aufgestellt, damit die Predigten angenehmer zu hören seien.[111] Bei der Neuregelung der finanziellen Verhältnisse im Sommer 1532 wurde der Fiskus academicus bestätigt.[112] Die Urkunden und Zinsbriefe des Dominikanerklosters wurden in das neu dafür eingerichtete "publicum universitatis

---

[108] Vgl. K. HEINEMEYER 2, 44f.

[109] Ed. HILDEBRAND, Urkundensammlung 6-18 Nr. 3 (Freiheitsbrief; darin auf S. 12 die Bestätigung der Verwendung des Prediger- und Barfüßerklosters für die Univ.; laut 17 wurde ihr "auch Brennholtz Inn maissen Den Closteren bissher gegebenn ist", jedoch mit Ausnahme der Waldungen, sowie eine "Anzall Weins" steuerfrei überlassen), 19-28 Nr. 4 (Statuten). Der Freiheitsbrief war von Kanzler Feige konzipiert worden; vgl. W. HEINEMEYER, Feige 34.

[110] Vgl. E. G. FRANZ, Luterismus 253f.; DERS., Klöster 163ff.

[111] Vgl. CAESAR 7: "Praeterea ut ex iis prouentibus quos dominicanae factionis monachi deseruerunt, qui sane quam paucissmi fuere, academiae fiscus siue publicum scholae aerarium eadem principis Illustriss. liberalitate constitueretur, concessum, vt declamationibus, disputationibus, actionibus scenicis et id genus exercitiis pro sua prudentia Rector cum professoribus (ne quid Scholae splendori desit) hinc praemia decernant aliisque scholasticis necessitatibus, quae plurimae in dies incrementum accipiente Academia emergent, inde non moleste succurrant." (Fiscus unter 1531 notiert, nach W. HEINEMEYER, Gründung 83 im Jahre 1530). Vgl. CAESAR 8.

[112] Vgl. HERMELINK/KAEHLER 26.

246

aerarium" verbracht.[113] Auch die verspäteten und zunächst vergeblichen Bemühungen um ein Promotionsprivileg[114] zeigen, daß die Universität in ihren ersten
Anfängen einen provisorischen Charakter besaß.[115] Erst am 4. Oktober 1540 erfolgte mit der Donationsurkunde die "ständige Fundation" der Hochschule.[116] U.a.
wurden der Hochschule auch die nur noch geringen Einkünfte des Treysaer Dominikanerkloster zusammen mit den höheren des dortigen Hofs der Hainaer Zisterzienser
kurzfristig übereignet. Die Maßnahmen dienten dem Landgrafen zur Vorbereitung
der Versöhnung mit dem Kaiser auf dem Regensburger Reichstag 1541.[117] Nach
langem Zögern erkannte Kaiser Karl V. mit seinem Privileg vom 15. Juli 1541 die
Universität und die von ihr verliehenen akademischen Grade von Reichs wegen
an.[118] "Mit der ... Dotation der Universität und der Universitäts-Bestätigung Kaiser Karls V., die wenigstens mittelbar auch die Klosteraufhebung legitimierte, war
1540/41 ein gewisser Abschluß erreicht."[119] Die evangelische Lehre hatte mittlerweile so fest Fuß gefaßt, daß nach dem Schmalkaldischen Krieg das Interim nicht
mehr durchgeführt werden konnte.[120] Von den Dominikanern sind auch keine Bemühungen um Restitution bekannt.

---

[113] Vgl. CAESAR 10: "*Sub hoc nostro Magistratu publicum vniversitatis aerarium institutum est, in quod
et clariss. vir Io. Ficinus Hessiae Cancellarius literas atque instrumenta censuum praedicatoriorum ex
Archiuo conferri fecit.*"

[114] Vgl. BÖHM 46; BAUMGART, Universität 58ff.; E. SCHMIDT 17f. 1533 war Eisermann der erste zum
Doktor utriusque juris promovierte Jurist; vgl. JASPERT 39.

[115] Vgl. BAUMGART, Universität 55.

[116] Ed. HILDEBRAND, Urkundensammlung 32-37 Nr. 7. Vgl. W. HEINEMEYER, Krankenfürsorge 13. Nach
der Fundation im Jahre 1540 floß der Hauptteil der noch vorhandenen Einkünfte aus dem ehemaligen
Predigerkloster nicht in den Fiskus, sondern in die Universitätsökonomie. Die Mieteinnahmen aus den
Zimmern in den ehemaligen Dominikaner- und Barfüßerklöstern flossen hingegen dem Fiskus zu. Dessen
Einkünfte wurden mit der Universitäts-Ökonomie zusammen vom Vogt des Kugelhauses verwaltet; vgl.
HERMELINK/KAEHLER 32. Im Chor der Kirche wurde um 1550 ein medizinisches Laboratorium eingerichtet, die Kirche 1574 für Predigtübungen und als Grabstätte berühmter Professoren u. Stifter eingerich-
tet, 1579 zu einem Fruchtspeicher umgewandelt und 1633 der Marburger reformierten Gemeinde überlassen; vgl. ebd. 32 Anm. 30.

[117] Vgl. E. G. FRANZ, Luterismus 256; HERMELINK/KAEHLER 38; E. G. FRANZ, Klöster 169; LEHNERT
109. Zu Treysa vgl. genauer S. 255f.

[118] Vgl. HERMELINK/KAEHLER 18f.; BAUMGART, Universität 60ff.; RABE, Reich 251; E. SCHMIDT 18f.

[119] E. G. FRANZ, Klöster 169.

[120] Vgl. E. G. FRANZ, Klöster 169; SANTE 317.

5.2.4   Zusammenfassung und Ergebnis

Eine hessische Landeskirche bestand infolge der Einflußnahme des Landesherren auf kirchliche Angelegenheiten längst vor der Reformation.[121] In dem als Territorialisierung bezeichneten, umfassenden Prozeß der Konsolidierung und Neuordnung des Gemeinwesens war die Reformacio der Klöster ein wichtiger Bestandteil. Diese wurden in die Landesherrschaft integriert und auf sie hin funktionalisiert.[122] Später wurde auch die Reformation in diesen Prozeß der Verdichtung von Staatlichkeit einbezogen. So waren die grundlegenden Änderungen im hessischen Klosterwesen der Reformationszeit schon z.T. durch die lange und weitgehende kirchenregimentliche Tätigkeit des hessischen Fürstenhauses vorgebildet. Dabei war nicht nur in geistliche Angelegenheiten eingegriffen, sondern auch Gewalt angewandt worden. Den Dominikanern hatte ihr Widerstand seit 1493 nichts genutzt, spätestens 1508 waren sie endgültig reformiert. Die Fratres hatten sich während dieser Zeit wohl daran gewöhnt, daß der Fürstenwille sich letztlich durchsetzte. Allerdings dürfen die Entwicklungslinien auch nicht überbetont werden. Philipps Vorgänger handelten für die Erneuerung des religiösen Lebens in den Klöstern, unter Philipp war die Erneuerung gerade mit der Abschaffung der monastischen Institutionen verbunden.[123] Die mit der Reformacio verbundenen Veränderungen waren vielleicht nicht so gravierend, da der Konventuale W. Gyse noch die "Karriere" zum observanten Subprior machen konnte. Vielleicht hatte er sich ja auch freudigen Herzens der Reform zugewandt. Doch muß der Begriff der "Ordensreform" angesichts des fürstlichen Interessses mit einem Fragezeichen versehen werden.

Neunzehn Jahre nach der endgültigen Rückführung der Dominikanerkonvente zum strengen Ordensleben im Jahre 1508 wurden sie durch den Landgrafen aufgelöst. Dafür kann "korruptes Mönchtum" nicht geltend gemacht werden. Insgesamt handelte es sich in Hessen um einen sehr zügig durchgeführten Vorgang. Das in der Klosterfrage tatkräftige Handeln Philipps - etwa verglichen mit dem zögernden und entschlußlosen von Kurfürst Johann dem Beständigen in Sachsen - ermöglichte eine rasche Nutzung des Klostergutes im landesfürstlichen Sinne. Nirgends sonst wurde im Untersuchungsgebiet dieser Arbeit die Abschaffung der Klöster mit solcher Geschwindigkeit und Konsequenz betrieben wie in der Landgrafschaft. Allerdings blieben auch in Marburg die Dominikaner so lange wie möglich in ihrem Kloster. Doch aufgrund des dringenden Bedarfs für die neu zu gründende Landesuniversität waren sie das erste Marburger Kloster, das aufgehoben wurde. Durch Maßnahmen wie die Inventarisierungen gingen die Klöster gänzlich in die Hand des Landesherrn

---

[121] Vgl. Moraw 204.

[122] Vgl. J. Schilling, Klöster 117f.

[123] Vgl. Miller 7.

über und wurden dem werdenden neuzeitlichen Staat nutzbar gemacht, gerade auch durch die Gründung der Universität als Ausbildungsort der zukünftigen Kirchen- und Staatsdiener.[124] Das Vermögen der hessischen Klöster kam weitgehend dem hessischen Staatshaushalt bzw. den Finanzen des Landgrafen zugute.[125] Dies zeigt sich auch beim Klostergut der Dominikaner von Marburg und Treysa. Das Klostergut wurde als Kammergut betrachtet, so z.B. dasjenige, was unter fürstlicher Verwaltung stand, im Testament Philipps an seine vier Söhne verteilt.[126] "Von den Klostervermögen verfiel ein großer Teil dem Zugriff des Fürsten für seine Zwecke, wobei persönliche und staatliche Belange noch schwer zu trennen sind".[127] Das freilich nicht allzu große Klostergut der Dominikaner war nur zum geringen Teil zu theologisch legitimierten Zwecken verwandt worden, was den allgemeinen Trend auch in anderen Städten und Territorien bestätigt. Ein Teil des Marburger Dominikanergutes wurde für die Abfindungen genutzt, ein anderer für die Marburger Universität. Die Finanzlage Hessens war vor allem durch die Sickingischen Fehden wie auch den Bauernkrieg stark angespannt. Ohne die persönliche Motivation des Landgrafen in Frage zu stellen, die hier auch nicht weiter untersucht werden kann, wäre ohne die finanzielle Nutzung des Klosterguts an ein so kostspieliges Unternehmen wie etwa die Gründung einer Universität kaum zu denken gewesen.[128]

---

[124] Vgl. W. HEINEMEYER, Reformation 238f.

[125] Vgl. E. G. FRANZ, Klöster 169.

[126] Vgl. W. D. WOLFF 75.

[127] DEMANDT, Geschichte 225f.

[128] Vgl. W. HEINEMEYER, Gründung 61f.

Die meisten Städte im Deutschen Reich waren Landstädte, d.h. sie unterstanden einem Landesfürsten. Der Magistrat als städtische Obrigkeit war der landesherrlichen untergeordnet. Allerdings versuchten viele dieser Städte ebenso wie die Reichsstädte und die Fürsten auch, ihren Einflußbereich zu vergrößern. Forschungstätigkeit im Bereich "Landstadt und Reformation" hatte 1978 Hans-Christoph RUBLACK angemahnt.[1] Hier werden Landstädte der beiden bedeutendsten Fürsten der neugläubigen Seite untersucht, nämlich die Landstadt Treysa des hessischen Landgrafen Philipp und Eisenach und Jena im Territorium des sächsischen Kurfürsten.

6.1   *Treysa*[2]

6.1.1   Ausgangslage

In der mit der Grafschaft Ziegenhain 1450 an Hessen gefallenen kleineren Mittel und früheren Residenzstadt Treysa von ca. 2.000 Einwohnern[3] war die landesherrliche Position ähnlich stark wie in der Residenz Marburg. Treysa hatte eine gewisse Selbständigkeit erreicht, war aber fest in das landesherrliche Regiment eingebunden,[4] was auch für das Kirchenwesen galt. Die Obrigkeit behandelte nach Möglichkeit die Konvente eines Ordens gleich. Wie das Marburger wurde das Treysaer Kloster 1494 reformiert und kam 1505 an die Congregatio Hollandica, was 1508 bestätigt wurde.[5] 1517 wurden beide Ordensniederlassungen der Saxonia angeglie-

---

[1] Vgl. RUBLACK, Forschungsbericht 24f. Vgl. zur zwischenzeitlichen Forschungstätigkeit S. 3 Anm. 11.

[2] Mit Ausnahme der von LÖWENSTEIN ed. Inventaraufnahmen von 1525 und 1527 haben sich keine Archivalien zum Treysaer Dominikanerkonvent erhalten. Die im Inventar von 1527 aufgeführten 73 Urkunden sind verschollen. Es gibt auch nur wenig Literatur zur Geschichte der Stadt wie des Klosters. Vor allem sind REINERT und FOWLER zu nennen. Letzterer enthält einige Ungenauigkeiten und Fehler. Völlig unbegründet wird ebd. 30, der Treysaer Konvent als "offensichtlich" eine der "wichtigsten Ausbildungsstätten" der Dominikaner bezeichnet.

[3] Vgl. ZULAUF 43, 45; STADTVERWALTUNG TREYSA 418. - Außer dem Predigerkloster gab es in Treysa die Pfarrkirche St. Martin und den Hof des Zisterzienserklosters Haina; vgl. DERSCH, Klosterbuch 148f.; REINERT 10f., 14f.; FOWLER und LINDENTHAL 73f., 80f. - Das Dominikanerkloster war ein kleiner Konvent mit kaum mehr als 12 Personen. Dafür spricht, daß bei der Inventarisierung insgesamt nur 14 wollene Lesekaseln für die Fratres vorgefunden wurden; dies gegen LÖWENSTEIN 84. Das Bettzeug für 28 Personen ist durch die Funktion des Klosters als Herberge (so auch bei Landtagen) zu erklären; ferner mußten Betten im Krankentrakt des Klosters und für Novizen bereitgehalten werden.

[4] Vgl. REINERT 11ff.; HOHMEYER 46; STADTVERWALTUNG TREYSA 419.

[5] Vgl. S. 228ff. sowie FOWLER 30. 1508/09 bezeichnete sich der Konvent als reformiert bzw. "beslossen"; vgl. E. BECKER, Regesten 30 Nr. 77, 31 Nr. 92. - Zur Ausrichtung Treysas nach Marburg (vgl. allgemein FOWLER 30): nach dem Artesstudium in Marburg wurde Johannes Czegenhayn (Ziegenhain) ab 1519 (evtl.

dert. Wie in Marburg bestand in Treysa ein studium artium.[6] Im Gegenzug zur landesherrlichen Einbindung erfolgte die obrigkeitliche Förderung. Landgräfin Anna von Mecklenburg stiftete 1515 u.a. bei den Treysaer Dominikanern ein Anniversar.[7] Der Konvent hatte ein gewisses Vermögen, das zu einem beträchtlichen Teil bei der Stadt hinterlegt war.[8] Auch etliche Städte nutzten den Konvent als Bank und liehen mitunter beträchtliche Summen.[9]

1517 wurde Johannes Krausen wegen Apostasie zum Kerker verurteilt, 1521 Johannes Melsungen. Er war mit den im Termin gesammelten Geldern aus der Provinz geflohen.[10] Wegen dieser disziplinarischen Probleme und wegen Überalterung[11] ging der Konvent geschwächt in die reformatorischen Auseinandersetzungen.

6.1.2 Von der reformatorischen Bewegung bis zum Ende des Konvents im Jahre 1527

Schon um 1523 predigte in Treysa der Pfarrer Nicolaus Ulifex im neugläubigen Sinne.[12] Angeblich sollen aufgrund des Terminierverbots der landgräflichen Polizeiordnung von 1524 die meisten Dominikaner in der Folge ihr Kloster verlassen haben.[13] Doch befanden sich die meisten Fratres wohl im Jahr 1527 noch im Konvent. Wie zur Zeit der Reformacio setzte sich während der Reformation die obrig-

---

bis zum Tod 1524) Lektor in Treysa; vgl. LÖHR, Kapitel 92, 123, 141. 1517 war Heinrich Calopificis in Marburg Lektor und Prediger, 1519 und 1521 Treysaer Prior (vgl. ebd. 80, 115, 145.). 1518 wurde auch Johannes Vergen von Treysa nach Marburg assigniert; vgl. ebd. 97.

[6] Erwähnt in den Provinzkapitelsakten 1518, 1519, 1523; vgl. LÖHR, Kapitel 92, 121, 164. Treysa war eine relativ unbedeutende, keineswegs aber eine der "wichtigsten Ausbildungsstätten" des Ordens, wie FOWLER 30, meinte.

[7] Vgl. DERSCH, Franziskanerbriefe 28. Zur Verminderung des Anniversars 1520 vgl. S. 228 Anm. 9.

[8] Vgl. LÖWENSTEIN 94f., 96-100.

[9] Für Treysa vgl. LÖWENSTEIN 96f. Zu Alsfeld: Den Predigern waren jährlich 15 fl. zu geben; vgl. E. BECKER, Staatsarchiv 204 Nr. 60. Quittungen über 5 bzw. 10 fl. bei EBEL 89 Nr. 81, 96 Nr. 135; 97 Nr. 140; E. BECKER, Regesten 23 Nr. 6, 29 Nr. 68, 30 Nr. 77, 31 Nr. 92, 39 Nr. 169.

[10] Vgl. LÖHR, Kapitel 83, 156. Zu Kr(a)use vgl. auch 125: 1519 nach verbüßter Strafe Assignation von Treysa nach Seehausen. Nicht identisch mit dem Prenzlauer filius, der 1519 Jubilar wurde; vgl. ebd. 114, 16.

[11] 1517 war Johannes Fabri Jubilar, 1519 Prior Calopificis, 1521 Heinrich Hust; vgl. LÖHR, Kapitel 69, 115, 151. Indiz für Überalterung ist auch die Zahl der Verstorbenen. 1520: Konverse Johannes, 1524: Johannes Ziegenhain, Johannes Gelholt; vgl. ebd. 144, 179.

[12] Vgl. HEPPE 120.

[13] Vgl. REINERT 14; W. D. WOLFF 338. Genauere Erörterung der Zahl der Ausgetretenen bei der Frage der Abfindung, s.u.

keitliche Gleichbehandlung der Konvente Marburg und Treysa fort. War der Marburger Konvent im Februar inventarisiert worden, so erfolgte dies in Treysa am 7. März 1525.[14] Zinsbriefe und Pfandverschreibungen im Wert von 60 Gulden jährlich für 1320 Gulden Hauptgeld befanden sich auf dem Rathaus zu Treysa und wurden ausführlich verzeichnet. Die restlichen Geldzinsen wurden nur summarisch aufgenommen, die aus anderen hessischen Städten gar nicht erwähnt.[15] Wie auch andernorts hatte der Treysaer Rat schon vor dem Bauernkrieg die Aufsicht über einen bedeutenden Teil der Schuldverschreibungen seiner Bürger und Institutionen.

Am 25. März 1525 setzten aufständische zünftige Bürger einen Teil des Stadtrats, d.h. der politischen Führungsschicht, ab und ersetzten diese durch Männer aus ihren eigenen Reihen.[16] Dieses frühe Datum verwundert. Die städtischen Unruhen in Treysa standen nicht - wie sonst üblich - im Zusammenhang mit dem Bauernkrieg, von dem Hessen nur in geringem Maß betroffen wurde. Dies lag vielleicht an der prompten landesfürstlichen Reaktion, wie sie sich auch bei den Treysaer Unruhen zeigte. Am 30. März 1525 schrieb Landgraf Philipp an die Stadt, sie solle die Ratsmitglieder und Schöffen, bes. Hans Meyen, wieder in ihr Amt einsetzen und am 20. April in Marburg zum Verhör erscheinen.[17] Die nur aus einigen hessischen Städten, darunter Treysa, im März und April gemeldeten Turbulenzen wurden rasch beigelegt.[18] Daher wurde das dortige Dominikanerkloster nicht gestürmt. Wie andere hessische Städte mußte auch Treysa nach dem Bauernkrieg dem Landgrafen einen Huldigungsrevers unterschreiben.[19]

Über die reformatorische Bewegung und die Einführung der Reformation liegen für Treysa kaum Nachrichten vor. Die Dominikaner waren nie besonders bedeutend oder wohlhabend gewesen. Vielleicht verringerten sich infolge der reformatorischen Bewegung die Zuwendungen so stark, daß das Kloster verarmte. Bei der Visitation 1525 wurde jedenfalls festgestellt, daß die Kornböden fast leer wären.[20] Ein Hinweis auf die Erschütterung des Konvents infolge der neugläubigen Bewegung oder aber ein Anzeichen für weiterhin bestehende Probleme im Konvent könnte die Assignation des Treysaer Konventualen Kyrianus Lingel sein, der sich "*in eo*

---

[14] Vgl. LÖWENSTEIN 91-95; FOWLER 32; J. SCHILLING, Klöster 169.

[15] Vgl. LÖWENSTEIN 94f.

[16] Vgl. VERSCHAREN 159; REINERT 16. - Die aufständischen Bauern wandten sich erst Ende April mit der Bitte um Unterstützung an die Stadt; vgl. MERX/FRANZ 354.

[17] Vgl. MERX 3f. Nr. 5; HAUPT, Volksbewegung 454f.

[18] Vgl. E. G. FRANZ, Luterismus 244, APEL 322.

[19] Vgl. MERX/FRANZ 643.

[20] Vgl. LÖWENSTEIN 84.

conventu Theutonie vel Saxonie, in qua benevolos"[21] durch den Ordensmagister Francesco Silvestro di Ferrara (1525-28) am 29. Dezember 1525 versetzen ließ. Am Zwang eines Treysaer Weltgeistlichen zur Ehe zeigt sich das Eindringen reformatorischen Gedankengutes. Denn bis die reformatorische Theologie eine Lösungsmöglichkeit anbot, mußte sich die Bevölkerung mit ihrer Unzufriedenheit in bezug auf das Konkubinarierunwesen abfinden. 1526 wurde der Vikar Jakob Rüffer von drei Bürgern *"mit wissen des scholtheissen"* gezwungen, seine Konkubine zu heiraten. Die Braut informierte den Landgrafen, womit sie die Bitte verband, daß der Geistliche sie "behalte".[22] Dieser Vorgang ist ein weiteres Beispiel für die der weltlichen Obrigkeit zugefallene Kompetenz in *"rebus spiritualibus"*.

War Marburg im Februar 1527 abermals visitiert worden, so erfolgte die mit der Visitation verbundene abermalige Inventarisierung in Treysa am 15. des Monats.[23] Wie in Marburg wurde den Mönchen nur ein Kelch gelassen, 5 Kelche hingegen *"in casten gethan"*.[24] Gemäß dem nun viel gründlicher als 1525 aufgenommenen Inventar besaß das Kloster aufgrund der 73 verzeichneten Urkunden jährlich eine Einnahme von rund 154 Gulden in bar sowie Naturalien, so daß insgesamt vielleicht 200 Gulden zur Verfügung standen.[25] Wie der Landgraf verordnet hatte, wurde wohl jetzt ein Vogt eingesetzt, der die Finanzen kontrollierte.[26]

Infolge der Vorbildfunktion von Marburg für die hessische Reformation erfolgte die Reformation in Treysa etwas später, der dortige Predigerkonvent konnte sich also etwas länger als der Marburger halten. Hatten die Marburger Fratres am 1. Juni ihre Verzichterklärung geleistet, so geschah dies in Treysa am 26. Juni 1527.[27] An der Pfarrkirche war die Änderung längst bruchlos vollzogen. Der Pfarrer Nikolaus Ulifex hatte schon vorher neugläubig gepredigt, der Kaplan Johannes Freund wurde evtl. der erste evangelische Schulmeister der neuen Stadtschule.[28] Zu klären ist das

---

[21] LÖHR, Reg. Turriani 136.

[22] Vgl. G. FRANZ, Reformationsgeschichte 24 Nr. 35. Zum Vikar vgl. HÜTTEROTH, Treysa 12.

[23] Vgl. LÖWENSTEIN 95-100; SOHM 35f. (dort nach dem 18.2.).

[24] Ebd.

[25] Vgl. W. D. WOLFF 338; REINERT 15; FOWLER 32. Daraus schloß WOLFF, a.a.0., die Fratres könnten ohne das Terminieren nicht existieren. Doch machte dies nur ein geringen Bestandteil der Einkünfte eines Klosters aus; vgl. I. W. FRANK, Existenzsicherung 57f. - Nicht aufgeführt sind abermals die 15 fl., die die Stadt Alsfeld dem Konvent schuldete. Evtl. verbargen die Fratres einige Urkunden vor den Visitatoren, vielleicht war diese schon abgelöst worden.

[26] Vgl. S. 237. Der Vogt war erst nach der Aufhebung des Klosters nachweisbar; s.u.

[27] Vgl. LÖHR, Kapitel 49*; MILLER 99.

[28] Vgl. oben S. 251 und HÜTTEROTH, Treysa 5, 13, 19, 53f.

Verhalten der Predigerbrüder gegenüber der Glaubensneuerung. Nach David Bruce MILLER hießen die Treysaer Dominikaner die Reformation willkommen.[29] Die Fratres hätten bis auf drei den Konvent im Laufe des Frühjahrs 1527 verlassen.[30] Mindestens ein Dominikaner, Johannes Spangenberg, war "vorzeitig", d.h. wohl vor Beginn der landgräflichen Abfindungsaktion im Mai 1527, ausgetreten. Der Apostat wandte sich erst 1531 an die Behörden. Er wurde mit 10 Gulden vom landgräflichen Vogt Johann Fischer ein für allemal abgefertigt und wirkte wohl danach als neugläubiger Prediger.[31] Von acht Fratres ist das genaue Abfindungsdatum unbekannt, doch lag es vor dem 26. Juni 1527. Sie hatten wohl recht schnell von der ab Mai 1527 angebotenen Möglichkeit der Abfindung Gebrauch gemacht. Sie erhielten 10 bis 15 Gulden pro Person.[32] Von den acht Konventualen wirkten fünf später im neugläubigen Pfarrdienst, für die anderen drei ist dies nicht belegt. Mit J. Spangenberg ließen sich mindestens sechs von zwölf Fratres in das neue Kirchenwesen integrieren. Die Widerstandkraft der oberservanten Treysaer Fratres gegenüber der Reformation war also geringer als bei den Marburger Mitbrüdern, auch wenn der Konvent aufgrund der Umstände etwas länger bestand.

Drei Konventsmitglieder blieben bis zum 26. Juni im Konvent. Dann wurden Prior Konrad Grunewald und Heinrich Kramoller mit 80 Gulden abgefunden. Johann Staufenberg erhielt 50 Gulden.[33] Die erheblich höheren Abfindungssummen als in Marburg lassen darauf schließen, daß die Zustimmung der Fratres gesucht und bezahlt wurde. Über das weitere Schicksal der drei Dominikaner ist nichts bekannt. Weder im neugläubigen Pfarrdienst noch in den Provinzkapitelsakten sind sie nachweisbar.

---

[29] Vgl. MILLER 98.

[30] Vgl. W. D. WOLFF 338; REINERT 14; LÖHR, Kapitel 49*. Nach LÖWENSTEIN 84, wurden 1527 zwölf Fratres abgefunden, doch könnte die Abfindung vor der Klosteraufhebung gelegen haben. Vorsichtig formuliert HOHMEYER 30: "Der Konvent bestand damals noch aus zwölf Mitgliedern; drei von ihnen bezeugen auf einer uns erhaltenen Urkunde ihren Verzicht auf das Klosterleben."

[31] Vgl. E. G. FRANZ, Klöster 215; LÖHR, Kapitel 49*; 118 (1519 war er Magister studencium in Berlin); HÜTTEROTH, Treysa 16. Nach HÜTTEROTH wäre er 1527 "in fremden Landen" gewesen; evtl. identisch mit dem Johannes Spangenberg aus Alsfeld, der 1540 neugläubiger Prediger in Hammelburg war. Dort wirkten bis 1540 in der Pfarrei altgläubige Geistliche; vgl. MERZ, Landstadt 66. Evtl. auch identisch mit dem am 17.9.1532 in Marburg immatrikulierten J. Kremer Spangenbergius; vgl. CAESAR 9.

[32] Vgl. E. G. FRANZ, Klöster 215. - Daß nur ein Konventuale (J. Gotha) in den Provinzkapitelsakten nachweisbar ist, ist ein weiteres Indiz für die relative Unbedeutendheit des Konvents.

[33] Vgl. ebd. - Evtl. gingen sie in ihre Heimat zurück. Staufenberg stammte wohl von der gleichnamigen Burg bei Marburg, Prior Grunewald (ebenso wie ein 1478 amtierender Tilmannus G.) aus Treysa; vgl. HÜTTEROTH, Treysa 15, 16.

Nach der Inventarisierung wurden insgesamt 51 Mark 9 Loth an Kleinodien, das enstprach dem damaligen Geldwert von ungefähr 460 Gulden, einschließlich Eisen, Steine und Kupfer vom Treysaer Vogt Johannes Walner nach Kassel geliefert, wo ihr Empfang am 16. August 1527 quittiert wurde.[34] Am 13. Dezember übergab der Treysaer Vogt das Archiv des ehemaligen Klosters an die Kasseler Verwaltung. Die Urkunden sind heute verschollen.[35]

6.1.3   Die Verwendung des Klosters und des Klostergutes

Zunächst standen Kirche und Kloster anscheinend leer. Denn erst am 15. Mai 1531 wurde auf Bitten der Stadt die der Gottesmutter Maria geweihte Dominikanerkirche vom Landgrafen als Gemeindekirche bewilligt. Die frühere, zu kleine Pfarrkirche St. Martin wurde Friedhofskirche.[36]

Der "Festigung des inneren Gefüges der hessischen Landesverwaltung entsprach auf militärischem Gebiet der Ausbau der Landesfestungen, von denen besonders Kassel (1523 bis 1546), Gießen (1530 bis 1533), Ziegenhain (1537 bis 1542) und Rüssels-heim zu mächtigen neuzeitlichen Bollwerken anwuchsen."[37] Zum Ausbau der Festung Ziegenhain wurde ab 1536 ein Teil der Einkünfte aus dem Dominikaner-kloster und dem dortigen Hainaer Hof der Zisterzienser genutzt. Am 16. Mai 1537 ließ Landgraf Philipp der Stadt zum Bau einer Ziegelhütte 30 Gulden von dem Kapital nach, das sie dem Predigerkloster schuldete.[38] Insgesamt fielen von etwa 200 Gulden Jahreseinkommen der Treysaer Dominikaner etwa 165 an den Landes-fürsten bzw. standen jährlich zum Ausbau der Festung zur Verfügung. Denn als der Landgraf am 4. Oktober 1540 der Marburger Universität zur Verbesserung ihrer Dotation den noch nicht verwandten Teil der Einkünfte übereignete, betrug er für das Dominikanerkloster nur noch 35 Gulden jährlich.[39]

Die Donationsurkunde von 1540, bei der die Klostereinkünfte von Treysa zu einem theologisch legitimierten Zweck verwandt wurden, ist im Zusammenhang mit der Erlangung des kaiserlichen Privilegs für die Universität von 1541 zu sehen. Die theologisch nicht gedeckte kammergutliche Verwendung hätte ein Hindernis bei der gesuchten Privilegierung darstellen können. Einige Räume der 1540 für 200 Gulden

---

[34] Vgl. LÖWENSTEIN 84 (mit Quellenauszug); FOWLER 32; MILLER 261.

[35] Vgl. LÖWENSTEIN 99.

[36] Vgl. HÜTTEROTH, Treysa 14, 17; REINERT 15; FOWLER 23, 32.

[37] DEMANDT, Geschichte 230.

[38] Vgl. HÜTTEROTH, Treysa 14; W. D. WOLFF 206f.

[39] Vgl. HILDEBRAND, Urkundensammlung 35; G. FRANZ, Reformationsgeschichte 340 Nr. 418.

an die Stadt verkauften Klostergebäude dienten zu Schulzwecken, womit auch hier eine theologisch zu rechtfertigende Nutzung vorlag. In einem anderen Teil der Gebäude wurde allerdings ein Backhaus und eine Färberei eingerichtet.[40]

Doch am 23. März 1542 kaufte der Landgraf die Einkünfte der Treysaer geistlichen Institute gegen Zahlung eines gleichhohen Betrags aus dem fürstlichen Amt Grünberg an die Universität wieder zurück, weil die Naturallieferungen aus beiden Klosterverwaltungen der Hofhaltung in Ziegenhain unentbehrlich seien.[41] Nach Erlangung des kaiserlichen Privilegs wurden die Klostereinkünfte also 1542 wieder dem Kammergut zugeschlagen, die Marburger Universität anderweitig entschädigt. In späteren Rechnungen des Kammerguts kam das Predigerkloster nicht mehr vor, da dessen nur noch geringe Einkünfte mit den viel bedeutenderen des Hainaer Hofes gemeinsam verwaltet wurden.[42] In Treysa selbst wurde um 1542 dann das Refektorium des ehemaligen Klosters als Hochzeitssaal eingerichtet.[43] Der Kirchplatz diente nach der Aufhebung des Klosters um 1546 zur Abhaltung von Märkten und hieß eine Zeit lang der "Neue Markt".[44]

6.1.4   Zusammenfassung und Ergebnis

Die Gleichbehandlung der Konvente in Marburg und Treysa war auch Ausdruck der landesherrlichen Zentralisation. In Treysa war allerdings die Empfänglichkeit für die neugläubige Lehre größer als in Marburg. Im Fall der Treysaer Dominikanergüter dominiert die kammergutliche Verwendung, teil- und zeitweise wurden die Einkünfte zum "gemeinen Nutzen" ausgegeben.

Trotz aller Gleichbehandlung hatte der Treysaer Konvent doch nicht das gleiche Schicksal wie der Marburger: infolge der Überalterung der Dominikaner und der Skandale war der Konvent wohl innerlich nicht so gefestigt wie der in Marburg. 1527 hatte er sich daher schon zum Teil aufgelöst. Die meisten Fratres ließen sich recht schnell abfinden. Der Treysaer Konvent ist ein Gegenbeispiel zur These von der besonderen Beharrlichkeit der Observanten in der Reformationszeit. Denn selbst

---

[40] Vgl. HÜTTEROTH, Treysa 14; REINERT 15; W. D. WOLFF 338; kurze Erwähnung bei FOWLER 32. Nach STADTVERWALTUNG TREYSA 420, gab es seit etwa 1530 die Lateinschule im Klostergebäude; nach HOHMEYER 59, wurde "mindestens seit 1550" im ehemaligen Kloster unterrichtet, um 1580 sei die Elementar- in eine Lateinschule umgewandelt worden.

[41] Vgl. W. D. WOLFF 141, 207; HERMELINK/KAEHLER 36f.; 38 Anm. 36 Verweis auf die Quelle; REINERT 15; LINDENTHAL 81. Urkunde von 1542 ed. bei WASSERSCHLEBEN/WAGNER 272ff. Nr. 4.

[42] Vgl. W. D. WOLFF 339.

[43] Vgl. HÜTTEROTH, Treysa 14; REINERT 15.

[44] Vgl. ebd. 50.

benachbarte und unter dem gleichen obrigkeitlichen Kirchenregiment stehende observante Konvente verhielten sich zur Zeit der Reformation unterschiedlich. Im Gegensatz zur Beharrlichkeit der Marburger Fratres gab es beim Treysaer Konvent einen "Selbstauflösungsprozeß": die meisten Fratres nahmen die angebotene Abfindung umgehend in Anspruch und suchten eine Anstellung im neuen Kirchenwesen. Im Gegensatz etwa zu den Nordhäuser Predigerbrüdern harrten jedoch der Prior und einige Fratres im Konvent bis zur Aufhebung aus.

6.2 Eisenach[1]

6.2.1 Ausgangslage

Bei der Teilung Sachsens zwischen der albertinischen und der ernestinischen Linie fiel die Landstadt Eisenach 1485 an Kursachsen.[2] Durch den kurmainzer Besitz um Erfurt und die Grafschaft Schwarzburg war das Gebiet um Eisenach und Gotha von den ernestinischen Hauptlanden getrennt.[3] Bis um 1500 fungierte Eisenach als Oberhof für viele Städte der Herrschaft.[4] Der Ort war Residenz gewesen, doch kam der Herrscher nach 1500 nur noch gelegentlich auf die Wartburg und in die etwa 4.500 Einwohner zählende Stadt.[5] Der Rat aus zwölf Mitgliedern des ersten und zweiten Jahres ergänzte sich selbst, indem der "alte Rat" im dritten Jahr den "neuen" Rat ablöste. Ihm gehörten auch vier Vertreter der Zünfte an.[6]

In Eisenach gab es an geistlichen Instituten die dem Benediktinerinnenkloster inkorporierte Pfarrei St. Nicolai sowie die Georgen- und die Jakobipfarrkirche, ferner die Marienkirche mit dem angeschlossenen Augustinerchorherrenstift, die Klöster der Dominikaner, der Franziskaner sowie eine kleinere franziskanische Niederlassung, das Elisabethenzellenkloster unterhalb der Wartburg. Außerhalb der Stadt befanden sich noch das Zisterzienserinnenkloster St. Katharinen und die Kartause.[7]

Schon zu Beginn des Jahrhunderts war der Einfluß des Landesfürsten beträchtlich: 1422 wurden die Predigerbrüder wie die anderen geistlichen Institute der Stadt von Kurfürst Friedrich auf Bitten des Rates und der Bürger Eisenachs zur Zahlung des Ungeldes verpflichtet.[8] Die monastischen Institutionen in Eisenach, die Konvente

---

[1] Da das Stadtarchiv 1636 verbrannte, gibt es kaum Quellen und daher auch wenig Literatur zur Reformationsgeschichte speziell der Eisenacher Dominikaner. Die einschlägigen Werke sind z. Tl. veraltet, unkritisch und wiederholen die wenigen bekannten Tatsachen. Einige Regesten verzeichnet REIN, Dominikanerkloster. Als ergiebig erwies sich die Quellenrecherche im Ernestinischen Gesamtarchiv zu Weimar.

[2] Vgl. G. KÜHN, Eisenach 287. Zur Leipziger Teilung vgl. KÖTZSCHKE/KRETZSCHMAR 147f.; BLASCHKE, Geschichte 294-298. Danach gehörten die Konvente von Eisenach, Jena und Plauen zum ernestinischen, Leipzig, Freiberg und Pirna zum albertinischen Sachsen.

[3] Vgl. die Karte ebd. 295.

[4] Vgl. HELMBOLD 41, vgl. auch 43.

[5] Vg. ebd. 43, 55. Zur Einwohnerzahl vgl. G. KÜHN, Eisenach 286.

[6] Vgl. HELMBOLD 37f.; G. KÜHN, Geschichte 9f. Wie in Göttingen bestand der Rat im wesentlichen aus der Gilde der Kaufleute.

[7] Vgl. G. KÜHN, Eisenach 286; HELMBOLD 45ff.

[8] Vgl. STRENGE/DEVRIENT 59 Nr. 28.

der Franziskaner und Dominikaner sowie das Katharinen-, das Nicolai- und das Elisabethenzellenkloster waren alle auf Initiative des Landesherrn reformiert worden.[9] Zuletzt wurde anscheinend das Dominikanerkloster der Observanz zugeführt. Die vom Leipziger Konvent aus erfolgte Reformacio fand wohl um 1477 statt. Zu dieser Zeit wurde den Anhängern der konventualen Fraktion, die nicht die observante Lebensweise annehmen wollten, erlaubt, außerhalb von Konvent und Orden zu leben. Der erste genannte Dominikaner war Fredericus Soltdi, der diese Vergünstigung am 24. Mai 1477 vom Generalmagister erlangte.[10] Bis 1480 wurde sie fünf anderen Fratres gewährt. Von diesen konnten im Herbst 1482 Jodocus Christiani und Petrus Rasor in den Konvent zurückkehren. Sie hatten das Recht erhalten, die Almosen der Eltern und Verwandten behalten und für Bücher und andere Notwendigkeiten verwenden zu dürfen.[11] Dies weist auf eine kleine konventuale Fraktion mit Privatbesitz im nunmehr observanten Konvent hin. Außerdem läßt sich hier die Verlokalisierungstendenz des überregionalen Personenverbandes greifen. Ein Teil der Fratres stammte aus der Stadt selbst. Der ortsübergreifende Predigerverband war weitgehend in die örtlichen Gegebenheiten eingebunden worden. Lokale Einflußnahme der Bürger auf den Konvent kam vor bzw. wurde auch von seiten des Ordens berücksichtigt. Diese Verlokalisierung zeigt sich auch an den städtischen Pflegern. Ludwig (+ 1390) sowie sein Sohn Konrad aus der Patrizierfamilie Merke sollen "Vormünder des Predigerklosters" gewesen sein.[12] Allerdings waren im 15. und 16. Jahrhundert bis zum Jahr 1525 keine weiteren Klosterpfleger nachweisbar.

Wie der Jenaer, so sah sich auch der Eisenacher Konvent in die ordensinternen Streitigkeiten um die Observanz verwickelt, wodurch der landesfürstliche Einfluß auf die Klöster[13] gestärkt wurde. Im Gegenzug wurden die Konvente vom Lan-

---

[9] Vgl. WINTRUFF 22f., 75. Zur Reformacio der franziskanischen Niederlassungen vgl. zuletzt WERNER und WEIGEL-SCHIECK 363, 365, 370f., 372. Zum landesherrlichen Zugriff auf das Nicolaikloster 1448 vgl. M. SCHULZE 106.

[10] Vgl. LÖHR, Reg. Mansuetis 31. Am 22.8.1478 erhielt Johannes Piscator die gleiche Genehmigung, am 8.12.1479 Petrus Rasor und Johannes Beysten (vgl. ebd. 47, 56). Laurentius Schenk "habuit gracias baccalariorum formatorum ubique" und durfte laut Schreiben des Ordensmagisters vom Anfang 1480 gleichfalls außerhalb des Ordens leben (vgl. ebd. 57). Zu J. Christiani vgl. die nächste Anm. - Die Reformacio wurde nach LÖHR, Wirksamkeit 137, um 1480 vorgenommen.

[11] Vgl. DERS., Reg. Mansuetis 71f.

[12] Vgl. HELMBOLD 38 (ohne Beleg).

[13] "in kurtz vorgangen jarn die closter prediger ordens bey euch und annders in unsern landen, als die bruder dorinn in eym irren, unordentlichen stande gewest, an narunge und aller enthaldunge gar ubl gestanden, aber syder dye durch mercklichen vleyss und nicht gerynge ufflegung der hochgebornen fursten unnsers lieben vaters auch unsers vedtern herzogen Wilhelms seliger und loblicher gedechtnus und unsers vedtern hertzogen Albrechts zw der loblichen reformacien gebracht, dorinn ... uffgestigen und alßo an uns komen seynd"; HSTA Weimar, Ernestin. Gesamtarchiv, Reg. KK 739, fol. 2; zit. bei WINTRUFF 77. Letzter Teil des Schreibens ed. bei FÖRSTEMANN, Urkundenbuch 177 Nr. 248. Vgl. LÖHR, Kapitel 15*f.

desherrn geschützt und gefördert. Als die aus Jena vertriebenen Konventualen mit der Verjagung der Observanten drohten, befahlen die Ernestiner am 30. Mai 1487 ihren Amtleuten, die Observanten, darunter auch die in Eisenach, zu schützen.[14] 1493 erbat und erhielt Prior Rosencranz den vom Kurfürst versprochenen Fischteich vor dem Frauentor. Da zur Einhaltung der Observanz der Verzicht auf Fleischgenuß gehörte, war die Versorgung mit Fisch für die Einhaltung der Reform unabdingbar. Im gleichen Jahr ersuchten die Eisenacher Kartäuser und Predigerbrüder zum Bierbrauen um zwei bis drei Malter Malz.[15] Vermutlich unterstützte der Landesfürst die Dominikaner auch bei verschiedenen Baumaßnahmen. Von deren Umfang muß auf eine finanziell stabile Lage geschlossen werden. Um 1500 wurde ein Flügel im Kreuzgang neu erbaut.[16] 1512 konnte der Anbau eines neuen Refektoriums an der Südwestecke des Klosters vollendet werden.[17] Ebenso wurde das Kloster renoviert und die Kirche um ein Joch nach Westen sowie die Krypta um zwei spätgotische Joche erweitert.[18] Für die Förderung durch die Eisenacher Bevölkerung legen nur zwei Zinsverkäufe von 1495 und 1508 Zeugnis ab[19] und die Tatsache, daß sich 1499 ein Mitglied der wohlhabenden Stadtoberschicht, Friedrich von Königsee, bei den Dominikanern bestatten ließ.[20]

Leider sind keine genauen Aussagen über Seelsorge und Wirtschaft des Klosters wegen des Mangels an Urkunden möglich.[21] Termineihäuser besaß der Konvent in Geisa,[22] Gotha,[23] Mellrichstadt und Langensalza.[24] 1509 verpachteten der dortige

---

[14] Vgl. ebd. 16*.

[15] Vgl. HSTA Weimar, Urk. 1493 Febr. 21 sowie Reg. Kk, Nr. 383. Vgl. auch REIN, Dominikanerkloster 26 Nr. 21 a) u. b); KREMER 111. Zum Brauhaus des Klosters vgl. MEY, Vaterlandskunde 115.

[16] Nach REIN, Dominikanerkloster 16 Anm. 43.

[17] Vgl. ebd. 16; WENIGER 18; G. KÜHN, Dominikanerkloster 8; KREMER 94; SCHEERER 108, 122; NICOLAI 9, 14, 29, 30.

[18] Vgl. NICOLAI 14.

[19] Vgl. REIN, Dominikanerkloster 26 Nr. 22f.

[20] Vgl. NICOLAI 42.

[21] Vgl. MEY, Vaterlandskunde 93. 1510 erhielten Fratres der Konvente Erfurt, Eisenach und Jena Beichterlaubnis vom Mainzer Erzbischof, vgl. LÖHR, Kapitel 37* Anm. 23. Die für Eisenach erwähnten acht Fratres lassen jedoch keinen Schluß auf die Personalsituation des Konventes zu, da es sich um die Dignitäten des Konventes sowie um die Terminarier handelte. Der Personalstand war wohl nicht sehr hoch, weshalb Eisenach kaum in den Provinzkapitelsakten erwähnt wird: 1516 wurde ein Sebastian Ysnacensis unter den Verstorbenen genannt, 1515 Petrus de Ysenaco nach Nordhausen zum Studium der Artes gesandt; vgl. ebd. 61, 43.

[22] Vgl. REIN, Dominikanerkloster 23 Nr. 9: 1386 erlaubte der dortige Rat den Predigern die Errichtung eines Hofes vor ihrem Hause. Als Dank soll der Terminarius jährlich ein Pfund Wachs zu der Osterkerze geben. Vgl. auch KREMER 109.

Terminarius Johannes Faust mit dem Subprior Johann Schneemann zwölf Äcker dem Bürger J. Berldes von Langensalza für zehn Scheffel Getreide. Dieser verpflichtete sich, den Kornzins sowie das Getreide der Terminei nach Eisenach liefern.[25] Auch in Eisenach besaß das Kloster Grundbesitz. So hatte Hans Matthes fünf Äcker Land zu Lehen vom Predigerkloster.[26] Auch Curt Gotswerldt bezeichnete den Prior Ludewic 1519 als seinen "lehnher".[27] Daraus ist zu folgern, daß die Einführung der Observanz nicht zur Abstoßung des Grundbesitzes geführt hatte. Außer "mehreren" Jahresrenten soll das Kloster einen Weinberg, ein Haus in Eisenach, Land am Städtfelder Weg, den genannten großen Teich am Frauentor und einen Wald bei Burdhardtroda besessen haben.[28]

Bis 1516 bestand ein theologisches Studium, es wurden sogar zwei Lektoren erwähnt. Im gleichen Jahr errichtete man anscheinend zusätzlich ein philosophisches Studium.[29] Nach der Vereinigung der observanten und konventualen Klöster der Saxonia 1517 wurde in Eisenach nur das philosophische Studium fortgeführt. Nach 1519 erwähnten es die Provinzkapitelsakten nicht mehr.[30] Da es nach der Vereinigung eine Fülle von Studia gab, löste der Orden vielleicht einige auf. Dieses Vorgehen wäre ein weiteres Anzeichen dafür, daß Eisenach eher zu den unbedeutenderen Konventen gehörte. Disziplinär war der Konvent wohl in gutem Zustand. Dagegen spricht nur eine Episode. Frater Georg wurde mit Johannes Pels vom Provinzkapitel 1515 nach Berlin assigniert, beiden flohen jedoch aus der Provinz.[31]

---

[23] 1449 wurde Johannes Pellificis als Terminarius genannt; vgl. REIN, Dominikanerkloster 25 Nr. 18.

[24] Vgl. MATTHES 79, sowie die Karte bei MINDERMANN, Termineien 16. Zu Mellrichstadt vgl. S. 269 mit Anm. 78.

[25] Vgl. HSTA Weimar, Urk. 1509 März 29; Regest bei REIN, Dominikanerkloster 22 Nr. 5c.

[26] Vgl. HSTA Weimar, Urkunde 1518 Mai 25; Regest bei REIN, Dominikanerkloster 26 Nr. 25 (dort irrtümliche Datierung 1516).

[27] Vgl. HSTA Weimar, Urkunde 1519 März 22.

[28] Vgl. SCHEERER 108; KREMER 111.

[29] Vgl. LÖHR, Kapitel 11 (1513), 43 (1515), 55 (1516): "In conventu Isnacensi continuamus studium theologie. Lectores fr. Bartholomeus Azenrot et fr. Hinricus Torner, Cursor fr. Johannes Blomentrat, cui et ambonem committimus. Lector philosophiae cum privilegio studencium fr. Jodocus Molitoris. Magister studencium Cristianus Kisevetter."

[30] Vgl. ebd. 91 (1518: "In Ysenaco studium philosophie continuamus."), 119 (1519).

[31] Vgl. LÖHR, Kapitel 60.

6.2.2 Von der reformatorischen Bewegung bis zur Vertreibung im Jahre 1525

Wichtig für die Entwicklung der neugläubigen Bewegung waren M. Luthers Kontakte zu Eisenach. Er hatte dort Verwandte und war 1498-1501 in die Georgenschule gegangen.[32] Als er 1521 nach Worms reiste, predigte er in Eisenach, ebenso bei seiner Rückkehr, ungeachtet der Proteste des altgläubigen Pfarrers.[33] 1522 stellte der ehemalige Franziskaner Franz Lambert von Avignon Thesen zur Disputation mit der Geistlichkeit auf, fand aber keine Gegner.[34] Wegen der schützenden Haltung des Landesfürsten gegenüber Luther und seiner Theologie war es nicht verwunderlich, daß sich in seiner Landstadt Eisenach 1523 schon mehrere Prädikanten im neugläubigen Sinne äußerten, so der ehemalige Eisenacher Kartäuser Heinrich Plunder, der ehemalige Dominikaner Dr. Jakob Strauß (ca. 1480/83-vor 1530?) sowie Thomas Neuenhagen.[35] Für die Reformationsgeschichte Eisenachs war vor allem Dr. Strauß von Bedeutung, der an den Georgenkirche als Prediger angestellt worden war. Sein rustikaler Biblizismus, wie er etwa im "Wucherstreit"[36] aufschien, schlug nicht nur in der Stadt hohe Wellen und führte dort zu einer Polarisierung: Zinsen wurden geistlichen wie weltlichen Institutionen verweigert. Das eucharistische Sakrament wurde empfangen, ohne daß vorher gebeichtet worden war. Einen Ratsherren der Stadt hatte Dr. Strauß gebannt.[37] Dennoch entzogen ihm die Landesfürsten ihr Vertrauen nicht. Auf Anordnung des Herzogs Johann visitierte er mit dem herzoglichen Rat Burchardt Hundt vom 10. bis 14. Januar 1525 Ortschaften um Eisenach. Der Visitationsbrief des Herzogs vom 17. März betraf die Wiederaufnahme der Visitation, die durch den Bauernkrieg verhindert wurde.[38]

---

[32] Vgl. zusammenfassend ROGGE, Anfänge 64-66. Vgl. auch MEY, Vaterlandskunde 81, 14f.; HELMBOLD 48f. Zur Primiz 1507 lud er den Eisenacher Vikar J. Braun ein; vgl. WA.B 1, 10f. Nr. 3. 3 Besuche und 29 Briefe Luthers nach Eisenach verzeichnet REINHARD, Luther 103; vgl. auch 104, 106.

[33] Vg. MEY, Vaterlandskunde 27; KALKOFF, Briefe 59; HELMBOLD 49.

[34] Vgl. ROGGE, Beitrag 38f.

[35] Vgl. MEY, Zeit 147. - Zu Strauß als Dominikaner vgl. ROGGE, Beitrag, bes. 12f., ebd. 37 zur Anstellung in Eisenach; MAURER 434; MOELLER/STACKMANN 178. Wohl nicht identisch mit dem 1513 erwähnten Plauener Studenten Jakob Strueß; zu letzterem vgl. LÖHR, Kapitel 11.

[36] Vgl. dazu ROGGE, Beitrag 71-86; MÄGDEFRAU/GRATZ 42f.

[37] Vgl. ROGGE, Beitrag 47, 64-67. Somit sind die Anklagen des Rats gegen Strauß nach dem Bauernkrieg, er hätte die Gemeinde gegen den Rat bewegt (vgl. ebd. 76) durchaus nicht aus der Luft gegriffen.

[38] Vgl. ebd. 86-90. Vgl. auch K. A. H. BURKHARDT, Geschichte 5f.; HELMBOLD 51.

Im Bauernkrieg war der Raum um Eisenach eines der bedeutendsten Aufstands-zentren.[39] Der von Süden herangezogene sogenannte "Werrahaufen" lagerte vor der Stadt.[40] Etliche Bürger Eisenachs nahmen am Bauernaufstand teil,[41] doch die Bau-ern kamen nicht in die Stadt.[42] Beim Herannahen des Werrahaufens begann am Sonntag Quasimodogeniti, also am 23. April, der Aufruhr in der Stadt Eisenach selbst.[43] Am nächsten Tag, dem 24. April, verhandelte die Stadt mit den Bauern wegen der Übergabe.[44] Die städtischen Unruhen wurden also durch die Präsenz der aufrührerischen Bauern angeregt. Sie gewannen allerdings einen eigenen Impetus. Das Dominikanerkloster wurde keineswegs von den Bauern gestürmt. Deren Präsenz sorgte jedoch vermutlich dafür, daß der Rat gegen die Unruhen nicht durchgreifen konnte.

Im Rechtfertigungsschreiben vom 1. Juni an Kurfürst Johann machte der Rat nach-träglich Dr. Strauß für den Aufstand und auch für die Vertreibung der Mönche und Nonnen verantwortlich.[45] Um das Ärgste abzuwenden, hätten die Insassen der Klöster und des Stifts die Stadt sofort verlassen müssen.[46] Diese Erklärung wird bestätigt durch das Schreiben des Amtmannes Hans von Berlepsch und des Schult-

---

[39] Vgl. KLEIN, Politik 211.

[40] Vgl. MERX 229 (24.4.1525), 268f.; MERX/FRANZ 335 (27.4.), 436 (die Hauptleute der Bauern datieren ihr Schreiben vom 6.5. *vor Yssenacht*), 451 (8.5.), 454, 456, 470 (11.5.: Vertreter Eisenachs im Lager der Bauern).

[41] Vgl. MERX/FRANZ 464f.

[42] Vgl. HELMBOLD 52.

[43] Vgl. MERX/FRANZ 385: "*10 gr. 20 mennern am Stiege für essen und trinken gegeben, haben 1 nacht im zollhoefe gewacht, als sich die erste uffruhr zu Eysennach erhaben sontags Quasimodogeniti (23. April).*" (Abrechnung des Amts Eisenach)

[44] Vgl. MERX 229: "*So haben die von Eyssennach handlung heut mit den pauern gehabt, des versehens, sie werden sich auch ergeben.*"

[45] Vgl. MERX/FRANZ 537f. Nr. 848: Dr. Strauß hätte gedroht, "*wohe monich, nonnen und pfaffen uf diese stund nicht vortriben und ausgejagt und nimer widder ingenomen worden, so wurde sollich jamer und blutvergißen in dieser stadt werden, das wir alle tot geschlagen werden, wan er nicht lenger aufgehalde konde*". Später habe er "*dem haufen < der Bauern > darauf zugesagt, das alle monich, pfaffen und nonnen in dieser stund reumen und nimmermehr ingenommen werden sollen, ine auch erleubt, in sollicher ab-fertigunge, was von essenspise sei befunden, sich des zu gebrauchen. Der hauf ist abir mit sollicher ungestumikeit darein gefallen, das wir ine, wie E. Cf. G. amptman und schultheiß unvorborgen, nicht haben steuren adir vorkomen*". Man beachte den Hinweis auf den kurfürstlichen Amtsträger. Auch der Franziska-nerguardian berichtete, Dr. Strauß hätte am 24.4. gepredigt, "*das das volk wolt stark im glauben stehen, danne monche, pfaffen und nonnen worden diser stund all hinweg getriben werden, dann es were beßer, das die stadt nheme, was der geystlichen ist, danne das die schwarzen bauern tun solten.*" Ed. bei GESS, Akten II, 120 Nr. 866. - Nach G. FRANZ mahnte der Ex-Dominikaner vom Aufruhr ab und hätte diesem eher unbewußt vorgearbeitet; vgl. G. FRANZ, Bauernkrieg 242f.

[46] Vgl. ROGGE, Beitrag 92.

heißen zu Eisenach Johannes Oswald an den Kurfürsten vom 24. April, worin es heißt: "*Dann wir alsbald demnach alle pfaffen, monch und nonnen, damit wir die burger gesettigt, aus der stat haben weichen mussen.*"[47] Somit wären die Fratres gegen den Willen der kurfürstlichen Beamten auf den Druck der Bürgerschaft hin ausgewiesen worden.

Dem widersprach der Bericht des Franziskanerguardians. Danach hätte der Schultheiß während des Hochamtes am 23. April in einer Unterredung mit dem Guardian vor Zeugen verlangt, daß sie auf "*m. gst. und g.h. entlicher befehel*" neugläubig werden sollten. "*Wo sy das tun, wolten sy inen das holz und ander hilfe folgen laßen, auch das betteln verstatten.*"[48] Doch gaben die Franziskaner dem finanziellen Druck nicht nach. Daher mußten sie nach der Verlesung des Evangeliums "*alle die, so in der kyrchen gewest, hinaustreyben und zuschliessen*".[49] Am Montag Morgen, dem 24. kamen vier Ratsmitglieder zum Guardian und sagten: "*ir gst. und g.h. befehel ist, das sy alpalde in der stund eynwegzyhen, solten auch die stund gleyt haben.*"[50] Daraufhin mußten sie ohne Mahlzeit weggehen, während der eingedrungene Pöbel alles verzehrte.

Nach dieser Schilderung wäre die Vertreibung direkt im Auftrag des Landesherren durch seine Beamten und den städtischen Rat erfolgt. Wahrscheinlicher ist, daß der Schultheiß und die Ratsmitglieder ihre Kompetenzen überschritten. Denn sonst wäre das obige Rechtfertigungsschreiben an den Kurfürsten, sie hätten auf Druck der Bevölkerung gehandelt, unverständlich. Falsch ist auf alle Fälle die Behauptung, die Fratres hätten Eisenach freiwillig verlassen.[51] Ebenso stimmt die Angabe nicht, daß der Sturm des Dominikanerklosters am Sonntag Misericordia Domini, am Kirchweihtag, also am 30. April 1525,[52] erfolgt sei. Es erscheint unwahrscheinlich, daß die Pauliner eine Woche länger als die Franziskaner in der Stadt bleiben konnten, der Franziskanerguardian berichtete ausdrücklich: "*pfaffen, monche und nonnen sind all aus Ißnach getriben*".[53] Wie den Franziskanern war es auch sonst den Domini-

---

[47] FRANZ/FUCHS 99 Nr. 1198; FÖRSTEMANN, Urkundenbuch 264. Vgl. auch HELMBOLD 51f.

[48] GESS, Akten II, 120 Nr. 866.

[49] Ebd.

[50] Ebd. - Zum landesfürstlichen Befehl bzgl. Gottesdienst und Terminwesen in Jena vgl. S. 278.

[51] Vgl. MEY, Vaterlandskunde 28.

[52] Es handelte sich jedoch um den Tag nach der Kirchweihe des Marienstifts; so GESS, Akten II, 120 Nr. 866.

[53] Ebd. Nach MEY, Zeit 148 (bei DERS., Vaterlandskunde 28f., als falsch bezeichnet), mußten die altgläubigen Mönche sich vor dem Franziskanerkloster versammeln und wurden durch den Fronboten, der mit dem Fliegenwedel voranging, zum Nikolausthor herausgeführt und vertrieben.

kanern ergangen: Als sie vom Chorgebet kamen, drangen Leute in Kirche und Kloster ein und zwangen die Pauliner, sofort und ohne etwas mitzunehmen, fortzugehen.[54] Nachdem der Rat alles Wertvolle aus dem Inventar der Klöster auf die Wartburg gebracht hatte, fiel der Pöbel über das noch Vorhandene her.[55] Kirche und Kloster wurden vollständig ausgeplündert, viele Kunstgegenstände zerstört. Das Gewölbe der Krypta wurde mit Spitzhacken demoliert, die Säulen wurden abgeschlagen und die Heiligengräber vernichtet.[56]

Schultheiß Oswald hatte ähnlich wie bei den Franziskanern vielleicht bei den Dominikanern im Namen des Kurfürsten die Einführung der neugläubigen Religion verlangt. Ebenso war der Eisenacher Rat für die Vertreibung der Dominikaner am Morgen des 24. April verantwortlich, da der Klostersturm erst erfolgte, nachdem der Magistrat die Wertgegenstände gerettet hatte. Da an diesem Tag mit den Bauern vor der Stadt wegen einer Übergabe erst verhandelt wurde, können diese nicht für den Klostersturm verantwortlich gemacht werden. Es handelte sich vielmehr wohl um eine von Schultheiß und Rat initiierte Aktion des Gemeinwesens bzw. sie benutzten Klostersturm und Vertreibung als Ventil für die aufgestauten Emotionen.

Die Vertreibung der altgläubigen geistlichen Personen war auch erfolgt, weil so nahe am Zentrum der reformatorischen Bewegung die Sympathien auf seiten Luthers waren und dessen Gegnern, darunter auch den Dominikanern, daher die Abneigung eines beträchtlichen Teils der Bevölkerung galt, wozu ja noch die sozialen und wirtschaftlichen Konfliktpotentiale kamen. Gerade für das Sachsen Friedrichs des Weisen galt, daß der Fürst durch Unentschiedenheit bzw. Neutralität den Prozeß der kirchlichen Neuerung beförderte.[57] Aufgrund der durch den Bauernkrieg verursachten Unruhen und der geschwächten Position der Landesherrschaft, da der Tod Friedrichs des Weisen (+ 5.5.1525) schon abzusehen war, sahen manche Landstädte vielleicht die Möglichkeit zu eigenmächtigem Handeln. Vielleicht wollte der Eisenacher Rat durch sein Handeln eigenmächtig Kompetenzen im Bereich des Kirchenregiments erlangen. Unter Umständen gingen die dortigen Beamten und Mitglieder des Magistrats auch von einer impliziten Zustimmung des Fürsten zu ihrem eigenmächti-

---

[54] Vgl. LINDNER 1551; WENIGER 37f.; KREMER 114f.; LÖHR, Kapitel 44*. Bei KREMER, a.a.O., wurde die Vertreibung fälschlich den Bauern zugeschrieben. Ebenso wurde auch die Vertreibung häufig falsch datiert: 1522 wäre das Kloster nach NICOLAI 45, freiwillig geräumt worden; 1524 wird angegeben bei REIN, Dominikanerkloster 20; MEY, Vaterlandskunde 28f.; SCHEERER 108.

[55] Vgl. ROGGE, Beitrag 92f.

[56] Vgl. NICOLAI 15, 19. Nach HELMBOLD 52, sei das verlassene Kloster geplündert worden.

[57] Wörtlich übernommen von WOLGAST, Formen 61, 68f.; vgl. 71: erst mit der Visitationsinstruktion 1527 war "die formelle Handhabe für die Ausrichtung der Reformation in Kursachsen gegeben", womit man sich jedoch Zeit ließ.

gen Vorgehen aus, da ja bekannt war, daß der Landesherr Luther und seine Theologie förderte.

Am 11. Mai nahmen die Eisenacher den Hauptmann sowie etliche der aufständischen Bauern gefangen. Am Tag darauf kam Landgraf Philipp von Hessen mit seiner Streitmacht in die Stadt.[58] Der Anführer der Aufständischen, ein Diakonus Paul, der als Anhänger Müntzers galt, wurde mit zwölf weiteren Personen öffentlich enthauptet und auf dem Friedhof der Dominikaner hinter der Kirche begraben.[59] Trotz des kurfürstlichen Unmuts über den Aufstand kam es allerdings zu keiner Restitution der Mönche.[60] Daran hatten weder der Landesherr noch die Bürger Interesse. Das galt auch für die anderen zwei Paulinerkonvente im Kurfürstentum Sachsen, Jena und Plauen.[61] In der Folge starben auch die übrigen altgläubigen Institutionen allmählich aus. Die drei Pfarrbezirke wurden zu einem vereinigt, Pfarrkirche war in der ersten Zeit die ehemalige Barfüßerkirche.[62] Ebenso existierten die beiden geistlichen Schulen von St. Nicolai und der Marienkirche nicht mehr,[63] sondern nur noch die Ratsschule St. Georg. Die kirchliche Konkurrenz zum obrigkeitlich kontrollierten Schulwesen existierte nicht mehr. 1528 wurde Eisenach Sitz eines Superintendenten.[64]

---

[58] Vgl. MERX 473, 479.

[59] Vgl. SCHUMACHER 19; MEY, Vaterlandskunde 115f.; DERS., Zeit 149; HELMBOLD 52.

[60] Falsch die Behauptung von HELMBOLD 52, die vertriebenen Priester und Nonnen seien zurückgerufen worden, dies galt nur für die Frauenklöster sowie das Stift (vgl. ebd. 53). Zur Restitution der Nonnen von St. Nikolai durch den Kurfürsten vgl. MERX/FRANZ 638. Im Schreiben vom 27. April 1525 an den Herrscher war der Gothaer Stiftsherr Konrad Mutian davon ausgegangen, daß keine Hoffnung auf Restitution der altgläubigen geistlichen Stifte in Gotha und Eisenach bestünde (zit. nach PERTHES 53): "Wenn auch die Stifte zu Eisenach und Gotha niemals wiederhergestellt werden, möge es mir erlaubt sein ... bis an das Ende meines Lebens zu bleiben. Auch wenn die Tempel geschlossen, die heiligen Bräuche abgeschafft, die Altäre umgestürzt sind, werde ich Dich, meinen besten Schutzherrn im Tempel meines Herzens, im Evangelium, in ewigem Andenken verehren."

[61] Vgl. LÖHR, Kapitel 44*.

[62] Vgl. HELMBOLD 53, 57. - Noch 1527 beschwerte sich das Kapitel zu Eisenach über die Beeinträchtigung des hergebrachten Gottesdienstes; vgl. GESS, Akten II, 715f. Nr. 1405.

[63] Vgl. HELMBOLD 53.

[64] Vgl. G. KÜHN, Eisenach 288. Vgl. auch HELMBOLD 53.

6.2.3 Der Konvent im Exil und die landesherrliche Nutzung des Klostergutes

Die 23 vertriebenen Eisenacher Franziskaner zogen nach Salza,[65] die Dominikaner nach Leipzig.[66] Die zur Herrschaft des altgläubigen Herzog Georg gehörende Residenzstadt bot im weiten Umkreis die sicherste Zuflucht.

Zumindest für kurze Zeit erhielt der Exilkonvent vielleicht aus Eisenach die Zinsen von Korn und Früchten. Ein undatiertes Verzeichnis führte jedenfalls die Bar- und Naturaleinkünfte auf, die den monastischen Eisenacher Institutionen in "*Hertzog Jorgen Lande*"[67] zuständig waren. Unter diesen wurde auch das Paulinerkloster aufgeführt. Ob die genannten Summe tatsächlich nach Leipzig abgeführt wurde, geht aus dem Aktenstück nicht hervor. Die Vertreibung der Dominikaner machte es erforderlich, daß ein kurfürstlicher Pfleger eingesetzt wurde, der die Erträge des Klosters verwaltete. Am 29. September 1525 begann Balthasar Arsthen als "*vorsteher deß prediger closters*" Rechnung abzulegen.[68] Da der Eisenacher Konvent wohl als einziger sich längere Zeit im Exil befand, wurde sein Klostergut gesondert behandelt. Denn über die anderen Eisenacher Klöster wurde nur ein Pfleger, Balthasar Lusch, gesetzt.[69]

Die kursächsische Landesherrschaft hatte nicht die Vertreibung der Konvente betrieben. Im Gegensatz zu Landgraf Philipp in Hessen konnte sie die Entwicklung der Ereignisse nicht kontrollieren. So war sie auf das Ende der altgläubigen Institutionen nicht vorbereitet und nutzte z.B. die nach der Vertreibung der Dominikaner gegebenen Möglichkeiten nicht. Daher wurde das Klostergut der Dominikaner nicht sofort einer neuen Verwendung zugeführt. Mitunter forderten die Nachkommen eines früheren Stifters das dem Kloster übereignete Gut zurück, so die Erben des Hans Maurer im Jahre 1525.[70]

Fünf ehemalige Eisenacher Pauliner wandten sich vorwiegend in den Jahren 1525 und 1526 an den Kurfürsten wegen einer Abfindung aus dem Klostergut bzw. wegen

---

[65] Vgl. GESS, Akten II, 119 Nr. 866.

[66] Vgl. LÖHR, Wirksamkeit 137; DERS., Kapitel 44*.

[67] Vgl. HSTA Weimar, Reg. Bb, Nr. 29 (undatiert), fol. 6v.

[68] Vgl. ebd. Reg. Bb Nr. 3511, fol. 133v. - Übersicht über die Klostererträge von 1525-1532/33 in Sachsen bei K. BURKHARDT, Geschichte 112f.

[69] Er schrieb dem Kurfürsten am 19.10., daß die Zinsen des Kartäuserklosters im albertinischen Sachsen gesperrt seien; vgl. GESS, Akten II, 414 Nr. 1154. Zuständig war er auch für das Kloster der Franziskaner, das Elisabethzellenkloster sowie St. Nicolai und St. Katharinen. Zur Restitution vgl. oben Anm. 60.

[70] Vgl. HSTA Weimar, Reg. Kk, Nr. 385.

der Rückerstattung des eingebrachten Vermögens. Es waren Matthias Thiele, Heinz Muelbach, Klaus Franck, Bartholomäus Sule und im Jahr 1529 folgte noch Apel Grundel.[71] Wegen der beträchtlichen Anzahl von Fratres, die dem Klosterleben den Rücken kehrten, harrten schließlich nur noch wenige Eisenacher Dominikaner im Exil aus. Denn weitere Konventsmitglieder kehrten in die Stadt zurück, wie der Visitationsinstruktion von 1527 zu entnehmen ist: "*So haben wir etzliche alte vorlebte und gebrechenhaftige personen, so in den clostern zu Reinhartsborn und Jorgenthal, auch zu Eisenach im prediger und cartheuser clostern gewesen an zweien orter zusammen verordenth, als in das augustiner closter zu Gotha, und die anderen zu Eisenach in das chartheuser closter.*"[72] Einige ältere Eisenacher Dominikaner verbrachten also im dortigen Kartäuserkloster ihren Lebensabend.

1528 war nur noch ein Eisenacher Dominikaner im Leipziger Exil nachweisbar. Die Versetzung des als "lector Ysnacensis" bezeichneten Matheus Ebel nach Brandenburg ist ein Hinweis, daß während dieser drei Jahre noch die wichtigsten Konventsämter besetzt blieben.[73] Gleichzeitig war dies die letzte Erwähnung eines Eisenacher Konventsmitgliedes im Exil. Der Konvent hatte sich allmählich aufgelöst. Falls noch einige Fratres das Konventsleben fortsetzen wollten, wurden sie wie der genannte Lektor wegen des akuten Personalmangels in andere Klöster assigniert. Wegen der Abfindung bzw. Versorgung der meisten Religiosen waren vielleicht auch die Zinszahlungen des kurfürstlichen Pflegers an den Exilkonvent eingestellt worden. Aus dem Grund wäre auch für den Orden die Notwendigkeit entfallen, den Eisenacher Exilkonvent weiterhin als Rechtsträger zu erhalten.

Aufgrund des vorsichtigen Vorgehens des Kurfürsten wurde das Klostergut der Predigerbrüder längere Zeit nicht den neuen theologisch legitimierten Zwecken zugeführt. Der Konvent stand wohl längere Zeit leer. Auch die ab 1531 in Kursachsen durchgeführte Sequestration hatte anscheinend zunächst keine Auswirkungen auf das Dominikanerkloster. Im Jahre 1537 wurden die Glocken der ehemaligen Klosterkirchen durch einen kurfürstlichen Zeugmeister zur Herstellung von Kanonen entfernt.[74] Bei diesem Vorgehen zeigte sich die reformatorische Zentrierung auf die

---

[71] Vgl. ebd. Nr. 386-388, 390. Thiele, der acht Jahre Mönch war, war mit 50 fl. "*und seinem bettgewande*", Muelbach mit 15 fl. abgefunden worden, "*dieweil er nichts inns closter bracht*". Beide wollten ein Handwerk erlernen. A. Grundel war 1529 hingegen zu "*Creutzberg Im ambt*", wirkte also als Prediger oder Pfarrer im neugläubigen Kirchenwesen.

[72] SEHLING I, 147.

[73] Vgl. LÖHR, Kapitel 197, 44* Anm. 11. Es besteht die Möglichkeit, daß ein aus Eisenach stammender Lektor gemeint ist. - Der 1510 genannte Terminarier J. Weysmann wurde 1517 als Eisenacher Jubilar erwähnt, daher kann er nicht mit dem 1530 erwähnten Leipziger Konventualen identisch sein, der 1540 starb; vgl. LÖHR, Kapitel, Register.

[74] Vgl. MEY, Vaterlandskunde 104 Anm.; DERS., Zeit 159. - Zur Sequestration vgl. BEYER 103ff.

Gemeinde, denn die Glocken der drei Eisenacher Pfarren waren von dieser Maßnahme ausgenommen.[75] Die gegenüber dem Paulinerkloster zu erfüllenden Verbindlichkeiten wurden allmählich der neuen Situation angepaßt. Ein dem Konvent zustehender Wiederkaufszins von 15 Rheinischen Gulden mit dem Zins von einem Gulden jährlich, der seit dem Bauernkrieg nicht mehr bezahlt worden war, wurde auf Veranlassung des Rates von der Besitzerin Margarete Ziegler 1538 auf ein anderes Haus übertragen.[76]

Im Lauf der Zeit nahm die landesherrliche Nutzung des Klostergutes zu. 1536 beantragte der Eisenacher Schultheiß Eberhard Grunewald beim sächsischen Kurfürsten Johann Friedrich die Verwendung des Dachbodens des ehemaligen Paulinerklosters als Schüttboden für das Getreide des Amtsbezirks.[77] Gleichzeitig interessierte sich der Landesherr für die Eisenacher Terminhäuser. 1537 gab der Kurfürst das Mellrichstädter Terminhaus - gleichsam als Fernbesitz des eigenen Territoriums - an den Pfarrer Kilian Herd zu Lengsfeld wegen seiner Armut. Die im Würzburger Hochstift gelegene Mellrichstädter Terminei wurde allerdings seit dem Bauernkrieg von einem fürstbischöflichen Landsknecht bewohnt. Der Würzburger Fürstbischof behielt sich einen Entscheid vor, war aber ablehnend in Bezug auf irgendwelche Rechte des sächsischen Kurfürsten.[78]

Die Informationen über die Nutzung des Paulinerkonvents als Schule sind widersprüchlich. Eine wohl unzulässige Frühdatierung ist die Nachricht, das Dominikanerkloster sei schon 1525 als Schule genutzt worden. Nach der Visitation von 1528 gestand der Kurfürst 1529 für Seelsorge und Schule jährlich 150 Gulden vom Einkommen der Klöster zu,[79] doch war davon das dominikanische Klostergut wohl nicht tangiert. Eine Nutzung erfolgte wohl erst, nachdem der Kurfürst im Jahr 1543 die Mitverwaltung der Stände ausgeschaltet und die Klostergüter allein seinen Amtleuten unterstellt hatte.[80] Von der nunmehr ungehinderten landesfürstlichen

---

[75] Vgl. MEY, Vaterlandskunde 106. Da urkundliche Belege fehlen, können die verschiedenen Hypothesen nicht weiter überprüft werden; vgl. auch G. KÜHN, Dominikanerkloster 19: "das Kloster kam zunächst in die Hände des Rates der Stadt, der die Gebäude an einen Salpetersieder vermiethete, und ging 1543 in den Besitz der kurfürstlichen Kammer über, doch nur, um schon im folgenden Jahre 1544 der Stadt wieder überlassen zu werden, die jetzt die alte lateinische Parochialschule zu St. Georgen unter Erhebung zur Schola provincialis hinein verlegte." - Auch in bezug auf die Einschmelzung der Glocken gibt es Unebenheiten in der Literatur; vgl. S. 266, wo es heißt, die drei Pfarrbezirke seien vereinigt worden.

[76] Vgl. HSTA Weimar, Urk. 1538 Mai 16. Regest bei REIN, Dominikanerkloster 26 Nr. 26.

[77] Vgl. HSTA Weimar, Reg. Oo, Nr. 219.

[78] Vgl. SCHAROLD 159-163.

[79] Vgl. TRÜDINGER 86f. Nr. 48.

[80] Vgl. ebd. 87.

Nutzung waren auch die Gebäude des Eisenacher Dominikanerkonvents betroffen. Am 23. Juli 1544 berichtete der Amtshauptmann auf der Wartburg, Christoph von Harstall, daß das Paulinerkloster verwüstet und verfallen sei.[81] Diese Nachricht stand wohl im Zusammenhang der Renovierung zumindest eines Teils der Klostergebäude zu Schulzwecken. 1544 wurde dann die Stadtschule nach dem Verlust des alten Schulhauses in das ehemalige Dominikanerkloster verlegt.[82] Für einen solchen Akt war die Zustimmung des Landesherren notwendig. Kurfürst Johann Friedrich soll daher am 18. Oktober 1544 im Paulinerkloster eine schola provincialis (Gymnasium) begründet haben.[83] Zu Beginn wurde nur der Südtteil der Klostergebäude für Schule und Rektorswohnung genutzt. Gleichzeitig bestanden in dem Gebäude auch die im ehemaligen Krankenhaus des Konvents untergebrachte Münze[84] sowie das Gefängnis der Stadt. Die Verfügung über die mittlerweile als Kornspeicher genutzte Kirche besaß der Kurfürst.[85] Um 1600 wurde dann von den herzoglichen Behörden ein Obergeschoß auf den Ostkreuzgang gebaut, ein anderer Teil, der vermutlich baufällig war, abgebrochen, u.a. das Kapitelhaus.[86] Somit wurden die Baulichkeiten vor allem von der Landesherrschaft und - wohl mit fürstlicher Genehmigung - von der Stadt genutzt. Erst im 18. Jahrhundert wurde ein theologisches Seminar gegründet und der Rang der Schule somit weiter erhöht.[87]

---

[81] Vgl. WENIGER 39.

[82] Vgl. SCHUMACHER 85; HELMBOLD 53. Da die beiden anderen Schulen bei der Nikolai- und der Marienkirche eingegangen waren, erhielt die Predigerschule 1544 eine 4. Klasse, 1619 noch eine 5. und 1658 eine 6. - 1551 wurde eine Schulordnung erlassen, die der Weimarer als Vorbild diente; vgl. SEHLING I, 560.

[83] Vgl. KREMER 115; REIN, Dominikanerkloster 20. Vgl. auch G. KÜHN, Dominikanerkloster 20: "Nach längeren Verhandlungen, während welcher Philipp Melanchthon, Justus Menius und der Amtmann auf der Wartburg, Christoph von Harstall, den Vätern der Stadt mit Rath und Fürsprache beim Kurfürsten Johann Friedrich treulich zur Seite standen, überließ der Landesherr der Stadt das leerstehende Dominikanerkloster, genehmigte die Verlegung der städtischen Lateinschule unter Erhebung zur Provinzialschule in dasselbe und bewilligte aus Staatsmitteln einen Zuschuß an barem Gelde wie an Naturallieferungen für den Rektor, worauf dann am 18. Oktober 1544 die Uebersiedlung und gleichzeitig die Neuorganisation der Schule stattfand." - Zum Eisenacher Schulwesen um 1555 vgl. R. HERRMANN, Lateinschulen 220, 238f.

[84] Vermutung bei REIN, Dominikanerkloster 16. Vgl. auch G. KÜHN, Dominikanerkloster 21. Nach MEY, Vaterlandskunde 115, hatte der Stadtrat schon seit langer Zeit vom Landesherrn das Münzrecht erworben.

[85] Vgl. KREMER 115.

[86] Vgl. NICOLAI 29, 33f.

[87] Vgl. G. KÜHN, Dominikanerkloster 20, 21. - Auch ein Teil der ehemaligen Dominikanerbibliothek soll an die Schulbibliothek gelangt sein.

6.2.4 Zusammenfassung und Ergebnis

Die Kurfürsten von Sachsen hatten die dominikanische Observanz gefördert und sie während der darauf folgenden ordensinternen Streitigkeiten geschützt. Innerhalb dieses Prozesses hatte der landesherrliche Einfluß auf den Konvent zugenommen. Wohl aus dem Grund oder aus landesherrlicher Machtvollkommenheit konnte 1525 ein fürstlicher Pfleger für das Klostergut des Eisenacher Konvents eingesetzt werden.

Im Ursprungsland der Reformation wurden die mit dem Bauernkrieg verbundenen Unruhen in Eisenach zur Vertreibung des altgläubigen Klerus, darunter auch der Dominikaner, genutzt. Im Gegensatz zur Landgrafschaft Hessen schöpfte die kursächsische Regierung die damit gegebenen Möglichkeiten erst viel später aus. Das Klostergut wurde erst allmählich einer neuen Verwendung zugeführt. Nach 1544 dominierte dessen kammergutliche Verwendung.

Obwohl die Pauliner unrechtmäßig vertrieben worden waren, kam es zu keiner Restitution. Weder die Stadt Eisenach noch der Landesherr waren an einer Rückkehr der Mönche interessiert. Die den Dominikanern durch die Vertreibung aufgezwungene Beharrung im Exil galt nur für wenige Jahre. Der Exilkonvent war vielmehr von einem rapiden Mitgliederschwund betroffen. Die meisten Fratres arrangierten sich mit dem Landesherrn. Für 1527 ist das Ende des Exilkonvents anzusetzen, wenngleich einzelne Fratres vermutlich ihre Beharrung im Orden fortsetzten.

6.3   Jena[1]

6.3.1   Ausgangslage

Jena war wie Eisenach seit der Leipziger Teilung 1485 ernestinische Landstadt. Bis zur Herausbildung eines festen Hofes weilten die Herzöge häufig in Jena.[2] 1490 zählte die Altstadt 449 Bürger, also etwa 2.250 Personen, mit den 311 Bürgern in den Vorstädten waren es wohl etwa 3.880 Personen.[3] Der Rat erlangte zwar wichtige Rechte vom Stadtherrn und damit eine relativ weitgehende städtische Autonomie,[4] doch blieb die Stellung des Landesherren insgesamt dominierend und es kam zu keiner städtischen Unabhängigkeit.[5] Der Rat zu Jena war wie der von Eisenach und anderen Städten exklusiv, d.h. auf bestimmte Mitglieder beschränkt. In diesem wechselten drei Stadträte turnusgemäß. Die - auch in zahlreichen Städten Thüringens nachweisbaren - Viermänner hatten als Vertreter der Zünfte eingeschränktes Mitspracherecht.[6]

Neben dem Zisterzienserinnenkloster St. Michael, dem die Pfarrkirche sowie die Johanniskirche der Vorstadt inkorporiert waren, und dem Dominikanerkloster St. Paul gab es in Jena das 1408 gegründete Karmeliterkloster zum hl. Kreuz sowie

---

[1] Aufgrund der Editionen der Jenaer Urkundenbücher von DEVRIENT und der von HALLOF hg. Inschriften ist das dortige Paulinerkloster quellenmäßig gut dokumentiert. Wichtig sind auch die die Dominikaner betreffenden Urkunden des Ernestinischen Gesamtarchivs in Weimar. Ebenso finden sich bedeutende Nachrichten in BEIERs Werken. Im Bereich der Literatur ist die Dissertation von R. SCHULZE über die Bedeutung der Jenaer Klöster vom 13. bis 16. Jahrhundert hervorzuheben. Einige Ungenauigkeiten: z.B. 125f. versteht er nicht den Unterschied der Bettel- zu den landbesitzenden Orden, moniert das Fehlen eines Wirtschaftsbetriebes und schließt ebd. 127, sogar, daß die Prediger "einige materielle Vorzüge gegenüber den anderen Orden" hatten. Ebd. 127f. ist ihm das Wesen von Exemtion und Immunität nicht geläufig ("Ansonsten scheint das Kloster sowohl den Bischöfen als auch den Landesherren gegenüber keinerlei Verpflichtungen gehabt zu haben"). Zur Stadtgeschichte und zu den Anfängen der Universität gibt es recht viel Literatur, doch Alter und Qualität sind sehr unterschiedlich. Hier wurde vor allem die kurze Zusammenfassung in der Einleitung des von Luise und Klaus HALLOF hg. Inschriftenbandes verwandt. Die Stadtgeschichte von H. KOCH ist oft ungenau oder falsch; vgl. z.B. zur Einführung der Observanz 1478 ebd. 64: "1478 traten auch die Jenaer Mönche für eine Lockerung der Ordensregel ein, doch siegten 1517 die konservativen 'Observanten'"!

[2] Vgl. HALLOF, Inschriften XV.

[3] Vgl. DEVRIENT, Urkundenbuch II, XXV. Vgl. R. SCHULZE 79, 69f.

[4] Vgl. zusammenfassend HALLOF, Inschriften XVf., XVII; R. SCHULZE 2f.; H. KOCH, Geschichte 28f.

[5] Vgl. HALLOF, Inschriften XVI.

[6] Vgl. ebd. XV, XVIf.; H. KOCH, Geschichte 34-36. Zu geheimen Verhandlungen waren die Viermänner nicht zugelassen.

etliche Termineien.[7] Das Kirchenregiment des Jenaer Rates war nur schwach entwickelt. Von den 18 Vikarien der Michaeliskirche besaß der Magistrat im Jahr 1511 das Patronat über vier, in der Johanniskirche besetzte der Rat von 5 Vikarien nur eine.[8] Wie in Göttingen wich der Rat auf die Kapellen aus: von sieben Vikarien, von denen er drei selbst gestiftet hatte, besetzte er vier ausschließlich und zwei zusammen mit dem Michaeliskloster.[9] Im Lauf der Zeit nahm der Einfluß der städtischen Obrigkeit auf die Michaelispfarrei zu. 1492 durfte der Konvent nur mit Erlaubnis des Rates Opferstöcke aufstellen,[10] 1508 entschieden die Herzöge Friedrich und Johann den Streit zwischen Kloster und Stadt in Fragen der Gerichtsbarkeit.[11] Auch die dem Kloster unterstehende Schule geriet mehr und mehr unter die Kontrolle des Rates.[12] Da der Rat Aufsichtsrechte über die dem Zisterzienserinnenkloster unterstehende Pfarrkirche St. Michael erlangte, sprach er in Urkunden sowie in Turminschriften von "seiner" Kirche.[13] Ab 1449 sind vom Rat ernannte "altermeister" (Kirchvorsteher) belegt.[14] Doch für die Einsetzung von Klosterpflegern gibt es keinen Beleg.

Der Jenaer Konvent war am 25./26. November 1478 von Leipzig aus reformiert worden.[15] Die Einflußnahme des landesfürstlichen Kirchenregiments daran ist dokumentiert, aber nicht genauer zu eruieren.[16] Drei der nichtobservanten Fratres

---

[7] Beschreibung der geistl. Anstalten von 1506 bei DEVRIENT, Urkundenbuch II, 410f. Nr. 1094. Vgl. HALLOF, Inschriften XVIIf. Zu den Termineien der Erfurter Augustiner, Franziskaner und Serviten, der Neustädter Augustiner und der Pößnecker Karmeliter vgl. R. SCHULZE 113. Die Jenaer Dominikaner besaßen Termineien in Lobeda, Apolda und Neustadt an der Orla (letztere 1512 verkauft; vgl. DEVRIENT, a.a.O., 442 Nr. 1150).

[8] Vgl. ebd. 432-435 Nr. 1146; SCHULTZ 25-27 (Michaelis Nr. 6,7,(11),12, 14; Johanniskirche Nr. 1). Die Vikarie des 1378 im Rathaus gestifteten Altars konnte die Stadt nach eigenem Ermessen verleihen; vgl. H. KOCH, Geschichte 37.

[9] Vgl. SCHULTZ 28; R. SCHULZE 4.

[10] Vgl. DEVRIENT, Urkundenbuch II, 343 Nr. 857; MÜHLMANN 82.

[11] Vgl. DEVRIENT, Urkundenbuch II, 417f. Nr. 1110.

[12] Vgl. ebd. XXXVIIIf. Zur Schulordnung des Rates vgl. ebd. 488 Nr. 1295 Anm. 2; ed. ebd. III, 188f. Nr. 434.

[13] Vgl. HALLOF, Inschriften XVIII. Zu den Turminschriften vgl. ebd. 15 Nr. 16, 21 Nr. 25, 48f. Nr. 68.

[14] Vgl. DEVRIENT, Urkundenbuch II, XL; XLI zu den Pflegern der Johanniskirche.

[15] Vgl. LINDNER 1570; DEVRIENT, Urkundenbuch III, 137 Nr. 257. Vgl. auch R. SCHULZE 130. Im Zisterzienserinnenkloster wurde die Observanz erst 1494 eingeführt; vgl. DEVRIENT, a.a.0. III, 158 Nr. 337.

[16] Vgl. DEVRIENT, Urkundenbuch III, 147 Nr. 297: "die clostere zu Plawen, Ihene und Yßenach durch die ... fursten, ewer fl. gn. alteldeern, vetter und vater seligen in ein geistlich ordentlich und reformirt weßen bracht".

erhielten schon vorher die Erlaubnis, außerhalb des Ordens leben zu dürfen.[17] Im folgenden Jahr 1479 wurde dem Jenaer Konventualen und Vikar der thüringischen Nation Nicolaus Besseler eine Altarpfünde im Dominikanerinnenkloster Kronschwitz auf Lebenszeit zugestanden.[18] Mit diesen Vergünstigungen sollte vielleicht die "Dissidentenfraktion" der Konventualen geschwächt werden. Doch kam es noch knapp zehn Jahre nach der Reformacio erneut zum Konflikt. 1487 behaupteten entlaufene Jenaer Konventualen in Leipzig, sie würden den Jenaer sowie den Leipziger Konvent, die *"dy reformacion gehalten, mitt schanden austreyben"*.[19] Aus diesem Grund baten der Vikar der Leipziger Kongregation Nikolaus Beier und das Leipziger Kloster Kurfürst Friedrich und den Mitregenten um Schutz. Daher befahl die Obrigkeit am 30. Mai 1487 mit Hinweis auf die Reform durch ihren Vater und ihre Verwandten u.a. dem Jenaer wie auch dem Eisenacher Amtmann den Schutz der reformierten Konvente.[20] Am 8. April 1488 wiederholten der Kurfürst und sein herzoglicher Bruder die Aufforderung an den Jenaer Amtmann, daß unreformierten Brüdern keine Gewalt über das reformierte Kloster gestattet werde.[21] Somit sah die Obrigkeit es durchaus als ihre Aufgabe an, die monastische Disziplin, wenn es sein mußte, sogar gegen die vorgesetzten Ordensinstanzen zu schützen.

Der Obrigkeit zog nicht nur im Bereich des Klosteraufsicht verschiedene geistliche Kompetenzen an sich. Von landesfürstlicher Seite wurde 1492 der eigentlich vor ein kirchliches Gericht gehörende Streit zwischen dem Pfarrer zu Beutenitz und dem Jenaer Dominikanerprior wegen des Begräbnisses des Beringer von Meldingen dahingehend entschieden, daß der Corpus in der Pfarrkirche ruhen solle, der Pfarrer aber dem Konvent 45 Rheinische Gulden entrichten müsse.[22] Auch ein anderes Mal

---

[17] Es waren Clemens von Apolda, Nikolaus Kessler (der ehemalige Jenaer Prior lebte später im konventualen Nordhäuser Konvent), Wilhelm Kunolt (wurde nach Perugia assigniert), Wilhelm Gorteler (er starb ein Jahr später in Rom); vgl. LÖHR, Reg. Mansuetis 38, 47, 48. 49. Evtl. stand die 1481 an die Zustimmung beider Konvente gebundene Assignation des Nikolaus Seyler von Jena nach Marburg auch in diesem Zusammenhang; vgl. ebd. 67.

[18] Vgl. ebd. 48: *"fr Nicolaus Besseler, conv. Yenensis et nunc vicarius nacionis Thuringie, habuit confirmacionem altaris sibi collati a sororibus monasterii Cronswicensis cum omnibus redditibus, quamdiu vixerit, sine inferioris molestia."*

[19] DEVRIENT, Urkundenbuch III, 146 Nr. 292; FÖRSTEMANN, Urkundenbuch 177 Nr. 248. Vgl. LÖHR, Kapitel 15*; M. SCHULZE 156.

[20] Vgl. DEVRIENT, Urkundenbuch III, 146 Nr. 293; FÖRSTEMANN, Urkundenbuch 177 Nr. 248. - Die Interpretation bei M. SCHULZE 155, zur Aufgabe der Amtleute gehöre sogar die Disziplinargewalt über den Konvent, damit gegen eventuelle Umbesetzungen in den Leitungsämtern sofort eingeschrittten würde und die Brüder bei der hergebrachten Observanz blieben, ist durch den Urkundentext mit der Bitte um Schutz nicht gedeckt.

[21] Vgl. DEVRIENT, Urkundenbuch III, 147f. Nr. 298.

[22] Vgl. ebd. II, 339 Nr. 848; 340f. Nr. 853. Vgl. auch R. SCHULZE 111f.

274

konkurrierten geistliches und weltliches Gericht. Auf Klage des Dominikaners Markus von Weida wurde Albert Walther wegen Schmähung der hl. Katharina von Siena 1512 vom Jenaer Rat zur Anfertigung eines Bildes der Heiligen im Wert von 20 Gulden verurteilt.[23] Danach wollte der Leipziger Lektor den Verurteilten noch vor das geistliche Gericht zitieren, was aber von Kurfürst Friedrich und Herzog Johann verboten wurde, weil es unbillig sei.[24]

Zu Beginn des 16. Jahrhunderts stand das Kloster in besonderer Blüte. Das zeigt nicht nur die Wahl Jenas als Tagungsort des Provinzkapitels von 1513.[25] Nach der Reformacio hatte sich ein neuer Förderkreis gebildet. So stiftete 1481 die Schuhmacher-Innung ein Anniversar.[26] Der adlige Ulrich von Lichtenheyn finanzierte die 1498 mit der Einwölbung des Kirchenschiffes abgeschlossene Renovierung des Langhauses.[27] Die Förderung des Konventes bezeugen ferner mehrere Anniversarstiftungen, so auch 1516 von Herzog Johann und 1517 von Kurfürst Friedrich dem Weisen von Sachsen.[28] Als Pfründner trat Konrad Sommerlath ins Kloster ein und stiftete dafür u.a. einen Fischteich.[29]

Schon vor, aber auch nach der Reform, war der Konvent auch wegen solcher Stiftungen wohlhabend. Daher wurde das Bettelkloster als Geldgeber sogar vom sächsischen Herzog in Anspruch genommen.[30] Die in größte Finanzschwierigkeiten geratene Stadt Erfurt hatte schließlich mehr als tausend Gulden Schulden beim Konvent.[31] 1506 wird das Dorf Lützeroda als *"villula parva monachorum predica-*

---

[23] Vgl. DEVRIENT, Urkundenbuch II, 443 Nr. 1153; R. SCHULZE 112.

[24] Vgl. P. KIRN 52.

[25] Ed. LÖHR, Kapitel 3-22. Regest bei DEVRIENT, Urkundenbuch III, 192 Nr. 445, vgl. 343 Nr. 16.

[26] Vgl. REIN, Dominikanerkloster 27, BÜNGER, Beiträge 97. 1480 hatte der Rat ihr Statut gebilligt, vgl. DEVRIENT, Urkundenbuch III, 137 Nr. 259. Vor der Reform wurden 1472 die Schmiede, 1474 die Schneidergesellen der Werke des Ordens teilhaftig; vgl. BÜNGER, a.a.O. 96; R. SCHULZE 112.

[27] Vgl. HALLOF, Inschriften 24 Nr. 30, XXVIII; LEHFELDT 104.

[28] Vgl. DEVRIENT, Urkundenbuch II, 456 Nr. 1195; 458 Nr. 1204 (beide bedachten jeweils 50 Klöster). - Die anderen Anniversarstiftungen sind hier nicht aufgeführt.

[29] Vgl. ebd. 397 Nr. 1048. Zur herzoglichen Bestätigung der Stiftung vgl. ebd. 418 Nr. 1111.

[30] 1456 hatte Hzg. Wilhelm 60 Gulden zu begleichen. Zu ihm und anderen Schuldnern des Konvents vgl. ebd. 221 Nr. 513; 319 Nr. 789; 321 Nr. 794; 348 Nr. 873. - Zum Wirtschaftsleben des Jenaer Konvents vgl. R. SCHULZE 120-128, zu Krediten vgl. ebd. 122-124.

[31] 1499 lieh der Konvent der Stadt Erfurt 500 fl., 1501 nochmals 600 fl.; vgl. DEVRIENT, Urkundenbuch III, 167 Nr. 362; 170 Nr. 378. Vgl. R. SCHULZE 123. Regelmäßig bescheinigte der Prior den Zinsempfang; vgl. z.B. DEVRIENT, a.a.O. II, 385 Nr. 1005.

torum Ihenis"[32] bezeichnet. Grundbesitz und vielleicht sogar die Lehenshoheit über ein ganzes Dorf war anscheinend trotz des von der Observanz erneuerten Ideals der Armut möglich.

6.3.2   Von der reformatorischen Bewegung bis zur Flucht im Jahre 1525

Die reformatorische Bewegung verlief in Jena recht stürmisch. Schon Anfang 1522 reichte der Prediger der Michaeliskirche drei Leuten das Sakrament *sub utraque.*[33] Evtl. im Zusammenhang der reformatorischen Bewegung löste Nikolaus Brüschweyn 1522 einen Zins beim Paulerkloster ab.[34] Als im gleichen Jahr der vom Kölner Studium zurückberufene Dominikaner Petrus Rauch am 15. August, dem Fest Assumptio Mariae, über das Salve Regina predigte, begab sich der Prädikant Martin Reinhart mit etlichen Bürgern ins Kloster, nannte Rauch einen *"lügen prediger"* und ermahnte ihn, *"sich solchs schendens auf den canzeln öffentlich zu enthalten und das einig gottiswort lauter zu predigen".*[35] 1523 wandte sich der Prediger in einer Streitschrift gegen Petrus Rauch, den "Thomistenkopf" Johannes Eckenfelder sowie Georg von Frickenhausen und erklärte wohl im Dezember des Jahres das ganze Paulerkloster in den Bann. Damit waren die Dominikaner als Hauptgegner und Hauptvertreter der Altgläubigen ins Visier genommen worden, die Bezeichnung "Thomistenkopf" deutet evtl. auf den Lehrgegensatz zum Augustinismus Luthers. Rauch wurde 1523 erneut zum Generalstudium nach Köln assigniert, wo schon der Jenaer Konventuale Antonius Frickenhausen studierte.[36] Wohl auch durch die Aktionen des Predigers Reinhard, eines Anhängers des in der Nähe wirkenden Karlstadt (ca. 1480-1541), radikalisierte sich die neugläubige Bewegung. Daher wurde Reinhart schließlich Mitte September 1524 ausgewiesen, nachdem sogar Luther zur Beschwichtigung der Gemüter in der Stadt gepredigt hatte.

Gleichzeitig nahmen die vom Rat durchgeführten Maßnahmen zu, die sich zuerst gegen die Bettelorden richteten. Im August 1524 ließ der Rat *"allein czu getreuen*

---

[32] Ebd. III, 343 Nr. 15. Daher hatte das Dorf kein Palliengeld zu entrichten; vgl. R. SCHULZE 128, 122 (dort auch zu anderem Besitz); HANNAPEL 134, 343; MÜHLMANN 15.

[33] Vgl. DEVRIENT, Urkundenbuch III, 208 Nr. 508. Bei HALLOF, Inschriften XIX, werden nur zwei Personen genannt. - Der Ratsherr Michael Gansau hatte enge Kontakte zu Thomas Müntzer; vgl. VOGLER, Müntzer 57, 95, 110f.

[34] Vgl. DEVRIENT, Urkundenbuch II, 477 Nr. 1266.

[35] Ebd. III, 213 Nr. 526. Vgl. zu dem ganzen Vorgang ebd. 213f.; PAULUS, Dominikaner 45; R. SCHULZE 101, 133-135; VOGLER, Nürnberg 233-237; MÄGDEFRAU/GRATZ 45. - Nach HALLOF, Inschriften XIX, kam es erst am 15. August 1523 zum Tumult.

[36] Vgl. LÖHR, Kapitel 165; R. SCHULZE 101, 102.

henden" den *"unnodtdurftigen uberfluß"*[37] der Karmeliter aufs Rathaus bringen. Am 24. August berichtete er an die Herzöge, er hätte allein den Überfluß des Klostergutes an sich genommen. Denn im Konvent wären u.a. *"bey ... 80 meßgewander und vyl dorczu gehorige, die im winkel vormodert gelegen und ubel vorwart gewest"*.[38] Der Rat erbot sich, von dem eingezogenen Besitz den Karmelitern das, was ihnen nötig sei, zu geben! Die landesfürstliche Obrigkeit entschied den deshalb entstandenen Streit am 28. Oktober im Sinne des Magistrats. Erst wenn dieser es für nötig halte, solle er das Gut zurückgeben, vom Bargeld den Karmelitern *"nach gelegenheit"* reichen. Sie sollten auch zwei Kelche sowie einige Ornate erhalten. Außerdem wollte die landesfürstliche Obrigkeit eruieren, was den Fratres an Hausgerät, Bettzeug und anderem Bedarf nötig wäre. Die Urkunden des Konvents sollten weiterhin beim Rat in Verwahrung bleiben. Auch hätte dieser zu verordnen, wie eingehende Gelder zum Wohle des Klosters anzulegen seien.[39] Damit war das Karmeliterkloster der obrigkeitlichen Kontrolle unterworfen, auch wenn keine Pfleger eingesetzt wurden. Eine ähnliche Entscheidung fällten die Fürsten ebenfalls am 28. Oktober im Fall der Pfarrei. Das Michaeliskloster wurde von der Aufsicht über Predigt und Seelsorge an der Pfarrkirche entbunden.[40] Dort wirkte nun als Nachfolger Reinharts der in Wittenberg ausgebildete Antonius Musa (um 1485-1547) als Prediger.[41] Für das Predigerkloster und seine dreißig Konventualen[42] wurden anscheinend keine derartigen Bestimmungen von den Fürsten erlassen.

Wie sehr die reformatorische Bewegung sich in Kursachsen schon durchgesetzt hatte, zeigte sich z.B. daran, daß der Jenaer Magistrat ganz selbstverständlich zu Beginn des Jahres 1525 den Prediger Musa bat, Luthers deutsche Psalmenübersetzung in Erfurt nachdrucken zu lassen, da sie vergriffen seien.[43]

Der Bauernkrieg brachte das Ende der Jenaer Männerklöster. Am 27. April leistete die Stadt ein Treuebekenntnis an Herzog Johann wegen des drohenden Bauernaufruhrs. Im gleichen Schreiben berichteten Rat und Gemeinde von der Weigerung,

---

[37] DEVRIENT, Urkundenbuch II, 482 Nr. 1282; HALLOF, Inschriften XIX.

[38] DEVRIENT, Urkundenbuch II, 483 Nr. 1282.

[39] Vgl. ebd. 485f. Nr. 1287. Vgl. auch R. SCHULZE 149f.

[40] Vgl. DEVRIENT, Urkundenbuch II, 485f. Nr. 1286; BEIER, Annalen 5. Vgl. auch HALLOF, Inschriften XIX; R. SCHULZE 84.

[41] Vgl. DEVRIENT, Urkundenbuch II, 487 Nr. 1290; HALLOF, Inschriften 56.

[42] Vgl. BEIER, Architectus 210: *"In diesem Kloster sind An.C. 1524. gewesen 30. Münche, und genennet worden theils Presbyteri, Münch-Priester oder Meß-Pfaffen. Theils Laici oder Leyen-Brüder."*

[43] Vgl. DEVRIENT, Urkundenbuch II, 487 Nr. 1290.

Zinsen an die Geistlichkeit zu zahlen.[44] Dies ist ein Zeugnis dafür, daß die Gesinnung der Bürger dem altgläubigen Klerus gegenüber feindlich war. Undatiert ist ein kurfürstlicher Befehl, Gottesdienst, Predigt, Beichte und das Terminieren "abzustellen".[45] Damit war der "Nützlichkeit" der Dominikaner im Rahmen der "religio publica" ein Ende bereitet worden.

Das Paulinerkloster soll am Sonntag Misericordia Domini, also am 30. April 1525, gestürmt worden sein. Der dominikanische Ordenschronist LINDNER erwähnte ausdrücklich den Einfluß des Rates dabei.[46] Nach dem Rechtfertigungsschreiben des Rates vom 24. August war das Kloster zweimal von den Bauern gestürmt worden, am Nachmittag des Tages durch eine städtische Rotte unter Führung Christoph Enderles. Als der Rat sich dorthin begeben hatte, wäre kein anderer Rat gewesen, "*dan das wir von den monchenn ire geldt unnd kelche, ßo viell sie noch im closter gehabt, ufs radthauß genohmen haben, do eß noch vorhanden, ewern churf. g. inventirt zugeschickt unnd von stunde solich uberfallen e. churf. g. kunth gethan habenn.*"[47] Trotz der zweifachen Stürmung des Konvents und der damit verbundenen Plünderung[48] waren die Fratres sehr resistent. Die Klosterstürme hatten sie keineswegs zur Flucht bewegt. Nach dem Jenaer Chronisten Martin SCHMEIZEL aus dem 18. Jahrhundert hätte der Jenaer Prior "*bey so gestalten Sachen ... die besten Sachen zu sich (genommen) und gehet mit etlichen von seinen 30 Mönchen nach Leipzig; die zurückeblieben, haben ihren Unterhalt bekommen biß 1548.*"[49] Somit fand in Jena keine Vertreibung statt. Vielmehr erkannte der Prior die eskalierende Situation und beschloß, ins Exil zu gehen. Allerdings behaupteten die Dominikaner später, sie hätten nichts von ihrem Besitz behalten können. Ja sie hätten sogar "*nichts dan die schlechten sommercleyder, die wir zu der zceyt der*

---

[44] Vgl. FRANZ/FUCHS 132f. Nr. 1217. Während des Bauernkrieges wurde "*sunst widder e. churf. g. nichts vorgenohmenn*"; vgl. DEVRIENT, Urkundenbuch II, 491 Nr. 1299.

[45] Erwähnt im Rechtfertigungsschreiben des Rates vom 25.8.; vgl. ebd. 490 Nr. 1299. Unklar ist, ob dieser Befehl nur an die Dominikaner in Jena erging. Vielleicht konnte sich die Eisenacher Obrigkeit auf einen ähnlichen Befehl berufen; vgl. S. 264.

[46] Vgl. LINDNER 1570f.: "*alsden sontags Misericordia Domini am tag Petri Martirers di burger, so allesampt der vordampten nawen secten anhengig, dorch der obirkeit verhencknis, erwackten emporunge, machten XXX. rottmeister, iglicher partirte XX. under sich, störmten rouplich vnd kirchdibisch vormelt closter, blundirten vnd spoliirten ... vortriben di gotlöbliche sampnunge der rechtgeistlichen bruder*". Nach LANG, Cronica 67f., aber Sabbato post dominicam Quasimodogeniti = 29.4. Das Plauener Dominikanerkloster wurde am 2. Mai gestürmt, vgl. KLEIN, Politik 212f.

[47] DEVRIENT, Urkundenbuch II, 491 Nr. 1299. Auch ed. bei FRANZ/FUCHS 628 Nr. 1834. Verschreibung des Datums des Klostersturms auf 25.5. bei HALLOF, Inschriften XIX.

[48] Zu der von den Bürgern abgelieferten Habe der Dominikaner im Wert von 180 fl. s.u.

[49] SCHMEIZEL 1; zit. auch bei HALLOF, Saxa 18f. Zu den mitgenommenen Besitzurkunden vgl. auch R. SCHULZE 94 (diese Urkunden sollen verloren sein); REIN, Dominikanerkloster 27.

plunderung angetragen, mit uns ... hinwegbracht".[50] Die Fratres verschwiegen in dieser Darstellung, daß der Prior die Besitzurkunden mitgenommen hatte. Doch mußten die Dominikaner den größten Teil ihrer Habe im Kloster zurücklassen. Ein Teil war auch bei der Plünderung von den Bürgern mitgenommen worden. Die *"burger und einwohner, die die mönche und daß closter gesturmet"*[51] lieferten später 180 Gulden beim Rat ab. Der Rat verkaufte die noch vorhandenen Mobilia aus den Klöstern. Der Erlös erhielten die Bürger im Lager der Fürsten vor Mühlhausen.[52] Die Stadt mußte später wegen dem *"unfal mit den closterstormern"*[53] 2.000 Gulden Strafe zahlen. Davon kam jedoch nichts den Dominikanern zugute, die Summe floß vielmehr in die landesfürstliche Kasse.

Am 1. August wandten sich die Dominikaner an den Kurfürst *"als unserm gnedigsten landesfursten, herren und patronen"*[54] wegen der Restitution ihres Konvents. Am 3. August betonte der Rat aufgrund der vom Kurfürsten angeordneten Untersuchung: *"Allein was widder die monche gehandelt, ist dem mehrem teil uns, dem rate, ganz entkegen und leid gewest."*[55] Dem widersprach die Bittschrift des Christoph Enderlein vom Jahr 1527. Danach *"ist das gerucht komen, als solt man daselbest das closter sturmen ... Hab ich nicht anders gemeint, es were des rats zu Jhene befehl."*[56] Am 31. August schrieben die Dominikaner wiederum an den Kurfürsten und klagten, daß die Jenaer Bürger sich an den Gütern des Klosters, vor allem den Weinbergen, vergreifen würden.[57] Trotz der Klage kamen die Pauliner nicht wieder zu ihrem Eigentum. Der Landesfürst war nicht gesonnen, die altgläubigen Dominikaner zu restituieren.

Die Kirchenreform auf reformatorischer Grundlage profitierte von den Änderungen. Durch landesherrlichen Entscheid vom 6. Dezember 1525 ging die Verwaltung der Michaelispfarrei sowie das Patronatsrecht an Rat und Gemeinde über, der Lan-

---

[50] DEVRIENT, Urkundenbuch II, 494 Nr. 1300. Vgl. LÖHR, Wirksamkeit 137.

[51] Vgl. DEVRIENT, Urkundenbuch III, 274 Nr. 2 (ein Kostenpunkt im Inventar des Pflegers vom 5.2.1526).

[52] Vgl. BEIER, Architectus 205f.; DEVRIENT, Urkundenbuch II, 488 Nr. 1294; FRANZ/FUCHS 628 Nr. 1835 Anm. 1 (Chronik des A. Beier von 1681). Vgl. auch DEVRIENT, a.a.O. III, 275 Nr. 2.

[53] Zit. nach STEINMETZ, Geschichte I, 20. Vgl. HALLOF, Inschriften XX.

[54] DEVRIENT, Urkundenbuch II, 492 Nr. 1300.

[55] FRANZ/FUCHS 605 Nr. 1799.

[56] Ebd. 880f. Nr. 2087. Allerdings fährt die von 1527 datierte Bittschrift fort: *"Und so ich dohin komen, bin ich von des rats knecht geschlagen, welchs mich verdrossen, widderumb kegen ime zu wehre gestellt und also aus der stadt gewichen."*

[57] Vgl. DEVRIENT, Urkundenbuch II, 492 f. Nr. 1300. Vgl. LÖHR, Kapitel 45*. Vgl. auch FRANZ/FUCHS 622 Nr. 1834 Anm. 1.

desherr behielt jedoch das Bestätigungsrecht.[58] Die Johanniskirche der Leutraer Vorstadt verlor ihre Bedeutung und diente ab 1597 als Friedhofskirche.[59] Wie anderswo ersetzte die reformatorische Zentriertheit auf die Gemeinde die spätmittelalterliche Vielfalt. Weitere Schritte der Zentralisierung des Kirchenwesens waren die unter landesfürstlicher Regie durchgeführten Visitationen in den Jahren 1527, 1529 und 1533.[60] 1527 wurde durch die Visitatoren der bisherige Prediger Antonius Musa als Pfarrer und Superintendent eingesetzt.[61] Im Schulwesen nahm der Rat nach der Reformation im Auftrag des Kurfürsten die Besetzung der Lehrerstelle alleine vor.[62] Mit der Bewilligung von Zulagen aus dem Klostergut an den "gemeinen Kasten" Jenas blieb der Kurfürst zurückhaltend.[63]

Von den Jenaer Dominikanern waren nicht alle nach Leipzig geflüchtet. Einige Dominikaner waren im Jenaer Konvent geblieben und wurden dort versorgt.[64] Auch für etliche von ihnen galt die allmähliche Einbindung in das neue Kirchenwesen. Zumindest zwei von ihnen wirkten im Sinne der Obrigkeit schließlich als neugläubige Prediger.

6.3.3   Nutzung von Kirche und Kloster

Der landesfürstliche Einfluß galt auch gerade für das Klostergut. Nach den durch den Bauernkrieg hervorgerufenen Umwälzungen fehlten dem Landesherren 1525 konkrete Kenntnisse über den kirchlichen Besitz.[65] Die Klostereinkünfte aus dem albertinischen Sachsen waren dem Zugriff des ernestinischen Kirchenregimentes entzogen. Daher schrieb Kurfürst Johann am 25. November 1525 an Herzog Georg: *"diweil wir etzliche closter ... in und sider der entstanden aufrur zu unsern handen*

---

[58] Vgl. DEVRIENT, Urkundenbuch II, 496f. Nr. 1304; R. SCHULZE 86f.; SCHULTZE 50.

[59] Vgl. HALLOF, Inschriften XXX.

[60] Vgl. R. SCHULZE 87.

[61] Vgl. DEVRIENT, Urkundenbuch III, 283 Nr. 13; HALLOF, Inschriften XX, 56. Zu seinem Wirken vgl. H. KOCH, Musa.

[62] Vgl. MÜHLMANN 11.

[63] Vgl. R. SCHULZE 88. Vor 1527 bestand in Jena ein "gemeiner Kasten"; vgl. BAUER, Kästen 209.

[64] Vgl. BEIER, Architectus 210: *"1525. zur Zeit des Bauren-Kriegs sind ihrer viel aus dem Kloster entwichen, und etzliche darinnen verblieben: Als Caspar Busch, welcher An.C. 1540. zum Pfarr nach Isserstet verordnet. Doctor Petrus N. welcher An.C. 1545 den 4. Martii gestorben ist. An C. 1548. sind ihrer noch drey am Leben gewesen, welche ihr Jahr- und Kostgeld genommen, und das Kloster übergeben haben dem Landsfürsten"*. Vgl. auch S. 283 Anm. 90. - 1538 bat der zu "Honsperg" wirkende Pfr. Georg Hermann um Erstattung seines in das Predigerkloster eingebrachten Vermögens; vgl. HSTA Weimar, Reg. Oo, Nr. 508.

[65] Vgl. BEIER, Architectus 210.

280

genomen, das E.L. amtleut, auch etzliche stete und ander, E.L. zustendig, den unsern, so wir dazu vorordent, dasjenige, was zu solichen clostern an gutern, ... zinsen, auch andern gerechtigkaiten gehorig und in E.L. furstentumb gelegen, nit wollen folgen lassen, sondern tun in daran ... eintrag."[66] Der Kurfürst war durchaus am "ausländischen" Klostergut "seiner" Konvente interessiert.

Doch erst ein Jahr nach dem Bauernkrieg wurden in Jena allmählich Bestimmungen wegen des Gutes der dortigen Klöster getroffen. Die Bücher der Klosterbibliotheken kamen in die Pfarrkirche St. Michael.[67] Vom 5. Februar 1526 datiert die Bestandsaufnahme der Kleinodien des Konvents. Der vom Kurfürsten zu diesem Zweck nach Jena gesandte Amtsschösser Sebastian Wöllner taxierte die im Rathaus aufbewahrten Wertsachen des Dominikanerklosters auf 1.583 Gulden.[68] Im März führte der Rat die Wertsachen der Predigermönche an den Kurfürst und den Herzog ab,[69] die folglich einer kammergutlichen Verwendung zugeführt wurden. Dem Herrscher berichtete der Rat auch 1529 über die Güter und Vorräte des Paulerklosters. Die städtische Obrigkeit weigerte sich, eine Summe von 400 Gulden den Fratres zu Leipzig zu verzinsen, was mit dem Hinweis auf die Abfertigung etlicher Mönche begründet wurde. Das Kloster diente dem Schosser als Amtswohnung.[70] Die kursächsischen Visitatoren berechneten 1529 das Einkommen des Predigerklosters auf nicht mehr als 50 Gulden. Es wurde von den Visitatoren dem 1526 gegründeten Gemeinen Kasten in Jena zugeteilt, worum die Stadt auch mehrfach gebeten hatte.[71] Diese Nutzung war wohl nur bis zum 1532 erfolgten Regierungswechsel möglich. Denn nachdem Johann Friedrich der Großmütige die Nachfolge Johanns des Beständigen angetreten hatte, bat der Stadtrat erneut am 11. Dezember 1534 den Kurfürsten um Überlassung des Dominikanerklosters für den Gemeinen Kasten, vorgesehen war das Kloster als Wohnung für *"die kirchdiener, pfarher, prediger, caplann und schuelen"*.[72] Die Genannten mußten bisher in Bürgerhäusern wohnen.

---

[66] GESS, Akten II, 424 Nr. 1164 (4.). - Am 16.11.1527 wiederholte Hzg. Georg an seinen Dresdner Amtmann den Befehl, geistliche Zinsen nicht an den Gemeinen Kasten in Jena zu zahlen; vgl. ebd. 808 Nr. 1499 (3). Am 6. und am 18.11. hatte er an Kurfürst Johann wegen *"unser gaystlichen zynse"* der Klöster, Stifte und anderen Pfründen seines Territoriums geschrieben; vgl. ebd. 806-808 Nr. 1498, 1500.

[67] Vgl. R. SCHULZE 105. Von den im 18. Jh. vorhandenen 143 Büchern und 10 Handschriften soll der größte Teil den Dominikanern gehört haben.

[68] Vgl. DEVRIENT, Urkundenbuch III, 271-275 Nr. 1f.

[69] Vgl. ebd. 276-278 Nr. 4f.

[70] Vgl. ebd. 287f. Nr. 22. Zu den geringfügigen Abfertigungssummen vgl. unten S. 285.

[71] Vgl. DEVRIENT, Urkundenbuch III, 314 Nr. 6 (dort Nr. 1,6); 315 Nr. 7.

[72] Vgl. ebd. 319f. Nr. 18. Zu den "unerledigten", d.h. altgläubig besetzten Vikariaten im Jahr 1529 vgl. ebd. 290f. Nr. 24. 1538 beantragte der Rat die Errichtung eines Pfarrhauses; vgl. ebd. 323f. Nr. 26. - Beim Landtag zu Jena 1533 wurden die Teilnehmer im Dominikanerkloster verpflegt; vgl. BEIER, Ar-

Die übliche Nutzung der Propstei für diese Zwecke war nicht möglich, vielleicht gab es noch altgläubige Amtsinhaber. Das Gesuch wurde von Kurfürst Johann Friedrich bewilligt. Die Kirche wurde auf Antrag der Sequestratoren ab 1536 als Kornboden genutzt.[73] Im gleichen Jahr schlossen die Räte der ernestinischen und der albertinischen Fürsten bzgl. des Jenaer Konvents in Leipzig einen Vergleich.[74] 1540 ersuchte der Jenaer Rat darum, das ihm überlassene Gebäude des Predigerklosters als Bürgerwohnungen zu nutzen.[75] 1544 befahl Kurfürst Johann Friedrich vielleicht nach dem Restitutionsversuch Provinzial Albertis, die "beyden klosterpersonen" aus dem Kloster zu entfernen, damit Platz für die Ratsschule geschaffen werde.[76]

Zwar bestand der Paulerkonvent noch in Leipzig. Da jedoch eine Rückkehr nach Jena unmöglich war, wurden Stiftungen an das Kloster abgelöst. 1535 verlangte Conrad Sommerlath den von seinem Großvater geschenkten Fischteich zurück. Der Kurfürst erbat eine Prüfung der Angelegenheit.[77] Schon 1529 hatte der Landesherr dem Conrad Wichart den Garten, die Scheune und den Teich, die ehemals dem Predigerkloster gehörten, zum Kauf und einem Schilling Erbzins überlassen.[78] 1537 berichtete der Schreiber der Sequestratoren T. Zschirpe, daß einige Personen sich etwas von den Gütern des Prediger- wie auch des Nonnenklosters angeeignet hätten.[79] In der Jenaer Kirchenrechnung von 1553/54 wurden die Erbzinsen des Predigerklosters auf nur noch 9 Groschen und 3 alte Denare beziffert.[80]

Wegen der Pest wurde vom 15. August 1527 bis zum 13. April 1528 die Universität Wittenberg nach Jena verlegt.[81] Dort fand sie im Predigerkloster Unterkunft,[82]

---

chitectus 156f.: "1533. hat Churf. Johan Friderich zu Sachsen uff 5. Jahr den Zehnden von dem alten Geträncke gefodert uff dem Landtag zu Jena, und sind domals in Pauliner Kloster, nunmehr Collegio Academico 176 Tische gespeiset worden".

[73] Vgl. DEVRIENT, Urkundenbuch III, 320f. Nr. 20. Nach HALLOF, Inschriften XX, erhielt die Stadt diese Vergünstigung.

[74] Vgl. unten.

[75] Vgl. DEVRIENT, Urkundenbuch III, 325 Nr. 28.

[76] Vgl. ebd. 306 Nr. 52. Doch waren noch 1548 drei ehemalige Fratres im Konvent; vgl. ebd. 301 Anm. 1. Ebenso LÖHR, Kapitel 46*; HALLOF, Inschriften XX; R. SCHULZE 138.

[77] Vgl. DEVRIENT, Urkundenbuch III, 300 Nr. 41. Vgl. oben S. 275 mit Anm. 29.

[78] Vgl. DEVRIENT, Urkundenbuch III, 294 Nr. 30 (Nr. 1.).

[79] Vgl. ebd. 302 Nr. 44.

[80] Vgl. H. KOCH, Kirchenrechnungen 236.

[81] Vgl. FRIEDENSBURG, Urkundenbuch 159 Nr. 155. Vgl. auch HEUSSI 16 Anm. 7 (auch zu 1535/36); S. SCHMIDT 25.

wie dies auch 1535/36 gleichfalls wegen der Pest geschah. Am 13. Juli 1535 befahl Kurfürst Johann Friedrich die Herrichtung des Klosterkellers des Predigerkonvents für die Bedürfnisse der dorthin zu verlegenden Universität Wittenberg.[83] 1536 erlaubte der Kurfürst die Verwendung der Kirche als Schüttboden für Korn.[84] Als 1548 das Kloster in ein Collegium Academicum verwandelt wurde, wurden viele Grabsteine als Baumaterial für ein Wasserwehr verwandt.[85] Zu dieser Zeit übergaben die drei noch im Konvent lebenden ehemaligen Dominikaner das Kloster.[86] Durch diesen Rechtsakt konnte die Obrigkeit den Ansprüchen des Jenaer Exilkonvents in Erfurt begegnen.

Als aufgrund des Schmalkaldischen Krieges die ernestinische Linie der Wettiner die Kurwürde verlor, sollte ein Ersatz für die verloren gegangene Universität Wittenberg geschaffen werden.[87] Doch wegen der Schulden des neuen, verkleinerten ernestinischen Staates[88] wurde im Frühjahr 1548 nur eine Akademie mit zwei Professoren für die Fächer Theologie und Philosophie errichtet.[89] Nachdem die letzten drei Predigermönche am 6. März 1548 abgefunden und aus dem Kloster gewiesen waren,[90] erfolgte dreizehn Tage später die Eröffnung am 19. März 1548. Wegen der ablehnenden kaiserlichen Haltung und den beschränkten Finanzen war vorerst nur an ein Gymnasium academicum zu denken.[91] Es war im ehemaligen Predigerkloster untergebracht; vielleicht geschah dies auch im Rückblick auf die

---

[82] Vgl. FRIEDENSBURG, Urkundenbuch 166 Anm. 1 (Nr. 187).

[83] Vgl. ebd. 166f. Nr. 188; vgl. auch 166 Anm. 1 (Nr. 187).

[84] Vgl. HALLOF, Saxa 18.

[85] Vgl. BEIER, Architectus 286f.; HALLOF, Inschriften XVIII Anm. 59; XXIX.

[86] Vgl. das Zitat auf S. 280 Anm. 64.

[87] Vgl. HALLOF, Inschriften XXIf. - Erste urkundliche Erwähnung des Gründungsvorhabens am 5.7., vgl. STEINMETZ, Geschichte I, 27.

[88] Vgl. ebd. 25f.

[89] Zum Gründungsprozeß vgl. STEINMETZ, Geschichte I, 26-30.

[90] Vgl. HALLOF, Saxa 19. Vgl. auch SCHMEIZEL 10: "*Und die drey Mönche, welche sich bißjezo noch daselbsten aufgehalten, wurden genöthiget, sich anderswohin zu begeben; und nach Ostern fiengen die professores an zu lehren.*" Ebenso BEIER, Annalen 35: "*1548. 1. Febr. Dienstag nach Oculi (6. März) wird dem Schösser zue Jena befohlen, mit den vbrigen 3 Klosterpersonen zu handeln, sich aus dem prediger Kloster zu begeben v. vor ihren vnterhalt gelt zu nemen, desgleichen die gebewde zu besichtigen v. arbeitsleute zue einen baw der liberei (so von Wittenberg nach Jena kommen solte) zu dingen. Montag nach Judica (19. März) kömmet von Erfurt nach Jena geruffen M. Victorinus Strigelius*". Vgl. DERS., Architectus 347; DEVRIENT, Urkundenbuch III, 301 Anm. 1; R. HERRMANN, Kirchengeschichte 100. Die Folgerung LÖHR, Erfurt 259, die Konventualen wären 1548 restituiert worden, stimmt nicht.

[91] Vgl. BEIER, Annalen 35; HEUSSI 18, 19; HALLOF, Inschriften XXII.

zeitweise Nutzung durch die Wittenberger Universität.[92] Der Bestand der Neugründung war ohne kaiserliches Privileg ungesichert, zumal sich zu dieser Zeit noch die Jenaer Dominikaner unter Berufung auf das Reichsrecht für die Restitution ihres Konventes einsetzten. Doch arbeiteten die ernestinischen Herzöge konsequent auf eine vollberechtigte Universität hin. Für sie wurde z.B. 1549 Erhard Schnepf (1495-1559) als Theologieprofessor gewonnen und 1556 Matthias Flacius (1520-1575), wodurch die werdende Universität in dessen theologische Auseinandersetzungen hineingezogen wurde.[93]

Nach der Abdankung Kaiser Karls und aufgrund der guten Beziehungen des Jenaer Professors Johann Schröter (1513-93) sowie dem Einsatz entsprechender Geldmittel gelang es der ernestinischen Regierung, den Widerstand des Wiener Hofes gegen die Erhebung Jenas zur Universität zu überwinden. Kaiser Ferdinand unterzeichnete am 31. August das auf den 15. August 1557 zurückdatierte Privileg.[94] Schon seit 1547 waren umfangreiche Baumaßnahmen im ehemaligen Dominikanerkonvent erfolgt. Die Kollegienkirche war 1546-48 zu einer Studentenburse umgebaut worden. Am neuerbauten Turm wurde ein großes sächsisches Wappen mit der Jahreszahl 1557 und einer Gründungsinschrift angebracht.[95] Am 2. Februar 1558 fand die feierliche Eröffnung der Universität statt. Als landesfürstliche Hochschule waren für sie die am 25. Januar 1558 unterzeichneten Statuten Herzog Johann Friedrichs II. maßgebend.[96] 1579 schenkte der Stadtrat der Universität die ehemalige Klosterbibliothek.[97]

6.3.4   Die Beharrung der Fratres im Exil

Nach dem Bauernkrieg kamen nur kurzfristig Dominikaner ins ernestinische Sachsen als Seelsorger des Dominikanerinnenklosters Kronschwitz zurück. Allerdings

---

[92] Die Kontinuität mit Luther und Wittenberg ist auch durch die 1571 erfolgte Übertragung seiner Grabplatte nach Jena dokumentiert; vgl. unten Anm. 95. - Die Privatbibliothek Johann Friedrichs I. war 1548 von Wittenberg ins Jenaer Kloster gebracht worden; vgl. STEINMETZ, Geschichte I, 30.

[93] Vgl. HALLOF, Inschriften XXII. Nach BEIER, Annalen 40, schrieb Hzg. Johann Friedrich 1551 an den Rat, es solle eine Universität errichtet werden und wandte sich gegen die Unfreundlichkeit der Einwohner gegen Studenten.

[94] Vgl. HALLOF, Inschriften XXII; HEUSSI 37; STEINMETZ, Geschichte I, 32f.

[95] Vgl. HALLOF, Inschriften XXII, XXIX, 49f. Nr. 69. Erst 1592/95 erfolgte die Wiederherstellung des Gotteshauses als Universitätskirche. Die Grabplatte Luthers wurde 1571 in der Stadtkirche aufgestellt; vgl. ebd. sowie ebd. 67f. Nr. 87.

[96] Vgl. BEIER, Annalen 60-64; HALLOF, Inschriften XXIII; HEUSSI 37; STEINMETZ, Geschichte I, 34.

[97] Vgl. SCHUMANN 287.

wurden sie auch bald ausgewiesen.[98] Für die Jenaer Dominikaner gab es keine Möglichkeit der Rückkehr. In Leipzig bildeten die Flüchtlinge einen eigenen Konvent. 1534 bestätigte das Provinzkapitel ihren Status als Exilkonvent ausdrücklich.[99] Assignationen an den Konvent kamen allerdings nicht vor. Fratres des Exilkonvents übernahmen Aufgaben in Leipzig oder wurden in andere Konvente gesandt. Schon 1525 war der Jenaer Konventuale Andreas von Frickenhausen in Leipzig Lektor.[100] Aufgrund der energischen Persönlichkeiten des bis 1533 amtierenden Priors Dr. Johannes Eckenfelder[101] und seines Nachfolgers Georg Kramer von Königshofen blieb der Konvent zusammen, verschmolz allmählich aber mit dem Leipziger Konvent, auch wenn er von ihm rechtlich getrennt blieb.[102]

Diese Beharrlichkeit, beim gewählten Ordensleben zu bleiben, galt wohl auch für einige der nicht nach Leipzig geflüchteten Fratres. Als der Jenaer Rat 1526 die Wertsachen des Predigerklosters an Beamte der kurfürstlichen Verwaltung übergab, waren "*32 fl. brüder Andresen zu seiner abfertigunge, 2 fl. 18 gr. zweihen predigermonchen zu irer abfertigunge ausgegeben*"[103] worden. Diese sehr geringe Abfindungssumme von drei Gulden erhielten Johannes Staffelstein und der Konverse Heinrich Holfelt. Beide blieben im Orden. Der Konverse wurde vom Provinzkapitel 1528 von Leipzig als Koch nach Minden assigniert.[104] Der 1518 und 1519 als Leipziger Semistudent erwähnte Johannes Staffelstein war 1526 Student in Leipzig.[105] Eine Abfindung läßt daher nicht immer auf das Verlassen des Ordens schließen. Ausgetreten war allerdings der Laienbruder Erhard Leuber, dessen Unterstützungsgesuch aus der Zeit vor 1527 Rat und Schosser von Jena an die kurfürstliche

---

[98] Vgl. B. SCHMIDT, Geschichte 160; LÖHR, Kapitel 77*. Die endgültige Ausweisung der dominikanischen Nonnenseelsorger erfolgte am 25.2.1526.

[99] Vgl. die Bestimmung des Kapitels von 1534 bei LÖHR, Kapitel 214: "*Ordinamus, quod prior et conventus Jenensis, qui nunc sunt in conventu Lipsensi congregati, maneant sub titulo conventus Jenensis, donec conventus fuerit eis restitutus.*"

[100] Vgl. LÖHR, Kapitel 184. Frickenhausen war 1528 Lektor in Halle (dort als "*lector conventus Jenensis*" bezeichnet), 1530 in Leipzig und wurde dann vom Mühlhauser Rat zum Prediger an St. Blasii bestellt; vgl. ebd. 195, 205, 47*.

[101] Kurzbiographie bei R. SCHULZE 99f.; LÖHR, Leipzig 97; DERS., Kapitel, Register.

[102] Vgl. ebd. 205: "*In conventu Lipsiensi ... fr. Anthonius Hoffmann, lector conventus Jenensis*". Jenaer Fratres studierten an der Leipziger Universität, so Petrus Rauch, Georg Kramer und Antonius Hoffman; vgl. DERS., Leipzig 97.

[103] DEVRIENT, Urkundenbuch III, 276 Nr. 4.

[104] Vgl. LÖHR, Kapitel 197.

[105] Vgl. ebd. 90, 117, 184.

kurfürstliche Verwaltung weiterleiteten.[106] Ebenso ersuchte der inzwischen als Pfarrer wirkende Georg Hermann 1538 um eine Abfindung wegen der von ihm ins Kloster eingebrachten 200 Gulden. Die Sequestratoren schlugen vor, ihm 40 oder 50 Gulden Abfindung zu geben, wofür sie die kurfürstliche Genehmigung erhielten[107].

Drei Jenaer Dominikaner hatte das Provinzkapitel 1526 nach Halle assigiert[108] sowie Ambrosius de Gheym nach Eger und Georg Kramer nach Brandenburg.[109] Im Laufe der Zeit starben viele Konventsmitglieder.[110] Obwohl die Zahl der sächsischen Klöster abgenommen hatte, wurde an den tradierten Organisationsformen festgehalten. Als Provinzial Rab am 6. April 1530 Prior Eckenfelder als Vikar der meißnischen Nation bestätigte,[111] bestand diese neben den Konventen von Eger und Leutenberg nur aus dem Leipziger Kloster und den im Leipziger Exil lebenden Exilkonventen von Plauen und Jena.

Von Leipzig aus bemühte sich der Jenaer Prior um die Rückgabe des Klosters[112] sowie um die außerhalb der ernestinischen Lande vorhandenen Einkommenstitel. Daher wandte er sich gegen den Erfurter Rat. Dieser wollte 1526 die Zinszahlung an die Jenaer Fratres mit dem Hinweis auf den Jenaer Schosser verweigern, der den Rat im Namen des Kurfürsten um Auszahlung der Zinsen nach Jena gebeten hatte.[113] Wie die Dominikaner bis 1525 den Kurfürsten als "Patronatsherren" um Unterstützung ersucht hatten, so baten sie jetzt Herzog Georg um Hilfe. Offensichtlich war dies schließlich erfolgreich. Prior Eckenfelder quittierte am 29. September

---

[106] Vgl. DEVRIENT, Urkundenbuch III, 278ff. Nr. 6f. Warum der Jenaer Rat dieses Gesuch weiterleitete, die oben genannten Dominikaner jedoch abfand, ist unklar.

[107] Vgl. ebd. 303 Nr. 45.

[108] Vgl. LÖHR, Kapitel 188: "*Ad conventum Hallensem mittimus fratrem Martinum Fabri, fratrem Ambrosium de Plawen sacerdotes et fratrem Nicolaum de Wunsidell conversum conventus Yenensis.*" 1528 Erneuerung der Assignation, vgl. ebd. 198. Fabri starb vor 1540 in Leipzig, vgl. ebd. 224; A. Plauen gehörte noch 1559 dem Konvent an, vgl. S. 289. - Evtl. schloß HALLOF, Inschriften XIX, aus der Assignation, schon 1524 seien die Fratres nach Halle gegangen. Seit den Jenaer Unruhen 1524 hatte bis 1526 kein Kapitel stattgefunden, die Assignation nach dem Bauernkrieg ist jedoch wahrscheinlicher.

[109] Vgl. LÖHR, Kapitel 188, 187. Kurzbiographie des Letzteren bei DERS., Erfurt 259; vgl. auch DERS., Kapitel, Register.

[110] 1526: 2; 1528: 3; 1530: 1?; 1534: 1; 1540: 3; vgl. LÖHR, Kapitel 190, 200, 208, 217, 224. Außerhalb Leipzigs starb J. de Nuenborch in Berlin; vgl. ebd. 191. Somit sind mindestens elf Fratres in diesem Zeitraum verstorben.

[111] Vgl. HSTA Weimar, Urk 1530 April 6; REIN, Regesten 268. Irrtümlich behauptete BEIER, Annalen 8 Anm. 21, der Prior wäre in Jena bestätigt worden.

[112] Auch Petrus Rauch wurde 1530 in dieser Hinsicht aktiv; vgl. LÖHR, Kapitel 45*.

[113] Vgl. DEVRIENT, Urkundenbuch III, 275f. Nr. 3

1533 16 Gulden Zins vom Rat der Stadt Erfurt.[114] Somit besaßen die Fratres noch den Teil ihrer Einkünfte, der außerhalb der ernestinischen Lande lag. Dies war wohl die Auswirkung der vom Augsburger Reichstag 1530 verfügten Restitution. Diese war zwar ausdrücklich dem sächischen Kurfürsten aufgetragen worden,[115] doch führte er sie nicht aus. 1531 beschloß der Ausschuß der "Landschaft" in Torgau, man solle sich nach dem Einkommen der "*Pauler mönchen zu Leipzigk*" erkundigen.[116] Der Besitz des außerhalb des Territoriums gelegenen Klostervermögens wurde angestrebt. 1536 kam es dann zu einem Vergleich zwischen den Räten Herzog Georgs und Kurfürst Johann Friedrichs über das Einkommen der Jenaer Dominikaner. Die Räte vereinbarten, daß die Fratres noch sechs Jahre lang jährlich 32 Gulden aus Erfurt beziehen und noch zwei Jahre die Weinberge bei Dornburg und ihr Einkommen vom Geithainer Rat haben sollten. Im Gegenzug sollten die Dominikaner alle Urkunden dem "Jenaer Kloster" ausliefern, auch nach Ablauf der genannten Zeiten die erwähnten Einkünfte.[117] Dies ließ sich der von Georg Kramer geführte Konvent nicht bieten. 1538 kam es zu einem Vergleich von Prior und Konvent mit der Stadt Erfurt. Danach sollte das Gemeinwesen von 800 geliehenen Gulden fünf Jahre lang jährlich 100 Gulden nach Leipzig zahlen.[118] Später entrichtete im Gegenzug der Gaithainer Rat auf obrigkeitlichen Druck hin den Zins nicht mehr an die Dominikaner, sondern stattdessen an die Universität Leipzig im albertinischen Sachsen.[119] Somit blieb der größte Teil des Vermögens in den Händen des albertinischen bzw. ernestinischen Kirchenregiments.

---

[114] Vgl. ebd. 299 Nr. 37. In ihrem Schreiben von 1526 hatten die Erfurter angeboten, den Zins zu zahlen, wenn die Fratres die Urkunde vorweisen könnten. - Vgl. jedoch den StBibl Mainz, III k:2⁰/196a enthaltenen < zu Fasz. 4 gehörenden> "*Vertrag zwischen vnserm gendigen Herrn/Hzg. Joh. Friedr. Kurfürst zu Sachsen und dem Rathe der Stadt Erf. 1533 zu Leipzig aufgericht*", darin "*7. Das den Geistlichen ire Zinse vnd Güter widerumb folgen/vnd wie es mit der Botmessigkeit auff denselben gehalten werden soll. Desgleichen sol auch der Churfürst der von Erffurt Geistlichen vnd Hospitalen/jre Güter/Zinse/Renthe/Gericht vnd Gerechtigkeit/so sie im Fürstenthumb Sachssen darauff herbracht vnd haben/so dis Jahr noch bei den Leuten ausstendig/vnd künfftig vertagt werden/folgen/vnd sie derselben gebrauchen lassen/Widerumb gleichförmig die von Erffurt des Churfürsten Geistlichen/oder derselbigen Stifften/was innen der in iren Gerichten/auch in der Stadt zustendig.*" Diese Bestimmung wurde von Erfurt wegen des entgegenstehenden Reichstagsabschieds wohl nicht ausgeführt.

[115] Vgl. unten S. 303 mit Anm. 46.

[116] Vgl. K. BURKHARDT, Landtagsakten 227 Anm. 1 (auf 228).

[117] Vgl. DEVRIENT, Urkundenbuch III, 301 Nr. 43; BEIER, Annalen 14f.; SCHMEIZEL 6.

[118] Vgl. DEVRIENT, Urkundenbuch III, 304 Nr. 48.

[119] Siehe unten Anm. 124.

Selbst als das Leipziger Kloster 1539/40 aufgelöst wurde, bestand der personell ausgedünnte Konvent weiter und setzte seine Beharrung fort.[120] Die beiden schon Jahrzehnte im Orden lebenden Laienbrüder Erhard Schnabel und Nikolaus Schreier verließen Leipzig, um weiter ihrem Ordensideal zu leben. Prior Kramer und Petrus Rauch hatten sich schon vorher nach Erfurt begeben, andere Fratres sollen nach Halle gegangen sein. Daher bestand der Konvent fast ausschließlich aus dem Prior als Rechtsträger in Erfurt. Die Stadt war als Exilort ausgewählt worden, da hier der Einfluß des dezidiert altgläubigen Albrecht von Brandenburg bestand und dieser die Dominikaner und besonders den in seine Dienste getretenen P. Rauch zur Aufrecht-erhaltung der theologischen Fakultät verwenden wollte, weshalb sich die beiden Predigerbrüder an der Universität immatrikulierten.[121] Vielleicht spielte auch die Tatsache eine Rolle, daß die verschuldete Stadt immer noch dem Jenaer Konvent beträchtliche Beträge schuldete und die vereinbarten Summen bis 1543 auch zurück-zahlte.[122]

Allerdings schlossen die Räte Herzog Heinrichs, des Nachfolgers Georgs des Bärtigen, mit denen der Ernestiner 1540 einen Vergleich, worin den Vorstehern des als Rechtsperson bestehenden Jenaer Klosters (in Jena!) alle Einkünfte, auch die zu Erfurt, eingeräumt wurden. Herzog Heinrich solle dem Kurfürsten zum Erwerb der Summen und Zinsen aus Geithain, Erfurt und Mühlhausen behilflich sein.[123] Ein-künfte für den Jenaer Exilkonvent waren anscheinend nicht mehr vorgesehen. Herzog Moritz hielt sich nicht an die Abmachung seines Vaters Heinrich. Der nach Jena zu zahlende Geithainer Zins wurde ab 1548 auf Anordnung von Herzog Moritz an die Universität Leipzig entrichtet.[124]

1544 erwirkte Provinzial Alberti einen kaiserlichen Restitutionsbefehl,[125] doch war der kaiserliche Einfluß zur Durchsetzung zu schwach. Ebenso baten die Jenaer Dominikaner im Jahr 1549 unter Berufung auf das Interim die Restitution des Konvents.[126] Dies war allerdings vergeblich, auch wenn die Herzöge von Sachsen

---

[120] 1540 verzeichnen die Provinzkapitelsakten noch den Tod von drei Jenaer Konventualen im Leipziger Konvent; vgl. oben LÖHR, Kapitel 244. Zu den Jenaer Konventualen Fabri und Moßberg vgl. ebd., Register.

[121] Vgl. S. 113, S. 214.

[122] Vgl. DEVRIENT, Urkundenbuch III, 304 Nr. 48.

[123] Vgl. ebd. 304f. Nr. 49.

[124] Vgl. ebd. 307 Nr. 56. Der Zins war schon die letzten sieben Jahre nach Plauen entrichtet worden.

[125] Vgl. BÜNGER, Beiträge 111; LÖHR, Kapitel 46*.

[126] Vgl. DEVRIENT, Urkundenbuch III, 307f. Nr. 57. Die Urkunde ist ohne Ausstellungsort, es unter-schrieben Prior Kramer, P. Rauch und der Senior Johannes Kitzing. Die Berufung auf das Reichsrecht war recht schwach (*"Dieweyl ... solcher streit der religionn durch gemeynen beschluß des heyligen reichs*

am 9. Mai den Jenaer Rat zu einem Bericht diesbezüglich aufforderten.[127] Doch befürchtete Johann Friedrich, daß *"die neue Schule zu Jena durch des Teufels und seines Anhanges Wüten und Toben möchte abgeschafft, dazu, daß die geistlichen und Klostergüter wiederum zu voriger verführerischer Abgötterei möchten gebraucht werden"*.[128]

1551 sah sich die Leipziger Universität mit finanziellen Ansprüchen des Jenaer Konvents konfrontiert. Am 26. Mai 1551 teilte der Bürgermeister von Geithain der Hochschule mit, daß der Jenaer Konvent von der Stadt einen Zins von 40 Gulden verlange, welchen der Fürst vormals der Universität übereignet hatte. Am 17. Oktober kam Prior Kramer mit dem Advokaten und Erfurter Bürger Christoph Ruel deswegen nach Leipzig, wo es zu einer Einigung kam.[129] Am 30. April 1558 notierte der Leipziger Rektor Joachim Camerarius, daß laut fürstlicher Anweisung den "Erfurter Mönchen" des Jenaer Konvents kein Geld mehr überwiesen werden solle.[130] Denn die im ehemaligen Paulerkonvent errichtete Universität stellte gleichfalls Ansprüche an die bisher dem Jenaer Konvent in Erfurt überwiesenen jährlichen 15 Gulden Zins, weil sie irrtümlich vom Tod aller Jenaer Fratres ausgegangen war. Doch auf Nachfrage des ernestinischen Herrschers bestätigte der Erfurter Konvent, daß noch einige Fratres des Jenaer Klosters lebten. Georg Kramer wäre in Erfurt nur *"alß ein gast, der bey vnß vmb sein gelde zehrt"*.[131] Da *"er auch nicht vnßers, sondernn eineß andern klosters ist, so habenn wir vber Ihnen keinen gerichtß noch anderen zwangck"*.[132] Nach dem Tod des Bamberger Weihbischofs Petrus Rauch am 2. November 1558 quittierten neben Prior Kramer am 23. Februar 1559 noch zwei Patres, nämlich Leonhard Wagner und Ambrosius Plauen, sowie der Konverse Erhard Schnabel, 800 Gulden aus Rauchs Testament zu Gunsten des Jenaer Kon-

---

abgeschaft").

[127] Vgl. ebd. 308 Nr. 58. LÖHR, Leipzig 102, (zu Anm. 80) ging von der Restitution des Konvents aus.

[128] Zit. nach H. KOCH, Geschichte 94 (ohne Beleg).

[129] Vgl. ZARNCKE, Acta 400f., 417f. - Laut dem Schreiben der Leipziger Universität an die ernestinischen Herrscher aus dem Jahre 1557 sah der Vertrag von 1551 so aus, daß von der zu verzinsenden Hauptsumme von 400 fl. nun 100 fl. *"sampt etzlichen vertagtenn Zinsen ... fallen und schwinden"* sollten, was die Universität dankend annahm. Die restlichen 300 fl. wurden dem Jenaer Konvent zu Erfurt jährlich mit 15 fl. verzinst.

[130] Vgl. ebd. 476. Wegen der unsicheren Rechtslage wurde von Geithain aus der Zins nicht weiter bezahlt; die Universität monierte die ausstehende Schuld; vgl. ebd. 486, 487. Vgl. auch HSTA Weimar, Reg. Oo, Nr. 721, fol. 9f., 15f. Aus Erfurt war dem sächsischen Herrscher im Jahr 1558 von Florian Schade berichtet worden, daß sich von den fünf angeblichen Jenaer Fratres nur noch Georg Kramer in Konvent befinde, Petrus Rauch sei Weihbischof in Bamberg, Leonhard von Dithfurht (sic!) und Ambrosius von Plauen wären vor kurzem verstorben; vgl. ebd. fol. 19f.

[131] Ebd. fol. 24.

[132] Ebd.

sten des Jenaer Konvents.[133] Neben dem in Erfurt wohnenden Prior beanspruchten die beiden Universitäten in Jena und Leipzig weiterhin das Klostergut der Jenaer Dominikaner, die Leipziger mit der Begründung, daß "*solche Zinse ... allhier Ins Pauliner Closter zu Vnderhaltung etzlicher Ordens Personen so vonn gemeltem Conuent anhier Ins Studium geschickt, vberandtwortet*".[134] Am 5. Januar 1560 baten Vertreter der Stadt Geithain abermals die Leipziger Universität, sie gegen die Ansprüche der Jenaer Mönche zu schützen.[135] Dies ist die letzte aus Quellen belegte Erwähnung des Jenaer Konvents. Prior Kramer lebte wohl weiterhin im Erfurter Kloster. Vielleicht ist er mit dem 1577 und darüber hinaus erwähnten Frater Georg Silesius identisch.

6.3.5   Zusammenfasung und Ergebnis

Der Jenaer Dominikanerkonvent ist ein herausragendes Beispiel für die Beharrlichkeit der Fratres in ihrem Widerstand gegen die Reformation. Dazu hatte auch die Blüte des Konvents nach der Einführung der Reformacio 1478 mit Unterstützung des Landesfürsten beigetragen. Denn es gab zahlreiche und gut ausgebildete Fratres. Selbst nach der zweimaligen Stürmung des Konvents im Bauernkrieg waren die Fratres nicht geflüchtet. Als die Situation aussichtslos war, floh der Prior und etliche Fratres unter Mitnahme der Besitzurkunden. Dieses weitsichtige Verhalten ermöglichte das Beharren der Fratres auf ihren Besitzansprüchen. Der Jenaer Konvent war der einzige, der sich amtlicherseits, nämlich durch das Provinzkapitel 1534, den Status als Exilkonvent bestätigen ließ. Damit hatte der Konvent nach dem Augsburger Reichstagsabschied von 1530 einen Rechtsanspruch auf Restitution und ab 1544 auf die Nutzung seiner Einkünfte im Exil. Für diese Beharrlichkeit und Beharrung im Leipziger und Erfurter Exil von 1525 bis über das Jahr 1560 hinaus waren die lange amtierenden und fähigen Prioren Eckenfelder und Kramer von großer Bedeutung.

Das Studium und die Lehrtätigkeit der Jenaer Fratres an den Universitäten Leipzig und Erfurt konsolidierte zeitweise die Situation der im Bestand gefährdeten altgläubigen theologischen Fakultäten. Daher kann man sagen, daß die Fratres im Sinne der jeweiligen altgläubigen Obrigkeit stabilisierend wirkten. Auch die Predigttätigkeit von Petrus Rauch in Erfurt ist unter diesem Blickwinkel zu sehen.

---

[133] Vgl. LÖHR, Kapitel 46*; DERS., Erfurt 259. Nach H. KOCH, Geschichte 83, sollen die Dominikaner 1569 aus Eger geurkundet haben. Falsch ist die Angabe, die Predigerbrüder hätten ihre Forderungen an verschiedene Institutionen abgetreten.

[134] Vgl. HSTA Weimar, Reg. Oo 721, fol. 3.

[135] Vgl. ZARNCKE, Acta 506.

Die in den Jahren 1544 und 1548 erfolgten Restitutionsbemühungen des Konvents blieben vergeblich. Die den Fratres zustehenden Einkünfte wurden schon zu ihren Lebzeiten im Sinne des neuen protestantischen Kirchengutsbegriffs auf die Rechtsnachfolger, die Universitäten zu Jena und zu Leipzig, übertragen. Nach 1555 waren die Bemühungen des Priors um die Zinsen des Konvents aussichtslos. Seit 1540 bestand der Konvent im wesentlichen formell-juridisch in der Person des Priors, der aufgrund seines Aufenthaltsortes von der Leipziger Universität zu den Erfurter Konventualen gezählt wurde. Die anderen *filii nativi* des Jenaer Konvents waren wegen des Personalmangels in der Provinz an andere Orte assigniert worden. Assignationen an das Rechtsgebilde "Jenaer Konvent" gab es nicht. Trotzdem muß die außerordentliche Beharrungskraft der Konventualen in der Vielschichtigkeit der Motive und Motivationen hervorgehoben werden.

Auch wenn der ernestinische Landesherr die Stürmung und Plünderung des Klosters im Jahr 1525 mißbilligte, nutzte er dennoch die entstandene Situation in seinem Sinne aus, nämlich zum weiteren Ausbau des neuen Kirchenwesens auf reformatorischer Grundlage. Daher hatte die Obrigkeit an einer Restitution der Fratres kein Interesse. Jedoch mußte ein Teil der Einkünfte den Fratres nach Leipzig geliefert werden. Grund dafür war neben den Bestimmungen des Augsburger Reichstages von 1530 die Rücksicht auf Herzog Georg von Sachsen, die zum Vertrag von 1536 führte. Nach dessen Tod entfiel die obrigkeitliche Unterstützung der Dominikaner. Gemäß dem Vertrag zwischen der ernestinischen und albertinischen Obrigkeit vom Jahr 1540 erhielt der Jenaer Exilkonvent nichts mehr von seinem Eigentum. Gegen die Obrigkeit konnten die Fratres ihre Ansprüche nicht durchsetzen. Ihr Widerstand und ihre altgläubige Beharrung blieben vergeblich.

Die Geschichte des Jenaer Dominikanerklosters ist ein gutes Beispiel für die Einbindung des städtischen in das landesfürstliche Kirchenregiment in Landstädten. Die Stadt war nicht bei der Reformacio des Konvents beteiligt und hatte folglich auch keine Rechte auf diesen. Daher erhielt sie nur mit landesfürstlicher Zustimmung Zuwendungen aus dem Klostergut. Nach dem protestantischen Kirchengutsbegriff war es zwar für den Gemeinen Kasten vorgesehen. Dazu kam es aber erst nach längeren Verhandlungen. Die Stadt erhielt letztlich nur einen geringen Teil des Konventseigentums, das mehrheitlich dem fürstlichen Kammergut zufiel.

Hervorzuheben ist die Nutzung ehemaliger Dominikanerkonvente zu Universitätszwecken. Jena war nach Marburg und Königsberg (1544) die dritte neugläubige Universitätsgründung und zwei davon waren in ehemaligen Dominikanerklöstern untergebracht. Auch die Leipziger Universität wurde später mit dem dortigen Paulinerkloster und auch mit Einkünften des ehemaligen Jenaer Konvents dotiert.

AUSWERTUNG UND ERGEBNISSE

Die vergleichende Auswertung benutzt das gewonnene Datenmaterial wie auch die vorläufig formulierten Ergebnisse, die auf dem Hintergrund der vorreformatorischen Situation bei der Untersuchung der ausgewählten Dominikanerkonvente im 16. Jahrhundert zusammengetragen worden waren. Die gewonnenen Einzelerkenntnisse sind unter den Aspekten der Beharrung, des Untergangs oder aber des Überlebens der Klöster zu ordnen. Bei aller Verschiedenheit, die sich z.B. aus dem Stadttyp und der jeweiligen kommunalen Situation ergaben, werden Strukturierungen vorgenommen, die diesen Vorgängen und dem Handeln der Beteiligten, also sowohl der Predigerbrüder als auch der Obrigkeiten, zu eigen sind. Deshalb sind die publizierten Forschungsergebnisse von weiteren, in dieser Arbeit nicht untersuchten, Konventen zum Vergleich herangezogen worden. So werden allgemeingültige und über den Untersuchungsraum hinaus zutreffende Ergebnisse erlangt.

1   DIE BEDEUTUNG DER OBRIGKEIT

Wichtigstes Ergebnis der Studie zur Geschichte der deutschen Dominikaner im 16. Jahrhundert ist die zentrale Bedeutung des *"bracchium saeculare"* für die Beharrung, die Aufhebung oder die Konsolidierung ihrer Klöster im Deutschen Reich.[1] Das Überleben oder das Ende der jeweiligen Predigerkonvente beruhte nur zu einem geringen Teil auf der Entscheidung der Fratres für oder gegen die Reformation. Eine starke evangelische Bewegung konnte den Dominikanern zwar das Leben schwer machen. Dies konnte sich bis zur Stürmung des Konvents, zu Plünderungen und zur Vertreibung der Dominikaner steigern. Doch deswegen löste sich kein Konvent auf. Dazu gehörte das tätige Eingreifen der Obrigkeiten. Gegen den ausdrücklichen Willen z.B. Kursachsens und Hessens und ebenso von Reichsstädten wie Nordhausen oder Zürich konnte kein Konvent im eigenen Kloster bleiben.

In den protestantischen bzw. protestantisch werdenden Kirchenwesen wurde die Funktion der Bettelordenskonvente als "Einfallstor" der Obrigkeit in den Bereich geistlicher Immunität konsequent zu Ende geführt. Es kam gebiets- und stadtweise zum Erlöschen der mendikantischen Konkurrenzseelsorge, ja sogar zum Untergang des gesamten, mit der Gemeindeseelsorge konkurrierenden monastischen Sektors und zur Verwendung des Klosterguts in obrigkeitlicher Regie. Der hinhaltende Widerstand der Konvente gegen die obrigkeitlichen Maßnahmen war häufig vergeblich. Er war überhaupt nur in so weit möglich, wie ihn die jeweiligen

---

[1] Gleiches Ergebnis auch bei ZIEGLER, Franziskanerobservanten 57: "Das Schicksal aller Klöster in der Reformationszeit war grundsätzlich an die Entscheidung der Territorialherren geknüpft, die sie gegenüber der lutherischen Bewegung, später gegenüber der protestantischen Konfession einnahmen: wo sie sich für diese entschieden und diese strikt durchsetzten, konnte sich auf Dauer kein katholisches Kloster halten."

Regierungsorgane zuließen oder aufgrund der Innen- wie Außenverhältnisse der Stadt zulassen mußten. Für die altgläubigen Fürsten und Magistrate war die Beharrung der Dominikaner wie auch anderer Orden bis zum Auftreten der Jesuiten und darüber hinaus ein stabilisierendes Element ihrer angefochtenen Kirchherrschaft.[2] Die Beharrung, der teilweise Untergang bzw. die teilweise Konsolidierung und Erneuerung der Dominikanerkonvente sind einzuordnen in den konfessionsübergreifenden Prozeß der Verdichtung von Staatlichkeit, wie er sich im Selbstverständnis der Territorialherren und Stadträte und in der allmählichen Entwicklung zum Absolutismus hin zeigt. Da auf diesem Weg überregionale und außenbestimmte Organisationen, wie dies die Dominikaner aufgrund ihres Selbstverständnisses als ortsunabhängiger Personen- und Ordensverband waren, störten, erlangten protestantische Gemeinwesen mit der Abschaffung dieser Institutionen größere Effizienz.[3] Ein solches Vorgehen war auf altgläubiger Seite schwieriger. De jure war der katholische Landesherr nur im Fall der geistlichen Fürstentümer "summus episcopus", de facto erlangten die Obrigkeiten weitgehende Befugnisse, auch über die Klöster in ihrem Herrschaftsbereich.[4] So bezeichnete sich der Kölner Rat zu Ende des 16. Jahrhunderts als *"Obristen der Bettelorden"*.[5] Das hier behandelte Thema ist nur ein kleiner Ausschnitt aus dem Konfessionalisierungsprozeß, in dem den städtischen Magistraten wie den Fürsten und ihren Beamten grundlegende Bedeutung zukommt. Genauer wird die Funktion der Obrigkeiten in Bezug auf Beharrung, Aufhebung und Konsolidierung der Dominikanerkonvente in den folgenden Kapiteln dargestellt.

Über den Fortbestand der Klöster entschied generell das obrigkeitliche ius reformandi. Das Klosterwesen endete in neugläubigen Gemeinwesen nicht, weil es moralisch am Ende war, sondern weil ihm die institutionellen Grundlagen, vor allem der Schutz der Landesherren bzw. der Magistrate, entzogen wurde. Da die Bettelordenskonvente innerhalb der breiten Palette von kirchlichen Institutionen in

---

[2] Denn nach 1522 und noch über 1555 hinaus war das altgläubige Kirchenwesen in der Defensive und Bestandssicherung galt selbst für reichsunmittelbare Institutionen als hohes Ziel. Predigt und Seelsorge der Dominikaner trug zur Stabilisierung bei. Zur Seelsorge als Mittel im konfessionellen Kampf vgl. S. 327.

[3] Diese Effizienz wäre gleichbedeutend mit größerer Modernität, wenn man den Begriff im Anschluß an HAAG 170, faßt als "Reorganisation und Durchdringung des territorialen Binnenraumes mit Hilfe des konfessionellen Faktors, der es ermöglicht, die staatliche Macht durch das Einrücken in ehedem kirchliche Kompetenzbereiche zu vermehren und die integrative Funktion von Religion auszunutzen. Modernität ist also konstitutiv auf das Innere des werdenden Staates bezogen." Zum kontroversen Modernisierungsdiskurs vgl. z.B. REINHARD/SCHILLING (ebd. Reg. 460).

[4] Vgl. z.B. COHN 178f. Vgl. STIEVERMANN 295: "In den Territorien, die katholisch blieben, konnte sich allerdings das territoriale bzw. staatskirchliche Prinzip mit Rücksicht auf die traditionellen Rollen bzw. Ansprüche des Papsttums und der kirchlichen Strukturen (Bischöfe, Orden) nicht so schnell und klar weiter entfalten, wirkte aber gleichwohl fort."

[5] Vgl. S. 364 mit Anm. 29.

einer Stadt rechtlich und finanziell am wenigsten gesichert waren,[6] wandte sich die reformatorische Bewegung oder die Obrigkeit zuerst gegen die mendikantischen Niederlassungen und hob sie häufig zuerst auf.

Die wichtigsten Mittel zur Durchsetzung des obrigkeitlichen Willens waren konfessionsübergreifend - neben der Kirchenordnung[7] - seit der Zeit der Reformaciones die Inventarisierung und die Visitation. Beide Maßnahmen gingen in der Regel Hand in Hand. Sie wurden sowohl während der Zeit der konservativen Beharrung der Dominikaner wie vor und nach der Aufhebung eines Konvents angewandt.[8] So waren Inventarisierung und Visitation außer in Mainz und Worms in allen Konventen des Untersuchungsraums nachweisbar, mitunter sogar mehrmals. Die bei einer Visitation durchgeführte Inventarisierung hatte verschiedene Zweckbestimmungen. Vor allem sollte ein Verlust der Güter vermieden werden. Daher erfolgte diese Form der Vermögenssicherung besonders in gefährlichen Zeiten wie dem Bauernkrieg. Außerdem handelte es sich um eine keineswegs nur auf den neugläubigen Bereich beschränkte Notstandsmaßnahme.[9] Denn die Obrigkeiten sahen es als ihre Aufgabe an, angesichts der Klosterflucht und der Überalterung der Fratres dem Verlust des von den Bürgern gestifteten Gutes vorzubeugen. Darüber hinaus waren Inventarisierung wie Visitation Ausdruck obrigkeitlicher Kontrolle und Oberhoheit. Der Landesherr bzw. Magistrat gewann nicht nur Einblick in die Vermögenslage, sondern griff auch ins Verfügungsrecht der jeweiligen Besitzer z.B. durch ein Veräußerungsverbot und die Sicherstellung der Wertsachen ein.[10] Die Maßnahmen hatten ihren festen Platz in der Phase der Institutionalisierung des neuen Kirchenwesens auf reformatorischer Grundlage, die gleichzeitig die Abschaffung des bisherigen kirchlichen Systems und damit das Ende der monastischen Institutionen beabsichtigte.[11] Der mit der Inventarisierung dokumentierte Besitzanspruch

---

[6] Vgl. ZIEGLER, Reformation 612ff.

[7] Vgl. A. SPRENGLER-RUPPENTHAL: Kirchenordnungen II: Evangelisch. 1.: Reformationszeit. In: TRE 18 (1989) 670-703; A. FRANZEN: Katholische Kirchenordnungen. In: LThK 6 (1961) 241; E. W. ZEEDEN: Evangelische Kirchenordnungen. In: Ebd. 241-243.

[8] Vgl. WOLGAST, Einführung 482. Allgemein zur Bedeutung von Visitation und Kirchenordnung vgl. DERS., Formen 66. Auf den großen Forschungsbereich der Auswertung der Visitationsprotokolle sei hingewiesen. Vgl. dazu z.B. ZEEDEN/MOLITOR; ZEEDEN, Visitationsforschung.

[9] 1542 wurden z.B. auch im altgläubigen Freiburg/Br. alle Urkunden und Akten des Konvents vom Rat inventarisiert und dann von letzterem an sich genommen; vgl. DOLD, Wirtschaftsgeschichte 64 Anm. 2.

[10] Vgl. für Württemberg BRECHT/EHMER 215f.

[11] Weitere Beispiele über den Untersuchungsraum hinaus: In Esslingen folgte der Inventarisierung nach dem Bildersturm am 10.1.1532 dann die Schließung des Konvents; vgl. UHLAND 337. Auch in Halle Inventarisierung vor dem Ende des Konvents 1561; vgl. LÖHR, Kapitel 70*; SCHRADER, Reformation 86.

ermöglichte die Verwahrung bzw. Inbesitznahme von Kleinodien und Besitzur-kunden.[12]

Die Dominikaner mußten sich mit den Obrigkeiten "vor Ort" arrangieren und auch auseinandersetzen. Doch hatten die städtischen und fürstlichen "Regierungen" ihrerseits Vorgaben, auf die sie als Glieder des "Heiligen Römischen Reiches Deutscher Nation" Rücksicht nehmen mußten. Daher wird in den folgenden zwei Abschnitten die Rolle der "lokalen" Obrigkeiten sowie auf die vom Reich vor-gegebenen Rahmenbedingungen erörtert.

1.1   *Die "lokalen" Obrigkeiten*

Obrigkeiten aller Stadttypen waren im Rahmen ihrer jeweiligen Möglichkeiten an einer Integration der geistlichen Sonderrechtsbereiche, so auch der Klöster des Predigerordens, in ihre Aufsichtsgewalt und Oberhoheit interessiert. Dieses Interesse äußerte sich nach Konfessionen verschieden. Im altgläubigen Bereich war es für sie viel seltener existenzbedrohend. Doch auch das Mainzer Domkapitel bzw. der Erzbischof waren am Abbau des dominikanischen Sonderstatus interessiert.[13] In Bischofsstädten war das Überleben der Predigerbrüder von den obrigkeitlichen Rahmenbedingungen häufig am einfachsten.[14] Doch veranlaßten sowohl die offenkundige Autoritätsschwäche der geistlichen Herrschaft in den Bischofs-städten,[15] geistlichen Landstädten[16], Reichsstädten mit Bischofssitz sowie Semi-reichsstädten wie der Antagonismus zwischen Bischof und Stadt im Ringen um die Stadtherrschaft die Bürger, die religiöse Neuerung zu fördern. Die Städte sahen die Reformation auch unter dem Aspekt der Förderung der eigenen Unabhängigkeit. Auf

---

[12] Vgl. ZÖLLNER 162: "Eine wichtige Rolle spielte allgemein die Kontrolle der 'Kleinodien' und Privilegien, auf deren Inventarisierung und Sicherung die Landesherrschaft (wie auch die Stadtobrigkeit) drang."

[13] Vgl. z.B. S. 191. - Zu Klosterübereignungsversuchen an die Jesuiten und in Wesel an die Kartäuser vgl. S. 313 Anm. 30.

[14] In Bischofsstädten bzw. Reichsstädten mit Bischofssitz unterstützten die Domkapitel (vgl. S. 334 Anm. 125) und die anderen geistlichen Institutionen häufig die Dominikaner. Dies galt weiterhin für Regensburg, Speyer und Worms (vgl. allg. PRESS, Bischof 150). "Insgesamt sind im 16. Jahrhundert Reichsstadt und Bischof zwei Kontrahenten, die beide im 16. Jahrhundert relativ schwach sind." Statement V. PRESS in: KIRCHGÄSSNER/BAER 167. In der ersten Hälfte des Jahrhunderts ergriffen zumeist die Städte die Initiative, in der zweiten Hälfte die Bischöfe; vgl. PRESS, Bischof 169.

[15] Vgl. ebd. 141. Wegen der mangelnden Autorität hielt sich lange eine starke evangelische Minderheit; vgl. RUBLACK, Reformation.

[16] Vgl. zu Landstädten z.B. die auf S. 3 Anm. 11 genannte Literatur. - Wegen der besonders harten Kon-fliktsituation zwischen Semireichsstädten und ihren altgläubig gebliebenen Fürsten war dort häufig die reformatorische Bewegung besonders stark und riß mitunter das Gesetz des Handelns an sich. Zwar konnten Semireichsstädte in der Regel die dem Stadtherrn abgerungene religiöse Autonomie bewahren, in politischer Hinsicht wurden sie aber früher oder später wieder ins Territorium eingegliedert.

der anderen Seite war in den Semireichsstädten und Reichsstädten mit Bischofssitz die Unterstützung der Fratres durch eine mitunter weiterhin altgläubige fürstliche Obrigkeit gegen den Magistrat möglich; der Grad der gewährten Hilfe hing allerdings gänzlich von den örtlichen Machtkonstellationen ab, wie an den Beispielen von Erfurt, Göttingen und Worms gezeigt wurde. Im Süden des Reiches konnten die geistlichen Territorien ihren Status wahren und schließlich ihr Reformationsrecht durchsetzen, in den nord- und mitteldeutschen Bistümern war dies nur eingeschränkt möglich.[17] Allerdings hatten auch die mächtigen Landesfürsten des kaiserfernen Nordens, die die Reformation unterstützten, ihrerseits Probleme mit den eigenen führenden Städten, die sich dem landesfürstlichen Zugriff zu entziehen suchten.[18] Bei Land- und Residenzstädten, denen eine eigenständige Religionspolitik durchaus möglich war, gab es die Interessenüberlagerung von Stadtherr und Stadtrat. Der Marburger Magistrat hatte durchaus Interesse am Gut der dominikanischen Bruderschaften, ebenso der Leipziger Rat an den Gebäuden des Paulinerklosters. Gegen die Landesherren konnten sie sich nicht durchsetzen, womit die hier genannten Fälle den generellen Trend der Stärkung der Landesfürsten im Gefüge des Konfessionalisierungsprozesses bestätigen. In dem jeweiligen, von Stadt zu Stadt verschiedenen Kontext mußten die Fratres ihr Überleben suchen. Wenn Obrigkeiten keinen klaren konfessionellen Kurs steuerten,[19] profitierten die Dominikaner davon. Sie konnten sich dann trotz erheblichen Personalmangels in ihrem Konvent halten. Daß die Reformation und die Lage der Predigerbrüder jeweils von der lokalen Situation und den jeweiligen Obrigkeiten abhängig war, zeigt schon ein Vergleich des ernestinischen mit dem albertinischen Sachsen. In der albertinischen Residenzstadt Leipzig konnten die aus den ernestinischen Landstädten Eisenach und Jena geflüchteten Pauliner noch fast 15 Jahre im Exil leben.[20]

Am besten gelang die Umsetzung des reformatorischen Programms in Bezug auf die Dominikanerklöster einigen Reichsstädten - wie exemplarisch mit Nordhausen gezeigt wurde - sowie mehreren Territorialfürsten. Dabei war das Vorgehen unterschiedlich. Manche Obrigkeiten beförderten den Prozeß der reformatorischen Durchdringung des Gemeinwesens durch eine gewisse obrigkeitliche Neutralität, so Kursachsen. Andere erreichten durch zielgerichtete obrigkeitliche Reformation ihr Ziel, wie dies in Hessen der Fall war. In der Reichsstadt Frankfurt wurde der Rat teilweise gegen seinen Willen zum Engagement für Änderungen im kirchlichen Bereich bewegt.

---

[17] Vgl. PRESS, Bischof 149, 146. Vgl. zum Gesamtkomplex Hochstift und Reformation das gleichlautende Werk von WOLGAST.

[18] So Braunschweig und Göttingen (nach dem Tod des altgläubigen Herzogs Erich); vgl. PRESS, Bischof 144.

[19] Wo dagegen eine Obrigkeit die Zügel straff in die Hand nahm, war eine rasche konfessionelle Formung möglich; vgl. ZEEDEN, Grundlagen 90. Ein Beispiel für die altgläubige konfessionelle Formung ist Überlingen; vgl. ENDERLE.

[20] Vgl. für Eisenach S. 267f., für Jena S. 284-287.

Trotz des sehr unterschiedlichen Verhaltens der Obrigkeiten wandten sich in den religiösen Konflikten des 16. Jahrhunderts alle Beteiligten einschließlich der Dominikaner an die evtl. von ihnen konfessionsverschiedene Obrigkeit. Es schien selbstverständlich, daß diese handelte.[21] So wurde zugleich ihre zentrale Position durch die Glaubensstreitigkeiten ausgebaut und verstärkt.

Die schon vor der Reformation in unterschiedlichen Ausprägungen vorhandene obrigkeitliche Verfügungsgewalt über die Dominikaner und ihre Konvente[22] erhielt während der Reformationszeit neue Schubkraft. Wichtiger war jedoch, daß die vorhandene Zentralisierung auf die Pfarrei weiter verstärkt wurde, was konfessionsübergreifend galt. Der Pfarrer wurde von der jeweils zuständigen Instanz, sei es der zuständige Patronatsherr, die Obrigkeit oder die neu- wie altgläubige kirchliche Behörde, als Beamter und Ordnungsinstrument angesehen. Die Untersuchung bestätigt für diesen Zeitraum die generelle Tendenz zur "Verobrigkeitlichung" im Bereich des Kirchenwesens.[23] Aus der Kirche in der Stadt wurde infolge der Reformation die "integrierte Stadtkirche".[24] Dies hatte von den Mendikanten als den mit am meisten "verstädterten" Klerikern in gewisser Weise schon vorher gegolten und war zugleich die Möglichkeitsbedingung für die Aufhebung der als städtisches bzw. fürstliches "Kammergut" angesehenen Konvente war. "Die Stadt paßt(e) sich ihre Kirche ein."[25] Mit der Reformation erhielten die vorreformatorischen Tendenzen zum Ausbau der Landeskirche in den altgläubigen wie den neugläubig gewordenen Territorien im Gemeinde-, Diözesan- und dem Klosterbereich neue Schubkraft. Kirche und Konfession, als Regierungsinstrument gehandhabt, leisteten der angestrebten Vereinheitlichung in Stadt und Territorium gute Dienste. Die früher aufgrund ihrer Sonderrechte als Fremdkörper in der Stadt angesehenen kirchlichen Institutionen standen nun im Dienst der Abrundung und räumlichen Geschlossenheit des Gemeinwesens. Die obrigkeitliche Kontrolle und Funktionalisierung galt ebenso für die Dominikaner. Da sich in der Reformationszeit ihre Not und ihre Bedrängnis steigerte, waren sie wegen der von ihrem Ordensideal vorgesehenen "Machtlosigkeit" um so mehr auf die Unterstützung von "Mächtigen" angewiesen. Aus diesem Grund entstand oft ein klares Unterstellungsverhältnis der Predigerbrüder zur jeweiligen Obrigkeit. Ausdruck dieser Unterordnung war, daß

---

[21] Vgl. für Nördlingen RUBLACK, Nördlingen 214.

[22] Vgl. S. 17-35 dieser Arbeit.

[23] Vgl. z.B. H. R. SCHMIDT 6, 19ff.; H. SCHILLING, Stadt 78f. - Zur nachtridentinischen Pfarrseelsorge im katholischen Bereich vgl. allgemein H. SCHMITZ; zur Seelsorge der Dominikaner S. 327-329 und S. 370.

[24] HAMM, Bürgertum 99.

[25] RUBLACK, Nördlingen 261. Zum obrigkeitlichen "Kammergut" vgl. 353-357.

die Dominikaner öfters den jeweiligen Stadtherren als ihren Patron bezeichneten,[26] weil sie sich über den äquivok verwandten Titel der im Begriff enthaltenen Schutzfunktion versichern wollten, obwohl Obrigkeiten in Bezug auf die Dominikaner keinerlei Patronatsrechte im herkömmlichen Sinne erlangen konnten. Der Widerstand gegen die Reformation war abhängig vom obrigkeitlich eingeräumten Handlungsspielraum. Aufgrund der schon mehrfach genannten zentralen Stellung der Obrigkeit kam ein Widerstand gegen deren dezidierten Willen sowohl von der Mentalität der Fratres wie der Bürger des Gemeinwesens nur als "*ultima ratio*" in Frage.

Der Konflikt zwischen städtischen und territorialen sowie zwischen lokalen und überlokalen Obrigkeiten konnte für die Dominikaner durchaus ein Problem sein; er barg aber auch häufig einen Vorteil, wie die landesherrliche Unterstützung des Erfurter Konvents gegen den Magistrat und die notwendige Rücksichtnahme der Stadt Frankfurt auf den Kaiser zeigen. Wegen dieser vielfältigen, am Beispiel der Predigerbrüder illustrierten Konkurrenz der verschiedenen Obrigkeiten mußte es zwischen diesen im Verlauf der Reformation zu einer Kompetenzklärung kommen. Generell gerieten die städtischen gegenüber den landesherrlichen Regierungsorganen ins Hintertreffen, so auch in Erfurt.

Die für den Erfolg der dominikanischen Beharrung entscheidende Religionspolitik der Obrigkeiten - gerade der zahlenmäßig starken städtischen Räte - war allerdings nicht immer einheitlich und außerdem abhängig von innen- wie außenpolitischen Rücksichten. Die diesbezügliche notwendige obrigkeitliche Vorsicht führte vielerorts zu einer religiösen Mischsituation.[27] Dieses politische Gefüge ermöglichte das Durchhalten und den Widerstand der Dominikaner. Deren konservative Beharrung führte dazu, daß Bettelordensniederlassungen in protestantischen Städten überlebten, so in Reichsstädten,[28] Reichsstädten mit Bischofssitz[29] wie auch z.B. in der

---

[26] Am 1.8.1525 wandten sich die Jenaer Dominikaner an den sächsischen Kurfürst "*als unserm gnedigsten landesfursten, herren und patronen*" wegen der Restitution ihres Konvents; vgl. S. 279. Aufgrund der Bedrängnis wurde der albertinische Landesfürst von den Leipziger Dominikanern als "*nach got unsern höchsten troste tutorem patronum und schutzherrn*" angerufen; vgl. S. 208. KLEINDIENST 84, 85, bezeichnete den Augsburger Bischof 1558 als Patron des Ordens; 86 wurden auch die benachbarten Äbte *patronos* genannt. Vgl. auch das Suffragium des Kapitels der Saxonia von 1540: "*Pro ... illustrissimis principibus ordinis nostri fautoribus ac patronis*" (LÖHR, Kapitel 225). - Die Situation bei den Dominikanern illustriert die generell festzustellende Zunahme der "advokatorischen Verantwortung" von Obrigkeiten; vgl. I. W. FRANK, Kirchenverständnis 154f.

[27] Für Bischofsstädte vgl. RUBLACK, Reformation. Zu Mischformen vgl. ZEEDEN, Grundlagen 86-89, 97-100. Allerdings waren Toleranz und Pluralität in Glaubensfragen aufgrund der politischen Religiosität mit dem Ziel der einen religiösen und politischen Gemeinde nicht erwünscht.

[28] Z.B. Frankfurt/M.

[29] Worms, Speyer, die paritätische Reichsstadt Augsburg.

landesfürstlichen Bischofsstadt Halberstadt. Dort gehörte das Hochstift wie ein Teil des Domkapitels der Confessio Augusta an.[30]

1.2   Die vom Reich vorgegebenen Rahmenbedingungen

Herausgestellt wurde im vorausgehenden Abschnitt die zentrale Bedeutung der jeweiligen lokalen Obrigkeiten für die Dominikaner. Jedoch gehörten die Magistrate und Fürsten zum "Heiligen Römischen Reich Deutscher Nation", das dem Anspruch und dem Selbstverständnis Kaiser Karls V. nach in besonderem Maß mit der "katholischen" Kirche verbunden war. Aufgrund der auf Klöster bezogenen allgemeinen Kirchenadvokatie des Kaisers[31] konnte der Predigerorden 1530 von ihm zwei Privilegien erwirken, die an alle Konvente ausgegeben wurden,[32] deren Ende aber häufig nicht zu verhindern vermochten. Aufgrund der gebotenen Rücksichtnahme auf den Kaiser war in Reichsstädten[33] und Reichsstädten mit Bischofssitz das altgläubige Kirchenwesen besser geschützt als in Gemeinwesen anderer Stadttypen und infolgedessen das Überleben der Fratres leichter möglich. Allerdings ist darauf zu verweisen, daß Reichsstädte das ius reformandi schon vor 1555 für sich in Anspruch nahmen und deshalb Dominikanerklöster einfacher aufgehoben werden konnten. 1555 war das Reformationsrecht der reichsunmittelbaren Obrigkeiten zwar reichsrechtlich anerkannt worden, allerdings wurde gleichzeitig der Schutz des status quo verkündet. Für die Konvente waren in dem mehr an Habsburg orientierten Süden des Reiches häufig die Überlebenschancen größer als im Norden. Da die städtische oder landesherrliche Obrigkeit für die Dominikaner wichtiger geworden

---

[30] Vgl. NOTTARP 430.

[31] *"Wir in Zeit ... die Cristenheit und den Stul zu Rom, auch bebstliche Heiligkeit und die Kirchen als derselben Advokat in guetem Bevelch und Schirm haben"*; Wahlkapitulation Karls V. von 1519; zit. nach ZEUMER II/2, 309 Nr. 180. Vgl. allgemein GLIER. Ab 1562 wurde dem Kirchenadvokatieartikel ein Vorbehalt von protestantischer Seite beigefügt; vgl. LEEB 242.

[32] Der Kaiser bestätigte am 1.9.1530 (Antrag J. Mensing) eine Schutzurkunde Karls IV. von 1355; vgl. LITERARISCHES MUSEUM 315-344; Edition ab 332. Vgl. P. SIEMER 93f. Auf Wunsch Provinzial Kosslers 1582 v. Rudolf II. bestätigt; vgl. MITTERWIESER 320 Nr. 749. - Am 14.11.1530 bestätigte Karl V. dem Predigerorden beiderlei Geschlechts (Antrag Provinzial P. Brant) die verliehenen Privilegien, als Konservatoren benannte er die vier rheinischen Kurfürsten, den Erzherzog von Österreich, die Herzöge von Bayern und die Bischöfe von Straßburg und Augsburg; ed. bei WEHBRINK 45ff. Nr. 280 (Bestätigung 1712 und 1742); vgl. P. SIEMER 94 (Anm. 100 zu Bestätigungen 1559-1709); MITTERWIESER 297 Nr. 614 (Nr. 311 Bestätigung 1568). 1639 erwirkten die Rottweiler Dominikaner eine Abschrift der 1637 von Ferdinand III. bestätigten Urkunde; vgl. HECHT 114. Es handelte sich um die auch für den Frankfurter Konvent erwähnte kaiserliche Schutzurkunde; vgl. S. 63 und S. 65.

[33] Doch selbst in den Reichsstädten war die kaiserliche Oberhoheit angefochten. In Esslingen argumentierte Ambrosius Blarer, der Kaiser stehe Reichsstädten als Vogt und Schutzherr vor, vollständigen Anspruch auf Gehorsam habe er nur in seinen Erbländern; der Rat sei eine selbständige Obrigkeit, der der gänzliche Gehorsam der Bürger gebühre; vgl. SCHRÖDER 94. Ähnliche Argumentation schon in Worms 1494; vgl. S. 154.

war als Kaiser, Kurie oder Ordensinstanzen,[34] führten interessanterweise nur Konvente in Reichsstädten wie Mühlhausen[35] Reichskammergerichtsprozesse wegen obrigkeitlicher Bedrückung, obwohl im Leipziger Exil ab 1525 neben den Mühlhäuser Fratres jene aus den kursächsischen Klöstern Eisenach, Jena und Plauen Zuflucht gefunden hatten und der noch 1559 urkundlich erwähnte Jenaer Konvent sich sehr um eine Restitution bemühte.

Auch neugläubige bzw. neugläubig werdende Obrigkeiten orientierten ihr Handeln in bezug auf die Reformation sowie ihren Umgang mit den geistlichen Institutionen zumindest formal an den reichsrechtlichen Vorgaben.[36] Allerdings wurde das Wormser Edikt nur in geringem Umfang und vor allem im Süden des Reiches durchgeführt.[37] Ebenso formulierten die Reichsstände 1522 in Bezug auf die Bestrafung ausgetretener Ordensleute einen sehr zurückhaltenden Beschluß.[38] Die weltlichen Stände sprachen sich in den Gravamina nicht nur gegen die Terminierer und gegen das Betteln der vielen Mendikanten aus, das generell die arme Bevölkerung schädige. Auch der Rekurs der Bettelorden nach Rom und die von ihnen vorgenommene Ausbeutung ordenseigener Frauenklöster wurde kritisiert. "*Solches in Besserung zu bringen, wer gut vnd billich, daß dieselben Bettel-Münch, vnd Jungfraw-Clöster alle, von der Herrschafften in der Obrigkeit sie gelegen, mit Pflegern vnd Verwesern dermassen fürsehen würden, die alles, jhres Einkommens vnd Außgebens wissen hetten, vnd dardurch obgedachte Beschwerung verhüten vnd*

---

[34] Wichtiger als der kaiserliche Schutz war für die Dominikaner der Semireichsstadt Göttingen der des Stadtherren Hzg. Erich. - Die Rolle des Papstes wird in dieser Untersuchung nicht thematisiert, die der Bischöfe, insoweit sie Territorialherren waren.

[35] 1525 klagte Provinzial Rab für Mühlhausen erfolgreich vor dem Reichsregiment; vgl. FRANZ/FUCHS 62f. Nr. 1147, 1150; GESS, Akten II, 87-90 Nr. 842; LÖHR, Kapitel 47*. - Esslingen: 1. Prozeß 1537-50, 2. Prozeß 1556-69; vgl. BRUNOTTE/WEBER 186f. Nr. 1005f.; SCHRÖDER 108f. - Frankfurt/M.: vgl. S. 66. - Konstanz 1532-34(?); vgl. FABIAN, Urkunden 57, 165; DOMMASCH 89f. - Ulm 1531(?)-38; vgl. ebd. 91. - Nordhausen: Der Ex-Prior drohte dem Rat 1525, bei einem Kurfürsten- oder Reichstag Recht zu suchen, dies geschah jedoch nicht; vgl. S. 94. - In Minden klagte der Klerus für die Dominikaner vor dem Reichskammergericht, in Magdeburg der Erzbischof; vgl. LÖHR, a.a.O. 56*, 68*. Kein Prozeß wegen Mendikantenkonventen z.B. in Straßburg; vgl. SCHELP 61f.

[36] Ausnahmen wie die Einführung der Reformation in Frankfurt bestätigen diese These, denn der Rat hatte durchaus das Reichsrecht und die damit verbundenen Implikationen vor Augen.

[37] Ed. DRTA.JR II 640-659 Nr. 92. Vgl. zum Kontext den Sammelband von REUTER, Reichstag; zur Durchführung des Edikts vgl. STUPPERICH, Vorgeschichte, bes. 474; BRECHT, Edikt.

[38] Vgl. Reichstagsabschied 1522 (ed. HORTLEDER 9): "*Der Geistlichen, die Weiber nemen, auch der außgetreten Ordens-Leute halben ... wird bedacht, dieweil in gemeinen Rechten der weltlichen Oberkeit kein Straff geordnet ist, so bedencken die Stände, daß man es bey der Straff der geistlichen Rechten, nemlich der Verwürckung ihrer Priuilegien vnd Freyheiten, Pfründen, vnd anderer dieser Zeit bleiben lasse.*"

abwenden möchten."[39] In den Gravamina, die die Mendikanten betrafen, wurden die Wünsche der Obrigkeiten nach der Einordnung der Bettelorden in ihr Kirchenregiment artikuliert. Grundlegend für die weitere Entwicklung war der Nürnberger Reichstagsabschied vom 9. Februar 1523, der die Predigt des "lauteren Evangeliums" zur Norm machte. Kirchliche Lehre und Predigt wurden direkter Gegenstand von Gesetzgebung, Aufsicht und Gerichtsbarkeit der Obrigkeit, weshalb zahlreiche Predigtmandate erfolgten.[40] In Bremen wurde im Herbst 1523 den Dominikanern in diesem Zusammenhang die Predigttätigkeit verboten. Die Fratres sollten erst beweisen, daß ihre Verkündigung schriftgemäß sei.[41] Gestützt auf den Speyrer Städtetag schritten schon 1524 etliche Reichsstädte zur Einführung des neugläubigen Kirchenwesens, so Nordhausen, Nürnberg und Straßburg.[42] In Zürich wurden - allerdings unabhängig von den reichsrechtlichen Vorgaben - schon 1524 Mendikantenkonvente aufgehoben.[43]

---

[39] Ebd. 22 Nr. 78; vgl. auch 11 Nr. 5. Ähnlich und mitunter wörtlich schon die Gravamina 1521; vgl. DRTA.JR II, 688 Nr. 54 (*"Wie sie zuvil bettlerorden terminirn und atzung samlen lassen"*), 693 Nr. 71 (*"Wie sie die kranken bewegen, irn rechten erben die gueter zu entziehen"*), ebd. Nr. 72 (*"Wie die bettelörden vil golds gein Rom bringen, auch die jungfrauenkloster beschwaren"*). Zu den Gravamina 1526 vgl. S. 303 Anm. 44.

[40] Vgl. SCHEIB, Religionsgespräche 44. Vgl. für Nordhausen 1524 S. 90f. Vgl. die päpstl. Instruktion für die Nuntien vom Ende April 1524 (BALAN 339f.): *"Item le città franche come Noremberga, Augusta, Argentina, Spira, che soleano sempre gobernarsi prudentemente, sono assai più contaminate che li altri populi. Et per ogni via demonstrano ben, che quello animo, che sempre hanno hauto de liberarse dal iugo de ogni obedientia, et superiorità d'altri, (quum sit che sempre li Imperatori già molti anni habiino possuto pocco disponer de quelle) hauta questa occasione de la doctrina lutherana, che destrugge ogni obedientia, hanno manifestamente scoperto la malignità de l'anima loro, che per avanti stava occulta: de modo che non solamente in le deliberationi de la Diaete tenute a Norimberga sono state contrarie a la ragione, ma ancor fanno assai peggio in fatti perchè sotto nome de far predicar l'Evangelio, non lasssano predicar se non lutherani et prohibiscono a tuti quelli predicamente alteramente."* Vom Reichstag waren weitergehende Bestimmungen zum Klosterwesen erwartet worden. Am 7.3.1524 schrieb Mutians Freund Urban an Spalatin: *"Ich hatte schon gehofft, es werde ein Dekret der Fürsten in Nürnberg kommen, nach welchem es jedem erlaubt würde, das Kloster zu verlassen, ohne dadurch sich Schande zuzuziehen. Aber ich höre, die guten Fürsten haben nichts darüber bestimmt, haben nur Privatsachen verhandelt, sind untereinander uneins gewesen, und der Kurfürst ist, unwillig darüber, abgereist."* Zit. nach PERTHES 58. - Zum Thema Reichstage und Kirche im 15./16. Jh. vgl. den von MEUTHEN 1991 hg. Sammelband sowie PRESS, Reformation.

[41] Vgl. LÖHR, Kapitel 51*.

[42] Zur Reaktion verschiedener Reichsstädte auf den Städtetag vgl. BRECHT, Politik 195f.

[43] Vgl. S. 335 mit Anm. 1.

Unter Einfluß des Speyrer Reichstagsabschiedes 1526[44] erfolgte die Neuordnung des Kirchenwesens auf reformatorischer Grundlage in Kursachsen und in der Landgrafschaft Hessen. In Kursachsen durften die Paulinerkonvente, die infolge der mit dem Bauernkrieg verbundenen städtischen Unruhen leerstanden, nicht mehr besetzt werden. In Hessen wurden sie gleich aufgehoben. Aufgrund der reichsrechtlichen Vorgaben waren die Widerstandsmöglichkeiten der kommunal eingebundenen Predigerbrüder zwischen 1526-29 und 1532-1547 stark eingeschränkt.[45] In der Zeit erfolgten die meisten Klosteraufhebungen. Die ausdrücklichen Restitutions- und Schutzbestimmungen des Augsburger Reichstags von 1530 wurden von den Fürsten und Städten, die 1529 die Protestation und 1530 die Confessio Augustana vorgelegt hatten, nicht beachtet.[46] Unter Berufung auf diese Bestimmungen des Augsburger Reichstages verlangte hingegen der altgläubige Herzog Erich von Calenberg-Göttingen auf dem Moringer Landtag von 1531 von der Stadt Göttingen die Restitution aller Kirchen und Klöster.[47] Trotz des ausdrücklichen Restitutionsbefehls des Augsburger Reichstages 1530 führten die kursächsischen Dominikaner keine Prozesse am Reichskammergericht. Dies zeigt, wie sehr der exemte Ordensverband

---

[44] Ed. z.B. OBERMAN, Kirche 138f. Es war nicht unproblematisch, auf eine Interpretation des Wormser Edikts die Glaubensneuerung zu stützen. - Die Gravamina über die Bettelorden wurden z.B. auch auf dem Reichstag 1526 verhandelt; vgl. RUBLACK, Bewegung 299, 300, 307. Die Beschwerdeartikel der Städte forderten : "*Demnach wirt fur gut angesehen, dieselben bettelmonch, auch andre monch und closterfrauen absterben zu lassen*"; zit. nach J. SCHILLING, Klöster 184.

[45] Zur Abhängigkeit der Reformation von Reichstagsabschieden vgl. für den Bereich von Hessen bes. H. STEITZ 29-89. Seit 1531 konnten neugläubige Städte mit dem Schutz des Schmalkaldischen Bundes rechnen, so z.B. Göttingen, Frankfurt/M. und Nordhausen.

[46] Vgl. § 6: "*Darum sey Unser ernstlicher befehl, daß der Churfürst von Sachsen, und seine Mit-Verwandten, dieselben spoliirte Klöster und andere Geistlichen in ihren Fürstenthumen und Gebieten ... wiederum in ihre Klöster und Güter, davon sie entsetzt, verjagt und vertrieben seynd, kommen lassen, sie restituiren und einsetzen, damit Wir nicht verursacht würden, als ein Christlicher Kayser selbst gebührliche Execution zu thun*" (SAMMLUNG I/II, 308). Der gegen die Nichtbefolgung des Wormser Edikts gewandte Abschied verurteilte u.a. die neugläubige Predigt und Lehre, das Verbot der Messe wie altgläubiger Zeremonien, das Abbrechen und Verwüsten von Klöstern, das den Mendikanten erteilte Predigtverbot ("§ *25. Etliche haben das Predigen in den Klöstern bey den vier Bettel-Orden, denen solches, laut ihrer Regel oder Ordens-Profession, zusteht, und von Alters her in Gebrauch gewesen, gäntzlich abgestellt: Dardurch viel frommer alter Christen der rechten wahren Speisung GOttes Worts beraubt, und wider ihr Gewissen die neue verführische Prediger zu hören, oder aber aller Prediger zu entrathen, getrungen worden.*"), die Klöstern aufgedrungenen Prediger, die Schließung bzw. Aufhebung der Konvente, das Auslaufen der Mönche, ihr Tragen weltlicher Kleider, das Novizenverbot; vgl. ebd. 310f. Zum Schutz und Restitution der Klöster vgl. ebd. 311f. (§§ 37, 47); bes. 314 § 59: "*So ... wollen wir, daß die Bisthum, Stifft, Klöster, und derselben Güter, so unbillicher Weiß, durch Geistliche oder Weltliche, für sich selbst eingenommen, oder in der Bäurischen Auffruhr abgedrungen, denjenigen, so sie zustehn, und von Recht gebühren, wiederum zugestellt: Oder, wo die Klöster oder Pfarren verwüst, abgebrochen oder verödet wären, wiederum gebaut und auffgericht werden.*"), Zinsen sind zu entrichten (§ 62; ebd. 315) etc. Vgl. JAHNS, Frankfurt 250f.; RABE, Reich 216. Ebensowenig beachtet wurde z.B. der Abschied 1544, die Einkünfte der Güter seien den Exilkonventen zu reichen; vgl. S. 337 Anm. 13.

[47] Vgl. S. 141.

die Zuständigkeit des Landesfürsten anerkannte. Die Berufung auf das Reichsrecht nützte nicht immer. Auch wenn 1530 erneut die Predigt der Dominikaner gegen die Anhänger Luther reichsrechtlich sanktioniert war, hing die Ausübung dieses Rechts von der Zustimmung der jeweiligen lokalen Obrigkeit ab.

Nach dem Sieg des Kaisers über den Schmalkaldischen Bund waren die Dominikaner direkte Nutznießer der gestärkten kaiserlichen Macht, die sich auf dem "geharnischten" Augsburger Reichstag 1548 zeigte.[48] Als Folge der entsprechenden Bestimmung in der kaiserlichen Formula reformationis[49] wurden sechs Dominikanerklöster restituiert.[50] Andernorts stabilisierte sich nun die Lage der gefährdeten Konvente. Im Untersuchungsraum galt dies zum Beispiel vom Frankfurter Konvent. 1549 wurden dort die obrigkeitlichen Maßnahmen, die das Kloster an den Rand des Zusammenbruchs gebracht hatten, wieder zurückgenommen. Nach der Unterwerfung unter den Kaiser mußte die Stadt Hildesheim die Laienprovisoren aus den Klöstern zurückziehen.[51] Die Osnabrücker und Weseler Fratres konnten nach dem Interim wieder öffentlich Gottesdienst halten.[52] Im Kloster Brandenburg erhoben die Fratres Einspruch gegen die Entfremdung ihres Besitzes.[53] In Speyer wurde die 1538 gegründete und 1540 im Dominikanerkloster untergebrachte Ratsschule 1548 dort auf kaiserliche Anordnung geschlossen.[54] Unter Umständen war die starke altgläubige

---

[48] Im Interim war von einer Rückgabe der Kirchen- und Klostergüter durch die Protestanten nicht die Rede. Ed. des Interims bei MEHLHAUSEN. Vgl. allgemein dazu z.B. LUTTENBERGER 425-501.

[49] *"At ubi per hanc tempestatem vel excisa sunt monasteria vel exhausta monachis et deserta, debent visitatores initio duos aut tres bene institutos ac probae vitae monachos illo mittere, qui monasticen (sic!) rursus introducant et quantum fieri poterit omnia restaurent."* ARCEG VI, 357. Nr. 20. Vgl. auch ebd. 356f.: *"Igitur monasteria cuiuscunque sint ordinis, quae ab institutis suis degenerarunt, debent secundum regulas, quas professi sunt, absque omni personarum respectu a visitatoribus suis reformari et monachi in oboedientia et religione sui ordinis contineri, repugnantes vero et reformationis impatientes sine exceptione ad eam subeundam cogi. Quod si visitatores ad hoc nun sufficiant, debent aut ordinarii aut magistratus vel principis opem implorare."*

[50] In der *Saxonia*: Restitution in Halle (noch im Januar 1547 waren die Fratres vertrieben worden; vgl. DELIUS 106; 109 zur Rückkehr 1548), Magdeburg (vgl. SCHRADER, Beschickung 42) und Soest (vgl. LÖHR, Kapitel 74*). In der *Teutonia*: Restitution von Augsburg an die Observanten (vgl. P. SIEMER 104f.; H. BARTH 713f.); Esslingen (Rückkehr des Konvents 1550; vgl. SCHRÖDER 108; F. JÄGER 122; SCHUSTER 191); Konstanz (als Restitutionszahlung erhielten die Dominikaner 1551 von der Stadt 1000 fl.; vgl. ZIMMERMANN 38). - In Regensburg wurde das 1542 okkupierte Langhaus der Kirche restituiert (vgl. S. 362 mit Anm. 17). - Die Ulmer Dominikaner wurden nicht restituiert; vgl. BRECHT/EHMER 300; I. W. FRANK, Franziskaner 147 Anm. 180. - Ein Sonderfall ist Heidelberg. Kaiserlicher Restitutionsbefehl für das Prediger- und Barfüßerkloster vom 11.7.1548 bei KAUL 187. 1551 erfolgte mit päpstlicher Erlaubnis die Aufhebung des Dominikanerklosters. Zur Umwandlung des Minoritenklosters 1565 in ein Pädagogium vgl. BERGER/SPRINGER/WOLF-DAHM 196.

[51] Vgl. KRUMWIEDE, Kirchengeschichte 59. Zu Frankfurt vgl. S. 68f.

[52] Vgl. LÖHR, Kapitel 72*.

[53] Vgl. ebd. 58*f.; BÜNGER, Mystik 102.

[54] Vgl. ALTER 542, 543; EGER 314f., 318.

Position die Voraussetzung für die Wahl des letzten Rostocker Priors Hermann Otto 1548 (+ 1575).[55] In Jena scheiterten die Predigerbrüder hingegen mit ihrem Wunsch nach Restitution. In Kursachsen wie in Hessen konnten die schon über zwei Jahrzehnte geltenden Verhältnisse nicht mehr rückgängig gemacht werden.

Der Augsburger Reichstag von 1548 ist als äußerst bedeutend für die Bestandssicherung der mitunter sehr angeschlagenen Konvente anzusehen. In seiner Bedeutung für die Dominikaner ragt es über den Augsburger Religionsfrieden hinaus. So hätten beispielsweise in Frankfurt die Predigerbrüder den Aufhebungsbestrebungen des Rats nicht mehr lange standhalten können.

Der Augsburger Religionsfriede von 1555 wurde von keiner Religionspartei in Frage gestellt, aber von beiden als unzureichend erachtet.[56] Umstritten war, ob sich das Reformationsrecht evangelischer Reichsstände auf mittelbare Klöster und Stifte erstreckte.[57] Wegen dieser Unsicherheit erfolgten nach 1555 nur noch wenige Aufhebungen von Dominikanerklöstern;[58] häufiger war nun vielmehr das langsame obrigkeitlich geförderte Aussterben-Lassen der Konvente.[59] Der Reichsfriede ermöglichte im Gegenzug allerdings z.B. die Restitution des 1552 aufgehobenen Mergentheimer Klosters 1581.[60]

Da die Glaubensspaltung zu einer Spaltung der Rechtsordnung geführt hatte, entstand eine dissimulierende Doppeldeutigkeit bzw. unterschiedliche Interpretation in der von den beiden Konfessionen verwandten gleichen Rechtssprache.[61] Im Konflikt der unterschiedlichen Auslegungen scheiterte die Kammergerichtsjudikatur, wie es sich

---

[55] Vgl. ULPTS 373; vgl. PAULUS, Sneek 406 Anm. 3; DERS., Dominikaner 72 Anm. 3.

[56] Vgl. DECOT, Religionsfriede 224.

[57] § 19 legalisiert den obrigkeitlichen Besitzstand des bis 1552/55 reformierten Kirchenguts auch für Klöster. Ging die katholische Seite von der Sicherung des übrigen Kirchengutes aus, so sahen die Protestanten im allgemeinen Reformationsrecht (§ 15) auch das Recht zur Kirchengutsreformation inbegriffen; vgl. M. HECKEL, Reformationsprozesse 26f. Zu den Bestimmungen des Augsburger Religionsfrieden über die mittelbaren Güter vgl. KRATSCH, Justiz 29-43 (38 zum Schutz "andern geistlich Stands" in § 16), 43ff. zu Klosteraufhebungen nach 1555. Vgl. auch RABE, Religionsfriede 276f.; RUTHMANN, Religionsprozesse 474-487; DERS., Glaubensspaltung 236ff. Vgl. PRESS, Folgen 202: "Die evangelische Seite bekam die Rechtssicherheit und bezahlte mit dem Verzicht auf Expansion."

[58] So 1561 in Magdeburg und 1564 in Halle; vgl. LÖHR, Kapitel 68*, 70*; SCHRADER, Ringen 33-36. Ein Übergabeversuch in Frankfurt/M. scheiterte 1560; vgl. S. 69. In Regensburg bemächtigte sich der Rat 1563 erneut des Langhauses der Kirche (1568 legalisiert); vgl. KORDEL, Visitation I, 326 Anm. 47; SCHMID 46, 50. Ebenso 1570-88 in Wimpfen; vgl. LÖHR, Wirksamkeit 146.

[59] So in Brandenburg und Mecklenburg; vgl. LÖHR, Kapitel 58*-61*. Zu den einzelnen Konventen vgl. die entsprechenden Passagen bei CREUTZ und ULPTS.

[60] Vgl. SEHI, Bettelorden 410 Anm. 64.

[61] Vgl. M. HECKEL, Reformationsprozesse 19ff.

am "Vier-Kloster-Streit" zeigte.[62] Da die kaiserliche Politik und das Reichsrecht die erstarkende altgläubige Seite favorisierten, nutzten die Dominikaner die damit gegebenen Möglichkeiten zu Prozessen. Zu Beginn des 17. Jahrhunderts wandten sie sich an das Reichshofgericht und klagten auf die Herausgabe des Esslinger Konvents.[63] 1623 bemühten sie sich, für die von den Protestanten mitbenutzten Konventskirchen in Speyer und Worms das alleinige Besitzrecht wieder zu erlangen.[64]

---

[62] Im Vierklosterstreit um die Säkularisation von vier Klöstern in der Grafschaft Oettingen, der Markgrafschaft Baden-Durlach, der Reichsstadt Straßburg und im Gebiet des Reichsritters von Hirschhorn führten die Frage des Schutzes der mittelbaren Klöster nach 1555 bzw. der mögliche Zugriff aufgrund des ius reformandi und die damit verbundenen rechtlichen und politischen Streitigkeiten um 1600 zur Lahmlegung der Reichsjustiz; vgl. ebd. 14; DERS., Deutschland 89-99; KRATSCH, Justiz; DERS., Decision; RUTHMANN, Religionsprozesse 553-566. Einer der vier Prozesse betraf die Klage Provinzial Sittards und der Schwestern des Straßburger Magdalenenklosters; vgl. KRATSCH, Justiz 98-103.

[63] Vgl. ebd. 196 mit Anm. 24.

[64] Vgl. S. 173. - Wie in der Einleitung dargelegt, werden die nach 1624 erfolgten Restitutionsversuche und die Problematik des Restitutionsediktes nicht mehr behandelt.

Die Reaktion der Dominikaner auf die öffentliche Anfeindung und die theologische Infragestellung ihres Mönchtums hieß: Konservative Beharrung als Form des Widerstands. Konservative Beharrung bezeichnet das Festhalten der Dominikaner am eigenen monastischen Ideal trotz der und dezidiert gegen die neuen theologischen Ansätze der Reformatoren.[1] Hinzuweisen ist auf die unterschiedliche Motivation dieser Beharrung und die Vielschichtigkeit der dafür wichtigen Faktoren. "Rein traditionelles Verweigern jeder Neuerung oder einfache Konformität mit der Ordensmehrheit oder Ordenstradition stehen im Effekt der innerlich bedachten Widerstandshaltung oder der persönlichen Entscheidung gleich."[2] Die Widerständigkeit der Dominikaner hatte mitunter wenig mit Tugend oder theologischer Kompetenz zu tun, allerdings schon etwas mit ihrer Disziplin und dem Beharren auf Rechtspositionen. Daher prozessierten die Predigerbrüder um ihre rechtlich verbrieften Besitztitel,[3] deshalb erlangten sie kaiserliche und fürstliche Schutzbriefe.

Für die methodische Erfassung ist es äußerst schwierig, die Zeit der konservativen Beharrung der Dominikaner adäquat in ihrer Komplexität und Unterschiedlichkeit darzustellen. Die konservative Beharrung begann etwa um 1522 und dauerte verschiedentlich bis zum Ende des 16. Jahrhunderts, ja manchmal noch bis ins 17. Jahrhundert hinein. Dieser lange Zeitraum umfaßt mehrere, kaum miteinander vergleichbare Zeitabschnitte. Die vor der Protestatio 1529 und der Confessio Augustana 1530 in der dogmatischen Festlegung noch offene Anfangszeit der "neuen Religion" ist abzuheben von der Situation der neugläubigen Kirchenwesen auf

---

[1] Vgl. z.B. für Magdeburg LÖHR, Kapitel 67*. Vgl. auch die Praelocutio der Haller Convocatio 1526; vgl. ebd. 181; 199 zu der Bestimmung von 1528: *"pestilentissimis doctrinis hereticorum ingenia sua non maculent neque conturbent."* Als 1540 Prior Spremberg von Luckau sich für die Reformation erklärte und heiratete, wurde er von den Mönchen vertrieben und Felix Junge zum Prior gewählt; vgl. CREUTZ 352. Auch z.B. nach der Urk. Kurfürst Joachims II. von 1560 hatten *"die menniche und ordenspersonen in klostern uber all unser vormahnen und gutlichs ansinnen unsere christliche kirchenordnung nicht annhemen noch halten wollen, sondern stracks gots worte, bevhelich und der evangelischen warheit zuwidder auf ihren wahn der bepstlichen religion bestanden und verharret"* (BÜNGER, Mystik 108).

[2] ZIEGLER, Reformation 599. Weitere mögliche Gründe für die Beharrung der Fratres waren die mentale Unbeweglichkeit von bejahrten Fratres, die Identifizierung mit dem Konvent oder dem Orden, also ein gewisser "Korpsgeist", das Vorbild eines engagierten Priors, das Zurückschrecken vor Veränderung oder vor dem Heraustreten aus einer bisher gesicherten Lebensform. Ebenso spielte wohl die Prägung durch die thomistische Philosophie und Theologie (anstatt durch Augustinismus oder Humanismus) eine Rolle, außerdem die persönliche Erfüllung durch die bisherige Religiosität und Spiritualität. Die Beharrung beinhaltete auch das Festhalten an gewohnten Riten. So läutete der bis zu seinem Tod 1576 im zum Armenhaus umgewandelten Paulinerkloster in Wismar lebende ehemalige Prior Höppner zum Verdruß des Superintendenten auch für Neugläubige weiterhin die Sterbeglocke; vgl. CREUTZ 462.

[3] Zum Kampf der Exilkonvente um ihr Eigentum vgl. unten Anm. S. 338 Anm. 14. - Vgl. auch S. 300f., zu kaiserlichen Schutzbriefen und Reichskammergerichtsprozessen.

reformatorischer Grundlage vor und erst recht nach dem Augsburger Religionsfrieden. Gleichzeitig sind noch die spezifischen Entwicklungen in den unterschiedlichen städtischen Gemeinwesen im Auge zu behalten. So sah die Beharrung
der Dominikaner in Mainz oder Jena um 1522 anders aus als etwa in Frankfurt oder
Erfurt um 1570.

Angegangen wird das komplexe, sehr viele verschiedene Aspekte umfassende Thema
in drei Abschnitten: Zunächst wird die reformatorische Verunsicherung und
Beharrung der Dominikaner behandelt. Darauf folgt ein Überblick zur Beharrung der
Fratres in den beiden deutschen Provinzen und in der oberdeutschen Konventualen-
kongregation. Im dritten Abschnitt werden in mehreren Unterabschnitten wichtige
Bereiche, die für die Beharrung von Bedeutung waren, angegangen. Es wird der
Personalstand, die Seelsorge und das Studium sowie die Ökonomie mitsamt der
Klosterpflegschaft betrachtet.

2.1   *Reformatorische Verunsicherung und Beharrung der Dominikaner*

Die vielerorts ab 1522 greifbare reformatorische Bewegung in den Städten führte zu
einer erheblichen Verunsicherung der Dominikaner aufgrund der generellen, den
Mönchsstatus radikal in Frage stellenden reformatorischen Kritik am Ordenswesen,
sowie der den Predigerbrüdern feindlich gesonnenen Öffentlichkeit, die durch
politische, soziale und ökonomische Mängel und Krisen in den Städten starken
Impetus gewann und sich radikalisierte. Wegen der feindseligen Öffentlichkeit waren
die Predigerbrüder mitunter schon zu diesem Zeitpunkt von Personalmangel bedroht[4]
und nicht selten von der feindseligen Öffentlichkeit eingeschüchtert. Die Fratres
waren manchmal an Leib und Leben gefährdet. Die Petitionen um Versetzungen und
die Erlaubnis, wegen der gefährlichen Öffentlichkeit ohne Habit das Kloster zu
verlassen, zeugen davon.[5] Störungen von Gottesdiensten und Prozessionen, Attacken

---

[4] Vgl. S. 319-326.

[5] In Stralsund wurde der Lektor von der Kanzel gerissen, ein anderer Frater verwundet, ein dritter beinahe
verbrannt; vgl. LÖHR, Kapitel 50*. Mißhandlungen erwähnt auch für Greifswald (vgl. ebd. 61*). Luther
schrieb 1522: "*Das es sich ansehen lest, es werde gelangen tzu auffruhr und Pfaffen, Munich, Bisschoff mit
gantzem geystlichen standt erschlagenn und voriagt mochten werden*" (WA 8, 676, 10-13; zit. auch bei
OBERMAN, Tumultus 217 Anm. 7. Meinardus Deitart wurde 1524 absolviert, "*quod dimiserat habitum ob
timorem Luterianorum*" und wegen Flucht; vgl. LÖHR, Reg. Turriani 133. Der Hamburger Konventuale
Mauritius durfte 1526 in Zivilkleidung in die Provinz zurückkehren; vgl. ebd. 136. Vgl. die Vergünstigung
für den Lübecker Konvent vom 24.5.1533, "*ne habitum Ordinis manifeste deferant ob maxima pericula
Lutheranorum.*" Ebd. 136; DERS., Kapitel 54*. Die in Hadersleben wirkenden Brüder Dominikus und
Wilhelm von Düsburg konnten 1528 "*propter Lutheranos*" nicht in der Provinz bleiben; vgl. DERS., Reg.
Turriani 135. Viele Dominikaner versuchten, an einem sicheren Ort zu bleiben, ließen sich versetzen; vgl.
z.B. ebd. 134 (1526: Johannes Clettenbach); 136f. zu weiteren Fratres. Manche studierten deshalb im
Ausland; vgl. z.B. ebd. 133f. (das war nicht immer der Grund für ein Auslandsstudium). Ebenso lebten
viele außerhalb des Ordens und wirkten an einer Kirche oder bei einer weltlichen/geistlichen Person.

auf die Fratres, Mißhandlungen oder gar Klosterstürme mit der Vernichtung von Bildern und Kultgegenständen erfolgten schon ab 1521 in Sachsen und Thüringen.[6] Gleichzeitig wurde der frühe Widerstand der altgläubigen Seite gegen die neugläubige Lehre häufig von Ordensgeistlichen, so auch den Dominikanern, getragen.[7] Nuntius Aleander hatte die Dominikaner der Teutonia Ende 1520 zur Predigt gegen Luther beauftragt, ab 1523 verpflichtete sich der Gesamtorden darauf.[8]

Ab 1522 steigerten sich im Zusammenhang mit den Unruhen in den Städten der antimonastische Affekt gegen die Dominikaner bis zum "Bauernkrieg" 1525,[9] der einen Höhepunkt und häufig vorläufige Zäsur bedeutete. Die Mendikantenklöster waren oft die ersten Ziele der reformatorischen Bewegung während der kommunalen Tumulte 1524/25. Mitunter bildete der Predigerkonvent den Versammlungsort der

---

[6] Allgemein zu Kirchen- und Klosterstürmen ab 1521 vgl. CZOK, Volksbewegungen 160-164. Zu Klosterstürmen 1524/25 s.u.

[7] Vgl. T. FUCHS 142. Zum literarischen Widerstand vgl. PAULUS, Dominikaner. Auseinandersetzungen erfolgten zumeist auf dem Gebiet der Predigt. Zu akademischen Auseinandersetzungen der Dominikaner durch öffentliche Disputationen vgl. LÖHR, Kapitel 103 Anm. 1; BÜNGER, Beiträge 121 Anm. 1 (Straußberg 1519); T. FUCHS 236f. (Zürich 1521), 135f. (Hamburg 1522), 227ff. (Breslau 1524), 131f. (1524 Disputation beim Koblenzer Provinzkapitel), 140 (Disputation gegen die Fegefeuerlehre G. Westerburgs am 12.5.1525 im Kölner Predigerkloster). Später waren öffentliche Disputationen auf kaiserlichen Befehl verboten; der Konstanzer Rat erzwang diese im Oktober 1525 sowie 1527 zwischen Blarer und Pirata (vgl. ebd. 297-305). Zur Disputation in Groningen 1526 vgl. KRUMWIEDE, Kirchengeschichte 43. Zu den wenigen Inquisitionsprozessen vgl. S. 324 Anm. 85. - Die Obrigkeit forderte häufig Prediger zur Eindämmung der neugläubigen Bewegung an; so in Hamburg (vgl. PAULUS, a.a.O. 78). In Lüneburg wirkte Getelen (vgl. KRUMWIEDE, a.a.O. 17).

[8] 1523: "*Monemus omnes et singulos totius ordinis fratres ac praesertim qui litteris et praedicatione praecellent, et in domino hortamur, nec non si meritum obedientiae volunt, iniungimus illis, ut contra pestifera et virulenta Martini Luteri dogmata, quae paulatim serpentia in tantam perniciem eruperunt magnamque stragem in ecclesia ac ruina minantur, non solum orationibus, sed sanctis praedicationibus totis conatibus se opponant privatim ac publice in templis, domi, foris, apud populares, proceres et quoscumque principes orthodoxam fidem contra illius figmenta et haereses tueantur.*" REICHERT, Acta IV, 186f. Wiederholung des Auftrags 1525 u. 1530; vgl. ebd. 200 u. 224 mit Zusatz wegen der Bereitschaft zum Martyrium. Doch im Reich - anders als später in den Niederlanden - wurde kein Dominikaner getötet. Auch vom Reichsrecht her war ein solches Vorgehen gegen Ordensangehörige unmöglich. - Zu Aleanders Beauftragung vgl. S. 180 Anm. 31.

[9] Die reformatorische Bewegung griff den vorreformatorischen antimonastischen Affekt auf; vgl. zu ersterem S. 39-45. - Vgl. für Halle die Wiedergabe von Hans Möllers Bekenntnis vom 19.12.1525 bei FRANZ/FUCHS 747 Nr. 1959: "*Befraget, worumb die monch der gemein schedlich. Spricht, sie konnen nichts dan betteln und heucheln: liebs mutterlein etc. Stecken sich zuhauf in ein closter und die gemein muss sie erneren, fressen, saufen und haben faule tage.*" Mitunter kam es zu Schriften gegen die Mendikanten; vgl. für Halle ebd.: "*Sein eigen handschrift der barfusser und paulermonch halben gezeiget ... Bekent, er habe den eingang und 4 artikel selbst gestelt.*" Häufig sind die Mendikanten in die Beschwerdeartikeln der jeweiligen Städte aufgenommen; vgl. ebd. 300 Nr. 1463 (Eger), Nr. 6; vgl. S. 56 Anm. 50, zu den Frankfurter Artikeln.

Unzufriedenen bzw. Aufständischen.[10] Von den Unmutskundgebungen bis hin zu Klosterstürmen und Plünderungen waren viele Konvente betroffen.[11] Die städtischen Unruhen wurden dazu genutzt, Dominikanerklöster aufzuheben und ihre Insassen vertreiben.[12] So behauptete der Mühlhäuser Rat fälschlich nach der Ausweisung der Pauliner, an der er mitgewirkt hatte, gegenüber dem Esslinger Reichsregiment, die Mönche hätten ihren Habit abgeworfen, sich beweibt und deshalb wäre das herrenlose Gut treuhänderisch verwahrt worden.[13] Die Ausschreitungen gegen die Dominikaner hatten auch Ventilfunktion in Bezug auf das Konfliktpotential in der Stadt und wurden deswegen oder aufgrund der in Aussicht stehenden Vorteile obrigkeitlich toleriert bzw. sogar gefördert, bis dahin, daß der Rat an den Kloster-stürmen und -plünderungen direkt beteiligt war,[14] so explizit in Erfurt. Vielerorts wurden geistliche Immunitätsprivilegien aufgehoben bzw. beschränkt,[15] die Sonderstellung der Bettel-Klöster aufgehoben und ihr Besitz inventarisiert und in obrigkeitliche Verwahrung genommen.[16] Der Ausdehnung obrigkeitlichen Einflusses dienten außerdem die verfügten Beschränkungen in der Seelsorge, die Annahme des

---

[10] Die Göttinger Handwerker versammelten sich auf dem Predigerkirchhof (vgl. S. 129), die Dekane der aufständischen s'Hertogenboscher Handwerker "in prato conventus"; MEIJER 155. Zu Versammlungen auf dem Erfurter Predigerkirchhof vgl. S. 102 Anm. 9.

[11] Erster nachweisbarer Klostersturm am 15.8.1524 im Magdeburger Predigerkloster (vgl. LÖHR, Kapitel 67*; JUNGHANS, Reformation 167; SCHRADER, Beschickung 41) und Reval; am 7.1.1525 in Dorpat, die Mönche wurden verjagt; vgl. LÖHR, a.a.O. 43*. Vgl. zum Vorgehen gegen Termineien des Leipziger Konvents S. 205f. Fast alle Konvente in Kursachsen und Thüringen wurden 1525 geplündert. Jedoch kamen Klosterstürme auch noch später vor, so 1529ff. in Göttingen. Auch anläßlich der Einführung des Gregorianischen Kalenders erfolgten 1583 Frankfurt/M. Unruhen, die die Klöster betrafen.

[12] Mitwirkung der Obrigkeit bei den Vertreibungen belegt für die Konvente Eisenach (vgl. S. 263ff.) und Mühlhausen; vgl. zu letzterem GESS, Akten II, 3 Nr. 774. Mitwirkung der Obrigkeit unsicher in Nord-hausen. In Magdeburg drohte der Rat mit Gewalt von Seiten der Bevölkerung; vgl. LÖHR, Kapitel 67*. Vertreibungen erfolgten auch in Leutenberg und Plauen. Zur Dorpat vgl. die vorige Anm.

[13] Vgl. GESS, Akten II, 88 Anm. 1 (Nr. 842).

[14] Vgl. für Erfurt S. 107f.

[15] Häufig mußte der gesamte Klerus die Abrogation der entsprechenden Privilegien unterzeichnen, so in Frankfurt (vgl. S. 57), Worms (vgl. S. 160f.) etc.

[16] Vgl. ZÖLLNER 161. - Gleiches Vorgehen auch durch altgläubige Obrigkeiten; vgl. E.G. FRANZ, Luterismus 247f. Vgl. den Bericht Campeggios vom 26.5.1525 in BALAN 467: "Duces Bavariae spoliarunt monasteria bonis suis, potissime clenodiis atque aliis etiam his quae in Ecclesiis erant."

Bürgerrechts durch den Klerus,[17] die Akzeptation der städtischen Gerichtsbarkeit[18] sowie schließlich das Verbot der Aufnahme von Novizen.

Trotz des geschilderten Druckes und der Verunsicherung auch in bezug auf das geistliches Leben löste sich kein Dominikanerkonvent auf.[19] Mit Ausnahme des Nordhäuser Konvents blieben zumindest einige Fratres nach der Vertreibung zusammen. In jedem Konvent gab es allerdings auch diejenigen, die sich lieber den geänderten Verhältnissen anpaßten, sich von der Obrigkeit versorgen ließen oder ein geistliches Amt in alt- wie neugläubigen Kirchenwesen annahmen.[20] Trotzdem galt gerade im Jahr 1525 die Beharrung der Fratres in besonderem Maß. Sie gaben während der städtischen Unruhen dem oftmals gewaltsamen Vorgehen der Bürger nicht nach und setzten in der bedrohlichen Situation ihr Ordensleben fort.

Die Niederschlagung des Bauernaufruhrs brachte oft die Abrogation der den Dominikanern wie dem restlichen Klerus abgenötigten Verpflichtungen, so in Frankfurt und Worms.[21] Die Konvente in Mühlhausen und Leutenberg wurden restituiert.[22] Ebenso war mit dem Ende des Bauernkriegs oft eine Stärkung der altgläubigen Position verbunden. Diese wurde von vielen Obrigkeiten genutzt, um gegen die neugläubige Bewegung und ihre Prediger vorzugehen. Die dezidiert altgläubigen Predigerbrüder ersetzten an manchen Orten die neugläubigen Prädikan-

---

[17] In Wimpfen wurden die Dominikaner nach der Inventarisierung "*vnseres closters*" und dem obrigkeitlichen Gebot, "*ire ordens cleydung vsthun*" wie der übrige Klerus der Stadt "*mit glub vnd eiden beladen, vns vnd gemeyner vnsere stat gewertig zu sein, schaden zu warnen vnd frumen zu furdern, recht geben vnd nemen, die gemeyn reformation, so mit der zeyt uffgericht, anzunemen, auch gemeyner burgerschafft beschwerden vsserhalben des burgerrechtens, davon wir noch zur zeit vnserer obliegenden geschefften halben haben kunden reden, sich zu beladen vnd anzunehmen, haben aber bewilligt, so wir vns des verynen werden, auch anzunehmen.*" (F. X. REMLING, Urkunden 509f. Nr. 269) In Konstanz verlangte der Rat am 20.4.1525 von allen Geistlichen den Bürgereid, am 10.6. von jedem Prediger, dem Rat so oft Rechenschaft zu geben, wie er es verlange (vgl. HÖPF 47f.). Auch in Speyer wurden die Dominikaner am 15.5.1525 "*In glubde vnnd eide genommen*"; vgl. MAYERHOFER 25. In Halberstadt wurde sogar der dominikanische Weihbischof als Vertreter Kardinal Albrechts zum Bürgereid gezwungen; vgl. ZÖLLNER 161. Zum Bürgereid des Klerus vgl. BLICKLE, Gemeindereformation 95f.; für Nürnberg MÜLLER/SEEBASS 121-126. Zur vorreformatorischen Situation vgl. S. 18 Anm. 67. Der Bürgereid beinhaltete den Gehorsam gegenüber der Obrigkeit; vgl. RUBLACK, Bewegung 201, 208.

[18] Falls nicht schon durch die Observanz erreicht (zu Rottweil vgl. S. 30f.). In Frankfurt/M. konnte ein diesbezüglicher Vertrag den Predigern erst 1544 aufgezwungen werden; vgl. S. 66f.

[19] Als Beispiel für die Auflösung von Konventen sei die Übergabe des Coburger Franziskanerklosters am 4.5.1525 erwähnt; vgl. FRANZ/FUCHS 198 Nr. 1314.

[20] Vgl. z.B. S. 267f. (Eisenach), S. 280 Anm. 64 (Jena), S. 320ff. (Apostaten).

[21] Vgl. S. 57, S. 161. - Vgl. allgemein H. R. SCHMIDT 5; für die Herzogenbuscher Dominikaner MEIJER 156: "*Instrumentum quoque renuntiationis immunitati a patribus nostris extortum, paululum postea, procurante Gubernatrice praefata, redditum fuit, immunitasque consueta restituta hoc pacto, ut religiosi tribus immediate sequentibus annis taxas solverent.*"

[22] Vgl. LÖHR, Kapitel 47*, 49*.

ten, so in Magdeburg. Dort wirkte nun an Stelle des neugläubig gesinnten Kaplans zu St. Ambrosii in der Vorstadt Sudenburg der Dominikaner(-prior) Bonifatius Bodenstein.[23] An vielen anderen Orten setzte sich jedoch die Bedrängnis der Dominikaner fort, so in Erfurt und in Frankfurt/Main. Wegen der Pressionen bis hin zu Vertreibungen war der Bauernkrieg für viele Dominikanerkonvente eine einschneidende Zäsur. Häufig wurde als Ergebnis dieses Prozesses die Position der Klöster stark geschwächt und der Einfluß (= Schutz) der Obrigkeiten verstärkt. Der Bauernkrieg hatte nicht nur materiellen Schaden gebracht, sondern für viele Konvente - zumindest zeitweise - die Auflösung. Daher nahm das Vagieren der Mönche, ihre Verunsicherung und Angst zu.[24] Das Jahr 1525 blieb die endgültige Zäsur für alle Klöster im ernestinischen Sachsen, das waren Eisenach, Jena und Plauen. Ebenso galt dies für Nordhausen.[25]

Ab 1524 wurden Kirchenwesen auf reformatorischer Grundlage errichtet. In manchen Städten begann die evangelische Bewegung erst später, so in Göttingen erst 1528/29. In diesen neuen Kirchenwesen setzten die Konvente unter oftmals sehr harten Bedingungen ihre Beharrung fort. Erneut ist auf Göttingen zu verweisen.[26] Als weiteres Beispiel sei über den Untersuchungsraum hinaus stellvertretend für viele andere Konvente das Lübecker Predigerkloster genannt. Dort wurden 1531 *"die predigermonche beraubt, yre kyrchen geczeirte (sic!), yre brieff vnd priuilegia gefordert. Aber der Prior ist do mit gewichen vnd enthelt sich zu rupyn. Doctor Eckhardus meyer sampt dreyen andern ... sitzen ins radts gefengknus."*[27] Wegen solcher Bedrückung setzte nicht nur der Lübecker Prior seine Beharrung im Exil fort. Der schon erwähnte, aufgrund seiner Vertreibung aus Kursachsen über 35 Jahre

---

[23] Vgl. GREDY 100f.; LÖHR, Kapitel 66*f. Gegen die neugläubigen Prediger wurde auch im albertinischen Sachsen vorgegangen. Auf die Stelle des 1525 verhafteten "lutherischen" Predigers Thamm in Oschatz kam der Dominikaner Gregor Faber; vgl. GESS, Akten II, 680 Anm. 1 (Nr. 1375); LÖHR, Kapitel 163 Anm. 6.

[24] Vgl. ZÖLLNER 162. Zum Vagieren der Geistlichen vgl. auch Mutians Schreiben vom 27.4.1525 an den sächsischen Kurfürsten: *"Ein jammervolles Schauspiel gewähren die umherirrenden Nonnen und Priester, die nicht freiwillig, sondern aus Furcht, von den Tempelschändern gesteinigt zu werden, ihre heiligen Wohnsitze verließen."* Zit. nach PERTHES 52. Manche Dominikaner suchten aufgrund dieser Zustände nach Sicherheit, mitunter auch in anderen Orden. Vgl. das undatierte Schreiben des Abtes K. Püttricher von St. Peter/Salzburg bei SALLABERGER 163 mit Anm. 445 (dort Ed.): "pl<ures> de ordine p<rae>dicatorum et aliorum ordinum qui hiis temporibus bellorum monasteriis eorum combustis et devastatis expulsi sunt, aut se amplius sua elemosina sustentare non p<o>ssunt luteriana perfidia int<er> venie<n>te quod iidem ad nostrum ordinem et monasterium recipi possent dispensationem expetivi". Um 1530 wurde W. Oswald Benediktiner der Abtei Einsiedeln; vgl. K.-B. SPRINGER: Oswald, Wendelin. In: BBKL 6 (1993) 1330.

[25] Zu dem in dieser Arbeit nicht behandelten Plauener Konvent vgl. LÖHR, Kapitel 46*f. Ende der Dominikanerkonvente auch in Stralsund sowie in Livland (Dt. Orden): Narwa (1520 gegründet), Reval, Dorpat, Riga; vgl. ebd. 42*ff., 50*; CREUTZ 204.

[26] Vgl. z.B. S. 145f.

[27] CLEMEN, Briefe 32 (Schreiben J. Mensings an Fürst Johann von Anhalt). Im Gefängnis waren zeitweise auch die Mindener Dominikaner; vgl. HENGST, Klosterbuch I, 630.

von 1525 bis über 1560 hinaus im Leipziger und Erfurter Exil befindliche Jenaer Konvent war ein herausragendes Beispiel konservativer Beharrung.[28] Von den oftmals tragischen Schicksalen der einzelnen Predigerbrüder sei auf den erwähnten langjährigen, spätestens ab 1573 bis zu seinem Tod 1597 als Halberstädter Prior wirkenden Wolfgang Plattner verwiesen, der sich noch in den Jahren 1577/84 als Angehöriger des schon seit 1540/43 nicht mehr bestehenden Leipziger Konvents verstand.[29]

Das Beharrungsvermögen der Dominikaner war nicht nur in Kirchenwesen auf reformatorischer Grundlage, sondern ebenso in altgläubigen Städten und Territorien gefordert. Dort war die Beharrung der Dominikaner jedoch zumeist einfacher. Zwar dachten nicht nur wegen der schlechten Personalsituation der Dominikaner auch "katholische" Obrigkeiten an die Aufhebung der Predigerkonvente. Doch wehrten sie sich erfolgreich gegen den Zugriff des obrigkeitlich unterstützten "moderneren Ordens" der Jesuiten auf ihre Klöster.[30] Andererseits zwang die bestehende Notsituation die Dominikaner mancherorts dazu, den Jesuiten sogar die schulische und an sich ordensinterne Ausbildung des eigenen Nachwuchses überlassen zu müssen.[31] In ihrer Beharrung hatten sich die Predigerbrüder in einer Vielzahl von Aufgaben verschlissen; nicht zuletzt hatten die altgläubigen Fürsten den Konventen die fähigsten Personen entzogen, da sie Theologen, Beichtväter, Prediger und Professoren benötigten. So finden sich z.B. viele Dominikaner im Dienste des Mainzer und Magdeburger Erzbischofs Albrecht von Brandenburg und seines

---

[28] Einer Untersuchung wert wäre der Ulmer Konvent, dessen Beharrung im Exil bis 1571 belegt ist; vgl. S. 337 Anm. 12.

[29] Vgl. S. 224f. Zu Joachim Bartoldi vgl. SPRINGER, Dominikaner 404f. Auch die wechselhafte Biographie des Petrus Rauch wäre zu erwähnen; vgl. DERS.: Rauch, Petrus. In: BBKL 7 (1994) 1398-1400.

[30] Gescheiterte Versuche erfolgten in Augsburg (1564-68, 1574; vgl. BRAUNSBERGER V, 9; VI, 190f.; DUHR I, 379; P. SIEMER 118, 239-245; H. BARTH 718); Bamberg (1599; vgl. ebd.); Landshut (1558; vgl. BRAUNSBERGER II, 219); Mainz (ca. 1576; vgl. I. W. FRANK, Totenbuch 122); Wien (1551-53; vgl. WRBA 67, 82). - 1591 übergab der Hzg. von Kleve das Weseler Predigerkloster den Kartäusern, der Prior wohnte als letzter Konventuale bis zur Restitution 1628 im Gästehaus; vgl. KORDEL, Visitation I, 289 Anm. 112. - Zur Abwehr der Aufhebungsbemühungen altgläubiger Obrigkeiten konnten die Dominikaner den Einfluß des Ordens an der Kurie nutzen. - Zu den zugunsten der Jesuiten aufgehobenen Franziskanerklöstern vgl. den Hinweis bei SPRINGER, Dominikaner 408 Anm. 68. Zum 1571 an die Jesuiten übereigneten Fuldaer Franziskanerkloster vgl. RAINER 75.

[31] Zur Ausbildung von Dominikanern durch Jesuiten bis Anfang des 17. Jh. vgl. DUHR I, 499, 501, 210; II/1, 76, 234, 615; danach P. RUMMEL 220. Die Generalkapitel 1611 und 1614 forderten die Abberufung aller Dominikanerstudenten aus Jesuitenkollegien, erst Marini setzte dies in der Teutonia um; vgl. KORDEL, Visitation I, 310; DASS. II, 390. Zur Novizenausbildung vgl. ausführlich I. W. FRANK, Erneuerung 459-467.

Bruder, des Kurfürsten Joachim I. von Brandenburg (1499-1535).[32] Der Verlust der bedeutenderen Persönlichkeiten schwächte das Standvermögen und die Widerstandskraft der Konvente.

Gegen die durch die kirchliche Neuerung ausgehende Gefährdung ihrer Klöster gab es keinen abgestimmten Widerstand der Konvente, wie das zumindest für einige Zeit aus dem Verhalten der Fratres in der Provinz Germania Inferior geschlossen werden kann. Dort errichteten die Konvente der Natio Brabantiae am 4. März 1532 eine gemeinsame Kasse zur Bekämpfung der von geistlichen wie weltlichen Personen ausgehenden Bedrohungen.[33] Eine solche überlokale Koordination der konservativen Beharrung ist aus der Saxonia wie der Teutonia nicht bekannt. Doch ist auf die weiter unten ausgeführte Funktion des Provinzials zu verweisen. Die als Verlokalisierung bezeichnete Einbindung der Klöster in das Kirchenregiment der lokalen Obrigkeiten war so weit fortgeschritten, daß jeder Konvent weitgehend auf sich gestellt war.[34] Die Intensität der reformatorischen Verunsicherung war selbst in der gleichen Region von Stadt zu Stadt unterschiedlich. In Abhängigkeit vom jeweiligen Stadttyp war die Situation in Marburg, Frankfurt, Mainz und Worms für die Dominikaner gänzlich verschieden. Ebenso galt das z.B. für die thüringischen Paulinerklöster Eisenach und Erfurt.

Wichtig und hilfreich für den Widerstand waren die ortsübergreifenden Strukturen des monastischen Verbandes. Ein gewisses Gegengewicht zur Verlokalisierung bildeten die von jedem Provinzkapitel beschlossenen Versetzungen und Ernennungen. Auch während der Reformationszeit wurden jedem Konvent Fratres assigniert. Außerdem galt trotz der katastrophalen Situation der Dominikanerklöster in Deutschland für deren Mitglieder weiterhin generell die Zugehörigkeit zum ordo universalis innerhalb der ecclesia universalis. Diese Verbindung mit anderen Provinzen ermöglichte die Assignation von (Orts-) Fremden und von "ausländischen Ausländern", d.h. Niederländern, Spaniern und Italienern, was in beträchtlichem Maß die Beharrung der Konvente ermöglichte.[35] Selbst in altgläubigen Bischofsstädten wie Mainz oder in Worms konnten sich die Konvente kaum ohne Unter-

---

[32] Zu den Mainzer Professoren Johannes Dietenberger, Konrad Necrosius und dem Hofprediger Johannes Wirttemberger vgl. I. W. FRANK, Dominikanerkloster 451ff.; zu Petrus Rauch K.-B. SPRINGER: Rauch, Petrus. In: BBKL 7 (1994) 1399. Zu Michael Vehe, der sogar Propst des Neuen Stifts in Halle wurde, vgl. SCHRADER, Vehe. (Provinzial) Johannes Mensing wirkte auch als Weihbischof in Halberstadt (vgl. zuletzt LOGEMANN, Grundzüge 131; KOCH, Mendikanten 157); Tätigkeit als Magdeburger Auxiliarbischof erwähnt in seinem Testament; vgl. LÖHR, Testament. Zu den Genannten wie auch zu Ambrosius Pelargus vgl. das Register bei JÜRGENSMEIER, Erzbischof. - Viele Dominikaner auch (vorher) im Dienst v. Albrechts Bruder, Kurfürst Joachim I. von Brandenburg (Mensing, Rauch, Elgersma); vgl. LÖHR, Kapitel 58*.

[33] Vgl. MEIJER 160-165.

[34] Vgl. S. 296-300.

[35] Vgl. allgemein z.B. S. 317f. mit Anm. 52, 360f. Zu Worms vgl. S. 170f.

stützung von auswärts halten, da ihnen das für die personelle Ergänzung notwendige Hinterland durch die reformatorischen Maßnahmen der dort zuständigen Landesherren verloren gegangen war. Wichtig für die Beharrung der Konvente und ihre Beharrlichkeit vor Ort war die Tätigkeit und das Engagement des Provinzials. Ihm oblag die für den Widerstand des einzelnen Konvents vielfach überlebensnotwendige Koordination und Organisation und außerdem die Administration innerhalb der Provinz, insbesondere weil die Provinzkapitel nur unregelmäßig oder im Fall der Saxonia schließlich gar nicht mehr tagten. In der Notzeit der Reformation beinhaltete dies häufig die überlokale Unterstützung der lokal eingebundenen Konvente. Der Provinzial konnte durch entsprechende Verfügungen unmittelbar in die Belange des einzelnen Konvents eingreifen. In Frankfurt nahm der Provinzial die Kleinodien des Konvents an sich, in Erfurt ließ er die vorhandenen "Deposita" verkaufen.[36] Dies geschah durch die Assignation von Prioren und Fratres, wie im Fall von Erfurt. Ferner klagte der Provinzial gelegentlich vor dem Reichskammergericht, so für den Frankfurter Konvent, oder er konnte sich beim Kaiser für die Provinz oder ein Kloster verwenden. Der jeweils amtierende Provinzvorsteher der Dominikaner erwirkte z.B. 1525 die Restitution von Mühlhausen und verhinderte 1566 in Frankfurt die Konventsübergabe durch Prior Geller.[37] Allerdings hing viel davon ab, inwieweit Obrigkeiten solche Interventionen zuließen bzw. zulassen mußten. In Erfurt wurde dem vom Provinzial gesandten Pater der Konvent nicht übergeben. Von den Obrigkeiten wurde die Übergabe des Konvents und die Abfindung der Fratres als örtliche Angelegenheit betrachtet, die am besten ohne den Provinzial zu regeln war, so z.B. in Nordhausen, wo dessen Eingreifen zur Bewahrung des Konvents abgelehnt wurde.

2.2 *Die Beharrung in den Provinzen Saxonia und Teutonia sowie in der Oberdeutschen Konventualenkongregation*

Die von Wittenberg ausgehende religiöse Neuerung fand in Kursachsen und den benachbarten Städten und Territorien besonders schnell Anhänger. Aus diesem Grund waren die Bedingungen für das Beharrungsvermögen der Dominikaner in der Ordensprovinz Saxonia schwieriger als in der Teutonia.[38] Nach dem Bauernkrieg waren bereits mehr als zwölf Konvente zerstört.[39] Die Convocatio in Leipzig 1528 wurde von Provinzial Rab mit dem Hinweis auf den drohenden Untergang der

---

[36] Vgl. S. 63 mit Anm. 89 (Frankfurt), S. 117 mit Anm. 94 (Erfurt).

[37] Vgl. S. 301 Anm. 35 (Mühlhausen), S. 69 (Frankfurt).

[38] Vgl. zur Saxonia den Überblick bei LÖHR, Kapitel 39*-76*; zusammenfassend ULPTS 341.

[39] Vgl. LÖHR, Reg. Turriani 136; DERS., Kapitel 41*; RENSING 78 (dort zu 1530).

Provinz eröffnet.[40] Nach den Ordinationes des Provinzkapitels 1534 waren viele Konvente fast leer.[41] Das Kapitel in Hildesheim 1540 nennt nur noch zehn der ehemals 51 Klöster.[42] In den folgenden 68 Jahren setzte sich das langsame Erlöschen der Konvente und der Zusammenbruch der Ordensstruktur fort. Erst 1582 fand in Dortmund wegen der Notwendigkeit der Wahl eines Provinzials erstmalig seit 1540 ein Provinzkapitel statt; 1583(1584) tagte das letzte in Osnabrück.[43] Das Provinzialsamt war schließlich faktisch ohne Bedeutung.[44] Auf die Generalkapitel wurde nach 1518 niemand mehr entsandt![45] In der zweiten Hälfte des 16. Jahrhunderts liegen kaum Quellen oder sonstige Informationen über die Provinz Saxonia vor, doch hielten sich bis in die letzten Jahrzehnte des 16. Jahrhunderts neben den westfälischen Konventen noch Erfurt und Halberstadt. Die noch bestehenden sechs westfälischen Klöster mit nur wenigen überalterten Mönchen[46] orientierten sich zunehmend an Köln, wo auch der Nachwuchs der Saxonia studierte. Die Vereinigung

---

[40] "*proh dolor omnia videantur in ordine, provincia et conventibus defluere, perire et quasi in nichilum decidere*"; LÖHR, Kapitel 192, 40*f. Manche Konvente hatten seit 1522 keine Ordenskontributionen entrichtet, vgl. ebd. 192f. Da wegen der Kriege und der Sterblichkeitsrate kein Kapitel stattfinden konnte, blieb die Entscheidung auch über das zukünftige Kapitel dem Provinzial überlassen; vgl. ebd. 201. In Kursachsen wurden die exilierten Dominikaner nach 1525 nicht mehr ins Land gelassen, die als Beichtväter wirkenden Anfang 1526 ausgewiesen; vgl. S. 284f.

[41] Vgl. LÖHR, Kapitel 212f.

[42] Es waren Hildesheim, Wesel, Halle, Warburg, Dortmund und Osnabrück; entschuldigt Magdeburg, Halberstadt, Soest und Leipzig. Nicht erwähnt wurde Erfurt. Fast vier Fünftel der Klöster, also knapp 80 Prozent konnten nicht mehr teilnehmen. Zum Kapitel vgl. ebd. 219-226; 41*f. Das für 1542 nach Warburg ausgeschriebene Kapitel fand nicht statt, vgl. auch BÜNGER, Beiträge 121 Anm. 2.

[43] 1582 waren die Konvente Soest, Warburg, Dortmund, Wesel, Osnabrück sowie das Dominikanerinnenkloster Galilaea bei Meschede vertreten (vgl. KORDEL, Kapitelsakten 228). Über das für 1586 nach Soest ausgeschriebene Kapitel (vgl. ebd. 244) liegen keine Nachrichten vor.

[44] Zwar fungierte Nikolaus Steinlage ab 1582 als Provinzial, doch ließ er sich vor der Wahl bestätigen, daß Apostaten oder Fugitivi nicht zu ihm geschickt werden bräuchten. Bezeichnend ist, daß er als Provinzial wie vorher als Osnabrücker Prior die Terminei in Münster versah und dort als Domprediger wirkte. Die von ihm mehrfach angeordnete Besetzung Erfurts mit einem Prior blieb vergeblich. 1589 verstarb er angeblich aus Gram, daß ihn die Jesuiten 1588 von der Domkanzel verdrängt hatten; vgl. BÜNGER, Beiträge 114; RENSING 87, 153; KORDEL, Kapitelsakten 228f. Sein Nachfolger wurde der Soester Prior Walter Oliverus (+ 1605); vgl. BÜNGER, a.a.O. - Nach Provinzial Rab (+ 1534) amtierte bis 1539 Johannes Mensing. Der 1540 gewählte Wichmann Luther starb kurz darauf; Fannemann resignierte wegen der Ernennung zum Weihbischof; ihm folgte 1540(-51) Johannes Alberti (Albrecht); vgl. ebd. 109ff.; LÖHR, a.a.O.; DERS., Reg. Turriani 137. Zu Fannemanns kurzem Provinzialat vgl. auch RENSING 142. Von 1551 bis 1582 amtierte der Dortmunder Prior Heinrich Hoppe (Bestätigung der Wahl bei LÖHR, Reg. Turriani 138); vgl. RENSING 82, 151ff.; BÜNGER, a.a.O. 111ff.

[45] 1518 war Provinzial Rab beim Generalkapitel in Rom; vgl. REICHERT, Acta IV, 156.

[46] 1565 im Osnabrücker Predigerkloster (im Gegensatz zum Minoriten- und Augustinerkloster) Religiosen erwähnt; vgl. BRAUNSBERGER V, 157 Anm. 1. 1607 waren 4-5 Mönche im Konvent; vgl. SCHMIDLIN 231. Zu Halberstadt vgl. S. 215f. (Plattner), zu Erfurt S. 115-122 (Schoppe und andere Fratres). 1596 waren noch 7 Priester im Dortmunder Kloster; vgl. RENSING 88.

der fast gänzlich zerschlagenen Saxonia mit der Teutonia wurde unausweichlich. 1601 wurde sie erstmalig und 1608 endgültig vollzogen.[47]

In der Teutonia waren die Bedingungen für die Beharrung nicht so katastrophal wie in der Saxonia. Viele Obrigkeiten blieben altgläubig oder brauchten recht lange bis zur Entscheidung, welches Kirchenwesen sie übernehmen wollten. Doch in den vierziger Jahren standen auch in dieser Provinz viele Klöster vor dem Ende, da die zu Anfang des 16. Jahrhunderts eingetretenen Fratres allmählich starben. Um das Freiburger Kloster zu erhalten, wandte sich 1540 der Stadtrat an den Generalvikar der oberdeutschen Kongregation.[48] Ebenso war Frankfurt/Main ab 1544 existentiell gefährdet. Das Konventsleben sowie die überregionale Ordensverbundenheit brach weitgehend zusammen. Doch fanden Provinzkapitel noch einigermaßen regelmäßig statt.[49] Mit fünf Kapiteln zwischen 1515 und 1624 war Worms häufigster Tagungsort, mit drei Kapiteln folgte Frankfurt, mit zwei Bamberg, Gmünd, Landshut und Mainz. Das zeigt die Bedeutung der "Rhein- u. Mainschiene", also der Konvente Worms, Mainz, Köln, Frankfurt und Bamberg, für die dominikanische Beharrung.[50] Aus dem Frankfurter Konvent stammten auch die Provinziale Brant und Kosseler, aus Koblenz Richard Giselius (1566-74).[51] Die Teutonia konnte ihren Personalbedarf allerdings nicht aus eigenen Kräften decken. Daher erhielt sie von der Germania

---

[47] Von ehemals 51 Konventen bestanden weiter die sechs westfälischen Klöster Dortmund, Marienheide, Osnabrück, Soest, Warburg und Wesel; außerdem das später wieder von Dominikanern besetzte Halberstadt; Eger war an die böhmische Provinz gefallen; vgl. REICHERT, Acta VI, 8, 56 Nr. 40, 107; LÖHR, Kapitel 70*f.; 74*; K.-B. SPRINGER: Sittard, Konrad. In: BBKL 10 (1995) 572f. Name und Rechte der Saxonia gingen auf die 1709 gegründete süddeutsche Dominikanerprovinz über; vgl. ESZER 367f. Wegen des geringen Personalstandes wurden auf dem Freiburger Provinzkapitel 1619 alle ehemaligen Konvente der Saxonia außer Soest zu Vikariaten abgestuft; vgl. S. 369.

[48] Vgl. ROHDE 431. Zwischen 1536-41 verstarben 13 Konventualen; vgl. POINSIGNON 26 mit Anm. 1.

[49] Seit 1520 sollten sie alle vier Jahre stattfinden; vgl. P. SIEMER 46. Zur allgemeinen Praxis vgl. auch WALZ, Compendium 355ff. LOË, Teutonia 52f., erwähnt folgende Kapitel: 1517 Landshut, 1520 Frankfurt, 1524 Koblenz, 1549 Worms, 1574 Colmar, 1577 Gmünd, 1581 Frankfurt, 1584 Worms, 1593 Augsburg, 1602 Eichstätt, 1605 Frankfurt, 1610 Bamberg, 1614 Landshut, 1617 Köln, 1619 Freiburg, 1624 Regensburg. Zusätzlich nachweisbar sind 1528 Wimpfen (vgl. PAULUS, Dominikaner 146), 1530 Esslingen (vgl. L. SIEMER, Verzeichnis 90), 1534 Weißenburg (vgl. P. SIEMER 98), 1537 Trier (vgl. L. SIEMER, a.a.O. 90), 1541 Worms (zu allen Wormser Kapiteln vgl. S. 168), 1545 Mainz (vgl. S. 184), 1558 Gmünd (vgl. KLEINDIENST 69; irrtümlich Hornbach angegeben bei OBERMAN, Kirche 234); 1566 (vgl. L. SIEMER, a.a.O. 91), 1573 Worms, 1587 Bamberg (vgl. H. BARTH 719), 1590 Wimpfen/Worms, 1600 Mainz (vgl. L. SIEMER, a.a.O. 92). Zu den Provinzialen vgl. ebd. 89-92. - Die Teilnahme an den Generalkapiteln war unregelmäßig, aber nicht ganz erloschen; 1564 z.B. Deffinitor Johannes Gressenikus; vgl. REICHERT, Acta V., 49, 66, 68; PAULUS, Dominikaner 291.

[50] Da Würzburg zur Konventualenkongregation zählte, fand dort kein Provinzkapitel statt.

[51] Zu letzterem vgl. L. SIEMER, Verzeichnis 91. Zu den aus Frankfurt stammenden Provinzialen vgl. S. 69f.

inferior personelle Unterstützung.[52] Diese erfolgte aus verschiedenen Motiven. So diente der Kölner Konvent auch als Zufluchtsort für die Fratres der Saxonia und der Germania inferior.[53]

Trotz der gemeinsamen Bedrohung durch die Reformation setzte die observante Provinz Teutonia die Auseinandersetzungen mit der 1520 wiederhergestellten Oberdeutschen Konventualenkongregation fort, obwohl die Unterschiede zwischen beiden monastischen Lebensformen kaum mehr von Bedeutung waren.[54] Der 1534 aufgehobene konventuale Augsburger Konvent wurde nach dem Interim der observanten Provinz restituiert. 1562 erzwang Provinzial Brand mit kaiserlicher Erlaubnis im konventualen Freiburg gewaltsam die Reformacio, indem er die Fratres einschließen ließ, bis sie zur beeidigten Unterwerfung unter den Provinzial bereit waren.[55] 1569 restituierte das Generalkapitel den Konvent der observanten Provinz, was 1571 und 1574 wiederholt wurde.[56] Allerdings konnte dieser Beschluß wegen der entgegengesetzten Gesinnung des Freiburger Rats nicht durchgesetzt werden. 1563 war die Kongregation durch Nuntius Zacharias Delphino aufgehoben worden; kurz danach wurde sie jedoch wieder errichtet.[57] Erst 1608, also 90 Jahre nach der

---

[52] Assignation des N. de Veris 1539; vgl. REICHERT, Acta IV, 283. Vgl. MEIJER 178f. (Eintritte s'Hertogenbosch 1554): "*Fr. Stephanus Erckel; hic postea incorporatus Provinciae Germanine (!) superioris, aliquot anni functus est Prioratus officio in conv. Aquisgranensi.*" Zu der von Kleindienst 1558 vorgesehenen personellen Unterstützung aus der Germania inferior vgl. S. 360 mit Anm. 7. Vgl. auch das Kölner Totenbuch (INDEX MONUMENTORUM 564f.): es verstarben 1574 Petrus a Wanlo (Venlo), 1578 Theodricus Buscodunensis (18 Jahre Prior), 1582 Wilhelm Gennepäus; 1597 Henricus a Bercheriek (vgl. nächste Anm.). Zu "ausländischen" Professoren vgl. z.B. auch LÖHR, Dominikanerkloster 99.

[53] Vgl. ebd. 101f. Der Harlemer Prior H. Cock floh nach der Zerstörung des Konvents 1578 nach Köln (um 1581 dort Prior, vgl. MEIJER 82), ebenso die Prioren v. s'Hertogenbusch A. Leendanus; (vgl. ebd. 204) und Heinrich de Quercu (van Bergereyk); vgl. zu letzterem LÖHR, Dominikanerkloster 102, 104. Zur Situation in den Niederlanden in der 2. Hälfte des 16. Jh. vgl. RABE, Reich 349-364.

[54] Zur Kongregation ab 1520 gibt es kaum Informationen. 1523 kassierte der Generalmagister die Wahl des seit 1520 amtierenden (vgl. HÜBSCHER 80, 124f. Nr. 24) Vikars der Kongregation Antonius Pirata (vgl. MEERSSEMAN/PLANZER 158 Nr. 143), der aber noch 1524/25 amtierte; vgl. PAULUS, Dominikaner 315 mit Anm. 7, 314, 318. 1524 sollte der zum Vikar ernannte Johannes Burchard in Freiburg wieder das Generalstudium der Kongregation errichten; vgl. MEERSSEMAN/PLANZER 171 Nr. 47f.; zu ihm vgl. ebd. Nr. 49f. und außerdem S. 159, S. 179f. 1530 war er als Generalvikar auf dem Augsburger Reichstag, wo er zu den mit der Confutatio befaßten Theologen gehörte, vgl. PAULUS, a.a.O. 329. 1540 wirkte Christman (sic!) Ziegsin als Generalvikar; vgl. POINSIGNON 26. 1560 amtierte Balthasar Werlin; vgl. PAULUS, a.a.O. 288. Zur Kongregation vgl. auch I. W. FRANK, Erneuerung 444ff. bes. Anm. 8; 444 zum bedeutungslos gewordenen Unterschied zwischen Observanten und Konventualen.

[55] Der Zwist sollte sich bis 1586 hinziehen, vgl. POINSIGNON 27-33; ROHDE 431.

[56] Vgl. REICHERT, Acta V, 105, 123, 160.

[57] Vgl. WALZ, Compendium 389. Der 1563 nach Würzburg gesandte spätere Weihbischof Anton Resch sollte u.a. "seine Thätigkeit der Reform der Dominicaner-Klöster in Franken ... widmen" (REININGER 171) 1592 wurde die Kongregation mit 8 fl. zu den Ordenskontributionen für den Generalmagister veranschlagt; vgl. REICHERT, Acta V, 326 (sowie 2 fl. für den Ordensprokurator). Zur nur wenig höheren Kontribution

vergeblichen Unterdrückung der Konventualenkongregation 1518, wurde sie endgültig aufgehoben.[58]

2.3 *Verschiedene Bereiche der Beharrung*

Die Beharrung der Dominikaner in dieser Zeit des Umbruchs ist ein allgemein feststellbares Phänomen. Allerdings ist dessen Vielschichtigkeit in seinen konkreten Ausformungen genauer zu analysieren. So ist der Blick auf jene Mitglieder des Predigerordens, der seiner formalen Struktur nach immer noch ein ortsunabhängiger Personenverband war, zu richten, die sich mit ihrer Person dem Strom der Zeit widersetzten. Dazu ist auch der Frage nachzugehen, welche konkreten Formen das Engagement dieses Seelsorge- und Studienordens in der Reformationszeit annahm. Schließlich ist zu skizzieren, wie der Orden mit der an sich von seiner Verfassung her vorgesehenen Armut umging, die die Fratres aufgrund des Zusammenbruchs der Spenden- und Stiftungsbereitschaft der Gläubigen in größerem und existentiell bedrohenderem Maß traf, als sie es wohl jemals gewollt hatten.

2.3.1 Personalbestand und Disziplin der Fratres

Wichtigstes Moment jeder Beharrung war die dauerhafte Anwesenheit eines oder mehrerer Fratres in einem Konvent. Sonst hatten Obrigkeiten mitunter leichtes Spiel, wenn sie die leerstehenden Ordenshäuser einer neuen Verwendung zuzuführen wollten. Auch das disziplinierte Erscheinungsbild der Dominikaner war für die Beharrung wichtig. Denn Fratres, die zur neuen Religion wechselten oder - wie Frater Jakob Schoppe in Erfurt - vor allem an ihr eigenes Auskommen dachten, waren kaum an der Erhaltung eines Konvents für den Orden interessiert. So übertrug etwa der genannte Frater Schoppe zuerst Teile des Besitzes und schließlich die gesamte Konventsanlage dem Rat.

Der Personalbestand der Dominikaner nahm unter den beschriebenen Verhältnissen in den beiden untersuchten Provinzen mehr und mehr ab. Wegen der Kritik am monastischen Stand waren nach 1522 fast keine Eintritte, dafür aber etliche Austritte zu verzeichnen. Der hohe Personalstand der observanten wie konventualen Klöster zu Beginn des Jahrhunderts ermöglichte jedoch das widerständige Beharren der

---

der Teutonia (trotz der größeren Konventszahl, was einen bezeichnenden Rückschluß auf den Zustand der Provinz erlaubt) vgl. ebd. 325.

[58] Vgl. LOË, Teutonia 5; I. W. FRANK, Erneuerung 446.

Fratres bis in die vierziger Jahre hinein. Allerdings spitzte sich in dieser Zeit die Situation in den einzelnen Klöstern sehr zu.[59]

Wie schon angedeutet ist die für viele Predigerbrüder dokumentierte Beharrlichkeit ein durchaus vielschichtiges Phänomen.[60] Neben der Treue zum Orden gab es wohl sogar in jedem Konvent zumindest den einen oder anderen Frater, der sich der Beharrung verweigerte, aus dem Konvent floh oder "apostasierte".[61] Da in fast jedem Konvent des Untersuchungsraumes einige Personen austraten, kann generalisierend festgestellt werden, daß wohl kaum ein Konvent gänzlich gegen neugläubiges Gedankengut immun war. Im Gegensatz besonders zu den Observanten der Augustinereremiten wie zu den Franziskanerkonventualen löste sich allerdings trotz erheblicher Bedrängnisse kein Dominikanerkonvent in den Provinzen Teutonia und Saxonia selbst auf.[62] Auch im Fall des gegen diese Feststellung gelegentlich angeführten Nordhäuser Ordenshauses kann von einer Selbstauflösung keine Rede sein.[63] Ebenso war der Dominikanerorden keineswegs in dem Maß wie die genannten anderen Mendikantenorden von einer "Austrittswelle" betroffen. Trotzdem bat schon 1520 Provinzial Hermann Rab den sächsischen Kurfürsten um Maßnahmen gegen die überall im Lande umherziehenden ungehorsamen Mönche. Ab 1522 nahm das unerlaubte Sich-Entfernen von Mönchen und Nonnen so sehr zu, daß die Obrigkeit besorgt zu werden begann.[64] In der Saxonia beklagte das Leipziger Provinzkapitel

---

[59] Das Regensburger Kloster der Teutonia, das vor der Reformation um 50 Fratres zählte, hatte 1531 nur 5-6; vgl. LÖHR, Kapitel 76* Anm. 152 Ebenso gab es 1532 in Augsburg nur 5 Fratres; vgl. P. SIEMER 96. 1536 bezeichnete der Wismarer Prior die Konventualen als "olde menner, so dat ik en van den jungsten bun" (ed. ULPTS 466 Nr. 34). Doch gab es gelegentlich Nachwuchs: 1540 konnten drei Leipziger Novizen nach Halle assigniert werden und außerdem nach Halberstadt ein Konverse, der gerade Profeß geleistet hatte; vgl. LÖHR, a.a.O. 224, 69*. 1548 trat ein Novize ins Frankfurter Kloster ein; vgl. S. 68 mit Anm. 122.

[60] Vgl. S. 307 Anm. 2.

[61] Vgl. vor allem S. 321f. sowie auch S. 6 Anm. 17. Eine Zusammenstellung der Fugitivi und Apostaten der verschiedenen Orden zur Zeit der Reformationszeit und ihr weiteres Wirken im alt- wie neugläubigen Pfarramt ist ein dringendes Desiderat.

[62] Vgl. LÖHR, Kapitel 75*: "Die Konvente lösten sich nur dann auf, wenn sie mit Gewalt unterdrückt wurden und keine Existenzmöglichkeit mehr bestand". Vgl. I.W. FRANK: Dominikanerorden. In: LThK³ 3 (1995) 312: "Es gab Aus- und Übertritte, jedoch keine Selbstauflösungsbewegung. Konservative Beharrung, literararischer und rechtlicher Widerstand kennzeichneten das Verhältnis Reformation u. Dominikanerorden in Deutschland." Zur Observantenkongregation der Augustiner vgl. T. FUCHS 124f.; zur rheinisch-schwäbischen Provinz vgl. VERMEULEN. Zu den Franziskanerkonventualen vgl. ZIEGLER, Reformation 608; SCHINDLING, Franziskaner 104, 105. Zu den Observanten vgl. ZIEGLER, Franziskanerobservanten, bes. 71, 80f.

[63] Vgl. zusammenfassend S. 97f.

[64] Vgl. P. KIRN 150ff. Zum diesbezüglichen Reichstagsabschied 1522 vgl. S. 301f. mit Anm. 39. Nach dem österreichischen Mandat von 1527 stand auf das Verlassen der Orden Gefängnis und Landesverweis; vgl. BRECHT, Edikt 488.

von 1524, *"quia pauci ad ordinem ingrediuntur et conventus propter fugas fratrum et mortalitates evacuantur"*.[65]

Die als Flucht aus dem Orden oder Apostasie bezeichnete "Disziplinlosigkeit" von Dominikanern war mehr als nur ein Randphänomen. Daher ist nach den Gründen für die durch viele Fratres erfolgte Verweigerung der konservativen Beharrung zu fragen. Bei der Apostasie handelte es sich um ein insgesamt sehr komplexes Phänomen, das nicht auf einen Nenner zu bringen ist. Es gab in jedem Konvent Personen, die sich aufgrund der Positionen der reformatorischen Theologie zum Ordensleben für die Aufgabe der monastischen Lebensweise entschieden.[66] Gerade ehemalige Bettelmönche spielten eine bedeutende Rolle bei der Ausbreitung der Reformation. Am spektakulärsten waren bei den Dominikanern neben den bereits genannten Fratres Bucer, Melander und Borchwede, die die Ordensgemeinschaft verließen,[67] der Austritt des Nürnberger Fraters Gallus Korn und des Heinrich Rees aus dem Konvent der friesischen Stadt Norden. Korn begründete sein Handeln in einer Rechtfertigungsschrift.[68] Rees legte nach einer öffentlichen Disputation in der Dominikanerkirche am 1. Januar 1527 das Ordenskleid ab und wurde Pfarrer der Norder Kirchengemeinde. Mehrere Ordensbrüder sollen sich ihm angeschlossen haben.[69] Allerdings muß einschränkend gesagt werden, daß nicht alle Apostaten aus dem Dominikanerorden unbedingt vom "wahren Licht des Evangeliums" erleuchtet worden waren, sondern häufig von Existenzangst geleitet waren. Dies war wohl der Grund, warum eine beträchtliche Zahl von Fratres den Eisenacher Exilkonvent verließ.[70] Besonders wenn das Ende eines Konvents abzusehen war, ließen Fratres sich finanziell abfinden oder legten das Ordensgewand ab und suchten nach einer Anstellung als Geistliche im alt-[71] wie im neugläubigen Kirchenwesen,[72] wobei die

---

[65] LÖHR, Kapitel 173, 40*. Die Bestrafung der Fugitivi wurde den Vikaren der Nationes übertragen; vgl. ebd. 178.

[66] Gut ist in dieser Hinsicht der Frankfurter Konvent dokumentiert; vgl. S. 60 Anm. 65. - In Köln flohen 1611 zwei Dominikaner (vgl. NBD, K, V/1, 314 Nr. 329, 442 Nr. 466, 463 Nr. 492), 1612 ein weiterer (vgl. ebd. 694 Nr. 715, 757f. Nr. 773); 1611 waren zwei geflohene Augustinereremiten bei den Kölner Dominikanern inhaftiert (vgl. ebd. 371).

[67] Vgl. S. 1.

[68] Vgl. LÖHR, Akten 1503, 280 mit Anm. 68; G. VOGLER, Nürnberg 43, 321f.; KALKOFF, Capito 112 Anm. 1. Vgl. auch J. SCHILLING, Klöster 143f.

[69] Zu ihm vgl. LÖHR, Kapitel 50* sowie 75 (1517 Student in Bremen), 120 (1519 Student in Norden). Wahrscheinlich identisch mit dem 1519 nach Norden assignierten Johannes Rue(?); vgl. ebd. 125. Evtl. aus dem Terminort Rees stammend.

[70] Vgl. S. 267f.

[71] Im Bistum Münster wirkten etliche Predigerbrüder aus Wesel, Zütphen und Zwolle, die das Ordensgewand abgelegt hatten, in der Seelsorge; vgl. SCHROËR 330.

[72] Frankfurt: der im Ansbachischen tätige Prädikant Thomas, M. Sebander; Göttingen: Henzemann; Nordhausen: P. Buchmar, J. Ludolf etc.

Übergänge zwischen den beiden späteren Konfessionen vor 1529/30 noch fließend waren. Der Austritt aus dem Orden ist nicht immer mit der Annahme der "neuen Religion" gleichzusetzen. Ebenso traten auf altgläubiger Seite Dominikaner aus dem Orden aus und in andere monastische Gemeinschaften über.[73] Sah man die außerhalb der Konvente lebenden Religiosen in der Regel auf altgläubiger Seite als "Apostaten" an, so waren sie andererseits häufig in beiden Konfessionen gesucht, um bei dem herrschenden Pfarrermangel die Seelsorge einigermaßen aufrechterhalten zu können.[74] Dabei stand auf der einen Seite auch nach 1530 längere Zeit das konfessionelle Profil eines Territoriums nicht genau fest bzw. wurde nicht durchgesetzt und auf der anderen Seite müssen die je individuellen Motive berücksichtigt werden. Unter den Observanten wie den Konventualen gab es Fratres, die an ihrer Versorgung interessiert waren, und darüber hinaus "Pfründenjäger".[75]

Das Interesse der Fratres an Absicherung und einem gewissen Lebensunterhalt war sehr berechtigt und wurde mitunter auch von den Klostervorstehern geteilt. Der Nürnberger Prior sah sich aus finanzieller Not schon 1522 gezwungen, Fratres aus dem Kloster zu entlassen, damit sie anderswo ein Auskommen finden könnten.[76] Andere Fratres fügten sich erst nach langjährigem Widerstand ins neue Kirchenwesen ein, oft aufgrund der Unmöglichkeit, länger im Kloster zu leben. Da manche nur äußerlich aus wirtschaftlichen Zwängen neugläubige Geistliche wurden, administrierten sie die Sakramente auf altgläubige Weise weiter. Wie aus dem Visitationsprotokoll gefolgert werden kann, war der in welfischen Landen amtierende Heinrich Kindermann 1551 *"zu Arkenrode pastor, ist geweigter priester, ein religiosus predicatorum ordinis zu Braunschweig gewesen in monasterio S. Pauli, hat ein weib genommen. Sagt, habe solchs tun mußen. Respondit generalia. Jetzo helt er sich der christlichen alten religion gemeß, darbei er die tag seines lebens zu pleiben gemeint, ob Gott will."*[77] Frater Gobbel Pyrn war anläßlich einer Versetzung aus dem Kölner Konvent geflohen, wurde Landsknecht und wirkte schließlich als Kaplan im Ort Inden in der Grafschaft Jülich-Berg, wo er mit seiner Magd zusammenlebte. Im

---

[73] Vgl. oben S. 312 Anm. 24. Die in den Diensten Albrechts von Brandenburg stehenden Dominikaner Michael Vehe und Wirtenberger wurden Kanoniker des Neuen Stiftes zu Halle, Vehe sogar Propst; vgl. oben S. 314 Anm. 32.

[74] Vgl. JEDIN 272f.

[75] Hier sei exemplarisch auf Johannes Burchard verwiesen. Er schloß sich Nuntius Aleander an und erhielt so eine Dispens, um als Ordensmann und Bettelmönch eine Pfründe annehmen zu können. Daher konnte er Prediger in Bremgarten werden; 1531 erhielt er die Esslinger Stadtpfarrei, wo er wegen der reformatorischen Änderung jedoch nur kurz bleiben konnte; vgl. FRANK, Dominikanerkloster 448f.; PAULUS, Dominikaner 325-330. Zu seinem Wirken als Generalvikar der Konventualen vgl. S. 318 Anm. 54.

[76] Vgl. PFEIFFER 403 Nr. 203, MÜLLER/SEEBASS 142.

[77] SPANUTH 261; vgl. auch 287.

Visitationsbericht vom 12. Oktober 1559 steht über ihn geschrieben: "*Leert und administrirt sacramenta catholisch*".[78] In späterer Zeit nahm die Zahl der Apostaten ab. Einerseits gab es nicht mehr so viele Dominikaner, auf der anderen Seite waren jene, die in den Konventen blieben, meist aus Überzeugung im Orden, denn die äußeren Umstände machten ein Verbleiben nicht attraktiv. Die aufgezeigte Bandbreite der Handlungsmuster und die große Zahl der auf so verschiedene Weise für die Reformation gewonnenen bzw. tätigen ehemaligen Mendikanten macht weitere Untersuchungen zu diesem Aspekt der "ersten protestantischen Pfarrergeneration" notwendig.[79]

Zum Vorgehen der Räte gegen den Fortbestand der Konvente in neugläubigen oder neugläubig werdenden Kirchenwesen gehörten personalpolitische Maßnahmen. Hinzuweisen ist auf das obrigkeitlich erteilte Verbot von Neuaufnahmen, wodurch gezwungenermaßen der Nachwuchs ausblieb. Ebenso unterstützte die Obrigkeit die von den Reformatoren propagierte Unverbindlichkeit der Klostergelübde, indem - wie in der Nordhäuser "Ratschlagung" oder der Göttinger Kirchenordnung von 1530[80] - sogar ausdrücklich das Recht eines jeden Mönchs betont wurde, auszutreten, wenn und wann er wolle. Apostasien ab ordine et ab religione, zu deren Verfolgung die jeweilige Obrigkeit an sich verpflichtet war, wurden nun geduldet oder sogar ausdrücklich gefördert. Durch diese aktiven wie passiven Maßnahmen der Magistrate und Fürsten wurde der Personalbestand weiter dezimiert.

Wichtiges Druckmittel der Obrigkeiten war die Aufkündigung des Schutzes. Unliebsame Persönlichkeiten des Ordens wurden mitunter ausgewiesen.[81] Manchmal wurde aus unterschiedlichen Motiven die Konventsstärke beschränkt oder alle "Ausländer", d.h. diejenigen, die nicht im jeweiligen Konvent Profeß abgelegt

---

[78] Vgl. REDLICH I, 790. Ebenso blieb der Prior des aufgehobenen Röbeler Konvents, der dann als Pfr. von Nätebow und Leizen wirkte, ein "*arger Papist*"; vgl. VORBERG 16f.

[79] Vgl. J. SCHILLING, Klöster 226-230.

[80] Vgl. S. 86f. (Nordhausen), S. 137 (Göttingen).

[81] Methodisch schwierig ist die Vergleichbarkeit der Beispiele, denn ausgewiesen wurde z.B. aus dem altgläubigen Rottweil wie aus dem neugläubigen Konstanz, wo es schon längst ein Predigtverbot für Altgläubige gab. Petrus Hutz wurde vom Ulmer Rat 1524 und im März 1525 das Predigen verboten, bald darauf mußte er die Stadt verlassen; vgl. PAULUS, Dominikaner 284f. Antonius Pirata wurde 1527 aus Konstanz gewiesen (vgl. ebd. 323), ebenso 1524 und endgültig 1525 Johann Faber aus Augsburg (vgl. W. EKERT: Faber, Johannes. In: LThK² 3 (1959) 1331). Das ab 1534 geltende Predigtverbot traf auch den Augsburger Domprediger Johann Fabri OP (vgl. H. TÜCHLE: Fabri, Johannes. In: LThK² 3 (1959) 1334). 1529 mußte der Lektor der Dominikaner Rottweil verlassen (vgl. HECHT 91).

hatten, ausgewiesen - so in Frankfurt -[82]; schließlich im Verbot der Novizenaufnahme der Konvent zum Aussterben verurteilt.

Die örtliche Obrigkeit sah die Ordensleute einschließlich des Provinzials - wie den
in der Stadt befindlichen Klerus insgesamt - als Untergebene an. Von dieser
Auffassung bestimmt, schrieb Herzog Georg von Sachsen im Jahr 1525 an die Stadt
Mühlhausen wegen der Restitution des Predigerkonvents: er hätte dem Provinzial
befohlen, das Kloster wieder zu besetzen.[83] Der altgläubige Rottweiler Magistrat
reglementierte im Vertrag von 1534 den Personalstand der dortigen Dominikaner wie
des Ulmer Exilkonvents. Beiden gestand die Obrigkeit jährlich bis zu vier Novizen
zu.[84] So erfolgten personelle Zulassungsbeschränken für die Orden auch durch
altgläubige Obrigkeiten.

Ausdruck der Instrumentalisierung der Dominikaner in altgläubigen Städten war
auch, daß sie für das obrigkeitliche Vorgehen gegen die Neugläubigen eingesetzt
wurden, so in den wenigen bisher bekannten Inquisitionsprozessen.[85] Dieser Bereich
war längst Sache der Obrigkeit geworden, weshalb Inquisitionsprozesse von ihrer
Zustimmung abhingen. Doch gab es diese Einwilligung selten. Die Obrigkeit nahm
meist auf die öffentliche Meinung und die evangelische Bewegung Rücksicht. Das
mittelalterliche Ketzerrecht, aufgrund dessen 1477 Johann von Wesel unter

---

[82] Vgl. S. 59 Anm. 63 (Nr. 5). Als dem Freiburger Konventualenkonvent die Einführung der Observanz
drohte, rechtfertigte Prior Landwehrlin das Verbleiben bei den Konventualen gegenüber dem päpstlichen
Legaten um 1575, daß er ohne den Willen der Kastenvögte und Schirmherren des Konvents einer solchen
Veränderung nicht zustimmen könne, die auf die Verdrängung der Landeskinder aus dem Konvent und die
Besetzung mit auswärtigen Ordensleuten abziele. Die gleiche Befürchtung hegte auch der Magistrat; vgl.
POINSIGNON 31f.

[83] "*Nachdem wir gegenwertigen ... u.l.a. hern Hermann Rabe, provincial predigerordens in Sachsen, befelh
getan, fleys zu haben, damit das closter gemelts ordens bey euch widerumb mit frommen, redlichen
ordenspersonen mochte bestalt und vorsehen werden, das er also zu fleyßigen zugesagt*"; GESS, Akten II,
278 Nr. 1027.

[84] Vgl. HECHT 94.

[85] Zur Beteiligung an der Verbrennung Heinrich von Zütphens 1524 vgl. IKEN 78-84; SEEGRÜN (ohne
Berücksichtigung der reichsrechtlichen Situation); vgl. zur Person Zütphens auch MOELLER, Inquisition 22f.
Bei der Disputation auf dem Provinzkapitel der Teutonia 1524 setzte sich J. Heym für ein gewaltsames
Vorgehen gegen Ketzer ein, falls sie nicht friedlich gewonnen werden könnten (vgl. T. FUCHS 131). Je nach
Einstellung der Obrigkeit kam es weiterhin zu Ketzerprozessen. Selten fanden sie im Reich statt, häufig in
den Niederlanden, so z.B. 1526 in s'Hertogenbosch unter dominikanischer Mitwirkung (vgl. MEIJER 157).
Im Auftrag des Kölner Erzbischofs wirkten 1527/29 Köllin und Johannes Host von Romberg als
Inquisitoren. Adolf Clarenbach und Peter von Flysteden wurden hingerichtet; vgl. PAULUS, Dominikaner
144-147; WILMS 102-107 (auch zur Beteiligung Köllins an weiteren Untersuchungen); auf Köllins Betreiben
gab der Kölner Erzbischof der Verfügung des Reichskammergerichts nicht nach, Clarenbach zu entlassen
oder den Prozeß in Speyer zu führen. J. Slotanus schritt gegen den Kölner Professor J. Velsius ein, der
1556 aus der Stadt gewiesen wurde; vgl. K.-B. SPRINGER: Slotanus, Johannes. In: BBKL 10 (1995) 638;
allgemein zum Amt vgl. I. W. FRANK, Totenbuch 105f. Anm. 318.

Mitwirkung von Dominikanern verurteilt worden war[86] und vor dem sich auch Luther gefürchtet hatte, war wegen der öffentlichen Meinung nicht mehr anwendbar und ebenso wenig durchsetzbar wie das Wormser Edikt. War schon in Worms und Mainz 1520/21 die Verbrennung von Luthers Büchern auf Schwierigkeiten gestoßen, so waren erst recht vielerorts Ketzerprozesse nicht mehr durchführbar. Wenn von altgläubiger Seite aus gegen die Neugläubigen gerichtlich vorgegangen wurde, griff man nur selten auf die Dominikaner zurück. Einerseits hatten die Städte und Fürsten für die Behandlung rechtlicher Fragen ihre eigenen Beamten, andererseits war die Inquisition in Verruf gekommen und schließlich waren auch die "katholischen" Fürsten generell an einer Beschränkung der kirchlichen Gerichtsbarkeit interessiert. Die Unterstützung der päpstlichen Inquisition, insbesondere durch die Hinzuziehung von Dominikanern, hätte so den territorialen wie städtischen Interessen an der Zentralisierung des Rechts wie des Beamtenapparats widersprochen.

Wichtig für die konservative Beharrung wie für die spätere Erneuerung einer Konventsgemeinschaft war der Prior. Sein Handeln und seine Charaktereigenschaften bestimmten weitgehend, wie eine Kommunität gegenüber der religiösen Neuerung reagierte. Man vergleiche das Verhalten des Nordhäuser Priors Ludolf mit dem der Jenaer Prioren Eckenfelder und Kramer. Letztere hielten die Kommunität zusammen und achteten weiterhin trotz der insgesamt düsteren Situation auf Disziplin. Nach der Flucht oder Entfernung des Priors gab es mitunter Auflösungserscheinungen im jeweiligen Konvent.[87]

Da personelle Auszehrung spätestens ab den vierziger Jahren die Lage bestimmte, war es oft nur noch der Prior, der im Konvent verblieb, so über Jahrzehnte hindurch Wolfgang Plattner in Halberstadt oder der 1548 gewählte Rostocker Prior Hermann Otto (+ 1575).[88] 1561 beklagte selbst das Generalkapitel die düstere Situation: "*Amplitudo nostri ordinis in populosissima superiore Germania et Saxonia fere ad nihilum est redacta.*"[89] 1569 soll es in der ganzen Teutonia nicht mehr als 143 Religiosen gegeben haben.[90] Saxonia und Teutonia gehörten zu den "*provinciae desolatae*".[91] Außer Köln hatte kein Konvent mehr als sieben Priester.[92] Daher

---

[86] Vgl. S. 40 Anm. 187.

[87] Vgl. allgemein LÖHR, Kapitel 75*. Für Norden vgl. ebd. 50*.

[88] Zu Otto vgl. ULPTS 373f.; CREUTZ 426. Zu Plattner vgl. A. KOCH, Mendikanten 147f. Ähnlich handelten z.B. die Prioren von Wesel und Eger; vgl. LÖHR, Kapitel 71*, 72*, 74*.

[89] REICHERT, Acta V, 28. Zum Personalmangel vgl. auch SCHELLHASS I, 6 (um 1553), 30.

[90] Vgl. MORTIER 495.

[91] Wegen des Personalmangels konnten die Konvente nur aufgrund eines päpstlichen Privilegs weiterhin den Titel Priorat führen; vgl. Generalkapitel 1571: "*Item concessit sua sanctitas, ut in eisdem provinciis desolatis conventus, qui requisitum numerum fratrum olim habuerunt ad eligendum priorem, nunc vero pro tenuitate alere non possunt, titulo prioratus gaudeant, sic tamen, quod vocem in electione provincialis soli possint*

bedurften die beiden Provinzen dringend personeller Unterstützung. Wohl auch als Folge der Visitation des Vinzenz Herculaneus erfolgte ab 1569 die Assignation von Fratres vor allem aus der Germania inferior,[93] obwohl die Provinz wegen der Radikalisierung und Konfessionalisierung der Aufstandsbewegungen gegen die spanische Herrschaft und wegen der in dem Zusammenhang erfolgten Verwüstungen selbst der Unterstützung bedurfte. Ebenso wurden spanische und italienische Fratres in die Teutonia entsandt.[94]

Es entspricht ganz dem Befund der so häufig festgestellten Beharrung der Dominikaner in ihren Konventen, daß ihre Klöster so gut wie nie als Ausgangs- und Mittelpunkt der Glaubenserneuerung in Erscheinung traten. Vielmehr galten die verbliebenen Fratres als dezidierte Vertreter der altgläubigen Sache und leisteten nach Möglichkeit Widerstand gegen die religiöse Neuerung[95] wie schon am Beispiel der Ulmer Dominikaner gezeigt wurde. Ein Aufstand oder Widerstand gegen die dominierenden städtischen Obrigkeiten stand aufgrund der schwachen Position der Konvente ebensowenig in einem nach religiöser Einheit strebenden Gemeinwesen zur Debatte wie "Kultfreiheit" oder Toleranz.

---

habere, qui iuxta nostrarum constitutionum seriem alias solent admitti." (REICHERT, Acta V, 134) Der Personalmangel galt nicht nur von den Dominikanern. Der Mainzer Erzbischof urteilte - so Canisius - im Jahr 1567, die Klöster seines Sprengels könnten kaum noch zehn Jahre bestehen; ed. BRAUNSBERGER V, 517f., zur Intention des Canisius vgl. I. W. FRANK, Dominikanerkloster 472 Anm. 132; DERS., Totenbuch 122.

[92] So 1574 der Augsburger Prior M. Deibler; ed. P. SIEMER 241. Schon 1551 sollen in Wien nur 2-3 Fratres gewesen sein; vgl. HANSEN 175 Nr. 101.

[93] 1569: 5 Fratres assigniert, 1580: 2 sowie ein Italiener aus Kalabrien; vgl. REICHERT, Acta V, 98, 211. Zu Flüchtlingen vgl. S. 318 Anm. 53. Zu den aus der gleichnamigen niederländischen Stadt stammenden Brüdern M. u. L. Sittard vgl. K.-B. SPRINGER: Sittard, Matthias. In: BBKL 10 (1995) 573ff. Zu dem evtl. auch aus Sittard stammenden Provinzial vgl. DERS.: Sittard, Konrad. In: Ebd. 572f.; zu dem aus Geffen stammenden Kölner Professor und Inquisitor vgl. DERS.: Slotanus, Johannes. In: ebd. 638f. Man beachte die Admonitio des Generalkapitels 1583: "*Admonemus reverendissimum magistrum ordinis, ne in provincia Theutoniae faciat assignationes cum clausula, quod nullus inferior ipso possit eas annullare.*" (REICHERT, a.a.O. 246) Evtl. aus der Germania inferior (Holland) stammen die 1592 genannten Fratres Conrad und Andreas Holander, letzterer wäre dem Gmündener Konvent affiliiert worden; vgl. ebd. 309, 340, 343. Aus der Germania inferior kam das Personal für die Neubesetzung Augsburgs 1548; vgl. H. BARTH 713f. Zur Visitation des Herculaneus und zu den Reformrichtlinien Kleindiensts vgl. S. 359 Anm. 3, S. 360f.

[94] Zu Klagen über italienische Dominikaner in österreichischen Konventen, bes. Wien vgl. SCHELLHASS I, z.B. 6f., 152f. Aus Spanien stammte z.B. der Kölner Studienregens C. Morelles; vgl. S. 365 mit Anm. 40.

[95] Hinweis zu Esslingen bei SCHRÖDER 108, 81; zu Hamburg PAULUS, Dominikaner 78. Zum Ulmer Konvent vgl. S. 1.

2.3.2   Seelsorge und Studium

Die bis ca. 1522 unangefochten geübten "spätmittelalterlichen" Frömmigkeitsformen brachen in der Folgezeit schlagartig zusammen. Eine direkte Folge für die Konvente war insbesondere der Verlust ihrer Funktion als einer Art kommunaler "Altaristengenossenschaft" für Meßstiftungen.[96] Das galt ebenso für die mit dem Terminieren verbundene Seelsorge in einer mittlerweile neugläubig gewordenen Umgebung, so etwa für Mainz und Worms bzgl. den Gebieten der Kurpfalz und für Frankfurt für das Gebiet des Landgrafschaft Hessen. Außerdem war für die Fratres die Ausübung der Seelsorge nicht immer ungefährlich. Sie wurden angepöbelt und sogar mißhandelt.[97] In dem konfessionellen Streit waren altgläubiger Gottesdienst und altgläubige Predigt eine wichtige Form des Widerstandes, die deshalb in den protestantischen Kirchenordnungen verboten wurden. In Göttingen wurde z.B. in der Kirchenordnung speziell auf die mendikantische Seelsorge Bezug genommen. Hier war die reformatorische Theologie als verbindlich erklärt worden, weshalb die Seelsorge der Dominikaner funktionslos geworden war und dem Gemeinwesen nicht mehr nützlich sein konnte. Nicht nur in Göttingen suchten die Obrigkeiten die Klöster mit dieser Begründung einzuziehen. Weil die Klosteraufhebung aber vielerorts nicht so schnell bzw. überhaupt nicht durchgesetzt werden konnte, setzten die Dominikaner trotz des Gottesdienstverbotes ihre bisherige Frömmigkeitspraxis heimlich fort. Um dies zu unterbinden, wurden z.B. in Göttingen die Pauliner im Konvent eingeschlossen. In altgläubigen Städten konnten die Predigerbrüder ihre bisherigen Funktionen zwar einigermaßen ungefährdet weiter ausüben, doch war das Interesse daran nur sehr gering. Es erfolgten kaum neue Anniversarstiftungen, bestehende wurden abgelöst. Dies traf selbst in Bischofsstädten wie Mainz zu. Erst zu Ende des Jahrhunderts nahmen die Stiftungen und die Seelsorgetätigkeit der Dominikaner wieder zu. Interesse hatten die altgläubigen Fürsten allerdings an dominikanischen Hof- und Dompredigern sowie an (Kontrovers-) Theologen.[98]

Nachteilig wirkte sich für die Dominikaner die in neu- wie altgläubigen Kirchenwesen entstehende Zentralisation auf die Pfarrei aus. Bei reformatorischer Ausrichtung wurden die monastischen Sonderstrukturen aufgehoben, wenn nicht besondere Faktoren dies verhinderten. Im altgläubigen Bereich wurden die Beschlüsse des Konzils von Trient (1545-63), die das Amt des Pfarrers als des eigentlichen Predigers und Seelsorgers seiner Gemeinde erneut betont hatten, nun

---

[96] Vgl. S. 26. Mitunter wurde auch von "Vermittlungstheologen" die bisherige Praxis durchaus als reformbedürftig angesehen. Vgl. das Reformgutachten Georg Witzels 1538: *"Zu beimessen solt billich kein Mönch getzwungen sein. Were zu wunschen, das eine des tags woll vnnd fruchtbarlich gehalten würde, in gegenwert des gantzen Conuents"* (KATHREIN 378).

[97] Vgl. S. 205f. (Leipzig); S. 113 Anm. 72 (Erfurt). Zum Terminwesen vgl. S. 332 Anm. 117.

[98] Zur Tätigkeit an Kathedralen und Höfen vgl. die Hinweise S. 6f., S. 314 Anm. 32.

auch zunehmend im Deutschen Reich umgesetzt. Doch gab es schon vorher nur noch wenig Interesse an der paraparochialen Seelsorge der Dominikaner. Die Fratres verloren auch in der "katholischen" Seelsorge wichtige Funktionen. Aber mit der praktischen Umsetzung der Seelsorgereform wuchs ihnen ein neuer Wirkungsbereich zu. Der "Seelsorgenotstand", d.h. der Mangel an geeigneten Diözesanpriestern, führte dazu, daß den Dominikanern nun mehr und mehr die reguläre Pfarrseelsorge übertragen wurde.[99] Vor der Reformation waren nur selten und aufgrund besonderer Umstände Pfarreien dem Orden inkorporiert worden.[100] Wichtiger als diese vereinzelten Präzedenzfälle wurden die aus der Notsituation der Reformationszeit hervorgegangenen Veränderungen. Diese wurden durch die Konvergenz verschiedener Interessen gefördert: Die Predigerbrüder mußten ihre finanziellen Grundlagen sichern und die Patronatsherren und Obrigkeiten geeignete Seelsorger anstellen. Die zahlreichen Belege zeigen, daß es sich bei der dominikanischen Pfarrseelsorge nicht um Einzelfälle handelte. Die General- wie Provinzkapitel schritten vehement, aber erfolglos dagegen ein.[101] Die Beharrung eines Predigerkonvents wirkte sich daher mitunter über den Konvent und die in der Stadt lebenden

---

[99] 1520/21-28 versah ein Dominikaner die Pfarre zu Lübow, die der Sustentation des Wismarer Konvents diente; vgl. ULPTS 457ff. Nr. 32, 357ff., 313f., 272. 1524 wurde S. Reym von der Pfarrseelsorge in Weyden entbunden; vgl. LÖHR, Kapitel 175. 1527 störten Stralsunder Prädikanten den durch Greifswalder Dominikaner gehaltenen altgläubigen Gottesdienst in der hzgl. Burg; vgl. SCHEIB, Religionsgespräche 52. 1530-39 waren Strausberger Dominikaner als Vertreter von Pfr. und Kaplänen bezeugt; vgl. G. MÜLLER, Dominikanerklöster 70. Nur kurz war J. Burchard Pfr. in Esslingen, vgl. S. 322 Anm. 75. 1534 beklagt das Provinzkapitel der Saxonia, viele Dominikaner hätten sich als Kapläne und Plebane verdingt; diese wurden in die Konvente zurückberufen; vgl. LÖHR, a.a.O. 213. Zur Behebung der Finanznot bat der Wismarer Prior 1536 den Hzg. v. Mecklenburg um Besetzung von Pfarrstellen mit Dominikanern; vgl. ULPTS 465ff. Nr. 34; KLEIMINGER 137f. 1536 ist ein Joachim Fabian (Fabri) aus dem Brandenburger Konvent Pfr. zu Berge; vgl. BÜNGER, Mystik 101. Auch 1540 Pfarrer aus dem Orden ohne diesbezügliche Erlaubnis erwähnt; vgl. LÖHR, a.a.O. 221. Der Röbeler Prior besaß 1541 zwei Pfarrstellen, vgl. ULPTS 384; VORBERG 16f. Um 1543 war Johannes von Oppenheim vom Essener Kapitel als Pfarrer vorgesehen, er wurde jedoch von den Bürgern ausgewiesen; vgl. LÖHR, a.a.O. 223 Anm. 15; FRANZEN, Ordensklerus 487. 1544 verstarb der die Neubukower Pfarre versehende N. Lange OP; vgl. KLEIMINGER 138f. 1550 ließ sich der Pfarrer von Lülsdorf durch einen Kölner Dominikaner vertreten; vgl. REDLICH II/2, 185. - Zu weiteren Belegen vom Ende des Jh. vgl. S. 363 Anm. 24.

[100] Erst 1513 wurde dem Leutenberger Konvent durch das Generalkapitel die dortige Pfarre inkorporiert, die schon 1491 übertragen worden war; vgl. REICHERT, Acta IV, 118: "*Acceptamus in provincia Saxoniae incorporationem et donationem paroeciae Leuthenbergensis ... factas per ... dominum archiepiscopum Maguntinum et generosum dominum comitem Baltazar de Suarzberg conventui Leuthenbergensi*". - Außer Betracht bleiben die vor wie während der Reformationszeit erfolgten Dotierungen der außerhalb eines Konvents lebenden Weihbischöfe aus dem Orden mit Pfarreien, denn sie gehörten zur Sustentation des Amtes. Ebenso wird das Bemühen etlicher Fratres um Pfarrpfründen nicht weiter verfolgt, da die Motivation zumeist dem Interesse an einer Versorgung entsprang und mit dem Orden und seinen Zielen nichts zu tun hatte.

[101] Das Osnabrücker Kapitel von 1583 bestimmte: "*deserant parochias sive cappellanias, ad suos conventus se conferant*" (vgl. KORDEL, Kapitelsakten 237). Zu weiteren Kapiteln der Saxonia vgl. oben Anm. 99; zur Bestimmung des Generalkapitels 1622 vgl. S. 370.

Altgläubigen hinaus gerade in den Orten aus, wo nun mittels der Pfarrseelsorge eine kontinuierliche Präsenz der Dominikaner gewährleistet war. Während den Dominikanern auf protestantischer Seite nach Möglichkeit jede Form der Seelsorge entzogen wurde, wurden sie auf altgläubiger Seite damit betraut. Doch wurde - wie in Mainz - ihr herkömmliches seelsorgerliches Angebot nur in geringem Maß von der Bevölkerung angenommen.[102] Außerdem hatte die von den Dominikanern ausgeübte Seelsorge aufgrund der sich ständig verschlechternden Personal- und Studiensituation manchmal ein niedriges Niveau und war daher für die Gläubigen nicht besonders anziehend. Darauf kam es jedoch letztlich nicht an. Entscheidend war hier wieder das Interesse der Obrigkeiten. In Fortsetzung vorreformatorischer Praxis wurden die Dominikaner weiterhin für die verschiedenen Interessen der "Regierungen" instrumentalisiert. Als der Magistrat von Esslingen mit dem altgläubigen Pfarrer Sattler in Streit lag, forderte er 1529 die vier Bettelorden auf, ihre Predigten zeitgleich zu denen des Pfarrers zu legen, obwohl nach kirchlicher Vorschrift generell die extraparochiale Seelsorge der Bettelorden nicht mit dem Pfarrgottesdienst konkurrieren durfte. Nachdem der Rat die Verantwortung gegenüber den kirchlichen Oberen übernommen hatte, führten die Mendikanten die Anordnung des Rates aus.[103]

Das Studienwesen der Dominikaner brach nicht so schnell zusammen wie die Stiftungspraxis der ihnen verbundenen Gläubigen. Doch nahm auch in diesem Bereich trotz allen Ausharrens das Engagement der Dominikaner allmählich ab. Aufgrund des Personalmangels erlangten ab den dreißiger Jahren kaum noch Fratres die akademischen Grade. Die Präsenz des Ordens an den Universitäten erlosch. An der Universität Freiburg/Br. wurde als letzter Professor der 1540 verstorbene Johannes Sacherer genannt.[104] In Erfurt endete um 1543 nach dem Weggang des Petrus Rauch nach Mainz die vielhundertjährige Tradition der Dominikaner an der Universität, wenn man von den kurzen Intermezzi 1560 und 1588 absieht. Nach der Aufhebung des Leipziger Konvents 1540 konnte der 1543 an der protestantischen theologischen Fakultät promovierte ehemalige Prior Schirmeister noch drei Jahre lang an der theologischen Fakultät den Kurs einer "via media" steuern. An der Mainzer Universität endete das 1532 begonnene Engagement von Dominikanern

---

[102] Zur Ablösung von Stiftungen in Mainz vgl. S. 184f. Anm. 54ff.

[103] Vgl. SCHRÖDER 82. - Generelle Regelung der Seelsorge zwischen Weltklerus und Mendikanten in der Bulle "Super cathedram" des Papstes Bonifaz VIII. vom Jahr 1300; vgl. BERGER, Bettelorden 210 Anm. 12.

[104] Vgl. POINSIGNON 22; DOLD, Studien 81. 1539 immatrikulierte J. Faber an der Univ. und erlangte wohl 1540 das Bakkalaureat; die für 1545 erwähnte Rede vor der Freiburger Hochschule läßt keine Rückschlüsse auf eine dortige Tätigkeit zu; vgl. PAULUS, Dominikaner 236f. 1563 gründete Provinzial Brand im (observanten) Konvent erneut ein Generalstudium; vgl. ebd. 273 Anm. 2; POINSIGNON 26, datiert irrtümlich auf 1543.

spätestens 1546, als Petrus Rauch Bamberger Weihbischof wurde. Bis 1552 wirkte Ambrosius Pelargus (um 1493-1561) an der Trierer Hochschule.[105] Der Zusammenbruch im Studienwesen galt auch für die ordensinternen Generalstudien. Schließlich blieben der Saxonia nur noch außerhalb der Provinz gelegene Studienorte. Am häufigsten waren Studierende in Köln[106] und Bologna[107] nachweisbar. Auch für die Teutonia gilt die Bedeutung dieser beiden Studienzentren. Außerdem ist noch Wien zu erwähnen.[108] Das 1563 wiederbegründete,[109] 1571 vom Generalkapitel der Teutonia restituierte Freiburger Studium blieb wohl im Besitz der Konventualen.[110] Nur wenig überzeichnete 1574 der Augsburger Prior M. Deibler die recht düstere Situation: "*In tota nostra provincia unum tantum theologum,*

---

[105] Vgl. H.-W. STORK: Storch, Ambrosius. In: BBKL 10 (1995) 1562f.

[106] Vgl. I. W. FRANK, Erneuerung 469f. Zu Studenten der Saxonia in Köln von 1519-40 vgl. LÖHR, Kapitel 123, 153f., 185, 196, 206, 207, 214, 215f., 223. Vor 1534 hatte M. Worstermann in Köln studiert; vgl. ebd. 61*. 1564 beschloß das Generalkapitel auf Antrag des Provinzials der Saxonia, daß Klöster, die ihren Nachwuchs in Köln studieren ließen, dies wieder in der Provinz tun sollten; vgl. REICHERT, Acta V, 67. Doch ließ sich das nicht aufrecht erhalten. 1570 sandte Provinzial Hoppe den Dortmunder Subdiakon Arnold Corvinius zum Studium nach Köln; vgl. BÜNGER, Beiträge 112. - Ebenso Studienort der Germania inferior: 1563 wurde für einen Rotterdamer Konventualen ein Studienplatz im Kölner bzw. Löwener Generalstudium gestiftet (vgl. MEIJER 189); 196 zum Generalstudenten J. Leendt (vor 1566). Das Magisterium des 1569 als Löwener Bakkalar erwähnten W. a Quercu wurde 1574 approbiert, 1580 war er in Köln Studienregens; vgl. REICHERT, a.a.O. 110, 181, 214. Während der Zeit der Beharrung wurde das Kölner studium fast durchgehend erwähnt; vgl. REICHERT, Acta V, 22, 39, 43, 46 (1561); 67, 71f. (1564), 110 (1569), 106, 110 (1569); 146 (1571), 214, 220 (1580). Vgl. weiterhin LÖHR, Dominikanerkloster 104f. Zu den Studienregenten 1535-60 s. K.-B. SPRINGER: Smeling, Tilman. In: BBKL 10 (1995) 648; DERS.: Slotanus, Johannes. In: ebd. 638. Zu Ende des Jahrhunderts stammten aus der Germania inferior die Professoren Bergereyk (1581-92; vgl. S. 318 Anm. 52f.) und Arnold Nylen; aus Italien (1592-95) P. Muttonus von Treviso, aus Spanien C. Morelles; vgl. LÖHR, Dominikanerschule 18ff., 20 zu Immatrikulationen. Zu Morelles s. auch S. 365 mit Anm. 40. Weitere Promotionen 1564: W. Hammer (Prior v. Ulm), M. Sittard und J. Gerssen, zum Baccalaureat: B. Verbinus (Lektor Colmar); vgl. REICHERT, Acta V, 68, 76. 1569: Lizentiat W. Gennep, Baccalaureat H. Gladbach (106). 1571: dass. Arnold Berigensis von Ulm (146). Für 1580 vgl. ebd. 214, 220. Zum Kölner Studium in der Zeit der Beharrung vgl. auch LÖHR, Dominikanerkloster.

[107] Studenten der Saxonia in Bologna: 1525 M. Gagelman (vgl. REICHERT, Acta IV, 203); 1526 H. Hoppe, 1538 J. (Querfelt) v. Sachsen; vgl. LÖHR, Reg. Turriani 136, 137. Vgl. REICHERT, Acta V, 70 (1564 Student Lucas v. Pettau), 141 (1571 Wolfgang Biel als Prior und Moderator des Studiums). Zur Teutonia vgl. ebd. 248 (1583: "*Concedimus provinciae Theutoniae ob calamitates et miserias, quibus opprimitur, quod studentes duo acceptentur in conventu Bononiensi, etiam si non fuerint assignati per capitulum provinciale, dummodo tamen habeant literas testimoniales aut a reverendissimo generali aut a suo provinciali.*"). Aus der Teutonia 1539 B. Hasabacher; vgl. ebd. IV, 285. 1600 Assignation des Ernst Abranch, vgl. ebd. V, 399.

[108] 1550-1552 war Johannes Gressenikus (+ 1575) dort Professor; vgl. PAULUS, Dominikaner 289.

[109] Vgl. S. 366 mit Anm. 45.

[110] Vgl. REICHERT, Acta V, 123, 160.

330

videlicet R. P. regentem Coloniensem habemus ... Unde licentiatum? unde baccalaureum?"[111]

2.3.3 Ökonomie und Klosterpflegschaft

Der Zusammenbruch der bisherigen Seelsorgepraxis führte in Teutonia wie Saxonia zu einer Existenzkrise der Konvente aufgrund der katastrophalen ökonomischen Lage. Mit der Ausbreitung der neuen Lehre und den massiven Angriffen ihrer Prediger auf die monastische Lebensweise sanken die freiwilligen Spenden der Gläubigen an die Predigerbrüder. Selbst die eingegangenen Verpflichtungen für Anniversarstiftungen und Zinsbriefe wurden nicht mehr eingehalten.[112]

Schwerwiegender wirkten sich im Bereich der Ökonomie die obrigkeitlichen Maßnahmen gegen die Konvente aus. Bestattungs-, Predigt- und Meßverbote sowie der verordnete "Hausarrest" hatten direkte Auswirkungen auf einen Orden, der sich über die ausgeübte Seelsorge finanzierte. So verloren die Konvente ihre wichtigsten Einnahmequellen. Da die Bettelorden - wie schon mehrfach erwähnt - von ihrer Verfassung her finanziell nur sehr schlecht abgesichert waren, konnte dieser Schwachpunkt von Magistraten und Fürsten ausgenutzt werden. Zusätzlich wurden Konvente wie z.B. der in Leipzig zu öffentlichen Ausgaben und Steuern herangezogen.[113] Außerdem brachten die häufigen Inventarisierungen klösterlichen Gutes durch die Obrigkeit bzw. ihre Pfleger zum Ausdruck, daß das gestiftete Klostergut nur eingeschränkt eine finanzielle Rücklage für die Dominikaner bedeutete. Schließlich wurden Konventen die Urkunden für Stiftungen, Renten und Zinsen entzogen.[114] Durch die Verwahrung der Besitzurkunden wie der Kleinodien im Rathaus, durch die Einsetzung von Pflegern für das Konventsvermögen bis hin zu Schikanen wie der Zuweisung von Kostgängern, die das Kloster zu ernähren hatte,[115] wurde der Widerstand der Dominikaner nicht unwesentlich geschwächt. In Frankfurt ermöglichte der ökonomische Druck schließlich die "Kapitulationsurkunde" von 1544, worin die Dominikaner das obrigkeitliche Verbot der Aufnahme von Novizen akzeptierten.[116] Trotz der zunehmenden Verarmung wurde kein

---

[111] P. SIEMER 243.

[112] Zur Ablösung von Stiftungen und Anniversarien vgl. für Mainz S. 184f. Anm. 54ff.

[113] Vgl. S. 209.

[114] Dies war in vielen der behandelten Konvente mindestens zeitweise der Fall, vgl. z.B. Erfurt, Göttingen, Leipzig, Nordhausen. Zu Braunschweig vgl. LÖHR, Kapitel 55*. Im altgläubigen Freiburg/Br. war 1542 das Archiv der Dominikaner auf Befehl des Stadtrats, der schon 1540 das Ende des Konvents befürchtet hatte, ins städtische Spital gebracht worden, um "unnütze Haushaltung" zu verhindern; vgl. POINSIGNON 27.

[115] Zu Frankfurt vgl. S. 66.

[116] Vgl. S. 66f.

Konvent aus finanziellen Gründen von den Dominikanern übergeben. Allerdings war wegen des Mangels an Einkommen die Position der Dominikaner gefährdet. Bei etlichen Fratres, die - wie oben erwähnt - austraten, spielte nicht die theologische Überzeugung, sondern die Frage der materiellen Existenzsicherung die entscheidende Rolle.

Das funktionslos gewordene Terminwesen war in vielen Städten und Territorien verboten und da, wo es noch erlaubt war, Kritik und Angriffen ausgesetzt.[117] Der Bettel der Fratres galt als "Schädigung der Volkswirtschaft". Die mendikantische Predigt war kein adäquater Gegenwert mehr für das erbetene Geld. Da sich die eigentlichen "Adressaten" nur in geringem Maß für die angebotene Seelsorge interessierten, brachte also auch das Terminieren kaum Einkünfte.

Die Dominikaner lebten weitgehend von den vorhandenen Gülten und Kapitalbriefen, also ihrer früheren Tätigkeit im "Bankwesen", und von den noch vorhandenen Stiftungen.[118] Da dies aber nicht ausreichte, waren die Predigerbrüder, um überleben zu können, häufig zu (Not-) Verkäufen nicht zuletzt auch an die Obrigkeiten gezwungen.[119] So befürchtete der Mainzer Konvent wegen seiner Verschul-

---

[117] Bettelverbote verstärkten die Finanzschwierigkeiten der Mendikanten. Die spätmittelalterliche Kritik wurde von Luther intensiviert und z.B. 1522 in die Ordnung der Stadt Wittenberg übernommen, die für viele Orte als Vorbild wirkte: "4. Ebenso soll kein Orden mehr eine Terminei bei uns halten. 5. Genauso soll es keinem Mönch gestattet werden, in unserer Stadt zu betteln." OBERMAN, Kirche 83. Kritik auch auf dem Nürnberger Reichstag 1523; vgl. DRTA.JR III, 651 Nr. 110; SALLABERGER 100. Schon 1521 verbot der Zwickauer Rat Plauener Fratres das Terminieren, 1524 mußten sie ihr Terminhaus für 200 fl. verkaufen (vgl. LÖHR, Kapitel 46*f.). Der Leipziger Konvent verlor vor dem Bauernkrieg alle Termineien, von denen eines sogar verbrannt wurde (vgl. S. 205f.). Aufhebung des Terminwesens wurde im Zusammenhang des Bauernkriegs verlangt bzw. (kurzfristig) durchgesetzt; vgl. für Frankfurt S. 56 Anm. 50; zu diesbzgl. Rheingauer Artikeln vgl. STRUCK 201, 210. Die erste Celler Kirchenordnung von 1525 sprach ein Bettelverbot für die Mendikanten aus (vgl. KRUMWIEDE, Kirchengeschichte 31 Nr. 13). Die Kritik wurde (vereinzelt?) im altgläubigen Bereich übernommen; vgl. G. Witzels Reformgutachten 1538: "Sonst soll den Bettelmönchen ir terminieren vnnd ergerlichs vmblauffen nicht mehr gestattet werden." (KATHREIN 378, vgl. auch 370 Nr. 23) Meist mußten die Dominikaner die Terminei an die jeweilige Obrigkeit verkaufen, so der Halberstädter Konvent 1532 die Terminei in Aschersleben (vgl. MÜLVERSTEDT 59f.), 1542 die in Wernigerode (vgl. JAKOBS, Hierographia 164); der Pirnaer Konvent das Dresdner Haus (vgl. BUTTE 199) und Seehausen die Salzwedeler Terminei (vgl. CREUTZ 307). Wie Klöster wurden Termineien z.T. für kirchliche und schulische Zwecke verwandt, d.h. als Wohnungen der Amtsinhaber; vgl. z.B. S. 245. - In Terminhäusern wurde gelegentlich für die neugläubige Seite gepredigt; vgl. GESS, Akten I, 118 Nr. 157; LUDOLPHY, Kampf 165f., die von einem "verfrühten Einzelfall" spricht. Meist waren Terminarier Prediger der alten Lehre: 1524 schrieb Herzog Georg dem Annaberger Rat, neben dem jetzigen Prediger und dem Pfarrer solle "auch eyn terminarius predigerordens, so sich korzlichen zun euch fugen wyrd", predigen; vgl. GESS, Akten I, 616 Nr. 613.

[118] Vgl. S. 28.

[119] Zu Notverkäufen u. vorenthaltenen Abgaben vgl. z.B. BÜNGER, Mystik 66f., 70 (Seehausen); 88 vereinbarte der Prenzlauer Konvent beim Verkauf des Brauhauses an die Stadt, daß diese bis zum Tod des letzten Mönchs eine gewisse Summe zahlen solle, auch falls die Mönche aus dem Kloster "entsetzt" werden

dung 1542 die Aufhebung. Das Einkommen des Freiburger Konvents war 1540 auf ca. 327 Pfund an Geld gesunken.[120] Die Tätigkeit als Prediger für die altgläubige Sache bzw. im Pfarr- oder Fürstendienst konnte da keinen ausreichenden Ersatz schaffen. Wegen ihrer Armut mußten die Dominikaner um jeden Besitztitel kämpfen,[121] was zugleich bei den Neugläubigen für die Richtigkeit ihrer Auffassung vom "gierigen Bettelmönch" sprach. Die finanzielle Not ist besonders deutlich in einem Schreiben des Augsburger Priors M. Deibler von 1574 beschrieben: *"non sunt in provincia nostra quinque conventus, qui suis sumptibus valeant unum studentem vel semistudentem alere"*.[122] Trotz aller dieser widrigen und deprimierenden Umstände setzten die Dominikaner ihre Beharrung fort.

Wichtig für die Standfestigkeit und das Überleben der Dominikaner wurde neben der vielerorts jedoch nur sehr schwachen Unterstützung durch die Gläubigen vor allem die gegenseitige Solidarität der ums Überleben kämpfenden altgläubigen Institutionen. Mitunter schrumpfte der Förderkreis der Dominikaner ganz auf den Klerus zusammen, so selbst in der Bischofsstadt Mainz.[123] Genauso große Bedeutung wie die finanzielle hatte häufig die juristische und die obrigkeitliche

---

würden.

[120] Zu Freiburg/Br. vgl. DOLD, Wirtschaftsgeschichte 35 Anm. 1; POINSIGNON 26. Zu Rostock vgl. ULPTS 368; 359 zu Wismar; 468 Nr. 36 zu *"grother suare sculth"* des Wismarer Konvents 1546.

[121] In Wismar prozessierten sie 12 Jahre um einen abgenommenen Acker, den sie zwar nicht wieder erhielten, aber finanziell kompensiert wurden; vgl. ULPTS 359; KLEIMINGER 139. Der Göttinger Konvent bat um 1540 den Mainzer Erzbischof, er möge ihnen zu ihren Einkünften vom Kloster Steina verhelfen. Zu Ulm und Jena vgl. S. 338 Anm. 14.

[122] P. SIEMER 243.

[123] Vgl. S. 182 sowie I. W. FRANK, Dominikanerkloster 459-465.

Unterstützung sowie der Schutz durch die Bischöfe[124] und Domkapitel,[125] die häufig an der Regierung eines Hochstifts beteiligt waren.

---

[124] Vgl. allgemein die Gebetsaufforderung des Kapitels der Saxonia 1528: "*pro ... episcoporum omniumque praelatorum tocius ecclesie sancte, presertim sub quorum dominiis et jurisdictionibus provincia nostra habet conventus et terminos suos, quilibet sacerdos unam missam.*" (LÖHR, Kapitel 199). Unter anderem sperrte der Augsburger Bischof Christoph von Stadion der Reichsstadt die Einkünfte des verlassenen Predigerklosters, um sie den Dominikanern zu erhalten (vgl. DOMMASCH 88). Zum Reichskammergerichtsprozeß des Mainzer Erzbischofs gegen Frankfurt, zum Holzembargo und der Nutzung des Klosters als Logis vgl. S. 66 und S. 70. 1559 stellte der Magdeburger Erzbischof Sigismund dem Haller Dominikanerkloster einen Schutzbrief aus; vgl. G. MAY 190. - Papsttum und Kurie unterstützten die Predigerbrüder kaum (trotz Aleanders Beauftragung der Dominikaner mit der Predigt gegen Luther). In neugläubigen Kirchenwesen hatte dies auch wenig Sinn. Doch können auch den Berichten der Legaten und Nuntien sowie den Reichstagsakten wenig Initiativen für die bedrängten Klöster entnommen werden. Angesichts der reformatorischen Bedrohung selbst des Erzbistums Köln waren die Dominikaner im Vergleich wohl auch zu unwichtig.

[125] Die häufig in einer von der Bischofsstadt entfernt liegenden Residenz lebenden Bischöfe vertraten die altgläubigen Interessen in der Bischofsstadt und der Diözese oft in geringerem Maß als die über beträchtliche Rechte verfügenden Domkapitel (vgl. allg. WOLGAST, Hochstift 188). Zur altgläubigen Solidarität des Mainzer Domstifts vgl. I. W. FRANK, Totenbuch 74f.; DERS., Dominikanerkloster 461-467. In Halberstadt übergab der letzte Dominikanerprior dem Domkapitel treuhänderisch das Kloster; vgl. A. KOCH, Mendikanten 165f. Zum Engagement des Augsburger Domkapitels für J. Faber vgl. PAULUS, Dominikaner 313. Für Magdeburg vgl. LÖHR, Kapitel 68*f. Zeichen der Affinität sind Stiftungen und Begräbnisse von Domkapitularen bei den Predigerbrüdern. 1557 ließ sich der Schweriner Domdekan bei den Wismarer Dominikanern bestatten; vgl. ULPTS 365. Auch der Osnabrücker Dompropst stiftete 1583 eine ewige Memorie bei den Dominikanern, ein Dekan ein Almosen; vgl. KORDEL, Kapitelsakten 243.

334

3   Die Aufhebung der Konvente

Ende 1524 wurde in Zürich der erste Dominikanerkonvent infolge des reformatorischen Umbruchs aufgehoben.[1] Die Saxonia verlor im Verlauf des bis zum Ende des Jahrhunderts währenden Klosterauflösungsprozesses von 51 Ordenshäusern schließlich 43.[2] Die Teutonia büßte wohl 15 Konvente ein.[3] Insgesamt endete das Ordensleben im Deutschen Reich in 58 von ehemals 101 Niederlassungen.

Die unterschiedliche Befolgung der Ordensreform und die manchmal benannte größere Frömmigkeit und Disziplin des Reformflügels der Dominikaner erwies sich für das Überleben der Konvente als ziemlich irrelevant. Denn in der Dominikanerprovinz Saxonia wurden von den 1517 vereinigten drei Gruppen von Konventen, nämlich den reformierten Niederlassungen der Congregatio Hollandica, den reformierten Klöstern in der konventualen Provinz und den nichtreformierten Ordenshäusern, alle in gleicher Weise von Aufhebungen betroffen.[4] Das galt genauso in der Teutonia für die Konvente der Observanz[5] wie jene der Konventualen.[6] Ent-

---

[1] Vgl. HOTTINGER/VÖGELI 228f. (zum 10.12.1524): "*Vnd am Sampstag nach Nicolai warend zu disem handel gäben die obriste meister vnd etlich von rädten vnd Burgeren, die giengend vnversähemlich, daß die münchen nienerumm nütt wüßtend, zu den predigern vnd Augustineren, mitt den Stattknächten nach mittag, versammlend die münch, zeigtend inen an, eins ersammen radts vnd der Burgern erckandtnus, vnd das sy grad ietzt mitt inen söltend gan zu den Barfusseren. Vnd wiewol das inen beschwerlich was, warend sy doch gehorsam. Dann sy by der gägenwirtikeit der Stattknächten wol sahend, wo sy nitt gutwillig gangen, hätte man sy vnwillig gefürt. Also giengend die Herren vor an, die münchen hernach vnd zu letzt die Stattknächt, zu den Barfüssen, ettliche der München mitt weynenden ougen. Vnd blibend deren nitt vil, die nitt gar hinus giengend, handtwerch lerntend, vnd sich sunst versahend.*" Vgl. auch WEHRLI-JOHNS 223-228.

[2] Vgl. S. 317 Anm. 47.

[3] Bisher nur 11 Konvente belegt; vgl. I. W. FRANK: Dominikanerorden. In: LThK³ 3 (1995) 312; LOHRUM 2; M. LOHRUM: Die Dominikaner in Europa. Von den Anfängen bis zur Gegenwart (Karte der Konvente). In: LThK² 10 (1965) vor 1377 (Heidelberg nicht genannt). Falsch die Angabe bei HECHT 92: Der Orden hätte nur ein Drittel der Konvente behauptet (er verlor jedoch in der Teutonia etwa ein Viertel der Klöster). I. W. FRANK, Erneuerung 446, erwähnt nicht die Aufhebung von Chur. Für den Bereich von Österreich, das zeitweilig von der Teutonia abgetrennt war, nennt er Tulln und Wiener Neustadt (darüber hinaus wohl Vallis Senarum). Mit den drei österreichischen Konventen, die dem Orden in einem altgläubigen Territorium verloren gingen, waren es also 15 Klöster. Doch sind die österreichischen Konvente nicht Untersuchungsgegenstand dieser Arbeit und werden nicht weiter behandelt.

[4] Vgl. ZIEGLER, Reformation 607f. Die für den Franziskanerorden aufgestellte These, Klöster der Observanz seien resistenter gegen die Reformation gewesen (vgl. ebd. 591; DERS., Franziskanerobservanten 80f., 85f.; SCHINDLING, Franziskaner 100, 103-107) trifft daher auf die Dominikaner nicht zu. Zwar förderte die Stärkung der Disziplin durch die Observanz den Widerstand (vgl. ZIEGLER, Reformation 608), für das Ende eines Konvents war das nicht entscheidend. Im Gegensatz zu vielen observanten Ordenshäusern überlebten bis 1608 die Konventualen in Freiburg/Br. und Speyer.

[5] Basel; Bern (1527, vgl. UTZ TREMP 142); Chur (1538, vgl. VASELLA 67-82); Esslingen (1564, vgl. F. JÄGER 122); Heidelberg (1550/51, 1707/08 neubegründet; vgl. LÖHR, Wirksamkeit 145; L. SIEMER, Monasticon 50); Nürnberg (1543, vgl. REICHERT, Geschichte 303); Pforzheim (1565, vgl. LÖHR, a.a.O.

scheidend für die Aufhebungen war - wie schon gezeigt - der Wille der jeweiligen Obrigkeit.

Die Bettelordensklöster waren häufig die ersten kirchlichen Institutionen in einer Stadt, die infolge der kirchlichen Neuerung aufgehoben wurden. Denn die an der Einführung des neuen Kirchenwesens interessierten Obrigkeiten mußten auf die Mendikantenkonvente weniger Rücksicht nehmen als auf die mitunter mächtigen Patronatsherren der Pfarrkirchen oder auf die landsässigen wie reichsunmittelbaren Stifte und monastischen Häuser.[7] In Nordhausen bestanden das Stift Hl. Kreuz und der Zisterzienserinnenkonvent auf dem Frauenberg noch, als die Mendikantenklöster längst aufgehoben waren. Ähnlich war die Situation in vielen Städten des Untersuchungsraums, die sich der kirchlichen Neuerung zuwandten. Innerhalb der vier Bettelorden ist keine "Rangordnung" feststellbar, welche der monastischen Gemeinschaften am widerstandsfähigsten gegen die Reformation war.[8] In Leipzig und Göttingen dauerte die Beharrung der Dominikaner länger als die der Franziskaner, während es in Marburg umgekehrt war. Es ist also auf die unterschiedliche Situation in den jeweiligen Städten zu verweisen.

Von Stadt zu Stadt verschieden war das Vorgehen bei der Klosteraufhebung, bei der das übliche kirchenregimentliche Instrumentarium von Kirchenordnung, Inventarisierung und Visitation verwandt wurde.[9] Sehr energisch und rabiat handelte der Rat in Göttingen. In Leipzig konnte sich der aufgehobene Konvent noch einige Jahre halten. Manchmal dauerte es auch Jahrzehnte, bis der letzte Frater eines Konvents verstarb und das Ordenshaus an die Obrigkeit überging.

Doch war der obrigkeitliche Rechtstitel auf das jeweilige Kloster mitunter zweifelhaft, etwa wenn der Prior oder die letzten Fratres das Kloster "verkauften" bzw. "übergaben",[10] wie in Erfurt J. Schoppe, oder es als umstrittenes Vermögensstück

---

150); Stuttgart (1536, vgl. RAUSCHER 271); Ulm (1531, vgl. I. W. FRANK, Franziskaner 147; zum Exilkonvent vgl. S. 337 Anm. 12).

[6] Straßburg (1530, vgl. zuletzt RÜTHER 319f.), Weißenburg, Zürich. - Die zunächst aufgehobenen Klöster Augsburg, Konstanz und Mergentheim wurden später den Observanten restituiert.

[7] Dieser Sachverhalt galt schon zur Zeit der Reformaciones wie der konservativen Beharrung; vgl. z.B. S. 48 Anm. 7 für Frankfurt.

[8] Gegen ZIEGLER, Reformation 608. Nach ihm waren die Orden in der Reihenfolge Augustinereremiten, Karmeliten, Franziskaner und Dominikaner "für die Reformation zugänglich".

[9] Vgl. S. 295f.

[10] Im Vierklosterstreit entschied das Reichskammergericht generell: Da Prior und Konvent das Kloster weder als Eigentümer noch als Eigenbesitzer innegehabt hätten, sondern nur als "Procurator" für den Orden, sei der durch die Zession des Priors erlangte obrigkeitliche Besitztitel nichtig. Die Rechte seien bei dem Orden verblieben, der über die vakanten Güter disponieren könne; vgl. KRATSCH, Decision 48

in staatliche Verwaltung genommen, also "sequestriert", wurde. Nicht nur in diesen Fällen war die Verfügungsgewalt über den Konvent und dessen Ausstattung zwischen der städtischen Obrigkeit und dem Orden umstritten. In vielen Fällen, wie in Nordhausen, mußte der Orden allerdings seine Niederlassung ohne jegliche Kompensation der Obrigkeit überlassen. So war die Rechtslage von untergeordneter Bedeutung, wenn in den vor Ort ausgetragenen Konflikten der benachteiligten Partei, also den Dominikanern, die geeigneten Mittel fehlten, um ihre Rechtsposition durchsetzen zu können. Nur im Fall von reichsstädtischen Konventen klagte der Provinzial vor dem Reichskammergericht.[11]

Allerdings setzten sich die Dominikaner auch auf andere Weise für ihren Rechtsstandpunkt ein. Besonders problematisch war es für Magistrate und Fürsten, wenn sich zumindest einige Fratres als Exilkonvent konstituierten.[12] Nach Meinung der neugläubigen Partei oder der jeweiligen Obrigkeit war ein Konvent immer zu Recht und rechtsgültig aufgehoben worden. Doch im Verständnis der Dominikaner wie der altgläubigen Seite und auch aus der Sicht des Reichsrechts bestand er weiterhin. So war es folglich schwierig, die Frage zu klären, wem die Nutzung des Klostergutes zustand. Zwar schützte der Reichstagsabschied von 1544 ausdrücklich das Eigentum geistlicher Institutionen im Exil.[13] Doch gab es unabhängig davon Einzelverein-

---

(Kloster Christgarten), 50 (Hirschhorner Karmeliten); DERS., Justiz 74, 86f., 139. - Magistrate versuchten, auf rechtlich einwandfreie Weise in den Besitz des Klosters zu kommen und verwandten diesen auf theologisch legitimierte Weise; vgl. ULPTS 355f. Vgl. auch KLUETING, Enteignung 62f.; 72ff. zu Gutachten und Rechtsbegründungen u.a. für Nürnberg und Hessen.

[11] Vgl. S. 301 Anm. 35.

[12] *Saxonia:* 1. Eisenach: 1525-27 in Leipzig? - 2. Freiberg: 1537-39 in Pirna; vgl. LÖHR, Kapitel 62*. - 3. Göttingen: 1533-ca. 1548? - 4.-5. Hamburg und Lübeck: 1529 (?) Flucht des Hamburger Konvents nach Lübeck; der dortige Prior floh im folgenden Jahr nach Ruppin; vgl. ebd. 53*f. - 6. Jena: 1525-39/40 in Leipzig, 1540-60 in Erfurt. - 7. Mühlhausen: 1525 in Leipzig; vgl. LÖHR, Kapitel 47*. - 8. Plauen: 1525-40 in Leipzig; vgl. ebd. 46f*. - 9. Rostock: kurzes Exil 1533 unter Prior v. Sneek in Wismar; vgl. ULPTS 362, 372; LÖHR, a.a.0. 60*. - 10. Soest: 1540-47 in Werl; vgl. ebd. 74*. *Teutonia:* 11. Augsburg: 1534-36?; vgl. P. SIEMER 99. - 12. Esslingen: vgl. S. 341 Anm. 28. - 13. Konstanz: in Radolfzell unter Prior Pirata; vgl. PAULUS, Dominikaner 323. - 14. Ulm: 1531-34 Stuttgart? (vgl. WILMS 44f.: Prior U. Koellin ging als Beichtvater nach Steinheim, die anderen Patres nach Stuttgart); 1534-44 Rottweil, dann evtl. Eichstätt; vgl. HECHT 94-98; PAULUS, a.a.0. 183 Anm. 1, 286. Ausdünnung des Exilkonvents am Verzeichnis von 1536 abzulesen; ed. TÜCHLE 205f. 1564 war W. Hammer Prior, ein Student wurde noch 1571 erwähnt; vgl. REICHERT, Acta V, 68, 146; PAULUS, a.a.0. 183 Anm. 1; I. W. FRANK, Erneuerung 447 Anm. 10. Ebd. 446 Anm. 9, irrtümlich Frankfurt/M. als Exilkonvent genannt.

[13] "*§ 86. Dergleichen sollen die Prälaten, Ordensleut und andere Geistliche, so von wegen Veränderung der Religion, ihr ordentlich Residentz verlassen, und sich in andere Ständ, Fürstenthumen und Landen zu wohnen begeben haben, bey den Gütern, ihren Gottshäusern, Stifften und Pfründen zugehörend, und wie gemeldt, in anderer Ständ Landen und Gebieten gelegen, deren sie zur Zeit des Regenspurgischen Abschieds in Possession gewesen sind, biß zu endlicher Vergleichung und Erörterung der Religion bleiben. § 87. Doch daß gleichwol einem jeden Stand, unter dem die Gült, Zinß oder Güter gelegen, die einem andern Kloster, Stift, Prälatur, Spital, Hauß oder Kirchen, in ein ander Land folgen sollen, an denselben Gütern, seine*

barungen zwischen den Exilkonventen oder dem Provinzial und der zuständigen Obrigkeit.[14] Außerdem richteten sich die Fürsten und Magistrate nicht immer nach den reichsrechtlichen Vorgaben. 1548 übergab der albertinische Herzog Moritz von Sachsen der Leipziger Universität einen den Jenaer Fratres zustehenden jährlichen Zins aus der Stadt Geithain.[15] Der Göttinger Exilkonvent erhielt von der Stadt nichts von den früheren Einkünften. Da manchmal lange eine formalrechtliche Unsicherheit wegen der obrigkeitlichen Verfügungsgewalt über die Konvente bestand, wurden sie in dieser Zeit keiner Nutzung zugeführt. Wie in Kursachsen wurden sie nur in vorläufige Verwahrung genommen und standen leer.[16] Für die Dominikaner brachte diese Beharrlichkeit im Exil einen beachtlichen Erfolg, auch wenn anzunehmen ist, daß es sich manchmal - wie das für Eisenach anzunehmen ist - nur um eine juristische Fiktion handelte. Das Insistieren der Dominikaner auf Rechtspositionen ermöglichte die zumindest zeitweise Restitution von neun Konventen.[17] Außerdem ließen sich vertragliche Vereinbarungen über das Klostergut bzw. finanzielle Entschädigungen herbeiführen. Bisher wurden die Exilkonvente in der Reformationsgeschichtsforschung kaum zur Kenntnis genommen. Sie sind allerdings mehr als ein Randphänomen. Von den 101 Niederlassungen der Dominikaner zu Beginn des 16. Jahrhunderts existierten wohl vierzehn Konvente mitunter nur kurz, manche aber auch jahrzehntelang im Exil. Das waren immerhin 14 % der ursprünglichen Gesamtzahl der Ordenshäuser. Aufschlußreich wären hierfür auch Untersuchungen zu den anderen Bettelorden, in denen es die Rechtskonstruktion des Exilkonvents ebenfalls gegeben haben wird.[18]

---

weltliche Oberkeit, so sie vor Anfang dieses Streits in der Religion daran gehabt, und im Brauch gewesen, vorbehalten, und dardurch denselben nicht benommen sey" (Ed. SAMMLUNG Bd. 1, Abt. II, 512; ABSCHIEDT DESS REICHSSTAGS ZU SPEYER 34-34ᵛ). Der Reichstagsabschied von 1530 hatte die Restitution der Konvente angeordnet; vgl. S. 303 Anm. 46.

[14] Die Konvente von Jena und Ulm erlangten teilweise Überlassung der außerhalb der Stadt/des Territoriums liegenden Einkünfte; vgl. zu Jena S. 287f.; zu Ulm LANG, Katholiken 41. Nach dem Vertrag von 1539 behielten die Dominikaner alle Einkünfte außerhalb des Stadtgebietes, die innerhalb erwarb der Rat für 3.000 fl. und zahlte jährlich 120 fl. Nach dem Interim verlangten die Dominikaner vergeblich die Restitution. Die Stadt entrichtete die 120 fl. über den Tod des letzten Dominikaners 1576 hinaus bis zur Ablösung 1580. In Esslingen entschädigte der Rat den Orden nach dem Vergleich von 1564 mit insgesamt 5.000 fl.; vgl. SCHRÖDER 108f.

[15] Vgl. S. 288.

[16] So z.B. Eisenach, Jena, Nordhausen. Halberstadt, Steyr, Krems u. Retz erwähnt bei I. W. FRANK, Erneuerung 447 Anm. 10.

[17] Nach dem Bauernkrieg wurden zwei Konvente restituiert (Mühlhausen und Leutenberg), zur Zeit des Interims sechs (Augsburg, Esslingen, Halle, Konstanz, Magdeburg, Soest); 1581 Mergentheim. - Restitutionsvorbehalt bei der Übergabe des Konvents in Bremen (1534), Pirna (1539) und Halberstadt (1566); vgl. LÖHR, Kapitel 51*, 62*; 71*.

[18] Zum Servitenkonvent Vacha vgl. S. 240f.

In den hier genannten Fällen stand das Faktum der obrigkeitlichen Klosteraufhebung fest, wenn auch die Folgen zwischen Obrigkeit und Orden umstritten blieben. Nicht immer war aber eine Klosteraufhebung eindeutig datierbar. Vielfach handelte es sich, wie in Leipzig, um einen mehrere Jahre dauernden Prozeß. Auch in Brandenburg und Mecklenburg erloschen die Konvente nur langsam.[19] In dem Prozeß der Aufhebung gab es auch unvorhergesehene Entwicklungen. In Frankfurt war der Konvent nach der Einwilligungsurkunde von 1544 zwar zum "Aussterben" verurteilt, doch änderte das Interim diese Situation gänzlich.

Manche Dominikaner setzten ihren Widerstand nach der Konventsaufhebung außerhalb eines Exilkonvents fort. So führten zwei Marburger Fratres trotz ihrer finanziellen Abfindung durch die Obrigkeit ihr Ordensleben in den jenseits der Grenzen Hessens gelegenen Termineien ihres früheren Klosters weiter. Andere Predigerbrüder wanderten aus und begaben sich in noch bestehende Ordenshäuser bzw. wurden dorthin assigniert. Die personelle Verstärkung ermöglichte bzw. erleichterte anderen Konventen zumindest zeitweise die Weiterexistenz.[20]

Quantitativ gesehen optierte allerdings wohl nur eine Minderheit der Fratres für die Fortsetzung der widerständigen Beharrung, wenn das Ende ihres Konvents einmal erreicht war. Gut dokumentiert ist die Einwilligung in den obrigkeitlichen Willen im Falle des Leipziger und des Nordhäuser Konvents aufgrund der Befragung der Fratres anläßlich der Visitation 1540 bzw. 1525. Auch in Jena gab es Religiosen, die 1525 nicht mit dem Prior nach Leipzig geflohen waren.[21]

Da zumindest ein Teil der Ordensleute im Kloster blieb, standen die Obrigkeiten vor der Frage, was mit diesen geschehen solle. Die Frage erübrigte sich bei jenen Fratres, die zur Mitarbeit im neuen Kirchenwesen bereit waren. Sie erhielten nach Möglichkeit ein (Pfarr-)Amt.[22] Andere, besonders wohl auch die Konversen, wurden Handwerker.[23] Nach Luthers Ratschlag im Vorwort der Leisniger Kastenord-

---

[19] Vgl. die auf S. 354f. mit Anm. 82f., genannte Literatur.

[20] Die Anwesenheit des Ulmer Exilkonvents erwies sich für die Rottweiler Dominikaner auch in bezug auf ihre Finanzen als hilfreich; vgl. HECHT 97. Die Jenaer Dominikaner setzten 1540 ihre Beharrung in Erfurt und Halle fort. 1564 begaben sich die letzten Dominikaner aus Halle nach Halberstadt; vgl. LÖHR, Kapitel 70*.

[21] Vgl. 91 (Nordhausen), 214 (Leipzig), S. 280 (Jena).

[22] Vgl. S. 321.

[23] Zu Zürich vgl. oben Anm. S. 335 Anm. 1. Auch in Braunschweig arbeiteten ehemalige Fratres als Handwerker; vgl. LÖHR, Kapitel 54*. Einige Ruppiner Dominikaner sollen Brauer geworden sein; vgl. G. MÜLLER, Dominikanerklöster 31.

nung von 1523[24], den etliche Kirchenordnungen aufgriffen, sollten die übrigen älteren oder für das neue Kirchenwesen untauglichen Priester und Konversen bis zum Lebensende versorgt werden. Das bedeutete nicht unbedingt den Verbleib dieser Ordensangehörigen im ehemaligen "eigenen" Konvent. In Eisenach wurden die Predigerbrüder im Kartäuserkloster untergebracht.[25] Häufig wurde gemäß Luthers Vorschlag den Dominikanern auch eine Pension bzw. eine Abfindung gewährt.[26] Die Obrigkeiten wollten den Geistlichen nicht unbedingt eine Grundlage für die Gründung einer neuen Existenz mitgeben, wie das der sächsische Reformator vorgesehen hatte. Vielmehr waren sie wegen der zu erwartenden Konflikte mit dem Orden an einer in ihren Augen ordnungsgemäßen, legalen Abwicklung des Klosterübereignungsprozesses interessiert, um spätere Rechtsansprüche auszuschließen. Um diese Verzichts- und Übergabeerklärungen zu erlangen, wurden die Brüder von den Obrigkeiten allerdings öfters massiv unter Druck gesetzt. Die letzten zwei Göttinger Konventsmitglieder mußten der Obrigkeit sogar noch die "Freiwilligkeit" des ihnen abgepreßten Verzichts bestätigen.[27] Gelegentlich wurden die im Kloster versorgten ehemaligen Fratres von den Obrigkeiten als "wahrer Konvent" angesehen, um Ansprüche eines Exilkonvents abzuwehren, so möglicherweise im Fall des Jenaer Klosters. Auf der anderen Seite hatten die ins Exil geflohenen Dominikaner mitunter einige Mitbrüder im Ordenshaus zurückgelassen. Ihre Anwesenheit dokumentierte den bestehenden Besitzanspruch, während die Abwesenheit des Priors als des rechtsrelevanten Repräsentanten des Konvents eine Übertragung des Klosters er-

---

[24] Vgl. WA 12,12f.: *"das eyn iglich oberkeytt mit seynen klostern verschaffe, keyne person mehr auff zu nemen, und so yhr zu viel drynnen sind, anderswo hyn schicke, und die ubrigen lasse außsterben. Weyl aber niemant zum glauben und Evangelio zu dringen ist, soll man die ubrigen personen, so ynn klostern, es sey allters, bauchs odder gewissens halben, bleyben, nicht ausstossen noch unfreuntlich mit yhn handelln, sondern sie yhr leben lang lassen gnug haben ... Doch ist das meyn radt, das die obrickeyt solcher klöster güter zu sich neme, und die ubrigen personen so drynnen bleyben, davon versorge, bis sie außsterben, auch reichlicher und milder, denn sie villeicht vorhyn versorgt geweßen sind ... Auffs ander ..., das man den personen so aus gehen, ettwas redlichs mit gebe ... den yenigen so hyneyn bracht haben, ist billich fur gott, das man widder gibt"*.

[25] Zusammenführung der Mönche in einem Kloster zwecks Absterben z.B. auch in Zürich (vgl. S. 335 Anm. 1), Stuttgart (vgl. RAUSCHER 272) und Esslingen. Die Esslinger Klosterordnung setzte für jeden Chormönch 10 fl. an (vgl. SCHRÖDER 106), also die Hälfte des vorher für den Lebensunterhalt Notwendigen (vgl. I. W. FRANK, Existenzsicherung 58). Öfters waren kurz vor der Aufhebung nur dem Rat genehme Konventualen im Kloster, so in Erfurt J. Schoppe. In Nürnberg übergaben 1543 fünf mit Frauen zusammenlebende Brüder das Kloster; vgl. REICHERT, Geschichte 303. Fratres, die nicht auf den Konvent der Stadt Profeß geleistet hatten und also nicht "Stadtkinder" waren, galten als "Ausländer" und waren ausgewiesen worden, so z.B. in Göttingen. Die Obrigkeit bezog sie mitunter nicht in ihre Fürsorgepflicht ein.

[26] 1525 Nordhausen, 1527 Hessen, 1539 den vier letzten Fratres in Minden (vgl. LÖHR, Kapitel 57*), 1564 den Haller Dominikanern und Franziskanern (vgl. SCHRADER, Ringen 35f.). - Die Erstattung des von den Fratres in den Konvent eingebrachten Gutes wurde unterschiedlich gehandhabt.

[27] Vgl. S. 146.

schwerte.[28] Ein Teil der Fratres zerstreute sich nach der Aufhebung ihres Klosters, so in Nordhausen und Göttingen. Die meisten dieser Einzelschicksale sind unbekannt. Daher ist nicht genau zu sagen, wie viele Dominikaner weiterhin im Orden blieben, zu Prädikanten und Pfarrern des neuen Kirchenwesens wurden oder einen ganz anderen Lebensweg einschlugen.

---

[28] So vermutlich in Göttingen. Zu dem nach Ruppin geflüchteten Lübecker Prior vgl. S. 312. Auch der Esslinger Prior flüchtete 1532 mit anderen Fratres unter Mitnahme der wichtigsten Urkunden und des Siegels. Von der für Württemberg zuständigen österreichischen Regierung erhielt er das Recht, die Klostergefälle einzuziehen; vgl. SCHRÖDER 104f. Nach F. JÄGER 122, war die Flucht schon 1531.

In den im Aufbau begriffenen neuen Kirchenwesen auf reformatorischer Grundlage versuchten die Obrigkeiten, die Klöster einzuziehen und ihre Einkünfte für die Erfüllung neuer Aufgaben zu nutzen. Nicht nur hinsichtlich des Klostergutes der Dominikaner stellte sich schon den Zeitgenossen die Frage nach der Legitimation dieses neuen Vorgehens. Daher ist zunächst zu klären, warum die neue Verwendung des Kirchengutes möglich war und aus welchen Wurzeln diese gespeist wurde. Neben dem obrigkeitlichen Kirchenregiment ist die neue Sichtweise der reformatorischen Theologie zu erfassen, womit man auf seiten der Obrigkeiten die Neuordnung des Kirchengutes vorantrieb und zu legitimieren gedachte. Das Ergebnis dieser Erhebung ist dann in Bezug zu setzen zu der faktischen Verwendung, die das Klostergut in den Händen seiner neuen Verwalter fand, sei es zu theologisch legitimierten Zwecken oder als fürstliches bzw. städtisches Kammergut.

4.1   *Legitimationszwang für die neue Verwendung*

Aufgrund ihres Armutsideals verzichteten die Dominikaner wie alle Bettelorden auf herrschaftsbegründenden Besitz. Allerdings besaßen die Predigerbrüder im Gegensatz zu den Franziskanern seit den Anfängen des Ordens Gemeinschaftseigentum in geringem Umfang. Am 1. Juli 1475 erteilte Papst Sixtus IV. (1471-84) der exemten und vielfältig privilegierten Mendikantengemeinschaft in der Bulle "*Considerantes attentius*" das Recht der Besitz- und Eigentumsfähigkeit.[1] Wegen dieser Vergünstigung sahen die Dominikaner das Vorgehen der Obrigkeiten während der Reformationszeit als "Kirchen- und Klosterraub" an, als gewaltsame und widerrechtliche Enteignung ihres Eigentums. Auf der anderen Seite wollten Luther und die anderen Theologen der kirchlichen Erneuerung eine neue Ordnung, aber keine Unordnung oder Revolution.[2] Sie hielten ebenso wie die Obrigkeiten eine andere Nutzung des Klosterguts nicht nur für berechtigt, sondern ihrer Auffassung nach sogar für geboten. Für die Übernahme des Klostergutes und die Disposition darüber bediente man sich zweier Argumentationsstränge zur Legitimation: Erstens ist erneut auf das vorreformatorische Stadt- und Territorialkirchentum zu verweisen. Im Verlauf dieses Prozesses wuchs dem Magistrat bzw. dem Landesherren eine zunehmende Verfügungsgewalt über die kirchlichen Institutionen wie über deren Einkünfte und materielle Ressourcen zu. Außerdem ist die ekklesiologische Theorie zu betrachten, auf welcher der kanonistische Kirchengutsbegriff beruhte. Der zweite Argumenta-

---

[1] Vgl. Ripoll/Bremond III, 528 Nr. 68. Vgl. auch S. 14 Anm. 43.

[2] Vgl. Liermann 133.

tionsstrang für die neue Verwendung des Klosterguts war die reformatorische Theologie. Aus ihr wurde der neue, protestantische Kirchengutsbegriff entwickelt.

Ein Ausgangspunkt für die erstrebte Neuordnung des Kirchenguts liegt in der, wenn auch von Stadt zu Stadt verschiedenen, aber tendenziell zunehmenden obrigkeitlichen Einbindung der Dominikaner im 15. und zu Beginn des 16. Jahrhunderts. In der Reformationszeit verfolgten Obrigkeiten mitunter die bisherige Linie der Ausdehnung ihres Einflusses auf Kirchen und Klöster konsequent weiter. Dabei bediente man sich der überkommenen kirchenhoheitlichen Rechtstitel, z.B. der Stiftungsaufsicht und der Treuhänderschaft für Einkünfte und Güter, die caritativen Zwecken dienen sollten, den sogenannten "milden Sachen".[3] In Kontinuität dieser vorreformatorischen Tradition bedurfte es bei der Übernahme von Klostergut nicht der neuen protestantischen Ekklesiologie zur Begründung. In Anbindung an die spätmittelalterliche Praxis wurde vielmehr klar der Wille nach Kontrolle ausgedrückt.[4] Die Rechtsgrundlage für die Eingriffe der Obrigkeiten in das Stiftungswesen wie auf das Kirchen- und Klostergut bildete ihr ius reformandi, das ihnen zwar erst 1555 reichsrechtlich zugestanden wurde,[5] doch faktisch schon während der Zeit der Reformaciones ausgeübt worden war. In Bezug auf das Verhältnis von spirituale und temporale brachte die Reformation diese offenkundigen Tendenzen des Spätmittelalters auf den Punkt.[6]

Schon vor der Reformation überstieg die obrigkeitliche Einflußnahme die kirchenrechtlich vorgesehenen Möglichkeiten. Doch war dieser Zugriff auf Kirchen- und Klostergut z.B. durch päpstliche Privilegien kirchenrechtlich abgesichert worden. Dieses paradox anmutende Phänomen findet seine Erklärung im faktischen Umgang mit dem Kirchengut. Der Kirchengutsbegriff des kanonischen Rechts richtete sich nach der Ekklesiologie, d. h. dem Verständnis von der Kirche und ihren Aufgaben. In der durch den Begriff "corpus Christi mysticum" bezeichneten Gesamtkirche war

---

[3] Vgl. S. 27f.

[4] Vgl. den Abschied der Markgrafen von Ansbach-Bayreuth auf dem Landtag zu Ansbach (Onoltzbach) im Jahr 1526 unter Berufung auf den Speyrer Reichstagsabschied (ed. HORTLEDER 40 Nr. 12): *"Vnd dieweil wir auch bericht werden, daß mit den Kirchgütern, vnd derselben nützung, vnzimlich vmbgegangen werde, daß auch viel davon entlehnt vnd genommen, das noch nit widergeben sey, Ist vnser ernstlicher Befehl, daß füran getrewlicher damit vmbgangen, vnd alles das, so von Kirchengütern entlehnt oder genommen wer, wiederumb einbracht, vnd dieselben Kirchengüter auch hinderlegt, vnd es damit gehalten werd, wie ob stehet, Zu welchem einbringen auch die Amptleut eins jeden Orts getrewlich behoffen seyn sollen, ob man aber zu erhaltung der Kirchengebew, vnd gebreuch etwas darwenden müst, Sol dasselb mit wissen der Amptleut davon genommen, vnd fleissig auffgeschrieben werden, Vnd was also hinterlegt würde, deß sollen die Amptleut zu einer jeden Quatember jr lauter vnderricht gen Hoff thun."*

[5] Vgl. LIERMANN 132. Zur "Reformation vor der Reformation" vgl. S. 17f.

[6] Vgl. I. W. FRANK, Kirchenverständnis 155.

"der Laie in jedem Falle von der Jurisdiktion ausgeschlossen. Er (war) kirchliches Herrschaftsobjekt und nicht Herrschaftssubjekt."[7] Dies hatte direkte Auswirkungen auf das Kirchen- und Klostergut. Den weltlichen Obrigkeiten oblag nur dessen Schutz. Doch war die Theorie schon im Spätmittelalter gescheitert und hatte mehr und mehr an Wirksamkeit verloren. Im Prozeß des Ausbaus der weltlichen "Staatlichkeit" wurde der kirchliche Anspruch zurückgedrängt. Die Obrigkeit ordnete in ihrem Herrschaftsbereich mehr und mehr die Angelegenheiten der Christianitas in eigener Regie und übernahm originär kirchliche Aufgaben. In Folge der "Verkirchlichung der Obrigkeit zum pius magistratus" wurde die potestas circa corpus Christi mysticum vom regimen temporale für seinen Bereich ausgeübt.[8] Für das Kirchengut hieß das: der hochgesteckte Anspruch des kanonischen Rechts war schon im Spätmittelalter nicht haltbar. "Der kanonische Grundsatz von der Unveräußerlichkeit des Kirchengutes wurde je nach Lage der Dinge manipuliert; zugunsten der praelatio natürlich; aber gegebenenfalls auch zugunsten der Laien."[9] Von Seiten der Kirche handelte es sich dann um Privilegien, also ausnahmsweise erteilte "Vergünstigungen und Gnaden". Es gab keine umfassende theoretische Begründung für den obrigkeitlichen Zugriff auf Kirchen- und Klostergut. Hier brachte die Reformation einen Wandel.

In der Reformation änderte sich das Verständnis von der Kirche und ihren Aufgaben. Daher ergab sich aus dem reformatorischen Kirchenbegriff zwingend ein neuer Kirchengutsbegriff.[10] Hierbei wirkten mehrere gravierende Veränderungen im theologischen Verständnis zusammen. Nach reformatorischer Auffassung war die Messe als Gottesdienst, insbesondere auch als Werk für das Heil der Verstorbenen, völlig untragbar. Die zahlreichen Meßstiftungen und Altarpfründen waren in den Augen der Reformatoren nicht nur theologisch unangemessen, sondern grundsätzlich abzulehnen. Hinzu kam die theologisch begründete Verwerfung des Mönchtums. Somit stand folglich auch das Klostervermögen, das bisher zur Ermöglichung dieser Lebensform diente, zur Disposition. Daher mußte es zur Veränderung des Kirchengutes kommen, das zum großen Teil aus Meßstiftungen, Altarpfründen und

---

[7] Ebd. 148.

[8] Vgl. ebd. 149-155; DERS., Kirchengewalt 45ff.

[9] DERS., Kirchenverständnis 152. - Nach ZIEGLER, Reformation 592, war das kirchenrechtlich unveräußerliche Gut durchaus von Veränderungen betroffen, wie der bei jeder Reform eines Klosters einsetzende Kampf um entfremdetes Gut beweise.

[10] Die Grundzüge des neugläubigen Kirchengutsbegriffes waren 1523 in der Leisniger Kastenordnung dargelegt worden, die Luther anderen Städten zur Nachahmung empfahl (vgl. WA 12,1-30, bes. Luthers Vorwort 11-15) sowie in der Empfehlung an den Rat der Stadt Zerbst vom Frühjahr 1525; vgl. allgemein DUMMLER; TRÜDINGER 60f. Zum Kirchengut in der Reformationszeit vgl. BEYER sowie P. LANDAU: Kirchengut. In: TRE 18 (1989) 569-572.

344

Klostervermögen bestand.[11] Gerade auch die Mendikanten hatten im Bereich des Totengedenkens mit den zahlreichen Messen für die Verstorbenen, die von ihnen übernommen wurden, eine wichtige Position. Die mit den Totenmessen verbundenen Meßstiftungen dienten der Existenzsicherung der Konvente und waren Bestandteil des Klostervermögens.[12] Hier erfolgte nun mit der Reformation ein tiefgreifender Umbruch. Indem die reformatorische Theologie dem Mönchtum die religiöse Begründung entzog und den Begriff und die Verwendung von Kirchengut neu umschrieb, entzog sie auch dem Eigentum der Dominikanerkonvente die Legitimation.

Die lutherische Ekklesiologie unterschied in der "Zwei-Reiche-Lehre" zwischen geistlichem und weltlichem Bereich, wobei alles Organisatorische, auch das Kirchen- und Klostergut, unter das ius humanum und daher in die Kompetenz der Fürsten und Magistrate fiel. Indem Luther das für das *spirituale* zuständige "regimen zur rechten Hand Gottes" als rein geistliche Gewalt deutete, fiel dem "regimen zur linken Hand Gottes", also dem von Gott eingesetzten "pius magistratus", die Verantwortung für die äußeren Dinge der jeweiligen Stadt- und Territorialkirche zu.[13] "*So die Obrigkeiten die unrechten Gottesdienst abthun, bleiben die Güter der rechten Kirche ... und hat also die Kirche dominium derselben Güter, aber die weltliche Obrigkeit hat dieselben zu bestellen, wie andere publica bona.*"[14] Luther wandte sich gegen die kanonistische Definition von Kirchengut, nach der nach Möglichkeit alles zum Kirchengut zählte, was mit geistlicher Gewalt und ihrem Immunitätsanspruch zu tun hatte. Luther spiritualisierte den weit ins "temporale" reichenden Kirchengutsbegriff. Unter Kirchen- oder geistlichem Gut verstand er die wahrhaft geistlichen "res", nämlich Wort und Sakrament im Gebrauch der geistlichen Kirche.[15]

---

[11] Vgl. M. HECKEL, Reformationsprozesse 19. Vgl. BESSEY 3: "Da das Kirchengut auf die eine und wahre Kirche gestiftet war, mußte es nun den von den evangelischen Gläubigen als wahr erkannten kirchlichen Zwecken dienen. Kirchengutsstücke, die nach evangelischer Lehre verbotenen Zwecken gedient hatten, mußten nun anerkannten kirchlichen Funktionen zugeführt werden. So verfielen vor allem die Klöster und die verschiedenen Meßpfründen ... der Umwandlung in ein evangelisches Zweckgut." Zur Luthers theologischer Verwerfung des Mönchtums vgl. S. 45f.

[12] Vgl. I. W. FRANK, Totenbuch 58-72; DERS., Existenzsicherung 54-60.

[13] Vgl. I. W. FRANK, Kirchenverständnis 155f. Dort auch der Hinweis, daß die katholisch gebliebene Obrigkeit in der Praxis nicht anders handelte, die Ausbildung der Theorie verzögerte sich jedoch (vgl. ebd. 157). Vgl. auch DERS., Kirchengewalt 54. - Zur Zwei-Reiche-Lehre vgl. LOHSE, Luther 190-197; PESCH 229-243 sowie MANNS; OBERMAN, Thesen; J. HECKEL, Lex 31-46; W. STEINMÜLLER 19-237, bes. 68-123; G. MÜLLER, Zwei-Reiche-Lehre. Vgl. auch J. HECKEL, Kirchengut.

[14] Zit. bei BESSEY 3 Anm. 16.

[15] Vgl. J. HECKEL, Irrgarten 61.

Durch die neue Argumentation hatte Luther den zwar immer mehr gelockerten, dennoch aber fortbestehenden festen gordischen Knoten der bisherigen theologisch-kanonistischen Begründung durchschlagen, der für viele Obrigkeiten eine theoretische Grundlegung ihres Zugriffs auf das Kirchen- und Klostergut erschwerte. Da die Kirchenhoheit zu Beginn des 16. Jahrhunderts in vielen Territorien und Städten noch ausbaufähig war, ergriffen Magistrate gern jede Gelegenheit zu größerer Selbständigkeit in kirchlichen Dingen, wie sie in besonderem Maß durch die Reformation und die neue Theologie angeboten wurde. So lag nun bei den Obrigkeiten die Definitions- und Verfügungsgewalt über das Klostergut sowie die Verwaltung desselben. Die städtischen Räte und fürstlichen Beamten konnten Zuordnung und Zweckbestimmung des Klosterguts verändern.[16] Die reformatorische Theologie lieferte die umfassende Legitimation für den obrigkeitlichen Zugriff auf Kirchen- und Klostergut, der schon durch die vorreformatorische Entwicklung vorbereitet war.

4.2 *Die Verwendung des Klostergutes im Sinne der reformatorischen Theologie*

Die klassische und theologisch abgesicherte Verwendung des Kirchengutes ist die auf Martin Luther zurückgehende Trias "Kirche, Schule, 'Milte Sachen'". Darauf hatten sich im Jahr 1540 die dem Schmalkaldischen Bund angehörenden Obrigkeiten verpflichtet.[17] 1555 erkannte der Augsburger Religionsfriede für Kirchenwesen auf der Basis der Confessio Augustana diese inhaltliche Füllung des protestantischen Kirchengutsbegriffs an.[18] Dieser wurde in Kirchenwesen auf reformatorischer Grundlage folglich auch auf das Konventsvermögen der Dominikaner angewandt. Innerhalb der theologisch vorgegebenen Trias war die künftige Verwendung des Klosterguts letztlich nicht zwingend festgelegt. Ein Klostergebäude konnte zu kirchlichen, schulischen oder caritativen Zwecken genutzt werden. Über die Verwendung entschied die Obrigkeit nach den Bedürfnissen der Stadt.

---

[16] Vgl. P. LANDAU: Kirchengut. In: TRE 18 (1989) 570f.

[17] Vgl. LIERMANN 150. Zur Grundlegung der Trias bei Luther vgl. den Hinweis bei BEYER 96; 99f. zur Notwendigkeit der Verbesserung der Pfarrbesoldung. Zu Schule und "Milten Sachen" s. die entsprechenden Unterabschnitte.

[18] Vgl. J. HECKEL, Kirchengut 337.

4.2.1 Kirche

Wichtiges reformatorisches Anliegen war die Zentrierung auf die Gemeinde.[19] Wo die Magistrate auf die Pfarrkirchen einstweilen oder grundsätzlich keinen Zugriff hatten, wichen sie auf Mendikantenkirchen aus. Viele Bettelordenskirchen wurden die ersten Pfarrkirchen der Neugläubigen, so die Franziskanerkirche in Eisenach und die Dominikanerkirche in Göttingen. Auch in Worms war das Schiff der Predigerkirche neben St. Magnus der erste Gottesdienstraum der Neugläubigen. Ebenso galt die Nutzung eines Teils der Predigerkirche in den Reichsstädten mit Bischofssitz Regensburg und Speyer sowie in der Reichsstadt Wimpfen.[20] Auch in der Bischofsstadt Hildesheim wurden 1547 die Pfarrechte von St. Godehard an die ehemalige Paulinerkirche verlegt.[21] Nach der Konsolidierung des Kirchenwesens auf reformatorischer Grundlage wurden viele dieser ersten Gotteshäuser, die Pfarrechte usurpiert hatten, zu Gunsten regulärer Pfarrkirchen aufgegeben, so in Göttingen, Wimpfen und Wesel.[22] Manchmal wurde auch erst im Lauf der Zeit eine leerstehende Klosterkirche für Gemeindezwecke übernommen, so in Treysa, Brandenburg, Prenzlau, Rostock und Ruppin.[23] In diesem Zusammenhang ist auf die Nutzung des Klosters oder auch von Termineien als zumindest zeitweiser Wohnung für protestantische "Kultdiener", also den Pfarrer, Diakon, Küster oder Lehrer, hinzuweisen[24] oder auf die Dotierung der Stellen durch Klostergut.[25] Die Aufhebung der Klöster und ihre Nutzung auch zu Gemeindezwecken hatte wichtige Nebeneffekte. Durch die

---

[19] Zur reformatorischen Gemeindetheologie vgl. den Überblick bei BLICKLE, Gemeindereformation 133-149 sowie C. MOELLER: Gemeinde. I: Christlich. In: TRE 12 (1984) 320f. Das Rechtsinstitut, in dem sich das konkretisierte, war die Pfarrei. Zur obrigkeitlichen Einbindung vgl. COHN 177: "State patronage to parish benefices increased enormously, doubling in Hesse to reach 40 per cent of the total, and now exceeding half of all benefices in electoral Saxony and Württemberg."

[20] Zu Regensburg vgl. KORDEL, Visitation I, 326 Anm. 47; zu Speyer ALTER 542; EGER 321, 323; zu Wimpfen vgl. ENDRISS 314, 316-321; BRECHT/EHMER 397.

[21] Vgl. DOEBNER, Annalen 141: "Anno 47 ... translata sunt parrochialia ad ecclesiam Paulinam de ecclesia Godehardina."

[22] Zu Wesel vgl. HINZ 162.

[23] 1531 in Treysa; vgl. S. 255. - 1560 wurde die Brandenburger Dominikanerkirche für den evangelischen Gottesdienst eingerichtet. Nach dem Einsturz der Prenzlauer Pfarrkirche 1568 zog die Gemeinde in die Dominikanerkirche um. 1578 wurde die Rostocker Dominikanerkirche für den protestantischen Gottesdienst eingerichtet; vgl. CREUTZ 60, 185, 426; zu Prenzlau vgl. auch G. MÜLLER, Dominikanerklöster 86; 32 zu Ruppin ab 1564.

[24] Zu S. 245 (Marburg), S. 139 (Göttinger Augustinereremiten). - Zu Jena und Hildesheim (der lutherische Prediger wohnte im Dominikanerkloster) vgl. S. 281f.; LÖHR, Kapitel 66*. Zum Brandenburger Konvent, wo der Prädikant 1542 wohnte; vgl. G. MÜLLER, Dominikanerklöster 71.

[25] Zur Nutzung von Klostergut für den Gemeinen Kasten, aus dem auch diese Ausgaben bezahlt wurden, s.u.

Aufhebung der paraparochialen Zwecken dienenden Bettelordenskonvente wurde auch die Kirchenorganisation konzentriert und zentralisiert. Mancherorts wurde nun die Einheit von kirchlicher und politischer Gemeinde erreicht. Durch ehemalige Ordensleute konnte zum Teil der Mangel an qualifizierten Pfarrgeistlichen behoben werden.

4.2.2   Schule

Der Schulbereich war ein wichtiger Faktor im neuzeitlichen Territorialisierungsprozeß. Denn den Obrigkeiten war infolge der reformatorischen Theologie auch die Schulhoheit zugefallen. Die vielen aufgehobenen Klöster und ihre Einkünfte leisteten einen wichtigen Beitrag zur Neuorganisation des Schulwesens in obrigkeitlicher Regie, zur Bildung breiterer Schichten sowie zur Ausbildung der für das jeweilige Gemeinwesen nötigen Beamten und Geistlichen. Die Universitäten waren nach der Reformation nicht mehr gefreite Körperschaften, sondern einem Territorium einverleibt und bildeten einen bestimmten Schultypus im landesherrlich organisierten Schulwesen.[26]

"Die Säkularisation im Sinne von Umwidmung von Kirchengut zugunsten von Schulzwecken ist eine alte Sache, die auch schon vor der Reformation im Spätmittelalter praktiziert wurde, z.B. bei Universitätsgründungen, allerdings mit Genehmigung des Apostolischen Stuhls."[27] Luther hingegen schlug im Vorwort der "Leisniger Kastenordnung" 1523 generell die Nutzung der Mendikantenkonvente als Schulen vor.[28] Die reformatorischen Auseinandersetzungen zogen auch das überlieferte Schul- und Universitätswesen in Mitleidenschaft und führten teilweise zu

---

[26] Vgl. SCHINDLING, Reichsstadt 8f., 388f.; LEHNERT 48.

[27] Statement Boehm in: KIRCHGÄSSNER/BAER 176. Nach Einführung der Observanz in den Franziskanerklöstern Landshut und Ingolstadt 1466 wurden deren Güter (Wert 600 fl. pro Jahr) zur Dotierung der 1471 gegründeten Universität Ingolstadt verwandt; vgl. STÖCKERL 305f.

[28] Vgl. WA 12,15: "*aus den bettel klöstern ynn stedten weren gutte schulen fur knaben und meydlyn zu machen, wie sie vor zeytten geweßen sind*". Vgl. auch STAMM 41 und HALKENHÄUSER 68-71. Die Rechtskonstruktion der Restitutio ad pristinam formam (vgl. z.B. LEHNERT 87, 91) wurde z.B. in der CA Art. 27: "*Vormals waren sie < die Klöster> Schulen der heiligen Wissenschaft und der anderen Wissenschaften, die der Kirche von Nutzen sind*" aufgegriffen (zit. GRANE, Confessio 181) und im 3. der Schmalkaldischen Artikel (vgl. WA 50, 211f.; LEHNERT 92). Nach TRÜDINGER 65f., empfahl Luther mitunter direkt die Überführung eines Kloster in eine Schule oder Sozialeinrichtung. Schon 1520 hatte Luther in "An den christlichen Adel" vorgeschlagen: "*Es were meynis bedenckens ein notige ordnung, beszondern zu unsern ferlichen zeytten, das stifft unnd kloster widderumb wurden auff die weysze verordent, wie sie waren ym anfang ... Dan was sein schulenn, darynnen man leret schrifft unnd zucht nach Christlicher weysze, unnd leut auff ertzog, zu regieren unnd predigen?*" (WA 6, 439).

348

seiner Auflösung.[29] Doch führte die Reformation dann aber rasch zu einem neuen Bildungsschub mit einer Neuorganisation und Verbreiterung des Bildungswesens. Für das von ihr aufgegriffene humanistische Bildungsideal ist vor allem die große Bedeutung von Melanchthon herauszustellen. Zur Umsetzung des Bildungsideals gehörte auch die Gründung von Schulen und Universitäten. Für diesen Zweck boten sich die Räumlichkeiten wie die Einkünfte aufgehobener Ordenshäuser an. In den Städten mit ihren beengten räumlichen Verhältnissen wurde Luthers Vorschlag gern aufgegriffen und auch die ehemaligen Niederlassungen der Predigerbrüder dieser neuen Verwendung zugeführt.

Viele aufgehobene Dominikanerkonvente wurden im Lauf der Zeit als Schulen bzw. Gymnasien oder Pädagogien verwandt: Erfurt (1522?), Nordhausen (1525?, ab 1534 Gymnasium), Bremen (1528, 1584 Gymnasium illustre),[30] Hamburg (1529),[31] Minden (1530),[32] Leutenberg (1533?),[33] Speyer (1538-48),[34] Straßburg (1538 Gymnasium),[35] Braunschweig (nach 1535),[36] Seehausen (1539?),[37] Göttingen (1542-45 und nach 1586 Pädagogium), Eisenach (1544), Rostock (1534 Latein-schule, ab 1560 teilweise für Universitätszwecke),[38] Stralsund (ab 1560),[39] und Luckau (1569).[40]

In den ehemaligen Dominikanerklöstern Marburg (1527) und Jena (1548) wurden Universitäten errichtet. Zur Verbesserung der universitären Infrastruktur wurden ab 1543 das Leipziger, ab 1560 das Rostocker und ab 1566 das Greifswalder Pauliner-

---

[29] Vgl. I. ASHEIM: Bildung. In: TRE 6 (1980) 616f. Für Franken vgl. ENDRES, Bildungswesen 324-329; DERS., Bedeutung 144f., zum blühenden spätmittelalterlichen Schulwesen. Zum Einbruch an den Universitäten vgl. den Hinweis bei LORTZ, Reformation I, 299; SPITZ 52.

[30] Vgl. ASCHOFF 51f.; MOELLER, Bremen 174, 181.

[31] Vgl. POSTEL 214; FAUST 138.

[32] Vgl. HENGST, Klosterbuch I, 630.

[33] Vgl. SCHUMANN 649.

[34] Vgl. S. 304 mit Anm. 54.

[35] Vgl. SCHINDLING, Hochschule 73; DERS., Reichsstadt 28f. (Dominikanergut auch für Schulvermögen genutzt; 1534 Gründung eines Theologenkonvikts, des "collegium praedicatorum").

[36] Vgl. HOOGEWEG 13f.

[37] Vgl. G. MÜLLER, Dominikanerklöster 77.

[38] Vgl. CREUTZ; ULPTS 372, 374.

[39] Vgl. CREUTZ 204.

[40] Vgl. ebd. 352.

kloster genutzt.[41] Diese Inanspruchnahme von ehemaligen Klöstern und Klostergut galt natürlich nicht nur von Dominikanerkonventen. "The four newly created and eight reformed Protestant universities in the empire often received the former monastic buildings (as in Heidelberg, Marburg and Leipzig), additional endowments from the monastic lands, or from rulers who themselves kept the lands ... and occasionally monastic libraries and the founding of a Pädagogium or Gymnasium in the same town to provide adequately trained entrants for the university."[42]

In Straßburg wurde lange Zeit keine Universität errichtet, doch war das im ehemaligen Dominikanerkloster eingerichtete Gymnasium zeitweise eine zentrale theologische Studienanstalt für die oberdeutschen Protestanten.[43] Ebenso war die im ehemaligen Bremer Dominikanerkloster untergebrachte Bildungsstätte ein Anziehungspunkt für Schüler aus ganz Europa aus dem Bereich des Calvinismus.[44] Im Göttinger Paulinerkloster wurde erst für einen kurzen Zeitraum, später endgültig ein Pädagogium errichtet. Im Lauf der Zeit wurden viele Schulen zu einem Gymnasium oder Gymnasium illustre, wie in Eisenach, aufgestockt. Eine große Zahl von Städten strebte nach einer "hohen Schule" im eigenen Herrschaftsbereich, um auch im Schulwesen Autonomie zu erlangen.

Zum Klostergut gehörten natürlich auch die umfangreichen Konventsbibliotheken. Für sie gab es unterschiedliche Formen der Verwendung, doch kamen sie zumeist Universitäten und Schulen zugute. Überregionale Bekanntheit erlangte die Leipziger Bibliotheca Paulina, deren Name sogar noch an die Dominikaner erinnert. Sie war aber eine Sammelbibliothek aus verschiedenen Beständen. Gleiches galt für die Marburger Universitätsbibliothek. Gerade wenn - wie auch im Fall von Eisenach - eine Schule im ehemaligen Kloster errichtet wurde, lag die Übernahme der vorhandenen Bibliothek nahe. Wegen der vielen theologischen Werke in einer Klosterbibliothek war auch die Nutzung der Bibliothek für die Seelsorge und die Predigtvorbereitung häufig üblich. Allerdings kamen viele Werke durch protestantische Pfarrer und Prädikanten abhanden. So entnahm der Göttinger Superintendent Mörlin wie schon etliche andere Prädikanten einige Bände der ehemaligen Paulinerbibliothek. Manchmal wurde auch die gesamte ehemalige Paulinerbibliothek in eine Handbibliothek für die Geistlichen umgewandelt, um so ihrer Predigtvorbereitung zu

---

[41] Vgl. zu Greifswald ebd. 102; zu Rostock s.o.

[42] COHN 175.

[43] Vgl. SCHINDLING, Reichsstädte 73f.

[44] Vgl. MOELLER, Bremen 181.

dienen. Dies geschah in Göttingen und Halle.[45] Es kam auch vor, daß die Bücher-
sammlungen den Grundstock von Rats- und Fürstenbibliotheken bildeten, so in
Augsburg,[46] Nürnberg,[47] Marburg[48] und Berlin.[49] In diesen Fällen wurden sie
also dem Kammergut bzw. dem städtischen oder fürstlichen Eigengut zugezählt.
Nach Bernd MOELLER waren die städtischen Klosterbibliotheken aufgrund ihrer
kommunalen Funktion entsprechend gefördert worden. Nach der Reformation wollte
die Stadt nicht auf ihr Eigentum verzichten. Daher übernahm fast jede Stadt, die
sich der religiösen Neuerung zuwandte, auch den Bücherbesitz zumindest ihrer
Mendikantenkonvente.[50]

4.2.3   "Milte Sachen"[51]

Mit dem Begriff "Milte Sachen" sind die Aufgaben im Bereich der Caritas/Dia-
konie bzw. des Sozialwesens bezeichnet. Nach der neuen Terminologie war der
"gemeine Kasten" für den Bereich der Armenpflege zuständig.[52] Die Nutzung eines
Teils des Einkommens der Dominikaner für das Armengut war bei den untersuchten
Konventen nur in Jena aufgrund von landesfürstlicher Bewilligung nachweisbar.[53]
Durchaus üblich war die Verwendung der Kloster- oder Kirchengebäude als Spital,
Waisen- oder Armenhaus o.ä., so in Zürich,[54] Bern (1527),[55] Konstanz (1536-

---

[45] Vgl. zu Göttingen S. 146f. Zu Halle vgl. DELIUS 112. Die Pasewalker Dominikanerbibliothek kam z.T.
in die Wolgaster Kirchenbibliothek; vgl. CREUTZ 178. - Vgl. allgemein SCHADE.

[46] 1537 entstand die Stadtbibliothek Augsburg im Dominikanerkloster nach der Auswahl besserer Werke
aus Klöstern, nach der Restitution des Dominikanerklosters 1548 wurde sie ins Barfüßerkloster verlegt; vgl.
P. SIEMER 75 Anm. 38; KRAMM, Bibliotheken 104; LOH 16.

[47] Aufstellung der Ratsbibliothek im ehemaligen Dominikanerkloster 1538; vgl. MACHILEK 43.

[48] In Marburg kamen 1527 Werke aus den aufgelösten Konventen in die Schloßbibliothek; vgl. LOH 16.

[49] Vgl. KRAMM, Bibliotheken 153.

[50] Vgl. MOELLER, Anfänge 137f., 146.

[51] Zur vorreformatorischen Verwendung des Begriffs "milde Sachen" vgl. den Hinweis im Frankfurter
Stadtrecht von 1509; zit. bei LIERMANN 131. Zum Gesamtkomplex Kirchengüter und Armenfürsorge vgl.
auch HAUSHERR 100-113.

[52] Vgl. die Bestimmung im Vorwort der Leisniger Kastenordnung (ed. WA 12,13): "Aber die dritte weyße
ist die beste, das man alles ander lasse zum gemeynen gutt eyns gemeynen kastens gelangen". Zum
"gemeinen Kasten" vgl. BESSEY 5; LIERMANN 147-150.

[53] Vgl. S. 281f. In Frankfurt kam das Gut der Sebastianusbruderschaft bei den Dominikanern in den
"gemeinen Kasten"; vgl. S. 61f.

[54] Vgl. unten Anm. 66; SCHWEIZER 174. - Zwinglis Vorschlag der Umwandlung von Klöstern in Spitäler
erwähnt bei WEHRLI-JOHNS 224.

[55] Am 30.11.1527 wurde das Niedere Spital in die Konventsgebäude verlegt; die Kirche diente als
Spitalskirche; vgl. UTZ TREMP 142.

47?), Stuttgart (1536),[56] Seehausen (1539/48?),[57] Tangermünde (1544),[58] Prenzlau (1545),[59] Straußberg (1545),[60] Heidelberg (1553),[61] Wismar (1562),[62] Esslingen (1564),[63] Luckau (1569)[64] und Ruppin (1564)[65]. Ebenso fällt unter die Umwidmung zu diesem Zweck die Verwendung als Kornspeicher, so nachzuweisen in Zürich,[66] Bern (ab 1527),[67] Jena (ab 1536), Eisenach (ab 1536), Prenzlau[68] und Göttingen (1544-86?). Eine weitere Möglichkeit war der von der Städten Leipzig wie auch Jena auf dem jeweiligen Konventsareal geplante "soziale Wohnungsbau".[69] Im weitesten Sinn gehörte zu "milten Sachen" auch die Verwendung zum allgemeinen Wohl des Landes, was durchaus ein recht dehnbarer Rahmen war.[70] So handelte es sich für den Rat von Nordhausen um keine Entfremdung von Klostergut, wenn nach dem Eintritt in den Schmalkaldischen Bund die Klosterkleinodien 1532 zur Finanzierung des Türkenzuges genutzt wurden. Die ehemaligen Treysaer Konventsgebäude wie auch die frühere Esslinger Dominikanerkirche wurden nach dem gleichen Begründungsmuster in ein Zeughaus verwandelt.[71] Denn

---

[56] Vgl. RAUSCHER 271.

[57] Urk. bei BÜNGER, Mystik 75. Vgl. G. MÜLLER, Dominikanerklöster 77f.; CREUTZ 308.

[58] Vgl. G. MÜLLER, Dominikanerklöster 156; CREUTZ 324f.

[59] Urk. bei BÜNGER, Mystik 90. Vgl. CREUTZ 184f.: 1543 vom Kurfürst zum Kornboden bestimmt, wurde das Kloster der Stadt auf ihre Bitten als Hospital überlassen; der Prior unterschrieb 1544 eine Verzichterklärung.

[60] Vgl. LÖHR, Kapitel 59*.

[61] Vgl. L. SIEMER, Monasticon 50; SCHAAB 81f.

[62] Vgl. CREUTZ 462.

[63] Vgl. F. JÄGER 122, 149; SCHUSTER 203. 1555 Übergabe des Klosters ans Spital vereinbart, 1564 vom Rat eingerichtet.

[64] Vgl. CREUTZ 352.

[65] Vgl. G. MÜLLER, Dominikanerklöster 32.

[66] Vgl. HOTTINGER/VÖGELI 229f.: "In der reformation, ward dises kloster dem Spittal vbergäben, vnd der Spittal daryn gelegt, ward hiemitt gewytteret. Die kylch underschlagen, das vnderteyl behallten zur kylchen. Der oberteyl (wie dann die kylch fast hoch ist) zu kornschütinen, durch M. Jörgen Müllern, der hernach Bürgermeister ward, gebuwen."

[67] Vgl. UTZ TREMP 142.

[68] Vgl. oben Anm. 59.

[69] Vgl. für Leipzig S. 218, für Jena S. 281f.

[70] Auf dem Arnstädter Tag des Schmalkaldischen Bundes 1529 schlug Kursachsen vor, die überschüssigen geistlichen Güter zum allgemeinen Nutz von Land und Leuten zu verwenden; vgl. EINICKE 192. Vgl. auch LEHNERT 125.

[71] In Esslingen um 1535; vgl. SCHRÖDER 108. - Auch im altgläubigen Bereich lieh z.B. der Mainzer Kurfürst Anselm Casimir 1631 vom dortigen Dominikanerkonvent 200 Königstaler zu des Erzstifts

zur Wohlfahrt des Landes gehörte neben der Verbesserung des Regiments und der Beamtenbesoldung vor allem auch die Landesdefension und Schutz der Bürger und Untertanen.

4.3 Fürstliches und städtisches Kammergut

Die reformatorische Theologie hatte die neue Verwendung von Kirchen- und Klostergut legitimiert. Doch wurde nicht alles Klostergut den drei Zwecken entsprechend genutzt. So gab es auch die "Umwidmung" von Klostergut durch die Obrigkeiten in "Kammergut", womit die Summe aller landesfürstlichen Einkünfte bezeichnet wird.[72] Analog zum fürstlichen wird von städtischem Kammergut gesprochen, um das "frei verfügbare" Vermögen einer städtischen Obrigkeit zu bezeichnen. Die erlangten Mittel wurden je nach der Intention der Obrigkeit gänzlich oder zum Teil für kirchliche, schulische oder caritative Zwecke verwandt, oder für die Bedürfnisse der Hofhaltung herangezogen bzw. verkauft,[73] wie z. B. nach der Sequestration in Kursachsen und im albertinischen Sachsen. Unter Umständen wurden aus dem Klostergut Zentralkassen statt Spezialfonds für Schule etc. errichtet.[74] Dominikanerklöster wurden manchmal vom Landesherrn zumindest teilweise der jeweiligen Stadt überlassen.[75]

Schon im Spätmittelalter war Kirchen- und Klostergut immer auch Kammergut gewesen. Monastischer Besitz wurde zu Sondersteuern herangezogen, die Niederlassungen wurden auch als Quartiere und für Jagden genutzt. Durch die Reformation wurde die Position der Obrigkeiten bei der Leitung der "weltlichen" Angelegenheiten der Territorial- oder Stadtkirche gestärkt. Luthers Zwei-Reiche-Lehre wertete die Magistrate und Landesfürsten auf. Der "pius magistratus" als weltliches Amt hatte auch heilsgeschichtliche Notwendigkeit erlangt. Im Sinne der reformatorischen Theologie hatte die Obrigkeit in ihrer Funktion als "summus episcopus" die Verantwortung für einen Teil der sichtbaren Kirche und damit eine wichtige Funktion in der Schöpfungsordnung. Gemäß der Episkopaltheorie war die bisherige bischöfliche Jurisdiktion auf den jeweiligen evangelischen Reichsstand übergegangen, was

---

"ohnvermeidtlicher defensionsnotturfft"; vgl. SCHROHE, Mainz 114.

[72] Vgl. D. WILLOWEIT: Kammergut. In: HDRG II, 584f.

[73] Vgl. LEHNERT 104-108.

[74] Vgl. ebd. 118-125; 122 zum württemberg. Landeskirchenkasten, dem auch die Mendikantenklöster zugeschlagen wurden.

[75] Zu Ruppin vgl. G. MÜLLER, Dominikanerklöster 31f.; zu Treysa vgl. S. 255f. Der Osnabrücker Bischof Franz von Waldeck überließ 1542 die dortigen Mendikantenklöster dem Stadtrat; vgl. LÖHR, Kapitel 71*.

auch im Augsburger Religionsfrieden anerkannt worden war.[76] Somit wurde den Magistraten und Fürsten nicht nur im kirchlichen, sondern auch im weltlichen Bereich ein großer Kompetenzzuwachs durch die protestantische Theologie zugesprochen. Dies hatte praktische Konsequenzen sogar bis hin zur "Privatschatulle" der Fürsten und Magistrate. Durch die gestärkte Position der Obrigkeit wurde auch deren Einbindung des Kirchen- und Klosterguts gefördert. "Weil Luther dem Mönchtum die Existenzberechtigung bestritten hatte, standen die Klöster zur Disposition. Sie zum fürstlichen Kammergut einzuziehen, bedeutete, neben den wirtschaftlichen Gewinnen ... auch eine wesentliche territoriale Abrundung, eine Verringerung der "Enklaven" innerhalb des Territorialstaats. Die Säkularisation in den lutherischen Territorialstaaten brachte einen Prozeß zum Abschluß, der bereits im 15. Jahrhundert mit Subordination der geistlichen Institute unter landesherrliche Interessen im Gange war: Die Heranziehung der Klöster zur Steuer und die Unterwerfung der klösterlichen Herrschaftsgebiete unter das Territorialrecht zeigen deutlich diese Tendenz an."[77]

Bei der Aufhebung der Klöster kam ein großer Teil ihrer Güter dem Stadtsäckel[78] wie der fürstlichen Kammer zugute;[79] so ausdrücklich belegt für die ernestinischen und albertinischen Paulinerklöster,[80] ebenso für Hessen,[81] Mecklenburg[82] und

---

[76] Vgl. E. HERMS: Obrigkeit. In: TRE 24 (1994) 727f.; I. W. FRANK, Kirchengewalt 54ff. sowie die S. 345 Anm. 13, genannte Literatur. - Vgl. z.B. auch Luthers Schrift "Von weltlicher Obrigkeit, wie weit man ihr Gehorsam schuldig sei" (WA 11, 245-281).

[77] BLICKLE, Reformation 174.

[78] In Hamburg fiel die Hälfte der Klostereinkünfte an die Kämmereikasse; vgl. KLUETING, Enteignung 71. In Zürich wurden Erträge der Klostergüter nur die ersten zwei Jahre an das Almosenamt abgeliefert; vgl. WEHRLI-JOHNS 227f. Zürich bezahlte daraus Kriegsschulden, den Ankauf neuer Gebiete und Taggelder für die Mitglieder des Rats; vgl. SCHWEIZER 178ff. In Nürnberg wurden die Klostergüter für Almosen oder die zentrale Stadtkasse zusammengefaßt; vgl. SCHINDLING, Reichsstadt 154. Die Versteigerung des Hausrats des Augsburger Konvents 1536 kam dem Stadtsäckel zugute; vgl. P. SIEMER 99 (zur Kompensation einer kaiserlichen Strafe). Aufgrund der Verfügbarkeit über das Kloster richtete der Hildesheimer Rat dort zeitweise eine Druckerei ein; vgl. LÖHR, Kapitel 66*.

[79] Vgl. für das Herzogtum Hannover KELLENBENZ 29. Für Württemberg vgl. COHN 166f., 169ff.

[80] Ausdruck dafür ist die in Eisenach und Jena vorgenommene Inventarisierung und Verwaltung durch landesfürstliche Beamte. - Ständischer Mitsprache und der Ablenkung altgläubiger Kritik diente die Sequestration; vgl. COHN 166. Im albertinischen Sachsen verkaufte Hzg. Moritz das Klostergut und konnte dann über die erlangten Geldmittel verfügen. Der Erlös wurde zum Teil zur Abgeltung von Erbansprüchen nachgeborener Mitglieder des Herzogshauses benutzt; vgl. KLUETING, Enteignung 68; 71 zu Ostfriesland, wo Graf Enno den Besitz der Klöster seinem Kammergut 1528 einverleibte (vgl. auch ZIEGLER, Reformation 596). In Kursachsen wartete der Kurfürst das Ende der Sequestration und die reichsrechtliche Absicherung der Verwendung des Kirchengutes 1544 ab, dann wurde z.B. in Eisenach das Gymnasium im ehemaligen Predigerkloster errichtet.

Brandenburg.[83] Auch der immer von Geldsorgen geplagte Kaiser Karl V. soll mit dem Gedanken gespielt haben, Kirchengut in großem Umfang in seine Hand zu bringen und es zu kaiserlichem Kammergut zu machen.[84]

Oftmals unterzog man sich seitens der Obrigkeiten aber überhaupt nicht der Mühe, die kammergutliche Verwendung theologisch oder rechtlich zu legitimieren. Man kam auch ohne diese aus. Ohne eine Begründung solcher Art wurden von Klöstern Kleinodien, Wertsachen, Teile der Ausstattung und Urkunden beschlagnahmt. So ordnete der Landgraf von Hessen 1527 an, den Erlös aus dem Verkauf des Klosterguts der Marburger Dominikaner an die "Kammer" abzuführen. Ähnlich war das Vorgehen in Göttingen oder Erfurt. Dort wurden schließlich nur die Gebäude den theologisch legitimierten Zwecken zugeführt, nicht jedoch das Barvermögen. Theologisch legitimiert wurde das Vorgehen in Kursachsen. Dem Kurfürsten falle - so Luther 1526 - *"als dem obersten heubt"*[85] nach dem Ende der päpstlichen Autorität, auf die die Klöster hingeordnet waren, aller Kloster- und Stiftsbesitz zu. Daher hätte er auch die Pflicht und die Beschwerde, dieses zu ordnen. Den Überschuß aus den Einkünften könne der Kurfürst *"zur lands notturfft odder an arme leute wenden"*.[86] Die Kirche sollte keinen Überfluß haben, wenn im weltlichen Bereich Not herrsche. Doch sollte aus dem Überschuß auch - so Luther nach 1530 - dem Fürsten seine Aufwendungen in Religionssachen vergütet werden; ebenso könne das Gut für weltliche Aufgaben, die auf das *bonum commune* ausgerichtet waren, wie etwa den Brückenbau, Verwendung finden.[87] Auch nach der Auffassung Philipp Melanch-

---

[81] Drei Fünftel des Klostergutes wurden zu kirchlichen, wissenschaftlichen und wohltätigen Zwecken und zwei Fünftel zur Hof- und Landesverwaltung und zu Schenkungen verwandt; vgl. H.-M. KÜHN, Einziehung 105; HAUSHERR 104; kritisch dazu COHN 168. Grundlegend immer noch die Forschungen von W. WOLFF; vgl. auch KLUETING, Enteignung 67.

[82] Der auf eine fürstliche Stiftung zurückgehende Röbeler Konvent wurde zum Bau des Schlosses in Wredenhagen verwandt; vgl. ULPTS 91, 385.

[83] Vgl. COHN 171f. Das auf Stiftung beruhende landesherrliche Verfügungsrecht (vgl. die entsprechenden Passagen bei CREUTZ; zu Staußberg u. Seehausen G. MÜLLER, Dominikanerklöster 67f., 75) außer in Seehausen unangefochten. Noch zu Lebzeiten der Dominikaner wurde daher vom Kurfürst über das Klostergut verfügt; das Seehäuser Kloster fiel 1560 an den Rat, der Fürst wies die Mönche aus; vgl. CREUTZ 60; LÖHR, Kapitel 60*. In Brandenburg ist die kammergutliche Verwendung bes. gut nachweisbar: der Kurfürst schenkte das Kloster seinem Rat J. Heyler; vgl. MÜLLER, a.a.O. 123. In Straußberg gab der Kurfürst das Kloster seinem Hofmeister als Lehen; vgl. ebd. 71. Neuruppin wurde in eine kurfürstliche Domäne umgewandelt; vgl. CREUTZ 169.

[84] Vgl. LIERMANN 130.

[85] WA.B. 4, 133 Nr. 1052.

[86] Ebd. 134 Nr. 1052. Vgl. auch H. KUNST 194f.; TRÜDINGER 63f.

[87] Vgl. COHN 163f.; BESSEY 3ff.

thons (1497-1560) war die Obrigkeit Schutzherr und Patron der Güter.[88] Ihr oblag nach dem Wegfall der bisherigen hierarchischen Kirchenverfassung nun der Schutz des Kirchenguts, zumal der Fürst als das vorzüglichste Glied der Gemeinde galt.[89]

Den ganzen differenzierten theologischen Überlegungen der Reformatoren und den sich daraus ergebenden rechtlichen Veränderungen für den Begriff des Kirchengutes, insbesondere hinsichtlich seiner Verwendung als Kammergut der Obrigkeiten, stand jedoch als Hindernis das geltende Reichsrecht entgegen.[90] Es folgte dem kanonischen Kirchengutsbegriff und stützte daher die Klöster gegen das reformatorische Vorgehen der Obrigkeiten. Zwar wollten Fürsten oft schon früh einen Teil des Klosterguts ihrem Domanialgut hinzufügen, aufgrund der reichspolitischen unsicheren Lage und der Rücksichtnahme auf den Kaiser wie auf die Landstände kam es lange nicht dazu. Deshalb gingen vor allem die reichsstädtischen Magistrate nur sehr vorsichtig gegen die Klöster vor und waren auf eine rechtliche Absicherung ihres Handelns bedacht. Landesherren waren zur Rückendeckung ihres Vorgehens an der Mitwirkung der Stände interessiert.[91] Die gegen das Reichsrecht oder in einer reichsrechtlichen Grauzone erfolgte Umwandlungen des Klostergutes wurde teilweise 1541,[92] dann 1544 und 1552/55 legalisiert.[93] Wie Johannes HECKEL aufgezeigt hat, wurden aus dem Bereich der staatsrechtlichen Fortgeltung des Corpus Juris Canonici sozusagen Immunitätsbezirke herausgeschnitten, in denen das kanonische Recht zwar nicht aufgehoben, seine Geltung aber vom Willen der protestantischen Obrigkeiten abhängig wurde.[94] Die bis dahin erfolgte Durchbrechung des Schutzes

---

[88] Vgl. KLUETING, Enteignung 73f.

[89] Vgl. BESSEY 6ff.

[90] Vgl. S. 303 Anm. 46, S. 337 Anm. 13, S. 301.

[91] Vgl. z.B. neben dem Kasseler Abschied für Hessen 1527 und der Mitsprache der Stände bei der Sequestration in beiden Sachsen auch die Übergabeurkunde des Brandenburger Konvents durch den Kurfürst an die Stadt im Jahr 1560: *"und wir uns deswegen auf gemeinen gehaltenen landtagen mit bewilligung unser prelaten, graven, herren vom adell, ritterschafft und stedten alle und jede closter sampt derselbigen zugehorung und gerechtigheiten ... furbehalten"* (BÜNGER, Mystik 108) - Nach KLUETING, Enteignung 81, hatten obrigkeitliche Aussagen über die Verwendung ad pias causas nur topischen Charakter und waren eine politisch-taktische Argumentation angesichts der rechtlichen Unklarheiten und der notwendigen reichspolitischen Rücksichtnahmen.

[92] Mit der kaiserlichen Anerkennung der Marburger Universität 1541 war die Zuweisung von Klostergut legalisiert. Nordhausen erhielt im gleichen Jahr ein kaiserliches Privileg, das die faktische Anerkennung der bisher vorgenommenen Klosterauflösungen beinhaltete.

[93] Zur reichsrechtlichen Sanktion der Klosteraufhebungen ab 1544 vgl. KLUETING, Enteignung 64 (Zitat des Abschieds dort in Anm. 24); VIERHAUS 20.

[94] Vgl. J. HECKEL, Decretum 25. Zur damit verbundenen "Säkularisierung des Rechts" vgl. M. HECKEL, Säkularisierung 901-910; DERS., Weltlichkeit 925-930.

für das Kirchengut wurde straflos erklärt.[95] Kirchengut war nun alles Gut unter der cura religionis und dem ius episcopale der jeweiligen Obrigkeit.[96] Da der Konflikt zwischen den beiden verschiedenen Kirchengutsbegriffen auf positiv-rechtlicher Ebene nicht lösbar war, wurden im Augsburger Religionsfrieden beide Kirchengutsbegriffe sanktioniert und nebeneinander stehengelassen.[97] Die konfessionelle Spaltung des Kirchengutsbegriffes wird durch die Aussage des brandenburgischen Kurfürsten von 1560 gut illustriert, wenn dieser meinte, daß die Dominikaner ihren Brandenburger Konvent beraubt hätten.[98] Die Dominikaner fragten sich wohl, wie man sein Eigentum stehlen könne und gingen ihrerseits davon aus, daß der Kurfürst ihnen ihren Besitz wegnahm. Etwa 50 Jahre später scheiterte die Kammergerichtsjudikatur gerade an der konfessionell unterschiedlich gelösten Frage der Verwendung des Klostergutes.[99]

4.4   Ergebnis

Die Klosteraufhebungen förderten den kirchlichen Vereinheitlichungsprozeß in obrigkeitlicher Regie, obwohl es keine einheitliche obrigkeitliche reformatorische Klosterauflösung gab.[100] Wichtigste Folge dieser Zuständigkeitsausweitung war die Kommunalisierung und Territorialisierung des ehemaligen Kirchen- und Klostergutes. Dabei richtete man sich weitgehend an der theologisch legitimierten Trias "Kirche, Schule, 'Milte Sachen'" aus. Durch die Reformation wurden nicht nur die Kirchen- und Klostergüter in weltliche Hände überführt, sondern auch eine ganze Reihe öffentlicher Aufgaben. Die drei wichtigen Bereiche Kultus, Kultur und Sozialwesen waren in den neuen Kirchenwesen auf reformatorischer Grundlage der obrigkeitlichen Zuständigkeit eingeordnet. Die im Vergleich mit landsässigen oder reichsunmittelbaren Klöstern und Stiften relativ unbedeutenden Finanzmittel der Mendikantenniederlassungen und die Nutzung ihrer Gebäude für dringend benötigte Einrichtungen wie Schulen, Spitäler, Wohnungen und Kornböden in den beengten städtischen Verhältnissen trugen zum Ausbau frühmoderner Staatlichkeit bei. Auch deckte das Klostergut der Bettelorden einen Teil des Finanzbedarfs in neugläubigen Kirchenwesen ab oder nützte der Obrigkeit und/oder dem Gemeinwesen durch seine

---

[95] Vgl. J. HECKEL, Kirchengut 335.

[96] Vgl. ebd. 337. Zum Themenkomplex "Geistliches Kirchenregiment und äußere Kirchenleitung" vgl. DERS., Initia 232-236.

[97] Vgl. RUTHMANN, Religionsprozesse 562.

[98] Vgl. BÜNGER, Mystik 108: *"sie nicht allein darüber heimlich entrunnen und vorfluchtig worden, sondern auch die kloster noch datzu beraubet und wuste stehen lassen".*

[99] Vgl. S. 305f. mit Anm. 62.

[100] Vgl. ZIEGLER, Reformation 596.

Verwendung als Kammergut. Denn mit den freigewordenen Mitteln konnte die Heranbildung der für den Staat notwendigen Beamten und Geistlichen durch ein entsprechendes Schulwesen finanziert und der "Staatshaushalt" an anderer Stelle entlastet werden. Keine Obrigkeit verschmähte die im Vergleich relativ geringen Einkünfte von Mendikantenkonventen. So wurde durch die effizientere Neuverwendung ehemaligen Klosterguts die mit der Reformation verbundene Verdichtung von Staatlichkeit vorangetrieben.

Wie im Deutschen Reich war der ortsübergreifende dominikanische Personenverband auf den britischen Inseln und in Skandinavien dem Zerfall und dem Untergang ausgesetzt. In den spanischen Kolonien hingegen erlebte der Orden eine Phase der rapiden Ausbreitung und im Mutterland eine ausgesprochene Blütezeit. Auch für Italien galt der gute Zustand des Ordens.[1]

Dieses Wissen um die Zugehörigkeit zu einem in beträchtlichem Maß expandierenden Ordensverband, dem bedeutende Theologen und Universitätslehrer angehörten, stärkte wohl auch das Bewußtsein der deutschen Dominikaner und unterstützte so ihre Beharrung. Im Reich war die Reformation für die Predigerbrüder zwar ein Aderlaß größten Ausmaßes. Doch ist auch dort der Zerfall des Ordens nicht uneingeschränkt und überall festzustellen. In manchen Gebieten im Süden des Reichs, besonders in Bayern und Österreich, und am Rhein oberhalb von Mainz sowie in Westfalen konnten sich die Konvente aufgrund der von "katholischen" Obrigkeiten bestimmten politischen Gegebenheiten halten, auch wenn es sich oft nur um ein mühsames Fortbestehen handelte. Während in der zweiten Hälfte des 16. Jahrhunderts viele Dominikanerkonvente im Norden und Osten des Reiches langsam ausstarben, begann im Süden die allmähliche Konsolidierung und Stabilisierung des angeschlagenen Ordens. Die Gründung des "Collegium S. Hieronymi" in Dillingen 1549 durch den Generalvikar der Dominikaner Petrus de Soto (1494/1500-1563) zusammen mit dem Augsburger Fürstbischof Otto Truchseß von Waldburg kann als Indiz für den Überlebenswillen des Predigerordens in Süddeutschland interpretiert werden.[2]

Vereinzelte Maßnahmen des Ordens zur Unterstützung der Teutonia, z.B. durch Visitationen, blieben lange weitgehend unwirksam.[3] Erfolgreicher waren die Visita-

---

[1] Vgl. I.W. Frank: Dominikanerorden. In: LThK³ 3 (1995) 312, 318, 314. Zur Ausbreitung des Dominikanerordens in der Karibik s. Meier 166-184. Vgl. allgemein Koschorke.

[2] Das geplante Dominikanerkloster ließ sich wegen des Fürstenaufstandes 1552 nicht verwirklichen; vgl. U. G. Leinsle: Soto, Pedro de. In: BBKL 10 (1995) 837; Carro 36-44, 326, 328ff.; 34 Anm. 16 Zitat der Ernennung Sotos vom 6.2.1547 zum Generalvikar, Kommissar und Coadjutor des Ordensmagisters "*in Ordine et praesertim in provincia Theutoniae*" mit allen entsprechenden Vollmachten. Zu Kleindiensts Wirken in Dillingen vgl. P. Siemer 115f.

[3] Der zum Wormser Religionsgespräch reisende Magister s. Palatii Tommaso Badia erhielt 1540 den Auftrag, die deutschen Dominikanerklöster zu visitieren; vgl. Löhr, Dominikanerkloster 98. 1547 wurde Petrus de Soto als Generalvikar des Ordensmagisters u.a. mit Visitationsvollmacht ausgestattet, s.o. 1554 erfolgte eine Visitation Ninguardas mit Antonio Grosotto; vgl. H. Barth 718 Anm. 96. Kurze Erwähnung der Visitation des V. Herculaneus in den Generalkapitelsbeschlüssen 1569 (ed. Reichert, Acta V, 110): "*In studio Coloniensi de regente et aliis officialibus ac provisionibus confirmamus acta per rev. Magistrum fr. Vincentium Herculaneum*" Er visitierte 1560 Köln (Löhr, a.a.O. 99). In Augsburg erfolgte die Visitation

tionen im Süden des Reiches durch den Apostolischen Kommissar und Nuntius Felician Ninguarda (1524-95), der ab 1554 auch das Amt eines Generalvikars der Dominikanerkonvente in Österreich, in der Steiermark und in Kärnten bekleidete.[4] Der erwähnte Überlebenswille äußerte sich darin, daß sich die Dominikaner auch auf altgläubiger Seite keineswegs passiv in ihr Schicksal ergaben. Während sie einerseits befürchteten, von Obrigkeiten zugunsten der Jesuiten enteignet zu werden, wollten sie andererseits von dem durch das Aussterben der verschiedenen Ordenshäuser "freiwerdenden" Gut profitieren. Das betraf vor allem ihre eigenen Klöster. Das Gut des aufgehobenen Esslinger Konvents wie auch zahlreicher Frauenklöster wurde für Studienzwecke bestimmt. Ebenso versuchte F. Ninguarda allerdings vergeblich, vom bayerischen Herzog im Jahr 1574 die Einkünfte des leerstehenden Prämonstratenserklosters Bairing bzw. des Benediktinerkloster Biburg für den finanziell bedrängten Landshuter Konvent zu erlangen.[5]

Die Konsolidierung der Dominikaner war Bestandteil der allmählichen Stabilisierung des "*corpus catholicorum*" im Reich ab der zweiten Hälfte des 16. Jahrhunderts. Wichtige Faktoren dafür waren die reichsrechtliche Bestandssicherung durch Interim und Augsburger Religionsfrieden, das steigende "katholische" Selbstbewußtsein und die obrigkeitlichen "Gegenreformationen". Doch hielt sich selbst in Bischofsstädten lange eine protestantische Minderheit.[6] Die Rekatholisierungsmaßnahmen zu Ende des Jahrhunderts schufen allmählich ein verändertes Klima, in dem eine Regeneration der Konvente möglich war. Schon 1558 hatte Bartholomäus KLEINDIENST in seiner Reformschrift u.a. Augsburg als Musterkonvent und die personelle Unterstützung jedes einzelnen Konvents der Teutonia durch ausländische Fratres vorgeschlagen. Dies zeigt, wie problematisch die personelle Situation war.[7] Die -

---

1571; vgl. P. SIEMER 243f., 120; H. BARTH, a.a.0.

[4] Vgl. H. JEDIN: Ninguarda. In: LThK[2] 7 (1962) 1007; M. EDER: Ninguarda, Felician. In: BBKL 6 (1993) 944; WALZ, Dominikaner 81; SCHELLHASS I-II; I, 5f., 152, 156, 194 zum Vikariat; II, 213 zum Gedankenaustausch von Nuntius Ninguarda und Provinzial Kosseler 1579 in Augsburg; zur Visitation beider 1583 in Augsburg vgl. z.B. H. BARTH 720 Anm. 119. Vgl. SCHELLHASS zu den zahlreichen Visitationen Ninguardas, z.B. I, 137. Später bemühte sich Nuntius Albergati (1610-14) in Köln um eine Reform der Dominikaner; vgl. KORDEL, Visitation I, 293 Anm. 134.

[5] Vgl. SCHELLHASS I, 138. Bairing nicht ausgewiesen bei BACKMUND; zu dem 1555 nach dem Tod des Abtes Hieronymus Strohmair in bayerische Verwaltung übergegangenen Biburg vgl. HEMMERLE 70. - 1627/28 erstrebten die Wormser Dominikaner die Inbesitznahme des dortigen Franziskanerkonvents; vgl. HUTH 262.

[6] Vgl. RUBLACK, Reformation.

[7] Vgl. KLEINDIENST 88f. Zur personellen Unterstützung durch 2-3 Fratres aus der Germania inferior (etwas unpräzise bei OBERMAN mit Niederdtld. übersetzt), Frkr., Spanien oder Italien vgl. KLEINDIENST 69ff.; übers. bei OBERMAN, Kirche 235f. Nr. 113; Vgl. auch I. W. FRANK, Erneuerung 451-458. Aus den Niederlanden, nämlich aus Tiel, stammte auch der Provinzial der Teutonia Johannes Pesselius; vgl. L. SIEMER, Verzeichnis 91. Zu Kleindiensts Vorstellungen für das Studium vgl. auch JEDIN 247f.

Attraktivität der neuen Orden entzog den anderen religiösen Gemeinschaften potentielle Kandidaten für ein geistliches Leben.[8] Unverändert wichtig blieb daher für die dominikanische Konsolidierung die Assignation von Angehörigen fremder Provinzen in die Teutonia sowie die strukturellen Impulse des Tridentinums, z.B. im Bereich der Nachwuchsausbildung.[9] Die Stabilisierung der Konvente[10] und die Disziplinierung der Fratres,[11] die schließlich zu einem bescheidenen Aufschwung führte, war in der Teutonia untrennbar mit den beiden Provinzialen Johannes Kosseler (1574-86) und Konrad Sittard (1587-1606) verknüpft. Auf dem Generalkapitel in Rom 1580, an dem er persönlich teilnahm, erlangte Provinzial Kosseler eine Reihe von unterstützenden und konsolidierenden Maßnahmen für seine Provinz.[12] 1581 erfolgte die Restitution des Mergentheimer Konvents.[13] Die unter J. Kosseler begonnene Konsolidierung wurde unter dem gleichfalls langjährigen Provinzialat K. Sittards fortgesetzt. 1589 bestimmte das Generalkapitel für die Provinzen, in denen nicht jährlich ein Kapitel stattfinden konnte, jeweils einen Konvent, in dem der Prior und die drei ältesten Fratres mit der Aufnahme der Novizen für die Provinz beauftragt waren. Für die Teutonia war dies Augsburg.[14] Die Verordnung von 1589 war in

---

[8] Für die Fraterherren vgl. HINZ 188. Vgl. S. 363 Anm. 23 zur Personalstärke der Dominikaner und der Jesuiten in Mainz.

[9] Vgl. I. W. FRANK, Erneuerung 450f.

[10] Z.B. Bestandssicherung von Besitz und Finanzen in Frankfurt, Mainz und Worms. In Rottweil stellte der Rat 1585 Baumaterial und Geld zur baulichen Erneuerung zur Verfügung; vgl. HECHT 111; 107 zur ersten Anniversarstiftung im gleichen Jahr. Zu Augsburg vgl. P. SIEMER 123ff. Zu Beginn des 17. Jahrhunderts ist eine finanzielle Gesundung festzustellen. Häufig zeigt sich diese in Bautätigkeit: Freiburg/Br. 1603-1610 (vgl. POINSIGNON 33f.); Mainz 1609. 1611 konnten die Würzburger Dominikaner sogar 10 Gulden zur Renovierung des Franziskanerklosters beitragen (vgl. SEHI, Dienst 260). Um sich zu finanzieren, betrieb das Freiburger Kloster 1618 eine Hostienbäckerei; vgl. DOLD, Wirtschaftsgeschichte 7 Anm. 2.

[11] Bei der Visitation 1574 war den Landshuter Novizen die Augustinusregel und die Ordenskonstitutionen unbekannt; vgl. SCHELLHASS I, 138; 194 zur Verurteilung des Kremser Priors zur Galeere durch Ninguarda 1575.

[12] Zwei Fratres wurden in die Teutonia assigniert. Außerdem kümmerte sich Provinzial Kosseler bes. um den wissenschaftlichen Nachwuchs und ließ mehrere Generalprediger ernennen (vgl. REICHERT, Acta V, 189, 211, 214, 220). Die drei bedeutendsten katholischen Fürsten, nämlich Hzg. Wilhelm v. Bayern, Erzhzg. Ferdinand v. Österreich und der Mainzer Kurfürst Daniel Brendel wurden "ad gratias ordinis" aufgenommen; ebenso die Familie Fugger, was den Eindruck der Kontaktaufnahme zu einflußreichen Personen verstärkt (vgl. ebd. 224f.). Zu Kosselers Provinzialat vgl. S. 70 mit Anm. 133. Vgl. die Bemerkung im Brief des Augsburger Priors M. Deibler 1574: "provincialis ... zelosus atque de instaurandis superioris Germaniae conventibus suae fidei creditis etiam atque etiam sit sollicitus"; zit. nach P. SIEMER 241.

[13] Vgl. S. 305.

[14] Vgl. REICHERT, Acta V, 304. Vgl. zur Novizenausbildung I. W. FRANK, Erneuerung 459-467. 1574 gab es drei Novizen in Augsburg; vgl. H. BARTH 717. - Zum Provinzial vgl. K.-B. SPRINGER: Sittard. In: BBKL 10 (1995) 572f.

organisatorischer Hinsicht eine bedeutsame Maßnahme. Viele Konvente waren nicht mehr in der Lage, die Novizen adäquat auf das Ordensleben vorbereiten. So ist die genannte Regelung ein wichtiger Zwischenschritt auf dem Weg zum Zentralnoviziat. Es wurde kurz vor 1600 in Bamberg errichtet.[15] Die in den Städten und Territorien zu beobachtende Zentralisierung galt in der zweiten Hälfte des 16. Jahrhunderts auch für die Dominikaner: Novizenausbildung und Studium wurden konzentriert und zentralisiert bei gleichzeitig bestehender kirchenregimentlicher Einbindung der Konvente. Die Germania superior war jedoch weiterhin auf personelle und finanzielle Unterstützung angewiesen, wie sie z.B. das Generalkapitel 1592 bewilligte.[16] 1593 begannen die Bemühungen um die Wiedergewinnung des Langhauses der Regensburger Dominikanerkirche.[17] Um 1600 war die Revitalisierung der Teutonia weiter fortgeschritten, aber noch immer auf niedrigem Niveau.[18] Trotz der Fortschritte in der Teutonia setzte sich in der Saxonia der Zerfallsprozeß bis zum Ende des Jahrhunderts fort. Klöster wurden von den Obrigkeiten eingezogen, so 1592 Erfurt, oder sie starben aus, wie zuletzt 1597 Halberstadt.[19] Die sechs verbliebenen westfälischen Klöster sowie Eger konnten nicht weiter für sich bestehen. Bis auf Eger, das zur böhmischen Provinz kam, wurden die Konvente 1601 der Teutonia inkorporiert. 1608 wurde die Inkorporation endgültig approbiert und in Köln ein Noviziat für die Saxonia eingerichtet. Die oberdeutsche Konventualenkongregation wurde im gleichen Jahr endgültig aufgehoben.[20] Wegen der allgemeinen Stabilisierung der Lage des Ordens wurden auch die außerhalb der Provinz lebenden Fratres

---

[15] Vgl. REICHERT, Acta V, 395. Nach I. W. FRANK, Erneuerung 464f., wäre es das Noviziat für die Natio Franconiae gewesen.

[16] Vgl. REICHERT, Acta V, 335: "*Committimus rev. p. generali, ut coeptum ab eo opus sublevationis et restaurationis provinciarum desolatarum solito suo zelo et diligentia prosequatur, ad quod non parum iuvabit visitatores, viros prudentes, religiosos et discretos ad easdem provincias mittere, specialiter ad provinciam Germaniae superioris et inferioris, Boemiae et Ungariae ac Poloniae. Quod ut citius et commodius, uti par est, expediri possit, convenientem aliquam pecuniarum summam pro tam pio opere exigere curabit a comodioribus provinciis pro sua prudentia et discretione, cui id remittimus. Nobis etenim notissimum est, plures ad id muneris exequendi expensas fore necessarias, quae praefatarum provinciarum desolatarum vires longe excedunt.*" Danach wurde der Provinzial ermächtigt, die Hilfe der Territorialfürsten anzugehen.

[17] Vgl. KORDEL, Visitation I, 326 Anm 47. Erst 1626 wurde erreicht, daß die Stadt 1630 die Kirche gegen eine Zahlung von 6.000 fl. zurückgab; vgl. SCHMID 50. - 1614 bestimmte das Provinzkapitel: "*Committimus eidem < Commissario Austriae > negotium restitutionis ecclesiae Ratisbonensis tractandum apud eandem Caesaream Maiestatem.*" (StA Warburg, Codex) Am 15.10.1622 wurde Nuntius Montoro auf Initiative des Provinzials von päpstlicher Seite beauftragt, gegen die Prädikanten in den Dominikanerkirchen zu Speyer, Regensburg und Colmar vorzugehen; vgl. NBD, K, VI/1, 452 Nr. 512. 1623 verwandten sich die Dominikaner beim Kaiser wegen ihrer Kirchen in Speyer und Worms; vgl. S. 173.

[18] Für die bayrischen Konvente vgl. H. BARTH 719.

[19] Vgl. zuletzt A. KOCH, Mendikanten 165f.

[20] Vgl. S. 317f. und S. 318f.

ab 1605 wieder dorthin zurückbeordert.[21] Die bescheidene Erneuerung spiegelt die kleine Zahl von Konventsgründungen: Kirchheim in Schwaben 1601 und Kitzbühel in Tirol, wo die Dominikaner die Pfarrei im Jahr 1640 übernahmen.[22] Dies zeigt immerhin, daß der Orden am allgemeinen Aufschwung des "Katholizismus" teilhatte, wenn sich diese Regeneration auch in sehr bescheidenem Rahmen hielt und im wesentlichen auf eine Konsolidierung der überlebenden Konvente beschränkte.[23] Mit Hilfe der ausländischen Fratres hatte die Teutonia einen eigenen Weg der Erneuerung beschritten.

Zur Konsolidierung gehörte weiterhin im Bereich der Seelsorge die Übernahme von Pfarreien[24] und Prädikaturen.[25] Im Rückgriff auf vorreformatorische Frömmigkeit[26] und besonders über die Verbreitung der Rosenkranzfrömmigkeit durch die entsprechenden Bruderschaften[27] leisteten auch die Dominikaner einen Beitrag zur

---

[21] Vgl. REICHERT, Acta VI, 64 Nr. 35.

[22] Vgl. zu Kirchheim LOË, Teutonia 8; H. BARTH 719f. LOË datierte irrtümlich die Gründung von Kitzbühel auf 1608. Vgl. jedoch NEUHARDT 62, 74-78, 101, 102. Geplant war auch ein neuer, vom Baron von Wolckenstein zu gründender Konvent. Zum diesbezüglichen Beschluß des Generalkapitels 1608 vgl. REICHERT, Acta VI, 107.

[23] Sie hielt keinen Vergleich mit der Attraktivität der Jesuiten aus: nach Jahrzehnten, wo über die Mainzer Dominikaner kaum Nachrichten vorliegen, ist 1582 wieder ein Prior, Thomas Fabri, nachweisbar; im Konvent lebten höchstens 5-7 Fratres; die Jesuiten zählten in ihrer Mainzer Niederlassung hingegen 52 Brüder; vgl. S. 187 mit Anm. 68.

[24] Vgl. S. 188 (Mainz), 171 mit Anm. 105 (Worms). Dem 1601 gegründeten Kloster Kirchheim wurden die dortige Pfarrkirche, die Filiale sowie zwei Kaplaneien inkorporiert; vgl. P. SIEMER 124. Die Warburger Dominikaner versahen die Pfarreien Calenberg (ab 1605), Germete (ab 1621) und Ossendorf (1621-71); vgl. HENGST, Klosterbuch II, 422. Zur Pfarrseelsorge des Kölner Konvents vgl. LÖHR, Dominikanerkloster 106. Vgl. auch Provinzkapitel Landshut 1614: *"Instituimus in Concionatorem cathechisticae lectionis ecclesiae parochialis P. Joannem Christophorum Reen, Suppriorem conventus Gamundiani."* StA Warburg, Codex. Zur Verfügung des Kapitels von 1624 bzgl. der Pfarrei *"Eppißhausen"* s. S. 370. Bei der Restitution des Halberstädter Konvents 1628 wurden diesem auch *"omnia parochialia"* für den kath. Bevölkerungsteil übertragen; vgl. HEINRICHS 19, 21. - Für die Zeit vor 1550 vgl. S. 328 mit Anm. 99.

[25] Zur kurzfristigen Besetzung der Mainzer Domprädikatur vgl. S. 188. Nach einer Stiftung von 1607 sollte ein Mitglied der Kölner Dominikaner bei den Zisterzienserinnen von Mariengarten jeweils sonntags und an Feiertagen um 14 Uhr predigen; vgl. HÜSGEN 40, 66 Anm. 85.

[26] In Mainz überlebte die vorreformatorische Annenbruderschaft, die Petrus Martyr-Bruderschaft war eingegangen; vgl. S. 190 mit Anm. 86.

[27] (Wieder-)Begründet in Frankfurt (1591(?)/1621), Mainz (1612); vgl. S. 72 mit Anm. 148, S. 190. Vom Rottweiler Konvent aus wurde wohl schon 1618 die Bruderschaft in Bindsdorf gegründet; vgl. insgesamt für Rottweil HECHT 124. 1619 genehmigt das Provinzkapitel die Errichtung in Würzburg; vgl. KORDEL, Visitation II, 448. Zur 1621 von Augsburg aus gegründeten Kitzbühler Bruderschaft vgl. NEUHARDT 79. Zu Gründungen im Trierer Land ab 1624 vgl. B. SCHNEIDER 129; zu den vom Freiburger Kloster ausgehenden Gründungen ab 1624 vgl. DOLD, Studien 88f. Zu erwähnen sind etliche unerklärte Vorkommnisse um Marienstatuen, die nicht selten in Dominikanerkirchen stattfanden und als Wunder galten, so 1615

Formung der "nachtridentinischen" Frömmigkeit. In den Kontext der geistlichen Erneuerung gehörte die 1622 erfolgte Ausweitung des Kults von Albert dem Großen an die Kathedralkirche in Regensburg sowie die Erneuerung der Verehrung 1624 in Köln.[28] Die weiterhin bestehende und manchmal sogar intensivierte Einordnung der Dominikanerklöster in das obrigkeitliche Kirchenregiment im altgläubigen Bereich zeigt die Selbstbezeichnung des Kölner Rates als *"Obristen der Bettelorden"*[29] 1592 und 1618. Hier führte die Obrigkeit nahtlos das vorreformatorische Kirchenregiment fort: nach einem Bericht von 1574 wurden die Kölner Mendikantenklöster auch zu städtischen Steuern herangezogen.[30] Für die Gegenreformation(en) wurden Dominikaner tätig und von der Obrigkeit in Dienst genommen.[31] Auch der Ordensvikar Ninguarda brauchte neben der Beauftragung durch Orden und Papst ein landesfürstliches Mandat.[32] Mancherorts wurde dem Ordensvisitator ein landesfürstlicher Kommissar beigeordnet.[33] In Wien wurde trotz der Anwesenheit des Ordensvisitators 1575 der Konvent überraschend durch kaiserliche Kommissare visitiert, die Habe inventarisiert und den Mönchen nur ein langes Meßgewand zum täglichen Gebrauch gelassen, um so die befürchtete Entfremdung des Klostergutes zu verhindern.[34] Da Landesherren wie in Wien auch andernorts Dominikanerkonvente den Jesuiten übergeben wollten,[35] waren die Predigerbrüder auch auf altgläubiger Seite

---

in Endingen, 1622 in Wimpfen, 1633 in St. Margarethen zu Straßburg, und 1643 in Rottweil; vgl. HECHT 117-119.

[28] Vgl. den Hinweis bei SCHEEBEN, Albert 181. Zu diesem vgl. F. W. BAUTZ: Albertus Magnus. In: BBKL 1 (1990) 87; G. WIELAND: Albertus Magnus. In: LThK³ 1 (1993) 338.

[29] LÖHR, Dominikanerkloster 103. - Der Bamberger Fürstbischof nahm die Ablösung des Priors 1613 (als Beichtvater) durch den Provinzial zum Anlaß, den Männer- wie den Frauenkonvent seiner Kontrolle zu unterwerfen. Der dreijährige Streit endete mit dem Einschreiten der Kurie zugunsten der Dominikaner, vgl. H. BARTH 721. Der Konstanzer Fürstbischof ließ den dortigen Prior und Generalvikar der Provinz 1618 nicht aus der Stadt, vgl. KORDEL, Visitation II, 386. Analog gilt für die Dominikaner ZIEGLER, Franziskanerobservanten 81: "Sodann tritt das bereits angesprochene landeskirchliche Element in den Vordergrund, weshalb jetzt territoriale Franziskanergeschichte (z.B. Bayern, Österreich) in den Vordergrund tritt."

[30] Vgl. LÖHR, Dominikanerkloster 105.

[31] In Bayern gehörte der Dominikaner Johannes Gressenikus zu den Kommissaren der landesherrlichen Klostervisitation 1558; vgl. PAULUS, Dominikaner 290; 290f. zur gegenreformatorischen Predigttätigkeit und Klostervisitation 1564. 1609 erbat der bayrische Hzg. Wilhelm sechs Prediger aus dem Dominikanerorden gegen die Neuerung und zur Erhaltung des Volks im alten Glauben, vgl. P. SIEMER 126.

[32] Vgl. SCHELLHASS I, 152-156; z.B. 164f. zur Vollmacht für die habsburgischen Lande. Zu ausländischen Fratres vgl. z.B. ebd. 163ff., 172f., 185, 193f., 220.

[33] Zur Einsetzung des Wiener Priors 1575 durch Ninguarda in Anwesenheit kaiserlicher Kommissare vgl. ebd. I, 220. Zu erzbischöflichen Kommissaren in Mainz und Frankfurt vgl. S. 73, S. 191.

[34] Vgl. SCHELLHASS I, 193.

[35] Vgl. S. 313 Anm. 30.

durch die Obrigkeiten existentiell bedroht. Das Verhalten katholischer Obrigkeiten war in mancher Hinsicht dem protestantischer Fürsten und Magistrate sehr ähnlich.

Im Bereich des Studiums kam es ebenfalls nach einer langsamen Phase der Konsolidierung mit der Hilfe ausländischer Doctores zu einer Erneuerung. Die generelle Tendenz zur Zentralisation, die nicht nur für den Jesuitenorden, sondern für alle Bettelorden und also auch die Dominikaner galt,[36] bezog sich ebenso auf die wissenschaftliche Ausbildung des Nachwuchses. Zunächst galt es, die fast zusammengebrochenen Studienmöglichkeiten neu zu organisieren. 1592 genehmigte das Generalkapitel ein Studium an der Wiener Universität.[37] In Mainz bestand seit 1593 kontinuierlich ein Philosophiestudium des Ordens.[38] Provinzial Sittard erlangte 1601 die Bestätigung der 1583 vom Generalkapitel erteilten Vergünstigung, zwei Studierende auch ohne Assignation des Provinzkapitels nach Bologna zu senden - ein Zeichen, daß die Kapitel noch nicht regelmäßig tagten. Zu Studienzwecken sollte ferner die Assignation von Studenten nach Spanien und Italien möglich sein.[39] Im Kölner Konvent, der um 1607 30 Fratres zählte, hatte das theologische Studium zwar die ganze Zeit bestanden. Es wurde nun aber finanziell auf eine solidere Basis gestellt und erhielt 1608 in der Person des Spaniers Cosmas Morelles (+ 1636) einen bedeutenden Regens. Das Landshuter Provinzkapitel 1614 setzte den Niederländer Caspar Lasselin (+ 1616) als zweiten Kölner Theologieprofessor ein und assignierte elf Studenten an dieses Studium.[40] So erlebte auch das Studienwesen eine bescheidene Erneuerung. Jedoch war es im Vergleich zu dem der Jesuiten, bei denen bis 1618 Dominikaner studierten, wenig attraktiv. Der führende Studierorden waren jetzt die Jesuiten.

Im Schulwesen zog die altgläubige Seite nach dem protestantischen Vorsprung verspätet nach, wobei die Bildungsvorstellungen im Zuge der allgemeinen humanistischen Bildungsförderung und -anforderungen auf beiden Seiten ähnlich waren. Auch auf altgläubig-katholischer Seite wurde Klostergut für schulische Zwecke herangezogen. Herzog Georg von Sachsen plante 1538 die Errichtung von Schulen in Klö-

---

[36] Vgl. JEDIN 248.

[37] Vgl. I. W. FRANK, Erneuerung 472. Zur Erneuerung der Studienorganisation vgl. ebd. 467-476. Auf das für Studienzwecke verwandte Klostergut ehemaliger dominikanischen Frauenklöster wird nicht weiter eingegangen.

[38] Vgl. S. 188 mit Anm. 74.

[39] Vgl. REICHERT, Acta VI, 15 Nr. 23, 32 Nr. 13.

[40] Zum Kölner Studium zur Zeit der Beharrung vgl. S. 330 Anm. 106; zur Erneuerung vgl. LÖHR, Dominikanerkloster 105-108, 114ff. Zur Neugründung des Kölner Studiums 1613 vgl. auch NBD, K, VI/1, 802f. Nr. 822; 260, 275, 287, 297, 1007 zur von Nuntius Albergati angestrebten Reform der Dominikaner. Zu Morelles vgl. auch NBD, V/1, K, XXVI, 758 Anm. 4, 803, 889, 964; STILLIG 155f., 182, 202, 204.

stern. Auch der Augsburger Bischof Christoph von Stadion wollte Klostergut für das Schulwesen verwenden. Fürstbischof Julius Echter dotierte die 1582 gegründete Würzburger Hochschule mit den Einkünften aufgehobener Klöster.[41] Das schulische und universitäre Bildungsprogramm wurde zumeist mit Hilfe der Jesuiten verwirklicht.[42] Alt- wie neugläubigerseits stand eine effizientere Verwendung des Kirchengutes zur Debatte. Die Verbesserung von Bildung und Schule galt auf beiden Seiten als Mittel der Erneuerung.[43] Um 1565 beantragte die Freiburger Universität die teilweise Überlassung der Konventsgebäude der Dominikaner zu universitärem Gebrauch.[44] Auch die Dominikaner selbst nutzten das Gut aufgehobener Klöster zu diesen Zwecken: als 1563 der Ordensmagister Justiniani das Generalstudium der oberdeutschen Konventualenkongregation zu Freiburg/Br. einrichtete, dotierte er es mit dem Einkommen des Esslinger Klosters.[45] Am 27. Juni 1566 übergab Prior Wolfgang Plattner den Halberstädter Konvent *"zu anrichtung einer Schulen der Jugend"* dem dortigen Domkapitel.[46] Später errichteten die Dominikaner in ihren Konventen Gymnasien, so 1628 in Warburg[47] und 1630 in Rottweil.[48] Doch war

---

[41] Vgl. zu Hzg. Georg CARDAUNS 137. So ein Reformgutachten Witzels für den Herzog von 1538: *"Dieweil aber der Studenten Hauf mit den Lectoren an vilen orten abnimbt, vnd es mancher burger nicht erheben kan, das er seinen son auff seinen beutell studieren lies, wirt fur nottwendig angesehen, das ettwa ein 30 oder 40 gesellen in eyner vniuersitet yres, oder auch eyns andern Landes, aus dem einkommen der Reichen kloster (so verfallen vnd ausgestorben) zur Theologia mit benannter vnderhaltung stattlich versehen wurden, auff das man aus inen hernach zuwelen vnd nemen hett, die zur pfarrsorge, vnd predigambth geschickt werden. Kurtzumb das land bedarff allentalb gelerther leutt."* KATHREIN 369. - Zum Augsburger Bischof vgl. JEDIN 273; zu Echter BAUMGART, Zeitalter 204, 202.

[42] "Nahezu alle altgläubigen Landesherren in Oberdeutschland und am Niederrhein, ob geistlich oder weltlich, haben bekanntlich seit der Jahrhundertmitte die Jesuiten um Mitwirkung bei der Durchführung ihrer Reformbestrebungen ersucht, indem sie dem Orden die Gründung von eigenen Kollegien, Schulen und Universitäten übertrugen bzw. ihm die 'Reformation' bereits bestehender Hochschulen anvertrauten." BAUMGART, Zeitalter 196; vgl. detailliert HENGST, Jesuiten.

[43] Vgl. I. W. FRANK, Erneuerung 456f. Vgl. BOSL 214: "Repressive Maßnahmen allein konnten aber das Ziel < der Einheit im Glauben> nicht erreichen. Positiv wirkten nur Indoktrination und eine konsequente Bildungs- und Erziehungspolitik: Hand in Hand mit der Unterdrückung von Ketzerei und Widerstand liefen Förderung von altem Glauben, von Gehorsam und literarischer Bildung an den Gymnasien, die Errichtung und Förderung von Bibliotheken, Schulen, Universitäten." Vgl. auch ebd. 203, zur Bildungspolitik als Disziplinierungs- und Sozialisierungsmittel.

[44] Vgl. POINSIGNON 29.

[45] Vgl. die Notiz der Gebweiler Chronik ebd. 26; I. W. FRANK, Erneuerung 471; zur Korrektur des Datums 1563 statt 1543 vgl. PAULUS, Dominikaner 273 Anm. 2. Vor allem die Einkunftsrechte an aufgehobenen Dominikanerinnenklöstern sollten Studienzwecken dienen, doch ist das nicht Thema dieser Arbeit.

[46] Vgl. A. KOCH, Mendikanten 165.

[47] Vgl. WITTENBRINK 179f.

dieses Engagement zu spät und zu vereinzelt, um Anschluß an die zumeist von den Jesuiten getragene Entwicklung zu finden.

Zu Beginn des 17. Jahrhunderts war die Konsolidierung und Reorganisation des Ordens im Reich auf einen guten Weg gebracht. Die Vereinigung der Teutonia mit den Resten der Saxonia war vollzogen, das Studienwesen organisiert und das Bamberger Noviziat 1614 nach Mainz verlegt worden.[49] Damit war die Konsolidierung abgeschlossen, nicht nur die Gründung des Kirchheimer Konvents und die leicht zunehmende Zahl der Fratres ist Ausdruck einer bescheidenen Erneuerung. Diese ist bisher vor allem mit der Tätigkeit des Ordensvisitators Tomaso Marini (+ 1635) in den Jahren 1617-1619 verbunden worden. Er hatte unbezweifelbar Verdienste um die Provinz.[50]

Marinis Erneuerung ging allerdings in eine bestimmte Richtung. Die "nebentridentinische"[51] Erneuerung der deutschen Dominikaner sollte auf den im Orden gültigen Kurs gebracht werden. Die Ordensvorschriften wurden eingeschärft und durchgesetzt. Manche waren der deutschen Situation jedoch unangemessen. So hatten die Konstitutionen des Ordens für Prioren eine Amtsdauer von maximal drei Jahren vorgesehen. Die oftmals über Jahrzehnte mit der Erneuerung ihrer Konvente beschäftigten Konventsvorsteher, z.B. der 25 Jahre amtierende Johannes Kocher, wurden fast alle abgesetzt.[52] Nur in Ausnahmefällen durfte ein bisher amtierender Prior neugewählt werden. Vielleicht sorgte Marini auch für den freiwilligen Amtsverzicht des Kölner Regens Morelles. Zwölf spanische Fratres besetzten die Schlüsselstellungen in der Ausbildung der Novizen und Studenten in Köln, Freiburg,

---

[48] Vgl. HECHT 112. Die Dominikaner folgten dem allgemeinen, von den Jesuiten vorgegebenen Trend ebenso wie die Franziskaner. Zu den ab 1629 gegründeten Gymnasien der Franziskaner der sächsischen Provinz vgl. SCHATTEN 366-372. - An der Gründung der Osnabrücker Universität 1630, die schon 1633 von den Schweden geschlossen wurde, waren auch Dominikaner beteiligt; vgl. HAASE 330.

[49] Zu den Bestimmungen des Landshuter Kapitels 1614, darunter auch zum Noviziat vgl. StA Warburg, Codex. Die Akten von 1614 und 1617 zeigen den Erneuerungswillen der Provinz.

[50] Vgl. bes. KORDEL, Visitation I und II sowie LÖHR, Dominikanerkloster 106f.; H. BARTH 722; I. W. FRANK, Erneuerung 473-476.

[51] Der Begriff "nebentridentinische" Reform wurde in Abwandlung von MOLITORs Prägung "untridentinische Reform" gebildet. Die deutschen Dominikaner weigerten sich im Gegensatz zu manchen Reichsbischöfen nicht, die Trienter Beschlüsse anzuerkennen. Doch konnten die Predigerbrüder im Reich die von den Generalkapiteln vorgesehene Umsetzung nicht durchführen.

[52] Vgl. z.B. KORDEL, Visitation I, 325 Anm. 36. Vgl. ebd. 394, zu Marinis konservativem Reformprogramm. 1605 war vom Generalkapitel eine längere Amtszeit der Prioren in der Teutonia gestattet worden; vgl. LÖHR, Dominikanerkloster 106.

Hagenau sowie wohl auch in Augsburg und Wien.[53] Ebenso wurde der 1617 gewählte Provinzial David Vogt seines Amtes entbunden und durch Marinis Socius, den Portugiesen Petrus Baptista 1619 ersetzt.[54] Die neuen Leute nahmen alle wichtigen Positionen vom Provinzial über die Professoren bis hin zu den Prioren der einzelnen Konvente ein. Das Provinzkapitel 1619 setzte wohl auch deshalb elf neue Konventsobere ein, um die Durchführung von Marinis Reformprogramm zu erleichtern.[55] Zum Reformprogramm gehörte u.a. die Einschärfung der Klausur für die dominikanischen Frauenklöster und die Verlegung des Noviziats von Mainz nach Würzburg. Widerstand gab es nur im Mainzer Konvent, der sich vergeblich an den Erzbischof um Unterstützung wandte.[56]

Die Erneuerung durch Marini fand auf dem Freiburger Provinzkapitel 1619 ihren Abschluß, wo Johannes Nelling zu Anfang unter anderem auch der bedeutenden Ordensmitglieder aus der Zeit der konvervativen Beharrung gedachte. Namentlich erwähnte er Cornelius van Sneek (1455-1534), Konrad Köllin (1476-1534), Jakob van Hoogstraeten (1460-1527), Bernhard von Luxemburg (+ 1535), Johannes Faber (1470-1530) und Johannes Fabri (1504-1558), Johannes Dietenberger (1475-1537), Ambrosius Pelargus (1493-1561), Johannes Pesselius (+ 1558) und Johannes Slotanus (+ 1560).[57]

---

[53] Vgl. ebd. 107f., 115, 117-121, 130-132; KORDEL, Visitation I, 332; II, 384, 397ff., 432f., 434. - Zwar hatte Morelles auf seine Arbeitsüberlastung als Inquisitor hingewiesen, doch war dieses Amt traditionellerweise mit der Ordensprofessur an der Kölner Universität verbunden gewesen.

[54] Vgl. KORDEL, Visitation 424f.; L. SIEMER, Verzeichnis 92. Der ehemalige Provinzial Vogt war trotzdem ein fähiger Mann, denn ab 1619 wirkte er als *Procurator generalis* der Provinz; 1624 war er Definitor des Kapitels und wurde Vikar der vereinten Natio Bayern und Tirol; vgl. KORDEL, a.a.0. 442, 452, 455, 461.

[55] Bestätigt wurde der Amtsbeginn von neun Prioren und zwei Subprioren. Die bis dahin amtierenden Prioren von Speyer und Gebweiler wurden als Beichtväter in Frauenklöster versetzt; vgl. KORDEL, Visitation II, 433f. Da jedoch das Kapitel 1624 gleichfalls elf neue Hausobere einsetzte (vgl. ebd. 454), kann es sich bei den Personalentscheiden von 1619 um die übliche Fluktuation im ortsunabhängigen Personenverband gehandelt haben. Allerdings wurde vielleicht auch ein übliches Verfahren der personellen Ergänzung von Marini im Sinne der Ordensreform genutzt.

[56] Vgl. S. 191.

[57] Vgl. KORDEL, Visitation II, 418f. Vgl. auch K.-B. SPRINGER: Sneek, Cornelius van. In: BBKL 10 (1995) 711ff.; DERS.: Slotanus, Johannes. In: ebd. 638f.

Zur Erneuerung gehörte auch die Neugliederung der Nationes:[58]
1) Helvetia: Konstanz[59]
2) Alsatia: Colmar, Freiburg/Br., Gebweiler, Hagenau, Rottweil, Schlettstadt
3) Suevia-Franconia: Bamberg, Frankfurt, Mainz, Mergentheim, Schwäbisch-Gmünd, Speyer, Wimpfen, Worms, Würzburg
4) Bavaria: Augsburg, Eichstätt, Kirchheim, Landshut, Regensburg
5) Saxonia inferioris et tractus Rheni: Aachen, Dortmund, Koblenz, Köln, Luxemburg, Marienheide, Osnabrück, Soest, Trier, Warburg, Wesel
6) Austria: Krems, Retz, Steyr, Tulln, Wien
7) Tirol: Bozen

Aufgrund der politischen Gegebenheiten war die Natio Austriae aus der Natio Bavariae herausgelöst worden. Warum für Konstanz und Bozen, die beide zu Beginn des 16. Jahrhunderts zur Suevia gehört hatten, eine eigene Natio errichtet worden war, ist nicht mehr nachvollziehbar. Gleichzeitig zählten Suevia-Franconia und Saxonia inferioris et tractus Rheni, also die früheren Nationes Suevia und Brabantia so viele Konvente, daß sie schon kurz darauf geteilt wurden. Die vorreformatorische Nationeseinteilung wurde also nicht beibehalten. Allerdings befremdet die 1619 vorgenommene Neuordnung. Daher ist zu fragen, was mit dieser "Erneuerung" bewirkt werden sollte. Die Antwort liegt wohl zum Teil in der damaligen Personalsituation begründet. Die ehemaligen Konvente der Saxonia waren auf dem Kapitel nur als Vikariate und nicht als Priorate eingestuft worden. Daher bedurften sie noch etliche Zeit der Unterstützung aus der Natio Tractus Rheni. Vielleicht war die Situation in der Suevia-Franconia ähnlich, so daß Konvente wie Frankfurt und Bamberg "schwächere" Konvente wie Worms und Speyer unterstützen sollten.

Die Generalkapitel 1618 und 1622 bestätigten Marinis Ordinationes.[60] Die Frage ist: wie weit war die Erneuerung unter Marini notwendig? Nach der Auffassung von Hilarius BARTH konnte Marini "auf dem Gewachsenen aufbauen, Mängel beseitigen und das Ganze konsolidieren."[61] Marini fand im Kölner Kloster 1618 etwa 70 Fratres "in regulari observantia" vor, darunter 36 Philosophie- und 20 Theologiestudenten. Im Mainzer Noviziat befanden sich etwa 40 Novizen.[62] Die doch beacht-

---

[58] Vgl. KORDEL, Visitation II, 429-432, 395f. Zu späteren Änderungen in der Nationesverfassung 1624 vgl. ebd. 396.

[59] Den Männerkonventen einer Natio waren die Frauenklöster zugeordnet. Im Fall von Konstanz waren es acht Niederlassungen in der Schweiz und im oberschwäbischen Raum.

[60] Vgl. REICHERT, Acta VI, 304, 333f.

[61] H. BARTH 722.

[62] Vgl. S. 190f.; LÖHR, Dominikanerkloster 163; KORDEL, Visitation II, 383f.; I. W. FRANK, Erneuerung 473.

liche Zahl an Novizen und Studenten widerspricht dem vom Ordensvisitator gezeichneten düsteren Bild voller Vernachlässigung, Schlendrian und Disziplinlosigkeit. Für verdiente Prioren brachte Marinis Visitation durchaus einen Rückschlag. Schon vor Marini hatte sich die konservative Beharrung zur konservativen Erneuerung gewandelt, auf der die Disziplinierungsbemühungen des Ordensvisitators aufbauen konnten.[63] Dadurch fanden die Dominikaner trotz einiger (zeitweiliger) Sonderwege den Anschluß an die Entwicklung im Gesamtorden, von der sie nie ganz abgekoppelt gewesen waren.

Manche Initiativen Marinis verpufften erfolglos, so beispielsweise sein Einsatz gegen die längere Amtsdauer der Prioren. Viele der sehr verdienten Ordensoberen konnte man nicht entbehren: Kocher wurde nach seiner Absetzung 1618 ins benachbarte Mainz versetzt und amtierte wohl schon nach Marinis Weggang, spätestens aber 1624 als Frankfurter Prior und zu diesem Zeitpunkt sogar als Definitor der Provinz. Einer der anderen Definitoren war der 1618 abgesetzte Provinzial Vogt. 1623 wurde Johannes Endebroich durch spezielles Reskript des Papstes Prior von Köln und verwaltete das Amt zwölf Jahre lang.[64] Selbst der von Marini eingesetzte Provinzial Petrus Baptista amtierte statt der vorgeschriebenen vier insgesamt sechs Jahre, dessen Nachfolger Johannes Gödert (+ 1638) von 1624 bis 1636.[65] Das zeigt, daß die von Marini durchgeführte Reform nur zum Teil durchsetzbar war. Gleichfalls berücksichtigte das entschiedene Einschreiten des Ordens gegen die im Pfarrdienst tätigen Dominikaner die Zustände in der Teutonia nicht, wo sich viele Konvente zumindest zum Teil über die Pfarrseelsorge finanzieren mußten, und blieb daher erfolglos. Zwar verordnete das Generalkapitel 1622: "*Revocamus ad claustra omnes fratres sive ratione parochiae sive quavis alia occasione extra commorantes*".[66] Doch schon 1624 assignierte das Regensburger Provinzkapitel Konrad Hess nach Kirchheim "*pro administratione parocchiae in Eppißhaussen.*"[67]

1628 stimmte das Generalkapitel der Erhöhung der ehemaligen Konvente der Saxonia in ihren ursprünglichen Stand von Prioraten zu.[68] Ebenso zählte die Teuto-

---

[63] Vgl. ebd. 476.

[64] Vgl. LÖHR, Dominikanerkloster 166; KORDEL, Visitation II, 452 Anm. 5. Zu Vogt vgl. S. 368 mit Anm. 54. Zu untersuchen wäre noch, ob es nach Marinis Weggang zu einer "konservativen Reaktion" gegen seine Reformen kam.

[65] Vgl. KORDEL, Visitation II, 450 Anm. 2.

[66] Vgl. REICHERT, Acta VI, 333.

[67] KORDEL, Visitationen II, 457.

[68] Vgl. REICHERT, Acta VI, 366.

nia nicht mehr zu den Provinciae desolatae.[69] Damit war die Erneuerung der Dominikaner im Deutschen Reich weitgehend abgeschlossen. Aber 1618 hatte der Dreißigjährige Krieg begonnen, der - neben zahlreichen vergeblichen Restitutionsversuchen, die hier nicht behandelt werden können - einen Rückschlag in der Entwicklung brachte.

---

[69] Vgl. I. W. FRANK, Erneuerung 475.

SCHLUSS

Der mit der voranschreitenden Konfessionalisierung einhergehende Bedeutungsverlust der Dominikaner brachte es mit sich, daß der Orden nicht im Zentrum der
Forschung stand,[1] die sich weitgehend der "Siegergeschichte" der Konfessionen
zuwandte, also z.B. den Reformatoren auf protestantischer Seite oder den Jesuiten
und Kapuzinern im katholischen Bereich. Auch wenn im Fall der Predigerbrüder der
Widerstand gegen den religiösen Umbruch die gleichfalls vorhandene Anpassung an
die neuen Verhältnisse überwog, war ihre Beharrung keinesfalls eine "Siegergeschichte". Dafür waren die Verluste an Konventen und auch an Fratres zu groß.
Fast in jedem Kloster traten zumindest einige Dominikaner zur "neuen Religion"
über. In vielen Ordenshäusern beschränkte sich der Widerstand auf ein möglichst
unauffälliges Leben der Fratres im Kloster. Obwohl die Söhne des hl. Dominikus
auf der Seite der "Verlierer" standen, war die Rolle, die sie im Gesamtgeschehen
spielten, wichtig genug, um eine Untersuchung über ihren Widerstand und ihre
Anpassung während der Reformationszeit zu rechtfertigen. Zugleich wurde eine
wichtige Epoche in der Geschichte des Dominikanerordens im Deutschen Reich
aufgearbeitet. Das Beispiel der Dominikaner zeigt, daß es nicht nur den Widerstand
ihrer Kontroverstheologen, sondern auch den alltäglichen Widerstand der Konvente
gegen die Glaubensneuerung und für ihr monastisches Ideal gab.

Bei aller Verschiedenheit von Zeit und Ort gab es ähnliche Strukturen in bezug auf
Beharrung, Untergang und Überleben der Dominikanerkonvente. Viele Klöster
waren um 1522 von einer evangelischen Bewegung in ihrer Stadt betroffen worden,
auf die sie reagieren mußten. Die städtischen Unruhen im Zusammenhang des
Bauernkrieges bedeuteten für viele Ordenshäuser im Untersuchungsraum aufgrund
der Klosterstürme und/oder Vertreibungen eine einschneidende Zäsur und ver-
unsicherten die Dominikaner in erheblichem Ausmaß. Rabiates Vorgehen gegen sie
setzte sich über das Jahr 1525 hinaus fort. Die gestärkte kaiserliche Position nach
dem Schmalkaldischen Krieg und im Umfeld des Interims hatte für die Predigerkonvente eine hohe und existenzsichernde Bedeutung. Nach dem Augsburger Religionsfrieden nahm die Zahl der Klosteraufhebungen ab, die obrigkeitliche Einziehung
nach dem Erlöschen des Konvents oder die Übertragung durch einen Frater herrsch-
te vor. Bei der Beharrung der Predigerbrüder war die Situation nicht erst nach 1555
in vielen Konventen ähnlich: eine abnehmende Zahl von Fratres, manchmal auch
nur ein Dominikaner, setzten so gut wie möglich die überkommene Form des
Mönchtums fort und versuchten mit der finanziellen Notlage und dem durch die

---

[1] Auch für die anderen Bettelorden gilt die Feststellung von DIPPLE 4: "the mendicant orders remain on the
periphery of Reformation studies."

Obrigkeiten ausgeübten Zwang fertig zu werden.[2] Trotz des zermürbenden geistigen, moralischen, politischen und wirtschaftlichen Drucks und trotz des lähmenden Niedergangs gaben die Religiosen ihre Beharrung nicht auf. Zwar waren die Predigerbrüder weiterhin "Prädikanten" der altgläubigen Seite. Doch waren sie nur selten die heroischen Widerstandskämpfer, als die sie Nikolaus PAULUS in der für seine Zeit üblichen konfessionellen Engführung porträtierte. Die Dominikaner waren häufig eingeschüchtert und wagten sich vielerorts nicht oder nur in Zivilkleidung in die Öffentlichkeit. Viele wollten weniger Widerstand und "Kampf gegen Luther" oder andere neugläubige Theologen leisten als ihre Form eines christlichen Lebens fortsetzen.

Aufgrund der beharrlichen Hartnäckigkeit der Dominikaner war für Klosteraufhebungen das aktive Eingreifen der Obrigkeit nötig.[3] Selbstauflösungen von Dominikanerkonventen sind nicht nachzuweisen. Nur selten, so z.B. in Zürich, Nordhausen und in Hessen, war eine dezidierte Rats- bzw. Fürstenreformation belegbar. In diesen Fällen wurden die Klöster innerhalb kurzer Zeit aufgehoben. Häufig dauerte der Prozeß der Aufhebung jedoch länger, auch weil die Entscheidung für die religiöse Neuerung - und damit gegen den Kaiser und das Reichsrecht - nicht so eindeutig war bzw. aus der Sicht der Obrigkeiten nicht so eindeutig sein konnte. Solche "Rücksichtnahme" war für die Dominikaner überlebenswichtig. Unterschiedliche innen- wie außenpolitische Faktoren in einer Stadt ermöglichten das Weiterbestehen von Konventen. Zwar war die Provinz Saxonia schon in der zweiten Hälfte des 16. Jahrhunderts de facto untergegangen, doch wurden ebenso wie die Konvente auch die Ordensstrukturen weiterhin nach Möglichkeit aufrecht erhalten. So war die erst zu Beginn des 17. Jahrhunderts erfolgte Vereinigung der wenigen noch bestehenden Konvente mit der Teutonia ein weiterer Ausdruck für die hartnäckige Beharrung der Dominikaner.

Konventsübergreifend galt für die Kirchenwesen auf reformatorischer Grundlage die Verwendung der Konvente bzw. ihrer Baulichkeiten und ihres Einkommens für die drei theologisch legitimierten Zwecke des Kirchengutes. Allerdings wurden Mobilien, wie die Kleinodien, und auch Immobilien nicht selten dem fürstlichen oder städtischen "Kammergut" übertragen.[4]

Innerhalb der Konsolidierung des *corpus catholicorum* im Reich erfolgte die Stabilisierung der Dominikanerkonvente. Doch blieb es eine ärmliche, unbedeutende, langsame und schwerfällige "Erneuerung". Zunächst konnte nur die durch den

---

[2] Vgl. im einzelnen S. 307-334 (Kapitel 2 der Auswertung).

[3] Vgl. S. 335-341 (Kapitel 3 der Auswertung).

[4] Vgl. S. 342-358 (Kapitel 4 der Auswertung).

Aderlaß der Reformation sehr geschmälerte Zahl der Konvente gehalten werden. Nur wenige Personen traten in den "aufgebrauchten" Orden ein. Doch unter den Provinzialen Kosseler und Sittard erfolgte mit Unterstützung ausländischer Fratres eine Revitalisierung, auf der die bescheidene Erneuerung aufbauen konnte. Der Ordensvisitator T. Marini verpflichtete die deutschen Dominikaner auf die im Orden mittlerweile geltenden Vorschriften. Dennoch hatten um 1624 nicht alle Konvente die vorgeschriebene Mindestzahl von zwölf Fratres erreicht.[5]

Innerhalb der Untersuchung waren zwei Reform- und Erneuerungsprozesse in den deutschen Dominikanerprovinzen Teutonia und Saxonia behandelt worden. Die Observanzbewegung begann im 14. Jahrhundert und war 1517/18 zwar weitgehend, aber endgültig erst 1608 mit der Aufhebung der oberdeutschen Konventualenkongregation abgeschlossen. Die als Reformacio bezeichnete "Ordensreformation vor der Reformation" war im Lauf der langen Zeit, die sie für die Durchsetzung brauchte, weitgehend ausgehöhlt worden. Um 1517 beschränkte sie sich in der Saxonia nur auf wenige allgemeine Grundsätze und war vom Willen und den Machtmitteln der jeweils Regierenden abhängig. So bereitete sie dem obrigkeitlichen Kirchenregiment den Boden. Da Obrigkeiten die Entscheidungsinstanz auch für ordensinterne Prozesse waren, konnten sie auch die Reformacio verhindern und zur Zeit der Reformation Konvente aufheben und/oder einer neuen Nutzung zuführen, wie dies auch im altgläubigen Gemeinwesen durch die Übertragung an einen anderen Orden geschah. Die Reformation hielt die Durchsetzung der Observanz in den "überlebenden" Klöstern letztlich nicht auf, verzögerte sie aber erheblich. Parallel zum allmählichen und zum Teil von den Observanten erzwungenen Untergang der Konventualen in der Teutonia hatte der zweite Revitalisierungsprozeß eingesetzt. Diese "Ordensreformation nach der Reformation" ist ohne das "contra" der Dominikaner gegen die religiöse Neuerung nicht zu denken, insofern stellt sie gewissermaßen eine "Gegenreformation" dar. In diesem Prozeß wandelten sich die deutschen Dominikaner. Sie überwanden die Auszehrung und den weitgehenden Zusammenbruch und Verfall. Von der mit gelegentlicher, vor allem personeller, Unterstützung des Ordens zunächst erfolgten "nebentridentinischen Konsolidierung" führte T. Marini die Ordensreform auf neue Weise zum Durchbruch. Sie mündete in die "nachtridentinische Erneuerung" des Gesamtordens ein.

Schon zu Beginn des 16. Jahrhunderts wurden gerade die observanten Dominikaner öffentlich stark kritisiert, während gleichzeitig die Zahl der Ordensangehörigen stieg. Auf diese Gleichzeitigkeit der Reformbedürftigkeit der schon reformierten Ordensleute und auf die gewisse Blüte nicht nur der observanten, sondern auch der konventualen Niederlassungen ist hingewiesen worden. Die öffentliche Kritik an den

---

[5] Vgl. S. 359-371 (Kapitel 5 der Auswertung).

nach einer Reformacio oft in gutem Zustand befindlichen Ordenshäusern und ihren Religiosen deutet auf einen Interessenwandel hin, der die bisherige paraparochiale Seelsorge der Dominikaner in Mitleidenschaft zog. In der Kritik äußerte sich das Verlangen der Gläubigen und zum Teil auch der Obrigkeiten nach einer Seelsorge, die auf die Pfarrei zentriert war. Die oft mit Pfarrkirchen verbundenen Prädikaturen führten zu einem Funktionsverlust der Predigerbrüder sogar in ihrer eigenen Domäne, der Verkündigung des Wortes Gottes. Allerdings stieß nicht nur die dominikanische, sondern die gesamte altgläubige Seelsorge unter Einfluß der reformatorischen Bewegung, deren Ziele in der neuen Theologie artikuliert worden waren, auf nur geringes Interesse. Es gab wohl einen "Überdruß" an der bisherigen Seelsorge, bzw. es zeigte sich auf diese Weise, daß sich die Interessen der Mehrheit der Gläubigen gewandelt hatten.

Weitere Ergebnisse der vorliegenden Untersuchungen ergaben sich zunächst für den statistischen Bereich. So wurde unter anderem die genaue Zahl der Konvente der beiden Provinzen Teutonia und Saxonia vor Beginn der Reformation erstmals festgestellt. Im Vergleich mit der Konventszahl von 1619 konnten die Verluste an Klöstern beziffert werden. Ebenso fand die beträchtliche Zahl der Exilkonvente zur Reformationszeit hinreichende Berücksichtigung. Ein weiterer Ertrag war die Aufarbeitung der Reformationsgeschichte verschiedener Städte - und der entsprechenden Quellen und Literatur - aus einem bisher vernachlässigten Blickwinkel. Für einige Städte, so im Fall von Eisenach, Erfurt, Mainz, Nordhausen und Worms konnten die stadtgeschichtlichen Darstellungen durch die Verwertung bisher nicht benutzten Quellenmaterials ergänzt werden.

Für die Erforschung der Konfessionalisierungsprozesse im Deutschen Reich läßt sich festhalten, daß die Ausschaltung bzw. die Erhaltung oder Stärkung des monastischen Elements ein wichtiger Faktor war. Neugläubige Obrigkeiten hatten vielerorts zuerst auf Bettelordenskirchen und -konvente Zugriff. Auf altgläubiger Seite führten die Mendikanten lange Zeit und in größerem Ausmaß als der Pfarr-, Stifts- und Ordensklerus der älteren monastischen Gemeinschaften die Auseinandersetzungen gegen die kirchliche Neuerung, die auf neugläubiger Seite allerdings auch von ehemaligen Mendikanten, wie Luther, Bucer, Hüventhal und anderen getragen wurde. Die von den Dominikanern beibehaltene monastische Lebensweise war somit nicht nur eine Form des Widerstands, sondern auch ein Mittel im konfessionellen Streit, auch wenn das Verhalten der Fratres noch so angepaßt war bzw. angepaßt sein mußte. Denn schon von ihrer Verfassung her verfügten die Mendikanten nicht über die Möglichkeiten für einen "kraftvolleren" Widerstand. In diesen Auseinandersetzungen verausgabten sich die Dominikaner ebenso wie die anderen Mendikantengemeinschaften in beträchtlichem Maß. Mit ihren vergleichsweise bescheidenen materiellen und personellen Ressourcen konnten sie der reformatorischen Herausforderung nur in geringem Maß standhalten. Ihre konservative Theologie und Ausbildung fand in der breiten Öffentlichkeit wenig Resonanz.

Ein weiteres wichtiges Ergebnis ist die schon mehrfach unterstrichene Bedeutung der Obrigkeit für die Klosterreform des Spätmittelalters und den Konfessionalisierungsprozeß im 16. Jahrhundert. Neben der neuen Theologie der Reformatoren ist das vorreformatorische Kirchen- und Klosterregiment eine Wurzel für das Erstarken der Obrigkeiten, die für die städtischen und fürstlichen Obrigkeiten der verschiedenen Stadttypen gleichermaßen galt. Das reformatorische Vorgehen war nicht ohne Vorbild, allerdings setzte die Reformation die vorreformatorische Klosterpolitik nicht einfach fort, sondern sie erfuhr Veränderungen in bezug auf Umfang, Begründung und Zielsetzung sowie die Durchführung der einzelnen Maßnahmen. Die zentrale Rolle der Obrigkeiten im Konfessionalisierungsprozeß läßt sich am Beispiel der Dominikaner gut illustrieren und bestätigt sich erneut.[6] Zwar hatten die Prädikanten der neuen Lehre nach ihrer Meinung dem Mönchtum den Boden entzogen. Doch bedurften diese Vorstellungen der Umsetzung durch die Obrigkeiten. Insofern kann man feststellen, daß der Funktionsverlust der Dominikaner in Städten des neugläubigen Kirchenwesens von den Obrigkeiten abhing. Wo diese keinen Zwang ausübten, gab es weiterhin vereinzelt Personen, die in den Orden eintraten oder Stiftungen zugunsten der Predigerbrüder vornahmen. Wo Obrigkeiten den "alten Glauben" bewahrten, behielten die Dominikaner ihre Funktionen im Bereich der Seelsorge, auch wenn deren überlieferte Formen mitunter erst nach einer längeren "Durststrecke" zu Ende des Jahrhunderts reaktiviert werden konnten.

In altgläubigen Territorien griff die reformatorische Kritik am Mönchtum auch wegen des obrigkeitlichen Schutzes der Klöster auf Dauer nicht. Vielmehr trat nach der Reformation eine zunehmende Anzahl von Männern zwar vor allem in den Jesuiten- und Kapuzinerorden, aber auch bei den Dominikanern ein. Davon profitierte ihre Konsolidierung.

Mit dem Konfessionalisierungsprozeß eng verbunden war der Territorialisierungsprozeß. In den benachbarten Städten Marburg, Frankfurt, Mainz und Worms stellte sich die Situation für die Dominikaner völlig unterschiedlich dar. Dies zeigt, wie weit die Parzellierung des Deutschen Reiches schon vorangeschritten war. Auf der anderen Seite wiesen Konvente im gleichen Territorium - Marburg und Treysa in der Landgrafschaft Hessen, Jena und Eisenach im ernestinischen Sachsen - eine ähnliche Entwicklung auf. Die Gleichbehandlung deutet auf die Prozesse der Territorialisierung bzw. die Zentralisierungsbestrebungen des sich erst allmählich entwikkelnden modernen Staates. Dem diente konfessionsübergreifend die Einordnung der

---

[6] Vgl. S. 293-306 (Kapitel 1 der Auswertung).

für ein Gemeinwesen immer noch als wichtig angesehenen geistlichen Sonderrechtsbereiche. Konfessionalisierungs- und Territorialisierungsprozeß gehörten zusammen und bedingten sich gegenseitig. Im Konfessionalisierungsprozeß spielten die Dominikaner allerdings nur eine untergeordnete Rolle. Sowohl in alt- wie neugläubigen Kirchenwesen gab es ähnliche Strukturen und Prozesse, die sich allerdings konfessionell unterschiedlich ausprägten. Überkonfessionell gültig sind die Bestrebungen der Obrigkeit nach Kontrolle und Einbindung des Kirchenwesens, nach Zentrierung der Gemeinde auf die Pfarrei. Generell kann man sagen, daß für die Dominikaner die lokalen Rahmenbedingungen wichtiger waren als die überlokalen.

Das Ergebnis der Untersuchung sei abschließend nochmals zusammengefaßt: Widerstand der Dominikaner gegen die religiöse Neuerung war nur möglich, soweit ihn die Obrigkeit zuließ oder aufgrund der Innen- wie Außenverhältnisse der Stadt zulassen mußte. Über den Fortbestand der Klöster und der dominikanischen Beharrung entschied generell das obrigkeitliche ius reformandi. Denn für einen Widerstand der Dominikaner fehlten die Mittel, da sie gemäß ihrer Verfassung als Bettelorden auf rechtliche, soziale und machtpolitische Sicherheiten verzichtet hatten. Konnten die Dominikaner durch "widerständige Anpassung" in einer Stadt nicht mehr bestehen, setzten sie mitunter ihren Widerstand im Exil fort. Doch aufgrund der hartnäckigen Beharrung, des nur schrittweisen Zurückweichens und der so weit als nötigen Anpassung an die Gegebenheiten war 43 von 101 Konventen ein Überleben möglich.

VERZEICHNIS DER QUELLEN UND DER LITERATUR

Die Abkürzungen der Reihen und Zeitschriften wurde vorgenommen nach SCHWERTNER, Siegfried M.: IATG². Internationales Abkürzungsverzeichnis für Theologie und Grenzgebiete. 2. Auflage. Berlin-New York 1992.

1 VERZEICHNIS DER ZUSÄTZLICH VERWANDTEN ABKÜRZUNGEN

a.a.O.:	am angegebenen Ort
Abt.:	Abteilung
Dom.:	StA Frankfurt, Bestand: Dominikaner
Dom.St.:	StA Frankfurt, Bestand: Dominikaner, Städtisch
Ed./ed.:	Editor, Herausgeber; ediert von
HSTA:	Hauptstaatsarchiv
Jh.:	Jahrhundert
LHA:	Landeshauptarchiv
Reg.:	Register
Rep.:	Repertorium
RSTA:	Reichsstädtisches Archiv
StA:	Stadtarchiv
STA:	Staatsarchiv
StBibl:	Stadtbibliothek
Übers.:	Übersetzung
Urk.:	Urkunde(n)
Z:	Zeile

2 ARCHIVALIEN

DARMSTADT, StA

Abt. A 2: Urkunden der Provinz Rheinhessen

Flomborn Nr. 56/10: 1590 Nov. 30 (Fiche 294):
Schultheiß Valentin von Stetten und die Schöffen des Flomborner Gerichts beurkunden die Umschreibung der dortigen Güter des Wormser Dominikanerklosters.

Harxheim Nr. 82/6: 1489 Nov. 26:
"Renovation" (Neuvergabe) der dortigen Güter des Mainzer Dominikanerklosters.

Harxheim Nr. 82/7f.: 1544 Febr. 14 (I.-II.):
"Renovation" (Neuvergabe) der dortigen Güter des Mainzer Dominikanerklosters.

Harxheim Nr. 82/9: 1609 Juni 15:
"Renovation" (Neuvergabe) der dortigen Güter des Mainzer Dominikanerklosters.

Selzen Nr. 214/25: 1591 August 21/31:
Der Mainzer Prior Franz Franck verleiht das Gut der Dominikaner erneut an die bisherigen Hofleute.

FRANKFURT, StA

Dom., Urkunden und Akten
489a/1475:
Papst Sixtus IV. ermahnt den Rat, dafür zu sorgen, daß die Reform des Frankfurter Dominikanerklosters eingehalten wird.

Dom.St., Urkunden und Akten
12/1480:
Verhandlungen des Rats mit den Dominikanern und Karmeliten und Schreiben des Papstes Sixtus IV. wegen der Jurisdiktion über beide Konvente, ihren Besitz sowie die Grundstücke und ihre Besteuerung.

33/1525 April 18:
Protokoll des Gerichtsschreibers Johann Fichard über eine von der Ratskommission durchgeführte Inventur des Klosters.

34/1526:
Die Dominikaner bitten um Schutz wegen des angedrohten Angriffs von Bürgern, welche über die Predigt des Lesemeisters Ambrosius erbittert sind.

35/1529:
Schreiben des Kurfürsten von Trier, in dem er den Rat auffordert, dem Dominikanerkloster die aberkannten Freiheiten und Rechte zu restituieren.

38/1531:
Der ehemalige Frankfurter Dominikaner Thomas, der als derzeitiger markgräflicher Prediger bei Ansbach wirkt, bittet, ihm aus den Einkünften des Frankfurter Dominikanerkonvents eine Beisteuer zu gewähren.

42/1544:
Das Dominikanerkloster erklärt sich bereit, von der Stadt zugeordnete Kuratoren anzunehmen und eine jährliche Inventarisierung durchführen zu lassen.

43/1546:
Bescheinigung des Ratsschreibers, daß das Dominikanerkloster verschiedene Kirchenkleinode abgegeben hat.

Rep. 0202: Bücher des Dominikanerklosters:

Jacquin, Franciscus: Adminiculum ... conventus ordinis praedicatorum in imperiali libera civitate emporiali (sic!) Francofurtana sive chronicon succinctum historico-oeconomicum ... congestum I.

6/1591-1617:
Liber proventuum.

25/1589:
Convents-Ackerbuch sub prioratu fr. C. Volmershausen zu Seckbach gerichtlich aufgerichtet.

MAGDEBURG, LHA SACHSEN-ANHALT

Rep. Copiare Nr. 1519:
Copial-Buch des Prediger-Klosters zu Erfurt.

Rep. Copiare Nr. 1520:
Transsumpta Bullarum Apostolicarum de Privilegiis fratrum Ordinis Praedicatorum.

Rep. A 37a XXXII Nr. 497:
Braunschweig (1357-1607): Predigerkloster Göttingen, fol. 1-39.

Rep. A 37b I, Abt. II, Tit. XV, Nr. 83 (1560):
Vertrag einer Gesandtschaft der Stadt Erfurt ..., fol. 1-7.

Rep. A 37b I, Abt. II, Tit. XVIII, Nr. 5:
Acta miscellanea betr. das Predigerkloster zu Erfurt 1522-1618, fol. 1-60.

Rep. A 37b I, Abt. II, Tit. XVIII Nr. 22c, Pak. 185:
Acta des Dominikanerklosters zu Erfurt, fol. 1-37.
= Antiquus Liber Mortuorum Monasterii Praedicatorum, fol. 1-34.
= Loca ad terminum: fol. 35ff.

Rep. U 15: Stifte, Klöster in Erfurt. VI. Predigerkloster 1276-1584: fol. 1-33.

MAINZ, StA

Handschriften:

Abt. 13/120:
Totenbuch (der Mainzer Dominikaner): Liber anniversariorum et obituum conventus Maguntinensis ordinis fratrum Praedicatorum.

Abt. 13/121:
Ackerbuch (Kopialbuch der Mainzer Dominikaner; Urkundenabschriften 1335-1497).

Abt. 13/122:
Zinsbuch (der Mainzer Dominikaner aus der Zeit von 1534-1557).

HBA I/75:
Würdtwein, Stephan Alexander: Monasterium Moguntinum.

Regesten:
Ungedruckte Regesten des StA Mainz. Bearb. von Richard Dertsch.
Ungedruckte Regesten der Borgationsbücher des StA Mainz. Bearb. von Richard Dertsch.

MAINZ, StBibl

III k: 2°/196 a:
Sammelband mit den beim Reichskammergericht zwischen 1521 und 1594 vorgelegten Prozeßakten (unpaginiert und unfoliiert. Die einzelnen Akten sind nicht immer chronologisch geordnet).
- Concordata vnd Vertrege/so zwischen Erzbischof vnd Stifft Meintz/etc. vnd der Stad Erffurdt auffgericht (= Faszikel 4).
- Copi <sic> Deß Churfürsten zu Maintz der Kayserl. May. gethanen Schreibens wegen deren von Erffordt geübten Friedbruchs vnd Thathandlungen, de Dato 15. Julij Anno 89 (nicht numerierter Faszikel).
- Schreiben des Erfurter Rats an den Kaiser von 1589 (nicht numerierter Faszikel).
- Schreiben des Erfurter Rats an den Kaiser vom 17.2.1590, mit 33 urkundlichen Beilagen
- Schreiben des Erzbischofs an den Kaiser vom 11.5.1591 (nicht numerierter Faszikel).
- Schreiben des Erfurter Rats an den Kaiser vom 13.7.1594, mit 66 urkundlichen Beilagen (= Faszikel 10).

NORDHAUSEN, StA

Von den Urkunden der Bettelorden erhielten sich die auf Karteikarten überlieferten Regesten sowie in einigen Fällen die Abschriften Johann Conrad FROMANNS (1616-1706) in den Collectanea. Die Regesten, die hier zum ersten Mal veröffentlicht werden, sind im folgenden gekürzt wiedergegeben. Die das Reich und Kursachsen betreffenden Urkunden sind vorhanden.

I = *Urkunden*

I Abt. A = *Beziehung zu Kaiser und Reich und dessen Institutionen*
Nr. 47: 1541 Mai 3:
Kaiser Karl V. befiehlt, daß geistliche Güter zu Nordhausen die öffentlichen Lasten der Stadt mittragen sollen, sobald sie in weltliche Hände übergehen.

I Abt. B = *Schutzherren*
I Abt. B, Ab = Schutz der Herzöge von Sachsen 1496-1698

I Abt. Lc = *Urkunden der Franziskaner*
Nr. 43: 1474 Nov. 11:
Vor den Prokuratoren des Konvents abgeschlossene Geschäftsurkunde.

Nr. 60: 1521:
(Letzte erhaltene) Urkunde der Franziskaner über einen Zinskauf.

I Abt. Ld = *Urkunden der Dominikaner*
Nr. 4: 1420 Sept. 13:
Provinzial Robert nimmt die Nordhäuser Schützenbruderschaft in "die Bruderschaft seines Ordens"
auf.

Nr. 5: 1421 Jan. 5:
Prior und Konvent nehmen die Mitglieder der Schützengesellschaft in "die Bruderschaft ihres
Ordens auf". Die Vormünder der Bruderschaft hängen jährlich in der Mitte der Kirche eine Kerze
von 30 Pfund Wachs auf.

Nr. 7: 1431 März 21:
Die Schützenbruderschaft zu Nordhausen stiftet dem dortigen Predigerkloster jährlich fünf
Schillinge Pfennige zu einer Seelenmesse für die Verstorbenen und noch Versterbenden der
Bruderschaft.

Nr. 8: 1431 April 22:
Graf Botho von Stolberg befreit das Terminierhaus in Stolberg von allen Zinsen und finanziellen
Verpflichtungen. Im Gegenzug verpflichtet sich das Kloster, vier mal im Jahr eine Seelenmesse
für den Grafen, den Rat und die ganze Gemeinde von Stolberg zu lesen.

Nr. 10: 1445 März 29:
Graf Botho zu Stolberg beurkundet, daß er dem Dominikanerkonvent zu Nordhausen eine Waldung überlassen hat, weil der Generalmagister Bartholomäus Texerius ihn und seine Familie in die
Bruderschaft der guten Werke des Ordens aufgenommen hat, wofür sich das Kloster wiederum
verpflichtet, alle vier Wochen Seelmessen zu halten.

Nr. 16: 1468 März 31:
Die Vorsteher der Bruderschaft St. Jakob und Jodocus des Dominikanerklosters zu Nordhausen
beurkunden den Verkauf eines Zinsbriefes.

Nr. 18: 1476 Aug. 12:
Graf Hans zu Bichelingen (sic!, wohl Beichlingen) beurkundet die Stiftung eines jährlichen
Guldens an das Dominikanerkloster zu einem Seelgerät für sich und seine Frau.

Nr. 19: 1481 Apr. 6:
Prior und Konvent des Dominikanerklosters vergleichen sich mit den Minoriten wegen der Seelsorge.

Nr. 20: 1491 Juli 25:
Graf Günther d. Ä. von Schwarzburg belehnte das Dominikanerkloster zu Nordhausen mit einer wüsten Hofstätte in Sondershausen.

Nr. 21: 1494 Sept 30:
Zinskauf zweier Frankenhäuser Bürger und ihrer Ehefrauen mit dem Dominikanerkloster.

Nr. 22: 1499 März 12:
Von dem Erzpriester Erhard Wachinknecht beurkundeter Zinskauf zweier Ehepaare von Ober-Besa im Wert von 20 Gulden (der später an den Nordhäuser Dominikanerkonvent kam).

Nr. 23: 1505 Febr. 19:
Melchior von Sondershausen beurkundet einen Zinskauf über 18 Gulden an das Nordhäuser Predigerkloster.

Nr. 24b: 1548 Okt. 1:
Der Nordhäuser Bürger Hans Gerthener und seine Frau Dorothea haben an die dortige Schule einen jährlichen Zins von 2 1/2 Gulden verkauft.

Nr. 25: 1549 Sept. 30:
Der Nordhäuser Rat bekennt, daß der Bürger Claus Pechstein der Schule, insbesondere ihren Vorstehern Hans Bader und Jacob Paulon einen jährlichen Zins verkauft hat.

I Abt. Ld = *Urkunden der Augustinereremiten*
Nr. 49: 1522 Juli 10:
Der Augustinereremit Nikolaus Hun beurkundet, vom Rat der Stadt Nordhausen einen Zins von 6 Gulden empfangen zu haben.

Nr. 50: 1522 Jan. 24:
Laurentius Süsse, Lektor und Prior des Augustinereremitenkonvents zu Nordhausen quittiert den Empfang eines Zinses von 6 Gulden, der an Weihnachten fällig war.

Nr. 51: 1522 Febr. 23:
Klaus Kliczingk und Frau Katharina beurkunden, daß sie mit Bewilligung des Rates von Frankenhausen die benannten Zinsen und Güter dem Augustinereremitenkloster in Nordhausen verkauft haben.

I Abt. Na = *Urkunden des Hl. Kreuz-Stiftes*
Nr. 23c: 1523 Juni 29: Die Stiftskanoniker wollen Präbenden und Freiheiten des Stifts erhalten, auch im Exil ihre Pfründen behalten und sich bei gerichtlichen Klagen am kaiserlichen Hof gegenseitig unterstützen.

Fromann, Johann Conrad: Collectanea IV, IX, XI-XIV.

WARBURG, StA

Codex (enthaltend Provinzial- und Generalkapitelsakten des 16. und beginnenden 17. Jahrhunderts).

WEIMAR, HSTA

Urkunden:
1493 Febr. 21:
Prior Johannes Rosenkranz und der Konvent der Dominikaner zu Eisenach bitten den Kurfürsten Friedrich den Weisen um den Teich am Frauentor, da sie als Observante kein Fleisch äßen.

1509 März 29:
Der Eisenacher Subprior J. Schneeman u. der Salzaer Terminarius J. Faust schließen mit dem dortigen Bürger J. Berldes einen Pachtvertrag.

1518 Mai 25:
Zinsbrief der Eisenacher Dominikaner.

1519 März 22:
Zinsbrief der Eisenacher Dominikaner.

1530 April 6:
Provinzial Rab bestätigt den Jenaer Prior Eckenfelder als Vikar der meißnischen Nation.

1538 Mai 16:
Die Witwe Margaretha Ziegler verspricht dem Konvent des Klosters oder dem Klostervorsteher Hans Lysman die 15 fl. Hauptsumme eines Wiederkaufs zu bezahlen und ebenso die zwischen 1525 und 1537 ausstehenden Zinsen.

Ernestinisches Gesamtarchiv:

Reg. Bb: Rechnungen. Land I. I. Hauptstück: Erbzinsbücher
Nr. 23: (ohne Datum)
Verzeichnis des Geldes und Getreides, das jährlich in das Territorium Herzog Georgs den Eisenacher Klöstern ausbezahlt wird.

Nr. 3511.
Abrechnung des Pflegers des Eisenacher Dominikanerklosters für das Jahr 1525.

Reg. Kk: Klöster
Nr. 383: 1493
Der Predigerkonvent zu Eisenach bittet den Kurfürsten um den zugesagten Teich vor dem Frauentor.

Nr. 385: 1525
Hans Maurer bittet den Kurfürsten um Restitution der den Eisenacher Dominikanern gegebenen Kleinodien.

Nr. 386: 1525/26
Abfertigung des Matthes Thiele zu Goldbach und des Heinz Muelbach aus dem Predigerkloster zu Eisenach.

Nr. 387: 1526
Gesuch des Bürger Klaus Franck zu Treffurt, eines früheren Eisenacher Dominikaners, um Rückerstattung des in das Kloster eingebrachten Vermögens.

Nr. 388: 1526
Gesuch des Bartholomäus Sule zu Falken, eines früheren Eisenacher Dominikaners, um Rückerstattung des in das Kloster eingebrachten Vermögens.

Nr. 390: 1529
Apel Grund zu Creuzburg, ein früherer Eisenacher Dominikaner, bittet um eine Abfertigung aus den Gütern der ehemaligen Predigerklosters.

Reg. Oo:
Nr. 219: 1536
Gesuch des Eisenacher Schultheißen Eberhard Grunewald um Reservierung der Bodenräume des Eisenacher Dominikanerklosters zu Schuttböden des Amtsgetreides und für eine Wohnung für den Aufseher.

Nr. 508: 1538
Das vom Fürsten Georg von Anhalt unterstützte Gesuch des Honsberger Pfarrers Georg Herrmann um Wiedererstattung seines in das Predigerkloster zu Jena eingebrachten Vermögens.

Nr. 721: 1549-1561
Streit der Universität Jena mit der Universität Leipzig wegen nicht entrichteter, dem Predigerkloster Jena gehörender Zinsen.

WORMS, StA

RSTA, Abt. 1 B (Stifte und Klöster):

Nr. 1866: Dominikanerkloster I:
Miscellen 16.-18. Jh.

Nr. 1867: Dominikanerkloster II:
Verschiedene Streitigkeiten mit den Dominikanern. 2. Die Predigerpfarrkirche. 18. Jh.

Nr. 1911:
St. Amanduspfarrkirche II. Teilband "Pflegery der Clöster und Beginenhäuser ..., 1500ff."

ABSCHIEDT DESS REICHSSTAGS ZU SPEYER auffgerichtet im Jar als man zalt nach der gepurt Christi M.D.XLIIII. Faksimile der Originalausgabe von 1544 im Besitz der pfälzischen Landesbibliothek, Signatur B 1165. Mit einem Kommentar v. Hartmut Harthausen. Speyer 1995.

ALBERIGO, Joseph u.a. (Ed.): Conciliorum Oecumenicorum Decreta. Bologna ³1973.

ALLEN, P. S./ALLEN, H. M. (Ed.): Erasmi Roterodami Opus Epistolarum IV: 1519-1521. Oxford 1922 (NA Oxford 1992).

AMBACH, Melchior: Chronik über die Ereignisse von 1546-1547. Chronik über die Belagerung von 1552. In: Jung, Chroniken 325-343, 379-401.

ANNUAE LITTERAE Societatis Iesu anni MDLXXXI. Rom 1583.
ANNUAE LITTERAE Societatis Iesu anni MDLXXXII. Rom 1584.

ARCEG = Pfeilschifter, Georg (Hg.): Acta reformationis catholicae ecclesiam Germaniae concernentia saeculi XVI. VI: 1538-1548. 3. Teil zweite Hälfte. Regensburg 1974.

ARENS, Fritz Viktor (Hg.): Die **Inschriften** der Stadt Mainz von frühmittelalterlicher Zeit bis 1650. (DI 2) Stuttgart 1958.

ARNOLD, Werner (Bearb.): Die **Inschriften** der Stadt Göttingen. (DI 19) München 1980.

ARNOLD, Wilhelm (Hg.): Wormser **Chronik** von Friedrich von Zorn mit den Zusätzen Franz Bertholds von Flersheim. (Bibliothek des Litterarischen Vereins in Stuttgart 43) Stuttgart 1857 (NA Amsterdam 1969).

BALAN, Petrus (Ed.): Monumenta reformationis Lutheranae ex tabulariis secretis s. sedis (1521-1525). Regensburg 1884.

BECKER, Eduard: **Regesten** aus dem Alsfelder Stadtarchiv 1501-1550. In: Mitteilungen des Oberhessischen Geschichtsvereins NF 20 (1912) 22-54.

Ders.: Alsfelder Regesten des **Staatsarchiv**s in Marburg. In: Mitteilungen des Oberhessischen Geschichtsvereins NF 34 (1937) 189-213.

BEIER, Adrian: Jenaische **Annalen** (1525-1599). Hg. v. Herbert Koch. Jena 1928.

BENTZINGER, Rudolf (Hg.): Die Wahrheit muß ans Licht! Dialoge aus der Zeit der Reformation. Leipzig 1988.

BERBIG, Georg (Hg.): Spalatiniana. (QDGR 5) Leipzig 1908.

BERGER, Thomas/SPRINGER, Klaus-Bernward/WOLF-DAHM, Barbara: Die Franziskanerkonvente in Würdtweins Monasticon Wormatiense. Herrn Professor Dr. Isnard W. Frank zum 60. Geburtstag am 25. Sept. 1990. In: FS 73 (1991) 182-207.

BINDER, Wilhelm (Übers.): Briefe der Dunkelmänner. Revidiert, mit Anm. und einem Nachwort versehen von Peter Amelung. (Die Fundgrube 5) München 1964.

BÖCKING, Eduard (Hg.): Ulrich von Huttens Sämtliche Schriften I-V. Leipzig 1859-61 (NA Aalen 1963).

BÖMER, Aloys (Hg.): Epistolae obscurorum virorum. (Stachelschriften Ältere Reihe 1) Heidelberg 1924 (NA Aalen 1978).

BOOS, Heinrich (Hg.): **Monumenta** Wormatiensia. Annalen und Chroniken. (Quellen zur Geschichte der Stadt Worms 3). Berlin 1893.

Ders.: (Hg.): **Urkundenbuch** der Stadt Worms II: 1301-1400. (Quellen zur Geschichte der Stadt Worms 2) Berlin 1890.

BRAUNSBERGER, Otto (Ed.): Beati Canisii Societatis Iesu Epistulae et Actae I-VIII. Freiburg/Br. 1896-1923.

BRÜCK, Anton Philipp: **Quellen** zur Geschichte Rheinhessens im Riksarkivet Stockholm. In: Mitteilungsblatt zur rheinhessischen Landeskunde, Beiheft 2 (1956) 3-24.

BRUNOTTE, Alexander/WEBER, Raimund J. (Bearb.): Akten des Reichskammergerichts im Hauptstaatsarchiv Stuttgart E-G. Inventar der Bestände. (Veröffentlichungen der Staatlichen Archivverwaltung Baden-Württemberg 46/2) Stuttgart 1995.

CAESAR, Iulius (Ed.): Catalogus studiosorum scholae Marpurgensis I: Viginti annorum spatium ab anno MDXXVII usque ad annum MDXLVII complectens. Marburg 1875. (NA Nendeln/ Liechtenstein 1980).

CAMENTZ, Caspar: Acta aliquot Francofurtana 1338-1582. In: Huber, Alfons (Hg.): Heinricus de Diessenhofen und andere Geschichtsquellen Deutschlands im späteren Mittelalter. Hg. aus dem Nachlasse Joh. Friedrich Boehmer's. (Fontes Rerum Germanicarum 4) Stuttgart 1868, 431-449.

CLEMEN, Otto (Hg.): **Briefe** von Hieronymus Emser, Johann Cochläus, Johann Mensing und Petrus Rauch an die Fürstin Margarete und die Fürsten Johann u. Georg v. Anhalt. (RST 3) Münster/W. 1907.

Ders. (Hg.): Briefe von Friedrich **Myconius** in Gotha an Justus Menius zumeist in Eisenach. Aus dem Nachlaß von Ludwig Enders. In: ZVThG NF 28 (1929) 435-459.

Ders.: Ein gleichzeitiger **Bericht** über die Leipziger Disputation 1519. In: NASG 51 (1930) 44-51.

Ders.: Friedrich Myconius **Geschichte** der Reformation. (Voigtländers Quellenbücher 68) Leipzig 1914.

DERSCH, Wilhelm: **Franziskanerbriefe** an Anna von Mecklenburg. In: BHKG 12 (1941) 22-57.

DEVRIENT, Ernst (Hg.): Urkundenbuch der Stadt Jena und ihrer geistlichen Anstalten
II: 1406-1525. (Thüringische Geschichtsquellen NF 3) Jena 1903.
III: Nachtrag c. 890-1525, Totenbücher, Akten und Urkunden 1526-1580. (Thüringische Geschichtsquellen NF 3) Jena 1936.

DIEHL, Robert: Frankfurt am Main im Spiegel alter Reisebeschreibungen vom 15. bis zum 19. Jahrhundert. Nebst einem Anhang: Lobgedichte auf Frankfurt am Main. Frankfurt/M. 1939.

DIEMAR, Hermann (Bearb.): Die Chroniken des Wigand Gerstenberg von Frankenberg. (VHKH 7/1) Marburg ²1989.

DOEBNER, Richard (Hg.): **Annalen** und Akten der Brüder des gemeinsamen Lebens im Lüchtenhofe zu Hildesheim. (QDGNS 9) Hannover 1903.

DRTA.JR II = Wrede, Adolf (Bearb.): Deutsche Reichstagsakten. Jüngere Reihe II. Göttingen 1896 (NA Göttingen ²1962).

DRTA.JR III = Wrede, Adolf (Bearb.): Deutsche Reichstagsakten. Jüngere Reihe III. Göttingen 1900 (NA Göttingen ²1963).

DUCHHARDT, Heinz: "Hec sunt necessitates et defectus universitatis Maguntine ..." Ein Aktenstück aus der Frühgeschichte der Mainzer Universität. In: AHG 40 (1982) 303-312.

EBEL, Karl: Die Urkunden des Stadtarchivs von Alsfeld aus dem 15. Jahrhundert. In: Mitteilungen des Oberhessischen Geschichtsvereins NF 7 (1898) 76-98.

EBERLIN von Günzburg, Johannes: Ein getrew **Warnung** an die Christen in der Burgauwischen mark, sich auch füro hin zu huten vor aufrur (1526). < Bibliotheca Palatina, Microfiche-Ed., München>

ECKHARDT, Albrecht (Bearb.): Die oberhessischen **Klöster**. Regesten und Urkunden
II. (VHKH 9, KARU 4) Marburg 1967.
III/1. (VHKH 9, KARU 7) Marburg 1977.
III/2. (VHKH 9, KARU 8) Marburg 1988.

EGLI, Emil u.a. (Hg.): Huldreich Zwinglis Sämtliche Werke VII: Briefwechsel 1: Die Briefe von 1510-1522. (CR 94) Leipzig 1911 (NA Zürich 1982).

EITNER, Theodor (Hg.): Ausgewählte **Urkunden** und Aktenstücke zur Geschichte des Erfurter Bauernaufruhrs im Jahre 1525. (Beilage zum Jahresbericht der städtischen Oberrealschule zu Erfurt Programm-Nr. 359) Erfurt 1909.

ESZER, Ambrosius: Kapitelsakten der süddeutschen Ordensprovinz "Saxonia" der Dominikaner I. In: AFP 53 (1983) 367-431.

FABIAN, Ekkehart (Bearb. u. Hg.): Die Schmalkaldischen **Bundesabschiede** 1533-1536. (SKRG 8) Tübingen 1958.

Ders.: (Hg. und Bearb): **Urkunden** und Akten der Reformationsprozesse am Reichskammer-gericht, am kaiserlichen Hofgericht zu Rottweil und an anderen Gerichten. (SKRG 16/17) Tübingen 1961.

FABISCH, Peter/ISERLOH, Erwin (Hg.): Dokumente zur Causa Lutheri (1517-1521) I-II. (CCath 41-42) Münster/W. 1988-1991.

FALK, Franz: Die pfarramtlichen **Aufzeichnungen** (Liber consuetudinum) des Florentinus Diel zu St. Christoph in Mainz (1491-1518). (Erläuterungen und Ergänzungen zu Janssens Geschichte des deutschen Volkes 4/3) Freiburg/Br. 1904.

Ders.: Ungedruckte **Beiträge** zur Geschichte der Reformation in der Reichsstadt Worms. In: HPBl 75 (1875) 325-340.

FICHARD, Johannes: Annalen. In: Jung, Chroniken 231-278.

FÖRSTEMANN, Joseph (Hg.): **Urkundenbuch** der Stadt Leipzig III. (Codex diplomaticus Saxoniae Regiae 2/10) Leipzig 1894.

Ders.: Neues Urkundenbuch zu der Geschichte der evangelischen **Kirchen-Reformation**. Hamburg 1842. (NA Hildesheim 1976).

FRANK, Isnard W.: Das **Totenbuch** des Mainzer Dominikanerklosters. Kommentar und Edition. (QGDOD 3) Berlin 1993.

FRANZ, Günther (Hg.): **Quellen** zur Geschichte des Bauernkrieges. (AQDGNZ 2) Darmstadt 1963.

Ders. (Hg.): Thomas **Müntzer**. Schriften und Briefe. Kritische Gesamtausgabe. (QFRG 33) Gütersloh 1968.

Ders. (Hg.): Urkundliche Quellen zur hessischen **Reformationsgeschichte** II: 1525-1547. (VHKH 11/2; UQHRG 2) Marburg 1954.

FRANZ, Günther/FUCHS, Walther Peter (Hg.): Akten zur Geschichte des Bauernkrieges in Mitteldeutschland II. Jena 1942 (NA Aalen 1964).

FRIEDENSBURG, Walter: **Beiträge** zum Briefwechsel zwischen Herzog Georg von Sachsen und Landgraf Philipp von Hessen. 1525-1527. In: NASG 6 (1885) 94-127.

Ders.: **Urkundenbuch** der Universität Wittenberg I. (Geschichtsquellen der Provinz Sachsen und des Freistaates Anhalt NR 3) Magdeburg 1926.

FRIEDLAENDER, Gottlieb (Hg.): Beiträge zur Reformationsgeschichte. Sammlung ungedruckter Briefe des Reuchlin, Beza und Bullinger nebst einem Anhange zur Geschichte der Jesuiten. Berlin 1837.

FRONING, R. (Bearb.): Frankfurter Chroniken und annalistische Aufzeichnungen des Mittelalters. (Quellen zur Frankfurter Geschichte 1) Frankfurt/M. 1884.

FUCHS, Rüdiger (Bearb.): Die Inschriften der Stadt Worms. (DI 29, Mainzer Reihe 2) Wiesbaden 1991.

GEIGER, Ludwig (Hg.): Johannes Reuchlins **Briefwechsel**. (BLVS 126) Tübingen 1875.

GESS, Felician (Hg.): **Akten** und Briefe zur Kirchenpolitik Herzog Georgs von Sachsen
I: 1517-1524. Leipzig 1905 (NA in der Reihe MDF.S 6/1, Köln 1985).
II: 1525-1527. Leipzig 1917 (NA in der Reihe MDF.S 6/2, Köln 1985).

Ders.: Urkundliche **Nachrichten** zur Geschichte der Reformation im Harzgebiet. In: ZHVG 24 (1891) 454-485.

GILLERT, Karl (Bearb.): Konrad Mutians Briefwechsel I. (Geschichtsquellen der Provinz Sachsen und angrenzender Gebiete 18/1) Halle 1890.

GLAGAU, Hans (Hg.): Hessische Landtagsakten I: 1508-1521. (VHKH 2/1) Marburg 1901.

GRANE, Leif: Die **Confessio** Augustana. Einführung in die Hauptgedanken der lutherischen Reformation. (UTB 1400) Göttingen ^{5}1996.

GUDENUS, Valentin Ferdinand von: Codex diplomaticus anecdotorum res Moguntinas ... illustrantium I-V. Göttingen 1743-1768.

GUNDLACH, Franz (Bearb.): **Catalogus** Professorum Academiae Marburgensis. Die Akademischen Lehrer der Philipps-Universität in Marburg von 1527-1910. (VHKH 15) Marburg 1927.

HALLOF, Luise und Klaus (Bearb): Die **Inschriften** der Stadt Jena bis 1650. (DI 33, Berliner Reihe 5) Berlin 1992.

HALLOF, Luise und Klaus: **Saxa** loquuntur. Die Grabmonumente und Inschriften im Collegium Jenense. (Jenaer Schriften und Reden) Jena 1987.

HANSEN, Joseph (Bearb.): Rheinische Akten zur Geschichte des Jesuitenordens 1542-1582. (PGRGK 14) Bonn 1896.

HASSELBLATT, A./KAESTNER, G. (Hg.): Urkunden der Stadt Göttingen aus dem 16. Jahrhundert. Beiträge zur Geschichte von Braunschweig-Lüneburg. Göttingen 1881.

HAUPT, Hermann (Hg.): **Beiträge** zur Reformationsgeschichte der Reichsstadt Worms. Zwei Flugschriften aus den Jahren 1523 und 1524. Gießen 1897.

HEINRICHS, Maternus (Hg.): P. Raymundi Bruns Ord. Praed. Annales Conventus Halberstadiensis. Eine Chronik der Militärseelsorge und Missionstätigkeit der deutschen Dominikaner in Brandenburg-Preußen im 18. Jahrhundert. (QGDOD 8) Leipzig 1913.

HERDING, Otto/MARTENS, Dieter (Hg.): Jakob Wimpfelings Briefwechsel. (Jacobi Wimpfelingi Opera selecta 3) München 1990.

HERP, Peter: Collectanea bis 1506. In: Froning 58-66.

HERRMANN, Fritz: Magdeburgische **Ablaßvisitationsprotokolle**. In: ARG 6 (1908/09) 361-384.

Ders. (Bearb.): Die **Protokolle** des Mainzer Domkapitels III: Die Protokolle aus der Zeit des Erzbischofs Albrecht von Brandenburg 1514-1545. Paderborn 1932.

HERRMANN, Johann/WARTENBERG, Günther (Bearb.): Politische Korrespondenz des Herzogs und Kurfürsten Moritz von Sachsen IV (ASAW.PH 72) Berlin 1992.

HILDEBRAND, Bruno (Hg.): **Urkundensammlung** über die Verfassung und Verwaltung der Universität Marburg unter Philipp dem Grossmüthigen. Marburg 1848.

HILGARD, Alfred (Hg.): Urkunden zur Geschichte der Stadt Speyer. Straßburg 1885.

HOFMANN, Hanns Hubert (Hg.): Quellen zum Verfassungsorganismus des Heiligen Römischen Reiches Deutscher Nation 1495-1815. (AQDGNZ 13) Darmstadt 1976.

HORTLEDER, Friedrich: Der Römischen Keyser: und Königlichen Maiestäten ... Handlungen und Außschreiben ... Gotha 1645.

HOTTINGER, J. J./VÖGELI, H. H. (Hg.): Heinrich Bullinger. Reformationsgeschichte I. Frauenfeld/Schw. 1838 (NA Zürich 1984).

IMMENKÖTTER, Herbert: Die Confutatio der Confessio Augustana vom 30. August 1530. (CCath 33) Münster/W. 1979.

JAKOBS, Ed.: Das Stolbergische Ratsjahrbuch mit Ausführungen über Spiele und Gebräuche, den Bauernkrieg und Luthers Anwesenheit in Stolberg. In: ZHVG 17 (1884) 146-206.

JOANNIS, Georg Christian: Scriptores Rerum Moguntiacarum libri quinque II. Frankfurt/M. 1722.

JUNG, Rudolf (Bearb.): Frankfurter **Chroniken** und annalistische Aufzeichnungen der Reformationszeit. Nebst einer Darstellung der Frankfurter Belagerung von 1552. (Quellen zur Frankfurter Geschichte 2) Frankfurt/M. 1888.

JUNGHANS, Helmar (Hg.): Die **Reformation** in Augenzeugenberichten. (dtv Augenzeugenberichte 2705) München ²1980.

KAEPPELI, Thomas (Ed.): Registrum litterarum Fr. Raymundi de Vineis Capuani magistri ordinis 1380-1399. (MOFPH 19) Rom 1937.

KALKOFF, Paul: **Briefe**, Depeschen und Berichte über Luther vom Wormser Reichstage 1521. (SVRG 59) Halle 1898.

KATHREIN, Werner: Ein Reformgutachten Georg Witzels (1501-1573) für Herzog Georg den Bärtigen von Sachsen aus dem Jahr 1538 und seine Beziehung zu dem Gutachten Witzels für den Fuldaer Abt Philipp Schenk zu Schweinsberg von 1542. In: AMRhKG 44 (1992) 343-379.

KAUL, Theodor: Briefe aus der Zeit des Interims. In: BPfKG 28 (1961) 184-195.

KAWERAU, Gustav (Bearb.): Der Briefwechsel des Justus Jonas I-II. (Geschichtsquellen der Provinz Sachsen und angrenzender Gebiete 17) Halle 1884-1885 (NA Hildesheim 1964).

KLEINDIENST, Bartholomäus: Triplex ratio, qua fratres praedicatores sui ordinis provinciam superioris Germaniae facile et optime reformare valeant, reverendis patribus ejusdem ordinis Gamundiae ad celebrandum provinciale capitulum congregatis, proposita ... Anno ... 1558. In: (Dressel, Albert:) Vier Dokumente aus römischen Archiven. Ein Beitrag zur Geschichte des Protestantismus vor, während und nach der Reformation. Leipzig 1843, 69-90.

KÖNIG, Erich (Hg.): Konrad Peutingers Briefwechsel. (VKEGR, Humanisten-Briefe 1) München 1923.

KÖNIGSTEIN, Wolfgang: Tagebuch. In: Jung, Chroniken 27-173.

KOLLER, Heinrich (Hg.): **Reformation** Kaiser Siegmunds. (MGH. Staatsschriften des späteren Mittelalters 6) Stuttgart 1964.

Ders. (Hg.): **Regesten** Kaiser Friedrichs III. (1440-1493) nach Archiven und Bibliotheken geordnet IV: Die Urkunden und Briefe aus dem Stadtarchiv Frankfurt am Main. (Kommission für die Neubearbeitung der Regesta Imperii bei der Österreichischen Akademie der Wissenschaften und Deutsche Kommission für die Neubearbeitung der Regesta Imperii bei der Österreichischen Akademie der Wissenschaften und Literatur in Mainz) Wien 1986.

KÜCH, Friedrich (Bearb): Quellen zur Rechtsgeschichte der Stadt Marburg I-II. (VHKH 13, 1-2) Marburg 1918-31.

KÜCK, Eduard (Hg.): Die Schriften Hartmuths von Cronberg. (Flugschriften aus der Reformationszeit 14) Halle 1899.

LAEMMER, Hugo: Monumenta Vaticana historiam ecclesiasticam saeculi XVI illustrantia. Freiburg/Br. 1861.

LANG, Paul: **Cronica** Neumburgensis Ecclesiae omnium episcoporum, qui a tempore Ottonis M. imperatoris usque ad Caroli V. ... tempora ... continua successione rexerunt (1536). In: Mencken 1-102.

LATOMUS, Johannes: a) **Antiquitates** quaedam civitatis et potissimum ecclesiae Francfordensis. b) **Acta** aliquot vetustiora in civitate Francofurtensi ab aetate Pipini parvi Francorum regis usque ad tumultum rusticum id est annum Christi 1525. In: Froning 67-136.

LAUBE, Adolf/WEISS, Ulman (Hg. u. Bearb.): Flugschriften gegen die Reformation (1518-1524). Berlin 1997.

394

LINDNER, Johannes: Excerpta Saxonica, Misnica et Thuringiaca ex Monachi Pirnensis seu vero nomine, Johannis Lindneri sive Tillani onomastico autographo quod exstat in Bibliotheca Senatoria Lipsiensi. In: Mencken 1447-1632.

LINKE, Günter: Nordhäuser Urkundenbuch I: Die kaiserlichen und königlichen Urkunden des Archivs 1158-1793 (Urkunden und Regesten). Nordhausen 1936.

LÖHR, Gabriel: Die **Akten** der Provinzkapitel der Teutonia von 1503 und 1520. In: AFP 17 (1947) 250-284.

Ders.: Die **Kapitel** der Provinz Saxonia im Zeitalter der Kirchenspaltung 1513-1540. (QGDOD 26) Leipzig 1930.

Ders. (Ed.): **Registrum** litterarum pro provincia Saxoniae Leonardi de **Mansuetis** 1474-1480, Salvi Cassetae 1481-1483, Barnabae Saxoni 1486. (QGDOD 37) Leipzig 1939.

Ders. (Ed.): **Registrum** litterarum pro provincia Saxoniae Joachimi **Turriani** 1487-1500, Vincentii Bandelli 1501-1506, Thomae de Vio Caietani 1507-1513. Nebst Fortsetzungen aus den Jahren 1524-1551. (QGDOD 40) Wiesbaden 1952.

LÖWENSTEIN, Uta: Die Inventarisierung des Kirchengeräts im Amt Ziegenhain in und nach der Reformation. In: ZHVG 88 (1980/81) 83-107.

LUTHER, Martin: Werke. Kritische Gesamtausgabe. Weimar Iff., 1883 ff.

MARSTELLER, Johann: Aufruhrbuch. In: Jung, Chroniken 174-230.

MAYERHOFER, J.: Das Inventar des Speierer Dominikanerklosters vom Jahre 1525. In: MHVP 15 (1891) 11-40.

MEDENBACH, Jakob: Chronik über die Ereignisse von 1546-1547. In: Jung, Chroniken 305-324.

MEERSSEMAN, Gilles G./PLANZER, Dominikus (Ed.): Magistrorum ac procuratorum generalium O.P. Registra litterarum minora (1469-1523). (MOFPH 21) Rom 1947.

MEHLHAUSEN, Joachim (Hg.): Das Augsburger Interim von 1548. Nach den Reichstagsakten deutsch und lateinisch. (TGET 3) Neukirchen 1970.

MEIJER, G. A. (Hg.): Chronicon conventus Buscoducensis ordinis praedicatorum et historia monasterii Worcumiensis auctore P. Jacobo Brouwer. O.O. (1908).

MENCKEN, Johannes Burchardus (Ed.): Scriptores rerum germanicarum praecipue Saxonicarum II. Leipzig 1728.

MERX, Otto (Hg.): Akten zur Geschichte des Bauernkrieges in Mitteldeutschland I/1. Leipzig 1927 (NA Aalen 1964).

MERX, Otto/FRANZ, Günther (Hg.): Akten zur Geschichte des Bauernkrieges in Mitteldeutschland I/2. Leipzig 1934 (NA Aalen 1964).

MEYER, Albertus de: La **Congrégation** de Hollande ou la réforme dominicaine en territoire bourguignon 1465-1515. Documents inédits. Liège 1947.

Ders. (Ed.): **Registrum** litterarum Thomae de Vio Caietani O.P. Magistri Ordinis 1508-1513. (MOFPH 17) Rom 1935.

MEYER, Karl: Zwei **Kleinodienverzeichnisse** des Hospitals S. Cyriaki und des Altendorfklosters zu Nordhausen. In: ZHVG 21 (1888) 245-247.

MITTERWIESER, Alois: Regesten des Frauenklosters Altenhohenau am Inn (Fortsetzung). In: Oberbayrisches Archiv für vaterländische Geschichte 58 (1914) 270-328.

MONUMENTA CONVENTUS s. crucis COLONIENSIS (Köln) in provincia Teutoniae. In: ASOFP 2 (1895/96) 552-576.

MÜLLER, Gerhard/SEEBASS, Gottfried (Hg.): Andreas Osiander D. Ä.: Gesamtausgabe II: Schriften und Briefe, April 1525 bis Ende 1527. Gütersloh 1975.

NBD: Nuntiaturberichte aus Deutschland nebst ergänzenden Akten. Die Kölner Nuntiatur.
V/1 (2 Halbbde.): Nuntius Antonio Albergati (1610 Mai - 1614 Mai). Bearb. v. Wolfgang Reinhard. München 1972.
VI/1: Nuntius Pietro Francesco Montoro (1621 Juli - 1624 Oktober). Bearb. v. Klaus Jaitner. München 1977.

OBERMAN, Heiko A. (Hg.): Die **Kirche** im Zeitalter der Reformation. (KTGQ 3) Neukirchen [4]1994.

OSSWALD, Paul: **Liber** feodalis censuum perpetuorum ecclesiae S. Crucis in Nordhusen. In: ZHVG 22 (1889) 85-160.

OVERMANN, Alfred (Bearb.): **Urkundenbuch** der Erfurter Stifter und Klöster III: Die Urkunden des Augustiner-Eremitenklosters (1331-1565). (Geschichtsquellen der Provinz Sachsen und des Freistaats Anhalt, NF 16) Magdeburg 1934.

PFEIFFER, Gerhard (Bearb.): Quellen zur Nürnberger Reformationsgeschichte. Von der Duldung liturgischer Änderungen bis zur Ausübung des Kirchenregimentes durch den Rat (Juni 1524 bis Juni 1525). (EAKGB 45) Nürnberg 1968.

POSERN-KLETT, K. Freiherr von: Urkundenbuch der Stadt Leipzig I-II. (Codex diplomaticus Saxoniae regiae 2/8 u. 9) Leipzig 1868-1870.

POWITZ, Gerhard: Die Handschriften des Dominikanerklosters und des Leonhardstifts in Frankfurt am Main. (Kataloge der Stadt- und Universitätsbibliothek Frankfurt am Main 2/1) Frankfurt/M. 1968.

REICHERT, Benedictus Maria (Ed.): **Acta** capitulorum Generalium
III: Ab anno 1380 usque ad annum 1498. (MOFPH 8) Rom 1900.
IV: Ab anno 1501 usque ad annum 1553. (MOFPH 9) Rom 1901.
V: Ab anno 1558 usque ad annum 1600. (MOFPH 10) Rom 1901.
VI: Ab anno 1601 usque ad annum 1628. (MOFPH 11) Rom 1902.

Ders. (Ed.): Iohannes Meyer Ord. Praed. **Buch** der Reformacio Predigerordens IV-V. (QGDOD 3) Leipzig 1908.

Ders. (Ed.): **Registrum** litterarum Salvi **Cassettae** 1481-1483, Barnabae Saxoni 1486. (QGDOD 7) Leipzig 1912.

REIN, Wilhelm: Ungedruckte **Regesten** zur Geschichte von Weimar, Jena, Erfurt und Umgebung. In: ZVThG 5 (1862) 233-270.

REMLING, Franz Xaver (Hg.): **Urkundenbuch** zur Geschichte der Bischöfe von Speyer (Jüngere Urkunden). Mainz 1853.

RIPOLL, Thomas/BREMOND, Antonius (Ed.): Bullarium Ordinis Fratrum Praedicatorum.
III: Ab anno 1430 ad 1484. Rom 1731.
IV: Ab anno 1484 ad 1549. Rom 1732.

RORBACH, Bernhard: Stirps Rorbach, bis 1482. In: Froning 156-180.

RORBACH, Job: Tagebuch 1494-1502. In: Froning 237-313.

ROTHE, Johannes: Eisenacher Rechtsbuch. Bearb. v. Peter Rondi+. (Germanenrechte Neue Folge, Abt. Stadtrechtsbücher 3) Weimar 1950.

SAATHOFF, Albrecht (Hg.): Franciscus Lubecus. Wie das Evangelium nach Göttingen gekommen ist. 5. Stück: Wie die beiden **Klöster** sind hierüber verstöret wurden und wie dasselbe zugegangen. In: Göttinger Gemeindeblatt 15 (1928) 97-98.

Neue und vollständige SAMMLUNG der Reichs-Abschiede I (Tl. I-II)-II (Tl. III-IV) Frankfurt/M. 1747 (NA Osnabrück 1967)

SCHEEBEN, Heribert Christian (Ed.): Johannes Meyer O.P. **Chronica** brevis Ordinis Praedicatorum. (QGDOD 29) Vechta 1933.

SCHMIDT, Benno (Hg.): Frankfurter **Zunfturkunden** bis zum Jahre 1612 I. (Veröffentlichungen der Historischen Kommission der Stadt Frankfurt a. M. 6) Frankfurt/M. 1914 (NA Wiesbaden 1968).

SCHULTZE, Johann (Bearb.): **Klöster**, Stifter und Hospitäler der Stadt Kassel und Kloster Weißenstein. (VHKH 9, Klosterarchive 2) Marburg 1913.

SCHUNDER, F. (Bearb.): Die oberhessischen Klöster. Regesten und Urkunden I (VHKH 9, KARU 3) Marburg 1961.

SCHWARZ, Brigitte (Hg.): Regesten der in Niedersachsen und Bremen überlieferten Papsturkunden 1198-1503. (VHKNS 37, QUGNS 15) Hannover 1993.

SEHLING, Emil (Hg.): Die evangelischen Kirchenordnungen des 16. Jahrhunderts I-XV. Leipzig 1902-1977.

SIEMER, Laurentius: Aus Stephan Alexander Würdtweins **Monasticon** Wormatiense. In: ADD 2 (1939) 11-53.

STRENGE, Karl Friedrich von/DEVRIENT, Ernst (Hg.): Die Stadtrechte von Eisenach, Gotha und Walthershausen. (Thüringische Geschichtsquellen NF 6) Jena 1909.

STÜBEL, Bruno (Hg.): Urkundenbuch der Universität Leipzig von 1409 bis 1555. (Codex diplomaticus Saxoniae Regiae 2/11) Leipzig 1879.

TELSCHOW, Jürgen (Hg.): Rechtsquellen zur Frankfurter Kirchengeschichte. (SRRVF 4) Frankfurt/M. 1978.

THOMAS, A. H.: De oudste constituties van de Domenicanen. (BRHE 42) Louvain 1965.

VOGELSANG, Reinhard (Bearb.): Franciscus Lubecus. Göttinger **Annalen**. Von den Anfängen bis zum Jahr 1588. (Quellen zur Geschichte der Stadt Göttingen 1) Göttingen 1994.

VOLZ, Hans (Bearb.): Franciscus Lubecus **Bericht** über die Einführung der Reformation in Göttingen im Jahre 1529. Göttingen 1967.

WA   = LUTHER, Martin: Werke. Kritische Gesamtausgabe Iff. Weimar 1883ff.
WA.B   = Dass. Briefwechsel Iff. Weimar 1930ff.
WA.TR   = Dass. Tischreden Iff. Weimar 1912ff.

WAGNER, G. J. Wilhelm: Die vormaligen geistlichen Stifte im Großherzogtum Hessen II: Provinz Rheinhessen. Hg. v. Friedrich SCHNEIDER. Darmstadt 1878.

WALZ, Angelus: **Descriptio** Teutoniae. Ein Verwaltungsbericht von 1644 über die Dominikaner und Dominikanerinnen in deutschen Landen. In: Santifaller, Leo (Hg.): Festschrift zur Feier des zweihundertjährigen Bestandes des Haus-, Hof- und Staatsarchives I. (MÖSA.E 2) Wien 1949, 690-701.

WASSERSCHLEBEN/WAGNER: Urkunden. In: AHG NF 1 (1894) 263-288.

WEIDENBACH, Anton Josef (Bearb.): Regesta Bingiensia inde ab anno 71 usque ad annum 1793. Regesten der Stadt Bingen, des Schlosses Klopp und des Klosters Rupertsberg. Bingen 1853.

WEISS, Katharina von Limburg, gen. Scheffers Kreinchen: Chronik. In: Jung, Chroniken 279-296.

398

ZARNCKE, Friedrich (Ed.): **Acta** rectorum universitatis studii Lipsiensis. Inde ab anno 1524 usque ad annum 1559. (ZfB.B 10) Leipzig 1859.

Ders. (Bearb.): Die **Statutenbücher** der Universität Leipzig aus den ersten 150 Jahren ihres Bestehens. Leipzig 1861.

ZEUMER, Karl: Quellensammlung zur Geschichte der deutschen Reichsverfassung in Mittelalter und Neuzeit II. (Quellensammlung zum Staats-, Verwaltungs- und Völkerrecht 2) Tübingen ²1913.

ABE, Horst Rudolf: Die **Frequenz** der Universität Erfurt im Mittelalter (1392-1521). In: Beiträge zur Geschichte der Universität Erfurt 1 (1956) 7-68.

Ders.: **Euricius** Cordus (1486-1535) und die Universität Erfurt. In: Weiß, Stadtgeschichte 277-294.

ADAM, Ingrid: Das Altmünsterkloster. In: Dies./Reber 8-30.

Dies./REBER, Horst (Hg.): 1300 Jahr Altmünsterkloster in Mainz. Abhandlungen und Ausstellungskatalog. Mainz 1994.

ALAND, Kurt: Luther und die römisch-katholische Kirche. In: Iserloh, Luther 125-172.

ALTER, Willi: Von der konradinischen Rachtung bis zum letzten Reichstag in Speyer (1420/22 bis 1570). In: Eger, Wolfgang (Redaktion): Geschichte der Stadt Speyer I. Stuttgart 1982, 369-570.

APEL, Theodor: Stadt und Kirche im mittelalterlichen Marburg. In: ZSRG.K 12 (1922) 222-329.

ARENS, Fritz Viktor: Die **Kunstdenkmäler** der Stadt Mainz I: Kirchen St. Agnes bis Heilig Kreuz. (KDRhPf 4/1) München 1961.

ARNDT, Georg: Das Kirchenpatronat in Thüringen. (ZVThG.B 10) Jena 1927.

ARNDT, Helmut u.a.: Leipzig in acht Jahrhunderten. Leipzig 1965.

ARNOLD, Wilhelm: **Verfassungsgeschichte** der deutschen Freistädte im Anschluß an die Verfassungsgeschichte der Stadt Worms II. Gotha 1854 (NA Aalen 1968).

ASCHOFF, Hans-Georg: Bremen, Erzstift und Stadt. In: Schindling/Ziegler III, 44-57.

ASMUS, Bärbel: Die Bevölkerung: Entwicklung und Sozialstruktur. In: Denecke/Kühn 161-198.

ATZERT, Walter: Historisch bedeutsame Grabsteine in Frankfurter Kirchen. In: Frankfurter kirchliches Jahrbuch 1958, 153-172.

AUFGEBAUER, Peter: Die Mendikanten in Göttingen. In: Mittler 9-14, 43-47.

BAADER, Peter Hugo: Das Druck- und Verlagshaus Albin-Strohecker zu Mainz (1598-1631). Ein Beitrag zum Schrifttum der Katholischen Reform und der Gegenreformation. Philos. Diss. Mainz 1954.

BACHT, Heinrich: Luthers "Urteil über die Mönchsgelübde" in ökumenischer Sicht. In: Cath(M) 21 (1967) 222-251.

BACKMUND, Norbert: Monasticon Praemonstratense I/1-2: Berlin ²1983; II-III: Straubing 1952-1956.

BÄUMER, Remigius: Johann Cochläus (1479-1552). Leben und Werk im Dienst der katholischen Reform. (KLK 40) Münster/W. 1980.

BARTH, Hilarius: Dominikaner. § 53. Die Dominikaner in Bayern bis zur Gründung der süddeutschen Ordensprovinz. In: Brandmüller, Walter (Hg.): Handbuch der Bayerischen Kirchengeschichte II: Von der Reformation bis zum Reichsdeputationshauptschluß. St. Ottilien 1993, 707-725.

BARTH, Medard: Die Rosenkranzbruderschaften des Elsaß. In: AEAl 32 (1967/68) 53-108.

BATORI, Ingrid (Hg.): Städtische Gesellschaft und Reformation. Kleine Schriften II. (SMAFN 12) Stuttgart 1980.

BAUER, Joachim: Gemeine **Kästen** in Kursachsen 1525 bis 1531. In: Jahrbuch für Geschichte des Feudalismus 12 (1988) 207-227.

Ders.: **Reformation** und ernestinischer Territorialstaat in Thüringen. In: John, Jürgen (Hg.): Kleinstaaten und Kultur in Thüringen vom 16. bis 20. Jahrhundert. Weimar 1994, 37-73.

BAUMGART, Peter: Die deutsche **Universität** des 16. Jahrhunderts. Das Beispiel Marburg. In: HJLG 28 (1978) 50-79.

Ders.: Universitäten im konfessionellen **Zeitalter**: Würzburg und Helmstedt. In: Ders./Hammerstein, Notger (Hg.): Beiträge zu Problemen deutscher Universitätsgründungen der frühen Neuzeit. (Wolfenbütteler Forschungen 4) Bremen 1978, 191-215.

BECK, Kurt: Das Dominikanerkloster in Frankfurt am Main. (SRRVF 1) Frankfurt/M. 1977.

BECKER, Adalbert: Beiträge zur Geschichte der Frei- und Reichsstadt Worms und der daselbst seit 1527 errichteten Höheren Schulen. Worms 1880.

BECKER, Winfried: Reformation und Revolution. (KLK 34) Münster/W. 1974.

BEIER, Adrian: **Architectus** Jenensis. Hg. v. Herbert Koch. Jena 1936.

BENSING, Manfred: Thomas Müntzers Aufenthalt in Nordhausen 1522 - Zwischenspiel oder Zeit der Entscheidung? In: HarzZ 19/20 (1967/68) 35-62.

BENTIN, Wolfgang: Zur Problematik des Antiklerikalismus in der europäischen Erzählliteratur um 1400. In: Jahrbuch der Oswald von Wolkenstein Gesellschaft 4 (1986/87) 81-94.

BERG, Dieter (Hg.): **Könige**, Landesherren und Bettelorden. Konflikt und Kooperation in West- und Mitteleuropa bis zur frühen Neuzeit. (Saxonia Franciscana 10) Werl/W. 1998.

Ders.: (Hg.): **Stadt** und Bettelorden. (Saxonia Franciscana 1) Werl/W. 1992.

BERGER, Thomas: Die **Bettelorden** in der Erzdiözese Mainz und in den Diözesen Speyer und Worms im 13. Jahrhundert. Ausbreitung, Förderung und Funktion. (QMRKG 69) Mainz 1995.

Ders.: Die **Niederlassungen** der franziskanischen Ordensfamilie in der Erzdiözese Mainz. In: WiWei 57 (1994) 139-153.

BESCHORNER, Hans: Die sogenannte Bannbulle und ihre angebliche Verbrennung durch Luther am 10. Dezember 1520. In: Forschungen 315-327.

BESSEY, Klaus: Das Kirchengut nach der Lehre der evangelischen Juristen Deutschlands im ersten Jahrhundert nach der Reformation. Juristische Diss. Stuttgart 1968.

BEUMER, Johannes: Die letzten **Franziskaner** in Frankfurt am Main. In: FS 50 (1968) 368-372.

Ders.: Die **Prozessionen** im katholischen Frankfurt während der Reformationszeit. In: AMRhKG 21 (1969) 105-118.

BEYER, Carl+/BIEREYE, Johannes: Geschichte der Stadt Erfurt von der ältesten bis auf die neueste Zeit I: Bis zum Jahre 1664. Erfurt 1935.

BEYER, Michael: Die Neuordnung des Kirchengutes. In: Junghans, Jahrhundert 91-112.

BIELEFELD, Karl Heinz: Die **Kirchen** nach der Reformation. In: Denecke/Kühn 515-529.

Ders.: Eine **Ordnung** der Mädchenschule in Göttingen vom Jahre 1593. In: Göttinger Jahrbuch (1978) 133-140.

BLASCHKE, Karlheinz: Die **Bedeutung** kirchlicher Institutionen für den Kapitalmarkt im 16. und 17. Jahrhundert. In: Bestmann, Uwe/Irsigler, Franz/Schneider, Jürgen (Hg.): Hochfinanz, Wirtschaftsräume, Innovationen. Festschrift für Wolfgang von Stromer I: Trier 1987, 559-570.

Ders.: **Fiskus**, Kirche und Staat in Sachsen vor und während der Reformation. In: Kellenbenz/ Prodi 53-69.

Ders.: **Geschichte** Sachsens im Mittelalter. München 1990.

Ders.: **Moritz** von Sachsen. Reformationsfürst der zweiten Generation. (Persönlichkeit und Geschichte 113) Göttingen 1984.

Ders.: **Sachsen** im Zeitalter der Reformation. (SVRG 185) Gütersloh 1970.

Ders.: Sachsen in der frühbürgerlichen **Bewegung** des 16. Jahrhunderts. In: Donnert, Erich (Hg.): Europa in der Frühen Neuzeit. Festschrift für Günter Mühlpfordt I: Vormoderne. Weimar 1997, 119-131.

Ders.: **Sonderrechtsbereiche** in sächsischen Städten an der Wende vom Mittelalter zur Neuzeit. In: H. Jäger 254-265.

BLICKLE, Peter (Hg.): Der deutsche **Bauernkrieg** von 1525. (WdF 460). Darmstadt 1985.

Ders.: Die Reformation in **Stadt** und Landschaft Erfurt. Ein paradigmatischer Fall. In: Weiß, Geschichte 253-273.

Ders.: Die **Reformation** und das Reich. (UTB 1181) Stuttgart [2]1992.

Ders.: Die **Revolution** von 1525. München [2]1981.

Ders.: **Gemeindereformation**. Die Menschen des 16. Jahrhunderts auf dem Weg zum Heil. München 1985.

BÖHM, Laetitia: Libertas Scholastica und Negotium Scholare - Entstehung und Sozialprestige des Akademischen Standes im Mittelalter. In: Rössler, Hellmuth+/Franz, Günther (Hg.): Universität und Gelehrtenstand 1400-1800. Büdinger Vorträge 1966. (Deutsche Führungsschichten der Neuzeit 4) Limburg 1970, 15-61.

BOOCKMANN, Hartmut: Die **Stadt** im späten Mittelalter. München [2]1987.

Ders.: Zu den **Wirkungen** der "Reform Kaiser Sigismunds". In: Moeller/Patze/Stackmann 112-135.

Ders./MOELLER, Bernd/STACKMANN, Karl (Hg.): Lebenslehren und Weltentwürfe im Übergang vom Mittelalter zur Neuzeit. Politik - Bildung - Naturkunde - Theologie. (AAWG.PH 3. Folge Nr. 179) Göttingen 1989, 201-213.

BOOS, Heinrich: **Geschichte** der rheinischen Städtekultur von ihren Anfängen bis zur Gegenwart mit besonderer Berücksichtigung der Stadt Worms III-IV. Berlin [2]1899-[2]1901.

BORNKAMM, Heinrich: Die Leipziger Paulinerkirche in der Reformationszeit. In: Die Wartburg 38 (1939) 193-206.

BORTH, Wilhelm: Die Luthersache (Causa Lutheri) 1517-1524). (HS 414) Lübeck 1970.

BOSL, Karl: Der häretische und der orthodoxe Mensch. Reformation und Gegenreformation im staatsbayrischen Raum und ihr identitätsprägender Einfluß. In: Ders.: Gesellschaft im Aufbruch. Die Welt des Mittelalters und ihre Menschen. Regensburg 1991, 201-217.

BOSSERT, G.: Die Visitationsprotokolle der Diözese Konstanz von 1574-1581. In: BWKG 6 (1891) 1-5.

BOTHE, Friedrich: **Beiträge** zur Wirtschafts- und Sozialgeschichte der Reichsstadt Frankfurt. (Beilage zum Jahresbericht der Liebig-Realschule zu Frankfurt am Mainz Ostern 1906) Altenburg 1906.

Ders.: Die **Entwicklung** der direkten Besteuerung in der Reichsstadt Frankfurt bis zur Revolution 1612-14. Leipzig 1906.

Ders.: **Geschichte** der Stadt Frankfurt am Main. Frankfurt/M. 1966 ([1]1913).

Ders.: Geschichte des St. Katharinen- und **Weißfrauenstifts** zu Frankfurt am Main. Ein Beitrag zur Geschichte der Freien Wohlfahrtspflege. Frankfurt/M. 1950.

Ders.: Frankfurter **Patriziervermögen** im 16. Jahrhundert. (AKuG.ErgH 2) Berlin 1908.

Ders.: Das **Testament** des Frankfurter Großkaufmanns Jakob Heller vom Jahre 1519. In: Archiv für Frankfurts Geschichte und Kunst 3. F. 10 (1907) 339-401.

BRADY, Thomas R.: In Search of the Godly City: The Domestication of Religion in the German Urban Reformation. In: Hsia, People 14-31.

BRANDENBURG, Erich: **Herzog** Heinrich der Fromme von Sachsen und die Religionsparteien im Reich (1537-1541). In: NASG 17 (1896) 121-200, 241-303.

Ders.: **Moritz** von Sachsen I: Bis zur Wittenberger Kapitulation (1547). Leipzig 1898.

Ders.: Zur **Entstehung** des landesherrlichen Kirchenregiments im albertinischen Sachsen. In: HV 4 (1901) 195-237.

BRANDMÜLLER, Walter/IMMENKÖTTER, Herbert/ISERLOH, Erwin (Hg.): Ecclesia militans. Studien zur Konzilien- und Reformationsgeschichte. Remigius Bäumer zum 70. Geburtstag I-II. Paderborn 1988.

BRECHT, Martin: Das Wormser **Edikt** in Süddeutschland. In: Reuter, Reichstag, 475-489.

Ders.: Luthers **Fragment** "Wider den rechten aufrührerischen, verräterischen und mordischen Anschlag der ganzen Mainzischen Pfafferei und Warnung". Eine Episode aus der Nachgeschichte des Bauernkrieges. In: Mehl, Andreas/Schneider, Wolfgang Christian (Hg.): Reformatio et Reformationes. Festschrift für Lothar Graf zu Dohna zum 65. Geb. (THD-Schriftenreihe Wissenschaft und Technik 47) Darmstadt 1989, 273-289.

Ders.: **Luthertum** als politische und soziale Kraft in den Städten. In: Petri, Franz (Hg.): Kirche und gesellschaftlicher Wandel in deutschen und niederländischen Städten der frühen Neuzeit. Köln 1980, 1-21.

Ders.: Martin **Luther** I: Sein Weg zur Reformation 1483-1521. Stuttgart ²1983.

Ders.: Die gemeinsame **Politik** der Reichsstädte und die Reformation. In: ZSRG.K 63 (1977) 180-263.

Ders./EHMER, Hermann: Südwestdeutsche Reformationsgeschichte. Zur Einführung der Reformation im Herzogtum Württemberg 1534. Stuttgart 1984.

Bartel, Horst +/BRENDLER, Gerhard (Leiter)/Hübner, Hans/Laube, Adolf (Hg.): Martin Luther Leistung und Erbe. Berlin/Ost 1986.

BRENNEKE, Adolf: Geschichte des Hannoverschen Klosterfonds. Erster Teil: Die Vorgeschichte (bis 1584). Vor- und nachreformatorische Klosterherrschaft und die Geschichte der Kirchenreformation im Fürstentum Calenberg-Göttingen. Zweiter Halbband: Die Reformationsgeschichte von der Visitation ab und das Klosterregiment Erichs des Jüngeren. (VHKHO) Hannover 1929.

BRINKMANN, Jens Uwe: Die Dominikanerprioren und -lektoren Johann und Heinrich Piper - zwei wohlhabende Göttinger Bettelmönche. In: Mittler 52-53.

BROD, Max: Johannes Reuchlin und sein Kampf. Eine historische Monographie. Stuttgart 1965 (NA 1988).

BRODKORB, Clemens: Nikolaus Engelmann (+1534) - Erzbischöflicher Küchenmeister im Erfurt der Reformationszeit. In: AMRhKG 47 (1995) 149-187

BRÜCK, Anton Philipp: **Bistum** und Hochstift Worms um das Jahr 1600. In: AHG NF 25 (1956/57) 165-182.

Ders.: Das **Erzstift** Mainz und das Tridentinum. Theol. Diss. masch. Mainz 1948.

Ders.: Die **Anfänge** der Jesuiten in Mainz. In: Ders., Serta 272-283.

Ders.: Die Mainzer **Domprediger** des 16. Jahrhunderts nach den Protokollen des Mainzer Domkapitels. In: Ders., Serta 147-163.

Ders.: Ein Mainzer **Subsidienregister** von 1548. In: HJLG 5 (1955) 246-251.

Ders.: **Kardinal** Albrecht von Brandenburg, Kurfürst und Erzbischof von Mainz. In: Reuter, Reichstag 257-270.

Ders.: Kurpfälzische "**Fürschreiben**" an die römische Kurie aus der ersten Hälfte des 16. Jahrhunderts. In: BPfKG 37/38 (1970/71), Tl. 1, 53-58.

Ders.: **Mainz** vom Verlust der Stadtfreiheit bis zum Ende des Dreißigjährigen Krieges (1462-1648). (Geschichte der Stadt Mainz 5) Düsseldorf 1972.

Ders.: **Serta** Moguntina. Beiträge zur mittelrheinischen Kirchengeschichte. Hg. v. Helmut Hinkel. (QMRKG 62) Mainz 1989.

BUCK, Lawrence, P.: The Reformation, **Purgatory**, and Perpetual Rents in the Revolt of 1525 at Frankfurt am Main. In: Session/Bebb 23-33. NA: Reformation, **Fegefeuer** und Ewige Zinsen im Frankfurter Aufstand von 1525. In: Brendler 257-265.

BÜNGER, Fritz: **Beiträge** zur Geschichte der Provinzialkapitel und Provinziale des Dominikanerordens. (QGDOD 14) Leipzig 1919.

Ders.: Zur **Mystik** und Geschichte der märkischen Dominikaner. (Veröffentlichungen des Vereins für Geschichte der Mark Brandenburg) Berlin 1926.

BUND, Konrad: **Frankfurt** am Main im Spätmittelalter 1311-1519. In: Frankfurt am Main, 53-149.

BURKHARDT, Karl August Hugo: **Geschichte** der sächsischen Kirchen- und Schulvisitation von 1524-1545. Leipzig 1879 (NA Aalen 1981).

BURCKHARDT, Max: Bibliotheksaufbau, Bücherbesitz und Leserschaft im spätmittelalterlichen Basel. In: Moeller/Patze/Stackmann 33-52.

BUTTE, Heinrich: Geschichte Dresdens bis zur Reformationszeit. Aus dem Nachlaß hg. von Herbert Wolf. (MDF 54) Köln 1967.

CARDAUNS, Ludwig: Zur Kirchenpolitik Herzog Georgs von Sachsen vornehmlich in seinen letzten Regierungsjahren. In: QFIAB 10 (1907) 101-151.

CARRO, Venancio D.: El Maestro Fr. Pedro de Soto O.P. (Confessor de Carlos V) y Las Controversias Politico-Teologicas en el siglo XVI. I: Actuación Politico-Religiosa de Soto. (Biblioteca de Teólogos Españoles 1) Salamanca 1931.

CELLARIUS, Helmut: Die Reichsstadt Frankfurt und die Gravamina der deutschen Nation. (SVRG 35/1) Leipzig 1938.

CHRIST, Günther: Erzstift und Territorium Mainz. In: JÜRGENSMEIER, Friedhelm (Hg.): Handbuch der Mainzer Kirchengeschichte II: CHRIST, Günter/MAY, Georg: Erzstift und Erzbistum Mainz. Territoriale und kirchliche Strukturen. (Beiträge zur Mainzer Kirchengeschichte 6/2) Würzburg 1997, 17-444.

COHN, Henry J.: Church Property in the German Protestant Principalities. In: Kouri/Scott 158-187.

CREUTZ, Ursula (Bearb.): Bibliographie der ehemaligen Klöster und Stifte im Bereich des Bistums Berlin, des Bischöflichen Amtes Schwerin und angrenzender Gebiete. (MDF.S 9) Leipzig 1988.

CRUSIUS, Irene (Hg.): Zur Säkularisation geistlicher Institutionen im 16. und 18./19. Jahrhundert. (VMPIG 124/StGS 19) Göttingen 1996.

CZOK, Karl: **Geschichte** Sachsens. Weimar 1989.

Ders.: Städtische **Volksbewegungen** im deutschen Spätmittelalter. Ein Beitrag zu Bürgerkämpfen und innerstädtischen Bewegungen der frühbürgerlichen Revolution I-II. Habil. phil. masch. Leipzig 1963.

DECHENT, Hermann: **Geschichte** der Stadt Frankfurt in der Reformationszeit oder Frankfurter Reformationsbüchlein. Halle 1906.

Ders.: **Kirchengeschichte** von Frankfurt am Main seit der Reformation I. Leipzig 1913.

DECOT, Rolf: **Religionsfrieden** und Kirchenreform. Der Mainzer Kurfürst und Erzbischof Sebastian von Heusenstamm 1545-1555. (VIEG 100) Wiesbaden 1980.

Ders.: **Religionsgespräch** und Reichstag. Der Regensburger Reichstag von 1556/57 und das Problem der Religionsgespräche auf Reichstagen. In: Meuthen, Reichstage 220-235.

Ders.: Zwischen altkirchlicher **Bindung** und reformatorischer Bewegung. Die kirchliche Situation im Erzstift Mainz unter Albrecht von Brandenburg. In: Jürgensmeier, Erzbischof 84-101.

DELIUS, Walter: Die Reformationsgeschichte der Stadt Halle a.S. (BKGD 1) Berlin 1953.

DEMANDT, Karl E.: **Geschichte** des Landes Hessen. Kassel ²1972.

Ders.: **Marburg** als Residenzstadt. In: Dettmering/Grenz 1-10.

DENECKE, Dietrich: Sozialtopographie der mittelalterlichen Stadt Göttingen. In: Ders./Kühn 199-210.

Ders./KÜHN, Helga-Maria (Hg.): Göttingen: Geschichte einer Universitätsstadt I: Von den Anfängen bis zum Ende des Dreißigjährigen Krieges. Göttingen 1987.

DERSCH, Wilhelm: Hessisches **Klosterbuch**. (VHKH 12) Marburg ²1940.

DETTMERING, Erhart/GRENZ, Rudolf (Hg.): Marburger Geschichte. Rückblicke auf die Stadtgeschichte in Einzelbeiträgen. Marburg 1980.

DIEHL, Robert: Frankfurt am Main im Spiegel alter Reisebeschreibungen vom 15. bis zum 19. Jahrhundert. Frankfurt/M. 1939 (NA 1984).

DIENST, Karl: Geschichte des lutherischen Gottesdienstes der Freien Reichsstadt Frankfurt am Main. Theol. Diss. masch. Mainz 1955.

DIESTELKAMP, Bernhard (Hg.): Die politische Funktion des Reichskammergerichts. (Quellen und Forschungen zur höchsten Gerichtsbarkeit im alten Reich 24) Köln 1993.

DIPPLE, Geoffrey: Antifraternalism and Anticlericalism in the German Reformation. Johann Eberlin von Günzburg and the Campaign against the Friars. (St. Andrews Studies in Reformation History) Aldershot 1996.

DOEBNER, Richard: Der **Dominikanerkonvent** zu St. Pauli in Hildesheim bei Einführung der Reformation (um 1542). In: HVBS (1900) 316-318.

DOERING, Oskar: Nordhausen. (Deutsche Kunstführer 30) Augsburg 1929.

DOLD, Augustin: **Studien** zur Geschichte des Dominikanerklosters zu Freiburg im Breisgau. In: FDA NF 13 (1912) 67-96.

Ders.: Zur **Wirtschaftsgeschichte** des ehemaligen Dominikanerklosters zu Freiburg i.Br. Philos. Diss. Freiburg/Br. 1910.

DOMMASCH, Gerd: Die Religionsprozesse der rekursierenden Fürsten und Städte und die Erneuerung des Schmalkaldischen Bundes 1534-1536. (SKRG 28) Tübingen 1961.

DOTZAUER, Winfried: Der historische Raum des Bundeslandes Rheinland-Pfalz von 1500-1815. Die fürstliche Politik für Reich und Land, ihre Krisen und Zusammenbrüche. (EHS.G 538) Frankfurt/M. 1993.

DREHMANN, Lorenz: Der Weihbischof Nikolaus Elgard. Eine Gestalt der Gegenreformation. (EThS 3) Leipzig 1958.

DREXHAGE-LEISEBEIN, Susanne: Reformerisches Engagement städtischer Obrigkeit in der zweiten Hälfte des 15. Jahrhunderts. Die franziskanischen Reformbewegungen in der städtischen Kirchen- und Klosterpolitik am Beispiel ausgewählter Städte im Gebiet der Sächsischen Ordensprovinz. In: Berg, Stadt 209-234.

DUHR, Bernhard: Geschichte der Jesuiten in den Ländern deutscher Zunge I-II/2. Freiburg/Br. 1907-1913.

DUMMLER, Karl: Die Leisniger Kastenordnung von 1523. In: ZEvKR 29 (1984) 337-354.

EBERHARDT, Hildegard: Die Diözese Worms am Ende des 15. Jahrhunderts nach den Erhebungslisten des "gemeinen Pfennigs" und dem Wormser Synodale von 1496. (VRF 9) Münster/W. 1919.

ECKHARDT, Albrecht: Die Grünberger **Antoniter**. In: Mitteilungen des Oberhessischen Geschichtsvereins NF 63 (1978) 63-77.

ECKSTAEDT, Georg Graf Vitzthum von: Die Baugeschichte der Universität. In: Die Universität Leipzig 1409-1909. Gedenkblätter zum 30. Juli 1909. Leipzig 1909, 15-22.

EGER, Wolfgang: Speyer und die Reformation. In: Ders. (Redaktion): Geschichte der Stadt Speyer III. Stuttgart 1989, 291-347.

EGGER, Franz: Beiträge zur Geschichte des Predigerordens. Die Reform des Basler Konvents 1429 und die Stellung des Ordens am Basler Konzil (1431-1448). (EHS III/467) Bern 1991.

EGLER, Anna: Die Spanier in der linksrheinischen Pfalz 1620-1632. Invasion, Verwaltung, Rekatholisierung. (QMRKG 13) Mainz 1971.

EHBRECHT, Wilfried: **Form** und Bedeutung innerstädtischer Kämpfe am Übergang vom Mittelalter zur Neuzeit: Minden 1405-1535. In: Ders. (Hg.): Städtische Führungsgruppen und Gemeinde in der werdenden Neuzeit. (Städteforschung, Reihe A: Darstellungen 9) Köln 1980, 115-152.

Ders.: **Verlaufsformen** innerstädtischer Konflikte in nord- und westdeutschen Städten im Reformationszeitalter. In: Moeller, Stadt 27-47.

EINERT, E.: Graf Günther der Reiche von Schwarzburg. Ein Beitrag zur Geschichte der Reformation. In: ZVThG NF 8 (1893) 1-110.

EINICKE, G.: Über die Verwendung der Klostergüter im Schwarzburgischen zur Zeit der Reformation. In: ZVThG NF 13 (1902) 105-144, 185-219.

EITNER, Theodor: **Erfurt** und die Bauernaufstände im 16. Jahrhundert. In: Mitteilungen des Vereins für die Geschichte und Altertumskunde Erfurts 24 (1903) 3-108.

Ders.: Die **Restitutionsverhandlungen** zwischen Erfurt und Mainz 1525-1530 I. (Beilage zum Jahresbericht der städtischen Oberrealschule zu Erfurt Programm-Nr. 374) Erfurt 1913.

ELERS, Bonaventura: Ehren-Cron des H. Prediger-Ordens. Augsburg 1729.

ELM, Kaspar: Die **Franziskanerobservanz** als Bildungsreform. In: Boockmann, Hartmut/Moeller, Bernd/Stackmann, Karl (Hg.): Lebenslehren und Weltentwürfe im Übergang vom Mittelalter zur Neuzeit. Politik - Bildung - Naturkunde - Theologie. (AAWG.PH 3. Folge Nr. 179) Göttingen 1989, 201-213.

Ders. (Hg.): **Reformbemühungen** und Observanzbestrebungen im spätmittelalterlichen Ordenswesen. (BHSt 14, Ordensstudien 6) Berlin 1989.

Ders.: Reform- und **Observanzbestrebungen** im spätmittelalterlichen Ordenswesen. In: Ders., Reformbemühungen 3-19.

ENDERLE: Wilfried: Konfessionsbildung und Reichsregiment in der katholischen Reichsstadt Überlingen (1500-1618) im Kontext der Reformationsgeschichte der Oberschwäbischen Reichsstädte. (Veröffentlichungen der Kommission für geschichtliche Landeskunde in Baden-Württemberg, Reihe B, 118) Stuttgart 1990.

ENDRES, Rudolf: Das **Bildungswesen** und die Kulturpflege in den fränkischen Städten. In: Bulst, Neithard/Genet, Jean-Philippe (Ed.): La ville, la bourgeoisie et la genèse de l'Etat moderne (XIIe-XVIIIe siècles). Actes du colloque de Bielefeld (29 novembre - 1er décembre 1985). Paris 1988, 323-338.

Ders.: Die **Bedeutung** des lateinischen und deutschen Schulwesens für die Entwicklung der fränkischen Reichsstädte des Spätmittelalters und der frühen Neuzeit. In: Kriss-Rettenbeck, Lenz/Liedtke, Max (Hg.): Schulgeschichte im Zusammenhang der Kulturentwicklung. (Schriftenreihe zum bayerischen Schulmuseum Ichenhausen 1) Bad Heilbrunn/Obb. 1983, 144-165.

ENDRISS, Albrecht: Phasen der Konfessionsbildung - Aufgezeigt am Beispiel der Reichsstadt Wimpfen im Zeitraum von 1523 bis 1635. In: Rabe/Molitor/Rublack 289-326.

ERDMANN, Georg: Einführung der Reformation in der Stadt Göttingen. Philos. Diss. Göttingen. Einbeck 1888.

EUBEL, Konrad: Geschichte der oberdeutschen (Straßburger) Minoritenprovinz. Würzburg 1886.

EULER, Karl: Beiträge zur Reformationsgeschichte der Stadt Frankfurt am Main
 I. In: Archiv für Frankfurts Geschichte und Kunst 3. F. 7 (1907) 157-210.
 II. In: Archiv für Frankfurts Geschichte und Kunst 3. F. 10 (1910) 77-134.

FABISCH, Peter: **Eck** und die Publikation der Bullen "Exsurge Domine" und "Decet Romanum Pontificem". In: Iserloh, Erwin (Hg.): Johannes Eck (1486-1543) im Streit der Jahrhunderte. (RST 127) Münster/W. 1988, 74-107.

Ders.: Johannes **Dietenberger**. In: Iserloh, Erwin (Hg.): Katholische Theologen der Reformationszeit I. (KLK 44) Münster/W. 1984, 82-89.

FALCK, Ludwig: Mainz, Stadtkreis. In: Keyser, Rheinland-Pfalz 255-291.

FALCKENSTEIN, Johann Heinrich von: Civitatis Erffurtensis Historia critica et diplomatica ... I. Erfurt 1739.

FALK, Franz: **Marianum** Moguntinum. Geschichte der Marienverehrung und der Immaculata-Tradition im Bistum Mainz. Mainz 1906.

FAUST, Ulrich (Bearb.): Die Männer- und Frauenklöster der Zisterzienser in Niedersachsen, Schleswig-Holstein und Hamburg. (GermBen 12) St. Ottilien 1994.

FEINE, Hans Erich: Kirchliche Rechtsgeschichte I: Die Katholische Kirche. Köln ⁵1972.

FLACHENECKER, Helmut: Eine geistliche Stadt. Eichstätt vom 13. bis zum 16. Jahrhundert. (Eichstätter Beiträge 19, Abt. Geschichte 5) Regensburg 1988.

FLITNER, Wilhelm: Wissenschaft und Schulwesen in Thüringen von 1550-1933. In: Patze/Schlesinger IV, 53-206.

FORSCHUNGEN aus mitteldeutschen Archiven. Zum 60. Geburtstag von Hellmut Kretzschmar. Hg. v. der Sächsischen Archivverwaltung im Staatssekretariat für innere Angelegenheiten. (Schriftenreihe der Staatlichen Archivverwaltung 3) Berlin 1953.

FOWLER, Angus: Zur Geschichte von Kirchen und Kapellen in Treysa, insbesondere der heutigen Stadtkirche (früher Kirche des Dominikanerklosters). In: Schwälmer Jahrbuch (1986) 18-50.

FRANK, Isnard W.: Das Mainzer **Dominikanerkloster** während der reformatorischen Verunsicherung. In: Brandmüller/Immenkötter/Iserloh II, 435-473.

Ders.: Der **Anschluß** des Salzburger Dominikanerklosters Friesach an die österreichischen Observanten 1502-1503. In: AFP 52 (1982) 219-266.

Ders.: Die Bettelorden im mittelalterlichen **Mainz**. In: MZ 84/85 (1989/90) 129-142.

Ders.: Die **Bettelordensstudia** im Gefüge des spätmittelalterlichen Universitätswesens. (Institut für Europäische Geschichte, Vorträge 83) Stuttgart 1988.

Ders.: Die nachtridentinische **Erneuerung** der deutschen Dominikaner. In: Weitlauff, Manfred/ Hausberger, Karl (Hg.): Papsttum und Kirchenreform. Historische Beiträge. Festschrift für Georg Schwaiger zum 65. Geburtstag. St. Ottilien 1990, 443-476.

Ders.: **Existenzsicherung** und Armut bei den Bettelorden im 13. und 14. Jahrhundert. In: Schinzinger, Francesca (Hg.): Christliche Unternehmer. Büdinger Forschungen zur Sozialgeschichte 1992 und 1993. (Deutsche Führungsschichten in der Neuzeit 19) Boppard/Rh. 1994, 43-60.

Ders.: **Franziskaner** und Dominikaner im vorreformatorischen Ulm. In: Specker, Hans Eugen/ Tüchle, Hermann (Hg.): Kirchen und Klöster in Ulm. Ein Beitrag zum Katholischen Leben in Ulm und Neu-Ulm von den Anfängen bis zur Gegenwart. Ulm 1979, 103-147.

Ders.: **Hausstudium** und Universitätsstudium der Wiener Dominikaner bis 1500. (AÖG 127) Wien 1968.

Ders.: **Kirchengeschichte** des Mittelalters. (LeTh 14) Düsseldorf ⁴1997.

Ders.: **Kirchengewalt** und Kirchenregiment in Spätmittelalter und früher Neuzeit. In: Innsbrucker Historische Studien 1 (1978) 33-60.

Ders.: Mittelalterliche **Bettelorden**. In: Forschungsmagazin der Johannes Gutenberg-Universität Mainz Nr. 2 (1988) 5-13.

Ders.: **Ordensarmut** und missae speciales bei den spätmittelalterlichen Mendikantenorden. In: Hilberath, Bernd J./Sattler, Dorothea (Hg.): Vorgeschmack. Ökumenische Bemühungen um die Eucharistie. FS für Theo Schneider. Mainz 1995, 208-224.

Ders.: Zum spätmittelalterlichen und josephinischen **Kirchenverständnis**. In: Kovács, Elisabeth (Hg.): Katholische Aufklärung und Josephinismus. Wien 1979, 143-172.

Ders.: Zur **Errichtung** der österreichisch-ungarischen Dominikanerprovinz zu Beginn des 18. Jh. und zu ihrer Vorgeschichte (1569-1704). In: AFP 43 (1973) 287-341.

Ders.: Zur **Reform** des Friesacher Dominikanerklosters (1474-1503). In: Bäumer, Remigius (Hg.): Reformatio Ecclesiae. Beiträge zu kirchlichen Reformbemühungen von der Alten Kirche bis zur Neuzeit. Festgabe für Erwin Iserloh. Paderborn 1980, 215-230.

FRANK, Karl Suso: Geschichte des christlichen Mönchtums. Darmstadt ⁵1993.

FRANKE, Erich: Die Universitätsgebäude von 1409 bis ins 17. Jahrhundert. In: Füßler, Heinz (Hg.): Leipziger Universitätsbauten. Die Neubauten der Karl-Marx-Universität seit 1945 und die Geschichte der Universitätsgebäude. Leipzig 1961, 121-164.

FRANKFURT AM MAIN. Die Geschichte der Stadt in neun Beiträgen. Hg. v. der Frankfurter Historischen Kommission. (Veröffentlichungen der Frankfurter Historischen Kommission 17) Sigmaringen 1991.

FRANZ, Eckhart G.: Die hessischen **Klöster** und ihre Konvente in der Reformation. In: HJLG 19 (1969) 147-233.

Ders.: Quam **Luterismus** venit in Hassiam/Als der Lutherismus nach Hessen kam. Die Anfänge der Reformation und die Ausbildung des frühmodernen Staates am Beispiel der Landgrafschaft Hessen. In: Dohna, Lothar Graf zu/Mokrosch, Reinhold (Hg.): Werden und Wirkung der Reformation. (THD-Schriftenreihe Wissenschaft und Technik 29) Darmstadt 1986, 237-258.

FRANZ, Günther: Der deutsche **Bauernkrieg**. Darmstadt [12]1984.

FRANZEN, August: **Hermann** von Wied, Kurfürst und Erzbischof von Köln. In: Reuter, Reichstag 297-315.

Ders.: **Ordensklerus** und Pfarrseelsorge im 16. und 17. Jahrhundert, besonders in der Erzdiözese Köln. In: Corsten, Wilhelm/Frotz, Augustinus/Linden, Peter (Hg.): Die Kirche und ihre Ämter und Stände. Festgabe für Joseph Kardinal Frings. Köln 1960, 476-513.

FREUDENBERGER, Theobald: Hieronymus Dungersheim von Ochsenfurt am Main 1465-1540, Theologieprofessor in Leipzig. Leben und Schriften. (RST 126) Münster/W. 1988.

FREY, Michael: Versuch einer geographisch-historisch-statistischen Beschreibung des königlich bayerischen Rheinkreises I-IV. Speyer 1836-1837.

FUCHS, Thomas: Konfession und Gespräch. Typologie und Funktion der Religionsgespräche in der Reformationszeit. (Norm und Struktur 4) Köln 1995.

FUHRMANN, Bernd: Der Haushalt der Stadt Marburg in Spätmittelalter und Früher Neuzeit (1451/52-1622). (Siegener Abhandlungen zur Entwicklung der materiellen Kultur 19) St. Katharinen 1996.

GATZ, Erwin (Hg.): Die Bischöfe des Heiligen Römischen Reiches 1448-1648. Ein biographisches Lexikon. Berlin 1996.

GEIGER, Gottfried: Die Reichsstadt Ulm vor der Reformation. Städtisches und kirchliches Leben am Ausgang des Mittelalters. (Forschungen zur Geschichte der Stadt Ulm 11) Ulm 1971.

GEIGER, Ludwig: Der **Kampf** gegen die Bücher der Juden am Anfang des 16. Jahrhunderts in seiner Beziehung zu Frankfurt. In: Archiv für Frankfurts Geschichte und Kunst NF 4 (1869) 208-217.

Ders.: Johann **Reuchlin**, sein Leben und seine Werke. Leipzig 1871 (NA Nieuwkoop 1964).

GENET, Jean-Philippe/VINCENT, B. (Ed.): Etat et Eglise dans la genese de l'etat moderne. (Bibliotheque de la casa de Velazquez 1) Madrid 1986.

GERTEIS, Klaus: Die deutschen Städte in der Frühen Neuzeit. Zur Vorgeschichte der "bürgerlichen Welt". Darmstadt 1986.

GESS, Felician: Die **Klostervisitationen** des Herzogs Georg von Sachsen. Nach ungedruckten Quellen dargestellt. Leipzig 1888.

Ders.: **Leipzig** und Wittenberg. Ein Beitrag zur sächsischen Reformationsgeschichte. In: NASG 16 (1895) 43-93.

GIERATHS, Gundolf: Die Dominikaner in Worms. (Der Wormsgau, Beiheft 19) Worms 1964.

GLIER, Lorenz: Die Advocatia ecclesiae Romanae Imperatoris in der Zeit von 1519 bis 1648, mit besonderer Berücksichtigung der Entwicklung der advocatia ecclesiarum Germanicarum. Juristische Diss. Erlangen. Passau 1897.

GMELIN, Hans Georg: Mittelalterliche Kunst in Göttingen und Werke Göttinger Künstler. In: Denecke/Kühn 571-616.

GÖNNA, Sigrid von der: Albrecht von Brandenburg als Büchersammler und Mäzen der gelehrten Welt. In: Jürgensmeier, Erzbischof 381-477.

GOERTZ, Hans-Jürgen: Religiöse Bewegungen in der frühen Neuzeit. (Enzyklopädie Deutsche Geschichte 20) München 1993.

GOLLWITZER, Heinz: Bemerkungen über Reichsstädte und Reichspolitik auf der Wende vom 15. zum 16. Jahrhundert. In: H. Jäger 488-516.

GRÄN, Sigfrid: Frankfurt am Main. Franziskaner-Konventualen. In: AFrA 6 (1960) 120-170.

GRÄTER, Carlheinz: Ulrich von Hutten. Ein Lebensbild. Stuttgart 1988.

GRANE, Leif: **Martinus** Noster. Luther in the German Reform Movement 1518-1521. (VIEG 155) Mainz 1994.

Ders./HØRBY, Kai (Hg.): Die dänische Reformation vor ihrem internationalen Hintergrund. (FKDG 46) Göttingen 1990.

GREBNER, Christian: Kaspar Gropper (1514 bis 1594) und Nikolaus Elgard ca. 1538-1587). Biographie und Reformtätigkeit. Ein Beitrag zur Kirchenreform in Franken und im Rheinland in den Jahren 1573-1576. (RST 121) Münster/W. 1982.

GREDY, H.: Kardinal-Erzbischof Albrecht II. von Brandenburg in seinem Verhältnisse zu den Glaubensneuerungen. Mainz 1891.

GRESCHAT, Martin: Martin Bucer als Dominikanermönch. In: Kroon, Marijn de/Krüger, Friedhelm (Hg.): Bucer und seine Zeit. Forschungsbeiträge und Bibliographie. (VIEG 80) Wiesbaden 1976, 30-53.

GRIESE, Christiane: Luthers Reise ins Aufstandsgebiet vom 16.4.1525 bis zum 6.5.1525. In: Mühlhäuser Beiträge zu Geschichte, Kulturgeschichte, Natur und Umwelt 12 (1989) 25-35.

GRÜNBERG, Reinhold (Bearb.): Sächsisches Pfarrerbuch I-II. Freiberg i. S. 1939-1940.

GUDENUS, Johannes Mauritius: Historia Erffurtensis ab urbe condita ad reductam. Duderstadt 1675.

GUNDLACH, Franz: Die hessischen **Zentralbehörden** von 1247-1604 III. Marburg 1930.

GUNTEN, A.F. von: Cajétan dans la correspondance d'Erasme. In: Pinchard/Ricci 297-323.

GUTSCHE, Willibald: Das "Tolle Jahr" von Erfurt 1598/10. Betrachtungen zum 480. Jahrestag seines Beginns. In: Aus der Vergangenheit der Stadt Erfurt NF (1989) Heft 6, 22-32.

HAAG, Norbert: Zum Verhältnis von Religion und Politik im konfessionellen Zeitalter - system- und diskurstheoretische Überlegungen am Beispiel der Lutherischen Erneuerung in Württemberg und Hessen. In: ARG 88 (1997) 166-198.

HAAS, Irene: Reformation - Konfession - Tradition. Frankfurt am Main im Schmalkaldischen Bund 1536-1547 (Studien zur Frankfurter Geschichte 30) Frankfurt/M. 1991.

HAASE, Carl: Bildung und Wissenschaft im Zeitalter der Reformation. In: Patze 261-493.

HAHN, Karin: Der Passionsaltar des Hans Raphon. In: Mittler 88-92.

HALKENHÄUSER, Johannes: Kirche und Kommunität. Geschichte und Auftrag der kommunitären Bewegung in den Kirchen der Reformation. Paderborn 1978.

HAMM, Bernd: **Bürgertum** und Glaube. Konturen der städtischen Reformation. Göttingen 1996.

Ders.: Von der spätmittelalterlichen **reformatio** zur Reformation. Der Prozeß normativer Zentrierung von Religion und Gesellschaft in Deutschland. In: ARG 84 (1993) 7-82.

HANNAPEL, Martin: Das Gebiet des Archidiakonates Beatae Mariae Virginis Erfurt am Ausgang des Mittelalters. Ein Beitrag zur kirchlichen Topographie Thüringens (Arbeiten zur Landes- und Volksforschung 10) Jena 1941.

HANSEL, Klaus: Das Stift St. Viktor vor Mainz. Philos. Diss. masch. Mainz 1952.

HASHAGEN, Justus: Staat und Kirche vor der Reformation. Eine Untersuchung der vorreformatorischen Bedeutung des Laieneinflusses in der Kirche. Essen 1931.

HASSELBLATT, A.: Die Stadt Göttingen und Herzog Erich der Aeltere im Anfang des 16. Jahrhunderts. In: ZHVNS (1878) 1-24.

HAUPT, Hermann: Sozialistische und religiöse **Volksbewegung** in hessischen Städten 1525-1526. In: Philipp der Großmütige, 444-459.

HAUSHERR, Hans: Wirtschaftsgeschichte der Neuzeit vom Ende des 14. bis zur Höhe des 19. Jahrhunderts. Köln ⁴1970.

HCMA III = Eubel, Konrad (Hg.): Hierarchia catholica medii et recentioris aevi III: Saeculum XVI ab anno 1503 complectens. Münster/W. ²1923.

HECHT, Winfried: Das Dominikanerkloster Rottweil (1266-1802). (Veröffentlichungen des Stadtarchivs Rottweil 13). Rottweil 1991.

HECKEL, Johannes: Das blinde, undeutliche **Wort** "Kirche". Gesammelte Aufsätze. Hg. von Siegfried Grundmann. Köln 1964.

Ders.: Das **Decretum** Gratiani und das deutsche evangelische Kirchenrecht. In: Ders., Wort 1-48.

Ders.: Im **Irrgarten** der Zwei-Reiche-Lehre. Zwei Abhandlungen zum Reichs- und Kirchenbegriff Martin Luthers. (TEH NA 55) München 1957.

Ders.: **Initia** iuris ecclesiastici Protestantium. In: Ders., Wort 132-242.

Ders.: **Kirchengut** und Staatsgewalt. Ein Beitrag zur Geschichte und Ordnung des heutigen gesamtdeutschen Staatskirchenrechts. In: Ders., Wort 328-370.

Ders.: **Lex** charitatis. Eine juristische Untersuchung über das Recht in der Theologie Martin Luthers. (ABAW.PH 36) München 1953.

HECKEL, Martin: Das **Problem** der "Säkularisation" in der Reformation. In: Crusius 31-56.

Ders.: **Deutschland** im konfessionellen Zeitalter. (Deutsche Geschichte 5) Göttingen 1983.

Ders.: Die **Reformationsprozesse** im Spannungsfeld des Reichskirchensystems. In: Diestelkamp 9-40.

Ders.: Gesammelte **Schriften**: Staat, Kirche, Recht, Geschichte II. Hg. von Klaus Schlaich. (JusEcc 38) Tübingen 1989.

Ders.: **Religionsbann** und landesherrliches Kirchenregiment. In: Rublack, Konfessionalisierung 130-162.

Ders.: **Säkularisierung**. Staatskirchenrechtliche Aspekte einer umstrittenen Kategorie. In: Ders., Schriften 773-911.

Ders.: **Weltlichkeit** und Säkularisierung. Staatskirchenrechtliche Probleme in der Reformation und im Konfessionellen Zeitalter. In: Ders., Schriften 912-933.

HECKER, Norbert: Bettelorden und Bürgertum. Konflikt und Kooperation in deutschen Städten des Spätmittelalters. (EHS.T 146) Frankfurt/M. 1981.

HEIDEMANN, D.: Geschichte des Klosters Steina. In: ZHVNS (1872) 46-117.

HEIDENHEIMER, Heinrich: Petrus Ravennas und sein Kampf mit den Kölner Dunkelmännern. In: Westdeutsche Zeitschrift für Geschichte und Kunst 16 (1897) 223-256.

HEIN, Gerhard: Die Täuferbewegung im mittelrheinischen Raum von der Reformation bis zum Dreißigjährigen Krieg. In: Ebernburg-Hefte 6/7 (1972/73) 288-306.

HEINEMEYER, Karl: Die Marburger Kugelherren als Wegbereiter der Universität. In: Heinemeyer/Klein/Seier 1-48.

HEINEMEYER, Walter: Armen- und **Krankenfürsorge** in der hessischen Reformation. In: Ders./ Pünder, Tilman (Hg.): 450 Jahre Psychiatrie in Hessen. (VHKH 47) Marburg 1983, 1-20.

Ders. (Hg.): Das **Werden** Hessens. (VHKH 50) Marburg 1986.

Ders.: Das Zeitalter der **Reformation**. In: Ders., Werden 225-266.

Ders.: Johann **Feige** von Lichtenau. Kanzler des Landgrafen Philipp - Kanzler der Philipps-Universität Marburg. In: ZHVG 97 (1992) 25-39.

Ders.: **Landgraf** Philipp der Großmütige von Hessen - politischer Führer der Reformation. In: Schultze, Uwe (Hg.): Die Geschichte Hessens. Stuttgart 1983, 72-81.

Ders.: Landgraf Philipps des Großmütigen **Weg** in die Politik. In: HJLG 5 (1955) 176-192.

Ders.: "**Martianer**" am Kassler Hofe im Jahre 1521. In: AHG NF 28 (1963) 193-199.

Ders.: **Territorium** und Kirche in Hessen vor der Reformation. In: HJLG 6 (1956) 138-163.

Ders.: Zur **Gründung** des "universale studium Marpurgense". In: Heinemeyer/Klein/Seier 49-72.

Ders./KLEIN, Thomas/SEIER, Hellmut (Hg.): Academia Marburgensis. Beiträge zur Geschichte der Philipps-Universität Marburg. (Academia Marburgensis, 1) Marburg 1977.

HEITZENRÖDER, Wolfram: Reichsstädte und Kirche in der Wetterau. Der Einfluß des städtischen Rats auf die geistlichen Institute vor der Reformation. (Studien zur Frankfurter Geschichte 16) Frankfurt/M. 1982.

HELBIG, Herbert: **Universität** Leipzig. (Mitteldeutsche Hochschule 2) Frankfurt/M. 1961.

Ders.: Die **Reformation** der Universität Leipzig im 16. Jahrhundert. (SVRG 171) Gütersloh 1953.

HELLER, Dominikus: Aus den Pfarreien des fürstlichen Fulda IV-V. Fulda 1958.

HELMBOLD, Hermann: Geschichte der Stadt Eisenach mit einem volkskundlichen Anhang. Eisenach 1936.

HEMMERLE, Josef: Die Benediktinerklöster in Bayern. (GermBen 2) Ottobeuren-Augsburg 1970.

HENGST, Karl: **Jesuiten** an Universitäten und Jesuitenuniversitäten. (QFGG NF 2) Paderborn 1981.

416

Ders. (Hg.): Westfälisches **Klosterbuch**. Lexikon der vor 1815 errichteten Stifte und Klöster von ihrer Gründung bis zur Aufhebung I-II. (VHKW 44; Quellen und Forschungen zur Kirchen- und Religionsgeschichte 2) Münster/W. 1992-94.

HENZE, Barbara: Orden und ihre Klöster in der Umbruchszeit der Konfessionalisierung. In: Schindling/Ziegler VII, 91-105.

HEPPE, Heinrich: Kirchengeschichte beider Hessen I. Marburg 1876.

HERMELINK, H./KAEHLER, S. A.: Die Philipps-Universität zu Marburg 1527-1927. Fünf Kapitel aus ihrer Geschichte (1527-1866) Marburg 1927. (NA Marburg 1977).

HERRMANN, Fritz: Die evangelische **Bewegung** zu Mainz im Reformationszeitalter. Mainz 1907.

HERRMANN, Rudolf: Die städtischen **Lateinschulen** im ernestinischen Thüringen. In: ZVThG NF 34 (1940) 218-241.

Ders.: Thüringische **Kirchengeschichte** II. Weimar 1947.

HESS, Wolfgang: Verfassungs- und Rechtsgeschichte im hohen und späten Mittelalter. In: Patze/Schlesinger II, 215-382.

HESSEN UND THÜRINGEN - Von den Anfängen bis zur Reformation. Eine Ausstellung des Landes Hessen. O.O. 1992.

HEUSSI, Karl: Geschichte der theologischen Fakultät zu Jena. (Darstellungen zur Geschichte der Universität Jena 1) Weimar 1954.

HILDEBRAND: Die katholischen **Klöster** im ehemaligen Bistum Halberstadt z.Z. des Großen Kurfürsten und der Bischof von Marokko i.p.i. Valerio Maccioni. In: ZHVG 32 (1899) 377-422.

HILLENBRAND, Eugen: Die Observantenbewegung in der deutschen Ordensprovinz der Dominikaner. In: Elm, Reformbemühungen 219-271.

HINZ, Ulrich: Die Brüder vom Gemeinsamen Leben im Jahrhundert der Reformation. Das Münstersche Kolloquium. (SMAFN NF 9) Tübingen 1997.

HKG(J) IV: Jedin, Hubert (Hg.): Handbuch der Kirchengeschichte IV. Freiburg 1975 (NA Freiburg/Br. 1986).

HÖPF, Karl Johannes: Der Zoffinger Spiritual Wendelin Fabri O.P. aus Pforzheim und seine geistlichen Schriften. Ein Beitrag zur vorreformatorischen Geschichte der dominikanischen Observanz und Predigt in der Teutonia. Theol. Diss. masch. Freiburg/Schw. 1951.

HÖSS, Irmgard: **Duldung**, Glaubenszwang und Widerstand. Eine Stellungnahme Johann Spangenbergs aus dem Jahre 1541. In: ARG 61 (1970) 234-246.

Dies.: **Humanismus** und Reformation. In: Patze/Schlesinger III, 1-145.

HOFFMANN, Steffen: Flugschriften der Reformation in der Universitätsbibliothek. Der Leipziger Prediger und Universitätsprofessor Hermann Rab als Sammler. In: Universität Leipzig. Mitteilungen und Berichte für die Angehörigen und Freunde der Universität Leipzig, Heft 1 (1993) 23(-23).

HOFMANN, Reinhold: Der Pirnische Mönch Johannes Lindner, sein Onomasticum mundi generale und sein Geburtsort. In: NASG 25 (1904) 152-160.

HOHMEYER, Jürgen: Treysa-Geschichte und Baudenkmäler. Treysa 1965.

HOLECZEK, Heinz: Erasmus' Stellung zur Reformation. Studia humanitatis und Kirchenreform. In: Buck, August (Hg.): Renaissance - Reformation, Gegensätze und Gemeinsamkeiten. (WARF 5) Wiesbaden 1984, 131-153.

HOLTZ, Eberhard: **Erfurt** und Kaiser Friedrich III. (1440-1493). Berührungspunkte einer Territorialstadt zur Zentralgewalt des späten Mittelalters. In: Weiß, Stadtgeschichte 185-201.

Ders.: Zur politischen und rechtlichen **Situation** Erfurts im 15. Jahrhundert im Vergleich mit anderen mitteldeutschen Städten. In: Weiß, Geschichte 95-105.

HOOGEWEG, Hermann: Verzeichnis der Stifter und Klöster Niedersachsens vor der Reformation. Hannover 1908.

HORST, Ulrich: **Die Diskussion** um die Immaculata Conceptio im Dominikanerorden. Ein Beitrag zur theologischen Methode. (VGI 34) Paderborn 1984.

Ders.: Evangelische **Armut** und Kirche. Thomas von Aquin und die Armutskontroversen des 13. und beginnenden 14. Jahrhunderts. (QGDOD NF 1) Berlin 1992.

HOYER, Siegfried: **Georg** von Sachsen - Reformer und Bewahrer des alten Glaubens. In: Vogler, Herrscher 95-105.

Ders.: Die **Gründung** der Leipziger Universität und Probleme ihrer Frühgeschichte. In: Karl-Marx-Universität 1-33.

HSIA, R. Po-Chia (Ed.): The German People and the Reformation. Ithaca 1988.

HÜBNER, Hans (Hg.): Geschichte der Martin-Luther-Universität Halle-Wittenberg 1502-1977. Abriß. (Wissenschaftliche Beiträge der Martin-Luther-Universität Halle-Wittenberg 1977/3,13) Halle 1977.

HÜBSCHER, Bruno: Die deutsche Predigerkongregation 1517-1520. Aufhebung, Kampf und Wiederherstellung. Freiburg/Schw. 1953.

HÜSGEN, Hermann-Josef: Zisterzienserinnen in Köln. Die Klöster Mariengarten, Seyne und St. Mechtern/St. Apern. (BoBKG 19) Köln 1993.

HÜTTER, Elisabeth: Die Pauliner-Universitätskirche zu Leipzig. Geschichte und Bedeutung. (Forschungen und Schriften zur Denkmalpflege 1) Weimar 1993.

HÜTTEROTH, Oskar: Die althessischen **Pfarrer** der Reformationszeit. (VHKH 22) I-II. Marburg 1953-58.
III. Bearb. v. Hilmar Milbradt. Marburg 1966.

Ders.: (Bearb.): Kurhessische Pfarrergeschichte.
I: Die Klasse **Treysa**. Treysa 1922.
II: Die Stadt **Marburg**. Zum 400jährigen Universitätsjubiläum 1927. Eschwege 1927.

HÜTTMANN, Hans-Dieter: Untersuchungen zur Verfassungs-, Verwaltungs- und Sozialgeschichte der freien und Reichsstadt Worms 1659-1789. (Der Wormsgau, Beiheft 23) Worms 1970.

HUTH, Hans: Worms. Franziskaner-Konventualen (1221-1527). In: AFrA 18 (1973) 243-273.

HUYSKENS, Albert: Die ersten Marburger **Prädikanten**. In: ZHVG NF 28 (1904) 334-348.

Ders.: **Philipp** der Großmütige und die Deutschordensballei Hessen. In: ZHVG NF 28 (1904) 99-184.

IKEN, J. Friedrich: Heinrich von Zütphen. (SVRG 12) Halle 1886.

ILLERT, Friedrich M.: Geschichte der reformierten Gemeinde und der Friedrichskirche in Worms von den Anfängen bis zur evangelischen Union 1822. (Der Wormsgau, Beiheft 8) Worms 1939.

ISENMANN, Eberhard: Die deutsche Stadt im Spätmittelalter 1250-1500. Recht, Stadtregiment, Kirche, Gesellschaft, Wirtschaft. (UTB für Wissenschaft, Große Reihe 1483) Stuttgart 1988.

ISERLOH, Erwin/MÜLLER, Gerhard (Hg.): Luther und die politische Welt. Wissenschaftliches Symposion in Worms vom 27.-29. Oktober 1983. (Historische Forschungen) Wiesbaden 1984.

JACOBS, E.: Heinrich Winckel und die **Einführung** der Reformation in den niedersächsischen Städten Halberstadt, Braunschweig, Göttingen, Hannover und Hildesheim. In: ZHVNS (1896) 133-314.

JÄGER, Berthold: Das geistliche Fürstentum Fulda in der Frühen Neuzeit: Landesherrschaft, Landstände und fürstliche Verwaltung. Ein Beitrag zur Verfassungs- und Verwaltungsgeschichte kleiner Territorien des Alten Reiches. (Schriften des Hessischen Landesamtes für geschichtliche Landeskunde 39) Marburg 1986.

JÄGER, Falk: Das Dominikanerkloster in Esslingen. Baumonographie von Kirche und Kloster. (Esslinger Studien, Schriftenreihe 13) Sigmaringen 1994.

JÄGER, Helmut u.a. (Hg.): Civitatum Communitas. FS für Heinz Stoob zum 65. Geburtstag. (Städteforschung, Reihe A, 21/1) Köln 1984.

JAHNS, Sigrid: **Frankfurt**, Reformation und Schmalkaldischer Bund. Die Reformations-, Reichs- und Bündnispolitik der Reichsstadt Frankfurt am Main 1525-1536. (Studien zur Frankfurter Geschichte 9) Frankfurt/M. 1976.

Dies.: Frankfurt am Main im **Zeitalter** der Reformation (um 1500-1555). In: Frankfurt am Main, 151-204.

JASPERT, Bernd: Reformation und Mönchtum in Hessen. In: CistC 84 (1977) 30-50. (Wiederabdruck in: JHKGV 28 (1979) 56-81).

JEDIN, Hubert: Zur Vorgeschichte der Regularenreform Trid. Sess. XXV. In: RQ 44 (1936) 231-281.

JÜRGENSMEIER, Friedhelm: Das **Bistum** Mainz. Von der Römerzeit bis zum II. Vatikanischen Konzil. (BMKG 2) Frankfurt/M. 1988.

Ders. (Hg.): Das Bistum **Worms**. (BMKG 5) Würzburg 1997.

Ders. (Hg.): **Erzbischof** Albrecht von Brandenburg (1490-1545). Ein Kirchen- und Reichsfürst der frühen Neuzeit. (BMKG 3) Frankfurt/M. 1991.

JÜTTE, Robert: Obrigkeitliche Armenfürsorge in Deutschen Reichsstädten der Frühen Neuzeit. Städtisches Armenwesen in Frankfurt am Main und Köln. (KHAb 31) Köln 1984.

JUNG, Rudolf: Das erste **Auftreten** der Jesuiten in Frankfurt a. M. 1560-1567. In: Archiv für Frankfurts Geschichte und Kunst 3. F. 11 (1913) 239-278.

Ders.: Das Frankfurter **Stadtarchiv**. Seine Bestände und seine Geschichte. (Veröffentlichungen der Historischen Kommission der Stadt Frankfurt a.M. 1) Frankfurt/M. 1909.

Ders.: Der **Verkauf** des Dürerschen Altarwerkes in der Dominikaner-Kirche zu Frankfurt am Main an Herzog Maximilian I. von Bayern. In: Archiv für Frankfurts Geschichte und Kunst 3. F. 7 (1901) 310-317.

JUNGHANS, Helmar (Hg.): Das **Jahrhundert** der Reformation in Sachsen. Festgabe zum 450jährigen Bestehen der Evangelisch-Lutherischen Landeskirche Sachsens. Berlin 1989.

JUSTUS JONAS. Beiträge zur 500. Wiederkehr seines Geburtstages. Hg. vom Stadtarchiv Nordhausen sowie dem Nordhäuser Geschichts- und Altertumsverein. O.O. 1993.

KAHLE, Karl: Das Göttinger Pädagogium 1542-1545. (Zugleich ein Beitrag zur Zuverlässigkeit des Göttinger Chronisten Lubecus). In: Göttinger Jahrbuch 1958, 88-116.

KAISER, Wolfram: Das Publikationsspektrum des Nordhäuser Polyhistors Friedrich Christian Lesser (1692-1754). In: Beiträge zur Heimatkunde aus Stadt und Kreis Nordhausen 16 (1991) 83-88.

KALKOFF, Paul: Ulrich von **Hutten** und die Reformation. Eine kritische Geschichte seiner wichtigsten Lebenszeit und der Entscheidungsjahre der Reformation (1517-1523). (QFRG 4) Leipzig 1920 (NA New York 1971).

Ders.: W. **Capito** im Dienste Erzbischofs Albrechts von Mainz. (NSGTK 1) Berlin 1907 (NA Aalen 1973).

Ders.: Zu Luthers römischem **Prozeß**. Der Anteil des Dominikanerordens an der Bekämpfung Luthers während des Ablaßstreites. In: ZKG 31 (1910) 368-414.

KAMMER, Otto: Die Anfänge der Reformation und des evangelischen Gottesdienstes in Worms. Worms 1983.

KARL-MARX-UNIVERSITÄT Leipzig 1409-1959. Beiträge zur Universitätsgeschichte I. Leipzig 1959.

KEIL, Albert M.: Ambrosius Pelargus O.P. Ein Verkündiger der Wahrheit in schwerer Zeit. In: AMRhKG 8 (1956) 181-223.

KEILMANN, Burkard: Das **Bistum** vom Hochmittelalter bis zur Frühen Neuzeit. In: Jürgensmeier, Worms 44-193.

Ders.: Reichskirchliche **Ambition** und lokale Politik. Das Bistum Worms am Beginn der Regierung seines Administrators Pfalzgraf Heinrich (1524/33-1552). In: Dotzauer, Winfried u.a. (Hg.): Landesgeschichte und Reichsgeschichte. Festschrift für Alois Gerlich zum 70. Geburtstag. (Geschichtliche Landeskunde 42) Stuttgart 1995, 235-259.

KELLENBENZ, Herrmann: Fiskus, Kirche und Staat im konfessionellen Zeitalter. In: Ders./Prodi 21-35.

Ders./PRODI, Paolo (Hg.): Fiskus, Kirche und Staat im konfessionellen Zeitalter. (Schriften des Italienisch-Deutschen Instituts in Trient 7) Berlin 1994.

KELLER, Katrin: Gemeine Bürgerschaft und Obrigkeit. Zu Wirkungsmöglichkeiten von Handwerksmeistern innerhalb städtischer Selbstverwaltungsorgane Leipzigs im 16. Jahrhundert. In: Ehbrecht, Winfried (Hg.): Verwaltung und Politik in Städten Mitteleuropas. Beiträge zu Verfassungsnorm und Verfassungswirklichkeit in altständischer Zeit. (Städteforschung A/34) Köln 1994, 183-190.

KEYSER, Erich (Hg.): Deutsches Städtebuch
IV/1: **Hessen**. Stuttgart 1957.
IV/3: **Rheinland-Pfalz** und Saarland. Stuttgart 1964.

Ders. (Hg.): Deutsches Städtebuch. Handbuch städtischer Geschichte II: **Mitteldeutschland**. Stuttgart 1941.

KIESSLING, Rolf: Bürgerliche Gesellschaft und Kirche in Augsburg im Spätmittelalter. Ein Beitrag zur Strukturanalyse der oberdeutschen Reichsstadt. (Abhandlungen zur Geschichte der Stadt Augsburg 19) Augsburg 1971.

KINTZINGER, Martin: **Bildungseinrichtungen** und Bildungsvermittlung der Bettelorden in Braunschweig (13.-16. Jahrhundert). In: Berg, Stadt 193-207.

Ders.: Das **Bildungswesen** in der Stadt Braunschweig im hohen und späten Mittelalter. Verfassungs- und institutionsgeschichtliche Studien zu Schulpolitik und Bildungsförderung. (BAKG 32) Köln-Wien 1990.

KIRCHGÄSSNER, Bernhard/BAER, Wolfgang (Hg.): Stadt und Bischof. (Stadt in der Geschichte 14) Sigmaringen 1988.

KIRCHNER, Fritz: Das Zisterzienserkloster Walkenried und seine Bedeutung für die Südharzgebiete. In: Beiträge zur Heimatkunde aus Stadt und Kreis Nordhausen 16 (1991) 3-13.

KIRCHHOFF, Albrecht: Johann Herrgott, Buchführer von Nürnberg, und sein tragisches Ende 1527. In: Schriften des Vereins für die Geschichte Leipzigs 2 (1878) 11-44.

KIRN, Hans-Martin: Das Bild vom Juden in Deutschland des frühen 16. Jahrhunderts: dargestellt an den Schriften Johannes Pfefferkorns. (TSMJ 3) Tübingen 1989.

KIRN, Paul: Friedrich der Weise und die Kirche. Seine Kirchenpolitik vor und nach Luthers Hervortreten im Jahre 1517. Dargestellt nach den Akten im Thüringischen Staatsarchiv Weimar. (Beiträge zur Kulturgeschichte des Mittelalters und der Renaissance 30) Leipzig 1926.

KITTELSON, James M./TRANSUE, Pamela J. (Ed.): Rebirth, Reform and Resilience. Universities in Transition 1300-1700. Columbus/Ohio 1984.

KLAIBER, Wilbirgis: Katholische Kontroverstheologen und Reformer des 16. Jahrhunderts. (RST 116) Münster/W. 1978.

KLEIMINGER, Rudolf: Das Schwarze Kloster in Seestadt Wismar. Ein Beitrag zur Kultur- und Baugeschichte der norddeutschen Dominikanerklöster im Mittelalter. München 1938.

KLEIN, Thomas: **Die Bildung** der Territorialstaaten in den Gebieten zwischen Elbe/Saale und Oder: Meißen/Sachsen, Brandenburg, Mecklenburg. In: Chittolini, Giorgio/Willoweit, Dietmar (Hg.): Hochmittelalterliche Territorialstrukturen in Deutschland und Italien. (Schriften des Italienisch-Deutschen Historischen Instituts in Trient 8) Berlin 1996, 325-358.

Ders.: Ernestinisches **Sachsen**, kleinere thüringische Gebiete. In: Schindling/Ziegler IV, 8-39.

Ders.: **Humanismus** und höfisch-städtische Eliten im sächsisch-thüringischen Raum vor der Reformation. In: Malettke/Voss 279-304.

Ders.: **Politik** und Verfassung von der Leipziger Teilung bis zur Teilung des ernestinischen Staates (1485-1572). In: Patze/Schlesinger III, 146-294.

KLEINEIDAM, Erich: Universitas Studii Erffordensis
II. (EThS 22) Leipzig 1969.
III. (EThS 42) Leipzig ²1983.

KLIEM, Wolfgang: Die spätmittelalterliche Frankfurter Rosenkranzbruderschaft als volkstümliche Form der Gebetsverbrüderung. Philos. Diss. masch. Frankfurt/M. 1963.

KLINGE, Hans: Johannes Letzner, ein niedersächsischer Chronist des 16. Jh. In: NSJ 24 (1952) 36-96.

KLUETING, Harm: Das konfessionelle **Zeitalter** 1525-1648. (Uni-Taschenbücher 1556) Stuttgart 1989.

Ders.: **Enteignung** oder Umwidmung? Zum Problem der Säkularisation im 16. Jahrhundert. In: Crusius 57-83.

KLUGE, Otto: Der Humanismus des 16. Jahrhunderts in seinen Beziehungen zu Kirche und Schule, zu den theologischen und philosophischen Studien. In: Zeitschrift für die Geschichte der Erziehung und des Unterrichts 17/19 (1929) 1-68.

KNIEB, Philipp: Geschichte der Katholischen Kirche in der freien Reichsstadt Mühlhausen in Thüringen von 1525 bis 1629. Nach archivalischen und anderen Quellen bearb. (Erläuterungen und Ergänzungen zu Janssens Geschichte des deutschen Volkes 5/5) Freiburg/Br. 1907.

KNOKE, D. K.: Ein Bild vom kirchlichen Leben Göttingens aus dem Jahre 1565. In: ARG 2 (1904/05) 363-384.

KOCH, Angela: **Mendikanten** in Halberstadt. Ein Beitrag zur Gründung, Etablierung und Auflösung von Bettelordenskonventen im mittelalterlichen und frühneuzeitlichen Halberstadt. In: Berg, Dieter (Hg.): Bürger, Bettelmönche und Bischöfe in Halberstadt. Studien zur Geschichte der Stadt, der Mendikanten und des Bistums vom Mittelalter bis zur Frühen Neuzeit. (Saxonia Franciscana 9) Werl/W. 1997, 139-211.

KOCH, August: Die Erfurter **Weihbischöfe**. In: ZVThG 6 (1865) 31-126.

KOCH, Ernst: Kirchliche Probleme in Nordhausen zur Zeit Thomas Müntzers. In: Beiträge zur Heimatkunde aus Stadt und Kreis Nordhausen 14 (1989) 6-14.

KOCH, Heinrich Hubert: Das Dominikanerkloster zu Frankfurt am Main. 13. -16. Jahrhundert. Großenteils nach den ungedruckten Quellen des Klosterarchivs bearbeitet. Freiburg/Br. 1892.

KOCH, Herbert: Antonius **Musa**, Jenas erster Superintendent. In: ZVThG NF 34 (1940) 174-183.

Ders.: Die **Einführung** der Reformation in Jena 1524-1924. Jena 1924.

Ders.: **Geschichte** der Stadt Jena. Stuttgart 1966.

Ders.: Die Jenaer **Kirchenrechnungen** des 16. Jahrhunderts. In: ZVThG NF 28 (1929) 231-260.

KÖBLER, Gerhard: Historisches Lexikon der deutschen Länder. Die deutschen Territorien vom Mittelalter bis zur Gegenwart. München ³1990.

KÖTZSCHKE, Rudolf/KRETZSCHMAR, Hellmut: Sächsische Geschichte. Werden und Wandlungen eines deutschen Stammes und seiner Heimat im Rahmen der deutschen Geschichte. Frankfurt/M. 1965.

KOLBE, Wilhelm: Die Einführung der Reformation in Marburg. Ein geschichtliches Bild aus Hessens Vergangenheit. Marburg 1871.

KOLDE, Theodor: Das religiöse Leben in Erfurt beim Ausgange des Mittelalters. Ein Beitrag zur Vorgeschichte der Reformation. (SVRG 16/1) Halle 1898.

KOOB, Ferdinand: Aus der Geschichte der Gegenreformation in Heppenheim und im Oberamt Starkenburg 1625-1655. In: 1200 Jahre Heppenheim. Hg. vom Magistrat. Heppenheim 1955, 99-128.

KOPPMANN, Karl: Zur älteren Verfassungsgeschichte der Stadt Leipzig. In: NASG 24 (1903) 307-323.

KORDEL, Alain: Die **Visitation** der Dominikanerprovinz Teutonia durch Tomaso Marini OP (1617-1619)
I. In: AFP 58 (1988) 265-359.
II. In: AFP 60 (1990) 375-462.

Ders.: **Kapitelsakten** der Dominikanerprovinz Saxonia. Osnabrück 1583 (1584). In: AFP 62 (1992) 227-244.

KOSCHORKE, Klaus: Konfessionelle Spaltung und weltweite Ausbreitung des Christentums im Zeitalter der Reformation. In: ZThK 91 (1994) 10-24.

KOURI, E. I./SCOTT, Tom (Ed.): Politics and Society in Reformation Europe. Essays for Sir Geoffrey Elton on his Sixty-Fifth Birthday. Houndmill 1987.

KRACAUER, Isidor: Geschichte der Juden in Frankfurt a. M. (1150-1824) I. Frankfurt/M. 1925.

KRAMM, Heinrich: Deutsche **Bibliotheken** unter dem Einfluß von Humanismus und Reformation. Ein Beitrag zur deutschen Bildungsgeschichte. (ZfB.B 70) Leipzig 1938.

Ders.: **Studien** über die Oberschichten der mitteldeutschen Städte im 16. Jahrhundert I-II. (MDF 87/1-2) Köln 1981.

KRATSCH, Dietrich: **Decision** oder Interpretation - Der "Vierklosterstreit" vor dem Reichskammergericht. In: Diestelkamp 41-58.

Ders.: **Justiz**-Religion-Politik. Das Reichskammergericht und die Klosterprozesse im ausgehenden 16. Jahrhundert. (JusEcc 39) Tübingen 1990.

KRAUSE, Joachim: Albrecht von Brandenburg und Halle. In: Jürgensmeier, Erzbischof 296-356.

KRAUTHEIMER, Richard: Die Kirchen der Bettelorden in Deutschland. Köln 1925.

KREMER, Joseph: Beiträge zur Geschichte der klösterlichen Niederlassungen Eisenachs im Mittelalter. (QAGAF 2) Fulda 1905.

KRÜGER, Kersten: Landesherr und Stadt. Philipp der Großmütige und Marburg. In: Dettmering/ Grenz 277-295.

KRUMWIEDE, Hans-Walter: Die **Reformation** in Niedersachsen. Politische, soziale und kirchlich-theologische Aspekte. In: JGNKG 65 (1967) 7-26.

Ders.: **Kirchengeschichte.** Geschichte der evangelischen Kirche von der Reformation bis 1803. In: Patze 1-216.

KRUSCH, Bruno: Studien zur Geschichte der geistlichen Jurisdiktion und Verwaltung des Erzstifts Mainz. Commissar Johann Bruns und die kirchliche Eintheilung der Archidiakonate Nörten, Einbeck und Heiligenstadt. In: ZHVNS (1897) 112-277.

KÜHN, Gottfried: **Dominikanerkloster** und Lateinische Schule zu Eisenach. (Beiträge zur Geschichte Eisenachs 7) Eisenach 1897.

Ders.: **Eisenach.** In: Keyser, Mitteldeutschland 286-288.

Ders.: Zur **Geschichte** der Stadt Eisenach II (Beigabe). In: Apelt, Otto: Jahres-Bericht über das Carl Friedrichs-Gymnasium zu Eisenach von Ostern 1903 bis Ostern 1904. Eisenach 1904, 3-23.

KÜHN, Helga-Maria: Die **Einziehung** des geistlichen Gutes im albertinischen Sachsen 1539-1553. (MDF 43) Graz 1966.

Dies.: **Göttingen** im Dreißigjährigen Krieg. In: Denecke/Kühn 650-692.

KÜRSCHNER, Walter: Geschichte der Stadt Marburg. Marburg 1934.

KÜTHER, Waldemar: Die Anfänge der Reformation in der nördlichen Wetterau. In: AHG NF 28 (1963) 201-236.

KUHLBRODT, Peter: Justus Jonas und Nordhausen. In: Justus Jonas 22-38.

KUNST, Dierk: Bildung und Schulen. In: Denecke/Kühn 617-649.

KUNST, Hermann: Evangelischer Glaube und politische Verantwortung. Martin Luther als politischer Berater seiner Landesherrn und seine Teilnahme an den Fragen des öffentlichen Lebens. Stuttgart ²1979.

KUNZELMANN, Adalbero: Geschichte der deutschen Augustiner-Eremiten V: Die sächsisch-thüringische Provinz und die sächsische Reformkongregation bis zum Untergang der beiden. (Cass. 26/5) Würzburg 1974.

LANG, Peter: Die Ulmer **Katholiken** im Zeitalter der Glaubenskämpfe: Lebensbedingungen einer konfessionellen Minderheit. (EHS.T 89) Frankfurt/M. 1977.

LAST, Martin+: Die Topographie der Stadt vom 13. bis zum 16. Jahrhundert. In: Denecke/Kühn 70-106.

LAUBE, Adolf: Das **Gespann** Cochläus/Dietenberger im Kampf gegen Luther. In: ARG 87 (1996) 119-135.

LAUERWALD, Paul: Frühbürgerliche **Revolution**, Nordhausen und seine Umgebung und Thomas Müntzer. In: Beiträge zur Heimatkunde aus Stadt und Kreis Nordhausen 14 (1989) 1-5.

Ders.: **Nordhausen** um 1500. In: Justus Jonas 13-15.

Ders.: Thomas **Müntzer** und Nordhausen - Ereignisse und Probleme der regionalgeschichtlichen Forschung. In: Mühlhäuser Beiträge zu Geschichte, Kulturgeschichte, Natur und Umwelt 13 (1990) 41-43.

LAYER, Adolf: Universität und Stadt in Dillingen an der Donau. In: Maschke/Sydow 84-98.

LEEB, Josef: Das Reichstagsgeschehen von 1559 und die Problematik der Kaiserwahl Ferdinands I. In: Meuthen, Reichstage 236-256.

LEEWE-SCHARRENBERG, Rosemarie: Die Ordnung der Kirchengemeinde in der Stadt Göttingen und im Fürstentum Calenberg-Göttingen vor und in der Reformation. In: JGNKG 52 (1954) 34-97.

LEHFELDT, Paul (Bearb): Bau und Kunstdenkmäler Thüringens I: Großherzogtum Sachsen-Weimar-Eisenach: Amtsgerichtsbezirk Jena. Jena 1888.

LEHNERT, Hans: Kirchengut und Reformation. Eine kirchengeschichtliche Studie. (Erlanger Abhandlungen zur mittleren und neueren Geschichte 20) Erlangen 1935.

LENHART, Ludwig: Spätmittelalterliche Petitorien in ihrer kirchlich-kulturellen Bedeutung für das ehemalige kurmainzische Rhein-Main-Gebiet. In: AMRhKG 13 (1961) 186-196.

LEMMENS, Leonhard: Das Franziskanerkloster in Nordhausen. In: Beiträge zur Geschichte der Sächsischen Franziskanerprovinz vom heiligen Kreuze 1 (1908) 16-25.

LERSNER, Achilles August: Der weitberühmten freyen Reichs-, Wahl- und Handelsstadt Frankfurt am Main Chronica I-II. Frankfurt/M. 1706-1734.

LESSER, Friedrich Christian: Historische Nachrichten von der ehemals kaiserlichen und des heil. röm. Reichs freien Stadt Nordhausen, gedruckt daselbst im Jahre 1740, umgearbeitet und fortgesetzt von Ernst Günther FÖRSTEMANN. Nordhausen 1860.

LIERMANN, Hans: Handbuch des Stiftungsrechts I: Geschichte des Stiftungsrechts. Tübingen 1963.

LINDENTHAL, Bernd K.: Die Stadthöfe des Zisterzienserklosters Haina. In: HJLG 31 (1981) 63-96.

LITERARISCHES MUSEUM I. Altdorf 1778.

LOË, Paulus von: Statistisches über die Ordensprovinz **Saxonia**. (QGDOD 4) Leipzig 1910.

Ders.: Statistisches über die Ordensprovinz **Teutonia**. (QGDOD 1) Leipzig 1907.

LÖHR, Gabriel M.: Das Kölner **Dominikanerkloster** im 17. Jahrhundert. In: JKGV 28 (1953) 95-168.

Ders.: Das **Testament** des Halberstädter und Magdeburger Weihbischofs Johann Mensing O.P. In: AFP 9 (1939) 223-229.

Ders.: Der Dominikanerorden und seine **Wirksamkeit** im mittelrheinischen Raum. In: AMRhKG 4 (1952) 120-156.

Ders.: Die Dominikaner an den Universitäten **Erfurt** und Mainz. In: AFP 23 (1953) 237-274.

Ders.: Die Dominikaner an der **Leipziger** Universität. (QGDOD 30) Vechta 1934.

Ders.: Die Kölner **Dominikanerschule** vom 14. bis zum 16. Jahrhundert mit einer Übersicht über die Gesamtentwicklung. Freiburg/Schw. 1946.

Ders.: Die zweite **Blütezeit** des Kölner Dominikanerklosters (1464-1525). In: AFP 19 (1949) 208-254.

Ders.: Die zweite **Reform** des Magdeburger Dominikanerklosters. Ein Beitrag zur Geschichte der Congr. Hollandie. In: AFP 8 (1938) 215-230.

Ders.: Die **Teutonia** im 15. Jahrhundert. Studien und Texte, vornehmlich zur Geschichte ihrer Reform. (QGDOD 19) Leipzig 1934.

LOFFING, Aloys: Die soziale und wirtschaftliche Gliederung der Bevölkerung Erfurts in der 2. Hälfte des 16. Jahrhunderts. Philos. Diss. Münster/W. Erfurt 1911.

LOH, Gerhard: Geschichte der Universitätsbibliothek Leipzig von 1543 bis 1832. Ein Abriß. (ZfB.B 96) Leipzig 1987.

LOHRUM, Meinolf Maria: Die Wiederanfänge des Dominikanerordens in Deutschland nach der Säkularisation 1856-1875. (WSAMA.T 8) Mainz 1971.

LOHSE, Bernhard: Martin **Luther**. Eine Einführung in sein Leben und sein Werk. München ²1982.

Ders.: **Mönchtum** und Reformation. Luthers Auseinandersetzung mit dem Mönchsideal des Mittelalters. (FKDG 12) Göttingen 1963 (NA Göttingen 1986).

LORTZ, Joseph: Die Leipziger **Disputation** 1519. In: BZThS 3 (1926) 12-37.

Ders.: Die **Reformation** in Deutschland. Unv. Neuausgabe. Mit einem Nachwort von Peter Manns. Freiburg/Br. 1982.

Ders.: Zur **Problematik** der kirchlichen Mißstände im Spätmittelalter. In: TThZ 58 (1949) 1-26, 212-227, 257-279, 347-359.

LOSSEN, Richard: **Staat** und Kirche in der Pfalz im Ausgang des Mittelalters. (VRF 3) Münster/W. 1907.

Ders.: Zur **Geschichte** des Dominikanerklosters Heidelberg 1476-1853. In: FDA 69 (1950) 167-185.

LUCKE, Rolf-Günther: Die Kirche und das Kloster der Dominikaner zu Erfurt, verbunden mit einer kurzen Darstellung der Geschichte des Dominikanerordens. Masch. Hausarbeit zur Ablegung der Abschlußprüfung vor der Philos. Fakultät der Friedrich-Schiller-Universität. Jena 1957.

LUDOLPHY, Ingetraut: Der **Kampf** Herzog Georgs von Sachsen gegen die Einführung der Reformation. In: Lau 165-185.

Dies.: **Friedrich** der Weise, Kurfürst von Sachsen 1463-1525. Göttingen 1984.

LÜHE, Wilhelm: Die Ablösung der ewigen Zinsen in Frankfurt a.M. in den Jahren 1522-1562. In: Westdeutsche Zeitschrift für Geschichte und Kunst 23 (1904) 36-72, 229-272.

LUTTENBERGER, Albrecht Pius: Glaubenseinheit und Reichsfriede. Konzeptionen und Wege konfessionsneutraler Reichspolitik 1530-1552 (Kurpfalz, Jülich, Kurbrandenburg). (SHKBA 20) Göttingen 1980.

LUTZ, Heinrich: Conrad Peutinger. Beiträge zu einer politischen Biographie. (Abhandlungen zur Geschichte der Stadt Augsburg 9) Augsburg 1958.

MACHILEK, Franz: Klosterhumanismus in Nürnberg um 1500. In: Mitteilungen des Vereins für Geschichte der Stadt Nürnberg 64 (1977) 10-45.

MÄGDEFRAU, Werner/GRATZ, Frank: Die Anfänge der Reformation und die thüringischen Städte. Frankfurt/M. 1996.

MALETTKE, Klaus/VOSS, Jürgen (Hg.): Humanismus und höfisch-städtische Eliten im 16. Jahrhundert. (Pariser Historische Studien 27) Bonn 1989.

MANGNER, C. F. Eduard: Geschichte der Leipziger Winkelschulen. Nach archivalischen Quellen bearbeitet. (Schriften des Vereins für die Geschichte Leipzigs 8) Leipzig 1906.

MANNS, Peter: Luthers Zwei-Reiche- und Drei-Stände-Lehre. In: Iserloh/Müller 3-26.

MASCHKE, Erich/SYDOW, Jürgen (Hg.): Stadt und Universität im Mittelalter und in der frühen Neuzeit. (Stadt in der Geschichte 3) Sigmaringen 1977.

MATHY, Helmut: Die Universität Mainz 1477-1977. Mainz 1977.

MATTHES, Helfried+: Die Dominikaner in Thüringen. In: Aus zwölf Jahrhunderten. Einundzwanzig Beiträge zur thüringischen Kirchengeschichte. (TKS 2) Berlin 1971, 77-84.

MAURER, Justus: Prediger im Bauernkrieg. (CThM 5) Stuttgart 1979.

MAY, Georg: Die deutschen Bischöfe angesichts der Glaubensspaltung des 16. Jahrhunderts. Wien 1983.

MAY, Jakob: Der Kurfürst, Cardinal und Erzbischof Albrecht II. von Mainz und Magdeburg, Administrator des Bisthums Halberstadt, Markgraf von Brandenburg und seine Zeit. Ein Beitrag zur deutschen Cultur- und Reformationsgeschichte I. München 1865.

MAYALI, Laurent: Du vagabondage à l'apostasie. Le moine fugitif dans la société médiévale. In: Simon, Dieter (Hg.): Religiöse Devianz. Untersuchungen zu sozialen, rechtlichen und theologischen Reaktionen auf religiöse Abweichung im westlichen und östlichen Mittelalter. (Ius commune. Studien zur europäischen Rechtsgeschichte 48) Frankfurt/M. 1990, 121-142.

MEIER, Johannes: Die Anfänge der Kirche auf den Karibischen Inseln. Die Geschichte der Bistümer Santo Domingo, Concepción de la Vega, San Juan de Puerto Rico und Santiago de Cuba von ihrer Entstehung (1511/22) bis zur Mitte des 17. Jahrhunderts. (NZM.S 38) Immensee 1991.

MEINERT, Hermann: Frankfurt a. M. In: Keyser, Hessen 122-162.

MEISNER, Joachim: Nachreformatorische katholische Frömmigkeitsformen in Erfurt. (EThS 26) Leipzig 1971.

MENK, Gerhard: Die Rekrutierung der Eliten in der Landgrafschaft Hessen bzw. Hessen-Kassel und Waldeck im 16. und 17. Jahrhundert. In: Malettke/Voss 61-88.

MENZEL, Michael: Predigt und Predigtorganisation im Mittelalter. In: HJ 111 (1991) 337-384.

MERZ, Johannes: **Beziehungsgeflechte** von Eliten als Indikator religiöser Entwicklungslinien. Die Städte der Fürstabtei Fulda im 16. Jahrhundert. In: AMRhKG 45 (1993) 213-258.

Ders.: Die **Landstadt** im geistlichen Territorium. Ein methodischer Beitrag zum Thema "Stadt und Reformation" am Beispiel Frankens. In: AMRhKG 46 (1994) 55-82.

METZGER, Gerhard: Der Dominikanerorden in Württemberg am Ausgang des Mittelalters. In: BWKG NF 46 (**1942**) 4-60; 47 (**1943**) 1-20.

METZNER, Heinrich: Habent sua fata libelli. In: Jahrbuch der Vereinigung "Freunde der Universität Mainz" 1956, 8-29.

MEUTHEN, Erich: Die "**Epistolae** obscurorum virorum". In: Brandmüller/Immenkötter/Iserloh II, 53-80.

Ders. (Hg.): **Reichstage** und Kirche. (SHKBA 42) Göttingen 1991.

MEY, Johann Heinrich: **Vaterlandskunde** oder historisch-topographisch-statistische Bemerkungen über die Stadt Eisenach und ihre nächsten Umgebungen. Eisenach 1821.

Ders.: **Zeit-** und Regentengeschichte der Stadt und des Fürstenthums Eisenach ... Eisenach 1826.

MEYER, Karl: Die **Reichsstadt** Nordhausen als Festung. In: ZHVG 21 (1889) 292-368.

Ders.: **Entwicklungsgeschichte** der Stadt Nordhausen. In: ZHVG 20 (1887) 532-552.

MICHAEL, Berthold: Die beiden Pädagogien im Paulinerkloster 1542-1545 und 1586-1734. In: Mittler 111-124.

MICHALSKI, Sergiusz: Die protestantischen Bilderstürme. Versuch einer Übersicht. In: Scribner, Bilder 69-124.

MIETHKE, J.: Die Kirche und die Universitäten im Spätmittelalter und in der Zeit der Reformation. In: SKHF 77 (1977) 240-244.

MILLER, David Bruce: The Dissolution of the Religious Houses of Hesse during the Reformation. Philos. Diss. masch. Yale University. Ann Arbor/Michigan: University Microfilms 1971.

MINDERMANN, Arend: **Adel** in der Stadt des Spätmittelalters. Göttingen und Stade 1300-1600. (Veröffentlichungen des Instituts für Historische Landesforschung der Universität Göttingen 35) Bielefeld 1996.

Ders.: Die **Dominikanerprioren** und -lektoren Johann und Heinrich Piper - zwei wohlhabende Göttinger Bettelmönche. In: Mittler 20-21.

Ders.: Die wirtschaftliche **Basis** des Göttinger Dominikanerklosters: Einkünfte aus Renten und sonstigen Stiftungen. In: Mittler 18-20, 49-52.

Ders.: **Termineien**: Mendikanten auf dem Lande. In: Mittler 15-18, 47-49.

MITTLER, Elmar (Hg.): 700 Jahre Paulinerkirche. Vom Kloster zur Bibliothek. Göttingen 1994.

MOELLER, Bernd: Die **Anfänge** kommunaler Bibliotheken in Deutschland. In: Moeller/Patze/Stackmann 136-151.

Ders.: Die Reformation in **Bremen**. In: Ders., Mittelalter 161-181.

Ders.: **Erwägungen** zur Bedeutung Erfurts als Kommunikationszentrum der frühen Reformation. In: Weiß, Geschichte 275-282.

Ders.: **Inquisition** und Martyrium in Flugschriften der frühen Reformation in Deutschland. In: Seidel Menchi, Silvana u.a. (Hg.): Ketzerverfolgung im 16. und frühen 17. Jahrhundert. (Wolfenbütteler Forschungen 51) Wiesbaden 1992, 21-48.

Ders.: **Kleriker** als Bürger. In: Ders., Mittelalter 35-52.

Ders.: Die **Reformation**. In: Denecke/Kühn 492-514.

Ders.: Die Reformation und das **Mittelalter**. Kirchenhistorische Aufsätze. Hg. v. Johannes Schilling. Göttingen 1991.

Ders.: Einige **Überlegungen** zur Geschichte der Reformation in der Reichsstadt Nordhausen. In: Justus Jonas, 16-21.

Ders.: **Reichsstadt** und Reformation. Berlin 1987.

Ders. (Hg.): **Stadt** und Kirche im 16. Jahrhundert. (SVRG 190) Gütersloh 1978.

Ders./PATZE, Hans/STACKMANN, Karl (Hg.): Studien zum städtischen Bildungswesen des späten Mittelalters und der frühen Neuzeit. (AAWG.PH 137) Göttingen 1983.

Ders./STACKMANN, Karl (Hg.): Städtische Predigt in der Frühzeit der Reformation. Eine Untersuchung deutscher Flugschriften der Jahre 1522 bis 1529. (AAWG.PH 220) Göttingen 1996.

MÖRKE, Olaf: **Göttingen** im politischen Umfeld: Städtische Macht- und Territorialpolitik. In: Denecke/Kühn 260-297.

Ders.: **Rat** und Bürger in der Reformation. Soziale Gruppen und kirchlicher Wandel in den welfischen Hansestädten Lüneburg, Braunschweig und Göttingen. (Veröffentlichungen des Instituts für Historische Landesforschung der Universität Göttingen 19) Hildesheim 1983.

MOHNHAUPT, Heinz: Die Göttinger **Ratsverfassung** vom 16. bis 19. Jahrhundert. (Studien zur Geschichte der Stadt Göttingen 5) Göttingen 1965.

Ders.: **Stadtverfassung** und Verfassungsentwicklung. In: Denecke/Kühn 228-259.

MOLITOR, Hansgeorg: Die untridentinische Reform. Anfänge katholischer Erneuerung in der Reichskirche. In: Brandmüller/Immenkötter/Iserloh I, 399-431.

MOMMSEN, Wolfgang J. u.a. (Hg.): Stadtbürgertum und Adel in der Reformation. Studien zur Sozialgeschichte der Reformation in England und Deutschland. (Veröffentlichungen des Deutschen Historischen Instituts London 5) Stuttgart 1979.

MORAW, Peter: Das späte Mittelalter. In: Heinemeyer, Werden 195-223.

MOREROD, Charles: La controverse entre Cajétan et Luther à propos de l'excommunication, à Augsburg, en 1518. In: Pinchard/Ricci 253-282.

MORTIER, D.A.: Histoire des maîtres généraux de l'ordre des Frères Prêcheurs V: 1487-1589. Paris 1911.

MÜHLMANN, Ottogerd: Jena als mittelalterliche Stadt. Einführung Rolf Schulze. (Bilder zur Geschichte Jenas 2) Jena ²1959.

MÜLLER, Ernst: Forschungsergebnisse zur Topographie und Verfassungsgeschichte des ältesten Leipzig auf Grund der Interpretation der Schoßbücher des 16. Jahrhunderts. In: Forschungen 233-254.

MÜLLER, Georg: Reformation und **Visitation** sächsischer Klöster gegen Ende des 15. Jahrhunderts. In: NASG 38 (1917) 46-74.

MÜLLER, Gerhard: Die **Anfänge** der Marburger Theologischen Fakultät. In: HJLG 6 (1956) 164-181.

Ders.: Luthers **Zwei-Reiche-Lehre** in der deutschen Reformation. In: Kaiser, Otto (Hg.): Denkender Glaube. Festschrift für Carl Heinz Ratschow zur Vollendung seines 65. Lebensjahres am 22. Juli 1976 gewidmet von seinen Kollegen, Schülern und Freunden. Berlin 1979, 49-79.

Ders.: Martin **Luther** und die evangelischen Fürsten. In: Iserloh/Müller 65-83.

Ders.: **Reformation** und Stadt. Zur Rezeption der evangelischen Verkündigung. (Akademie der Wissenschaften und der Literatur. Abhandlungen der Geistes- und Sozialwiss. Klasse, 1981/11) Wiesbaden 1981.

MÜLLER, Gottfried (Bearb.): Die **Dominikanerklöster** der ehemaligen Ordensnation "Brandenburg". Berlin 1914.

MÜLLER, K. E. Hermann: Das Onomasticum mundi generale des Dominikanermönches Johannes Lindner zu Pirna und seine Quellen. Ein Beitrag zur Historiographie des Reformationszeitalters. In: NASG 24 (1903) 217-247.

MÜLLER, Wolfgang: Die Stadtpfarreien im Bereich des Bistums Worms. In: AMRhKG 15 (1963) 486-493.

NATALE, Herbert: Das Verhältnis des Klerus zur Stadtgemeinde im spätmittelalterlichen Frankfurt. Philos. Diss. Frankfurt/M. 1957.

NAUERT, Charles G.: Peter of Ravenna and the "Obscure Men" of Cologne: A Case of Pre-Reformation Controversy. In: Molho, Anthony/Tedeschi, John A. (Ed.): Renaissance. Studies in Honor of Hans Baron. (Bibliotheca Storia Sanosni, NS 49) Florenz 1971, 607-640.

NEIDIGER, Bernhard: Das **Dominikanerkloster** Stuttgart, die Kanoniker vom gemeinsamen Leben in Urach und die Gründung der Universität Tübingen. Konkurrierende Reformansätze in der württembergischen Kirchenpolitik am Ausgang des Mittelalters. (Veröffentlichungen des Archivs der Stadt Stuttgart 58) Stuttgart 1993.

Ders.: Die **Bettelorden** im spätmittelalterlichen Rheinland. In: RhV 57 (1993) 50-74.

Ders.: Die **Observanzbewegung** der Bettelorden in Südwestdeutschland. In: RoJKG 11 (1992) 175-196.

Ders.: **Stadtregiment** und Klosterreform in Basel. In: Elm, Reformbemühungen 539-567.

NEITZERT, Dieter: Eine Ordenskarriere: Frater Bertold von Oberg. In: Mittler 25, 58-60.

NEUBAUER, Theodor: Das Tolle Jahr von Erfurt. Weimar 1948.

NEUHARDT, Johannes: Kitzbüheler Seelsorgegeschichte. In: Stadtbuch Kitzbühel IV. Innsbruck 1971, 62-152.

NICOLAI, Ulrich: Das Dominikanerkloster zu Eisenach. Zum 700jährigen Bestehen. Eisenach 1935.

NICOLAY: Reformation, Gegenreformation und Aufklärung in Frankfurt. In: Herr, Jakob (Hg.): Bilder aus dem katholischen Leben der Stadt Frankfurt am Main im Lichte der Domweihe. Festschrift zur 700-Jahr-Feier der Einweihung des Kaiserdomes (St. Bartholomäuskirche). Frankfurt/M. 1939, 189-256.

NIEDERQUELL, Theodor: Die Kanoniker des Liebfrauenstifts in Frankfurt am Main 1519-1802. (Veröffentlichungen der Frankfurter Historischen Kommission 15) Frankfurt/M. 1982.

NISSEN, Walter: Die Göttinger Tuchmacher und ihr Einfluß bei der Einführung der Reformation in der Stadt. In: Festschrift für Hermann Heimpel zum 70. Geburtstag am 19. September 1971 I. (VMPIG 36/1) Göttingen 1971, 684-697.

NOTTARP, Hermann: Zur Communicatio in sacris cum haereticis. Deutsche Rechtszustände im 17. und 18. Jahrhundert. (SKG.G 9/4) Halle 1933.

NYHUS, Paul L.: The Franciscans in South Germany, 1400-1530: Reform and Revolution. (TAPhS NS 65, Part 8) Philadelphia 1975.

OBERMAN, Heiko A.: Die **Kirche** im Zeitalter der Reformation. (KTGQ 3) Neukirchen ³1988.

Ders.: Die Reformation. Von **Wittenberg** nach Genf. Göttingen 1986.

Ders.: **Thesen** zur Zwei-Reiche-Lehre. In: Iserloh/Müller 27-34.

Ders.: **Tumultus** rusticorum: Vom "Klosterkrieg" zum Fürstensieg. Beobachtungen zum Bauernkrieg unter bes. Berücksichtigung zeitgenössischer Beurteilungen. In: Blickle, Bauernkrieg 214-236.

Ders.: **University** and Society on the Treshold of Modern Times: The German Connection. In: Kittelson/Transue 19-41.

OEHMIG, Stefan: **Säkularisation** und Adel. Zur Beteiligung des Adels an der Säkularisierung im albertinischen und ernestinischen Sachsen. In: Brendler 232-236.

Ders.: Zur Getreide- und **Brotversorgung** der Stadt Erfurt in den Teuerungen des 15. und 16. Jahrhunderts. Ein Beitrag zur kommunalen Wohlfahrtspflege. In: Weiß, Stadtgeschichte 203-223.

OPFERMANN, Bernhard: Die thüringischen Klöster vor 1800. Eine Übersicht. Leipzig-Heiligenstadt 1959.

ORTH, Elisabeth: Die Frankfurter Umlandpolitik im späten Mittelalter. In: Archiv für Frankfurts Geschichte und Kunst 61 (1987) 33-51.

OSSWALD, Paul: Nordhäuser **Kriminal-Akten** von 1498 bis 1657. In: ZHVG 24 (1891) 151-200.

OVERMANN, Alfred: Die **Predigerkirche**. (Erfurt in Geschichte und Kunst) Erfurt 1928.

OZMENT, Stephan E.: The Reformation in the Cities. The Appeal of Protestantism to Sixteenth-Century Germany and Switzerland. New Haven-London 1975.

PALLMANN, Heinrich: Sigmund Feyerabend, sein Leben und seine geschäftlichen Verbindungen. Ein Beitrag zur Geschichte des Frankfurter Buchhandels im sechzehnten Jahrhundert. (Archiv für Frankfurts Geschichte und Kunst 7) Frankfurt/M. 1881.

PATZE, Hans (Hg.): **Geschichte** Niedersachsens III/2. (VHKNS 36) Hildesheim 1983.

Ders./AUFGEBAUER, Peter (Hg.): Thüringen. (Handbuch der Historischen Stätten Deutschlands 9) Stuttgart ²1989.

Ders./SCHLESINGER, Walter (Hg.): Geschichte Thüringens
II/1-2: Hohes und Spätes Mittelalter. (MDF 48/2, 1-2) Köln 1974.
III: Das Zeitalter des Humanismus und der Reformation. (MDF 48/3) Köln 1967.
IV: Kirche und Kultur in der Neuzeit. (MDF 48/4) Köln 1972.

PAULI, Philipp August: Geschichte der Stadt Worms. Worms 1825.

PAULUS, Nikolaus: Die deutschen **Dominikaner** im Kampf gegen Luther (1518-1563). (Erläuterungen und Ergänzungen zu Janssens Geschichte des deutschen Volkes 4/1 u. 2) Freiburg/Br. 1903.

Ders.: Cornelius van **Sneek** und Augustin von Getelen, zwei Dominikaner des 16. Jahrhunderts. In: ZKTh 25 (1901) 401-412.

Ders.: Johannes **Tetzel**, der Ablaßprediger. Mainz 1899.

PENNRICH, Jakob (Red.): Chronik der Stadt Bingen und Umgebung. Nach historischen Quellen bearb. Bingen 1886.

PERSCHMANN, Theodor: Die **Reformation** in Nordhausen 1522-1525. (Neujahrsblätter, hg. von der histor. Commission der Provinz Sachsen 5) Halle 1881.

Ders.: Johannes **Clajus** des Aelteren Leben und Schriften. Festschrift zu 350jährigen Jubelfeier des Gymnasiums zu Nordhausen. Nordhausen 1874.

PERTHES, Fr.: Bilder aus dem kirchlichen und sozialen Leben im Bereich des jetzigen Herzogtums Gotha zur Zeit unmittelbar vor und bei Beginn der Reformation. In: ZVThG NF 13 (1903) 1-104.

PESCH, Otto Hermann: Hinführung zu Luther. Mainz ²1983.

PETERS, Christian: Johann **Eberlin** von Günzburg ca. 1465-1533. Franziskanischer Reformer, Humanist und konsequenter Reformator. (QFRG 60) Gütersloh 1994.

Ders.: "**Erfurt** ist Erfurt, wird's bleiben und ist's immer gewesen ..." - Luthers Einwirkungen auf die Erfurter Reformation. In: Weiß, Stadtgeschichte 255-275.

PETERSE, Hans: Jacobus Hoogstraeten gegen Johannes Reuchlin. Ein Beitrag zur Geschichte des Antijudaismus im 16. Jahrhundert. (VIEG 165) Mainz 1995.

PETRI, Franz: Im Zeitalter der Glaubenskämpfe (1500-1648). In: Ders./Droege, Georg (Hg.): Rheinische Geschichte II. Düsseldorf ³1980, 1-217.

PETRY, Ludwig: Der Augsburger **Religionsfriede** und die Landesgeschichte. In: BDLG 93 (1957) 150-175.

Ders.: Zur **Bedeutung** von Worms als Reichstagsstadt. In: Reuter, Reichstag 1-12.

PETZOLD, Helmut: Der Streit um die Freiberger Butterbriefe. In: Lau 147-164.

PFEIFER, Jörg: Reform an Haupt und Gliedern. Die Auswirkungen des Trienter Konzils im Mainzer Erzstift bis 1626. (QFHG 108) Darmstadt-Marburg 1996.

PHILIPP DER GROßMÜTIGE. Hg. vom Historischen Verein für das Großherzogtum Hessen. Marburg 1904.

PILVOUSEK, Josef: Die Prälaten des Kollegiatstiftes St. Marien in Erfurt von 1400-1555. (EThS 55) Leipzig 1988.

PINCHARD, Bruno/RICCI, Saverio (Ed.): Rationalisme analogique et humanisme theologique. La culture de Thomas de Vio "Il Gaetano". Actes du Colloque de Naples 1er-3 novembre 1990. (Bibliotheca Europea 2) Neapel 1993.

POINSIGNON, Adolf: Das Dominicaner- oder Prediger-Kloster zu Freiburg im Breisgau. In: FDA 16 (1883) 1-48.

POSTEL, Rainer: Kirchlicher und weltlicher **Fiskus** in norddeutschen Städten am Beginn der Neuzeit. In: Kellenbenz/Prodi 165-185.

Ders.: Zur **Sozialgeschichte** Niedersachsens in der Zeit des Bauernkrieges. In: Wehler, Bauernkrieg, 79-104.

PRAETORIUS, Otfried: Professoren der kurfürstlichen Universität Mainz 1477-1797. In: Familie und Volk 1 (1952) 90-100.

PRESS, Volker: **Bischof** und Stadt in der Neuzeit. In: Kirchgässner, Bernhard/Baer, Wolfgang (Hg.): Stadt und Bischof. (Stadt in der Geschichte 14) Sigmaringen 1988, 137-160.

Ders.: Die **Reformation** und der deutsche Reichstag. In: Brendler 202-215.

Ders.: **Führungsgruppen** in der deutschen Gesellschaft im Übergang zur Neuzeit (um 1500). In: Hofmann, Hanns Hubert/Franz, Günther Hg.): Deutsche Führungsschichten in der Neuzeit. Eine Zwischenbilanz. (Deutsche Führungsschichten in der Neuzeit 12) Boppard 1980, 29-77.

Ders.: Soziale **Folgen** der Reformation. In: Schilling, Differenzierungsprozesse 196-243.

Ders.: **Stadt** und territoriale Konfessionsbildung. In: Petri, Franz (Hg.): Kirche und gesellschaftlicher Wandel in deutschen und niederländischen Städten der werdenden Neuzeit. Köln 1980, 251-296.

Ders.: Zwischen **Kurmainz**, Kursachsen und dem Kaiser. Von städtischer Autonomie zur "Erfurter Reduktion" 1664. In: Weiß, Stadtgeschichte 385-402.

Ders./STIEVERMANN, Dieter (Hg.): Martin Luther: Probleme seiner Zeit. (SMAFN 16) Stuttgart 1986.

PRIETZEL, Malte: Die Kalande im südlichen Niedersachsen. Zur Entstehung und Entwicklung von Priesterbruderschaften im Spätmittelalter. (VMPIG 117) Göttingen 1995.

PROCHNO, Joachim: Beiträge zur Wirtschaftsstatistik Leipzigs 1470-1570. In: Schriften des Vereins für die Geschichte Leipzigs 16 (1933) 19-44.

RABE, Horst: Der Augsburger **Religionsfriede** und das Reichskammergericht 1555-1600. In: Ders./Molitor/Rublack 281-288.

Ders.: **Reich** und Glaubensspaltung, Deutschland 1500-1600. (Neue Deutsche Geschichte 4) München 1989.

Ders./MOLITOR, Hansgeorg/RUBLACK, Hans-Christoph (Hg.): Festgabe für Ernst Walter Zeeden zum 60. Geburtstag am 14. Mai 1976. (RST, Supplementbd. 2) Münster/W. 1976.

RADY, Johann Baptist: Geschichte der katholischen Kirche in Hessen vom heil. Bonifatius bis zu deren Aufhebung durch Philipp den Großmütigen (722-1526). Hg. von Johann Michael RAICH. Mainz 1904.

RÄDLE, Fidel: Die Epistulae obscurorum virorum. In: Boockmann, Hartmut (Hg.): Kirche und Gesellschaft im Heiligen Römischen Reich des 15. und 16. Jahrhunderts. (AAWG.PH 3. Folge, Nr. 206) Göttingen 1994, 103-115.

RAINER, Johannes: Die Jesuiten in Fulda. In: Fuldaer Geschichtsblätter 70 (1994) 75-86.

RAMMSTEDT, Otthein: Stadtunruhen 1525. In: Wehler, Bauernkrieg 239-276.

RANDALL, Keith: The Catholic and Counter Reformations. (Access to History) London 1994.

RANKL, Helmut: Das vorreformatorische landesfürstliche Kirchenregiment in Bayern (1378-1526). (MBMo 34) München 1971.

RAPP, Francis: L'eglise et la vie religieuse en occident à la fin du mogen age. (Nouvelle Clio 25) Paris ²1980.

RAUSCHER, Julius: Zur Geschichte des Stuttgarter Dominikanerklosters. In: WVLG NF 35 (1929) 250-272.

REDLICH, Otto R. (Hg.): Jülisch-Bergische Kirchenpolitik am Ausgange des Mittelalters und in der Reformationszeit I-II/2. (PGRGK 28, 2/2) Bonn 1911-1915 (NA Düsseldorf 1986).

REICHERT, Benedictus M.: Zur **Geschichte** der deutschen Dominikaner und ihrer Reform. In: RQ 10 (1896) 299-311.

REIN, Wilhelm: Das **Dominikanerkloster** zu Eisenach, geschichtlich und architektonisch darge-stellt. Eisenach 1857.

REINERT, Wilhelm: Treysa im Wandel der Zeiten. In: Treysa 1249-1949. Denkschrift zur 700 Jahrfeier der Stadt Treysa. Hg. i.A. des Festausschusses. Treysa 1949, 1-64.

REINHARD, Johann Georg: Meditationes de iure principum Germaniae, cumprimis Saxoniae, circa sacra ante tempora reformationis exercito. Halle-Magdeburg 1717.

REINHARD, Wolfgang: Zwang zur Konfessionalisierung? Prolegomena zu einer Theorie des konfessionellen Zeitalters. In: Zeitschrift für historische Forschung 10 (1983) 257-277.

REINHARD, Wolfgang/SCHILLING, Heinz (Hg.): Die Katholische Konfessionalisierung. Wissen-schaftliches Symposion der Gesellschaft zur Herausgabe des Corpus Catholicorum und des Vereins für Reformationsgeschichte. (RST 135) Münster/W. 1995.

REINHARDT, Rudolf: Der Wandel des geschichtlichen Verhältnisses von Kirche und Staat. In: Köhler, Joachim (Hg.): Säkularisationen in Ostmitteleuropa. (FQKGO 19) Köln 1984, 15-32.

REININGER, A.: Die Weihbischöfe von Würzburg. Ein Beitrag zur fränkischen Kirchengeschichte. (AHVU 18) Würzburg 1865.

REMLING, Ludwig: Bruderschaften in Franken. Kirchen- und sozialgeschichtliche Untersuchungen zum spätmittelalterlichen und frühneuzeitlichen Bruderschaftswesen. (QFGBW 35) Würzburg 1986.

REMLING, Franz Xaver: Das Reformationswerk in der Pfalz. O.O. 1846 (NA Speyer 1929).

RENSING, Theodor: Das Dortmunder Dominikanerkloster (1309-1816). Münster/W. 1936.

REUTER, Fritz: Das Wormser Religionsmandat von 1523. In: Ebernburg-Hefte 17 (1983) 199 (55)-207(63).

Ders. (Hg.): Der Reichstag zu Worms von 1521. Reichspolitik und Luthersache. Worms 1971.

Ders.: Die Reaktion der freien Stadt Worms auf das Projekt einer Umwandlung des Dominikanerklosters in ein Haus für Weltgeistliche. In: AMRhKG 30 (1978) 143-160.

Ders.: Mehrkonfessionalität in der Freien Stadt Worms im 16.-18. Jahrhundert. In: Kirchgässner, Bernhard/Reuter, Fritz (Hg.): Städtische Randgruppen und Minderheiten. (Stadt in der Geschichte 13) Sigmaringen 1986, 9-48.

Ders.: Siegel von Prior und Convent der Wormser Dominikaner. In: 750 Jahre Dominikaner Worms 1226-1976. Hg. v. Dominikanerkloster Worms. Worms (o.J.), 130-136.

Ders.: Worms um 1521. In: Reuter, Reichstag 13-58.

REUTHER, Hans: Architektur des Mittelalters und der frühen Neuzeit. In: Denecke/Kühn 530-570.

RICHTER, Matthias: Andreas Poach und sein Anteil am 2. Antinomistischen Streit. In: ARG 85 (1994) 119-137.

RIESNER, Albert Joseph: Apostates and Fugitives from Religious Institutes. An Historical Conspectus and Commentary. (CLSt 168) Washington D.C. 1942.

RÖBLITZ, Günther: Erfurter Münzgeschichte der Groschenperiode bis zur ersten Talerprägung 1548. In: Weiß, Stadtgeschichte 331-345.

ROGGE, Joachim: Anfänge der Reformation. Der junge Luther 1483-1521. Der junge Zwingli 1484-1523. (KGE 2/3 u. 4) Berlin 1983.

Ders.: Der Beitrag des Predigers Jakob Strauss zur frühen Reformationsgeschichte. Berlin 1957.

ROHDE, Peter: Die Freiburger Klöster zwischen Reformation und Auflösung. In: Haumann, Heiko/Schadek, Hans (Hg.): Geschichte der Stadt Freiburg im Breisgau II. Stuttgart 1994, 418-445.

ROHM, Thomas: Osnabrück. In: Schindling/Ziegler III, 130-146.

ROLAND, Berthold (Hg.): Zum 500. Geburtstag eines deutschen Renaissancefürsten. Albrecht von Brandenburg. Kurfürst, Erzkanzler, Kardinal. 1490-1545. Katalog zur Aussstellung im Landesmuseum Mainz 26. Juni 1990 - 26. August 1990. Mainz 1990.

ROMEICK, Kurt: **Eobanus** Hessus über die Zustände in Erfurt im Jahre 1525. In: Aus der Vergangenheit der Stadt Erfurt 1 (1955) 82-92.

Ders.: Ulrich von **Hutten** und Erfurt. In: Aus der Vergangenheit der Stadt Erfurt 1 (1955) 93-114.

ROTSCHEIDT, Wilhelm: Reformationsgeschichtliche Vorgänge in Köln im Jahre 1520. 2. Die Verbrennung der Bücher Luthers in Köln am 12. November 1520. In: MRKG 1 (1907) 145-171.

RUBLACK, Hans-Christoph (Hg.): Die lutherische **Konfessionalisierung** in Deutschland. Wiss. Symposion des Vereins für Reformationsgeschichte. (SVRG 197) Gütersloh 1992.

Ders.: Eine bürgerliche Reformation: **Nördlingen**. (QFRG 51) Gütersloh 1982.

Ders.: **Forschungsbericht** Stadt und Reformation. In: Moeller, Stadt 9-26.

Ders.: Gescheiterte **Reformation**. Frühreformatorische und protestantische Bewegungen in süd- und westdeutschen geistlichen Residenzen. (SMAFN 4) Stuttgart 1978.

Ders.: **Gravamina** und Reformation. In: Batori 292-313.

Ders.: Martin **Luther** und die städtische soziale Erfahrung. In: Press/Stievermann 88-123.

Ders.: Reformatorische **Bewegung** und die städtische Kirchenpolitik in Esslingen. In: Batori 191-220.

Ders.: Zur **Rezeption** von Luthers De votis monasticis iudicium. In: Postel, Rainer/Kopitzsch, Franklin (Hg.): Reformation und Revolution. Beiträge zum politischen Wandel und den sozialen Kräften am Beginn der Neuzeit. Festschrift für Rainer Wohlfeil zum 60. Geburtstag. Stuttgart 1989, 224-237.

RÜTH, Bernhard: Reformation und Konfessionsbildung im städtischen Bereich. Perspektiven der Forschung. In: ZSRG.K 77 (1991) 197-282.

RÜTHER, Andreas: Bettelorden in Stadt und Land. Die Straßburger Mendikantenkonvente und das Elsaß im Spätmittelalter. (BHSt 26, Ordensstudien 11) Berlin 1997.

RUMMEL, Erika: Erasmus and his Catholic Critics I: 1515-1522, II: 1523-1536. (BHRef 45) Nieuwkoop 1989.

RUMMEL, Peter: P. Julius Priscianensis S.J. 1542-1607. Ein Beitrag zur Geschichte der katholischen Restauration der Klöster im Einflußbereich der ehemaligen Universität Dillingen. (Veröffentlichungen der Schwäbischen Forschungsgemeinschaft I/13) Augsburg 1968.

RUTHMANN, Bernhard: Die **Religionsprozesse** am Reichskammergericht nach dem Augsburger Religionsfrieden 1555. (Quellen und Forschungen zur Höchsten Gerichtsbarkeit im Alten Reich 28) Köln 1996.

Ders.: Religionsprozesse als Folge der **Glaubensspaltung**. In: Scheurmann, Ingrid (Hg.): Frieden durch Recht: das Reichskammergericht von 1495 bis 1806. Mainz 1994, 231-240.

SAATHOFF, Albrecht: Aus Göttingens **Kirchengeschichte**. Festschrift zur 400jährigen Gedächtnisfeier der Reformation am 21. Oktober 1929. Göttingen 1929.

Ders.: **Geschichte** der Stadt Göttingen bis zur Gründung der Universität. Göttingen 1937.

SALLABERGER, Johann: Johann von Staupitz, der Abt von St. Peter (1522-1524) und die Salzburger Mendikantentermineien. In: SMGB 103 (1992) 87-188.

SAMORAY, Reinhard: Johann von Wesel. Eine Studie zur Geistesgeschichte des ausgehenden Mittelalters. Philos. Diss. masch. Münster/W. 1954.

SANTE, Georg Wilhelm (Hg.): Hessen. (Handbuch der Historischen Stätten Deutschlands 4) Stuttgart 1976.

SAUER, K. Martin: Dionysius Melander d.Ä. (ca. 1486-1561). Leben und Briefe. In: JHKGV 29 (1978) 1-36.

SCHAAB, Meinrad: Territorialstaat und Kirchengut in Südwestdeutschland bis zum Dreißigjährigen Krieg. Die Sonderentwicklung in der Kurpfalz im Vergleich mit Baden und Württemberg. In: Kellenbenz/Prodi 71-90.

SCHADE, Herwarth von: Der Einfluß der Reformation auf die Entwicklung des evangelischen Bibliothekswesens. In: Göpfert, Herbert G. u.a. (Hg.): Beiträge zur Geschichte des Buchwesens im konfessionellen Zeitalter. (Wolfenbütteler Schriften zur Geschichte des Buchwesens 11) Wiesbaden 1985, 147-177.

SCHAROLD, Karl Gottfried: Das sog. Terminei-Häuslein in Mellrichstadt. In: Archiv des Historischen Vereins von Unterfranken und Aschaffenburg 5 (1838) Heft 1, 159-163.

SCHARRENBERG, Rosemarie: Die Ordnung der Kirchengemeinde in der Stadt Göttingen und im Fürstentum Calenberg-Göttingen vor und in der Reformation. In: JGNKG 50 (1952) 1-50.

SCHATTEN, Eugen: Die Franziskanergymnasien im Bereiche der sächsischen Ordensprovinz bis zu ihrer Aufhebung im 19. Jahrhundert. In: FS 13 (1926) 366-384.

SCHEEBEN, Heribert Christian: **Albertus** Magnus. Köln 1955.

SCHEERER, Felix: Kirchen und Klöster der Franziskaner und Dominikaner in Thüringen. (Beiträge zur Kunstgeschichte Thüringens 2) Jena 1910.

SCHEIB, Otto: **Erzbischof** Albrecht und die Religionsgespräche. In: Jürgensmeier, Erzbischof 140-155.

Ders.: Die **Religionsgespräche** in Norddeutschland in der Neuzeit und ihre Entwicklung. In: JGNKG 75 (1977) 39-88.

SCHELLHASS, Karl: Der Dominikaner Felician Ninguarda und die Gegenreformation in Süddeutschland und Österreich 1560-1580 I-II. (BPHIR 17-18) Rom 1930-1939.

SCHELP, Robert: Die Reformationsprozesse der Stadt Straßburg zur Zeit des Schmalkaldischen Bundes (1524)/1531-1541/(1555). Ein Beitrag zu einem reformationsgeschichtlichen Rechtsproblem. Juristische Diss. Tübingen. Kaiserslautern 1965.

SCHENK ZU SCHWEINSBERG, Gustav Frhr. von: Aus der Jugendzeit Landgraf Philipps des Großmütigen. In: Philipp der Großmütige 73-143.

SCHILLING, Heinz: Die politische **Elite** nordwestdeutscher Städte in den religiösen Auseinandersetzungen des 16. Jahrhunderts. In: Mommsen 235-308.

Ders.: Die reformierte **Konfessionalisierung** in Deutschland - Das Problem der "Zweiten Reformation". Wissenschaftliches Symposion des Vereins für Reformationsgeschichte 1985. (SVRG 195) Gütersloh 1986.

Ders.: Die **Stadt** in der frühen Neuzeit. (Enzyklopädie deutscher Geschichte 24) München 1993.

Ders.: Wandlungs- und **Differenzierungsprozesse** innerhalb der bürgerlichen Oberschicht West- und Nordwestdeutschlands im 16. und 17. Jahrhundert. In: Biskup, Marian/Zernack, Klaus (Hg.): Schichtung und Entwicklung der Gesellschaft in Polen und Deutschland im 16. und 17. Jahrhundert. (VSWG.B 74) Wiesbaden 1983, 121-173.

SCHILLING, Johannes: Adam **Krafft**, der erste hessische Landesbischof. In: Fuldaer Geschichtsblätter 70 (1994) 87-100.

Ders.: Gewesene **Mönche**. Lebensgeschichten in der Reformation. (Schriften des Historischen Kollegs, Vorträge 26) München 1990.

Ders.: **Klöster** und Mönche in der hessischen Reformation. (QFRG 67) Gütersloh 1997.

SCHINDLING, Anton: Die **Reformation** in den Reichsstätten und die Kirchengüter. Straßburg, Nürnberg und Frankfurt im Vergleich. In: Sydow, Jürgen (Hg.): Bürgerschaft und Kirche. (Stadt in der Geschichte 7) Sigmaringen 1980, 67-88.

Ders.: Die reichsstädtische **Hochschule** in Straßburg, 1538-1621. In: Maschke/Sydow 71-83.

Ders.: **Franziskaner** und Klarissen in süddeutschen Reichsstädten im Zeitalter der Reformation. In: I Francescani in Europa tra Riforma e Contrariforma. Atti del XIII Convegno internazionale Assisi, 17-18-19 ottobre 1985. Perugia 1987, 95-114.

Ders.: **Humanismus** und städtische Eliten in der Reichsstadt Frankfurt am Main. In: Malettke/ Voss 211-278.

Ders.: Humanistische Hochschule und Freie **Reichsstadt**. Gymnasium und Akademie in Straßburg 1538-1621. (VIEG 77) Wiesbaden 1977.

Ders.: **Wachstum** und Wandel vom Konfessionellen Zeitalter bis zum Zeitalter Ludwigs XIV. Frankfurt am Main 1555-1685. In: Frankfurt am Main 205-260.

SCHINDLING, Anton/ZIEGLER, Walter: Die Territorien des Reichs im Zeitalter der Reformation und Konfessionalisierung. Land und Konfession 1500-1650 I-VII. (KLK 49-53, 56-57) Münster/W. 1989-1997.

SCHLIE, Friedrich (Bearb): Die Kunst- und Geschichtsdenkmäler des Großherzogtums Mecklenburg-Schwerin I. Schwerin 1896.

SCHLOTHEUBER, Eva: **Bildungswesen** und Bibliotheken der Bettelorden. In: Mittler 21-24, 53-57.

Dies.: Die **Auflösung** der Bettelordensklöster in der Reformation. In: Mittler 35-39, 71-74.

Dies.: Die **Franziskaner** in Göttingen. Die Geschichte des Klosters und seiner Bibliothek. (Saxonia Franciscana 8) Werl/W. 1996.

Dies.: Die **Rückkehr** der Mendikanten im Dreißigjährigen Krieg. In: Mittler 40-42.

SCHMEIZEL, Martin: Jenaische Stadt und Universitätchronik. Hg. v. Ernst Devrient. Jena 1908.

SCHMID, Peter: Regensburg, Freie Reichsstadt, Hochstift und Reichsklöster. In: Schindling/Ziegler VI, 36-57.

SCHMIDLIN, Joseph: Die kirchlichen Zustände in Deutschland vor dem Dreißigjährigen Kriege nach den bischöflichen Diözesanberichten an den Hl. Stuhl. III: West- und Norddeutschland. (Erläuterungen und Ergänzungen zu Janssens Geschichte des deutschen Volkes 7/3) Freiburg/Br. 1910.

SCHMIDT, Berthold: **Geschichte** des Klosters Cronschwitz. In: ZVThG NF 8 (1893) 111-172.

SCHMIDT, Erwin: Die Hofpfalzgrafenwürde an der hessen-darmstädtischen Universität Marburg/ Gießen. In: Mitteilungen des Oberhessischen Geschichtsvereins NF 57 (1972) 1-101.

SCHMIDT, Gerhard: Die Reformation in Nordhausen. Diss. masch. Göttingen 1924.

SCHMIDT, Hans-Joachim: Die Landgrafen von Hessen und die Bettelorden. In: Berg, Könige 127-152.

SCHMIDT, Heinrich Richard: Konfessionalisierung im 16. Jahrhundert. (Enzyklopädie deutscher Geschichte 12) München 1992.

SCHMIDT, Julius (Bearb.): Beschreibende Darstellung der älteren Bau- und Kunstdenkmäler der Stadt Nordhausen. (Beschreibende Darstellung der älteren Bau- und Kunstdenkmäler der Provinz Sachsen und angrenzender Gebiete 11) Halle 1888.

SCHMIDT, Siegfried (Hg.): Alma mater Jenensis. Geschichte der Universität Jena. Weimar 1983.

SCHMITT, Clément: La controverse allemande de l'immaculée conception. L'intervention et le procès de Wigand Wirth OP (1494-1513), in: AFrH 45 (1952) 397-450.

SCHMITT, Hermann: Die Pfarreien St. Amandus (bis 1802) und Liebfrauen (1803-1811) in der nördlichen Vorstadt von Worms. In: AMRhKG 24 (1972) 27-66.

SCHMITZ, Heribert: Pfarrei und ordentliche Seelsorge in der tridentinischen und nachtridentinischen Gesetzgebung. In: Gatz, Erwin (Hg.): Die Bistümer und ihre Pfarreien. (Geschichte des kirchlichen Lebens in den deutschsprachigen Ländern seit dem Ende des 18. Jahrhundert - Die Katholische Kirche - 1) Freiburg/Br. 1991, 41-50.

SCHMITZ, Wolfgang: Buchdruck und Reformation in Köln. In: JKGV 55 (1984) 117-154.

SCHNEIDER, Bernhard: Bruderschaften im Trierer Land: ihre Geschichte und ihr Gottesdienst zwischen Tridentinum und Säkularisation. (TThSt 48) Trier 1989.

SCHNEIDER, Hans: Die reformatorischen Anfänge Landgraf Philipps von Hessen im Spiegel einer Flugschrift. In: HJLG 42 (1992) 131-166.

SCHNEIDER, L. Zacharias: Chronicon Lipsiense. Leipzig 1655.

SCHORN-SCHÜTTE, Luise: Die Reformation, Vorgeschichte - Verlauf - Wirkung. (Beck'sche Reihe Wissen 2054) München 1996.

SCHRADER, Franz: Die **Beschickung** des Konzils von Trient durch die Diözesen Magdeburg, Halberstadt, Merseburg, Naumburg und Meißen. Ein Briefwechsel aus den Jahren 1551 und 1552. In: Ders., Reformation 35-84.

Ders.: Michael **Vehe** OP. In: Iserloh, Erwin (Hg.): Katholische Theologen der Reformationszeit IV. (KLK 47) Münster/W. 1987, 15-28.

Ders.: **Reformation** und Katholische Klöster. Beiträge zur Reformation und zur Geschichte der klösterlichen Restbestände in den ehemaligen Bistümern Magdeburg und Halberstadt. Gesammelte Aufsätze. (SKBK 13) Leipzig 1973.

Ders.: **Ringen**, Untergang und Überleben der katholischen Klöster in den Hochstiften Magdeburg und Halberstadt von der Reformation bis zum Westfälischen Frieden. (KLK 37) Leipzig 1977.

Ders.: Die katholischen **Visitationen** und die katholischen Restbestände im Erzbistum Magdeburg 1561-1651. In: Schrader, Reformation 85-108.

SCHRÖCKER, Sebastian: Die Kirchenpflegschaft. Die Verwaltung des Niederkirchenvermögens durch Laien seit dem ausgehenden Mittelalter. (VGG.R 67) Paderborn 1934.

SCHRÖDER, Tilman Matthias: Das Kirchenregiment der Reichsstadt Esslingen. Grundlagen - Geschichte - Organisation. (Esslinger Studien, Schriftenreihe 8) Esslingen 1987.

SCHROER, Alois: Die Kirche in Westfalen im Zeichen der Erneuerung (1555-1648) I: Die katholische Reform in den geistlichen Landesherrschaften. Münster/W. 1986.

SCHROHE, Heinrich: Die Mainzer **Stadtaufnahmen** von 1568 und 1594. (BGSM 6) Mainz 1930.

Ders.: Die Stadt **Mainz** unter kurfürstlicher Verwaltung (1462-1792). (BGSM 59) Mainz 1920.

SCHUBERT, Ernst: Einführung in die Grundprobleme der deutschen Geschichte im Spätmittelalter. Darmstadt 1992.

SCHÜTZ, Friedrich: Das Mainzer **Rad** an der Gera. Kurmainz und Erfurt 742-1802. Eine Ausstellung der Stadt Mainz zum Erfurter Stadtjubiläum 742-1992. Mainz 1991.

SCHULTZ, Max: Die pfarrrechtliche Organisation der Stadt Jena im Mittelalter. (QAGAF 11) Fulda 1923.

SCHULTZE, Joachim H.: Jena. Werden, Wachstum und Entwicklungsmöglichkeiten der Universitäts- und Industriestadt. Jena 1955.

SCHULZE, Friedrich: Aus Leipzigs Kulturgeschichte. (Leipziger stadtgeschichtliche Forschungen 5) Leipzig 1956.

SCHULZE, Hans K.: Die Kirche im Hoch- und Spätmittelalter. In: Patze/Schlesinger II/2, 50-149.

SCHULZE, Manfred: Fürsten und Reformation. (SuR NR 1) Tübingen 1990.

SCHULZE, Rolf: Die gesellschaftliche Bedeutung der Jenaer Klöster, besonders in wirtschaftlicher und kultureller Hinsicht, vom Ende des 13. Jahrhunderts bis zu Reformation. 2 Bde. Philos. Diss. masch. Jena 1951.

SCHUMACHER, Carl Wilhelm: Merkwürdigkeiten der Stadt Eisenach und ihres Bezirkes in alphabetischer Ordnung. Eisenach 1777. (Beiträge zur Geschichte Eisenachs 21) NA Eisenach 1912.

SCHUMANN, August: Vollständiges Staats-, Post- und Zeitungslexikon von Sachsen V. Zwickau 1818.

SCHUSTER, Otto: Kirchengeschichte von Stadt und Bezirk Esslingen. Stuttgart 1946.

SCHWEIZER, Paul: Die Behandlung der zürcherischen Klostergüter in der Reformationszeit. In: ThZS 2 (1885) 161-182.

SCHWERDTFEGER, Regina E.: Frauenklöster in Mainz - Ein Überblick. In: Adam/Reber 36-52.

SCHWIND, Fred: Zur Verfassungs- und Sozialgeschichte Marburgs im späten Mittelalter. In: Dettmering/Grenz 167-200.

SCHWINGES, Rainer Christoph: Erfurts Universitätsbesucher im 15. Jahrhundert. Frequenz und räumliche Herkunft. In: Weiß, Geschichte 207-222.

SCRIBNER, Robert W. (Hg.): **Bilder** und Bildersturm im Spätmittelalter und in der Frühen Neuzeit. (Wolfenbütteler Forschungen 16) Wiesbaden 1990.

Ders.: Civic **Unity** and the Reformation in Erfurt. (Erstabdruck in: Past & Present 66 (1975) 29-60; hier zitiert nach der NA). In: Ders.: Popular Culture and Popular Movements in Reformation Germany. London 1987, 185-216.

Ders.: Die **Eigentümlichkeit** der Erfurter Reformation. In: Weiß, Stadtgeschichte 241-254.

Ders.: **Paradigms** of Urban Reform: Gemeindereformation or Erastian Reformation? In: Grane/ Horby 111-128.

Ders.: Reformation, **Society** and Humanism in Erfurt, ca. 1450-1550. Philos. Diss. London 1972 masch. <Mikrofilm The British Library, London; Thesis-Number: DX 189585>

Ders.: The German **Reformation**. (Studies in European History) Houndmill 1993.

Ders.: The Reformation as a Social **Movement**. In: Mommsen 49-79.

SEBASTIAN, Wenceslaus: The Controversy after Scotus to 1900, in: O'Connor, Edward Dennis (Hg.): The Dogma of the Immaculate Conception, History and Significance. Notre Dame/Ind. 1958, 231-270.

SEEGRÜN, Wolfgang: Heinrich von Zütphen - seine Idee, sein Feuertod und Dithmarschens Weg einer Gemeindereformation. In: Beiträge und Mitteilungen des Vereins für katholische Kirchenge-schichte in Hamburg und Schleswig-Hostein e.V. 3 (1990) 103-123.

SEHI, Meinrad: Die **Bettelorden** in der Seelsorgsgeschichte der Stadt und des Bistums Würzburg bis zum Konzil von Trient. Eine Untersuchung über die Mendikantenseelsorge unter besonderer Berücksichtigung der Verhältnisse in Würzburg. (FFKT) Würzburg 1981.

Ders.: Im **Dienst** an der Gemeinde. 750 Jahre Franziskaner-Minoriten in Würzburg 1221-1971. Hg. v. Provinzialat und Konvent der Franziskaner-Minoriten in Würzburg. Würzburg 1992.

SEIBRICH, Wolfgang: Gegenreformation als Restauration. Die restaurativen Bemühungen der alten Orden im Deutschen Reich von 1580-1648. (BGAM 38) Münster/W. 1991.

SEIDEMANN, Johann Karl: Die Leipziger **Disputation** im Jahre 1519. Aus bisher unbenutzten Quellen historisch dargestellt und durch Urkunden erläutert. Dresden 1843.

Ders.: **Erläuterungen** zur Reformationsgeschichte durch bisher unbekannte Urkunden. Dresden 1844.

SELBMANN, Rolf: Vom Jesuitenkolleg zum humanistischen Gymnasium. (Beiträge zur Geschichte des Deutschunterrichts 26) Frankfurt/M. 1996.

SESSIONS, Kyle C.: Christian Humanism and the Freedom of a Christian: Johann Eberlin von Günzburg and the Peasants. In: BUCK, Lawrence P./Zophy, Jonathan W. (Ed.): The Social History of the **Reformation**. Columbus/Ohio 1972, 137-155.

Dies./BEBB, Philipp N. (Ed.): Pietas et Societas. New Trends in Reformation Social History. Essays in Memory of Harold J. Grimm. (SCES 4) Kirksville/Missouri 1985.

SIEMER, Laurentius: Ein **Verzeichnis** der Provinzialprioren der Teutonia aus dem Predigerkonvent in Eichstätt. In: ADD 4 (1951) 77-96.

SIEMER, Polykarp M.: Geschichte des Dominikanerklosters Sankt Magdalena in Augsburg (1225-1808). (QGDOD 33) Vechta 1936.

SILBERBORTH, Hans: Christian **Heune** und sein Kampf gegen die Reichsstadt Nordhausen 1545-1560. In: HarzZ 1 (1948) 85-106.

Ders.: **Geschichte** der Freien Reichsstadt Nordhausen. In: Das tausendjährige Nordhausen I. Zur Jahrtausendfeier hg. v. Magistrat. Nordhausen 1927, 1-596.

SINGER, H(einrich) F(ranz): Der Humanist Jakob Merstetter 1460-1512, Professor der Theologie an der Mainzer Universität und Pfarrer zu St. Emmeran. Mainz 1904.

SMOLINSKY, Heribert: **Albrecht** von Brandenburg und die Reformtheologen. In: Jürgensmeier, Erzbischof 117-131.

Ders.: Augustin von **Alveldt** und Hieronymus Emser. Eine Untersuchung zur Kontroverstheologie der frühen Reformationszeit im Herzogtum Sachsen. (RST 122) Münster/W. 1983.

Ders.: **Kirchengeschichte** der Neuzeit I. (LeTh 21) Düsseldorf 1993.

SOHM, Walter: Territorium und Reformation in der hessischen Geschichte. (VHKH 11/1, UQHRG 1) Marburg 1915.

SOLDAN, Hans: **Beiträge** zur Geschichte der Stadt Worms. Worms 1896.

SPANUTH, Friedrich: Quellen zur Durchführung der Reformation im Braunschweig-Wolfen-büttelschen Lande 1551-1568. In: ZGNKG 42 (1937) 241-288.

SPITZ, Lewis W.: The Importance of the Reformation for Universities: Culture and Confession in the Critical Years. In: Kittelson/Transue 42-67.

SPRINGER, Klaus-Bernward: **Beiträge** zur Geschichte des Dominikanerklosters in Mainz. Diplomarbeit masch. Mainz 1988.

Ders.: **Dominikaner** und Obrigkeit im 16. Jahrhundert. In: Berg, Könige 393-418.

Ders./BERGER, Thomas: Geschichte des Mainzer Dominikanerklosters. Herrn Professor Dr. Isnard W. Frank zum 65. Geburtstag am 25. September 1995. In: Mainzer Zeitschrift 90 (1995) <im Druck>.

STADTVERWALTUNG TREYSA: Treysa. In: Keyser, Hessen 418-420.

STALNAKER, John C.: Residenzstadt und Reformation. Religiöser, politischer und sozialer Wandel in Hessen 1509-1546. In: Dettmering/Grenz 297-322.

STAMM, Heinz Meinolf: Luthers Stellung zum Ordensleben. (VIEG 101) Wiesbaden 1980.

STAUB, Kurt-Hans: Geschichte der Dominikanerbibliothek in Wimpfen am Neckar (ca. 1460-1803). Untersuchungen an Hand der in der Hessischen Landes- und Hochschulbibliothek Darmstadt erhaltenen Bestände. (Studien zur Bibliotheksgeschichte 3) Graz 1980.

STEGMÜLLER, Otto: Der Immaculata-Traktat des Basler Franziskaners Franz Wiler (+ 1514). In: BZGAK 60 (1960) 47-64

STEINER, Jürgen: Albrecht von Brandenburg und die Reform der Mainzer Universität. In: Jürgensmeier, Erzbischof 259-276.

STEINMETZ, Max: Der **Humanismus** an der Universität Leipzig. In: Beiträge zur Hochschul- und Wissenschaftsgeschichte Erfurts 21 (1987/1988) 21-52.

Ders. u.a. (Hg.): **Geschichte** der Universität Jena 1548/58-1958. Festgabe zum vierhundertjährigen Universitätsjubiläum I-II. Jena 1958-1962.

STEINMÜLLER, Karl: Die Gesellschaft der Kaufleute in Leipzig im 15. und 16. Jahrhundert. In: Forschungen 127-142.

STEINMÜLLER, Wilhelm: Evangelische Rechtstheologie. Zweireichelehre-Christokratie-Gnadenrecht I. (FKRG 8/1) Köln 1968.

STEITZ, Georg Eduard: Des **Rector** Micyllus Abzug von Frankfurt 1533, nach seinen bisher unermittelt gebliebenen Ursachen dargestellt. In: Archiv für Frankfurts Geschichte und Kunst NF 5 (1872) 216-256.

Ders.: Luther's **Warnungsschrift** an Rat und Gemeinde zu Frankfurt 1533 und Dionysius Melander's Abschied von seinem Amte 1535. Zwei urkundliche Beiträge zu Frankfurts Reformationsgeschichte. In: Archiv für Frankfurts Geschichte und Kunst NF 5 (1872) 257-281.

447

Ders.: Reformatorische **Persönlichkeiten**, Einflüsse und Vorgänge in der Reichsstadt Frankfurt a. M. von 1519 bis 1522. In: Archiv für Frankfurts Geschichte und Kunst NF 4 (1869) 57-174.

STEITZ, Heinrich: Geschichte der Evangelischen Kirche in Hessen und Nassau. Marburg 1977.

STIEVERMANN, Dieter: Landesherrschaft und Klosterwesen im spätmittelalterlichen Württemberg. Sigmaringen 1989.

STILLER, Jens: Zur Geschichte von Hospital und Kapelle St. Georgen in Nordhausen. In: Beiträge zur Heimatkunde aus Stadt und Kreis Nordhausen 14 (1989) 39-42.

STILLIG, Jürgen: Jesuiten, Ketzer und Konvertiten in Niedersachsen. Untersuchungen zum Religions- und Bildungswesen im Hochstift Hildesheim in der Frühen Neuzeit. (Schriftenreihe des Stadtarchivs und der Stadtbibliothek Hildesheim 22) Hildesheim 1993.

STÖCKERL, Dagobert: Die deutschen Franziskaner auf süddeutschen Universitäten. In: FS 13 (1926) 305-323.

STÖRMANN, Anton: Die städtischen Gravamina gegen den Klerus am Ausgange des Mittelalters und in der Reformationszeit. (RST 24-26) Münster/W. 1916.

STOLBERG, Friedrich: Nordhausen. In: Keyser, Mitteldeutschland 624-628.

STOLBERG, August/STOLBERG, Friedrich: Die Bau- und Kunstdenkmäler der Stadt Nordhausen. In: Das tausendjährige Nordhausen II. Zur Jahrtausendfeier hg. v. Magistrat. Nordhausen 1927, 515-613.

STRUCK, Wolf-Heino: Der Bauernkrieg am Mittelrhein und in Hessen. Darstellung und Quellen. (VHKN 21), Wiesbaden 1975.

STUPPERICH, Robert: Soester **Reformationstheologie**. Thomas Borchwedes Thesen und Bundbrief. In: JWKG 75 (1982) 7-22.

Ders.: **Reformatorenlexikon**. Gütersloh 1984.

Ders.: **Vorgeschichte** und Nachwirkungen des Wormser Edikts im deutschen Nordwesten. In: Reuter, Reichstag 459-474.

STURM, Heribert: Eger - Geschichte einer Reichsstadt I-II. Augsburg 1951-1952.

TEWES, Götz-Rüdiger: Die Erfurter Nominalisten und ihre thomistischen Widersacher in Köln, Leipzig und Wittenberg. Ein Beitrag zum deutschen Humanismus am Vorabend der Reformation. In: Speer, Andreas (Hg.): Die Bibliotheca Amploniana. Ihre Bedeutung im Spannungsfeld von Asistotelismus, Nominalismus und Humanismus. (MM 23) Berlin 1995, 447-488.

THIELE, Richard: Die Gründung des evangelischen Ratsgymnasiums zu Erfurt und die ersten Schicksale desselben. Erfurt 1896.

THOMAS, **Ralph**: Die Neuordnung der Schulen und der Universität Leipzig. In: Junghans, Jahrhundert 113-131.

THONEICK, Alexander: Conrad Peutinger. Leben und Werk des Augsburger Juristen. Untersuchungen zu einer bisher unbekannten strafrechtlichen Abhandlung. Juristische Diss. masch. Münster/W. 1971.

TODE, Sven: Stadt im Bauernkrieg 1525: Strukturanalytische Untersuchungen zur Stadt im Raum anhand der Beispiele Erfurt, Mühlhausen/Thür., Langensalza und Thamsbrück. Frankfurt/M. 1994.

TRÜDINGER, Karl: Luthers Briefe und Gutachten an weltliche Obrigkeiten zur Durchführung der Reformation. (RST 111) Münster/W. 1975.

TSCHACKERT, Paul: **Magister** Johann Sutel, Reformator von Göttingen, Schweinfurt und Northeim. In: ZGNKG 2 (1897) 1-140.

Ders.: Die **Vorarbeiten** zur Göttinger Kirchenordnung und der erste Entwurf eines lutherischen Ordinationsgelübdes aus dem Jahre 1529. In: ZKG 20 (1900) 366-394.

TÜCHLE, Hermann: Beiträge zur Geschichte des Ulmer Dominikanerklosters. In: Rössler, Alice (Hg.): Aus Archiv und Bibliothek. Studien aus Ulm und Oberschwaben. Max Huber zum 65. Geburtstag. Weißenhorn 1969, 194-207.

UFER, Joachim: "Passion D. Martin Luthers". Eine Flugschrift von 1521. In: Reuter, Worms 449-458.

UHLAND, Robert: Esslingen/Wttbg. Franziskaner-Konventualen. In: AFrA 18 (1973) 304-348.

ULPTS, Ingo: Die Bettelorden in Mecklenburg. (Saxonia Franciscana 6) Werl/W. 1995.

ULRICH, Adolf: Reichsstandschaft der Stadt Göttingen. In: ZHVNS (1885) 163-173.

Die UNIVERSITÄT LEIPZIG 1409-1909. Gedenkblätter zum 30. Juli 1909. Leipzig 1909.

Das UNIVERSITÄTSGEBÄUDE zu Marburg. Zur Einweihung der neuen Aula am 19. Juni 1891. Marburg 1891.

UTZ TREMP, Kathrin: Geschichte des Berner Dominikanerkonvents von 1269-1528. Mit einer Darstellung der topographischen Verhältnisse in Kloster und Kirche zur Zeit des Jetzerhandels (1507-1509). In: Descoeudres, Georges/Dies. (Hg.): Bern Französische Kirche - Ehemaliges Predigerkloster. Archäologische und historische Untersuchungen 1988-1990 zu Kirche und ehemaligen Konventgebäuden. Bern 1993, 119-160.

VASELLA, Oskar: Geschichte des Predigerklosters St. Nicolai in Chur. Von seinen Anfängen bis zur I. Aufhebung (1280-1538). (DHOP 1) Rom 1931.

VEIT, Ludwig Andreas: Aus der **Geschichte** der Universität zu Mainz 1477-1731. In: HJ 40 (1920) 106-136.

Ders.: Kirchliche **Reformbestrebungen** im ehemaligen Erzstift Mainz unter Erzbischof Johann Philipp von Schönborn 1647-1673. Freiburg/Br. 1910.

VERMEULEN, Adeodatus: Der Augustiner Konrad Treger. Die Jahre seines Provinzialates (1518-1542). Rom 1962.

VERSCHAREN, Franz-Josef: Gesellschaft und Verfassung der Stadt Marburg beim Übergang vom Mittelalter zur Neuzeit. (Marburger Stadtschriften zur Geschichte und Kultur 19) Marburg 1985.

VETTER, Ewald M.: Die Verklärung Christi Meister Steffans in Butzbach und Grünewalds Tafel für die Frankfurter Dominikanerkirche. In: Wetterauer Geschichtsblätter 24 (1975) 93-98.

VIERHAUS, Rudolf: Säkularisation als Problem der neueren Geschichte. In: Crusius 13-30.

VILLINGER, Karl: Die Reformations-Gedächtniskirche zur Hl. Dreifaltigkeit in Worms. Zugleich ein Rückblick auf die Geschichte der evangelischen Gotteshäuser insbesondere des Reichsstädtischen Worms seit 1521. In: BPfKG 28 (1961) 91-110.

VÖCKLER, Matthias: Die Mendikanten im mittelalterlichen Nordhausen. In: Beiträge zur Heimatkunde aus Stadt und Kreis Nordhausen 13 (1988) 18-24.

VOGELSANG, Reinhard: Die **Kirche** vor der Reformation: Ihre Institutionen und ihr Verhältnis zur Bürgerschaft. In: Denecke/Kühn 465-491.

Ders.: **Stadt** und Kirche im mittelalterlichen Göttingen. (Studien zur Geschichte der Stadt Göttingen 8) Göttingen 1968.

VOGLER, Günter (Hg.): Europäische **Herrscher**. Ihre Rolle bei der Gestaltung von Politik und Gesellschaft vom 16. bis zum 18. Jahrhundert. Weimar 1988.

Ders.: **Nürnberg** 1524/25. Studien zur Geschichte der reformatorischen und sozialen Bewegung in der Reichsstadt. Berlin 1982.

Ders.: Thomas **Müntzer**. Berlin/Ost 1989.

VOLZ, Hans: Der St. Peter-Ablaß in Göttingen 1517-18. In: Göttinger Jahrbuch 1958, 77-87.

Ders.: Der **Humanist** Tilemann Conradi aus Göttingen. Ein Beitrag zum Thema: Humanismus und Reformation. In: JGNKG 65 (1967) 76-116.

Ders.: Die **Reformation** in Göttingen. In: Göttinger Jahrbuch 1967, 49-71.

VORBERG, Axel: Beiträge zur Geschichte des Dominikanerordens in Mecklenburg II-III. (QGDOD 9) Leipzig 1913.

WALZ, Angelus: **Compendium** historiae ordinis Praedicatorum. Rom ²1948.

Ders.: **Dominikaner** und Dominikanerinnen in Süddeutschland (1225-1966). Meitingen 1967.

WARMBRUNN, Paul: Das Bistum im 17. Jahrhundert. In: Jürgensmeier, Worms 194-224.

WARTENBERG, Günther: Die **Entstehung** der sächsischen Landeskirche von 1539 bis 1559. In: Junghans, Jahrhundert 67-90.

Ders.: **Landesherrschaft** und Reformation. Moritz von Sachsen und die albertinische Kirchenpolitik bis 1546. (QFRG 55) Gütersloh 1988.

Ders.: Lutherische **Reformation** und sächsisch-albertinische Politik zwischen 1540 und 1553. In: Brendler 227-231.

Ders.: **Moritz** von Sachsen - Zur Politik des ersten albertinischen Kurfürsten zwischen Reformation und Reich. In: Vogler, Herrscher 106-122.

Ders.: Die Leipziger **Religionsgespräche** von 1534 und 1539. Ihre Bedeutung für die sächsisch-albertinische Innenpolitik und für das Wirken Georgs von Karlowitz. In: Müller, Gerhard (Hg.): Die Religionsgespräche der Reformationszeit. (SVRG 191) Gütersloh 1980, 35-41.

Ders.: **Visitation** des Schulwesens im albertinischen Sachsen zwischen 1540 und 1580. In: Goebel, Klaus (Hg.): Luther in der Schule. (Dortmunder Arbeiten zur Schulgeschichte und zur historischen Didaktik 6) Bochum 1985, 55-78.

WAS, Gabriela: Religiöses und gesellschaftliches Bewußtsein. Stadträte und Franziskanerklöster im Schlesien des 15. und 16. Jahrhunderts. In: WiWei 61 (1998) 57-97.

WECKERLING, August: Leonhart Brunner, der erste vom Rate der Reichsstadt Worms angestellte evangelische Prediger (1527-1548). Worms 1895.

WEDEWER, Hermann: Johannes Dietenberger 1475-1537. Sein Leben und Wirken. Freiburg/Br. 1888 (NA Nieuwkoop 1967).

WEHBRINK, Placidus: Aus dem Preußischen Staatsarchiv in Osnabrück IV. In: ADD 4 (1951) 9-56.

WEHLER, Hans-Ulrich (Hg.): Der deutsche Bauernkrieg 1524-1526. (GeGe, Sonderheft 1) Göttingen 1975.

WEHRLI-JOHNS, Martina: Geschichte des Zürcher Predigerklosters (1230-1524). Mendikantentum zwischen Kirche, Adel und Stadt. Zürich 1980.

WEIGEL-SCHIECK, Petra: Landesherren und Observanzbewegung. Studien zum Reformverständnis des sächsischen Provinzialministers Matthias Döring (1427-1461). In: Berg, Könige 361-390.

WEINBRENNER, Ralph: Klosterreform im 15. Jahrhundert zwischen Ideal und Praxis. Der Augustinereremit Andreas Proles (1429-1503) und die privilegierte Observanz. (SMAFN NF 7) Tübingen 1996.

WEISS, Dieter J.: Deutscher Orden. In: Schindling/Ziegler VI, 224-248.

WEISS, Ulman: Die frommen **Bürger** von Erfurt. Die Stadt und ihre Kirche im Spätmittelalter und in der Reformationszeit. (Regionalgeschichtliche Forschungen) Weimar 1988.

Ders. (Hg.): Erfurt 742-1992. **Stadtgeschichte** - Universitätsgeschichte. Weimar 1992.

Ders. (Hg.): Erfurt - **Geschichte** und Gegenwart. (Schriften des Vereins für die Geschichte und Altertumskunde von Erfurt 2) Weimar 1995.

Ders.: **Erwartung** und Enttäuschung. Erzbischof Albrecht im Urteil des Erfurter Rates. In: Jürgensmeier, Erzbischof 156-178.

Ders.: **Luther** und Erfurt im Jahre 1525. In: Brendler 216-221.

Ders.: Von der frühbürgerlichen **Revolution** bis zur Unterwerfung durch Kurmainz vom Ende des 15. Jahrhunderts bis 1664. In: Gutsche, Willibald (Hg.): Geschichte der Stadt Erfurt. Weimar 1986, 103-144.

WEIZSÄCKER, Heinrich (Bearb. u. Hg.): Die Kunstschätze des ehemaligen Dominikanerklosters in Frankfurt a.M. Nach den archivalischen Quellen bearb. u. hg. mit Unterstützung der Administration des Dr. Johann Friedrich Böhmerschen Nachlasses. Textband. München 1923.

WENIGER, Ludwig: Die Dominikaner in Eisenach. Ein Bild aus dem Klosterleben des Mittelalters. Hamburg 1894.

WERNER, Matthias: Landesherren und Franziskanerorden im spätmittelalterlichen Thüringen. In: Berg, Könige 331-360.

WICKS, Jared: Cajetan und die Anfänge der Reformation. (KLK 43) Münster/W. 1983.

WIEDEMANN, Konrad: Der Theologe und Hochschullehrer Conradus Hensel de Cassel (1435-1505). Bausteine zu seiner Biographie. In: HJLG 44 (1994) 45-53.

WILLIAMS-KRAPP, Werner: Ordensreform und Literatur im 15. Jahrhundert. In: Jahrbuch der Oswald von Wolkenstein Gesellschaft 4 (1986/87) 41-51.

WILLICKS, Peter: Die Konflikte zwischen Erfurt und dem Erzbischof von Mainz am Ende des 15. Jahrhunderts. In: Weiß, Stadtgeschichte 225-240.

WILLOWEIT, Dietmar: Rechtsgrundlagen der Territorialgewalt. Landesobrigkeit, Herrschaftsrechte und Territorium in der Rechtswissenschaft der Neuzeit. (Forschungen zur deutschen Rechtsgeschichte 11) Köln 1975.

WILMS, Hieronymus: Der Kölner Universitätsprofessor Konrad Köllin. (QGDOD 39) Leipzig 1941.

WINTRUFF, Wilhelm: Landesherrliche Kirchenpolitik in Thüringen am Ausgang des Mittelalters. (Forschungen zur thüringisch-sächsischen Geschichte 5) Halle 1914.

WITKOWSKI, Georg: Geschichte des litararischen Lebens in Leipzig. Leipzig-Berlin 1909.

WITTENBRINK, Heinz: Die **Entwicklung** des Gymnasium "Marianum" in Warburg bis zum Ende des Zweiten Weltkrieges. In: Mürmann, Franz (Hg.): Die Stadt Warburg. Beiträge zur Geschichte einer Stadt II. Warburg 1986, 177-250.

WITTRAM, Gerhard: Die Gerichtsverfassung der Stadt Göttingen. (Studien zur Geschichte der Stadt Göttingen 6) Göttingen 1966.

WOHLFEIL, Rainer: Der Wormser Reichstag von 1521 (Gesamtdarstellung). In: Reuter, Reichstag 59-154.

WOLFF, Carl/JUNG, Rudolf (Bearb.): Die Baudenkmäler in Frankfurt am Main. I: Kirchenbauten. Frankfurt/M. 1896.

WOLFF, Wilhelm Daniel: Die Säkularisierung und Verwendung der Stifts- und Klostergüter in Hessen-Kassel unter Philipp dem Großmütigen und Wilhelm IV. Ein Beitrag zur deutschen Reformationsgeschichte. Gotha 1913.

WOLFS, Servatius Petrus: Dominikanische **Observanzbestrebungen**: Die Congregatio Hollandiae (1464-1517). In: Elm, Observanzbemühungen 273-292.

Ders.: **Reformversuche** und Reformen in der Ordensprovinz Saxonia, 1456-1468 (Bemerkungen zu MOPH VIII, 266[24-31]). In: AFP 52 (1982) 145-154.

WOLGAST, Eike: Die kurpfälzische **Universität**. In: Doerr, Wilhelm (Hg.): Semper Apertus. Sechshundert Jahre Ruprecht-Karls-Universität Heidelberg 1386-1986 I. Berlin 1986, 1-70.

Ders.: **Einführung** der Reformation als politische Entscheidung. In: Guggisberg, Reformation 465-486.

Ders.: **Formen** landesfürstlicher Reformation in Deutschland. Kursachsen-Württemberg/Brandenburg-Kurpfalz. In: Grane/Hørby 57-90.

Ders.: **Hochstift** und Reformation. Studien zur Geschichte der Reichskirche zwischen 1517 und 1648. (BGRK 16) Stuttgart 1995.

WOLTER, Hans: **Cochläus** und die Frankfurter Prädikanten. In: Reichert, Franz Rudolf u.a. (Hg.): Beiträge zur Mainzer Kirchengeschichte in der Neuzeit. Festschrift für Anton Philipp Brück zum 60. Geburtstag. (QMRKG 17) Mainz 1973, 31-54.

Ders.: Das **Interim** von 1548 und die Reichsstadt Frankfurt am Main. In: Schwaiger, Georg (Hg.): Konzil und Papst. Historische Beiträge zur Frage der höchsten Gewalt in der Kirche. Festgabe für Hermann Tüchle. München 1975, 343-356.

Ders.: Der **Stiftsdechant** von St. Bartholomäus Johannes Steinmetz, genannt Latomus, als Förderer der katholischen Reform in Frankfurt am Main. In: Bäumer, Remigius (Hg.): Reformatio Ecclesiae. Beiträge zu kirchlichen Reformbemühungen von der Alten Kirche bis zur Neuzeit. Festgabe für Erwin Iserloh. Paderborn 1980, 355-366.

Ders.: Die **Bedeutung** der geistlichen Orden für die Entwicklung der Stadt Frankfurt. In: AMRhKG 26 (1974) 25-43.

Ders.: Die **Reichsstadt** Frankfurt am Main und das Konzil von Trient. In: AMRhKG 16 (1964) 139-175.

Ders.: Die **Visitation** der drei Stiftskirchen von Frankfurt am Main im Jahre 1548. In: AMRhKG 27 (1975) 81-106.

WRBA, Johannes: Ignatius, die Jesuiten und Wien. In: Mühlberger, Kurt/Maisel, Thomas (Hg.): Aspekte der Bildungs- und Universitätsgeschichte: 16. - 19. Jahrhundert. (Schriftenreihe des Universitätsarchivs, Universität Wien 7) Wien 1993, 61-90.

WURM, Johann Peter: Johannes Eck und der oberdeutsche Zinsstreit 1513-1515. (RST 137) Münster/W. 1997.

WUSTMANN, Gustav: Aus Leipzigs **Vergangenheit**. Gesammelte Aufsätze. (Schriften des Vereins für die Geschichte Leipzigs 5) Leipzig 1885.

Ders.: **Geschichte** der Stadt Leipzig I. Leipzig 1905.

ZACKE, A.: Über das Todtenbuch des Dominikanerklosters und die Predigerkirche zu Erfurt. Erfurt 1861.

ZEDLER, Gottfried: Geschichte der Universitätsbibliothek zu Marburg von 1527-1887. Marburg 1896.

ZEEDEN, Ernst Walter: **Grundlagen** und Wege der Konfessionalisierung in Deutschland im Zeitalter der Glaubenskämpfe. In: Ders., Konfessionsbildung 67-112.

Ders.: Kleine **Reformationsgeschichte** von Baden-Durlach und Kurpfalz. Karlsruhe 1956.

Ders.: **Konfessionsbildung**. Studien zur Reformation, Gegenreformation und Katholischen Reform. (SMAFN 15) Stuttgart 1985.

Ders.: **Visitationsforschung** und Kirchengeschichtsschreibung. In: ThR 87 (1991) 353-366.

Ders./MOLITOR, Hansgeorg (Hg.): Die Visitation im Dienst der kirchlichen Reform. (KLK 25/26) Münster/W. ²1977.

ZELLER, Winfried: Die Reformation in Hessen. In: Reformation und Gegenwart. Vorträge und Vorlesungen von Mitgliedern der Theologischen Fakultät Marburg zum 450. Jubiläum der Reformation. (MThSt 6) Marburg 1968, 37-47.

ZIEGLER, Walter: Das **Benediktinerkloster** St. Emmeran zu Regensburg in der Reformationszeit. (Thurn und Taxis-Studien 6) Kallmünz 1970.

Ders.: Die deutschen **Franziskanerobservanten** zwischen Reformation und Gegenreformation. In: I Francescani 51-94.

Ders.: **Reformation** und Klosterauflösung. Ein ordensgeschichtlicher Vergleich. In: Elm, Reformbemühungen 585-614.

Ders.: **Territorium** und Reformation. Überlegungen zur Entscheidung der deutschen Länder für oder gegen Luther. In: Brandmüller/Immenkötter/Iserloh II, 161-177.

ZIMMERMANN, Wolfgang: Rekatholisierung, Konfessionalisierung und Ratsregiment. Der Prozeß des politischen und religiösen Wandels in der österreichischen Stadt Konstanz 1548-1637. (Konstanzer Geschichts- und Rechtsquellen 34) Sigmaringen 1994.

ZÖLLNER, Walter: Der Untergang der Stifter und Klöster im sächsisch-thüringischen Raum während des Reformationszeitalters. In: Stern, Leo/Steinmetz, Max (Hg.): 450 Jahre Reformation. Berlin/Ost 1967, 157-169.

ZSCHÄBITZ, Gerhard: Staat und Universität Leipzig zur Zeit der Reformation. In: Karl-Marx-Universität 34-67.

ZULAUF, Karl (Textbeiträge): 786-1986. 1200 Jahre Treysa. Ansichten und Aufsätze zur Stadtgeschichte. Hg. v. Magistrat der Stadt Schwalmstadt. Schwalmstadt 1986.

Dornburg (Besitz der Jenaer Dominikaner): 287
Dorpat
- Dominikanerkonvent: 12, 310 Anm. 11, 312 Anm. 25
Dortmund
- Dominikanerkonvent: 12, 316 mit Anm. 42f. u. Anm. 46, 317 Anm. 47, 369
- - Prioren: s. Hoppe, Heinrich OP; Syna, Hermann OP
- - Fratres: s. Beermann, Hermann OP; Corvinius, Arnold OP; Keilmann, Johannes OP; Oppenheim, Johannes v. OP
Dortmund, Georg von OP: 7 Anm. 22
Dransfeld, Hans v.: 140 Anm. 85
Dresden
- Residenz der albertinischen Herzöge: 194 mit Anm. 4
- Terminei der Pirnaer Dominikaner: 332 Anm. 117
Dridenabend, Hartmann: 156 Anm. 15
Duderstadt
- Stadt: 132
- Terminei der Göttinger Dominikaner: 130
Düntelmann, Johannes OP: 138 Anm. 74
Düsburg
- Dominikus v. OP: 308 Anm. 5
- Wilhelm v. OP: 308 Anm. 5
Dugent, Johannes OP: 60
Dungersheim, Hieronymus: 201 Anm. 51, 205 mit Anm. 73, 211 Anm. 118
Ebel, Matthäus OP: 268 mit Anm. 73
Eberbach, Zisterzienserkloster
- Höfe: s. Mainz
Ebur (Eberhardi), Johannes OP: 103 mit Anm. 16, 110f. mit Anm. 61, 113 Anm. 73
Eck, Johannes: 41 Anm. 190, 43 mit Anm. 203f., 180 Anm. 28, 203, 204
Eckenfelder, Johannes OP: 13 Anm. 39, 24 Anm. 101, 97, 207, 222, 276, 278f., 285ff., 290, 325
Eger
- Dominikanerkonvent: 12, 197, 215 Anm. 137, 286, 290 Anm. 133, 317 Anm. 47, 362
- - Prior: 24, 215 Anm. 137, 325 Anm. 88; s. Kestinghausen, Heinrich OP
- - Fratres: s. Gheym, Ambrosius v. OP; Schnabel, Erhard OP
- Stadt/Rat: 24, 309 Anm. 9
Eger, Daniel v. OP: 130 Anm. 26
Ehingen: 25 Anm. 103
Ehinger, Johannes: 31 Anm. 144
Ehring, Wolfgang OP: 216
Eichstätt
- Bischof,

- - Prediger: s. Hamburger, Heinrich OP
- Dominikanerkonvent: 12, 13 Anm. 38, 28 Anm. 123, 32 Anm. 146, 369
- - Exil der Ulmer Dominikaner: s. Ulm, Dominikanerkonvent
- - Provinzkapitel 1602: 317 Anm. 49
- - Prior: s. Hamburger, Johannes OP
- Stadtgericht: 32 Anm. 146
Eigerscheidt (Airsheid), Matthias OP: 192 mit Anm. 94
Eilenburg
- Rat: 205
- Terminei der Leipziger Dominikaner: 205, 209, 213
Einsiedeln, Benediktinerabtei
- Mönche: s. Oswald, Wendelin (OP/OSB)
Eisemroth (Ysenroth), Johannes OP: 236 Anm. 58, 239, 241, 244
Eisenach
1. Landesherrschaft: s. Sachsen, Ernestinische Linie
- Amtmann (auf der Wartburg): 263 mit Anm. 45, 274; s. Berlepsch, Hans v.; Harstall, Christoph v.
- Oberhof: 258
- Wartburg: 258, 2657
2. Geistliche Institutionen
- Augustinerchorherrenstift St. Marien: 258, 264 Anm. 52, 266 Anm. 60 u. Anm. 62
- - Schule St. Marien: 270 Anm. 82
- - Vikar: s. Braun, Johannes
- Benediktinerinnenkloster St. Nicolai: 258, 259 mit Anm. 9, 266 Anm. 60
- - Pfarrei: 258, 262 (?)
- - Pfleger: 267 mit Anm. 69; s. Lusch, Balthasar
- Dominikanerkonvent: 12, 197, 258-271, 273 Anm. 16, 310 Anm. 12, 312, 338 Anm. 16, 340, 352, 354 Anm. 80
- - Begräbnisse u. Stiftungen: s. Königsee, Friedrich v.; Maurer, Hans; Ziegler, Margarete
- - Exil in Leipzig: 97, 206f., 267f., 271, 297, 301, 321, 337 Anm. 12, 338
- - Termin: 260f.; s. Geisa, Gotha, Langensalza, Mellrichstadt
- - Prioren: N., Ludwig OP; Rosenkranz, Johannes OP
- - Subprior: s. Schneemann, Johannes OP
- - Lektoren: 261; s. Azenrot, Bartholomäus OP; Ebel, Matthäus OP; Molitoris, Jodocus OP; Torner, Heinrich OP
- - Fratres: s. Beysten, Johannes OP; Blomentrat, Johannes OP; Creutzburg, Bartholomäus de OP; Christiani, Jodocus OP; Eisenach, Sebastian OP; -, Petrus v. OP; Faust, Johannes OP;

Franck, Hans (OP); Grundel, Apel (OP); Kisevetter, Christian OP; Muelbach, Heinz (OP); N., Georg OP; Pels, Johannes OP; Piscator, Johannes OP; Rasor, Petrus OP; Schenk, Laurentius OP; Soltdi, Fredericus OP; Sule, Bartholomäus (OP); Thiele, Matthias (OP); Weysmann, Johannes OP
- - Pfleger: 259, 267; 271; s. Arsthen, Balthasar; Merke, Ludwig; -, Konrad
- Elisabethenzellenkloster (Franziskaner): 258, 259
- - Pfleger: 267 mit Anm. 69; s. Lusch, Balthasar
- Franziskanerkonvent: 258, 259, 264 mit Anm. 53, 265, 347
- - Exil in Langensalza: 267
- - Termin: 264 mit Anm. 50
- - Guardian: 263 Anm. 45, 264
- - Pfleger: 267 mit Anm. 69; s. Lusch, Balthasar
- Kartause: 258, 260, 268, 340
- - Mönch: s. Plunder, Heinrich (OCarth)
- - Pfleger: 267 mit Anm. 69; s. Lusch, Balthasar
- Pfarreien: 258, 266, 269
- - St. Georg: 258
- - - Prädikant: s. Strauß, Jakob (OP)
- - - (Rats-)Schule St. Georg: 266, 269 Anm. 75, 270
- - St. Jacobi: 258
- - - Schule St. Jacobi: 266
- - St. Nicolai: s. Benediktinerinnenkloster St. Nicolai
- - - Schule St. Nicolai: 266, 270 Anm. 82
- Superintendent: 266
- Zisterzienserinnenkloster St. Katharinen: 258, 259, 266 Anm. 60
- - Pfleger: 267 mit Anm. 69; s. Lusch, Balthasar
3. Stadt: 3, 250, 258-271
- Bürger: s. Gotswerldt, Curt; Matthes, Hans; Maurer, Hans
- Rat: 258 mit Anm. 6, 262 mit Anm. 37, 263ff., 269 mit Anm. 75, 270 Anm. 84
- Ratsschule St. Georg: s. oben Eisenach, Pfarreien
- Schultheiß: 263f.; s. Grunewald, Eberhard; Oswald, Johannes
- Schule/Gymnasium im Paulinerkloster: 269f., 349, 350, 354 Anm. 80
Eisenach
- Petrus v. OP: 260 Anm. 21
- Sebastian OP: 260 Anm. 21
Eisermann, Johannes: 238, 239 mit Anm. 75, 241 Anm. 84, 247 Anm. 114
Eisleben

- Generalsuperintendent: s. Spangenberg, Johannes
Elgersma, Rupert (OP): 207 Anm. 90
Ellingk, Johannes OP: s. Linck, Johannes OP
Eltville (Besitz der Mainzer Dominikaner): 185 Anm. 55
Endebroich, Johannes OP: 370
Enderle (Enderlein), Christoph: 278, 279
Endingen: 364 Anm. 27
Erasmus v. Rotterdam: s. Rotterdam, Erasmus v.
Erburkenius, Wilhelm OP: 73 Anm. 152
Erckel, Stephan OP: 318 Anm. 52
Erfurt
1. Landesherrschaft: s. Mainz, Erzbischöfe
- Kurmainzer Beamte: 101f., 117, 119, 120, 121, 123 Anm. 124, 125f.
- - Amtleute: 107
- - Erfurter Küchenmeister: 102
- - Mainzer Kommissar: 117; s. Waldbott v. Bassenheim, Anton
- - Siegler: 122 Anm. 120; s. Buchmaier, Theodor
- - Vitztum: s. Oland, Georg
- Mainzer Hof: 102, 107, 108 Anm. 46, 108, 115 Anm. 88, 116
- Weihbischöfe (in partibus Thuringie): s. Oberg, Berthold OP
2. Geistliche Institutionen
- Augustinerereremitenkonvent (s. auch Bettelorden): 101, 105, 106 Anm. 36, 107 Anm. 42, 108 Anm. 46, 109 Anm. 51, 110 Anm. 58, 114, 117 Anm. 92 u. Anm. 96, 123, 124 mit Anm. 126
- - Generalstudium: 103 mit Anm. 15; s. Nathin, Johannes OESA
- - Termin: s. Jena
- - Prioren: 117 Anm. 96; s. Lang, Johannes (OESA)
- - Fratres: 105 mit Anm. 29; Arnoldi, Bartholomäus (v. Usingen) OESA
- - Pfleger: 107 Anm. 42
- Benediktinerkloster St. Peter: 111, 116 Anm. 88, 119 Anm. 106, 123
- - Abt: 117
- - Küchenmeister Ciliax: 119 Anm. 106
- Bettelorden: 107, 110
- Dominikanerkonvent (s. auch Bettelorden): 12, 13 Anm. 38, 28 Anm. 124, 36 Anm. 161, 37, 101-126, 156 Anm. 16, 193, 260 Anm. 21, 289, 291, 299, 308, 312, 315, 316 mit Anm. 44 u. Anm. 46, 331 Anm. 114, 355, 362
- - Bruderschaft der Jakobuspilger: 106 Anm. 39
- - Exil des Jenaer Konvents: s. Jena, Dominikanerkonvent

Gennep(äus), Wilhelm OP: 318 Anm. 52,
330 Anm. 106
Gercken, Hans: 137
Germete
- Pfarrei: 363 Anm. 24
Gerssen, Johannes OP: 330 Anm. 106
Getelen, Augustinus v. OP: 309 Anm. 7
Gewaltig, Andreas: 81 Anm. 31
Gheym, Ambrosius v. OP: 286
Gyse (Gieser), Berthold OP: 138 Anm.
74
Giseler
- (Familie): 129 Anm. 14, 134
- Simon u. Frau: 129 Anm. 14
- Simon (mit dem Barte): 134 Anm. 53
Giselius, Richard OP: 317
Gießen
- Festung: 255
- Pfarrei: 245
- Terminei der Marburger Dominikaner:
245
- Universität: 243 Anm. 91
Gladbach, Heinrich OP: 330 Anm. 106
Gmünd (Schwäbisch-Gmünd)
- Dominikanerkonvent: 12, 20 Anm. 74,
29, 369
- - Provinzkapitel 1558, 1577: 317 mit
Anm. 49
- - Subprior: s. Reen, Johann Christoph
OP
- - Fratres: s. Hol(l)ander, Andreas OP;
Muntzius, Georg OP
- Pfarrei: s. Reen, Johann Christoph OP
- Rat: 29
Göbel, Stefan: 59 Anm. 61
Gödert, Johannes OP: 370
Göttingen
1. Geistliche Institutionen,
- Bettelorden: 131, 136, 137, 146, 150
Anm. 144
- Deutscher Orden: 144, 146
- - Pfarrei St. Marien: 128
- Dominikanerkonvent (s. auch Bettelor-
den): 2 Anm. 6, 12, 25 Anm. 105, 32,
97, 128-152, 301 Anm. 34, 310 Anm.
11, 312, 327, 333 Anm. 121, 336, 340
mit Anm. 25, 341 mit Anm. 28, 352,
355
- - Begräbnis u. Stiftungen: 136 Anm. 66
- - Bibliothek: 146 mit Anm. 123, 350f.
- - Bruderschaften: 146 Anm. 120
- - - St. Anna: 149 Anm. 139, 338
- - Exil: 97, 138 Anm. 74, 142, 149, 337
Anm. 12, 338
- - Friedhof: 129, 134 mit Anm. 54, 135,
140 Anm. 83, 148 mit Anm. 134, 310
Anm. 10

- - Protestantische Gemeinde in der Pauli-
nerkirche: 135 mit Anm. 61, 136 Anm.
64, 139, 347
- - Provinzkapitel 1350, 1381, 1418,
1472, 1483?, 1494, 1501?, 1507: 129
- - Termin: 130 mit Anm. 26, 131; s. Al-
lendorf a.d.W., Duderstadt, Hannover,
Kassel, Northeim, Witzenhausen
- - Prioren: s. Degenhard, Johannes OP;
Piper, Heinrich OP; Piper, Johannes
OP; Varmsen, Johannes OP; Vberfelt,
Johannes OP
- - Subprior: s. Klingenbil, Hermann OP
- - Lektor: s. Meyer, Heinrich OP
- - Fratres: s. Avervelt, Johannes OP;
Cistificis, Ambrosius OP; Düntelmann,
Johannes OP; Gieser, Bertold OP;
Henzemann, Hartmut (OP); Holtborn,
Johannes OP; Junge, Berthold OP; Kel-
ner, Andreas (OP); Krumme(llen),
Wilhelm OP; Meyer, Heinrich OP;
Molthane, Andreas (OP); Oberg, Bert-
hold v. OP; Piper, Heinrich OP; Piper,
Johannes OP; Reckebrand, Johannes
OP; Sellatoris, Adam OP; Tolle
(Tolite), Konrad OP; Varmsen, Johan-
nes OP
- - Pfleger: 146, 150; s. Gercken, Hans;
Hinterthür, Jakob; Lange, Hans de;
Molken, Henning
- Franziskanerkonvent (s. auch Bettelor-
den): 128, 130 Anm. 23f., 131, 134
Anm. 57, 137, 138, 139 mit Anm. 79,
140 mit Anm. 88, 141 mit Anm. 97,
144, 145 mit Anm. 111 u. Anm. 113,
146 mit Anm. 121f., 147, 150, 151,
225, 331 Anm. 114, 336
- - Begräbnis u. Stiftungen: Giseler, Si-
mon u. Frau; Hardenberg, H. v.; Hel-
moldes, Heinrich; Munden, Giseler v.
- - Bibliothek: 146
- - Guardian: Mengershausen, Christoph
OFM
- - Fratres: s. Fricke, Andreas OFM;
Holtborn, Johannes OFM
- Hospital Hl. Geist
- - Kapelle: 132
- Höfe
- - Kloster Weende: 128
- - Walkenrieder Zisterzienser: 128, 132,
143, 151
- - - Georgskapelle: 128 Anm. 11
- Kapellen: 128 mit Anm. 11, 148
- Pfarreien: 135, 138, 144, 148
- - St. Albani: 128 mit Anm. 9
- - - Pfarrer: s. Zipolle, Johannes
- - St. Jakobi: 128
- - - Kaplan: 132
- - St. Johannis: 128, 131, 148

Haber, Wigand OP: 50 Anm. 16
Hadersleben
- Dominikanerkonvent: 13
- - Fratres: Düsburg, Dominikus v. OP; -
Wilhelm v. OP
Hagenau
- Dominikanerkonvent: 12, 15, 368f.
- - Fratres: s. Croelsfart, Johannes Jako-
bus OP
Hahnheim (Besitz der Mainzer Dominika-
ner): 188 Anm. 72
Haina, Zisterzienserkloster: 243
- Höfe: s. Treysa
Halberstadt
1. Bischöfe
- Albrecht v. Brandenburg: 175, 311
Anm. 17 (s. Magdeburg, Erzbischöfe;
Mainz, Erzbischöfe)
- Weihbischöfe: 311 Anm. 17; s. Leuker,
Heinrich OP; Mensing, Johannes OP
2. Altgläubige Institutionen
- Dom/Domkapitel: 334 Anm. 125, 366
- - Domprediger: s. Plattner, Wolfgang
OP
- Dominikanerkonvent: 12, 126, 229,
299f., 311 Anm. 17, 316 mit Anm. 42
u. Anm. 46, 317 Anm. 47, 338 Anm.
16f., 339 Anm. 20, 362, 363 Anm. 24,
366
- - Prioren: s. Plattner, Wolfgang OP
- - Fratres: 320 Anm. 59; s. Tinctor,
Martin OP
- - Termin: 332 Anm. 117; s. Aschersle-
ben, Wernigerode
Halle
1. Residenz der Magdeburger Erzbischö-
fe: 175
2. Altgläubige Institutionen
- Dominikanerkonvent: 12, 13 Anm. 38,
21, 113 Anm. 74, 229, 230, 286 mit
Anm. 108, 287, 295 Anm. 11, 304
Anm. 50, 305 Anm. 58, 309 Anm. 9,
316 Anm. 42, 320 Anm. 59, 334 Anm.
124, 338 Anm. 17, 339 Anm. 20, 340
Anm. 26
- - Convocatio 1526, 1530: 110f., 137
Anm. 73, 286, 307 Anm. 1
- - Prioren: s. Bartoldi, Joachim OP
- - Lektor: s. Frickenhausen, Antonius v.
OP; Lichtenfels, Johannes OP
- - Fratres: s. Ehring, Wolfgang OP; Fa-
bri, Martin OP; Haniß, Andreas OP,
Plattner, Wolfgang OP; Plauen, Am-
brosius v. OP; Sutor, Ludwig OP;
Wunsidel, Nikolaus v. OP
- Franziskanerkonvent: 309 Anm. 9, 340
Anm. 29
- Neues Stift
- - Propst: s. Vehe, Michael (OP)

- - - Kanoniker: s. Wirttemberger, Johan-
nes (OP)
3. Stadt: 309 Anm. 9
- Rat: 199, 209
Hamburg
- Disputation 1522: 309 Anm. 7
- Dominikanerkonvent: 12, 309 Anm. 7,
326 Anm. 95
- - Exil des Hamburger Konvents: 337
Anm. 12
- - Fratres: s. Gyse, Detmarus OP; N.,
Mauritius OP
- Kämmerei: 354 Anm. 78
Hamburger, Johannes OP: 6 Anm. 20
Hammelburg
- Prädikant: s. Spangenberg, Johannes
(OP)
- Stadt: 98
- Vertrag v. 1530: 104, 111f., 115 mit
Anm. 84, 118
Hanau: 74 Anm. 157
Hammer, Wilhelm OP: 41 Anm. 190,
330 Anm. 106, 337 Anm. 12
Hammerschmied, Hans (v. Siegen): 55,
56 Anm. 51
Hanau: s. Otto, Martin OP
Haniß, Andreas OP: 216
Hannover (Herzogtum): 354 Anm. 79
Hannover (Stadt)
- Terminei der Göttinger Dominikaner:
130
Hardenberg
- (Herren v.): 149
- H. v.: 129 Anm. 14
Harlem
- Dominikanerkonvent: 12, 33 Anm. 152
Harstall, Christoph v.: 270 mit Anm. 83
Hartleff, Hans: 131 Anm. 29
Hartung, Nikolaus: 119 Anm. 104
Harxheim (Besitz der Mainzer Dominika-
ner): 184 Anm. 49, 188 Anm. 72, 190
Anm. 85
Hasabacher, Bartholomäus OP: 330 Anm.
107
Hasfart: s. Schwab, Julius OP
Hattenheim (Besitz der Mainzer Domini-
kaner): 185 Anm. 55
Haugwitz (Familie): 199 Anm. 37
Heckmann, Kilian OP: 239
Hedio, Caspar: 179 Anm. 25, 180 Anm.
28, 181
Heidelberg
- Dominikanerkonvent: 12, 23 mit Anm.
91, 36 mit Anm. 162, 162, 173 Anm.
115, 304 Anm. 50, 335 Anm. 3 u.
Anm. 5, 352
- - Fratres: s. Melander, Dionysius (OP)
- - Generalstudium: 36f.
- - Provinzkasse: 63 Anm. 89

OP; Nylen, Arnold OP; Quercu, W. de OP; Slotanus, Johannes OP; Smeling, Tilman OP
- - - Studenten: s. Berigensis, Arnold OP; Corvinius, Arnold OP; Dippolt, Christoph OP; Frickenhausen, Antonius v. OP; Gennep, Wilhelm OP; Gerssen, Johannes OP; Gladbach, Heinrich OP; Hammer, Wilhelm OP; Klingenbil, Hermann OP; Leendt, Johannes OP; Quercu, W. de OP; Rauch, Petrus OP; Schirmeister, Wolfgang OP; Sittard, Matthias OP; Verbinus, Balthasar OP; Worstermann, Mathäus OP
- - Provinzkapitel 1617: 73 Anm. 152 u. Anm. 154, 171, 188 Anm. 74, 190 Anm. 88, 317 Anm. 49, 367 Anm. 49
- - Prioren: 188 mit Anm. 71; s. Bergereyk, Heinrich v. OP; Buscodunensis, Theodricus OP; Cock, Heinrich OP; Endebroich, Johannes OP; Hochstraten, Jakobus v. OP; Host, Johannes OP
- - Fratres (s. auch Studenten): 321 Anm. 66; s. Host, Johannes OP; Leendanus, Antonius OP; Pyrn, Gobbel (OP); Wanlo, Petrus OP
- Klerus: 169 Anm. 85
3. Stadt: 60, 153, 181 Anm. 32
- Rat: 38 Anm. 172, 294, 364
- Universität (u. Theologische Fakultät): 40 Anm. 186, 43 mit Anm. 202, 201
Königsberg (Universität): 291
Königsee, Friedrich v.: 260
Königshofen: s. Kramer, Georg (v. Königshofen) OP
Königstein (Graf v.): 54 Anm. 27
Kolben, Wipert OP: 223
Komerstadt, Georg: 219
Konstanz
- Bischof: 19, 364 Anm. 29
- Disputation 1525 u. 1527: 309 Anm. 7
- Dominikanerkonvent: 12, 15, 301 Anm. 35, 304 Anm. 50, 336 Anm. 6, 338 Anm. 16, 351f., 369 mit Anm. 59
- - Exil in Radolfzell: 337 Anm. 12
- - Prior: 364 Anm. 29; s. Pirata, Antonius OP
- Rat: 309 Anm. 7, 311 Anm. 17
- Stadt: 98, 323 Anm. 81
Kopfinberger, Jakob OP: 113 Anm. 73, 114
Koppenrad, Johannes OP: 185 Anm. 53
Korn, Gallus (OP): 321
Koss(e)ler, Johannes OP: 70 mit Anm. 133, 72, 75, 300 Anm. 32, 360 Anm. 4, 361 mit Anm. 12, 375
Krafft, Adam: 233f. mit Anm. 44, 238
Krafft, Konrad: 38 Anm. 171

Kramer, Georg (v. Königshofen) OP: 97, 113, 114, 207, 214, 285 mit Anm. 102, 286-291, 325
Kramoller, Heinrich OP: 254
Kranach, Petrus OP: 79 Anm. 18
Kranichfeld, Johannes: 105
Krap(p)f, Peter: 115 Anm. 15
Kraus, Andreas (v. Michelfeld) OP: 223
Krausen (Kruse), Johannes OP: 251 mit Anm. 10
Kremer, Johannes (Spangenbergius): 254 Anm. 31
Krems
- Dominikanerkloster: 12, 338 Anm. 16, 369
- - Prior: 361 Anm. 11
Kreuznach
- Kanonissen v. St. Peter: 187 Anm. 68
Kroff, Dietrich OP: 91
Kronberg: s. Cerdonis, Hermann OP
Kronberg, Hartmut v.: 54
Kronschwitz
- Dominikanerinnenkonvent: 274 mit Anm. 18, 284f.
Krumme(llen), Wilhelm OP: 138 Anm. 74, 139, 143
Kues, Nikolaus v.: 102 Anm. 10
Kuhorn
- Bernhard: 177 Anm. 10
- Johannes: 177 Anm. 10
Kunolt, Wilhelm OP: 274 Anm. 17
Kurbrandenburg: s. Brandenburg
Kurmainz: s. Mainz
Kurpfalz: s. Pfalz
Kursachsen: s. Sachsen
Kutzleben, Wilhelm v.: 113 Anm. 73
Kyrn, Johannes OP: 184 Anm. 53
Lambert, Franz (v. Avignon) (OFM): 237, 244 Anm. 95, 262
Landshut
- Dominikanerkonvent: 12, 70, 313 Anm. 30, 360, 361 Anm. 11, 369
- - Provinzkapitel 1517: 317 mit Anm. 49
- - Provinzkapitel 1614: 73 Anm. 152, 171, 190 mit Anm. 88, 317, 362 Anm. 17 mit Anm. 49, 363 Anm. 24, 365, 367 Anm. 49
- - Prioren: s. Schwartz, Georg OP
- - Fratres: s. Hasabacher, Bartholomäus OP
- Franziskanerkonvent: 348 Anm. 27
Landwehrlin, (N.) OP: 324 Anm. 82
Lang, Johannes OESA: 104, 105 Anm. 33, 112
Lange
- Hans de: 137
- Nikolaus (OP): 328 Anm. 99
Langensalza
- Bürger: s. Berldes, J.

Moritz, Matthias: 206
Mosellanus, Petrus: 203, 204 mit Anm. 68
Mudersbach, Daniel v.: 155 Anm. 11
Mühlhausen
1. Geistliche Institutionen:
- Dominikanerkonvent: 2, 12, 229 mit Anm. 14, 301 mit Anm. 35, 310 mit Anm. 12, 311, 315, 338 Anm. 17
- - Exil in Leipzig: 206, 301, 337 Anm. 12
- - Fratres: s. Junge, Berthold OP; Taylheim, Hermann OP
- - Termin: s. 130 Anm. 26
- Pfarrei St. Blasii, Prädikatur: s. Frikkenhausen, Antonius v. OP
2. Stadt: 3, 77, 87 Anm. 70, 279, 288
- Rat: 310
Muelbach, Heinz (OP): 268 mit Anm. 71
Müller
- Balthasar OP: 211 mit Anm. 118
- Georg: 352 Anm. 66
Münden
- Johannes v.: s. Varmsen, Johannes OP
Münsingen, Albert v.: 177 Anm. 10
Münster
- Bistum: 321 Anm. 71
- Domprediger: s. Mumperts, Heinrich OP; Steinlage, Nikolaus OP
- Jesuiten: 316 Anm. 44
- Stadt: 3 Anm. 10
- Terminei der Osnabrücker Dominikaner: s. Steinlage, Nikolaus OP
Müntzer, Thomas: 80, 81 mit Anm. 29 u. Anm. 34, 82 Anm. 37, 83, 86 mit Anm. 70, 88 Anm. 78, 92 Anm. 100, 266, 276 Anm. 33
Münzenberg
- Terminei der Frankfurter Dominikaner: 71 Anm. 138
Münzenberger, Heinrich OP: 62
Mumperts, Heinrich OP: 6 Anm. 20
Munden, Giseler v.: 129 Anm. 14
Mungerode, Georg: 83 Anm. 47
Muntzius, Georg OP: 73 Anm. 152
Musa, Antonius: 105, 222, 277, 280
Musculus, Hippolyt OP: 149
Mutian, Konrad: 266 Anm. 60, 302 Anm. 40, 312 Anm. 24
Muttonis, Petrus OP: 330 Anm. 106
Myconius, Friedrich (OFM): 85 Anm. 62, 211 mit Anm. 117f.
N.,
- Adam: 156 Anm. 15
- Adam OP: 193 Anm. 16
- Andreas (OP): 185
- Antonius OP: 171 Anm. 104
- Arnold OP: 172 Anm. 107
- Conrad OP: 50 Anm. 16, 59 Anm. 64

- Daniel OFM: 180 Anm. 31
- Franziskus OP: 190 Anm. 88
- Georg OP: 261
- Gerlach OP: 184 Anm. 53
- Hilarius: 164
- Johann OP: 205
- Johannes OP: 63 Anm. 87
- Johannes OP (Konverse): 251 Anm. 11
- Leonhard: 157
- Ludwig OP: 261
- Maternus OP: 62 Anm. 87
- Mauritius OP: 308 Anm. 5
- Nikolaus OP: 6 Anm. 20
- Peter OSM: 241
- Petrus (OP): 280 Anm. 64
- Petrus Martyr OP: 171
- Thomas (OP): 63, 321 Anm. 72
- Wendelin OESA: 166
- Wilhelm OP: 63 Anm. 87
Nadal, Hieronymus SJ: 70 Anm. 135
Nätebow
- Pfarrer: 323 Anm. 78
Narwa
- Dominikanerkonvent: 13 Anm. 37, 312 Anm. 25
Nassau-Dillenburg
- Graf Wilhelm: 245
Nathin, Johannes OESA: 103 Anm. 17
Naumburg (Bischöfe): s. Pflug, Julius
Nausea, Friedrich: 58 Anm. 59, 59 Anm. 60, 182 Anm. 40
Necrosius (Todt), Konrad OP: 51 Anm. 20, 66, 68 Anm. 121, 70 mit Anm. 132, 113 Anm. 76, 182 mit Anm. 41, 183 mit Anm. 43, 184 Anm. 53, 314 Anm. 32
Neckerkolb, Georg: 84, 85
Nelling, Johannes OP: 6 Anm. 18, 191 mit Anm. 90, 192, 368
Nesen, Wilhelm: 53 Anm. 34, 54 Anm. 35 u. Anm. 38
Nespöc, Johannes OP: 184 Anm. 53
Neubukow
- Pfarrei: s. Lange, Nikolaus OP
Neuenhagen, Thomas: 262
Neuhausen: 156
- Stift St. Cyriakus: s. Worms, Stift St. Cyriakus/Neuhausen
Neukloster (im Sanntal/Vallis Senarum)
- Dominikanerkloster: 12 mit Anm. 32, 13 Anm. 38, 23 Anm. 91, 335 Anm. 3
Neuper, Nikolaus OP: 111 Anm. 61
Neuruppin: s. Ruppin
Neuss, Markus: 190 Anm. 84
Neustadt/Orla
- Terminei der Jenaer Dominikaner: 273 Anm. 7
Neustadt, Balthasar v. OP: 207
Never, Heinrich OFM: 24 Anm. 96

Nider, Johannes OP: 18f. mit Anm. 69
Nieder-Saulheim (Besitz der Mainzer Dominikaner): 185 Anm. 55
Nieder-Walluf
- (Besitz der Mainzer Dominikaner): 188 Anm. 73; 189
- Pfarrseelsorge der Mainzer Dominikaner: 189
Nigri
- Georg OP: 196
- Peter OP: 196
Nikolaus v. Kues: s. Kues, Nikolaus v.
Nimbschen, Zisterzienserinnenkloster: 44 Anm. 209
Ninguarda, Felician OP: 70 Anm. 133, 359 Anm. 3, 360 mit Anm. 4, 361 Anm. 11, 364 mit Anm. 33
Nolizen, Reinhard: 155 Anm. 15
Norden
- Disputation 1527: 321
- Dominikanerkonvent: 13, 321
- - Fratres: 321; s. Rees, Heinrich (OP)
- Pfarrei: s. Rees, Heinrich (OP)
Nordhausen
1. Geistliche Institutionen
- Augustinereremitenkonvent: 78ff., 81 Anm. 29, 83, 89 Anm. 83, 90 Anm. 88 u. Anm. 92, 91, 93 mit Anm. 111, 96 Anm. 132
- - Prioren: s. Held, Konrad OESA; Hun, Nicolaus OESA; Süsse, Laurentius (OESA)
- - Fratres: s. Klein, Johannes OESA
- Dominikanerkonvent: 2 Anm. 6, 12, 13 Anm. 38, 78-99, 229 mit Anm. 14, 241, 257, 301 Anm. 35, 310 Anm. 12, 311, 316, 320, 330 Anm. 114, 338 Anm. 16, 339, 340 Anm. 26, 341
- - Bruderschaften (St. Sebastian, St. Jakobus u. Jodocus, Dreikönig, Rosenkranzbruderschaft, Marienbruderschaft der Schmiedeknechte): 79f. mit Anm. 20f.
- - Convocatio 1516: 78f., 91 Anm. 95, 103
- - Stiftungen u. Begräbnis: s. Beichlingen, Grafen v.; Schwarzburg, Grafen v.; Stolberg, Grafen v.
- - Termin: 79 Anm. 18; s. Frankenhausen, Sondershausen, Stolberg
- - Prioren: s. Ludolf, Johannes (OP)
- - Lektor: s. Scheverdecker, Wolfgang OP
- - Custos: s. Buchmar, Paul (OP)
- - Fratres: s. Borsch, (N.) OP; Cuba, Henricus OP; Eisenach, Petrus v. OP; Gometow, Theodericus OP; Kesseler, Nikolaus OP; Kranach, Petrus OP; Kroff, Dietrich OP; Lichtenfels, Johan-

nes OP; Ludolphi, Dominicus OP; Schneider, Valentin OP; Straußberg, Gregor OP; Tinctor, Martin OP
- Franziskanerkonvent: 78, 79, 80, 81 Anm. 29, 89 Anm. 83, 90 mit Anm. 88, 91, 92, 93, 94 Anm. 115
- - Fratres: s. Horter, Caspar (OFM)
- - Pfleger: 79 mit Anm. 15, 88
- Höfe: 93
- - Deutscher Orden: 78
- - Ilfelder Prämonstratenser: 78
- - Walkenrieder Zisterzienser: 78, 92 mit Anm. 103, 93 mit Anm. 114, 131
- Hospitäler,
- - Siechenhof St. Cyriakus: 78
- - St. Elisabeth: 78 mit Anm. 12, 83f. mit Anm. 50
- - - Pfarrhaus: 95
- - St. Georg: 78 mit Anm. 12, 81, 88
- - St. Martin: 78
- Pfarrkirchen: 85
- - St. Blasius: 78
- - - Pfarrer: s. Neckerkolb, Georg; (neugläubig): Spangenberg, Johannes
- - - Schule: 95f.
- - - Diaconus: 84; s. Ernst, Andreas
- - St. Jakob: 78
- - - Lateinschule (städtisch): 83 Anm. 43, 95
- - St. Nikolaus: 78, 82
- - - Pfarrer (neugläubig): s. Oethe, Jakob; Siemrodt, Heinrich
- - St. Peter: 78
- - - Pfarrer (neugläubig): 82 mit Anm. 39; s. Süsse, Laurentius (OESA)
- Servitenkonvent Himmelgarten vor der Stadt: 78, 88
- Stift Hl. Kreuz: 78, 81, 82 mit Anm. 39 u. Anm. 41, 83, 84, 87f., 93 mit Anm. 113, 336
- - Propst: s. Honstein, Wilhelm
- - Dechant: s. Aachen, Melchior v.
- - Kanoniker: 82, 89 mit Anm. 83; s. Mungerode, Georg
- - Vikare: 84 Anm. 55, 89 mit Anm. 83
- - Stiftsschule: 83 Anm. 43, 95
- Zisterzienserinnenkloster St. Maria (im Altendorf) 78, 83, 88 Anm. 77, 89 Anm. 80
- - Propst: 89 Anm. 83
- - Pfarrkirche St. Maria: 78
- Zisterzienserinnenkloster St. Mariae novi operis (auf dem Frauenberg; Neuwerkskirche): 78, 88, 89 mit Anm. 86, 93, 336
- - Propst: 89 Anm. 83
- - Pfarrkirche St. Mariae novi operis: 78
- - Pfarrer (neugläubig): s. Gewaltig, Andreas

Pelargus, Ambrosius OP: 41 Anm. 190, 51 Anm. 20, 55, 59 Anm. 62, 68, 168 Anm. 85, 314 Anm. 32, 330, 368
Pellificis, Johannes OP: 260 mit Anm. 23
Pels, Johannes OP: 261
Peraudi, Raimund: 198, 228
Pernau
- Dominikanerkonvent: 12, 13 Anm. 37, 23 Anm. 91
Pesselius, Johannes (Tilanus) OP: 169 Anm. 85, 186 mit Anm. 62, 360 Anm. 7, 368
Petermann, Hans: 118 Anm. 97
Pettau
- Dominikanerkonvent: 12
Pettau, Lukas v. OP: 330 Anm. 7
Petzensteiner, Johannes OESA: 158
Peuleiras, Peter: 156 Anm. 15
Peutinger, Konrad: 31 Anm. 140
Pfalz (Kurfürsten/Kurfürstentum): 20, 36, 57, 153 mit Anm. 3, 160, 166, 168 Anm. 84, 173, 174, 300 Anm. 32, 327
- - Ludwig IV.: 155
- - Friedrich I.: 155 Anm. 12
- - Ludwig V.: 154, 161, 164, 165
Pfeffer, Georg (Hell v.): 177 Anm. 10
Pfefferkorn, Johannes: 53 Anm. 32, 157, 178 Anm. 20
Pfingsthorn, Lubentius: 190 Anm. 84
Pflock, L.: 38 Anm. 175
Pflug
- (Familie): 199 Anm. 36, 210 mit Anm. 111
- Elisabeth: 199 Anm. 36
- Julius: 209 Anm. 103, 222
Pforzheim
- Dominikanerkonvent: 12, 22, 335 Anm. 5
- - Fratres: s. Melander, Dionysius (OP)
Pighinus, Sebastian: 224
Piper
- Heinrich OP: 24 Anm. 101, 28 Anm. 121, 130 mit Anm. 22
- Johannes OP: 24 Anm. 101, 28 Anm. 121, 129 mit Anm. 19f., 130 Anm. 22
Pirata, Antonius OP: 24, 309 Anm. 7, 318 Anm. 54, 323 Anm. 81, 337 Anm. 12
Pirckheimer, Willibald: 41 Anm. 190
Pirna
- Dominikanerkonvent: 12, 210, 215 Anm. 138, 258 Anm. 2, 318 Anm. 17
- - Exil des Freiberger Konventes: s. Freiberg, Dominikanerkloster
- - Fratres: s. Lindner, Johannes OP; Tinctor, Martin OP
- - Termin: s. Dresden
Piscator
- Johannes OP: 259 Anm. 10

- Petrus OP: 184 mit Anm. 49 u. Anm. 53, 184 Anm. 49 u. Anm. 53, 185 Anm. 55
- Siegfried OP: 176, 183
Pistor, Johannes OP: s. Becker, Johannes OP
Pistor, Konrad OP: s. Becker, Konrad OP
Pistorius, (N.): 211 Anm. 118
Pithan (Familie): 71 mit Anm. 143
Plattner, Wolfgang OP: 216, 224f., 313, 316 Anm. 46, 325, 334 Anm. 125, 366
Plauen
- Dominikanerkonvent: 12, 258 Anm. 2, 266, 273 Anm. 16, 278 Anm. 46, 310 Anm. 12, 312 mit Anm. 25
- - Exil in Leipzig: 97, 206f., 214, 225, 286, 301 Anm. 337 Anm. 12
- - Prioren: s. Zedel, Andreas OP
- - Subprioren: s. Schwab, Julius v. Hasfart) OP; Strueß, Jakob OP
- - Termin: s. Zwickau
Plauen, Ambrosius v. OP: 286 Anm. 108, 289 mit Anm. 130
Plesse (Herren v.): 149 Anm. 139
Plunder, Heinrich (OCarth): 262
Pößneck
- Karmeliterkonvent,
- - Termin: s. Jena
Polanco, Alphons SJ: 115 Anm. 87
Porta, Johannes della: 31 Anm. 144
Prauser, Johannes OP: 21 Anm. 78
Prenzlau
- Dominikanerkonvent: 12, 332 Anm. 119, 352
- - Prior: 352 Anm. 59
- - Fratres: s. Krausen, Johannes OP
- - Protestantische Gemeinde in der Kirche: 347 mit Anm. 23
Preu, Ulrich (gen. Schlaginhaufen): 162, 165 mit Anm. 62
Prierias, Sylvester OP: 42 Anm. 198, 43, 180 Anm. 28
Probstheide
- Pfarrer: s. Schwarm, Johannes (OP)
Putzel, Alexius OP: 23 Anm. 91
Pyrn, Gobbel (OP): 322
Quercu
- Heinrich de OP: s. Bergereyk, Heinrich v. OP
- W. de OP: 330 Anm. 106
Querfelt, Johannes OP: 330 Anm. 107
Rab, Hermann OP: 13 Anm. 34, 13 Anm. 39, 42, 43, 93, 94, 95, 96, 131, 200-205, 207, 222, 286, 301 Anm. 35, 315, 316 Anm. 44f., 320, 324 Anm. 83
Rackebrant (Rabecker), Johannes OP: 138 Anm. 74, 142 Anm. 102, 143 mit Anm. 103f., 144ff., 149
Radolfzell

- - Pfleger: 30, 30 Anm. 134; s. Ehinger, Johannes
- Pfarrer: s. Krafft, Konrad
- Rat: 24 Anm. 96, 30, 31 Anm. 144, 323 Anm. 81
- Stadt: 53 Anm. 34, 338 Anm. 14
Usingen, Bartholomäus Arnoldi v. OESA: s. Arnoldi, Bartholomäus OESA
Utrecht
- Bischof Heinrich v. der Pfalz: 160
- Dominikanerkonvent: 12
Uytenhove, Johannes OP: 21
Vacha
- Serviten: 240f., 318 Anm. 18
- - Prior: N., Peter OSM
Valenciennes
- Dominikanerkonvent: 20
Vallis Senarum: s. Neukloster
Varmsen (Vermelsen), Johannes OP: 138 Anm. 74, 142, 149 mit Anm. 141
Vberfelt, Johannes OP: 149
Vehe, Michael (OP): 209 Anm. 103, 314 Anm. 32, 322 Anm. 73
Venlo: s. Wanlo (Venlo) Petrus a OP
Verbinus, Balthasar OP: 330 Anm. 106
Vergen, Johannes OP: 251 Anm. 5
Veris, N. de OP: 318 Anm. 52
Vilbel (Besitz der Frankfurter Dominikaner): 65 Anm. 100
Vogt, David OP: 368 mit Anm. 54, 370
Volmershausen, Cornelius OP: 71 mit Anm. 144
Wagner, Leonhard (v. Dithfurth) OP: 289 mit Anm. 130
Walcheren
- Dominikanerkonvent (geplant): 23 Anm. 91
Waldbott v. Bassenheim, Anton: 124
Waldeck
- Grafen v.: 238
- - Philipp: 238
Walkenried
- Zisterzienserkloster: 83, 88, 143; Höfe s. Göttingen, Nordhausen
- - Abt: 92 Anm. 103
Wallertheim (Besitz der Mainzer Dominikaner): 185 Anm. 55
Wallner, Johannes: 255
Walluf: s. Ober- u. Niederwalluf
Walsporn, Hans Hartlieb v.: 155 Anm. 11
Walten, Hyacinth OP: 171
Walther, Albert: 275
Wanlo (Venlo) Petrus a OP: 318 Anm. 52
Warburg
- Dominikanerkonvent: 12, 149, 316 Anm. 42f., 317 Anm. 47, 363 Anm. 24, 369
- - Gymnasium: 366

- - Prioren: s. Musculus, Hippolyt OP
- - Fratres: s. Junge, Berthold OP; Kelner, Andreas (OP)
Weiblingen, Rudolf v.: 237
Weida, Markus v. OP: 198 Anm. 31, 200 Anm. 44, 275
Weilburg
- Prädikant: s. Schnepf, Erhard
- Terminei der Marburger Dominikaner: 245; s. Sutor, Ludwig OP
Weimar: 122
Weinknecht, Michael: 205f.
Weiß, Adam: 179 Anm. 26
Weißenburg
- Dominikanerkonvent: 12, 15, 20 Anm. 75, 336 Anm. 6
- - Provinzkapitel 1534: 317 Anm. 49
Weißensee: s. Fabri, Thomas Jakob OP
Werl
- Exil des Soester Dominikanerkonvents: s. Soest, Dominikanerkonvent
Werlin, Balthasar OP: 318 Anm. 54
Werner
- Andreas OP: 171 Anm. 99
- Johannes OP: 111 Anm. 61
Wernigerode
- Terminei der Halberstädter Dominikaner: 332 Anm. 117
Wesel
- Dominikanerkonvent (auch protestantische Gemeinde in der Kirche): 12, 304, 313 Anm. 30, 316 Anm. 42f., 317 Anm. 47, 321 Anm. 71, 347, 369
- - Prior: 313 Anm. 30, 325 Anm. 88
- - Fratres: s. Krummel, Wilhelm OP
- Kartäuser: 313 Anm. 30
Wesel, Johannes v.: s. Rucherat, Johannes
Westerburg, Gerhard: 56, 309 Anm. 7
Westhofen: 167
Wetter
- Terminei der Alsfelder Augustinereremiten: 245 Anm. 106
Wetzlar
- Sorores de penitencia: 229 Anm. 14
Weyden
- Pfarrei: s. Reym, Stephan OP
Weygelmant, Johannes OFM: 202
Weysmann, Johannes OP: 268 Anm. 73
Wichart, Konrad: 282
Wiclif, Johannes: 40
Widebach, Apollonia: 207f.
Wien
- Dominikanerkonvent: 12, 13 Anm. 38, 36 mit Anm. 161, 313 Anm. 30, 326 Anm. 94, 364 mit Anm. 33, 368, 369
- - Generalstudium: 36 mit Anm. 161, 330, 365